"十二五"普通高等教育本科国家级规划教材

SHUISHOU YUANLI YU ZHONGGUO SHUIZHI

税收原理与中国税制

（第六版）

庞凤喜　主　编

薛　钢　高亚军　副主编

中国财经出版传媒集团

中国财政经济出版社

图书在版编目（CIP）数据

税收原理与中国税制／庞凤喜主编．--6版．--北京：中国财政经济出版社，2019.12
“十二五”普通高等教育本科国家级规划教材
ISBN 978-7-5095-9521-3

Ⅰ.①税…　Ⅱ.①庞…　Ⅲ.①税收制度-中国-高等学校-教材　Ⅳ.①F812.422

中国版本图书馆CIP数据核字（2019）第294199号

责任编辑：温彦君　　　　责任校对：张　凡
封面设计：智点创意

中国财政经济出版社出版
URL：http：//www.cfeph.cn
E-mail：cfeph@cfeph.cn

社址：北京市海淀区阜成路甲28号　邮政编码：100142
营销中心电话：010-88191537
北京密兴印刷有限公司印刷　各地新华书店经销
710×1000毫米　16开　30.75印张　643 000字
2020年1月第6版　2020年8月北京第2次印刷
定价：73.00元
ISBN 978-7-5095-9521-3
（图书出现印装问题，本社负责调换）
本社质量投诉电话：010-88190744
打击盗版举报热线：010-88191661　QQ：2242791300

前言

随着我国市场化改革的不断深入，以及素有“经济宪法”之称的新预算法的全面实施，各经济组织与政府之间的经济关系，正逐渐转变为更为单一的征纳税关系。其基本效应是：税收与企业、税收与个人的关系空前密切，也使得了解税收、关注税收成为社会各界及公民个人的基本共识。在高校，税收课程是经济学、管理学、法学等学科中最为重要的学习课目之一。

《税收原理与中国税制》教材于2006年首次出版，之后，依税收理论与税收制度的发展变化，按平均三年的速度进行修订，其中，第三版教材于2014年被教育部确定为“十二五”普通高等教育本科国家级规划教材，本次修订的是第六版。其内容结构为：税收基本理论、税制基本规定、税收征管制度基本规定。着重介绍、解释税收基本概念、基本理论、基本原理与中国现行税收制度。其编写遵循税收学的教学规律，注重税收理论学习与税制学习的循序渐进。

为体现教材的实用性，并努力提高学生分析问题、解决问题的应用能力，本教材在每章内容后附有复习与思考，分基本概念、思考题与练习题等三种题型，供学生课前、课后学习、复习使用。本教材适合高校各财经类专业、管理学专业、法学专业的本科生以及MBA、MPAcc等研究生学历层次和在职培训学习使用。

本教材由中南财经政法大学财政税务学院庞凤喜主持编写和修订。参与教材编写及修订工作的教师包括：庞凤喜、薛钢、高亚军、孙静、李波、高正章、范信葵、俞杰、刘孝诚、王宝顺、解洪涛、李大明、庄佳强、侯石安、艾华、郭月梅、王敏、程黎、李琳、陈思霞、赵颖、胡海燕、田彬彬、李琼。本次修订工作主要由庞凤喜、薛钢、王宝顺、陈思霞负责完成。

教材编写和修订过程中，我们参考了同类教材中成熟的内容，因多种原因未能一一列示，在此一并表示衷心的感谢！也特别感谢中国财政经济出版社及樊清玉女士多年来的大力支持。由于能力所限，加之我国税收理论、税收制度正处于不断调整、改革与完善之中，书中不足在所难免，敬请同仁和读者批评指正！

庞凤喜

2019年10月于武昌南湖

目 录

第一章

税收及其本质

第一节 税收源流简考

一、税收像国家一样古老

税收是一个古老的范畴。它是一国公共部门或政府通过政治权力，采取强制手段，向政治权力所及范围的国民、企业、机构等经济主体征收国家所需的人、财、物的一种社会分配方式，事关每个国民、企业、机构的经济利益。

国家无论通过什么途径形成，总的情形是，一经形成，就同时存在两方面的需要：一是一部分人脱离生产领域，进入国家公共部门，从事公共事务管理，而这部分人的生存需要必须得到保障；二是全体国民的共同需要，如为防止或抵抗外来侵犯所组织的武装力量，采取的武装措施，为共同的信仰所进行的祭祀等等，它们也可以笼统地称之为国家需要。

所有的国家需要又都可以归结为国家职能的要求。国家职能是国家固有的职责和功能。它是国家存在的基本依据，而国家所有的需要最终都将表现为对物质财富的需求。问题是，所有这些物质需求的满足，并不能依靠国家自身生产加以实现，而是必须凭借全体国民或传统赋予的权力，对物质财富的生产者和拥有者进行征集取得。国家这种凭借政治权力向社会征集物质财富的行为就是税收。中国历史五千年，据考证，国家的产生至迟不迟于虞、夏，《史记》记载："自虞、夏时，贡赋备矣"。[①]

纵观世界历史的发展过程，由于人类社会长期以来一直以国家的形态存在，因此，最直观地看，税收的存在是由国家的存在决定的。税收与国家相伴而生、相互依存。换言之，税收的产生与存在必须以国家的存在为前提，而国家没有税收则难以生存。

可以说，国家的历史有多悠久，税收的历史就有多悠久，税收如同国家一样古老。

---

① 《史记》(一)。

二、税收在不同的历史阶段表现出不同的特征

任何事物都有一个从初级到高级，从粗糙到完备的历史过程，税收也不例外。

国家初期的税收，其形式特征突出地表现为它的强制性。这是由国家初期的文明程度和税收功能决定的。按照马克思主义的观点，国家是阶级斗争的产物，而阶级斗争缘于剩余产品和私有制的出现，即人们在生存竞争过程中，取胜并成为统治者的那部分人，为了能够占有大多数被统治者的一部分剩余产品而采取一些制度化的手段，这些制度化的能够占有大多数被统治者一部分剩余产品的手段，可以理解为现在所说的税收。不过，这时税收的主要功能首先是为了保障统治阶级的生活需要，其次是原始宗教的牺牲需要。而这两方面的需要都足以强化税收的强制性。

但是，国家初期税收强制性的突出，并不否定它作为一种制度化的分配手段的规范性，只是这一时期税收的规范性，往往被统治阶级及税收制度的实施者所忽视或受到人为的践踏。税收规范是否得到遵循，取决于社会的政治文明和法制文明。在奴隶制和封建制国家时期，统治阶级将财政需要作为税收的首要目标，同时加上浓厚的人治环境，因此，当时的税收规范对税收制度的执行者而言，几乎没有约束力。以税收征课的数量规范为例，中国古代各历史时期都有超量征课的记载。如：春秋战国时期，人们尚奉农业税什一税率为不可逾越的古典规范，但实际上各诸侯国多已超越这个界限。[①] 秦汉以后，封建国家在专制统一的前提下，基层官吏或为讨好上级，或为中饱私囊，常常无视数量规范。[②]

此外，在早期国家，税收主要用于满足统治阶级个人的生存需要，因此，税收更多地体现为强制掠夺或无偿征收，随着政治文明和法制文明水平的不断提高，税收的整体有偿性则日益明显。

三、税收自古就是国家实现社会政策目标的重要工具之一

税收作为一种财政分配手段，自存在开始就深入参与社会经济利益的分配活动，因此，它不可避免地具备了作用社会的内在功能。也正因为如此，税收自古以来就在国家社会政策目标的实现过程中扮演着重要的角色。

但在早期的国家，税收对社会政策目标的作用并不突出。其原因在于，一方面早期税收来源单一，作用面小。以中国古代国家为例，传说夏王朝赖以生存的主要财政来源是“贡”。“贡”或许是征课于王畿（王朝直接统治的区域）平民的税收形式，也有研究认为，“贡”主要是王朝周边部落或各国向夏王朝表示臣服或屈服

---

① 一次，鲁哀公问孔子的学生有若：年成不好，国用不足，怎么办？有若回答：怎么不用“彻”法（意为征1/10的税），哀公回答说：我现在征2/10的税都不足用呢（原文：哀公问于有若曰：年饥用不足，如之何？有若对曰：盍彻乎？哀公曰：二尤不足）见《论语·颜渊》。

② 1973年在湖北江陵凤凰山出土了一批汉景帝时期的简牍，其中有关于当时当地征收算赋的记录。就记录中的一个征收对象看，仅上半年就征收了14次，累计征收算赋227钱，而当时的法定标准是120钱。此外，被世人称作“黄宗羲定律”的历代税收现象更是明证。

而向夏王朝提供人财物的方式，而且这种来源于周边部落或各国的人财物还是夏王朝主要的财政依赖。因此，征课于王畿的“贡”其实主要是特产方物（也就是所谓的“任土作贡”），只是王朝财政的补充。显然，如果仅是特产方物，则其作为税收功能的作用力就十分有限。另一方面还在于早期国家职能狭窄，它只需按照习惯或传统实施祭祀，组织居民抵抗外族侵扰，维持国内秩序安定即可。而税收保证这些公共需求，本身就是当时最大的社会目标。

然而，随着文明的日益推进，随着社会政治经济生活内容的日益丰富，随着国家职能的日益扩展，税收职能也相应得以扩大，再也不仅仅只是满足统治阶级的生存需要和简单的公共需求，而是在其深入社会居民及各经济领域的分配过程中相应衍生着作用和影响社会行为的功能。

税收的这种衍生功能，早已为古人所认识。例如，在中国东周时期（公元前770年—公元前221年）诸侯争霸天下的基础是“富国强兵”。因此，“富国强兵”就成为各诸侯国争相追求的社会政策目标。至于应如何实现富国强兵，则不同流派有不同的认识。儒家认为应轻徭薄赋、藏富于民；而法家认为税赋重在公平，负担上宜重不宜轻，税赋轻，不仅不能富国，而且百姓易生懒惰。实践中，当法家成为秦国的统治者后，就主要通过税收政策来实现其重农抑商策略，从而达到富国强兵的目标，并在富国强兵的基础上翦并六国，统一天下。再如各朝代初期，往往是经过长期战乱，国贫民弱，社会最需要的是休养生息，而明智的君王也是通过轻徭薄赋以予民休息。到了近现代，税收更是国家实现社会政策目标不可或缺的重要手段。

第二节　政府征税的必要性

税收的发展历史表明，税收是一个延续了几千年的财政收入范畴，是当代世界各国共有的一种经济现象。无论是在古老的奴隶社会，还是当代资本主义社会和社会主义社会，税收都与政府机器的运转，社会的生产、生活具有十分密切的联系。尤其是在现代经济社会中，国家征税更可以说是涉及经济活动的各个方面。例如，对于企业来说，其生产经营过程中，不仅要按国家税法缴纳各种商品劳务税、财产税、行为目的税，而且还要就其生产经营利润缴纳所得税。对居民个人来说，不仅消费商品或劳务时要直接缴纳或间接承担商品劳务税，而且收入达到规定的标准时，还需缴纳个人所得税，且对个人拥有的财产需要缴纳财产税等。总的来讲，无论称谓如何、种类多少，税收都表现为国家或公共权力组织向居民和经济组织强制征收取得的一种收入。

国家就其性质而言，具有双重性。即既是维护占统治地位阶级的利益及其社会秩序的暴力机关，又是满足社会公共需要，组织社会经济生活的最高社会组织形式。由于统治阶级利益及其社会秩序在大多数场合都是以社会公共需要的名义表现出来，因此，从根本上说，政府征税的必要性或税收存在的客观必然性是由社会公共需要所决定的。

一、税收是政府提供公共商品的主要财力来源

从经济学的角度看，人的需要既包括个体需要，也包括群体需要。前者即为个人需要或私人需要，后者即为社会需要或公共需要。

其中，私人需要主要表现为家庭或企业的需要。就家庭而言，它是指家庭对食物、衣着、住房、医药等生活资料的需要。而公共需要则是指一定范围内社会的整体需要，也就是家庭及企业对消费与投资的共同外部条件的需要。如和平的环境、安定的社会秩序、洁净的空气、日益增长与完善的公共工程、公共事业等。显然，公共需要不等于私人需要。其显著特性有二：一是主体具有集合性。即公共需要的主体既不是社会中的某个人，也不是社会中的某个生产经营单位，而是一定范围内的个人及生产经营单位的集合。无论这些个人及单位分属何种阶层、部门，其经济地位如何，他们对某种、某些商品及服务的需要是共同的。二是客体具有不可分性。即公共需要的客体是作为一个整体提供给一定范围内的所有个人、家庭及生产经营单位，而不能分成若干不同的份额，并将每一份额划归不同的个人、家庭及单位所有。

人的需要的存在决定着满足人的需要的活动的存在，以及满足人的不同需要的商品的存在。相应地，一定社会活动生产的社会商品可分为私人商品和公共商品。

所谓私人商品，是公共商品的对称，它是由企业和家庭经济部门通过市场提供的用以满足私人需要的产品和劳务。这些商品中的每一种都能够加以分割，因而每一部分都能分别按竞争价格卖给不同的个人。而且只要某一消费者从某种商品的某一部分受益，就严格排斥了另一消费者再从这种商品的同一部分受益。即消费受益被严格地内部化了。而公共商品则是社会许多成员，甚至所有成员同时消费以满足社会需要的商品。公共商品的效益往往牵涉到对一个人以上的不可分割的外部消费效果，因而私人商品和公共商品之间存在着根本的区别。即私人商品具有效用的可分割性、消费的竞争性与排他性。与此相反，公共商品则具有效用的不可分割性、消费的非竞争性与非排他性。

由于私人商品与公共商品之间存在的这些差异，因而获得两类商品的方式往往也是有区别的。对私人商品而言，由于消费受益被严格内部化了，消费者获得这类消费品必须采用出价竞争的方法，以明确表达他们的消费需求，这就具备了由市场机制来解决这类消费品供需问题的基础。具体来说，私人对其认为有价值的产品必然会投出他的“货币选票”，而只要私人的“货币选票”超过厂商的成本，厂商必然进行生产，且任何时候都会采用成本最低的生产技术，以获得最大利润，从而由市场机制提供的私人商品就能较好地解决私人需要的问题。但公共商品的供应则不然。由于公共商品在消费上的非排他性和非竞争性，使得人们在公共商品的消费上往往存在着普遍的“搭便车”心理，没有人愿意真实地显示其对公共商品的实际需求，因而不容易获得公共商品的市场价格，也无法通过价格机制实现资源的最优配置。而如果人们对公共商品的需求不能得到有效满足，就必然降低整个社会的资源

配置效率。

总之，由于公共商品在生产、分配和消费方面的特殊性，决定了市场机制在提供和配置公共商品上的低效性或无效性。对此，政府应当承担起自己的责任。即通过政府筹集财政资金来生产、提供社会所需要的公共商品。

迄今为止，各国组织财政收入的手段主要有：公产收入、税收收入、公债收入、规费收入、专卖收入、货币发行等。但各国在取得经济资源时，除少数资源丰富的国家外，绝大部分情况下均把税收作为一种主要方式。因为税收作为政府直接掌握的集行政手段、法律手段、经济手段于一身的工具，在取得经济资源时可以普遍地适应于社会的所有成员，而不受产权的限制，获得资源后也不需要直接偿还给单个社会成员，从而能形成较稳固的财政收入，保证公共商品适时、适量地供应。正是这些优越性，使税收成为各国政府提供公共商品最为基本的资金来源。它可以保证满足政府支出的需求，而且通过政治权力进行强制征收也大大降低了筹措公共商品成本的费用。

而公产收入或国有资产收益作为国家的产权收入，是有偿性收入，类似于市场经济中的交换收入。由于大量的预算支出具有明显的外部性特征，因此，广泛采用有偿收入形式作为预算收入的主要形式并不具有普遍意义。更何况，预算支出除了效率要求外，还有社会公平和经济稳定的职能，显然，有偿性收入一般无法满足这种支出需要。因此，只有税收收入才能成为或者才应该成为预算收入的主要形式。

从公债来看，公债作为政府以债务人身份募集的资金，也不可能成为政府的主要收入来源。基本原因在于：如果预算支出的主要来源是公债，那么，由于公共商品的消费不可能导致成本的有效回收，因此，政府债务必然不断增加和累积，从而必然导致政府越来越多地事实上永远无法偿还的“债务”，显然，这种债务只是名义上的债务，而实际上与税收无异。或者，如果国家采用不断以新债归还旧债的办法来维持公债的形式，那么，国家将被“债权人”控制，公共商品就会成为“债权人”的产业，相应地，国家就会面临危机。因此，公债不可能成为预算收入的主要形式。

再从货币发行来看，国家取得货币发行的垄断权以后，作为货币的创造者，国家发行货币虽是节约交易费用，提高经济效率的重要条件，但如果国家以此作为预算收入的主要来源，则必然扰乱经济秩序，使经济陷入难以自拔的危机。这也表明，国家不能运用发行货币的权力来作为满足预算支出需求的手段。

二、税收是政府调节经济的重要手段

随着社会的发展，市场经济体系日趋完善。但是，市场经济在造就经济高效率的同时，也有着自身难以克服的缺陷。这些缺陷除了体现在无法有效提供公共商品外，还表现在以下三个方面：

（一）外部性

所谓外部性，是指某一私人部门的行为影响了他人，但未补偿他人，或未从他人处获得补偿的现象。前者称为负外部性，后者称为正外部性。经济活动一旦出现负外部效应，社会资源通过市场来配置极有可能就是低效或无效。因为企业或个人无需负担其行为所造成的负外部效果的所有成本，从而可能导致过量的负外溢性活动，并最终导致整个效率偏离其最优状态。在经济活动存在正外部性的情况下，由于企业或个人不能得到其行为所产生的全部收益，从而极有可能导致市场正外部性活动的供给不足。

（二）社会收入分配不公平

在市场机制的作用下，收入分配是由每个人提供的生产要素，如劳动力、资本、土地的数量及其在市场上所能获得的价格决定的，它能保证每一个参与者在介入市场之后处于一种“公平”的竞争地位。但是，由于人们占有或继承财产情况的不同，以及劳动能力的差别，也就是人们在介入市场之前的“不公平”地位，使得由市场决定的收入分配状况往往被视为极不公平。也就是说，市场机制运作导致的社会收入分配格局往往不是全社会最为满意的。它体现为收入分配过分悬殊，收入差异越来越大。而社会收入分配不公极易激化各方面的矛盾，并危及市场经济的正常运行。如这种不公平的分配格局往往导致诸如贫困、社会冲突、富裕阶层的财富浪费与低收入阶层得不到发展等社会后果。即社会收入分配不公平的矛盾激化易转化为政治问题，不利于社会稳定。

（三）经济发展不稳定

经济发展不稳定是指经济不能沿着稳定增长的道路发展，往往要经历停滞、萧条、复苏、高涨这样的循环往复过程。自由放任的市场经济主要通过市场价格机制调节社会的供给和需求。然而，价格调节往往具有一定的盲目性、滞后性和自发性。而且市场的自发力并不能经常保证总供求在充分利用社会资源的水平实现均衡，因而通货膨胀、失业、贸易失衡、增长波动等顽疾会周期性地困扰社会发展。换言之，经济波动首先是市场经济的伴生物，现代经济波动则还有政府干预不当的因素。

正是市场经济存在的上述缺陷为政府介入市场，调节经济提供了必要性。税收作为政府直接掌握的经济工具，在弥补市场缺陷，体现政府政策方面具有十分重要的作用。政府可以通过对负外部效应活动征税，使私人活动对他人所产生的外部成本内部化；政府可以通过对高收入者征税，调节收入差距；政府还可以通过采用“逆经济风向而行”的税收政策，促进社会总供求的平衡等。当然，这里同样也要考虑到政府干预有“政府失灵”的问题。

由于国家征税是一部分经济资源从私人经济部门向政府部门的转移，因而对私人部门的经济决策会产生一定的影响，这就决定了税收不仅是政府财政收入的主要来源，而且是贯彻政府经济、社会政策，有效地实施宏观经济调控的重要工具。事实上，自税收存在以来，一直在对经济与社会发展起着重要的调节作用。不论在何种社会发展阶段上，任何一个国家的政府都没有把税收单纯看作是取得财政收入的工具，而是程度不同地运用税收对经济活动施加一定的影响。

综上所述，税收的存在不是人们的主观意志使然，不论是从满足社会公共需要，还是从调节市场运行方面看，税收对于现代社会都是必不可少的。只要存在客观的政治、经济需要，税收就具有存在的客观必要性。

第三节 税收的基本含义

在不同的社会发展阶段，由于生产力发展水平不同，社会制度不同，以及国家职能及其具体体现的差异，人们对税收的认识也在不断发展变化。但直到资本主义生产方式建立之后，人们才得以从理论上系统地研究税收问题，并逐步形成了相对科学的认识。尽管在不同的社会发展阶段上，税收的性质有所不同，税制结构也存在差异，但税收作为国家参与社会产品分配的一种手段，作为政府财政收入的一种形式，是共同的。因此，我们可以给税收下一个简单而明确的定义。即税收，是国家为了向社会提供公共商品（包括公共产品和公共服务），凭借政治权力，按照法律规定进行的强制征收，是社会成员为获得公共需要满足而支付的价格或费用。税收的这一概念，包含了以下几层基本含义：

一、税收是国家取得财政收入的一种形式

公共商品一般由国家通过财政支出的形式来提供，因此，税收首先体现为国家为提供公共商品而取得的一种财政收入形式。从古到今，国家取得财政收入的形式多种多样，但使用时间最长，运用范围最广，积累财政资金最为有效的，首推税收这种财政收入形式。可以说，税收不但是一种财政收入形式，而且是财政收入中最主要的一种形式。

二、国家征税的目的是为了向社会提供公共商品

作为以履行公共职能为基础的公共权力机构，任何国家，无论所处朝代如何，也无论其政治制度如何，都具有对外抵御外敌入侵，捍卫国家领土完整，对内保卫人民生命、财产安全，发展本国经济、文化、教育事业的基本职能。因此，履行公共职能，管理国家公共事务构成国家存在的客观基础。国家在履行社会公共职能，满足社会公共需要的过程中，必然会有相应的财力、物力消耗。而国家征税就是保证这种财力、物力需要的基本来源。即国家征税的目的是为了满足国家提供公共商品的财政需要，同时，国家税收也必须用于满足提供公共商品的需要。

三、税收的征收主体是国家，征税依据是国家政治权力

在人类社会以国家形态存在的情况下，税收总是与国家紧密地联系在一起，它依附于国家而存在，因此，所谓税收总是指国家税收。相应地，行使征税权的主体必然是国家，即征税办法由国家制定，征税活动由国家组织进行，税收收入由国家支配管理。而由于政府是国家的具体形式和现实体现，因此，征税权具体由政府行使。行使征税权的政府包括中央政府和地方政府。税收的征税依据是国家政治权力。

一般来说，社会产品分配必须依托于一定的权力。马克思曾经指出："在我们面前有两种权力，一种是财产权力，也就是所有者权力；另一种是政治权力，即国家的权力"①。根据分配权力的不同，社会经济中众多分配范畴可以划分为两大类：一类是凭借财产权进行的分配，如工资、利润、利息、租金等；另一种是凭借国家政治权力进行的分配，如罚没收入、税收收入等。国家作为一种公共权力并不是抽象的存在，而是由军队、警察、监狱、法庭等政权机构和各种行政机构所组成，这些机构的存在是执行国家的各种职能所不可或缺的。要维持这些机构的存在并正常地发挥其职能，就需要占有和消耗一定数量的社会产品。但国家机构本身并不直接从事物质资料的生产，而只能凭借其所拥有的政治权力，强制性地去占有一部分社会产品。这样，在国家产生以后，社会产品的分配也发生了一个重大变化，即形成了一种由国家直接参与的分配活动，并从一般的社会产品分配中独立出来，成为一个特殊的分配领域，即财政。而国家财政参与社会产品分配的基本手段就是税收。正因为国家一般不直接占有生产资料从事物质产品生产，因此，国家课税必须以政治权力为依据。这种依托政治权力所进行的税收分配，体现为把满足社会公共需要的资源从各个家庭和企业取出，以供政府支配的过程。而这种政治权力体现为国家对其行政管辖范围以内的个人和经济组织，可以凭借政治权力取得税收收入。其原因就在于，国家征税是在国家为整个社会提供公共商品满足社会公共需要的前提下，由国家作为公共权力的代表来行使征税权。

四、税收借助于法律形式进行征收

法律是体现国家意志，强制性地调整人们行为的社会规范，它适用于社会生活的方方面面。与其他社会规范调整相比较，法律调整具有强制性、公正性和普遍适用性的特点。由于政府征税涉及社会各阶级、阶层、集团的经济利益，税收负担轻重关系着社会经济发展乃至社会安定，因而决定了税收征收与调节必须借助于法律形式进行。所谓有税必有法，无法不成税，正是税收区别于其他财政收入形式的一个重要特点。各国政府往往都通过立法和执法程序使税收制度和征管制度法律化，以便把整个税收活动纳入规范、有序的轨道。况且，由于征税将引起企业、经济组织和个人一部分利益的减少，因而极易导致国家和纳税人之间发生利益冲突，国家只有运用法律的权威性，才能把税收秩序有效建立起来，也只有通过法律形式，才能保证及时、足额地取得税收收入，并使国家在税收上的意图得到贯彻。

五、税收是社会成员为获得公共需要满足而支付的价格或费用

自人类出现阶级社会以来，国家权力成为普遍存在的一种社会现象，这种权力是国家凭借和利用对资源的控制，以使社会上的公民、法人或其他组织服从其意志的一种社会力量和特殊影响力。但事实上，国家的一切权力属于人民，国家权力来

① 《马克思恩格斯全集》第4卷，人民出版社1985年版，第330页。

源于人民的委托。因此，在规范的市场经济中，政府支出的范围限于市场不能为或市场不能很好为的领域，即市场失效的领域，相应地，列入财政支出的事项大多属于满足社会公共需要的层次，主要为社会提供难以按市场原则提供的公共商品与服务。而公共商品的外部性使得其提供者难以获得全部收益却需要承担全部成本，即往往导致成本支付者与收益获得者之间的不对称。因此，政府支出的这种性质客观上必然要求一种与之对应的财政收入形式。在已有的规范的财政收入形式中，就直接的意义上看，只有税收的取得无需直接偿还，它对应着公共商品的享用无需直接付费。正因为如此，税收实际上是社会成员为获得公共需要的满足或为消费公共商品而被强制性支付的一种价格或费用形式。在政府收入仅以税收形式获得且预算约束严格的前提下，政府支出与税收收入之间存在大体一致的关系。尽管征税与纳税活动，在其外在表现上，往往更多地表现为纳税人单方面义务的承担与履行，以及征税机关单方面征税权力的行使，但全面地、联系地考察整个税款的征收与使用过程就会发现，政府支出——政府征税——企业与公民纳税的整个过程，其实是一个平等主体之间的权利交换过程。

第四节 税收的基本特征

一、税收的基本特征

税收是国家取得财政收入的一种形式，与其他财政收入形式相比，税收具有三个基本特征：即非直接偿还性、强制性和规范性。

（一）非直接偿还性

所谓非直接偿还性，是指税收虽然最终用之于民，但政府征税与具体纳税单位和个人受益之间并不存在一一对等或对应的交换关系。这一概念包括三层含义：一是税收是有偿的，而不是无偿的；二是税收是整体有偿，而不是个别有偿；三是税收有偿是非直接意义上的，不存在一一对应的直接偿还关系。

判断一种收入的获得是有偿还是无偿，关键是看与这种收入相关的对应支出是否用于收入的来源方面，只要两者在整体上具有一致性，那么，这种收入形式就是有偿的。反之，则是无偿的。税收是国家为满足社会公共需要，筹集财政资金的一种形式，它来源于企业、家庭及个人，亦用于纳税人的生产和生活必需的公共商品的提供，因此，税收是有偿的。但是，税收的这种有偿性是就整体而言的，不是指个别有偿性。正如恩格斯所指出的，“纳税原则本质上是纯共产主义的原则……我们现在就只要求大家遵守这一原则，要求国家宣布自己是全国的主人，从而用社会财产为社会谋福利”①。在这里，所谓纯共产主义原则，就是指国家按照社会的公共

① 《马克思恩格斯全集》第2卷，人民出版社1985年版，第615页。

需要，向纳税人征收税款，获得社会财产，并以此为全社会谋取福利。但是，税收的有偿性是非直接意义上的，政府征税与纳税人受益之间不存在一一对应的直接偿还关系。即尽管税收最终用于满足社会公共需要，但国家征税时并不向纳税人支付任何报酬，税款征收入库之后也不直接以某种方式返还纳税人。因此，从这个意义上讲，“所谓纳税，就是国家不付给任何报酬而向居民取得东西。”① 也正是从此意义上说，税收的形式特征最直接的表现是税收具有无偿性。而这是与公共商品的性质以及社会经济发展对税收的客观要求相一致的。

税收的取得是为了满足预算支出的需要，因此，支出的无偿性也要求收入的无偿来解决。预算支出分为两类：一类是消耗性预算支出；另一类是财政转移性支出。其中，消耗性支出主要是为社会提供公共商品。由于公共商品在消费时具有非排他性和非竞争性的特点，因此，在消费时的“价格”为零。这就是说，居民在消费公共商品时不需要支付任何费用，是“免费”享用，但是，公共商品的提供却不可能是无成本的，因为它要占用和消耗稀缺资源。但要让消费者在消费公共商品时自觉自愿地为之支付其受益的相应成本是不可能的。这也就是著名的公共商品消费时的“搭便车”行为。解决这个矛盾的主要办法就是依靠非市场机制的税收手段。税收的无偿性与预算支出的无偿性是并存的。

因此，从直接的意义上看，税收具有无偿性。即就政府同具体纳税人而言，权利和义务关系是不对等的。政府向纳税人征税，不是以具体提供公共商品为依据，而纳税人向政府纳税，也不是以具体分享公共商品利益为前提。因此，就政府与纳税人之间的具体关系而言，纳税人从消费公共商品分享利益是无偿的，而政府向纳税人征税也是无偿的。税收的无偿性也是由税收作为补偿公共商品价值的这一性质所决定的。尽管政府税收同政府提供公共商品在价值上必须是对等的，否则，公共商品就无法提供。但消费者对公共商品并不表示偏好，提供公共商品的政府对消费者的公共商品受益也无法测度，因而不能采取直接的价格形式，只能采取间接的税收形式，从而决定了税收的无偿性特点。

税收的无偿性，包括纳税人税收支出的无报酬性和非返还性。前者是指国家征税以后，不再直接返还纳税人；后者是指纳税人缴纳的税收与国家为其提供的公共商品之间并不存在一一对等的关系。税收的无偿性特征是由政府提供的公共商品的性质所决定的。税收是税务机关根据国家法律标准无偿地向纳税人征收的，纳税人及时、足额地按纳税标准付款是守法行为。虽然国家为企业、居民提供的公共商品是根据社会共同利益的需要而设定的，但它并不以具体的企业和个人缴纳的税收数量为前提，也不能因为某人交税而为之提供一项特别服务，因此，纳税与分享公共服务之间不存在对等关系。税收的无偿性也是由税收凭借行政权力而建立起来的分配关系这一性质所决定的。以财产权为依据所形成的经济关系，具有自愿、公平、有偿的特征，而税收则是一种超越于上述分配关系的无偿性分配关系。因此，尽管

① 《列宁全集》第 32 卷，人民出版社 1958 年版，第 275 页。

从直接的意义上看，税收具有无偿性，但结合税收的用途及纳税人免费消费公共商品两个方面综合考察，可以看出，税收总体上是有偿的，其基本特征之一体现为非直接偿还性。

（二）强制性

所谓税收的强制性，是指政府凭借政治权力，以法律形式来确定政府作为征税人和社会成员作为纳税人之间的权利和义务关系。这种权利义务关系表现在：一是政府作为征税人具有向社会成员征税的权力，同时承担向社会成员有效提供公共商品的义务；而社会成员作为纳税人具有分享政府所提供的公共商品利益的权利，并同时承担向政府纳税的义务；二是政府征税是凭借政治权力强制执行，而不是凭借财产权协议解决；三是税收征纳双方关系以法律形式来确定，对双方当事人都具有法律上的约束力。换言之，税收的强制性是指对于纳税人来说，税收是一种非自愿的，或称为强制的缴纳形式，在国家税法规定的范围内，任何单位和个人都必须依法纳税，否则，就要受到法律的制裁。公民和企业单位在发生纳税行为时，除依法履行纳税义务外，别无选择。

税收的强制性是税收范畴最为明显的形式特征。但这是税收非直接偿还性的必然要求。因为正是税收所具有的非直接偿还性必然使局部利益与整体利益发生矛盾与冲突，而且税收总体规模越大，矛盾就越突出。因此，税收必须具有强制性，才能保证国家收入和社会整体利益不受侵害。

税收强制性的力量源于国家政治权力。政府征税与市场上的商品交换具有不同的性质。在交换领域，交易行为依据的是商品经济的规则，一般遵循等价交换原则，即双方在价值量上应该是彼此无损失的；即使在不等价交换状况下，双方交换也是根据市场供求等条件自愿进行的，一般不存在强迫的情况。而政府征税则不然，必须运用强制性的公共权力。因为国家为满足公共需要，必须取得一定的财政收入。在不直接占有生产资料，不掌握财产所有权的情况下，国家必须运用政治权力强制参与一部分社会产品的分配。因此，税收是以国家权力为基础的不直接偿还的强制性收入。也就是说，尽管从总体上看税收最终会使全体人民受益，但税收的取得并不通过市场机制。这体现了税收的强制性。

国家依据政治权力征税的强制性，在现代社会表现为法律的约束性，即表现为国家通过制定法律来达到其目的。法律对其实施范围内的单位和个人具有强制力。我国《宪法》第 56 条规定："中华人民共和国公民有依照法律纳税的义务"。各国税法均规定了各税种的纳税人、税率等征税要素，还明确规定了有关的罚则。纳税义务人必须依法纳税，否则，要受到法律制裁。

强制性是法律的重要特征，也是税收的特征，它不仅体现在税法的制定上，也体现在税法的执法上，即它依靠国家权威来保证其实施，并确保国家的财政利益不受侵犯。税收的强制性还表现在对违法纳税人的处理上，纳税人违反税法，同违反其他法律一样，要受到法律的追究。这种责任，既包括刑事责任，也包括经济责任。税收正是通过国家权力的强制性来体现其强制性和权威性的。

（三）规范性

所谓税收的规范性，是指税收课征的依据是税法，国家在征税之前，就通过法律形式，把应开征的税种、征税范围、纳税人、征收比例及违法处罚标准等规定下来，由征纳双方共同遵守。简言之，税收的规范性包含以下两方面的含义：一是对什么征税，征多少税，由谁纳税必须是事先明确的，而不是任意确定的；二是税收活动的标准必须是统一的。即税收征纳，以及其他一切税收关系的处理及其标准是预先以法律形式规定的，具有相对稳定性。

税收的规范性是与税收的非直接偿还性和强制性有着内在联系的税收特性。即税收的征收具有非直接偿还性，依靠国家政治权力实行强制征收，但是，要保证这种分配活动的有效和有序，并维护国家和纳税人双方正当的利益，就有必要规范征纳双方的行为，通过法律形式预先确定各项征收数额和征税方法，这样既有利于纳税人合理安排各项支出，也有利于政府更好地实现其承担的各项政治经济职责。

具体来说，税收的规范性首先表现为税法的立、改、废的规范性。税法必须按立法程序，由有权立法的机关通过以后才能成立。也可由全国人民代表大会授权国务院制定和颁布税收条例（草案）或税收暂行条例，这也是产生税法的重要形式。其次，税法解释和征管的规范性。税法的解释是针对税法在执行过程中的实际问题，有权机关做出的相应规定或说明。税收的征收管理包括征收、管理、违章处罚等，这些内容也必须依法进行。最后，税款缴纳的规范性。纳税人应缴何种税，如何缴税，违法者应受到何种处分等，都应当事先明确。国家机关必须事先公布税法，使纳税人做到心中有数。

上述税收的三个形式特征，是税收的共性，它们是相互依存、不可分割的统一体，是税收区别于其他财政收入形式的基本标志。

二、税收与其他财政收入形式的区别

国家取得财政收入的形式除了税收之外，还有国有企业上缴利润、国家信用、财政发行、规费收入、罚没收入等。把握税收与这些财政收入形式的区别，有利于深入理解税收的形式特征和税收本质。

（一）税收与国有企业上缴利润的区别

在计划经济体制下，国家参与国有企业的利润分配主要是利润上缴方式。当时的经济理论一般认为，国有企业归国家所有，原材料供应由国家计划调拨，流动资金由国家拨付，固定资金也由国家无偿提供，因此，国有企业创造利润应该全部上缴财政，即所谓“统收统支”。1979 年我国开始扩大企业自主权试点，在国家与企业分配关系上推行企业基金制、利润留成制。1983 年第一步“利改税”和 1984 年第二步“利改税”，我国开始将税收作为处理国家与国有企业分配关系的主要方式。1987 年试行各种形式的企业承包经营责任制，又在一定程度上恢复了利润上缴形式。究竟采用什么方式才能有效解决国家与国有企业的分配关系，有必要从理论上把握税收和企业利润上缴这两种分配方式的区别。

1. 适用范围不同。税收以政治权力为依据，凭借法律形式进行强制分配，因此，它适用于国家政权管辖范围内的任何单位和个人。而上缴利润只适用于国有企业。因为国有企业的固定资产和一部分流动资产属国家所有，国家可凭借其对财产的所有权参与国有企业利润的分配。相反，国家对集体企业、外商投资企业、外国企业、私营企业、个体工商户则无权利用上缴利润形式参与利润分配，因为国家对这些企业不具有财产所有权。

2. 分配的特征不同。税收体现了国家强制扣除一部分社会产品和国民收入的分配关系，它按预先规定的标准和公平税负的原则向一定的纳税人征收。纳税人必须按期、足额地缴纳税款，否则，就要承担相应的法律责任。因此，税收分配具有强制性，可以保证财政收入及时、稳定、可靠地获得。相反，上缴利润只是发生在国家和国有企业之间，两者存在着“软约束”的经济关系。因此，它在强制性和规范性方面都不如税收那样明显。

3. 调节效应不同。税收既能为国家取得财政收入，又能用于调节经济。国家通过规范化的税收引导企业行为，通过公平税负，促进不同企业的公平竞争，因此，税收调节具有统一性和规范性。而上缴利润虽然也可以作为调节经济的手段之一，但它的调节范围只限于国有企业。而且由于决定国有企业生产经营状况的因素千差万别，因此，上缴利润参与国有企业利润分配的形式是多变的，不具有规范性的特点。

（二）税收与国家信用的区别

1. 国家信用的特点是有借有还，按期支付利息。国家信用是政府以债务人身份，运用信用方式筹集财政资金的手段。有偿让渡货币或商品是国家信用的基本特征。国家发行公债或国库券，从企业或居民手中取得资金在一段时期内的使用权，但这些资金的所有权并未发生变化，到期必须连同本息归还给企业或居民。相反，税收凭政治强制力征收，用于满足国家职能和社会公共需要，它具有非直接偿还性。国家向纳税人征税后，一部分收入从纳税人向国家发生了单方面转移，国家不需要直接归还纳税人，可以在一定时期内根据需要安排使用。

2. 国家信用必须坚持自愿原则。国家信用，以国家（政府）为债务人，向企业单位和居民个人借款，必须坚持自愿的原则。即政府发行的公债必须由企业或居民自由认购，如果强制摊派，势必会影响企业的流动资金周转和居民的正常支付能力，并对社会的生产生活产生不利影响。税收则是国家依法向纳税人征收的，它对纳税人具有法律的强制力。只要纳税人发生税法规定的纳税行为，就必须及时、足额地完成纳税义务，而不论纳税人是否愿意。否则，就要受到法律的处罚，触犯刑律的，还要依法追究刑事责任。

3. 国家信用收入不具有稳定性。国家信用筹措资金的数额不仅取决于计划发行额，还取决于企业、居民的认购额，而后者要受国家当时的政治经济状况、企业、居民收入水平、消费行为及社会心理等诸多因素的影响，其中的不确定性因素较多。而税收则具有相对稳定性。因为每一种税的出台都要预先估计它的税源大小及开征后可能取得收入的状况，只要社会经济生活处于正常状态，则当纳税人、课税对象、税率确定后，相应的税收收入就有了稳定性保证。

（三）税收与财政发行的区别

货币发行包括两种形式：一种是经济发行，即为满足经济发展对货币增长的正常需要而发行的货币。一般来说，这种货币发行是随着商品周转量的增长而发行的，具有相应的物资保证；另一种形式是财政发行，它是指一国政府通过印发货币取得财政收入，即超过经济增长对货币的正常需要而发行货币。财政发行在非常时期内可以作为政府取得财政收入的最简单途径，但往往易带来严重的经济社会后果。财政发行与税收的主要区别是：

1. 财政发行缺乏规范性。国家通过财政发行能够取得一部分社会产品的分配权，它具有绝对的强制性，即在国家采取财政发行的情况下，货币贬值，企业和居民个人失去对一部分社会产品的占有权和使用权。财政发行作为一种取得财政收入的手段，一般是在经济形势极其困难的情况下被迫使用，它不采取规范化的正式立法来确定发行数额，具有不稳定性和非规范性。这与税收的规范性做法大不相同。

2. 财政发行缺乏相应的物资保证性。税收的征收以经济发展为基础，是对当年生产或过去累积的国民收入的分配，具有可靠的物资保证。以商品劳务税为例，企业只有在创造产品或提供劳务，取得销售收入后，才承担纳税义务，税款是产品总价值的一部分；即使是对财产或个人所得的征税，也是对所得的一种直接扣除，具有相应的物资作保证。财政发行则不同，它在社会商品总量不变的情况下，额外增加了货币流通量，其结果必然导致货币贬值，物价上涨。所以，马克思曾经指出，“这种使本国货币贬值的措施，也许是在征税方面的登峰造极的发明，因为这种做法就是税上加税。”①

3. 财政发行降低税收的真实价值。财政发行引起通货膨胀，它使税收制度产生扭曲，使政府产生财政幻觉，即虽然名义税收收入有所增加，但由于通货膨胀造成逃税增多、货币贬值，从而使增加的税收收入不足抵补货币贬值所造成的损失，实际上降低了税收的真实价值。

（四）税与费的区别

费或收费在实际生活中名目繁多，归纳起来大致有两大类：一类是遵循一般经济行为准则，采用等价原则，由经济单位或个人之间相互提供劳务所收取的费用。它属于从受益人那里取得的某种报偿（代价），如服务行业收取的费用；企业支付的运输费、保险费；医院收取的门诊费、住院费。这些收费属于经济生活中的劳务报酬和交易费用性质。另一类收费是政府机关和事业单位向企业或居民个人提供服务、产品或批准使用国有资源而向受益者收取的费用，它是国家财政收入的一种形式。目前，这类收费主要包括以下几种：一是事业收入，如交通部门曾收取的养路费，环保部门曾收取的排污费，教育单位如学校收取的学杂费、委托代培费等。二

① 《马克思恩格斯全集》第10卷，人民出版社1985年版，第21页。

是规费收入，包括公安、民政、卫生、司法、工商、专利等部门向有关单位和个人收取的手续费、工本费、诉讼费、化验费、商标注册费、登记费、市场管理费、专利费等。这些费用一般由收取单位根据预算管理方式，有的用于抵补事业开支，有的作为业务收入依法纳税。三是资源管理费收入，如石油部门收取的矿区使用费，集体单位经批准开采国家所有的矿藏等资源，应向国家缴纳的矿山管理费、矿石管理费等，属于国家凭所有权向使用者收取的资源开采报偿费。税与费的主要区别表现在以下四个方面：

1. 税收具有非直接偿还性，而费则具有直接偿还性。税收在征纳者之间不存在对等的利益报偿关系，而费是向受益者收取的代价，是提供某种服务或准许使用某种权利而获得的补偿。

2. 征收主体不同。税收的征收主体是代表国家的各级税务机关和海关，而费的收取主体有的是政府部门，有的是事业单位或其他经济部门。

3. 收入的稳定性不同。税收具有稳定性，收费则具有灵活性。税法一经颁布对全国具有统一效力和相对稳定性，而费的收取一般由不同部门、不同地区根据实际情况灵活确定。

4. 收入的使用不同。税收收入由国家预算统一安排，主要用于固定资产投资、物资储备、文教、行政、国防、援外等支出，而费一般有着专门的用途，实行专款专用。

（五）税收与罚没收入的区别

罚没收入是对违反有关法律或法规的行为处以的经济、法律制裁措施。例如，税法规定对偷税者的罚款、海关对走私品的罚没、财务检察机关对违纪行为的罚没等。罚款也是财政收入的一种形式。

罚没收入同税收一样具有明显的强制性与无偿性。但是，罚没收入缺乏筹措财政资金的稳定性。因为罚款没收是对被罚人的一次性处分，而被罚款或没收行为的出现又是随机的，所以罚没收入不具备固定、连续取得收入的特性，难以稳定、可靠地取得财政收入，因而也不能像税收那样作为经常性的筹资手段。

第五节　税收的职能

税收职能是指税收内在的、固有的职责和功能。税收职能可从两个方面考察：首先，税收作为政府提供公共商品，满足社会公共需要的价值补偿所具有的功能；其次，税收作为政府履行职责的政策工具所具有的功能。税收的这些功能可概括为财政收入职能和税收的调节职能。

一、财政收入职能

税收的财政收入职能，亦称筹集资金或组织收入的职能。也就是税收作为一种分配手段，所具有的从社会经济活动中各个利益主体取得收入，用以满足政府履行公共事务需要的一种能力。它是国家对税收最基本的要求，也是税收最重要的职能目标。因为国家作为非生产性的上层建筑，不直接占有物质生产资料进行生产活动，它只是消耗而不能创造物质财富，政府提供的绝大部分公共商品，国家机器运作所需的绝大部分财政资金，通常就来源于税收。所以，为政府活动筹集和提供资金，一直是国家赋予税收最基本的功能和职责，古今中外，概莫能外。

税收的特点决定了它在筹集资金方面，有着其他收入形式所不具备的优越性。虽然政府可以通过货币发行方式取得收入，并且手续简便，成本低廉，但货币的财政发行，会导致通货膨胀等消极后果；政府也可以用发债取得收入，但发债需要还本付息，其资金来源最终还是税收。政府征税则不同，它在组织收入上具有强制性、非直接偿还性、规范性的特征，可以保证政府及时、稳定、可靠地取得收入。而且税收课征不受产权关系、经济性质、地域条件的限制，收入来源充裕，征税范围广泛。正因为如此，税收普遍成为现代各国政府最重要、最有效的筹资手段。

税收收入作为财政收入的主要形式，在财政收入中占有主要地位，而这是与税收收入的特点相联系的。与以其他财政收入形式筹资相比，税收筹资具有以下特点：

（一）收入来源具有广泛性

税收征收以政府提供公共商品为依据。因为政府提供公共商品使社会成员共享利益，所以有权对所有分享公共商品的社会成员征税，相应地使得税收具有广泛收入来源。

（二）收入形成的稳定性

税收来源广泛，由此大大减少了不确定性因素对税收的影响。同时，税收按法定标准征收，因此，只要有稳定的收入，就有稳定的税收。而且税收受法律保护强制征收，从而可以有效地保证税收收入实现。

（三）收入获得的持续性

税收由社会成员直接缴纳，但最终来源于国民收入，因此，只要社会再生产连续不断进行，国民经济正常运行，国民收入就会源源不断地创造出来，从而持续地获得税收。同时，也由于政府取得税收收入后，无需直接归还纳税人，从而为政府向社会提供公共商品提供了保证。

税收财政收入职能是税收最基本、最原始的职能。国家对税收的财政收入职能有两个最基本的要求：一是税收收入要充分，以满足正常的财政支出需要；二是税收收入要有弹性。具体又包括两层含义：一方面，税收收入应当能够随经济发展和税源增长而同步增长，乃至超速增长；另一方面，当国家财政发生重大急需时，能够依靠税收增长弥补财政收支缺口。总的来讲，在经济税源一定的条件下，税收收入功能的效果主要取决于征税制度是否科学、合理、有效，以及征收管理的水平和效率。

二、调节职能

税收的调节职能是税收财政收入职能的派生职能。政府在运用税收参与国民收入分配，筹集资金的过程中，要决定对什么征税，对什么不征税；是多征税，还是少征税，以及采取何种方式征税。不同的选择形成不同的税收政策，必然会改变国民收入在政府和社会组织和个人之间，以及在社会的各阶级、阶层、单位和个人之间的分配状况，改变资源在不同行业、地区、企业之间的配置状况，从而引导和调节企业、公民的经济、社会行为。

在近现代社会，税收的调节职能不论是在理论、实践方面，还是在广度、深度上都得到了很大的发展。从 17 世纪重商主义的保护关税政策到 19 世纪下半叶的德国社会政策学派理论，直至 20 世纪的凯恩斯主义税收政策，都主张政府积极运用税收杠杆，体现政府政策意图，促进经济发展。目前，税收政策已经成为各国宏观经济政策的一个重要组成部分，它对社会经济发展的影响越来越大。

因此，税收的调节职能是指税收作为一种分配手段，所具有的能够反作用于社会经济活动，调节各个利益主体的经济利益，影响并调整利益主体行为，进而影响并调整整个社会经济运行的职责和功能。税收的这种调节职能，存在于税收分配的过程之中，它是从税收收入职能基础上派生出来的。税收调节职能还可按调节的对象，进一步分为调节经济运行的职能和调节收入分配的职能，前者又称为税收的经济职能，后者又称为税收的社会职能。

（一）税收的经济职能

税收之所以具有经济职能，是因为税收客观上既具有满足国家调节经济需要的职责，又具有满足国家调节经济需要的能力。

从税收调节经济的职责来看，税收作为以国家为主体的分配，在税收参与社会产品分配的过程中，在减少社会成员及经济组织可支配收入的同时，也影响了社会成员及经济组织的经济利益，这种由税收分配所引起的利益调整，促使社会成员和经济组织改变和调整其经济行为和经济活动，以致影响整个社会的经济运行。税收的这种调节经济的职责是税收本身所固有的。但其实现仍要受到国家职能和社会经济条件的制约。在人类社会的早期，由于生产力水平低下，商品经济还没有得到充足发展，加之人们认识的局限，国家并没有自觉认识，也不可能广泛运用税收调节经济的职能。因此，它长期表现为一种潜在的职能。随着商品经济的高度发展，国家调节经济职能的客观需要加强，人们对税收调节经济社会职能的认识也逐渐深化，从而使税收调节经济职能也从潜在的功能转化为现实的社会效果。

从税收调节经济的能力来看，在国家调节经济的诸多手段中，税收手段的调节领域相对更为广泛，调节方式也更加灵活。因为税收可涉及国民经济的各个领域和再生产的各个环节，税收能够在不同时期、不同地区和不同经济主体之间区别对待，通过一征一免，多征少征，充分发挥其物质利益激励作用。而且由于税收具有一种强制性征收，非直接返还性征收的刚性，从而也使得税收的调节力度更加强大。

（二）税收的社会职能

税收的社会职能也就是税收调节社会财富分配的职能。税收作为一种社会再分配的手段，通过调整社会经济活动中各个利益主体的经济利益，影响并改变利益主体的收入，进而可以调整社会成员在社会收入分配上的格局。

其基本原因在于：税收是在社会成员收入初次分配已经确定的前提下，对社会成员所取得的收入所进行的再分配。通过税收再分配，必将打破课税前社会成员的原有收入分配格局，形成新的收入分配和财富占有格局。显然，税收的这种调节社会收入分配的职能，是税收本身所固有的。特别是在累进税制下，通过合理的税收负担政策，税收调节职能可以得到更加充分地体现。而这又是由税收作为凭借国家政治权力所进行的一种强制分配，具有调整各经济主体收入与财富占有状况的能力所决定的。

第六节　税收的本质

税收本质的研究，主要是要从更深的层次上研究国家为什么有权力向人民征税，人民为什么要承担纳税义务的问题，或者说是有关政府征税的依据的问题。自产生国家以来，税收始终是国家财政收入的主要来源，这促使学者们在研究税收一般表征的同时，越来越注重对税收本质的研究，以便更好地解释税收现象，制定税收政策和设计税收制度。由于人们所处的历史条件和对问题认识的角度不同，形成了不同的税收本质观。在资本主义发展过程中，西方经济学家们早就对这一问题进行了较为系统的理论探讨，提出了各种不同的观点。比较有代表性的观点归纳起来有以下几种。

一、西方学者关于税收本质的学说

自 17 世纪以来，西方资产阶级学者对国家征税的实质进行了广泛探讨，主要形成了公需分担说、交换说、保险说、牺牲说、义务说、社会政策说和公共品补偿说等各种不同的学说。

（一）公需分担说

公需分担说产生于君主专制时代的 17 世纪，其主要代表人物为德国重商主义的官房学派学者 K. 克洛克。此学说认为，税收是出于公共需要的目的而征收的，国家的职责在于增进公共福利。为了实现增进公共福利的目的，就需要有费用支出，这种费用支出理应由人民负担。因此，国家向人民征税，就是人民对这种公共需要的共同负担，人民有分担公共需要的义务。

K. 克洛克认为，国家的职能是满足公共需要和增进公共福利，这一职能的实现，需要税收提供物质资源。他曾经指出：“租税倘非出于公共福利需要者，即不得征收，如果征收，即不能认为是正当租税。所以，征收租税必须以公共福利需要为理由。”①

① 转引自郭庆旺等编：《当代西方税收学》，东北财经大学出版社 1994 年版。

（二）交换说

交换说产生于17世纪，盛行于18世纪资本主义经济自由发展时期。主要代表人物有重商主义者霍布斯、古典经济学家亚当·斯密等。这种学说认为，国家向人民提供利益，人民则必须向国家纳税作为报偿或交换。他们认为，国家征税是为了保护人民的利益，人民应向国家纳税以相互交换。亚当·斯密曾经明确指出，国家应以每个人所得利益的数量确定纳税标准。这种学说实际上将商品交换法则引入了税收分配关系，从而奠定了近代和现代资产阶级税收理论的基础。

（三）保险说

保险说产生于18世纪，主要代表人物为法国的梯埃尔、孟德斯鸠和斯宾塞等。该学说认为，国家保护了人民生命财产的安全，人民应通过纳税向国家支付报酬，人民向国家纳税如同投保人向保险公司缴纳保险金一样。

（四）牺牲说

牺牲说产生于19世纪，主要代表人物为资产阶级庸俗经济学家，如法国的萨伊、英国的穆勒等。这种学说强调国家权力，认为国家有权向人民课税，不管个人是否从国家方面得到利益，都必须纳税。这在国家是一种强制征收，在人民则是一种牺牲。个人与国家之间既无利益交换关系，也无保险报偿关系。

（五）义务说

义务说产生于19世纪欧洲国家主义盛行时期。该学说认为，国家是人类组织的最高形式，个人依存于国家。国家为了实现其职能就应有征税权，人民纳税是应尽的义务，任何人不得例外。如法国学者劳吾指出："租税是根据一般市民的义务，按一定的标准向市民征收的公课。"[①] 19世纪末的美国著名财政学家亚当士认为，义务说正确地概括了现代国家税收的本质。

（六）社会政策说

社会政策说产生于19世纪末，主要代表人物有德国社会政策学派的财政学者瓦格纳和美国著名财政学家塞里格曼。他们认为，税收应是矫正社会财富与所得分配不公的手段，是实现社会政策目标的有力工具。认为国家征税的意义，不仅是满足财政需要，而且还具有纠正分配不公的积极作用。

（七）公共商品补偿说

这是流行于现代的西方主要税收学说。其主要代表人物有凯恩斯、汉森、萨缪尔森以及马斯格雷夫等。这一学说以社会对公共商品的需求作为研究起点。该理论认为，满足社会公共需要的公共商品因消费上的特性，其成本和代价不可能通过市场自愿出价，只能由政府通过强制手段来强迫每个人支付。税收就是用于补偿公共商品的生产费用的成本。

上述几种学说，都有其合理性的成分，如公需说和交换说，两者虽然没有明确提出政府向全体社会成员提供公共商品的问题，但实质上已触及了此问题。即把国

---

① 转引自郭庆旺等编：《当代西方税收学》，东北财经大学出版社1994年版。

家征税看作是国家保护人民利益的一种代价，或者是纳税人因享受公共福利而对国家的一种报偿。而公共商品补偿说直接按照市场经济的等价交换原则，从更深的层次上探讨了税收的本质。

二、我国的税收本质观

在我国社会主义税收理论发展过程中，学术界对税收本质进行了广泛探讨，形成了各种不同理论观点，既有传统计划经济体制下占重要学术地位的国家需要说、社会扣除说等学说，也有市场经济体制下逐渐形成的公共商品成本补偿说等学说。

（一）国家需要说

这是从20世纪50年代起在我国较为流行，且影响最为深远的一种税收本质学说。该学说认为，税收是国家为了实现其职能，凭借政治权力所形成的强制、无偿的分配关系。即税收的本质是一种强制性分配关系，目的是为了满足国家实现其职能的支出需要。国家是具有阶级性的统治机关，由于国家不直接生产产品，但在执行职能的过程中要消耗社会产品，这样，就产生了国家筹集经费的必要性。国家在实现职能的过程中的支出大多是无偿性质的，因而国家只能用强制、无偿的手段来筹集经费，税收就是实现国家这一职能的基本手段。

国家需要说把税收与国家的政治、经济和公共职能联系起来，把税收本质看作以国家为主体的分配关系，这是符合马克思主义国家学说的。另一方面，国家需要说也存在着某些不足之处。例如，它过分强调税收分配的国家意义和阶级意义，忽略社会公共需要对于税收的意义。这样，随着社会主义市场经济体制的建立与发展，单纯的国家需要说不可避免地要面临许多难以解释的税收实践问题。

（二）社会扣除说

在我国传统计划经济时期，除国家需要说以外，还有一种学说，即社会扣除说。该学说认为，税收本质上是一种社会扣除。即国家在分配社会总产品时，按照马克思在《哥达纲领批判》一文中所指出的那样，应扣除“一般的不属于生产的管理费用”“作为满足共同需要的费用”“为丧失劳动能力的人设立的基金等”①。这一学说认为，税收从名义上看是强制、无偿的，但实质上是个人在向社会领取收入时所做出的扣除，这种扣除是建立在共同利益之上的，因而是自愿的。但此学说很难解释现实中的税收。因为马克思所说的“社会扣除”是有条件的，即假定在“劳动资料是社会的财产”，并且全部劳动由集体调节着的社会里。

（三）公共商品成本补偿说

这是在我国社会主义市场经济条件下逐渐形成的一种学说。这种学说认为，税收在本质上是一种以国家名义进行的强制征收，是社会成员为获得公共需要的满足而支付的价格或费用。换言之，税收本质上是人类社会再生产的一种费用形式，它与人民生活、生产的一般共同外部条件有着本质的联系。人民为了生产和生活，不

---

① 《马克思恩格斯选集》第3卷，人民出版社1985年版，第9—10页。

仅要有各种生产资料、生活资料，而且都需要有和平的社会环境，安定的社会秩序，以及完善的公共工程与公共事业。所有这些公共需要，都是通过税收筹集财政资金，提供公共商品来满足的。

正因为税收是对政府提供的公共商品的成本的补偿，因此，国家征税并不是真正无偿的。尽管国家征税对具体纳税人来说不存在直接的返还关系，而且国家也确实不是按照每一个纳税人从公共商品中享受到的利益的多少来征税，即不存在市场交换中那种一对一的交换关系，因而也就不存在对每一纳税人的直接返还关系，但生活在社会中的每一成员如离开政府提供的公共商品是难以生存的，他总是会或多或少地从政府提供的公共商品中得到利益。既然如此，他就理应为公共商品提供费用。虽然他得到利益的多少与他缴纳税收的多少可能是不对称的。而如果把纳税人当作一个整体来看待，则国家征税多少和纳税人从公共商品享用中得到的利益是大体对称的。这样，税收就是有偿的了。正是从这个角度来看，我们也可以说，政府本身就是一个经济部门。

税收是政府机器运转的经济基础，但政府本身也是一个经济部门。因此，既要从政治权力的角度去认识税收，也要从经济角度去认识税收。政府作为一个公共经济活动部门，要生产和提供各种公共商品，以满足社会全体成员的共同需要，而政府部门在生产和提供公共商品时，是需要从市场上购买商品和劳务的，这种购买支出即构成公共商品的成本，而税收则实际上可以视为政府提供公共商品成本的补偿。

复习与思考

一、基本概念

税收　规费　强制性　非直接偿还性　无偿性　规范性

二、思考题

1. 政府为什么要向纳税人征税？
2. 如何理解税收这一概念？
3. 税收有何形式特征？它们之间为何种关系？
4. 税收与其他财政收入有何区别？
5. 如何看待税收的本质？

第二章

税收常用术语

第一节　税 制 要 素

税制要素是构成税种的基本元素，也是进行税收理论分析和税制设计的基本工具。税制要素一般包括课税对象、税目、纳税人、税率、计税依据、减免税、纳税环节、纳税期限和纳税地点。其中：课税对象、纳税人和税率是税制的三大基本要素。它们旨在解决税收的三个最基本的问题：即对什么征税，由谁纳税，以及征多少税。

一、课税对象

课税对象也称征税对象，即课税客体。是由税法规定的征税的客观目的物，表明对什么征税，是构成税种最基本的要素之一。一般来说，作为课税对象的有物品、收入或行为等。例如，消费税的课税对象是税法规定的各种应税消费品；个人所得税的课税对象为个人所得；原屠宰税的课税对象是屠宰行为。而且随着社会经济的发展，课税对象也会不断地发生变化。在以自然经济为特征的奴隶社会和封建社会，课税对象主要为土地和人丁；而以商品经济为特征的资本主义社会，课税对象主要为商品销售收入、劳务收入额或经济交易的增值额，以及在国民收入分配中形成的各种收入，如利润、股息、利息、地租、工资、薪金等。应当指出，理论上可以作为课税对象的并不一定能成为现实的课税对象。现实课税对象的选择往往要考虑有利于国家财政收入及时、足额、稳定地取得，以及有利于国家对经济的调控。

不同的课税对象构成不同税种，税种与税种的区别以及税种的名称，通常取决于不同的课税对象。而且课税对象也是区别征税与不征税的主要界限。一个国家一定时期税种的多少，取决于国家选择课税对象的多少和国家在一定时期采取何种类型的税制。随着社会经济的发展，可供选择的课税对象越来越多，国家开征的税种也会不断调整，税收体系也相应地会变得越来越复杂。

课税对象与税源密切相关。所谓税源，是指税收的经济来源。一般来说，各税种因课税对象不同，其经济来源也就不同。但同一税种中，两者的关系也不一定是一致的。具体来说，有些税种课税对象与税源是相同的，如所得税，其课税对象和税源都是纳税人的纯收入；而有些税种的课税对象与税源不相同。如财产税，其课税对象为应税财产，而税源则是财产的收益或财产所有人的收入。掌握和了解税源的发展变化是税务工作的重要内容，它对制定税收政策和税收制度，开辟和保护税源，增加财政收入等方面都具有重要的意义。

与课税对象相关的另一个概念为征税范围。征税范围一般是指课税对象的范围，即课税对象的具体内容，或课征税收的具体界限。因此，凡列入征税范围的都应征税，反之，则不征税。例如：我国现行个人所得税以个人所得为课税对象，而税法规定列入征税范围的为税法明确列举的九项个人所得，如工资薪金所得、利息所得等，未明确列举的个人所得则一般不属于征税范围。

二、税目

税目是课税对象的具体化，反映具体的征税范围，体现征税的广度。税目一般是指具体的征税品种或征税客体。

在课税对象下设计税目，有利于明确具体的征税范围，划清征免界限，也有利于区别课税对象的不同情况，如不同质量、不同数量等来设计税率，贯彻国家的经济政策和税收政策。在税目设计上，通常有两种方法：一是单一列举法，即按照每种商品或经营项目分别设计税目的方法。如我国原产品税中对农、林、牧、水产品的征税项目确定。这种方法又具体分为正列举法和反列举法，前者是指凡列举的税目都要征税，未列举的不征税；后者则指凡列举的品目不征税，未列举的都要征税。二是概括列举法，即按照商品大类或行业设计税目的方法。如原营业税按行业设计税目，对从事建筑业者，按“建筑业”税目征税。上述两种方法各有利弊，在税目设计中应注意将两者结合起来，灵活加以运用。

三、计税依据

计税依据是用以计算应纳税额的课税对象的数额，是课税对象的数量化，也称为税基。它是决定国家税收收入和纳税人税收负担轻重的重要因素之一。计税依据与课税对象既相联系又有区别。一般来说，课税对象要说明的是对什么征税，而计税依据要说明的是对课税对象的多少具体数额征税，因而它们有时一致，有时不一致。例如：原农业税的课税对象为农业收入，而计税依据为常年产量。

计税依据按照计量单位来划分，有两种类型：一是按照课税对象的价值，即货币单位计算，称为从价计征，如我国增值税以销售商品的销售额作为直接计税依据；二是按照课税对象的自然计量单位计算，称为从量计征，如原屠宰税以屠宰牲畜的头数为计税依据。计税依据计量单位的选择，一般取决于课税对象本身的性质和商品货币经济的发达程度。

四、纳税人

纳税人是指依法参与税收法律关系，享有权利，承担义务，对国家负有并实际履行纳税义务的单位和个人。它主要解决向谁征税或由谁纳税的问题。纳税人可以分为自然人和法人两类。

（一）自然人

自然人是指能够独立享有法定权利和履行法定义务的个人。其中的法定义务包括承担纳税义务。我国税法中的自然人纳税人具体指我国公民、居民，在我国的外国人和无国籍人，以及属于自然人范围的企业，如个体企业、农村经营承包户、合伙企业和其他不属于法人性质的企业、单位等。

（二）法人

法人是自然人的对称。是指按照法定程序组成的，有一定的组织机构，具有能独立支配的财产，并能以自己的名义参与民事活动，享有权利和承担义务的社会组织。法人是符合一定条件的社会组织在法律关系中的人格化。法人一般应具备四个条件：

1. 必须是依法进行登记并经批准的；
2. 拥有能够独立支配的财产，并能独立进行核算；
3. 必须有自己的名称、组织机构和场所；
4. 能独立承担民事上的权利和义务，并能以自己的名义参与民事诉讼活动。

法人依法对国家负有纳税的义务。我国的法人纳税人主要是指企业法人。

纳税人是自然人还是法人，在不同税种中的构成是不一样的。有的税种纳税人仅为个人，如个人所得税。有的税种纳税人则仅为法人，如企业所得税等。有的税种则既有自然人也有法人，如房产税等。随着客观经济情况的变化，同一税种的纳税人也会发生变化。如原农业税的纳税人在农业合作化前是个体农民；合作化后是农业生产合作社和原来的生产大队；实行农村家庭联产承包责任制后又改为承包人。

与纳税人相联系的一个概念是负税人。负税人是指最终承受税收负担或实际缴纳税款的单位和个人。在全部财产都归私人占有的制度下，一切经济组织的收入最终都要分解为个人收入，只有个人才是最终的负税人。纳税人和负税人是否一致，主要取决于税种的性质。一般来说，所得税和财产税，纳税人同时是负税人，两者是一致的。而对商品和劳务征税，容易引起商品和劳务价格的变化，使税收负担由生产者或销售者身上转移到消费者或购买者身上，在这种情况下，负税人和纳税人往往不一致。

与纳税人相关的另一个概念是扣缴义务人。扣缴义务人是指按照税法的规定，负有代扣代缴税款义务的单位和个人。为了实行源泉控制，保证国家财政收入，税法除规定纳税人以外，有时还规定扣缴义务人。如个人所得税法规定以所得取得者为纳税义务人，以支付所得的单位为扣缴义务人。又如，原烧油特别税的纳税人是烧用原油单位，而扣缴义务人是供油单位。扣缴义务人直接负有税款的扣缴义务，应当按照税法规定代扣代缴，并在规定期限足额地缴库。

五、税率

税率是指应征税额占课税对象数量的比例，是计算应纳税额的尺度，体现征税的深度，是税制的中心环节。在其他因素不变的情况下，税率的高低直接决定税收负担率的高低，关系到国家财政收入的多少和纳税人负担的轻重，关系到国家和各纳税人之间的经济利益，同时也反映着国家一定时期的财政经济政策。因此，国家在进行税率设计时，应考虑财政需要，不同纳税人或课税对象的税负承受能力，以及一定时期社会经济发展状况等因素，使税率尽可能公平合理，高低适度。

税率的表示方法主要有两种：一是用征收税额的绝对量加以表示，适用于从量计征的税种，这种税率称为定额税率；二是用征收税额的百分比，即相对数加以表示，适用于从价计征的税种，这种类型的税率主要有比例税率和累进税率。比例税率、累进税率和定额税率是税率中最为常用的形式。

（一）比例税率

比例税率是指同一课税对象，无论其数额大小，都按照相同比例征税的税率。采用这种税率，税额随着课税对象数量的增加成比例增加。在具体运用中，比例税率有如下几种形式：

1. 统一比例税率。统一比例税率又称单一比例税率。它是指在一个税种中仅仅规定一个征税比例的税率。如我国原牲畜交易税统一实行 5% 的比例税率。

2. 差别比例税率。差别比例税率是指根据纳税人或课税对象的不同性质，分别规定不同征税比例的税率。这种税率形式在我国税制运用中十分广泛。

3. 产品比例税率。产品比例税率是指根据不同产品分别规定不同征税比例的税率。一般体现为同种或同类产品同一税率，不同产品不同税率。如我国现行关税、消费税等，都采用这种税率。

4. 行业比例税率。行业比例税率是指对不同生产经营行业分别规定不同征税比例的税率。一般体现为同一行业同一税率，不同行业不同税率，如原营业税对建筑安装、金融保险、邮政电讯、服务业等分别规定了高低不等的税率。

5. 地区差别比例税率。地区差别比例税率是指对不同地区的同一课税对象分别规定高低不等的征税比例的税率。如：我国原农业税根据不同地区经济条件的差别，对富裕地区规定较高税率，对贫困地区实行较低税率。

6. 幅度比例税率。幅度比例税率是指对同一课税对象由税法统一规定一个税率幅度，由各地区在此幅度内具体规定本地区征税比例的税率。如：我国原营业税中对娱乐业的征税，税法规定实行 5%—20% 的幅度比例税率。

此外，比例税率在实际运用中，还有产品分级比例税率、产品分类比例税率、产品分档比例税率、有起征点的比例税率、有免征额的比例税率等。

比例税率在各国税制中运用得十分广泛，其优点主要体现为三个方面：一是分配结果的透明度比例高，税负一目了然；二是纳税人名义税率相等，形式上比较公平；三是物价、汇价、企业组织结构的变化带来纳税人所得增加时，税负的增加比较平缓，易为纳税人所接受。但它也有两大不足之处：一是缺乏弹性，适应性不强；二是对不同收入水平的纳税人和征税对象存在着实际上的不公平。因此，比例税率主要适用于对商品和劳务的课税。

（二）累进税率

累进税率，是指对同一征税对象，随着数额增大，征收比例也随之增高的税率。分级是累进税率的一个最为显著的特点。因为这种税率形式预先将课税对象按数额的大小划分成若干级次，并相应规定每一级次的税率。至于课税对象具体分成多少级，则应视国家调节收入的需要，以及各收入层次纳税人的负税能力而定。

累进税率可分为按绝对额累进和按相对额累进两种方式。前者又可以分为全额累进税率和超额累进税率；后者可分为全率累进税率和超率累进税率。两者原理相同。因此，以下仅介绍全额累进税率和超额累进税率。

1. 全额累进税率。全额累进税率，是指将课税对象的全部数额都按照其所适用的最高一级征税比例计税的一种累进税率。下面设四级全额累进税率表进行分析（见表 2－1）。

表 2－1　　四级全额累进税率表

级　次	级　距	税　率
1	全年所得额 0—1000 元	10%
2	全年所得额 1001—5000 元	20%
3	全年所得额 5001—10000 元	30%
4	全年所得额 10001 元以上	40%

假定有甲、乙两纳税人，甲全年应税所得额为 10000 元，乙全年应税所得额为 10001 元，则两纳税人应纳税额分别为：甲应纳税额 = 10000 × 30% = 3000（元）；乙应纳税额 = 10001 × 40% = 4000. 40（元）。在这种累进税率形式下，一个纳税人的全部课税对象数额仅仅适用一个征税比例，当课税对象数额提高到一个较高级次时，全部课税对象数额都按照高一级的税率征税，从这个意义上说，全额累进税率仍是一种比例税率。我国 1950—1960 年间的工商所得税曾实行过 14 级和 21 级全额累进税率。

全额累进税率具有计算简便，累进幅度大，调节收入有效的优点，但这种累进税率在两个级次的交叉点附近往往容易出现税额增加超过征税对象数额增加的不合理现象。如上例，乙纳税人比甲纳税人的所得额仅仅多出 1 元，却要为此多缴 1000. 40 元的税款。

2. 超额累进税率。超额累进税率，是指将课税对象按数额大小划分为若干个等级部分，并分别规定每一等级的税率，当课税对象的数额增加到需要提高一级税率时，仅就超过上一等级的部分，按高一级税率征税的累进税率。换言之，同一课税对象，可能适用几个等级的税率，使得该课税对象的全部应纳税额为多个等级部分应纳税额的合计数。假定将表 2－1 转换成四级超额累进税率表（见表 2－2）。

表 2－2　　四级超额累进税率表

级　次	级　距	税　率	速算扣除数（元）
1	全年所得额不超过 1000 元	10%	0
2	全年所得额超过 1000—5000 元	20%	100
3	全年所得额超过 5000—10000 元	30%	600
4	全年所得额超过 10000 元的部分	40%	1600

现假定某纳税人的应税所得额为 10001 元，则按照表 2－2 超额累进税率计算的应纳税额为：

第一级：应纳税额＝1000×10%＝100（元）

第二级：应纳税额＝（5000－1000）×20%＝800（元）

第三级：应纳税额＝（10000－5000）×30%＝1500（元）

第四级：应纳税额＝（10001－10000）×40%＝0.4（元）

共　计：应纳税额＝100＋800＋1500＋0.4＝2400.4（元）

显然，超额累进税率与全额累进税率相比，有以下三方面的优点：一是在名义税率相同的情况下，全额累进税率的税负重于超额累进税率的税负。例如，10001 元所得额依照上述假定的税率表，在超额累进税率的情况下应纳税额为 2400.4 元；而在全额累进税率的情况下，应纳税额为 10001×40%＝4000.40（元）。二是在累进级次的交叉点附近，超额累进税率克服了全额累进税率的税负跳跃式增加的不合理现象。三是在累进程度上，超额累进税率较之全额累进税率平缓得多。现假定某纳税人某年所得分别为 1000 元、5000 元、10000 元和 10001 元，分别采用两种累进税率计算，其结果见表 2－3。

表 2－3　　全额累进税率和超额累进税率税额计算结果

级次	级　距	税率（%）	税额（元）	
			全额累进税率	超额累进税率
1	全年所得额不超过 1000 元	10	100	100
2	全年所得额超过 1000—5000 元	20	1000	900
3	全年所得额超过 5000—10000 元	30	3000	2400
4	全年所得额超过 10000—10001 元	40	4000.4	2400.4

为了解决超额累进税率按原理计税在方法上比全额累进税率稍显复杂的问题，实际工作中通常采用简化的计算方法，即速算扣除数法。它的基本原理是：对应税对象先按全额累进税率方法计算出一个税额，然后再从这个税额中减去相应的速算扣除数，得到结果即为按超额累进税率计算的税额。其计算公式为：

应纳税额＝应税对象数额×税率－速算扣除数

其中的速算扣除数，实际上是为了简化超额累进税率计算方法而设计的一个算术参数。其计算公式为：

本级速算扣除数 = 按全额累进税率计算的税额 - 按超额累进税率计算的税额

推算超额累进税率表中的速算扣除数，还有一种简单方法，公式为：

本级速算扣除数 = （本级税率 - 上级税率） × 上级课税对象最高数额 + 上级速算扣除数

（三）定额税率

定额税率是指按课税对象的计量单位直接规定固定征税数额的税率，故又称为固定税额。在具体使用时，主要有以下几种形式：

1. 地区差别定额税率。地区差别定额税率是指对同一课税对象按不同地区分别规定不同的单位税额。如资源税。

2. 幅度定额税率。幅度定额税率是指对同一课税对象，由税法统一规定税额幅度，各地区在规定的幅度内自行确定本地区适用税额的定额税率。如城镇土地使用税和耕地占用税。

3. 分类分级定额税率。分类分级定额税率是指按照课税对象的不同种类和不同等级，分别规定不同征税数额的定额税率。如车船税。

除了以上三类规范的税率之外，在税制中有时还采用加成征税和加倍征税的税率延伸形式。所谓加成征税，是指对按法定税率计算的税额加征若干成数税款的计税方法。其中，加征一成也就是加征 10%；所谓加倍征税，是指对按法定税率计算的税额加征若干倍数税款的计税方法。其中，加征一倍也就是加征 100%。一般来说，加成、加倍征收是税收调节那些正常税率调节不到的高收入的一项措施。

（四）与税率相关的概念

除上述作为税制要素的税率形式外，在税收理论研究与实证分析中，某些与税率有着密切联系的概念，如名义税率和实际税率，累退税率，边际税率和平均税率等，也作为分析工具被广泛地加以运用。

1. 名义税率和实际税率。名义税率是实际税率的对称，又称为表列税率。它是税法所规定的税率，即应征税额占课税对象数量的比例。实际税率，又称有效税率或实际负担率，是指实征税款与课税对象数量的比例。它是衡量纳税人实际税负程度的主要标志。

两者是分析税收负担的重要工具。名义税率一般与实际税率存在差异。造成这种差异的原因一般有税制结构、减税免税、加成征税、加倍征税、偷逃税、征税对象与计税依据不一致等因素。名义税率和实际税率在分析纳税人的实际税收负担率时具有重要的作用。

2. 累退税率。累退税率是累进税率的对称，是指随课税对象数额增大而逐级降低征税比例的一种税率。即课税对象数额越大，税率越低；课税对象数额越小，税率越高。显然，这种形式的税率违反税收公平原则，因而各国税收制度中一般都不予采用。但由于使用比例税率、定额税率的税种可能具有累退的特点，故累退税率作为一种分析方法已被广泛使用，它可以从公平、效率和收入弹性的角度对税率调节效果进行分析。如消费税的比例征收和累退特点，见表 2-4。

表 2-4 消费税的比例征收和累退特点

收入（元） ①	边际消费倾向 ②	消费支出 ③	税率（%） ④	税额（元） ⑤=③×④	税额占收入比率（%） ⑥=⑤÷①
100	0.9	90	10	9	9
100—200	0.8	170	10	17	8.5
200—300	0.7	240	10	24	8
300—400	0.6	300	10	30	7.5
400—500	0.5	350	10	35	7

注：消费支出按边际收入计算。

表2-4中，收入按由小到大的顺序排列，边际消费倾向，即每增加一个单位的收入中的消费支出比重，假定边际消费倾向随着收入增加而递减，消费支出为按边际收入计算出的消费支出额，税额为上限消费支出承担的税额，税额占收入的比率，为上限收入实际承担的税额比率。从表中的数据可以发现，收入越高，税额占收入的比例反而降低，从而使得消费税具有一定程度的累退性。

作为一种分析工具，与累进税率相比较，其调节效果如下：一是从公平的角度来看，累进税率由于收入增加而税负加重，收入高的纳税人上缴税收占收入比率高于收入低的纳税人，使得税后个人之间的收入差距比税前缩小。而累退税率起到相反的效果；二是从效率的角度来看，累退税率由于随着收入增加上缴税收占收入的比例反而下降，因而可对个人增加收入起到激励作用；而累进税率则起到相反的作用；三是从收入弹性来看，实行累进税率时，随着收入增长，税收收入增加的百分比大于收入增长百分比，使税收收入具有弹性，而累退税率则起到相反效果。

3. 边际税率和平均税率。边际税率是指在征税对象数额的增量中，税额所占的比率。超额累进税率表中的每一级税率实际上都是相应级距课税对象的边际税率。平均税率则是指全部应纳税额与全部计税总值的比例。边际税率和平均税率有着内在联系。一般来说，在累进税制的情况下，平均税率随边际税率的提高而上升，但平均税率低于边际税率；在累退税制的情况下，平均税率随边际税率下降而下降，但平均税率高于边际税率；只有在比例税制的情况下，边际税率才等于平均税率。正确衡量纳税人的负税状况，不仅要考虑边际税率，而且还要考虑平均税率，边际税率和平均税率都是分析税收负担的重要工具。两者的关系参见表2-5。

边际税率和平均税率作为分析工具，可以从以下几方面分析税率调节效应。一是从调节方式看：边际税率偏重于分析税率的心理影响，因为纳税人关注更多的是边际税率，而很少关心平均税率。而平均税率偏重于分析税收负担率；二是从调节对象看，边际税率偏重于调节的结构分析，作为分析税收对供给影响的工具。而平均税率偏重于调节的总量分析，作为分析税收对需求影响的工具；三是从调节效应看，边际税率偏重于分析税收的替代效应，分析税收对人们选择决策的影响。而平均税率偏重于分析税收的收入效应，分析税收损失的弥补方式。

表 2－5 边际税率与平均税率的关系

收入（元）	累进税率			比例税率			累退税率		
	边际税率（%）	税额（元）	平均税率（%）	边际税率（%）	税额（元）	平均税率（%）	边际税率（%）	税额（元）	平均税率（%）
100	10	10	10	25	25	25	50	50	50
100—200	20	30	15	25	50	25	40	90	45
200—300	30	60	20	25	75	25	30	120	40
300—400	40	100	25	25	100	25	20	140	35
400—500	50	150	30	25	125	25	10	150	30

注：税额按边际收入计算。

六、减免税

减免税是指税法规定对某些纳税人或课税对象给予少征一部分税款或全部免于征税的规定。减税和免税是国家为实现一定的政治、经济政策，给某些纳税人或课税对象的鼓励或照顾措施，是税收的严肃性和必要的灵活性相结合的体现，它能够使税收制度按照因地制宜、因事制宜的原则，更好地贯彻国家的税收政策。税收减免一般在税收法规中列举确定，有的由各级政府根据税法精神和税收管理权限具体规定。

（一）减免税的形式

减免税就其形式而言，一般可分为法定减免、特定减免和临时减免。

1. 法定减免。法定减免是指各税种的基本立法中列举的减税、免税。每一税种在其基本立法中，一般都列有减免税条款，这类减免税，既有已明确列举减免税项目的，也有只规定减免税的原则和范围的。

2. 特定减免。特定减免是指根据政治经济情况发展变化和贯彻税收政策的需要，专案规定的减免税。特定减免一般有两种情况：一是在税收的基本立法确定以后，随着政治经济情况的发展变化所作的新的减免税补充规定；二是在税收的基本立法中，不能或不宜一一列举而采取专案规定的形式。以上两种专案规定的减免，通常由国务院或国家主管业务部门，如财政部、国家税务总局、海关总署做出决定。特定减免又分为无期限的和有期限的两种。

3. 临时减免。临时减免是指在法定减免和特定减免以外的其他减免，主要是照顾纳税人的某些特殊的、暂时的困难而临时批准的一些减免税。由国家主管税务部门或地方政府按照税收管理权限的规定，临时批准的减税、免税，通常是定期的减免或一次性的减免。

（二）减免税的内容

减免税的内容多样，一般分为税基式减免、税率式减免和税额式减免。

1. 税基式减免。税基式减免是指对具体项目列举减免或对课税对象规定起征点、免征额，以解决普遍性照顾问题。其中，起征点是指对课税对象开始征税的数量界限；免征额是指在课税对象总额中免于征税的数额。

2. 税率式减免。税率式减免是指将原定税率降低一定幅度，征税时按降低后的税率计征所实现的减免税，也是主要用于解决普遍性照顾问题。

3. 税额式减免。税额式减免是指对课税对象先按统一规定计算应纳税额，然后减征一定数量的税额而实现的减免税，主要用于解决个别性照顾问题。

七、纳税环节

纳税环节是指税法规定的在商品流转过程中和劳务活动中应当缴纳税款的环节。商品从生产到消费往往需要经过多个流转环节，如工业品一般要经过工业生产、商业批发、商业零售等环节；进口产品一般要经过报关进口、商业批发、商业零售等环节。在这些过程中，哪些环节应该纳税，税收制度必须做出明确的规定。

依照纳税环节的多少不同，税收制度可分为三种类型：

（一）一次课征制

一次课征制即在商品流转过程中只选择一个环节课税的制度。如我国曾实行的商品流通税和盐税。

（二）两次课征制

两次课征制即在商品流转过程中选择两个环节课税的制度。如我国曾实行的工商统一税，规定在工业产品生产销售环节征一次税，在商品零售环节再征一次税。

（三）多次课征制

多次课征制指在商品流转过程中选择多个环节课税的制度。如我国现行增值税规定，货物每经过一个流转环节，就应当征一次增值税。

纳税环节的确定，关系到税制结构和整个税收体系的布局；关系到税款能否及时、足额入库；关系到地区间财政利益的分配；也关系到是否便利纳税人缴税等等。因此，税制设计时应慎重选择纳税环节，一经确定，不得随意变动。

八、纳税期限

纳税期限是指税法规定的纳税人向国家缴纳税款的时间。规定纳税期限是为了促使纳税人及时依法纳税，以保证国家财政支出的需要。它是税收强制性和规范性在时间上的体现。纳税期限的确定，一般应考虑纳税人生产经营和课税对象的特殊性，以及应纳税额数量的大小。一般分为两种形式：

（一）按期纳税

按期纳税即以纳税人发生纳税义务的一定时间作为纳税期限。例如，我国原营业税规定以 5 天、10 天、15 天或 1 个月为一个纳税期；所得税通常视纳税人的具体情况，分别规定为按月、按季或按年缴纳等。

（二）按次纳税

按次纳税即以纳税人发生纳税义务的次数作为纳税期限。例如，我国对个人分次取得的某些收入征收的个人所得税，以及耕地占用税的征收等，都规定在发生纳税义务后按次缴纳。

由于纳税人对纳税期限内取得的应税收入需要进行计算和办理纳税手续，因此，广义的纳税期限还应包括纳税期满后的税款缴库期。

九、纳税地点

纳税地点是税法规定纳税人缴纳税款的地点。由于不同税种的纳税环节不同，各个纳税人的生产经营方式也不尽一致，因此，税法本着方便征纳，有利于对税款源泉控管的原则，通常要在各税种中明确规定纳税人的具体纳税地点。主要有以下五种形式：

（一）就地纳税

纳税人向自己所在地的主管税务机关申报、纳税。我国大多数纳税人及其征税对象均采取就地纳税方式。

（二）营业行为所在地纳税

纳税人离开主管税务机关管辖的所在地，到外地从事经营活动，如设置分支机构，直接从事自销产品的零售业务，非工业企业委托外地企业加工产品等，其应纳税额应当向营业行为所在地的税务机关缴纳。

（三）外出经营纳税

这是对固定工商业户到外地销售货物纳税地点的规定。这类纳税户到外地销售货物时，凡持有主管税务机关开具的外销证明的，回所在地纳税；凡未按规定办理外销证明的，其应纳税额向销售地税务机关缴纳。

（四）汇总缴库

纳税人按行业汇总向国家金库所在地纳税。如中国铁路运营、民航运输、邮电通讯企业的所得税，分别由铁道部、民航总局、邮电部于北京汇总缴纳。

（五）口岸纳税

这是进出口关税的一种常见纳税方式。税法规定，关税的纳税人，除采取集中纳税方式之外，其应纳的进、出口税都应向进出口口岸的海关缴纳。

第二节 税制类型

税制类型，是税制分类的结果。所谓税制分类，是指按照一定的标准，将具有相近或相似特点的税种归并成若干类别的一种研究方法，属于科学研究中的分类研究。对于一个由许多个体组成的复杂系统来说，科学研究只揭示其总体性不够，还必须揭示各个体的特殊本质，税收研究也不例外。近代世界各国普遍实行复税制，而各税类、税种的功能、作用有较大的差异，因此，研究和合理构建一国税制结构，以充分发挥税收职能作用，必然与税制分类联系起来。通过分类研究不同国家或同一国家不同时期的税收制度，可以准确地分析税收的负担分配情况，以及各税种在税制结构中的功能作用及其对社会经济发展和宏观经济运行的影响程度，并为完善税制提供依据。

税制分类可以依据不同的标准进行。采用何种标准，主要应考虑分类的目的和所要说明的问题。一般来说，税制有如下类型：

一、商品劳务税、所得税与其他税

以课税对象为标准，税制可以分为商品劳务税、所得税及其他税。其他税又包括资源税、财产税、行为目的税等税类。

商品劳务税是指以各种商品劳务作为课税对象征收的税种。这类税收的经济前提是商品货币经济。只有商品货币交换得到一定程度的发展，商品劳务税才有课征的经济基础。这类税种的税额一般构成商品价格的组成部分，不受成本、费用高低的影响。纳税人只要取得销售收入就要纳税，因而有利于国家及时、稳妥地取得财政收入。如我国现行消费税、增值税、关税、城市维护建设税等。习惯上，我国也往往将商品劳务税称之为流转税。

所得税是指以纳税人各项纯所得或利润额作为课税对象的税种。其基本政策精神是，有所得者征，无所得者不征，所得多者多征，所得少者少征，因而具有较强的经济适应性，是较能体现量能负担、公平税负的税种。所得税的产生和发展，一要取决于社会生产力的发展，使收入弥补物化劳动消耗和活劳动消耗之后还有剩余，从而使所得税征收成为可能；二要取决于会计的发展，没有一个较为完善的会计制度，就不可能准确地计算收入、成本、费用，从而计算出纯所得。我国现行所得税包括企业所得税和个人所得税。“所得”是一个法定的概念，但这个概念是以企业利润、个人的财产收入、利息收入、经营收入、劳动收入等为主要依据来界定的。因此，所得税是影响法人、自然人可支配收入的税收。这类税收在调节社会公平方面有重要作用，但其征收管理成本相对商品劳务税要高，而且收入的稳定性相对也较差。

资源税是指以自然资源为课税对象的税种。它包括对资源普遍课征的一般资源税和对资源级差收入课征的级差资源税。开征资源类税不仅可以为国家增加财政收入，而且可以促使资源合理开采，并鼓励企业开展公平竞争。目前，我国对资源的课税有资源税、土地使用税和耕地占用税等税种。

财产税是指以各种财产为课税对象的税种，也就是以资产存量为课税对象的税种。财产是一种资产存量，如房屋、土地、交通工具、遗产等。市场经济体制中，税收缴纳的是货币，因此，财产税实际上也是对纳税人的收入征税。财产对人（法人和自然人）的行为有重要影响，也是收入分配悬殊的重要原因，因此，对资产存量进行税收调节是非常必要的，但财产税征管成本相对较高。现代各国普遍实行以商品劳务课税或所得课税为主体税种的复税制，财产税仅作为辅助性税种，如我国现行税制中的房产税、契税等税种。课征财产税不仅能增加财政收入，而且能调节财产所有人的收入，缩小贫富差距，并弥补其他课税的不足，发挥其独特的经济杠杆作用。

行为目的税是指以纳税人特定的行为或国家一定时期希望达到的目的作为课税对象的税种。如我国曾开征的屠宰税、烧油特别税、现行印花税等。这类税种的课征有的是以取得财政收入为主要目的，有的则主要是为了限制某种行为，贯彻寓禁于征的政策。因此，行为目的税在课税对象选择上范围广泛而灵活。

二、从价税与从量税

以计税依据为标准，税制可分为从价税和从量税。

从价税是以课税对象的价值量作为计税依据征收的税种。一般实行比例税率和累进税率，如我国现行增值税、关税、个人所得税等税种均采用从价税形式。价值是通过价格表现出来的，因此，从价税也就是对课税对象的价格征税。其主要优点是开征范围广，凡有价格计量的情况，都可以从价计征。

从量税是指以课税对象的实物量作为计税依据征收的各种税。其实物量以物理计量单位衡量。如对某种酒的交易采取从量税，那么，可以选择酒的重量“公升”或酒的容器“瓶”作为计量单位。如果对所得税类的某种税采取从量税，那么可以选择“人”为计税依据，通常被称为“人头税”。如果对财产税类的房产税采取从量税，那么，可以选择建筑面积（如平方米、平方尺）为计税依据。从量税一般实行定额税率，我国现行资源税、耕地占用税、城镇土地使用税等税种均为从量税。其优点是便于计征和管理，收入不受价格变化影响，纳税人的税负也相对稳定。主要缺点是调节范围有一定限制，一般只适用于计量单位明确，实物形态易于把握的课税对象。

三、价内税与价外税

以应纳税额和价格的关系为标准，商品劳务税又可以进一步分为价内税和价外税。

价内税是指税金构成商品价格组成部分的税种。如我国现行消费税、关税以及以往实行的货物税、商品流通税、工商统一税、工商税、产品税、增值税、营业税等。其优点在于税金包含在商品价格内，也就是说，把税收分担隐含在商品的市场价格之内，容易为人们所接受；税金随商品价格的实现而实现，有利于及时组织财政收入；税额随商品价格的提高而增加，使收入有一定的弹性；且计税简便、征收费用低。但这类税种易造成商品价格与价值背离的情况，导致价格失真。

价外税是指税金作为商品价格附加部分的税种。即税收价格和商品市场价格区分开来，如我国现行增值税和原彩色电视机特别消费税等。这类税种的主要优点是：税金明确，税价分离，税负透明度高，有利于规范税收和价格的关系。

四、直接税与间接税

以税负转嫁与否为标准，税制可分为直接税和间接税。

直接税是指纳税人和负税人一致，一般不存在税负转嫁的税种。在这类税种中，国家和负税人之间的关系是直接的，其间没有第三者介入。一般认为对个人收入、企业利润、财产等课征的所得税、社会保险税、财产税为直接税。

间接税是指纳税人和负税人不一致，一般存在税负转嫁的税种。在这类税种中，由于在国家和负税人之间介入了纳税人，国家与负税人之间的关系就变成了间接关系。人们通常把以商品、营业收入或劳务收入等为课税对象的消费税、销售税、增值税、关税等，称为间接税。

五、中央税、地方税、中央地方共享税

以税收管理权限和收入归属为标准，税制可以分为中央税、地方税、中央地方共享税。

中央税是指由一国中央政府征收管理，收入归属中央一级的税种。这类税一般收入较大，征收范围较广，在政策上需全国统一立法。如我国现行的关税、消费税等。

地方税一般是指由一国地方政府征收管理，收入归属地方一级的税种。这类税一般收入稳定，税基具有非流动性；并与地方经济及利益关系密切，宜于由地方政府立法或自定办法征收。如我国现行的房产税、车船税等。

中央地方共享税是指由中央统一立法，收入由中央和地方分享的税种。这类税是将一些直接涉及中央与地方共同利益，需要依靠地方征收管理的税种，作为中央与地方的共享收入，以解决地区财政不均衡的问题。如现行的增值税等。

第三节 税收体系

税收体系是指由若干性质相同或相似的税种组成的有机系统。它是税制结构的骨骼，在税收理论与制度研究中具有十分重要的地位。

一、商品劳务税

（一）商品劳务税的税种

商品劳务税以商品和劳务为课税对象征收，因此，商品劳务税通常在商品劳务交易环节设置税种。商品从生产产品到最终进入消费者手中，一般要经过多个交易环节，且每一次交易大都有相应的税种。劳务通常生产过程和消费过程是统一的，交易环节少，一般适应的税种也较少。总的来讲，商品劳务税的适用税种或纳税环节较多，这是符合税收中性原则的。因为每一次交易都是经营，都会产生经营者的利润。因此，对有些交易环节征税，对有些交易环节不征税就会扭曲效率市场。其中，对商品劳务交易普遍征税称为一般税。一般税可以只设一个税种，即这种税适用于商品劳务的每一次交易；也可以设多个税种去完成一般税的任务，即普遍征税的任务。但一般税的税种设多少符合简便原则，主要应考虑征管成本的问题，具体情况具体分析。

理论上而言，商品劳务税的税率应该根据税收价格效应对商品需求量的影响来定。因为从效率角度看，如果税收不扭曲效率市场商品劳务供需的比例关系，那么，

税收就是中性的。但各种商品劳务的税收价格效应对价格和商品劳务的产量的影响是不同的，因此，税率要有差别。这种差别用税种中设税目的办法来解决，即不同税目规定不同的税率。税目通常根据商品劳务的品种来设定。

商品劳务交易额的计税依据可以有各种选择，通常有商品劳务交易全额和商品劳务交易增值额两种。前者是指以商品劳务交易的成交金额为计税依据；后者是指以商品劳务交易的增加值为计税依据。对于商品劳务税的一般税来说，计税依据通常也作为税种的命名依据。前者则根据各个国家的不同习惯有不同的命名。计税依据不同，税收对经营者的影响也不同，由此对产业结构的影响也不同。

商品劳务税的纳税人通常规定在交易双方的卖方，即商品劳务的销售方或提供方。

商品劳务税除了一般税的税种之外，通常还设一些选择性的税种，或称精选税种、特殊税种。选择性税种是指某些商品劳务在适用一般税税种之外还要开征的税种。由于这类税只适用于某些商品劳务，因此，必然发生有些商品劳务的税负重，有些商品劳务的税负轻的情况。精选税要根据各国的具体情况谨慎选择，使其达到优化经济结构，促进经济发展的结果。如为了限制某些商品的生产和消费，对某些商品开征“消费税”，通常是列举商品的方式设税种，如烟草、酒精饮料、汽车燃料加征税收，征税环节设在生产销售环节还是零售批发环节，视具体情况而定。又如，为了保护民族利益，主权国家要设关税，关税是对进出国境的商品征收的税收。“商品进出境”并不是交易行为，但仍然要征收商品劳务税。

商品劳务税除了考虑效率之外，通常还要考虑公平的问题。通常对属于生活必需品的商品劳务在一般税中列出税目，设定较低的税率。

（二）商品劳务税的税收负担分析

商品劳务税的最终消费者是税收的负担者。商品劳务分为两类：中间产品和最终消费品。中间产品是资本品，但最终仍要转化为最终消费品，其税负最终也要由最终消费者负担。因此，为了贯彻税收的效率和公平原则，对最终消费品的税负分析非常重要。

基本方法是分析某种最终消费品的税收负担在不同收入群中的分布。例如，分析 A 商品的税负分布情况。假定把社会成员按收入划分为贫困、生存、小康、富裕、豪富五个等级是合理的，并相应确定每个等级的年可支配收入额的范围，然后统计每个群体对该种商品的购买量，那么，该种商品的税收负担在各个等级的分布量可以被计算出来，按照各个等级的人口数量加权计算出的每个等级的人均税收负担量，如果税负与收入呈比例关系，那么，该种税是“比例税”；如果税负随着收入增加而增加，那么，该种税为“累进税”；如果税负随着收入增加而减少，那么，该种税为“累退税”。弄清商品劳务税税种的税收负担分布的性质，对于税种设计目标的实现具有重要意义。

（三）商品劳务税的特征

商品劳务税历史悠久，它是随着商品经济的出现和发展而产生并发展起来的，商品经济的范围和商品、劳务交易的方式、规模、环节、价格等诸因素决定着商品劳务课税的范围、规模、方式、环节等要素。

我国最古老的商品劳务课税大概可以追溯到3000年前周代的"关市之征"，欧洲的关税制度也有2000多年的历史。但是，在封建时代，政府的主要税源是土地税、人头税等原始直接税，商品劳务税在税收总额中所占的比重很小。

进入资本主义时代以后，随着国内、国际贸易的迅速发展，商品劳务课税的比重大幅度提高。欧洲各国从17世纪开始对商品和劳务普遍征收市场税，18世纪以后关税和市场税成为大多数国家的主体税收。商品劳务课税的发展，对于削弱封建地主阶级的势力，巩固资产阶级的统治，发展资本主义经济，起到了重要的促进作用。

进入20世纪以后，特别是20世纪中期以后，由于经济和社会的发展，所得税和社会保险税等税种的收入在税收总额中所占比重不断上升，发达国家的商品劳务税收入才大幅度下降，但是，仍然占有比较重要的地位，而多数发展中国家则一直以商品劳务为主要税源。

进入20世纪90年代以后，增值税的推行仍在继续，消费税、销售税的地位继续受到重视，各国商品劳务课税占税收总额的比重已经趋于稳定。那种轻视商品劳务课税，认为此类税收已经过时的观念逐渐淡化，而所得税的一些不足也逐渐为人们所认识。特别是各国在削减所得税的同时，为了避免财政收入的过度下降，对于商品劳务课税反而更加重视了。其基本特征是：

1. 属于对物税。商品劳务税属于对物税，即不考虑纳税人自身的各种具体情况，对从事同样商品、劳务交易的纳税人按照相同的标准课税。从横向来看，此类课税负担比较公平。但是，从纵向来看，即从不同纳税人的负税能力来看，则具有累退性。

2. 税基广泛。商品劳务税以实现销售的商品和劳务为课税对象，税基广泛、可靠，易于政府取得财政收入。

3. 计税简便。商品劳务税以商品和劳务的销售收入或者销售数量为计税依据，计税方法简单。但是，如果在商品流通过程中的多个环节课税，并且不对本环节以前已经缴纳的税款予以扣除，则会发生重复征税问题，而且环节越多，税负越重。

4. 与商品劳务的价格直接相关。商品劳务税与商品、劳务的价格直接相关，通过对不同的商品和劳务规定不同的税率，可以促进生产、经营者公平竞争。但是，如果课税不当，也会对生产和消费产生逆向调节作用。

因此，商品劳务税不仅成为各国政府财政收入的主要来源之一，而且成为政府调节经济的一个重要杠杆，在各国的税收、财政以至经济中发挥着重要的作用。

二、所得税

（一）所得税税种

所得税实际上是对生产要素交易发生的所得征收的税。一般来说，生产要素可以分为土地、资本和劳动三类，土地的交易价格是地租，资本的交易价格是利润，劳动的交易价格是工资。由于生产要素价格的收入属于不同的所有者，因此，所得税的税种通常按收入者的性质命名，例如，大多数国家设有"公司所得税"和"个人所得税”两种。但利润大多是经营者（公司或企业）财务核算的结果。也就是说，大多数资本不以市场交易价格的形式表达。因此，政府要对“资本价格”的核算规范管理。按照规范的财务核算办法核算出来的资本价格，即“资本收入”才是税法认可的“公司所得”或“企业所得”，于是有“公司所得税”或“企业所得税”的名称。对于生产要素价格个人获得的部分，实际上已经表现为价格了。但是，个人各类收入的总和同样存在需要税法认定的“个人所得”问题。因为政府通常要根据个人收入者的赡养人口因素和收入来源性质予以免税，只对税法认定的“个人收入”征税。这个税法认定的“个人收入”称为“个人所得”，因此，有“个人所得税”的名称。

（二）课税所得的特点

根据现代所得税理论，被课税的所得通常具有以下三个基本特点：

1. 被课税的所得应当是能够用货币计量的所得。为了适应复杂的经济情况，合理地设计税制，方便征收管理，课税的所得应当是直接以货币表现的所得，如利润、股息、工资、劳务报酬、特许权使用费等。在现实生活中，也有一些以实物形式出现的所得，如雇主为雇员提供的某些食、宿、交通便利等。为了公平地课税，并堵塞税制上的漏洞，在计征所得税的时候，应当将此类所得折算成货币所得。

2. 被课税的所得应当是能够增强纳税能力的所得。为了保护税本，被课税的所得应当是纳税人经济能力的增量，而不能是其常量的形态转换。如在等值的情况下，将房产转化为股票。同时，被课税所得应当是实际上的经济能力，而不是名义上的经济能力。如：在通货膨胀率较高的情况下，所得税的诸多要素，包括扣除标准、税率等级等都应当作相应地调整。在货币贬值的情况下尚未转让的财产重估增值额，也不应当计入应税所得。

3. 被课税的所得应当是净所得或纯所得。为了实现税收的合理负担，有利于征收管理，所得必须能够反映纳税人的真实纳税能力。因此，被课税的所得首先应当是净所得，而不是总所得。因为后者中包含的成本、费用等不能代表纳税人的经济能力，在计算缴纳所得税的时候应当允许按照税法的规定从总所得中予以扣除。

（三）所得税的特点

1. 征管难度大。所得税的征管难度大于商品劳务税，征管成本较高。因为市场经济的情况非常复杂，各企业的情况千差万别，货币支付的形式也多种多样，因此，正确核算“所得”并不容易。这不仅仅是一个技术问题，而且和市场经济的发育程度和管理水平有关。尤其是个人所得税，在市场经济发育不完整的地方，在“劳动”和“酬金支付”两个方面往往都呈现出无序的情形，更增加了征管的难度。

2. 税负公平。所得税被认为是不容易转嫁的税收，符合能力原则。因此，所得税通常被作为调节社会公平的重要税收。尤其是个人所得税，实行无所得不纳税，所得少者少纳税，所得多者多纳税的原则，调节力度更大。如果所得税不产生工作和闲暇的替代关系，那么，就不会影响效率。因此，在市场经济比较发达的国家，所得税是预算收入的主要来源，而且个人所得税一直作为主体税种看待。

3. 调节灵活。为了公平税负，鼓励竞争，可以对所有部门、行业、企业、地区或者个人实行统一的税率和税收政策；也可以结合不同部门、行业、企业、地区或者个人的具体情况，实行有差别的税率和税收政策，直接调节企业的利润和个人的纯收入，从而调节生产、消费、储蓄和投资，促进经济发展。

因此，所得税不仅成为当今各国政府财政收入的一项主要来源，而且成为政府调节经济，促进社会分配公平的一个重要杠杆，在各国的财政、税收和经济领域发挥着重要的作用。特别是所得税的后两种功能在现实社会生活中倍受重视，并成为各国政府社会政策和经济政策的主要传导工具之一。

三、财产税

（一）财产课税的历史

财产的内涵十分丰富，包括一切积累的劳动产品（生产资料和生活资料）、自然资源（如土地、矿藏、森林等）和各种科学技术、发明创造的特许权等。

对财产课税有着悠久的历史，在人类历史发展过程中，当私有财产制度确立后，对财产课税就有了可能。在奴隶社会和封建社会，由于生产力水平比较低下，在以种植业和养殖业为主的自然经济条件下，征税对象只能以土地和人丁为主。私有制产生以后的很长历史时期，土地是私有财产的主要形式，也是最重要的生产资料。因此，古代国家依据纳税人占有和支配土地来课税自然就成为财产税的最初形式。最早的税收，如我国历史上的贡、助、彻，亚洲其他国家的土地税，欧洲各国的什一税，都是对私有土地征收，是财产税的雏形。

财产税产生以后，经历了奴隶社会、封建社会、资本主义社会和社会主义社会等几个不同的社会制度。随着社会生产力的发展和各个社会政治、经济情况的发展变化，财产税的课税对象发生了很大变化。以自然经济为特征的古代社会，财产税的主要课税对象是土地；到了商品经济发达的资本主义社会，由于财产的种类日益增多，可以作为课税对象的财产也日趋复杂多样，除了不动产之外，还有动产，包括有形动产和无形动产。财产税的征税范围因此而不断扩大，税种也渐渐增多。

（二）财产税税种

1. 税种选择原则。财产税税种选择主要考虑以下因素。一是财产税的征收管理成本。一般来说，财产税的征收管理成本要高于商品劳务类税收和所得类税收。这是因为财产税存在特殊的信息管理成本和财产价值的重估成本。具体来说，财产的品种繁多，外在的表现形式也不同，因此，要搞清纳税人的财产情况极不容易，考虑到信息成本问题，几乎没有实践的可能性。同时，由于财产税的负担和财产的价值有关，因此，存在财产价值的重估问题。财产是存量，交易不频繁，相应地，要确定财产的市场机制不是一件很容易的事情。因此，财产税的征税对象和征税范围通常都不大。二是效率原则。西方主流观点认为对房产征税是有效率的。三是公平原则。一般认为，遗产税和赠与税有利于收入分配公平。

2. 财产税的经济效应。财产税在国际上较为普遍的做法是设三种税：房产税、遗产税和赠与税。在现代税制中，“农业土地财产”大多是免税的，这可能与农用土地都处于经营之中有关；也可能是由于农业产业的特殊性。财产税的经济效应是指财产税对储蓄的影响和对工作的影响。所得税虽然和财产税有关系，但所得税是对劳动、资本利润和利息收入等征收的税收，而不是对财产本身的征税。因此，在分析财产税的经济效应时，通常是和所得税比较而言的。

西方国家在所得税税种的设计中，劳动、经营收入的税负轻于所有权收入，如租金、利息、股息、红利等的税负，这主要体现在允许扣除项目的差别上。与财产税制度结合起来看表明，整个税收制度的设计是鼓励财产的资本化经营，抑制仅靠财产所有权取得收入的。显然，对前者鼓励储蓄；对后者抑制储蓄。在他们看来，这是激励人们劳动和经营的政策导向。

（三）财产税的特征

所得课税、商品课税和财产课税是现代税制的三大课税体系。它们既有联系又有区别。

1. 财产课税和所得课税的区别。在商品经济条件下，财产课税与所得课税具有一定的同一性。这是因为：一是财产税的纳税人必须用所得来缴纳财产税；二是如果财产税的课税对象属于可以取得收入的资本，则财产和所得之间就具有可以相互转化的性质。但财产课税与所得课税仍然有明显的区别，表现在：财产课税是对财富的存量，即对财产本身的数量或价值课税，所得课税是对财富的流量，即对财产产生的收益或所得课税。财产课税的纳税人不一定是财产的主人，而所得课税的纳税人多是所得的拥有者。

2. 财产课税与商品课税的区别。财产课税和商品课税的关系也比较密切。从课税客体看，财产也表现为物品，不过是耐久性相对较长的物品。当财产出售时，这些物品就更具有名副其实的商品性质。两者的区别在于：一是商品课税的课税对象是流通中的商品，属货币资金流量部分；而财产课税的课税对象是财产，属财富的存量部分。商品课税中的商品都加入商品流通行列，发生一次或多次交易行为，财产课税中的财产多半不参与流通，不发生交换或交易。商品课税是一次课征，财产课税则是定期征收。

3. 财产课税多属于直接税。财产课税中的大多数税种都具有直接税性质，税负一般难以转嫁。

四、其他税收

从税收分类的角度看，如果把税收分为商品劳务税、所得税和财产税的话，那么，任何一种税应该都可以归到上面相应的类别中去。之所以还有“其他税收”，一是在一国的税制中，有的预算收入采用税收的名称，但该税种究竟是不是真正的税收还存在争论；二是因为有些税种在分类归属上还存在分歧。

在我国传统的税收分类中，除商品劳务课税、所得税、财产税等三大类税种外，还包括对特定行为课税的行为税类。所谓“特定行为”，实际上是指不属于上述三大类税收课征范围的行为。通常所列举的行为税，各论著中虽不尽相同，但也大同小异。事实上，各行为税多数都可以归入商品劳务税、所得税和财产税中的课征范围，而不属于对特定行为的征税。如原屠宰税似乎是一种典型的行为税，即对屠宰行为征税，其实它仍属于商品课税范畴，是对牲畜销售的课税。而之所以表现为对屠宰行为课税，主要是由于农村牲畜饲养分散，且商品化程度不高，按正常销售课税难以操作。正因为如此，城镇屠宰行为不再征收屠宰税就是一个证明。又如车船税和土地使用税，从字面上看是对使用行为征税，但实际上，车船只要上了牌照就得纳车船税；土地闲置不用也同样需要缴纳土地使用税。因此，与其说是对使用行为征税，还不如说是对车船、土地使用权的财产课税，即实际上是一种财产税。

复习与思考

一、基本概念

课税对象　税目　计税依据　纳税人
负税人　扣缴义务人　税率　比例税率
统一比例税率　产品比例税率　差别比例税率　行业比例税率
地区差别比例税率　幅度比例税率　累进税率　全额累进税率
超额累进税率　定额税率　名义税率　实际税率
累退税率　边际税率　平均税率　减免税
起征点　免征额　税基式减免　税额式减免
税率式减免　纳税环节　纳税期限　纳税地点
商品劳务税　所得税　财产税　从价税
从量税　价内税　价外税　直接税
间接税　中央税　地方税　中央地方共享税
税收职能　税收的财政收入职能　税收的调节职能

二、思考题

1. 比例税率有何优缺点？
2. 超额累进税率和全额累进税率有何区别？
3. 定额税率有何优缺点？
4. 税制的基本构成要素有哪些？
5. 税制有哪些最主要的分类标准？
6. 商品劳务税有何特点？
7. 所得税有何特点？
8. 财产税有何特点？
9. 税收有哪些职能？

第三章

税收效应

第一节　税收效应类型

税收效应是税收理论研究中的一项重要内容。它是指纳税人因政府的课税行为而产生的影响或发生的变化。具体包括政府课税对微观主体行为与福利发生的变化，以及政府课税对宏观经济运行产生的影响。换言之，因政府征税行为而发生的收入由私人部门向公共部门的单方面的转移，除满足国家不同时期的财政需要外，还必然会对经济产生相应的影响。因此，税收效应在理论上一般可分为正效应与负效应；收入效应与替代效应；中性效应与非中性效应；激励效应与阻碍效应等。

一、正效应与负效应

税款的征收，必然会使纳税人或经济活动作出某些反应。所谓正效应，是指政府课税初衷与微观主体或经济活动的反应一致的情形。反之，所谓负效应，是指政府课税实际产生的经济效果与政府课税目的相违背的情形。研究者和立法者应关注税种开征、税目、税率调整、减免税优惠政策实施所产生的税收正负效应，并根据负效应形成的原因，及时修正税制，从而使课税产生的效果与政府的政策初衷尽可能保持一致。

二、收入效应与替代效应

税款的征收，会直接减少纳税人可供支配的财力，并带来相应的行为选择，因此，从税收对纳税人的影响来看，一般会产生收入效应或替代效应，或二者兼而有之。所谓税收的收入效应，是指课税减少了纳税人可自由支配的所得和改变了纳税人的相对所得状况，从而引起纳税人对劳动、储蓄和投资等所作出的进一步反应。所谓税收的替代效应，是指当某种税的征收影响了某种商品的相对价格或某项工作的相对收益时，人们对消费或工作所作出的选择反应。

三、中性效应与非中性效应

中性效应是指政府课税对市场经济运行不产生影响。即不改变人们对商品消费的选择，不改变人们在支出与储蓄之间的选择，也不改变人们在工作还是休闲之间的选择。反之，非中性效应是指政府课税对市场经济运行产生影响。表现为：改变了微观主体对消费品、劳动、储蓄和投资等的选择，进而影响到资源配置、收入分配和公共选择等。

四、激励效应与阻碍效应

税收激励效应，是指政府课税使得微观主体对参与某项活动的促进作用。反之，税收的阻碍效应，是指政府课税对微观主体参与某项活动的抑制作用。但政府课税究竟是产生激励效应还是产生阻碍效应，与纳税人对某项活动的需求弹性也是直接相关的。

此外，在实际的研究中，税收效应的分析，还可以根据需要，进一步区分为储蓄效应、投资效应、产出效应、社会效应等税收有可能产生影响的诸多方面。

第二节 税收的微观经济效应

税收对微观经济活动主体的影响，也就是税收对纳税人生产与消费决策，对劳动力的供求，对家庭储蓄行为以及对私人投资的不同影响，所有这些影响即构成税收的微观经济效应。

一、税收对生产和消费决策的影响

在市场经济条件下，企业生产什么、生产多少的生产决策是根据利润最大化目标做出的，消费者的消费决策虽是基于满足最大福利的目标，但也要受制于预算约束。因此，无论是生产决策还是消费决策，都与商品的市场价格有着密切的关系。它体现为，商品的价格发生变化，生产者和消费者的行为决策也会发生相应改变。而政府对商品的课税会影响其市场价格，因此，商品课税会通过税收的价格效应对生产决策和消费决策产生一定的影响。

（一）税收的价格效应

商品课税对价格的影响有两个方面。首先，对商品课征的税收会造成生产者价格与消费者价格相分离。即在没有税收的情况下，市场上生产者出售商品实际得到的价格，也就是生产者价格与消费者购买商品支付的价格。而政府对商品课税以后，税收就像一个楔子插入生产者价格与消费者价格之间，使两者不再吻合。设 P_f 代表生产者价格，P_c 代表消费者价格，T 代表从量商品税的单位税额，t 代表从价商品税的税率，并假设纳税人为生产者。则在政府征税的情况下，生产者价格与消费者价格的关系可表述为：

$$P_c = P_f + T$$

或 $P_c = (1 + t)P_f$

在政府征税，且纳税人为生产者的情况下，消费者价格中包含有税款，而生产者价格是一种不含税的价格，因此，消费者价格通常被称为总价格，而生产者价格则被称为净价格。

其次，商品课税还会影响均衡状态下的生产者价格和消费者价格。其影响的方向是：提高消费者价格，降低生产者价格。

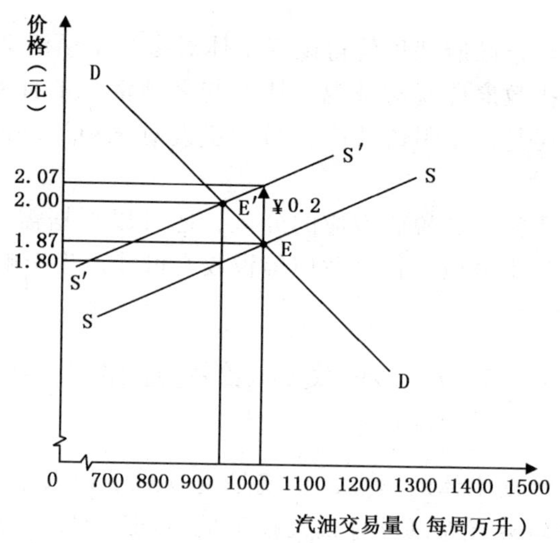

图 3－1　从量税对商品价格的影响

以从量税对均衡状态下的价格影响为例。假定政府课税前汽油的供求状况如图 3－1 所示，DD 代表汽油的需求曲线，SS 代表征税前汽油的供给曲线，供求曲线在 E 点相交，这时，汽油的均衡交易量为每周 1000 万升，均衡价格为每升 1.87 元。现再假定政府对汽油征收从量消费税，税率为每升 0.2 元，纳税人为汽油的供应商。在这种情况下，供应商要想得到征税前的价格，其每一个供应量对应的销售价格必须比过去提高 0.2 元。因此，政府征税后，汽油的供给曲线将上移，形成一条新的供给曲线 S′S′。根据这条新的供给曲线，供应商要维持原来每周 1000 万升的汽油供应量，汽油的价格必须定在每升 2.07 元。但是，政府征税并不会改变消费者对汽油的需求曲线。从图 3－1 中看，当汽油的价格提高到每升 2.07 元时，消费者的需求量将低于每周 1000 万升，由此必将导致市场上汽油的供大于求。为了减少库存，供应商将不得不降低汽油的销售价格。图 3－1 中，供给曲线 S′S′与需求曲线 DD 的交点 E′，是征税后汽油供求的新的均衡点。可见，新的均衡价格，也就是消费者价格为每升 2.00 元，低于每升 2.07 元的价格；而新的均衡交易量也由每周 1000 万升下降到 900 万升。由于在任何供应量上供应商每销售 1 升汽油就要缴纳 0.2 元税款，所以，每升 2.00 元的价格并不是供应商能够得到的净价格。

此例中，供应商得到的净价格，即生产者价格为每升 1.80 元。而生产者价格下降，说明汽油的税款由供应商负担了一部分，并没有全部加到消费者价格中去。而只要消费者对商品的需求有一定弹性，即需求曲线不是垂直的，那么，政府征税必然会引起生产者价格的下降。也就是说，政府对商品课税不仅会提高消费者支付的购买价格，而且同时会降低供应商得到的生产者价格。

再从从价税对均衡状态下商品价格的影响来看，在原理上它与从量税相同。即同样会导致消费者价格和生产者价格偏离课税前的均衡价格，使前者上升，后者下降。参见图3-2。

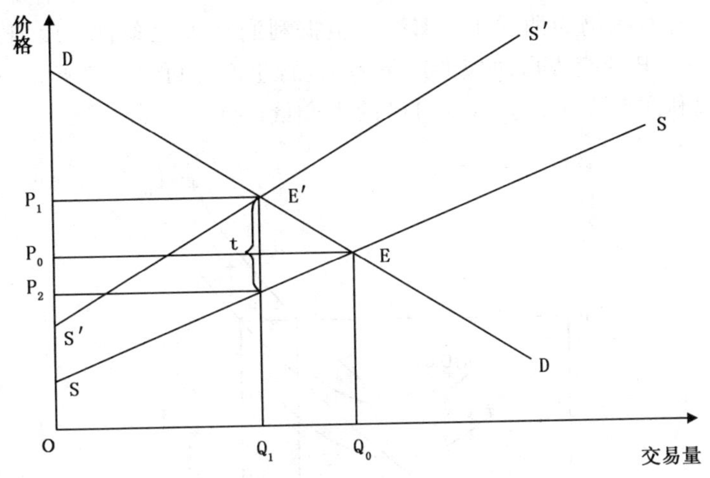

图3-2 从价税对商品价格的影响

图3-2中，DD是某课税商品的需求曲线，SS是课税前的供给曲线。S′S′是政府对商品课征从价税后的新供给曲线。由于从价税是按照供应商出售商品价格的一定比例课征的，出售的商品价格越高，税额t也就越大，因此，曲线S′S′的斜率大于SS。由于课税前的供给曲线SS各点对应的销售价格从左向右渐渐提高，所以曲线SS上各点对应的税额t也要从左向右逐渐增加。这样，新的供给曲线S′S′就不再与原有供给曲线SS保持平行，而是以更大的斜率向右上方延伸，E点是课税前的供求均衡点。这时，生产者价格和消费者价格都等于均衡价格P_0，课征从价税以后，供给曲线上移，新的供求均衡点为E′。这时，消费者价格从P_0上升到P_1，生产者价格从P_0下降到P_2。

（二）税收的产出效应

税收的产出效应，是指税收对课税产品生产量的影响。由税收的价格效应可知，政府对产品课税，会减小该产品在市场上的均衡交易量。而这实际上意味着税收会影响企业的生产量。但是，供求均衡分析是针对某种产品的市场总供给和总需求来进行的，不涉及某个具体企业的生产，因此，这里的影响仅限于税收对整个行业总产量的影响。为了全面了解税收的产出效应，还需要分析税收对单个企业生产量的影响。这种分析可以通过成本来进行。

以从量税为例。图3-3是一个竞争性企业课税前后的短期均衡状态图。图中，曲线 MC 和 AVC 分别为课税前企业的边际成本曲线和平均可变成本曲线，P 为企业产品面对的市场价格。根据微观经济学原理，竞争性企业在制定短期生产决策，即产量决策时，为了保证企业利润的最大化，必须使边际成本等于边际收益。而在完全竞争的情况下，企业的边际收益正好等于企业产品的市场价格。因此，政府课税前，企业会按 MC 与 P 曲线交点所对应的产量 Q_0 进行生产。现假定政府对该企业产品课征从量税，单位税额为 t。这时，企业的边际成本曲线和平均可变成本曲线都要上移 t，形成两条新的曲线，即图中的 MC + t 和 AVC + t。假定政府课税后，企业的价格和边际收益曲线仍为曲线 P。那么，根据利润最大化条件，政府征税以后，企业将按 MC + t 与 P 的交点所对应的产量 Q_1 进行生产。可见，在政府课税的情况下，企业为了实现利润最大化，会减少自己的生产量。

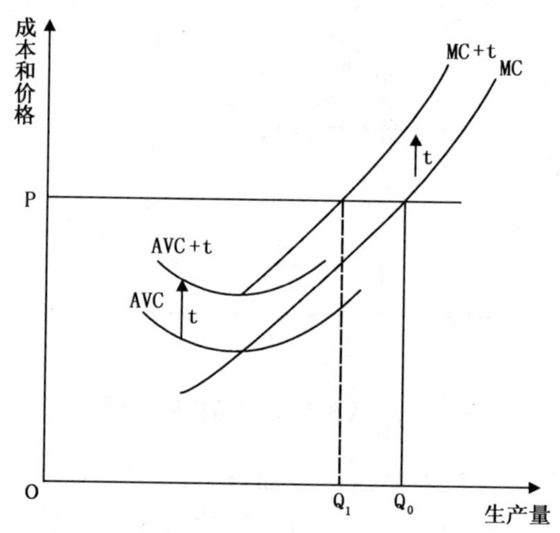

图 3 - 3　税收对单个企业生产量的影响

再从从价税来看，其影响也是类似的。因为政府课税后，企业得到的实际价格，即生产者价格以及边际收益都会下降。从图 3 - 3 可以看出，如果价格曲线，即边际收益曲线下移，与 MC 曲线在较低的位置相交，则企业利润最大时的生产量就会下降。

需要指出的是，上述分析都是税收对产出的短期效应，而没有考虑企业进入或者退出某个行业的问题。实际上，从长期来看，一个行业总有企业进出和增减的问题。税收对产出的长期效应，是指税收导致一个行业企业数量的变化，以及由此对行业生产量产生的影响。由前述分析可知，由于税收会提高企业的平均可变成本或者说降低企业实际得到的价格，因此，一些盈利率不高的企业就可能被迫退出某个生产行业，其结果，该行业的生产规模就会随之下降。因此，税收对产出的长期效应，表现为减少行业中的企业数目，压低行业的生产量。

（三）税收的生产替代效应

税收的生产替代效应，是指税收对企业产品结构的影响，它体现为政府课税会改变企业产品的产量结构。税收的生产替代效应是由政府进行选择性商品课税导致的。税收的产出效应表明，政府对个别商品课税以后，会导致企业相应减少课税商品的产量或放弃生产，同时把资源更多地转向非课税商品的生产。

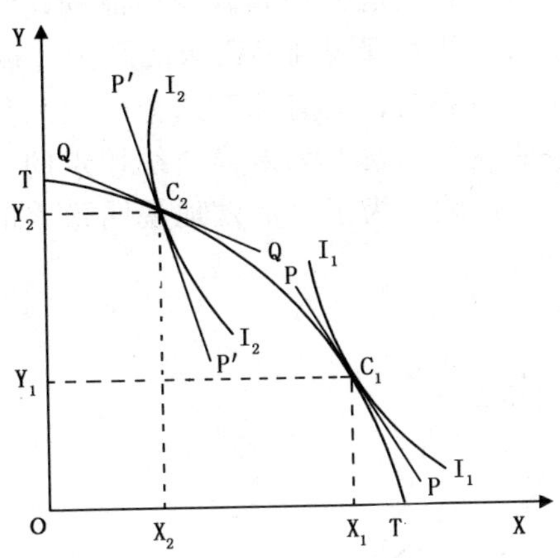

图 3－4 税收的生产替代效应

为了简化分析，假定企业只生产两种商品 X 和 Y。图 3－4 中的曲线 TT 为企业的生产可能性曲线，I_1I_1 和 I_2I_2 为消费者的无差异曲线。政府课税之前，企业最优的产品生产结构是由 C_1 点决定的。该点是 TT 曲线与无差异曲线 I_1I_1 的切点。按照 C_1 点对应的产品组合进行生产，即生产 OX_1 单位的商品 X，OY_1 单位的商品 Y，既可以使企业得到最大利润，同时也可以使消费者得到最大满足。曲线 PP 是课税前消费者预算线，也是 TT 线与 I_1I_1 线的公切线。对 TT 线而言，PP 线的斜率代表商品 X 和商品 Y 之间的边际成本比率；而对 I_1I_1 线而言，PP 线的斜率等于商品 X 和商品 Y 之间的相对价格比率。

现假定政府仅对商品 X 课征消费税，而对商品 Y 则不征税。此时，商品 X 和商品 Y 的边际成本比率将发生变化。因此，TT 线切线的斜率也会相应改变。如图 3－4 所示，课税后，TT 线的切点由 C_1 移到 C_2，切线为曲线 QQ。另外，政府对商品 X 课税后，商品 X 的消费者价格将会提高，从而导致商品 X 和商品 Y 之间的相对价格比率发生变化。因此，图中无差异曲线的切线由 PP 线变为 P′P′线（课税后消费者预算线）。P′P′线的斜率比 PP 线有所提高。与新的相对价格线 P′P′相切的无差异曲线为 I_2I_2，I_2I_2 线与生产可能性曲线 TT 在 C_2 点相交，这是在新的边际成本比率下企业能够达到的最高无差异曲线。所以，企业将按 C_2 点对应的产品组合进行生产，即生产 OX_2 单位的商品 X，以及 OY_2 单位的商品 Y。需要指出的是，无差异曲线 I_2I_2 与 P′P′线相切，表明在新的相对价格比率下，消费者得到了最大满足，但与课税前相比，消费者的无差异曲线左移，由 I_1I_1 变为 I_2I_2，而且 I_2I_2 线也不再与 TT 线相切。这说明，政府对商品 X 课税使消费者的满足程度下降了，由此也形成选择性商品课税的超额负担问题。

（四）税收的消费替代效应

税收的消费替代效应，是指税收对消费者选择商品的影响，它表现为政府对个别商品课税后，引起市场上课税商品的相对价格上涨，从而导致消费者在选购商品时，减少课税商品的购买量，相应地增加非课税商品的购买量。这种由税收导致消费者增加非课税商品需求来替代对课税商品需求的影响，称为税收的消费替代效应。

税收的生产替代效应分析表明，政府课征选择性商品税，会改变市场上商品的相对价格，导致相对价格曲线与消费者无差异曲线切点的位置发生变化，而这实质上就是税收对消费者选择的影响。为了更清楚地说明税收的消费替代效应，可通过图 3－5 对此作进一步分析。

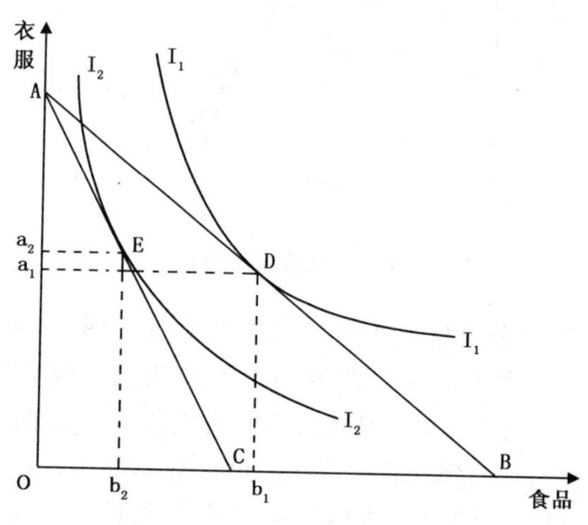

图 3－5 税收的消费替代效应

假定某个消费者的收入既定，并将其全部收入用于购买食品和衣物。图 3－5 中，AB 线为该消费者在政府征税前的预算约束线。预算约束线上的各点表示在收入和价格一定的情况下消费者可以购买到的食品和衣物量的组合。曲线 I_1I_1 和 I_2I_2 为该消费者的无差异曲线。政府课税前，预算约束线与无差异曲线 I_1I_1 在 D 点相切。D 点既处在预算约束线上，又在消费者满足程度较高的无差异曲线 I_1I_1 上，因此，该点决定了消费者征税前购买商品的最优组合，即购买 Oa_1 单位的衣物和 Ob_1 单位的食品。

现假定政府仅对食品课征从量税。这时，食品对衣物的相对价格提高。因此，消费者预算约束线的斜率也会增加，即由图 3－5 中 AB 线变为 AC 线。与新预算约束线 AC 相切的无差异曲线为 I_2I_2，切点为 E。该点对应着政府课税后消费者新的最优购买结构，即购买 Oa_2 单位的衣物和 Ob_2 单位的食品。显然，政府对食品课税后，消费者最优商品组合中的食品量减少了，而衣物量却有所增加，即征税导致消费者用一定量的衣物消费替代了一定量的食品消费。

二、税收对劳动力供求的影响

劳动力市场是最基本的要素市场。从理论上来看，税收对个人的劳动力供给以及企业对劳动力需求都有一定的影响。其中，在现代国家开征的各税种中，个人所得税和社会保险税对劳动力供求的影响最大，最直接，因此，此处的分析主要围绕这两个税种展开。

（一）税收对劳动力供给的替代效应

无论是个人所得税，还是社会保险税，都要对劳动者的工薪收入课征，其结果，必然是降低劳动者的实际工资或净收入。例如，在没有税收时，假设劳动者的工资为 W，政府课征税率为 t 的个人所得税或社会保险税以后，劳动者的工资将减低至 $(1-t)W$。

对劳动者个人而言，一天可分为劳动和闲暇两个时间段。显然，闲暇时间长了，其劳动时间必然缩短，工资收入也会相应减少。因此，个人实质上是在用工资与闲暇进行交换。如同用工资收入购买的其他商品一样，闲暇也可以认为是一种商品，也有价格。单位时间的工资，即工资率也就是闲暇的价格，工资率如果变化了，闲暇与其他商品之间的相对价格就会随之改变，人们对闲暇和其他商品的选择也将发生相应变化。

政府对个人工资收入课税，必然降低劳动者的实际工资率。而工资率降低，意味着闲暇变得便宜了，这时人们将增加对闲暇的消费。即以闲暇替代劳动。这种税收导致人们增加闲暇，减少劳动供给的影响，被称为税收对劳动力供给的替代效应。

（二）税收对劳动力供给的收入效应

税收对人们劳动供给决策的影响除了替代效应以外，还有收入效应。政府对工资收入课税以后，劳动者的实际工资率下降，可支配收入或净收入减少。而劳动者可支配收入的减少将迫使其不得不减少闲暇和其他商品的消费。即增加其劳动供给。换言之，劳动者在税后工资收入下降以后，为了维持原有的收入水平和生活水平会比过去更努力地工作，从而增加劳动力的供给。税收的这种影响，被称为税收对劳动力供给的收入效应。

（三）税收对劳动力供给的净效应

政府对工资收入课税，对劳动力供给会同时产生替代效应和收入效应，而且这两种效应对劳动力供给的影响方向相反。前者减少劳动力的供给，后者则增加劳动力的供应。那么，这两种效应究竟孰大孰小？其净效应是什么？这些问题，对于不同的劳动者答案是不同的。从经济学的观点来看，由于人们对劳动与闲暇的偏好不同，所以，他们在劳动力供给方面对税收做出的反应也不可能完全相同。因此，税收对劳动力供给的净效应实际上是因人而异的。

图 3－6 表示个人在劳动和闲暇之间的选择。图中纵轴为用货币收入表示的每天劳动时间，横轴为每天的闲暇时间，无差异曲线 I_1 和 I_2 表示个人对劳动和闲暇的偏好和获得的满足程度，曲线 AB 为个人税前的时间预算线，类似于商品无差异曲线分析图中的收入预算约束线，它的斜率实际上等于个人的工资率。如果个人一天的时间都用于劳动，闲暇时间为零，他可得到的工资收入为 OA；如果个人把全部时间都用于闲暇，那么，他的工资收入就为零。从图 3－6 中可以看出，政府课税前，

预算线 AB 与无差异曲线 I_1 在 P_1 点相切，这时，人们将选择 OL_1 作为闲暇时间，其余时间从事劳动，其获得的工资收入为 OE。

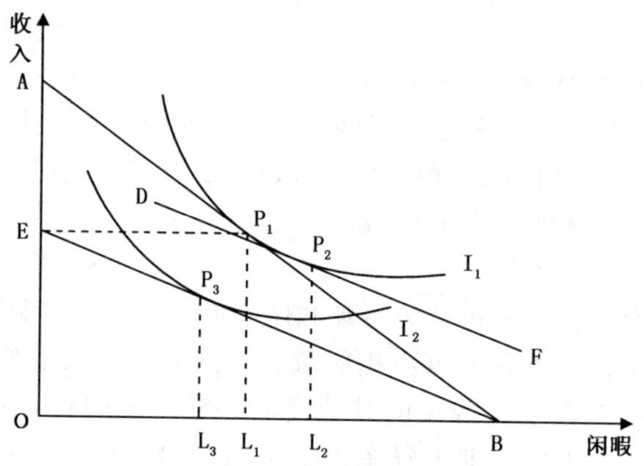

图 3－6　税收对劳动力供给的影响：收入效应大于替代效应

现假定政府对劳动者的工资收入按比例课征所得税，由于税后工资率下降，预算线由 AB 变为 EB。新的预算线与无差异曲线 I_2 在 P_3 点相切。这时，劳动者为了获得最大的满足，闲暇时间将由 OL_1 减少到 OL_3，其余时间工作。可见，在此例中，政府对工资收入征税，其净效应是鼓励劳动者更勤奋地工作，增加劳动供给。这说明，在图中给定的劳动——闲暇偏好情况下，税收对劳动力供给的收入效应大于替代效应，或者说，收入效应更加明显。

为了进一步分析替代效应，假定政府对工资收入课税后，劳动者的非工资收入增加，且正好补偿工资收入的下降。这样，政府征税后，劳动者的无差异曲线仍与税前相同，即仍为 I_1。由于假定劳动者得到了非工资收入补偿，因而形成了一条补偿预算线 DF。DF 线与税后预算线 EB 的斜率相同，以反映税收引起的实际工资率的变化。DF 线与无差异曲线 I_1 在 P_2 处相切，该点对应的闲暇时间为 OL_2，而课税前劳动者选择的闲暇时间为 OL_1，OL_2 大于 OL_1。显然 L_1 与 L_2 之间的距离代表着税收增加闲暇，抑制劳动的替代效应。现取消劳动者税后可以取得非工资收入补偿的假定，这时，劳动者的最优选择点就会从 P_2 变到 P_3。由于 P_2 和 P_3 在两条平行的预算线上，所以，这一变化完全是由收入效应引起的。P_3 点对应的闲暇时间为 OL_3，它比 P_2 点对应的闲暇时间 OL_2 大为缩短。L_3 与 L_2 之间的距离代表税收减少闲暇时间，增加劳动力供给的收入效应。不难看出，在本例中，税收对劳动力供给的收入效应（L_3L_2）明显大于替代效应（L_1L_2），两者相抵后，净收入效应为 L_3L_1。

但税收净效应具有差异性，如图 3－7 所示，可以再给出一组劳动——闲暇选择的无差异曲线。从图中可以发现，对本例中的劳动者而言，税收对劳动力供给的替代效应大于收入效应，两者相抵后，净效应表现为替代效应，即税收增加了劳动者的闲暇（L_1L_3），减少了劳动力供给。

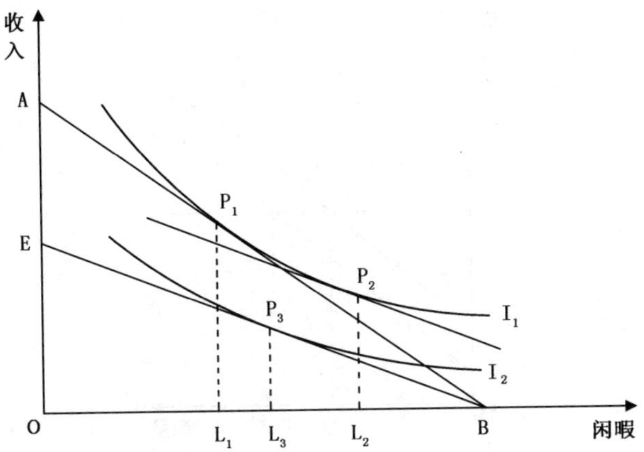

图 3-7 税收对劳动力供给的影响：替代效应大于收入效应

需要指出的是，从纯理论的角度分析税收对劳动力供给的替代效应和收入效应表明，这两种作用方向相反的效应在不同的劳动者身上会呈现出不同的净效应，但难以得出一个规律性的结论。因此，尽管这种理论分析可以帮助人们理解税收对个人工作努力程度的影响，以及税收减少劳动力供给的内在原因，但在现实生活中，税收对人们的劳动力供给或工作努力程度产生了什么影响，上述理论分析并不能给予明确地回答。正因为如此，为了解决这个问题，人们不得不借助经验证据来寻找问题的答案。

（四）税收对企业劳动力需求的影响

税收对企业劳动力需求的影响，主要表现在政府对企业课征社会保险税，会提高企业的劳动力价格，从而导致企业减少对劳动力的需求。

社会保险税一般是按雇员工资的一定比例向雇员和雇主分别征收的。企业雇佣一个工人，除了要为雇员支付工资以外，还要为其缴纳社会保险税。因此，企业的劳动力价格不仅取决于工人的工资率高低，而且还要受社会保险税的影响。在工资率一定的情况下，政府对企业征收社会保险税或提高社会保险税税率，企业的劳动力价格就会随之提高。

具体来说，社会保险税通过提高企业劳动力价格，将从两个方面影响企业的劳动力需求。一是替代效应，即政府对企业课征社会保险税以后，企业的劳动力价格上升，劳动力成本增加，从而导致劳动力对资本的相对价格提高，由于资本和劳动力之间存在技术上的替代性。因此，企业为了保持原有的投入水平，如仍处在相同的等成本曲线上，就可能多使用资本以替代一部分劳动力，其结果将减少企业劳动力的需求。二是规模效应。所谓规模效应，是指政府对企业课征社会保险税以后，企业的劳动力价格提高，边际成本上升，造成均衡产量下降，如图 3-8 所示，边际成本曲线由 MC 上升到 MC′，均衡产量从 Q_0 下降到 Q_1，从而导致企业对劳动力投入需求的减少。

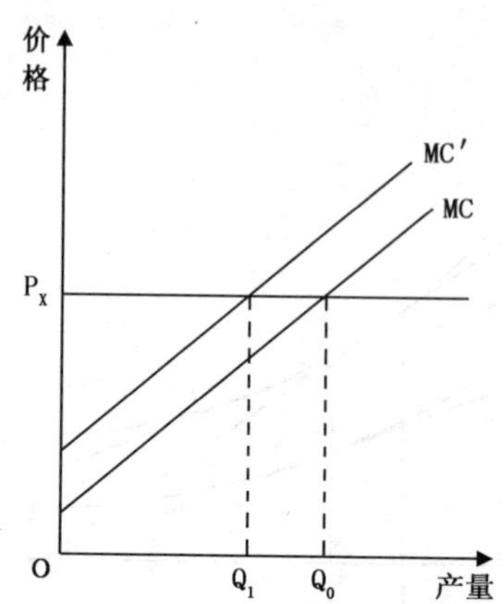

图 3－8 征收保险税对劳动力价格的影响

图 3－9 可以说明社会保险税的征收或税率提高对企业劳动力需求的影响。

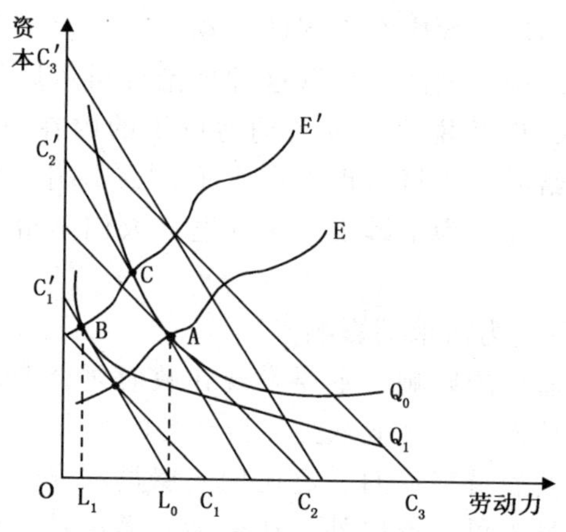

图 3－9 征收社会保险税对劳动力需求的影响

图 3－9 中纵坐标表示企业资本的使用量，横坐标表示企业劳动力的使用量。假定政府课征社会保险税或提高税率以前，企业的等成本线为 C_1、C_2、C_3，等产量线为 Q_0、Q_1；扩张线为 E。所谓扩张线为一组等成本线与等产量线切点的连线，扩张线上的各点表示不同产量下企业最优的投入组合。根据边际成本应等于边际收益的原理，企业的生产过程应由等成本线与等产量线的切点 A 决定，以便以最小的投入成本取得最大的产量。这时，A 点对应的劳动力数量为 OL_0。

现假定政府对企业开征社会保险税或提高税率。由于企业的劳动力价格提高，等成本线的斜率增加，如图 3－9 中 C_1'、C_2'、C_3'所示。这时，等成本线与等产量线改在 B 点和 C 点相切，并形成新的扩张线 E′。企业税后的劳动力需求量将由切点 B 决定，即劳动力需求量由 OL_0 下降到 OL_1。企业投入的最优组合点 A 到 B 可以分为两个移动过程。第一个移动过程是由 A 点到 C 点。A、C 两点都在同一条等产量线 Q_0 上，因此，这一过程是由社会保险税的替代效应引起的。第二个移动过程是由

C 点到 B 点。C、B 两点都在新的扩张线上，但不在同一条等产量线上。与 C 点比，B 点位于较低的等产量线 Q_1 上，这反映了社会保险税的规模效应。

社会保险税对企业劳动力需求的影响，在理论上是存在的。但社会保险税能否在实际经济生活中影响企业的劳动力需求，并带来严重的就业问题，还需要看工资水平。因为社会保险税只是劳动力价格和成本中的一个部分，如果工资水平很高，再增加社会保险税负担，就有可能严重影响企业的劳动力需求。

三、税收对家庭储蓄行为的影响

储蓄和消费一样，也是家庭的基本经济活动。消费是家庭购买商品和劳务以获得当期满足的活动，而储蓄则是把家庭经济资源从现期转移到未来某个时期以便在未来得到满足的活动。因此，从某种意义上说，储蓄就是未来的消费，或储蓄是推迟了的消费。家庭储蓄的动机是多方面的，而所有储蓄动机都会影响家庭的储蓄行为。此外，家庭的储蓄行为还要受一些客观因素的影响，税收就是其中的一个影响因素。而影响家庭储蓄行为的税种主要是个人所得税和财产税。

（一）个人所得税对家庭储蓄行为的影响

个人所得税对家庭储蓄行为的影响，主要是通过对储蓄的利息收入课税引起的。这种课税可以是单独对利息收入征收，也可以是把利息收入纳入个人所得税的征税范围。政府对利息课征所得税，必然会降低储蓄的实际利息收入，这对家庭出于生命周期动机和谨慎动机而进行的储蓄都会产生一定影响。但是，如同税收对劳动力供给的影响一样，个人所得税对家庭储蓄行为的影响方向在理论上也是不确定的。

（二）财产税对家庭储蓄的影响

政府对家庭的财产课税与对所得课税一样，也会影响到家庭的储蓄行为。这可以从财产与储蓄的关系上来理解。家庭的财产是指一定时点上家庭所拥有的经济资源（财富）的总值，是一个存量，是家庭各个时期储蓄的积累，故人们又称它为总储蓄。所以，政府对家庭的财产课税，实质上是对家庭储蓄的成果课税，这对家庭的储蓄行为不能不产生一定的抑制作用。尤其是在家庭没有遗产目标时，这种抑制作用将更为明显。换言之，财产税会鼓励人们把更多的收入用于当期消费，而不是用于储蓄。

四、税收对私人投资的影响

私人部门的投资是指企业和个人为了获得一定的收益而进行的购买或投入行为。按购买的内容来划分，可以分为实物资产投资和金融资产投资。前者主要是指为扩大生产能力而进行的设备和建筑物的购置及安装活动；后者则是指购买各种有价证券的行为。这里主要研究公司所得税对企业实物资产投资规模的影响，同时，对税收是否影响人们在金融资产投资中的资产组合问题也进行一定的分析。

（一）税收对企业实物资产投资额的影响

在现实的经济生活中，企业是否购置厂房、设备的投资决策要受许多因素的影响。一般来说，在企业产品销售前景不存在问题的情况下，企业是否愿意进行实物资产的投资，关键取决于投资是否有利可图。根据美国经济学家乔根森提出的新古典投资模型，即乔根森模型：只要企业追加一个单位的投资所带来的收益，即边际收益大于这笔投资的资本使用成本，企业就愿意进行投资，且企业的投资行为将一直进行到投资的边际收益等于这笔投资的资本使用成本。

在乔根森模型中，投资的资本使用成本，是指企业拥有一笔实物资产所产生的全部机会成本。在不考虑公司所得税，且假定通货膨胀率为零的情况下，资本使用成本主要包括利息和折旧两部分。其中，利息是企业把一定货币资金用于购置实物资产而未购买生息资产所受到的利息损失，折旧是企业购买的实物资产在一年内磨损的价值。假定企业投资的数额为 q，投资的税前总收益率为 r_g，市场利息率为 i，资产的年经济折旧率为 d，则这笔投资的资本使用成本为 q(i+d)。根据乔根森模型，企业的投资将会进行到以下等式成立为止，即：

$$qr_g = q(i+d)$$

即：$r_g = i + d$

在考虑公司所得税的情况下，总的来看，该税会从两个方面影响企业的投资决策。一方面，公司所得税对企业的利润征税，会直接减少企业投资的净收益，而企业进行投资决策所真正关心的正是投资的税后净收益。另一方面，公司所得税往往规定有折旧扣除条款或投资税收抵免，这些规定又都有利于降低企业投资的资本使用成本。所谓折旧扣除，是指企业提取的固定资产折旧可以从应税所得中扣除。由此使得企业可以从中得到一定的税款节省额，从而实际上降低了企业购置资产的有效价格，或者说降低了资本的使用成本。折旧扣除所产生的税款节省额与资产的折旧方法、折旧年限，以及公司所得税税率有关。如果用 t 表示公司所得税税率，D(n)表示第 n 年企业可提取的折旧额，i 为计算企业资金机会成本的贴现率，那么，企业折旧的税款节省率，即每 1 元投资在资产折旧年限 T 中提取折旧所能产生的税款节省额的现值 ϕ 为：

$$\phi = \frac{t \times D(1)}{(1+i)} + \frac{t \times D(2)}{(1+i)^2} + \cdots + \frac{t \times D(T)}{(1+i)^T}$$

在上述公式中，如果企业采用直线法提取折旧，则各年份的折旧额 D(n)相等，但如果采用其他折旧方法，则各年份的折旧额 D(n)并不一定相等。而所谓投资税收抵免，是指允许企业用投资额的一定比例直接冲减企业应缴纳的所得税税款，该比例可称为投资税收抵免率。假设企业购置设备的投资额为 q，投资税收抵免率为 K，则企业可以少纳所得税 qK。与折旧扣除一样，投资税收抵免也可以降低企业购置资产的有效价格，从而降低资本的使用成本。

考虑到公司所得税对投资收益和资本使用成本的双重影响，企业投资在政府征收公司所得税的情况下将会进行到以下等式成立，即：

$$r_g(1-t) = i + d - \phi - k$$

式中：r_g 为企业投资的税前收益率，t 为公司所得税税率，i 为市场利息率（贴现率)，d 为资产的年经济折旧率，φ 为资产折旧的税款节省率，k 为投资税收抵免率。

其中，t、φ、k 三个变量是由公司所得税制度决定的，而且 t 与 φ、k 分别存在于等式两边。显然，用上述公式与无税情况下的企业投资规模条件，即 $r_g = i + d$ 相比可以发现，公司所得税既可以减少企业投资收益，又可以降低投资的资本使用成本。前者抑制企业投资，后者鼓励企业投资。至于公司所得税对企业投资额的最终影响，则取决于公司所得税制度对上述等式两边的影响力度。

需要指出的是，企业的投资决策是一个十分复杂的过程，如果不考虑其他因素，它的制定不仅与当前的税收制度有关，而且在很大程度上还取决于企业对未来税收政策的预期。换言之，由于预期因素的作用，公司所得税制度对企业投资额的影响变得很难精确估算。

（二）税收对家庭资产组合决策的影响

金融资产是家庭投资的主要对象。由于不同种类的金融资产可以给人们带来不同的收益率，且资产遭受损失的风险程度也不同，因此，投资者为了分散投资风险，往往要同时持有几种具有不同风险和收益的资产，并根据自己的偏好选择一个适当的资产组合。税收对资产组合的影响，主要体现为税收对风险承担的影响。

为了简化分析，假定投资者只能在两种资产之间进行选择和组合，且假定：第一种资产具有绝对的安全性，即没有风险，但其收益率为零；第二种资产具有较大的风险，但可以取得正的收益率。面对这两种资产，投资者可以做出两个极端的选择：只持有安全资产，或只持有风险资产。但前者没有任何收益，后者则风险太大。所以，一个明智的投资者可能会既持有第一种资产，又持有第二种资产。至于投资者愿意持有的两种资产的组合比例，则取决于他们对风险和收益的偏好。

在政府对资产收益课征所得税的情况下，假定政府不允许投资者用投资亏损抵消其投资收益。根据前面的假定，第一种资产即安全资产的收益率（r）为零，第二种资产即风险资产的收益率（x）既可为正也可为负。设政府征收的所得税税率为 t，由于安全资产的收益率为零，所以，征税对其需求量没有影响。而风险资产的收益率可正可负，当政府征税时，如果投资者有收益，即 $x > 0$，则风险资产的净收益率就降为 $x(1-t)$；而当投资者购买风险资产发生亏损，即 $x < 0$ 时，风险资产的净收益率等于 x。这样，在亏损不能抵消收益时，所得税就会因减少投资收益而降低人们对风险资产的需求，且所得税的税率越高，风险资产的吸引力就越低，当所得税税率高到接近100%时，人们就会放弃风险资产，而把全部投资都投向安全资产。

再假定所得税有亏损抵消其投资收益的规定，即允许投资者用一个时期或一种资产项目发生的投资亏损冲减其另一个时期或另一种资产项目取得的应税投资收益，则情况会与上面大不相同。这时，对投资者来说，税收既降低了风险投资的收益，又降低了其投资的风险程度。换言之，在允许亏损冲抵收益的情况下，政府实际上已成为投资者的“合伙人”，在有收益时，政府可以与投资者分享收益；在有亏损时，政府可以与投资者分担亏损。而正是由于有政府的参与，人们投资于风险资产的风险程度下降了。由此也使得所得税对风险资产的需求产生了双重影响：一方面，它降低了风险资产的收益率，从而抑制了人们对风险资产的需求；另一方面，它又降低了风险资产的风险程度，从而刺激了人们对风险资产的需求。但由于这两种影响方向相反，因此，所得税对人们持有风险资产的需求进而对人们资产组合的影响是不确定的。

第三节　税收的宏观经济效应

经济增长、经济稳定与社会公平，是宏观经济运行中的几个最重要的问题，并构成宏观经济政策的基本内容。而经济增长、经济稳定与社会公平，又都与一国的税收制度、税收政策密切相关。因此，分析税收的宏观经济效应，也就是要分析税收对经济增长、经济稳定与社会公平所产生的影响。

税收作为政府手中掌握的参与社会产品分配的重要工具，其运用不仅能为政府提供必要的资金来源，同时，还可以通过调整各经济主体的利益分配关系，引导纳税人的经济活动，合理配置资源。因此，税收对经济的影响主要是通过它对资本形成、劳动供给、技术进步等增长要素以及对收入分配、环境保护、价格稳定等发展问题的影响来体现的。

一、税收与经济增长

（一）税收与经济增长的一般关系

经济增长是经济发展的首要条件。经济增长通常可用一定时期的社会总产出即国民生产总值或国民收入的增长率来表示，因此，税收与经济增长的一般关系，实际上就是税收与国民生产总值或国民收入变动的一般关系。

假定社会的经济活动是由家庭或消费者和企业两大部门组成，所有企业作为一个整体从事生产活动，生产出各种物品和劳务，这些物品和劳务最终形成社会的总供给。在商品货币经济条件下，企业要进行生产活动就必须购买各种生产要素，诸如劳动、土地和资本，而生产要素所有者会得到各种报酬，即劳动者的工资、土地所有者的地租、资本所有者的利息和利润。这样，在一个经济社会里，一定价值的商品或劳务提供就有等量的收入对应，即总供给和总收入应当是相等的。

而各种生产要素所有者获得的收入有一部分要用于当期的消费，另一部分则形成储蓄。因此，如以 Y 表示国民收入，C 表示消费，S 表示储蓄，则有：

$$Y = C + S$$

实际上，这些收入最终是要转化为各种支出的。而各种支出的总和便形成社会的总需求。这也就是说，社会的总需求等于总支出，而总支出等于总收入。因为总支出的一部分形成对消费品的需求，一部分形成对投资的需求。如以 C 表示消费，I 表示投资，则有：

$$Y = C + I$$

把收入和支出两个方面结合起来，可得到国民收入核算的恒等式：

$C+S\equiv Y\equiv C+I$

即 $S\equiv I$

但实际上，如果不考虑国外部门，一个社会的经济至少是包括政府部门在内的三部门经济。而在引入政府部门后，决定总供求的因素就发生了变化。具体来说，个人、企业在取得收入后，要向政府部门缴纳税收，剩余部分才是可支配收入，用于消费或储蓄。由于政府通过税收，减少了个人和企业在收入川流上的数额，因此，从收入方面看：

$Y=C+S+T$

同样，政府的收入要用于购买或转移支付，并相应增加支出川流上的数额。因此，从支出方面看有：

$Y=C+I+G$

以上两式中，T 为政府税收总额，G 为政府支出总额，既包括政府购买也包括转移支付。把这两式结合起来，则得到新的国民收入核算恒等式：

$C+S+T\equiv Y\equiv C+I+G$

$S+T\equiv I+G$

现在，再进一步分析税收与国民收入变动的一般关系。把消费 C 看成是收入的函数，并假定在没有收入时消费量为 C_a，可支配收入为 Y_d，边际消费倾向为 b，于是有：

$C=C_a+bY_d$

这里，假定税收 T 为总额税，于是，可支配收入 Y_d 便等于总收入 Y 扣除 T 后的余额，即：

$Y_d=Y-T$

将此式代入 $Y=C+I+G$，有：

$Y=C_a+b(Y-T)+I+G$

即：$(1-b)Y=C_a-bT+I+G$

由此可得出：

$\Delta Y/\Delta T=-b/(1-b)$

上式表明了税收变动与国民收入变动的一般关系，通常称之为税收乘数。由于税收乘数为负值，这表明国民收入的变动与税收变动的方向为反向变动。当政府税收增加时，国民收入将减少，并且减少的数额相当于税收增量的 $b/(1-b)$ 倍。当政府税收减少时，国民收入将增加，并且增加的数额相当于税收减量的 $b/(1-b)$ 倍。因此，如果仅仅考虑税收因素，减税有利于刺激经济的增长。

（二）经济增长、储蓄和资本形成

税收对经济增长的推动作用归根到底是通过税收促进储蓄和资本形成来实现的。

经济增长首先取决于生产要素投入量的增加。一般认为，土地、劳动和资本是生产的三个基本要素。作为自然资源的土地的多寡，会给经济的增长造成有利或不利的条件，但不能对经济增长起决定性的作用。而劳动这一生产要素在发展中国家的供给由于一般具有无限弹性或无限供给，因此，其对经济增长目标的效用，实际上取决于可利用的资本数量。也就是说，物质资本的多寡，物质资本形成的快慢，是经济增长的首要约束条件。

发展经济学家刘易斯认为，经济发展理论的中心问题，就是去理解一个由原先的储蓄和投资占不到国民收入4%或5%的社会本身变为一个自愿储蓄增加到国民收入的12%到15%以上的经济的过程。他认为，这一问题之所以成为中心问题，是因为经济发展的中心事实是迅速的资本积累。① 美国经济学家讷克斯提出了著名的“贫困恶性循环”理论。讷克斯认为，资本形成是经济增长的核心问题。发展中国家之所以处于落后状态，是由于如下的两个循环关系阻碍了这些国家的资本积累。首先，从供给方面看，发展中国家由于实际收入水平低，储蓄能力很小；而实际收入水平低，是生产力水平低的反映；生产力水平低则主要是由于缺乏资本；而缺乏资本又是储蓄能力小的结果。这构成一个循环。其次，从需求方面看，发展中国家的投资诱惑力小，是因为人们的购买力低；而人们的购买力低是由于他们的实际收入少；实际收入少又是由于生产力水平低；而生产力水平低则是用于生产的资本数额少的结果。后者部分地可能是由于投资诱惑力小所造成的。当然，讷克斯同时也指出，资本的匮缺并不是经济落后的一切，还有其他因素作用，如矿产资源的匮乏，土壤的贫瘠等。但是，所有的发展中国家，其贫穷的原因都可以在某种程度上归咎于缺乏充分的资本设备。而为了打破“贫困的恶性循环”，发展中国家就必须设法提高积累水平，促进资本的形成。②

经济的增长需要资本存量的增加，而资本存量的增加要靠投资，更多的投资只能来源于储蓄。储蓄可以来源于国内，也可以来源于外国资金的流入。外国资金的流入从当前来说可以提高储蓄率，但最终总是要靠国内储蓄来偿还的。另外，来自外国的投资，国内还必须有与之配套的资金。所以，国内储蓄是投资最可靠的来源。

经济增长和储蓄的简单关系，可以用哈罗德—多马经济增长的模型来加以说明。哈罗德—多马的经济增长模型集中考察了三个变量。第一个变量是储蓄率 s，即储蓄量 S 占产量或国民收入 Y 的比重（S/Y）。第二个变量是资本产出比率 V，即资本存量 K 占产量或国民收入 Y 的比重（K/Y），也叫作资本系数或投资系数。资本系数的大小取决于生产技术的要求。第三个变量就是产量或国民收入的增长率 G。

在既定的资本—产出比率（V）情况下，为了使本年产量或国民收入较上年增加，即实现经济的增长，就必须有新的投资。同时，由于资本—产出比率 V 不变，资本存量的增长率 $\Delta K/K = I/K$（其中，I 代表投资）必定等于产量的增长率 $\Delta Y/Y$，用公式表示就是：

$$G = \Delta Y/Y = I/K = I/Y \times Y/K$$

① 威廉·阿瑟·刘易斯：《二元经济论》，北京经济学院出版社1989年版，第15—16页。

② 讷克斯：《不发达国家的资本形成问题》，商务印书馆1966年版，第6—7页。

要使社会经济达到均衡，储蓄 S 必然等于投资 I，于是有：

$G = S/Y \times Y/K = s \times I/V = s/V$

因此，在资本—产出比率 V 为一定的条件下，经济的增长速度取决于储蓄率的大小。发展中国家要促进经济的增长，就必须设法提高储蓄率。按照此模型，一旦经济增长速度确定后，投资的总需求就可以从资本—产出比率推算出来。而所需要的投资额计算出来后，便可确定所需要动员的国内储蓄和外国资金流入。

（三）税收与家庭储蓄

资本形成来自储蓄，因此，经济增长的问题也就是如何动员储蓄的问题。从储蓄的主体来看，可以是一国的家庭、企业和政府，也可以是外国的个人、企业和外国政府；从动员储蓄的方式看，可以是自愿的，也可以是非自愿的。但实际上，储蓄只是资本形成的先决条件，而不是充分条件，因为储蓄只表明了资本的供给方面。要形成物质资本，还必须有对资本的需求，即投资的愿望和投资的能力，也就是说，还必须把储蓄汇集起来用于投资。而税收对经济增长的作用就表现在其动员储蓄并诱导投资等方面。

家庭储蓄来源于家庭成员的收入中未被用于消费的部分。家庭储蓄水平受制于许多因素，其中，一个重要的因素就是家庭收入。按照凯恩斯的绝对收入假说，家庭储蓄直接依存于家庭现行的可支配收入，即家庭收入缴纳直接税后的收入。收入增加，消费会随着增加，但消费比收入增加得更慢，亦即边际消费倾向是递减的。因此，收入高的家庭平均消费倾向低，收入低的家庭平均消费倾向高。在一个国家的某个时期，收入较高的家庭比收入较低的家庭用于储蓄的部分较大。按照这种观点，收入的分配影响着储蓄率的高低。一般认为，在一个国家的经济发展初期，收入分配的不公平程度会加剧。此时的收入分配有利于储蓄，即能够增加家庭部门的储蓄能力和储蓄动力。

如果这个假说与事实相符，那么，从动员储蓄角度来看，发展中国家的税收政策，就应当通过调整税负在不同收入水平的家庭的分配，来影响家庭的储蓄能力。这也就是税收对储蓄所产生的收入效应。不同税收的累进程度的大小是决定其收入效应的重要因素。一般来说，累进程度较低的税收比累进程度较高的税收给储蓄带来的负担要轻。换言之，累进程度较低的税收更有利于动员家庭部门的储蓄。原因在于，它使得税收负担较少地落在边际储蓄倾向高的家庭中，因此，降低税收的累进程度有利于一国储蓄能力的提高。需要指出的是，税收的累进程度和税种存在一定的相关性，而这就造成了不同税种对储蓄能力影响的差异。就个人收入的征税来看，按公平税负原则，应当采取超额累进征收的办法。因为它是家庭可支配收入的最终调节者。个人收入越高，其纳税能力就越强，应适用的税率就越高。在这里，累进税率的所得税给储蓄和经济增长造成了障碍。这在发达国家表现得尤为突出。因为这些国家的个人所得税是财政收入的主要来源之一。但是，在发展中国家，个人收入水平普遍偏低，个人所得税的征收面窄，远没有成为财政收入的主要来源，而是以商品和劳务为课税对象的间接税为财政收入的重要来源。尽管这种状况通常被认为有悖于公平原则，因为间接税对低收入者没有免征额，因而具有累退性质，即高收入者相对于低收入者来说，只是付出了收入的较小部分。但是，这样的税制结构由于对高收入阶层有利，客观上增强了他们的储蓄能力。

一些经济学家对绝对收入假说持反对态度。美国经济学家杜森贝利提出了相对收入假说。在杜森贝利看来，一个人所储蓄的数量，不但并不完全而且也许并不需要取决于他的实际收入的绝对水平，而是取决于他的收入同他可接触到的其他人的收入的比例。因为个人的消费行为是相互作用的。当人们接触到更高级的货物或者更高级的消费模式时，他们就会产生新的消费欲望，提高消费倾向，这就是“示范效应”。所以，人们生活水平的差距会促使消费倾向提高。收入分配的不平等程度加大后，会使平均储蓄率下降。这种示范效应不仅在国内存在，而且在世界范围内也起作用。发达国家的消费方式会影响到发展中国家的消费倾向，这也是发展中国家经济增长方面的一大障碍。

按照相对收入假说，为了限制人们消费倾向的提高，激发人们储蓄的动力，就应当对个人消费支出进行课税。由于消费支出税只就家庭收入中用于消费的部分课征，而用于储蓄的部分免于征税，因而认为对消费支出征税比对所得征税更有利于家庭储蓄的增长。所得税则不同。其课税对象是个人的全部收入，而不论这种收入是否用于支出。在这里，起关键作用的实际是支出税和所得税对储蓄报酬率的不同影响。因为相对于支出税，所得税存在一个对储蓄的“重复征税”问题。纳税人取得收入时，要缴纳所得税，而他在取得储蓄利息后，又必须纳税。从支出税来看，就不存在重复征税问题。因为它只对收入征一次税，即当这笔收入用于支出时才予以征税。在支出税条件下，个人储蓄的利息全部归个人所有，因此，储蓄的报酬率比所得税条件下要高。以下简单模型可作进一步说明。

设某人取得 y 元收入后，按比例税率 t 交纳所得税，税后收入用于储蓄，日利息收入也按比例税率 t 交纳所得税。储蓄的年利率为 r，则一年后税后收入 y_1 如下：

$$\begin{aligned} y_1 &= y(1-t) + y(1-t)r(1-t) \\ &= y(1-t)[1+r(1-t)] \end{aligned} \quad (1)$$

假如对收入不征税，即将收入 y 全部用于储蓄，年利率仍为 r，一年后将本息用于支出，并按比例税率 t 交纳支出税，则税后收入 y_2 如下：

$$\begin{aligned} y_2 &= (y+yr)(1-t) \\ &= y(1-t)(1+r) \end{aligned} \quad (2)$$

将上述（1）、（2）比较，可以看出，其差别在于，（1）式中的 r 后面乘有因子 $(1-t)$，由于 $t>0$，因而 $(1-t)<1$，这样，$y_1<y_2$，即所得税条件下的储蓄报酬要比支出税条件下低。进一步来看，如果支出税条件下储蓄的实际报酬率为 r，那么，在所得税条件下，储蓄的实际报酬率只相当于 $r(1-t)$。因此，支出税不仅增强了纳税人储蓄的能力，而且激发了他们储蓄的动力。正因为如此，国外许多改革家提议应以全面的消费支出税来代替个人所得税，尤其在发展中国家更应如此。具体来说，由家庭每年申报消费额，对消费额中维持生存水平限额以下的部分给予税收宽

免，而在此水平以上的部分则征收消费支出税。

当然，实际的情况是，到目前为止，虽然这种提议不乏理论上的合理性，但几乎没有一个国家能够这样做。这或许在很大程度上是因为具体操作上的困难。因为消费支出税要求在管理上有精确的财务交易账目核算。然而，对一些“奢侈品”的消费支出，包括国产奢侈品和进口奢侈品的消费支出征收特定的消费支出税，是比较可行的。这样做，一方面限制了高收入阶层对奢侈品的消费，鼓励他们进行储蓄；另一方面，也弱化了高收入者对低收入者所产生的示范影响，有利于低收入阶层储蓄倾向的提高。尤其是对进口奢侈品消费支出的征税，它能够弱化世界范围内消费的示范影响。由于发展中国家的奢侈品相当大的部分是进口商品，并且稀缺的外汇对经济增长和发展至关重要，因而这也使得各种奢侈品消费支出税的应用具有十分重要的意义。

需要进一步指出的是，税收对家庭储蓄的效应十分复杂，因而实际上不能孤立地分析税收对储蓄的影响。影响家庭储蓄的因素很多，除上述分析中涉及的收入分布状况和储蓄实际报酬率外，还有诸如生命周期动机、谨慎动机、遗产动机等等。例如，当获得收入的时间与消费需求不相吻合时，储蓄便提供了一种机制，使获得的购买力从一个阶段转移到另一个较早或较迟的阶段，诸如为支付学费而储蓄，为退休而储蓄等。而在这种情况下，所谓的重复征税问题并不显得那么重要。

（四）税收与企业储蓄、政府储蓄

企业储蓄来自利润。企业实现利润扣除企业所得税后，为企业的可支配利润。这部分利润或是向投资者支付股息、红利，或者用于弥补亏损，或者用于职工福利、奖励，其余部分用于再投资。企业用于再投资的利润属于企业储蓄。

政府储蓄来源于政府经常性收入和经常性支出的差额。如果政府经常性收入超过了经常性支出，政府就实现了储蓄。由于政府财政收入大部分来自各种税收，而税收实际上是对家庭收入和企业利润的一部分扣除。因此，政府税收直接减少了家庭储蓄和企业储蓄。可以认为，在一定程度上，政府储蓄和家庭储蓄、企业储蓄之间存在着互为消长的关系。但是，这种消长关系并不构成严格的互补关系。在一些经济学家看来，政府税收收入的边际消费倾向比家庭和企业用来纳税的收入的边际消费倾向要低。如果这个结论是正确的，那么，税收的增加，就可以达到动员储蓄的目的。

在经济发展水平既定的条件下，税收收入的增加，可通过改革税制结构和提高税收的征收比率实现。税制结构主要是直接税和间接税的格局。目前，经济发达国家大多以直接税为主体税种，尤其是其中的个人所得税，在整个税收收入中占有很高的比重，而且大都采用累进课税办法，边际税率递增，因而税收的收入弹性大于1。但是，经济落后国家的税收收入对间接税的依赖程度很高。在发展中国家，间接税之所以成为财政收入的主要源泉，一是从管理方面看，这些税种的征管难度较小。因为它们仅仅集中于商品的销售、劳务的提供和商品的进口环节；二是落后国家的个人收入水平较低。虽然许多发展中国家对高收入者征税的边际税率接近发达国家，但由于豁免较多，而且对较小数额的收入税率也特别低，因而使得应该交纳个人所得税的人很少，个人所得税在整个税收收入中的比重也就很低。而公司所得税目前大部分国家都按比例税率课税。此外，由于间接税采用的也是比例税率，甚至在许多情况下采用定额税率，因此，发展中国家的税制结构缺乏这样一种内在机制：当国民收入增加时，边际税率大于平均税率，税收占国民收入的比重自动提高，从而使得发展中国家的政府为了保证财政收入占国民收入比重的提高并增加储蓄，往往只能提高税率。

经济学家们广泛承认，如果一个国家能够比较容易通过金融体系来动员私人储蓄，那么，税收比率的高低就不是主要问题。因为资本形成的总的问题就是要使实际收入的增量尽可能多地储蓄起来，尽可能少地用于当前消费。

（五）税收与国内投资

在自然经济条件下，储蓄常常以实物形态出现。如农民开垦土地，开沟排水或修筑仓库，生产者积累存货，或者所有者自建房屋。随着自然经济向货币经济转化，储蓄活动和投资活动逐渐分开，即储蓄和投资分别由不同的主体来进行。这时，储蓄只表明了资本的供给方面，即储蓄仅仅是资本形成的必要条件，而实际的资本形成还要取决于对资本的需求。资本的需求由对投资者的刺激所决定。一些经济学家甚至认为，在经济发展初期，成为资本形成主要障碍的可能不是储蓄而是投资，具体体现为投资的愿望和能力，即对资本的有效需求。不愿意投资的因素很多，可能是由于对经济前景估计不乐观；也可能是由于国内缺乏某种有利可图的资本形成所必要的条件，如生产要素的供给，配套的基础设施或产品的市场等。这时，政府可以通过税收手段激励投资，促进储蓄转化为投资。否则，如果经济是开放的，资金所有者就可能不在国内投资而使资金流向国外。

这里所指的投资，既可以是对资本品的直接投资，也可以是对有价证券的间接投资。尽管投资行为受到多方面因素的制约，但投资收益无论如何都是投资者考虑的首要因素。而投资收益无论是直接的还是间接的，在很大程度上都要受到税制的影响。以下主要讨论税收对直接投资的影响。

投资可以表达为收益率的函数。公司所得税的存在，将使资本的净收益率下降。投资者关心的是净收益率，而不是毛收益率。

假如资本投入量为 Q，毛收益为 R，则毛收益率 $r=\frac{R}{Q}$。而投资收益要缴纳所得税，假定所得税的税率 t，则资本的实际收益率或净收益率为 $r(1-t)$。再假定市场利息率为 i，从投资者追逐利润的动机出发，则要求 $r(1-t)\geqslant i$。而能否实现 $r(1-t)\geqslant i$，在很大程度上要取决于税率 t 的高低。从各种投资者的实际情况来看，R 可能是正值，也可能是负值。$r(1-t)$ 可能大于 i，也可能小于 i，从而存在一个承担风险的问题。

总的来说，所得税的存在，增加了投资的风险。因为当企业盈利时，政府以税收的形式分享投资的利润。但是，当企业亏损时，税收不能分担投资者的损失。当然，投资者可能在某些年度亏损，而在另一些年度盈利。为了诱使企业增加风险投资，许多国家的税法都规定，允许投资者在纳税时进行亏损结转，即在纳税前用利润直接冲减亏损。这样，政府既分享投资利润，也承担了部分投资者的损失。但是，即使如此，税收对风险投资的妨碍作用也依然存在。通常情况下，亏损结转的规定是前转，即向以后的年度结转。考虑收入的时间因素，抵补的价值小于实际价值。尤其在通货膨胀条件下，两者差距更大。当然，也有些国家的税法规定，允许亏损向后结转，即向过去的年度结转。但即使如此，税收的妨碍作用也不可能完全消失。因为投资者在过去的年度中可能根本没有盈利，甚至以前年度就是亏损的。此外，亏损结转通常是限定在一定的期限内，如三年或五年。超过规定年限，结转无法实现。如果所得税实行的是累进课税，对风险投资的阻碍很可能会进一步加剧。因为亏损的抵补并不能完全奏效。一般而言，投资初期的年份，投资亏损的可能性较大，在后转的情况下，从企业开始盈利的年份起进行抵补。但是，刚开始盈利的年份，往往是适用边际税率最低的年份。

（六）税收与外国投资

外国资本的流入可以使一国的投资水平不受国内储蓄能力的约束。美国经济学家钱纳里和斯特劳特在20世纪60年代中期提出的“两缺口模型”，从理论上说明了发展中国家利用外国资本来弥补国内储蓄不足的依据。

在宏观经济分析中，引入国外部门后，有如下的国民收入核算恒等式：

$$C+S+T+M\equiv Y\equiv C+I+G+X$$

式中：X为出口总值，M为进口总值。

在 $T=G$ 时，上述等式可变换为：

$$I-S=M-X$$

其中，(I－S) 为投资和储蓄的差额，(M－X) 为进口和出口的差额。这表明，如果国内需要的投资大于储蓄，则国内出现了储蓄缺口，这个缺口要靠进口大于出口的外汇缺口来平衡。而为了弥补外汇缺口，就必须有某种无需付现的外汇流入，由此也就形成了国际资本的转移，即外国资本的流入。为了吸引外国资本的流入，东道国应当尽可能地建立起与之相配套的基础设施。此外，税收也是一种激励外国投资的较好手段。

一般来说，外国投资者的资本投向，是根据他们在不同国家投资所获得的税后利润的多少来决定的。但是，并不是东道国的税率越低越能够吸引外国投资，因为外国投资者作为跨国纳税人，东道国按属地原则对它征税后，居住国往往还要按属人原则对它征税。因此，投资者谋求的是在东道国和居住国纳税后的利润最大化。东道国对外国投资者采取低税政策在多大程度上有效，取决于居住国征税时对待已在外国交纳的税款是如何处理的。居住国对来自外国的收入征税时，对纳税人在东道国的已税收入可采用免税法、扣除法或者抵免法进行计税。采用免税法计税时，居住国政府对投资者来源于东道国的利润免予征税。这时，外国投资者最终得到的税后利润完全由东道国的税率来决定。而采用扣除法计税时，居住国政府允许投资者从应税所得额中扣除其在东道国已交纳的税款。这时，外国投资者最终得到的税后利润，与东道国税率的高低呈反方向变化。在上述两种情况下，东道国对外国投资者采取低税政策，外国投资者是直接的受益者，低税的好处完全或部分地为投资者所得到。而采用抵免法计税时，居住国政府对纳税人来自国外的所得计税时首先不考虑已在国外交纳的税款，而是先计算出一个税额，然后从该税额中减去已在国外交纳的税款。不过，在国外的已纳税款有一个最高抵免额。在采用比例课税的情况下，该抵免额就是纳税人在东道国的所得额按居住国税率计算的税额。在这种情况下，东道国如果采取低税政策，投资者并不能从中得到益处，因为低税的好处被居住国的纳税义务增加所抵消，结果只是收入从东道国政府转移到了居住国政府。这时，东道国应当以与居住国相同的税率向外国投资者征税，而同时采用补贴的办法来吸引外国投资。

因此，单纯从吸引外国资本的角度来看，东道国似乎应当对来自不同国家的投资实行不同的税收政策。但是，从公平税负的角度看，来自各类国家的投资者都是处于同等地位的。这时，东道国对外国投资所得税率的选择应置于各居住国税率的最高者与最低者之间，同时，还要考虑本国企业所适用税率的具体情况。其基本原则是，既能够使外国投资弥补国内所需投资与储蓄的缺口，又能使外国资本给国内带来附加价值。

除上述一般情况外，实际上，在税收制度中运用某些特殊条款即税收优惠来吸引外国投资，往往具有独特的作用。主要做法有：

1. 加速折旧。适当加速资本折旧，等于纳税义务向后推移。这种刺激方法无论是对于吸引外资还是诱导国内的投资都具有十分重要的意义。

2. 未分配利润减税或再投资退税。这种方法主要是鼓励外国投资者将利润用于国内再投资。

3. 免税期。对外国投资者，无论新办企业还是新投资所产生的利润，均可在一定年限免于纳税。这种办法不仅能吸引外国资本流向国内，而且能够继续对资本收入的再投资提供激励。当然，东道国给予外商投资者的税收减免要产生实际效果，还必须具备一定的条件，即居住国将这部分优惠视同税收来对待，允许纳税时给予饶让。否则，只会使税收收入由东道国流向居住国，而不能达到预期的效果。

二、税收与经济稳定

（一）市场机制与经济稳定

经济的增长必须在一个稳定的经济环境中进行。这种稳定，以充分就业和物价水平的稳定为主要内容，并集中地表现为总供给和总需求的平衡关系。但在市场机制的自发作用下，充分就业和物价稳定并不能自动地出现。因此，为了避免经济活动水平的大幅度波动，出现通货膨胀或停滞状态，政府必须制定出一整套的宏观经济政策来调节社会总供给和总需求的关系，以消除经济中的不稳定因素。而这对于发展中国家的经济来说显得尤为重要。因为与发达国家的经济相比较，发展中国家的经济波动幅度往往更大。税收作为一个政府掌握的经济政策手段，可以与其他财政政策手段配合，共同为国民经济的运行和发展创造出一个稳定的经济环境。

在商品经济条件下，总供给和总需求分别表现为市场供给和市场需求。总供给和总需求的不平衡实际上就是市场供给和市场需求的不平衡。市场机制本身具有一种使总供给和总需求趋于平衡的力量，这种力量在一定程度上可以使经济处于稳定状态，缓和经济的波动。

前已述及，如果暂不考虑政府部门，那么，在一个由居民和企业组成的两个部门经济中，总供给和总需求平衡的条件为：

$C+S=C+I$

即 $S=I$

因此，当企业生产出一定数量的消费品和投资品后，总供给和总需求的平衡状况就取决于储蓄是否能完全转化为投资。不管是发达国家经济还是发展中国家经济，要使总供求达到平衡，都必须满足投资等于储蓄这一必要条件。但由于决定储蓄和投资的因素各不相同，因此，储蓄和投资并不是在任何情况下都是相等的。

当储蓄大于投资时，表明有一部分收入没有转化为支出，企业有一部分商品卖不出去，因而存货增加，商品积压。正由于市场的商品供给过剩，物价总水平就会下跌，相应地，企业就会缩减生产。从货币与商品的关系看，表现为较少的货币追逐较多的商品，货币的供应显得不足，货币的价值就会上升，导致利息率下降。在这种情况下，投资者会增加投资，消费者会减少储蓄而增加消费，供求自行调节的结果将使总供给和总需求趋于平衡。当储蓄小于投资时，表现为总需求膨胀，物价水平上升，货币价值下降，市场利率提高。在高利率刺激下，投资者减少投资，消费者增加储蓄，最终把膨胀的需求压下来，恢复供求平衡。

但问题是，即使总供给和总需求在量上已达到平衡，在结构方面也可能会存在矛盾。例如，消费资料的供给和消费品的需求不平衡，投资品的供给与投资品的需求不协调。这时，通过市场机制的作用会把一部分消费基金转化为储蓄，从而转化为投资，或者把一部分储蓄转化为消费，使消费需求、投资需求在量上和消费品、投资品的供给大体相等。

（二）税收与经济稳定

上述分析是建立在市场机制充分发育和市场功能比较健全的假设之上的。但是，在发展中国家，市场机制充分发挥作用的条件并不完全具备。市场体系不完善，价格、利率等参数没有真正成为市场机制发挥作用的信号。同时，消费者和企业对市场信号的反应能力差，缺乏及时调整经济行为的动力和能力。因此，市场自动调节总供给和总需求平衡的功能受到了限制。为了维持经济的稳定，发展中国家一方面要通过发展经济来促进市场机制的发育和成熟，另一方面还要针对市场机制不能充分发挥作用而采取相应的宏观调控措施。税收政策就是促进经济稳定的一项重要措施。

如前所述，在包括政府部门在内的三部门经济中，总供给和总需求平衡的条件为：

$C+S+T=C+I+G$

即 $S-I=G-T$

和二部门经济相比较，总供给和总需求平衡条件又增加了税收和政府支出这两个因素。如果储蓄和投资不相等，则可通过调整政府的收支活动使总供求达到平衡。例如，储蓄大于投资时，可以通过税收小于政府支出来弥补这一缺口。反之，可以通过税收大于政府支出来调节总供求的平衡。具体来说，税收对总供求平衡的调节包括自动稳定的税收政策和相机抉择的税收政策。

1. 自动稳定的税收政策。自动稳定的税收政策，是指税收制度本身能够对经济波动有较强的适应性，税收随着经济的波动而增加或减少，自动地影响社会需求的变动，从而在一定程度上缓和经济的波动的税收政策。具体来说，当经济处于停滞状态时，税收会自动减少而使总需求增加；当经济处于通货膨胀状态时，税收会自动地增加而抑制总需求。通常认为，税收和国民收入或国民生产总值之间呈递增的函数关系，税收的收入弹性为正值。当国民收入减少时，税收会自动地减少；反之亦反是。但是，由于不同税种的税收收入弹性之间存在较大的差异，因而在不同的税制结构条件下，税收的自动稳定效果是不同的。

一般来说，所得类课税具有较强的自动稳定经济功能。具体来说，个人所得税一般实行累进税率，而且具有一定的免征额。因此，当经济衰退时，纳税人收入水平下降，税收负担减轻，缓和了可支配收入的下降，从而阻止了消费需求的过度萎缩，有利于经济的复苏。反之，当经济过热时，纳税人收入水平上升，税收负担加重，缓和了可支配收入的上升，从而抑制了消费需求的过度膨胀，有利于对经济过热起控制作用。在一些国家，公司所得税也实行具有一定起征点的累进税率。在这种情况下，其对经济的稳定机理类似于个人所得税。

而商品劳务税大多采用比例税率，因此，一般不具有自动稳定功能。但是，由于许多商品劳务税采用有起征点的比例税率，因此，商品劳务税的各税种也含有一定的内在稳定作用。

总的来讲，税制结构中直接税所占的比重越大，税收制度的自动稳定作用就越强；反之，间接税所占的比重越大，税收制度的自动稳定作用就越弱。或者说，一国税收的收入弹性越大，其自动稳定作用就越强。

在发展中国家，由于财政收入主要依赖于间接税。而在间接税中，往往又有不少税种是从量计征，因而这些税种的收入弹性常常很小或没有收入弹性，从而大大降低了税收的自动稳定作用。即使在比例不大的直接税中，公司所得税也常常采用比例税率。而个人所得税虽然采用超额累进办法征收，但由于个人收入普遍不高，且税收豁免面较广，从而使得税收的收入弹性远不如发达国家高，税收的内在稳定功能也远不及发达国家。

自动稳定的税收政策作为一个稳定经济的手段，其优点是能够比较及时地对经济形势的变化做出反应。但是，这一政策本身也存在一定的局限性。即自动稳定的税收政策只能减少而不能消除经济的波动。其基本原因在于，税收收入的变动从根本上说要依赖于国民收入的变动，而国民收入水平的变动又是多种因素共同作用的结果。因此，在经济活动处于偏离充分就业、物价稳定的理想状态时，自动稳定的税收政策虽然可以起到一定的矫正作用，但如果认为运用自动稳定的税收政策就能解决经济稳定的所有问题，则是不现实的。事实上，要使自动稳定的税收政策充分发挥其功能，还必须有其他宏观经济政策的配套运用。

2. 相机抉择的税收政策。相机抉择的税收政策，是指政府根据不同时期的经济形势，运用税收政策有意识地调整经济活动的水平，消除经济中的不稳定因素的税收政策。相机抉择的税收政策包括税收的增加、减少，或是同时辅之以政府支出规模的增减。

一般来说，当总需求不足时，为了防止经济的衰退和停滞，应当采取减税的办法，或是扩大政府预算规模，以刺激总需求的增加。减税通常包括免税、退税、降低税率和停征或取消部分税种等。税收的减少会使得国内投资支出和消费支出增加，因而扩大总需求，使国民收入以税收乘数增加。但是，不同税种的减税，其引起的扩张效应是不同的。具体来说，间接税减税，在刺激消费的同时，还会使生产增加，即既扩大需求又增加供给。而直接税的减税，其扩张效应比较复杂。如公司所得税的减税，一般会刺激投资的增加。个人所得税的减税，如果是通过降低低档次边际税率进行，则会使低收入者的可支配收入提高。而低收入者的可支配收入在国民收入中所占比重的提高有助于整个社会边际消费倾向的提高，从而使经济扩张。但如果是通过降低高档次边际税率进行的，将使高收入者的可支配收入提高。而高收入者的可支配收入在国民收入中所占比重的提高会使整个社会的边际消费倾向降低，因而其扩张效应较差。

而扩大政府预算规模，一般包括两个方面：增加税收和增加政府支出。增加税收具有紧缩效应，而增加政府支出具有扩张效应。由于税收的收缩效应小于增加等量政府支出的扩张效应，因此，在预算平衡条件下，预算规模的扩大，总体来看具有扩张效应，能够刺激总需求的增加。当总需求过旺，发生通货膨胀时，为了制止物价水平的进一步上升，一般应采取增税的办法，或是缩小政府预算规模，以抑制经济的过热。

相机抉择税收政策对经济稳定的效果，首先面临的是时间方面的限制。即税收政策的实施会产生一定的时滞。这些时滞可分为认识时滞、决策时滞、执行时滞和反应时滞。经济不稳定从出现到被政府所发现、所认识，需要一段时间，这就是认识时滞。如果经济本身没有给出强烈的不稳定信号，或者政府本身洞察力不够，则认识时滞会更长。从政府对经济情况有所了解到做出决策，这段时间就是决策时滞。因为一些重大的决策诸如增税、减税一般还要经立法机构通过。当决策通过到付诸实施，又要经历一段时间，这就是执行时滞。反应时滞则是指税收政策付诸实施到最后产生效果之间的时间。例如，当所得税税率提高时，纳税人并不是马上调整其支出行为，这个过程或许要经过几个月才能完成，从而形成反应时滞。

在发展中国家，信息不灵通，不全面，不及时，如通货膨胀在爆发之前常常以隐蔽的形式存在，加之政府部门工作效率往往比较低下，因此，税收政策的认识时滞、决策时滞和执行时滞有时很长，从而限制了税收政策的稳定效果。如某项税收改革方案从提出到生效，如果时间过长，客观经济形势或许已经发生了变化，这时，税收政策的实施反而会增加经济的不稳定因素。因此，在经济活动有限的短期波动中，相机抉择税收政策的效果实际上不及自动稳定税收政策的效果。

其次，相机抉择税收政策的实施有时还会遇到许多实际困难。如紧缩需求的税收政策较之刺激需求的税收政策更不容易得到公众的配合。因为增加税收不仅仅是一个经济问题，也是一个政治问题，它往往易遭到选民的反对。发达国家的经济通常属于需求约束型经济，其常态性特征是需求不足而供给过剩，因而政府所要做的一般是刺激有效需求。而发展中国家的经济正好相反，一般属于资源约束型经济，经常出现的情况是需求过度而供给不足。因此，政府所要做的一般是紧缩需求和增加供给，而这增大了政府在操作上的难度。

况且，即使经济活动的变动方向能够准确地预测和判断，相机抉择税收政策能够在适当的时间实施，政府能够努力克服操作上的困难，税收政策要发挥其应有的功能，同样也存在一个与其他各种经济政策的协调配合问题。

三、税收与收入分配

（一）市场经济中的个人收入分配

在市场经济中，个人收入的分配一般是按商品交易和市场价格的方式进行的。个人收入的多少，一是取决于他所拥有的生产要素的状况；二是取决于这些生产要素在市场上所能获得的价格。

由于各人所拥有的生产要素在数量和质量方面存在着较大的差异，因而他们所获得的收入是不同的。拥有大量生产要素并在市场上取得较高价格的个人可得到很多的收入，甚至是巨额的收入；反之，则只能得到较少的收入。因此，按照市场原则来分配收入，会使一部分人的收入低于最低生活需要水平，尤其是那些年老、残疾和失业者，他们的收入水平根本就无法维持生存。由于市场机制所形成的收入分配造成了个人收入分配的不公，从而需要政府运用税收和转移支付手段来对个人收入的分配进行调节和矫正。

（二）税收对个人收入分配的影响

通过税收来调节个人之间的收入分配，缩小收入差距，实现收入分配的尽可能公平，可以从两方面进行：一是从收入的来源方面减少个人的可支配收入；二是从个人可支配收入的使用方面减少货币的实际购买力。

具体来说，个人所得税直接调节个人的可支配收入，而且是以累进方式课征的。这种税收只要税率结构得当，征管得力，便能够较好地起到收入再分配的作用。而对商品销售课税，则是从个人收入的使用方面减少货币的实际购买力，以调节个人可支配的实际收入。尽管销售税实行比例税率，但是，购买者所负担的税额相对于其收入来说，并非是成比例的，因此，它具有收入再分配的功能。对生活必需品征收销售税，购买者所负担的税额相对于其收入而言，具有累退性。因为低收入者的必需品消费支出占其收入的比重往往很高，而高收入者的必需品消费支出占其收入的比重较低。因此，对必需品征收销售税，有悖于公平原则。而对奢侈品征收销售税，虽然购买者所负担的税额相对于其收入来说未必是累进的，但是，奢侈品的消费者大多为高收入者，而低收入者一般无法企及，因此，税收实际上是由高收入者负担的。这使得奢侈品销售税的征收，有利于实现收入分配的公平。

同时，在市场经济体制下，由于个人拥有的资本等生产要素可以参加收益分配，并据此获得各种收入，因此，开征财产税、遗产税和赠予税等税种，也可以在一定程度上调节收入分配的差距。

但是，造成收入分配不公的原因是多方面的，因此，仅仅依赖税收手段来调节收入分配是不够的。一般来说，税收只能减少高收入者的收入，而对低收入者或无收入者，税收并不能够增加其收入。因此，税收手段还必须与转移支付等手段相配合，才能有效地实现收入的公平分配。况且，有一部分人的收入畸高，是因为市场不完善，法制不健全而获得的，因此，如何规范市场秩序，创造平等竞争环境，也是十分重要的公平收入分配的重要手段。

（三）税收收入再分配效果的衡量方法

经济学家通常采用洛伦茨曲线和基尼系数来表示社会收入分配的状况，如图 3－10 所示。

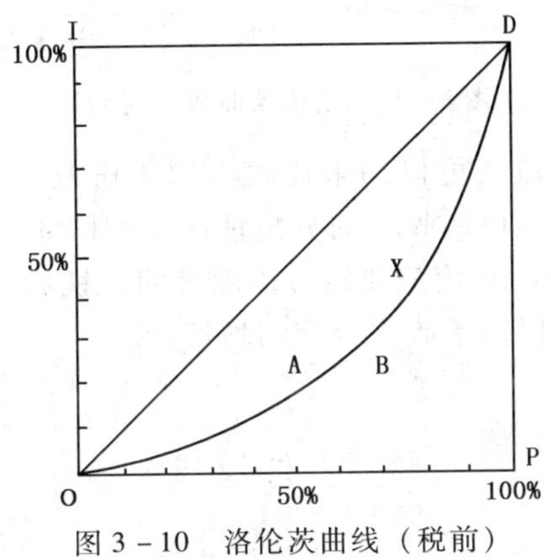

图 3－10 洛伦茨曲线（税前）

图 3－10 中，横轴 OP 表示按收入规模排列的人口百分比，纵轴 OI 表示收入的百分比，OD 为 45°线。在 OD 上的任何一点，总人口中每一定百分比与其所拥有的收入在总收入中所占有的百分比是相同的。例如，50% 的家庭人口占有总收入的 50%，80% 的家庭人口占有总收入的 80%。因此，OD 是绝对平均曲线，即当洛伦茨曲线为 OD 时，每个家庭人口都拥有相同的收入，收入的分配是绝对平均的。OPD 为绝对不平均曲线，表明总收入归某一家庭人口所拥有，其余家庭人口收入均为零。当然，实际的洛伦茨曲线既不可能是 OD，也不可能是 OPD，而是介于两者之间的 OXD。显然，OXD 越接近 OD，收入分配越接近平均；反之，OXD 越接近 OPD，收入分配差距越大。

基尼系数是用来表示收入分配平均程度的一个指标。如图 3－10 所示，用 A 表示 ODXO 的面积，用 B 表示 OXDPO 的面积，那么，

$$基尼系数 = \frac{A}{A+B}$$

如果基尼系数为零，表明 A＝0，洛伦茨曲线为绝对平均曲线，收入分配绝对均等。如果基尼系数等于1，表明 B＝0，洛伦茨曲线为绝对不均等曲线，收入分配绝对不均等。实际的情况是，基尼系数通常介于0至1之间。基尼系数越小，收入分配不均等程度越低。

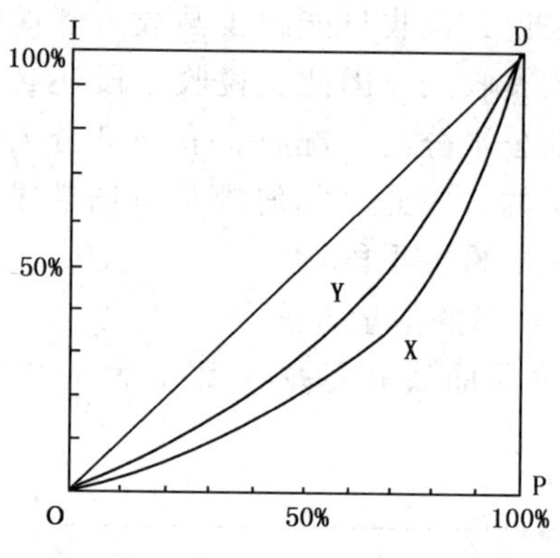

图3－11　洛伦茨曲线（税后）

洛伦茨曲线和基尼系数既可以用来比较不同年份或不同国家的收入分配情况，也可以用来比较税前收入和税后收入的分配情况。如图3－11所示，OXD为税前的洛伦茨曲线，OYD为税后的洛伦茨曲线。该图表明，税后的基尼系数小于税前的基尼系数，因此，税收政策促进了收入分配的均等。

复习与思考

一、基本概念

税收效应　收入效应与替代效应　税收乘数　自动稳定的税收政策　相机抉择的税收政策

二、思考题

1. 税收的宏观经济效应主要体现在哪些方面？
2. 税收与投资的关系是什么？
3. 税收对总供求平衡的调节政策包括哪些内容？
4. 税收是如何调节收入分配的？
5. 税收的微观经济效应主要表现在哪些方面？

第四章

税收负担与税负归宿

第一节　税收负担及其衡量

一、税收负担的概念

税收负担，是指一定时期纳税人因国家课税而承受的经济负担，其轻重程度通常以税收负担率表示。所谓税收负担率，是指纳税人或征税对象的实纳税额同课税对象数量的比例，是衡量纳税人税负轻重的基本标志。税收负担率与税率既有联系又有区别。在其他因素不变的情况下，税率的高低直接决定税收负担率的轻重。

税收负担是一个总体概念，在实际运用中，可以根据不同的标准进行具体的分类。

（一）按负担的层次划分，可以分为宏观税收负担和微观税收负担

宏观税收负担是指一个国家的总体税负水平，通常用国民生产总值或国内生产总值税收负担率等来表示。研究宏观税收负担，可以比较国与国之间的税负水平，分析一国的税收收入与经济发展之间的相关关系。

微观税收负担，是指微观经济主体或某一征税对象的税负水平，通常可以用企业所得税负担率或商品劳务税负担率等来表示。研究微观税收负担，便于分析企业之间、行业之间、产品之间及纳税人个人之间的税负水平，为制定合理的税收政策提供决策依据。

（二）按负担的内容划分，可以分为名义税收负担和实际税收负担

名义税收负担是指由名义税率决定的负担；实际税收负担则是指实际缴纳税款所承担的经济负担。名义税收负担与实际税收负担往往存在背离的情况，一般是后者低于前者。究其原因，主要是存在减免税、税基扣除，以及由于管理原因导致的征税不足。

（三）按负担的方式划分，可以分为等比负担、按能负担和等量负担

1. 等比负担

等比负担，是指实行比例课税的负担形式。实行等比负担，税负透明度高，便

于鼓励规模经营和公平竞争。但是，收入不同的纳税人负担同等比例的税收，往往不符合税收公平原则的要求。

2. 按能负担

按能负担，是指根据纳税人负担能力的大小，实行累进课税的负担形式。实行按能负担，有利于促进收入分配的公平。但是，对低收入者课以低税，对高收入者课以高税，如果处理不当，有可能导致鞭打快牛，保护落后，以及不利于提高经济效率的问题。

3. 等量负担

等量负担，是指对单位征税对象直接规定固定税额的负担形式。实行等量负担，税额的多少不受价格变动的影响，有利于稳定财政收入。但是，由于价格的变动对纳税人的收益影响极大，因此，征税如果不考虑价格变动的因素，无疑会偏离税收的公平原则。

二、研究税收负担的意义

税收负担是处理国家、集体、个人三者利益分配关系的尺度，是全局利益和局部利益矛盾的焦点。税收负担合理，有利于促进经济稳定发展；反之，会扰乱正常的社会经济秩序，引起经济停滞。确定合理的税负水平，不单纯是财政问题，也是治国安邦的大问题。正因为如此，古今中外的思想家都非常重视对税收负担的研究。我国古代思想家管子曾经指出："取之于民有度，国虽小必安，取之于民无度，国虽大必危。"这里的"度"，就是指税收负担的合理量限。20 世纪 40 年代，澳大利亚经济学家曾经提出一个假说：如果一国的税收总额占国民生产总值的比例超过 25%，则会给国民经济增长带来"灾难"。20 世纪 70 年代，美国加利福尼亚大学教授拉弗提出了关于生产、税收、税率三者函数关系的著名的拉弗曲线。该曲线表明，税率必须合理，否则，税收收入会因生产规模的缩减、税基的缩小而不断减少。这些税收思想与研究成果都表明，税收负担是一个十分重要的理论与实践问题。

具体来说，税收负担直接关系到国家与纳税人之间，以及各纳税人之间的分配关系。国家向纳税人征税，不仅改变了纳税人占有和支配社会产品的总量，而且也会改变各纳税人之间占有和支配的社会产品比例，并由此形成国家同纳税人之间，以及纳税人与纳税人之间的税收分配关系，它是社会产品分配关系的重要组成部分。税收负担关系到国民经济持续、快速、协调发展的问题。因为税收最终总是由纳税人来承担的，但在一定的经济发展水平下，经济体系的税收负担能力是有限度的。即如果税收负担超越了经济的承受能力，就会损害国民经济的健康发展。因此，从一定意义上讲，税收制度的设计问题，也就是税收负担的设计问题。

三、衡量税收负担的指标

税收负担是质和量的统一体，要确定合理的税收负担，既要从质的方面分析影响税收负担的各种因素，又要从量的方面分析税收合理负担的客观数量界限。为此，需要建立一套衡量税收负担程度的指标体系。当然，指标的选择，一是要有利于进行纵向比较和横向比较；二是要取得资料容易，计算简便。较为常用的指标可以划分为两大体系。

（一）衡量宏观税收负担的指标

衡量宏观税收负担主要是从全社会的角度来考察税收负担，从而综合反映一个国家或地区的税收负担总体情况。其指标体系主要包括：

1. 国民生产总值税收负担率

国民生产总值税收负担率（T/GNP），是指一定时期内国家征税总额（T）与同期国民生产总值（GNP）的比例。公式为：

$$国民生产总值税收负担率=\frac{一定时期国家征税总额}{同期国民生产总值}\times 100\%$$

2. 国内生产总值税收负担率

国内生产总值税收负担率（T/GDP），是指一定时期内国家征税总额（T）与同期国内生产总值（GDP）的比例。公式为：

$$国内生产总值税收率=\frac{一定时期国家征税总额}{同期国内生产总值}\times 100\%$$

上述比例通常都是进行国与国之间及一国不同时期宏观税负比较的综合性指标，它所反映的实际上就是通常所说的宏观税负水平。一般来说，这一比例愈高，一国的税收负担愈重。同时，从另一个角度来讲，上述比例越高，通常也说明一国的经济实力和税负承受能力越强。

当然，在现行国民经济核算体系下，国内生产总值税收负担率对于衡量税负水平具有更多的优越性，因为国内生产总值按收入来源地统计。在开放经济中，为避免双重征税，各国政府在征税时均优先行使地域税收管辖权，其税收基础即为国内生产总值。这导致税收只与国内生产总值而非国民生产总值具有对应关系，因此，以国内生产总值税收负担率衡量税负总水平相对而言更为准确。也正因为如此，国际经济组织在对各国税负水平进行衡量与比较时，主要使用国内生产总值税收负担率。

（二）衡量微观税收负担状况的指标

衡量微观税收负担主要是从单个纳税人或课税对象的角度来考核税收负担，从而综合反映一个纳税人或课税对象的税收负担情况。其指标体系主要包括：

1. 商品劳务税负担率。商品劳务税负担率，是指某种商品或劳务负担的税收（包括消费税、增值税等）占其销售（营业）收入的比例。其公式为：

$$商品劳务税负担率=\frac{某种商品或劳务负担的税收}{商品或劳务的销售（营业）收入}\times 100\%$$

由于商品劳务税税率是按产品或行业设计的，其课税对象是商品流转额或非商品营业额，因此，商品劳务税负担率的主要作用是分析某种产品或某个行业的税负水平。需要说明的是，商品劳务税具有转嫁的特点，纳税人通过多种方式可以将负担转嫁给他人，因此，商品劳务税负担率一般难以真实反映纳税人的税收负担状况。

2. 企业所得税负担率。企业所得税负担率，是指企业实际缴纳的所得税税额与企业利润总额的比例。其公式为：

$$企业所得税负担率=\frac{企业实纳所得税税额}{利润总额}\times100\%$$

企业所得税以企业利润为课税对象，企业利润是企业收入总额扣除成本、费用、税金及损失后的余额，在企业利润总额一定的情况下，所得税负担率的高低决定企业税后留利的多少。在市场经济条件下，财政不再直接对企业拨款，企业扩大再生产的资金主要来源于税后留利。因此，所得税负担率的高低也就决定企业扩大再生产的规模，它是真实反映企业税负水平的一个重要指标。

3. 企业综合税收负担率。企业综合税收负担率是指一定时期内企业所纳各种税款总额占其同期收入总额的比例。其公式为：

$$企业综合税收负担率=\frac{企业实际缴纳各种税款总额}{企业收入总额}\times100\%$$

这一指标可以反映国家以税收形式参与企业各项收入分配的总水平，它是反映企业税收负担的综合性指标。各种税款总额包括企业所缴纳的商品劳务税、所得税、财产税和行为税等全部税种的实际缴纳税款。企业收入总额可以是纯收入，也可以是总收入。该指标可以用来比较不同类型，不同地区企业之间的总体税负状况，也可以用于分析各税种在企业实纳税款总额中的比重，从而为合理设计税制提供分析与参考依据。

4. 个人税收负担率。个人税收负担率是指一定时期内居民个人缴纳的各种税款占同期个人收入总额的比例。其公式为：

$$个人税收负担率=\frac{个人实际缴纳的税额}{同期个人收入总额}\times100\%$$

个人缴纳的税种可以是指个人所得税、财产税等直接税，也可以既包括直接税，又包括间接税。该指标主要反映一定时期内个人负担国家税收的状况，体现了国家运用税收手段参与个人收入分配的程度。

第二节　税收负担的影响因素

税收负担是一个十分复杂的经济问题，影响税收负担的因素也极为复杂。但大体上可以划分为两大类，即宏观因素和税制因素。

一、影响税收负担的宏观因素

一般而言，一个国家的宏观税负的高低要受到客观的政治、经济和社会等诸多方面因素的制约。具体来看，这些因素主要包括以下几个方面：

1. 一定时期政府的职责。政府职责是政府内在职能的外在表现，它从总体上规定着政府非市场活动的范围。理论上而言，政府的职责或作用范围与市场的作用范围是互补的，但实际的选择中，二者关系的把握是复杂的、多面的，也是多变的。而且受主客观条件的限制，人们对政府与市场关系的认识也是一个不断深化的过程，由此决定的政府职能运用的范围，即政府的职责也是不断变化发展的。总的来说，政府的职责是决定政府支出总规模的基础，因而也是研究宏观税负的逻辑起点。显然，政府职责范围的不同，对政府的支出范围、支出结构及对宏观税负的要求都是不同的。

2. 公共商品的提供范围、提供方式与提供效率。由市场缺陷引致，由政治过程决定的政府对公共商品的供给范围，直接影响政府资金的需求量与需求强度。而且不同的提供方式、提供效率也对财政支出，进而对宏观税负水平产生不同的影响。一是公共商品供给范围的大小直接决定一定时期的宏观税负水平。这正如私人购买数量较多的商品需要多付费一样。二是公共商品的提供方式，也在较大程度上决定着宏观税负的高低。即提供方式不同，提供成本不同，则"所费"价格不同。三是公共商品的提供效率。公共商品的供应需要付出相应的成本。这种成本越高，纳税人消费一定量公共商品所需付出的费用越高，相应地，所需政府资金供给水平越高，即宏观税负水平越高。

3. 一定时期的经济发展状况。无论是政府规模，还是政府支出总量，以及相应的税收收入总量的最终确定，都不能脱离一定时期的经济发展水平。换言之，公共需求的增长、税收收入的增加都与一定时期一国国民收入水平有着很强的相关性。一是一定时期的税收只能来源于同期所创造的社会产品。正因为如此，大多数发达国家税收占 GDP 的比重较高，而发展中国家这一指标相对较低。它表明，一定时期的税收收入总量要受到经济供给能力的现实约束。二是一定时期政府支出总量的增加，本身就是经济发展所提出的必然要求。随着经济发展、居民收入提高，人们对公共物品的消费需求也会逐步扩大。相应地，也逐渐愿意支付更高的"税价"。各国经济社会发展的实践表明，从长期来看，税收的发展，税收规模的扩大直接取决于经济的发展与经济的规模。

4. 非标准化税制实施的范围。一国一定时期的税制一般可分为两个部分，一是标准化法规条款部分；二是非标准化法规条款部分。前者以取得财政收入为基本目的，并构成税收收入上升的方面；后者是指在执行税制标准化条款的过程中，政府为了引导某类经济活动或资助某些阶层，实施了背离上述标准化法规条款的许多附加规定，即各种税收优惠。它体现了政府的偏好，其目的不在于取得收入，而是放弃一部分收入，以发挥税收的调节作用。由于一定的税收负担总是在一定的税制框架内形成的，因此，非标准化税制实施的范围，不仅影响纳税人之间的税收负担，而且影响一定时期的宏观税负水平。

5. 政府收入结构。在政府支出范围、项目一定的情况下，政府收入结构或税收在政府收入中的地位对宏观税负产生重大影响。一是税与费作为政府的两种财政收入形式，两者之间不仅可以相互转换，而且在为一定时期的政府支出提供资金来源的问题上，两者存在替代关系。二是公债与税收，作为延期税收与即期税收，两者之间也存在替代关系。同时，税与其他政府收入形式，如国有资本经营收益、土地收益等，实际上也都存在着在为政府支出提供资金来源问题上的替代关系。

6. 税务管理能力。税务管理与税收政策、税收制度的实施效果有着密切的关系。一国税务管理能力的大小，应该置于税制改革的中心来考虑。但是，在许多发展中国家，也正是有限的税务管理能力成为税制改革的束缚。由于对法定的各个税种缺乏管理能力，使得发展中国家税制的表面现象与实际运行情况之间总是存在巨大的差异。因此，税务管理的水平不仅直接决定着税收制度所能形成的实际税收负担及其效应，而且也直接影响一定时期税收收入的多少，从而在较大的程度上决定着宏观税负的高低。在税务管理能力低下的国家，税收收入的理论规模与实际规模，纳税人的理论税负与实际税负都存在较大的差异①。

二、影响税收负担的税制因素

一定的税收负担是在一定的税制框架内形成的。构成税制的因素主要有税种、税率、计税依据、减税免税等，这些税制因素的不同设计，也会在一定程度上影响纳税人的税收负担水平。

（一）税种

税种对税收负担的影响有两个方面：一是税种数量；二是税种类别。在其他因素不变的情况下，一般来说，税种越多，意味着纳税人的负担越重。当然，一个国家税种数量的多少，取决于多方面的因素，如新兴产业的发展、财政的需要、纳税人的负担能力、税收征管水平等。在这些因素中，税种的增减，通常考虑最多的是财政收入需要。例如，为了通过税收筹集到足够的财政收入，既可以提高现有税种的税率，也可以开征新的税种。增加税种，可以开辟新的税源，还有利于体现负担公平。但税种太多，也会加重纳税人的负担，使税收制度变得复杂化。

对于纳税人来说，不同税种的负担也是不一样的。如商品劳务税属于间接税，税负具有转嫁的特点，生产者可以通过提高价格把税金转嫁给消费者，所以，生产者通常仅仅是纳税人，消费者才是实际负担者。而所得税对纳税人的纯收入课征，负担直接，生产者既是纳税人，也是负税人。

（二）税率

在其他因素不变的情况下，税率与税收负担之间成正比关系，即税率愈高，税负愈重；反之，税率愈低，税负愈轻。合理设计税率水平，是确定税负水平的关键。此外，税率对税收负担的影响，还表现在税率结构上。在实行比例税率的情况下，如果不考虑其他因素，表列税率就是实际负担率。但在实行超额累进税率的情况下，

① 参见庞凤喜："论我国宏观税负的形成机理"，载《中南财经政法大学学报》2002 年第 5 期，人大复印资料《财政与税务》2002 年第 12 期。

即使其他因素不变，税收的实际负担率也会低于超额累进税率表上的较高税率或边际税率。

（三）计税依据

任何一种税的计算都离不开税率和计税依据两个因素。在税率一定的条件下，计税依据的大小，直接决定一种税负担的轻重。因此，合理税负水平的确定，必须做到税率和计税依据的合理搭配。计税依据过小，过窄，势必导致税率过高，其结果必然是税制不规范，财政收入流失，以及税负的不公平。

（四）加成征税和加倍征税

加成征税和加倍征税是国家为了限制某种生产经营活动，或调节统一税率调节不到的过高收入而规定的一种对纳税人或征税对象加重税收负担的措施，是在依率计算税额的基础上，对应纳税额再加征一定成数或倍数税款的计税方法。符合加成或加倍征税条件的纳税人，在按一般税率缴纳税款之后，还要再缴纳一部分加征税款。因此，纳税人实纳税额比按一般税率计算的税款要多，税负水平也要高一些。

（五）减税、免税和退税

减税、免税和退税是税法给予某些纳税人或征税对象的优惠照顾措施。由于享受减税、免税和退税的纳税人在一定时期内可以依法少缴、免缴税款和取得退还税款，因此，相关纳税人的税收负担率必然也会低于名义税率，从而出现名义税负与实际税负的不一致。

第三节　税负水平和税负结构

税收负担问题一般包括两个方面的内容：一是税收负担水平是否适度；二是在既定的税收负担水平下，税收负担结构是否合理，即各类纳税人之间的税收负担水平是否公平。因此，判断某个国家的税收负担是否合理，必须从以上两个方面进行分析。

一、税负水平

税收负担是税收制度的核心问题，判断一国税制合理与否的重要标准，主要看一国总体税负水平是否合理。因此，有必要研究税负水平的理论标准。

合理税负水平涉及的是一国总体税负状况的宏观问题，其判断标准是国民生产总值税收负担率（T/GNP）或国内生产总值税收负担率（T/GDP）的高低。一国总体税负水平是否合理，国民生产总值税收负担率或国内生产总值税收负担率多高为宜，只有相对意义，没有绝对标准，但有一点是明确的，即税收负担不应过重。西方经济学家很早就指出这一点。如重农学派认为，不论对谁征收，税收负担都不应过重。其代表人物布阿吉尔贝尔指出，赋税过重会使农业遭到破坏，进而导致经济衰退和人民贫困。他认为，法国之所以土地荒废，主要是因为任意征税和税负太重。

为使国家兴旺，有必要改革税制，公平税负。魁奈在他的一些著作中也多次论述有关国家征税要适当的问题。他指出："租税不应过重到破坏的程度，应当和国民收入的数额保持均衡，必须随收入的增加而增加。"

在现代税收理论中，供应学派著名学者拉弗通过拉弗曲线来说明税率与税收收入量的关系，进而分析税收与生产的关系。拉弗曲线说明的是这样一个问题：在图4-1中，当税率为0时，政府的税收收益为零；当税率为100%时，政府税收收益也为零。那么，政府的活动怎样才算合适，或税率应确定在哪一点最恰当呢？从图4-1来看，A点代表一个很高的税率和很低的产量，B点代表很低的税率和很高的产量，但两者都为政府提供同等的收益。如果政府将税率从A点降到C点，产量将进一步扩张，政府收益也增加；当政府将税率从B点提高到D点，政府的收益会以同样的数额增加。只有在E点上，政府的收益和经济产量都达到最大。在E点上，如果政府再降低税率，产量将增加，但政府收益将下降；如果提高税率，产量和收益都会下降。因此，对政府来说，图中的阴影区是税率禁区，直观地表达了税负水平合理、适度的基本意义。

从纯理论的角度分析，判断一国总体税负水平是否合理，存在两个基本标准，即经济发展标准和政府职能标准。

1. 经济发展标准

一国政府经济政策的中心目标，首先是为着谋求经济增长以及在经济增长基础上的经济发展，税收负担政策也不例外。也就是说，一国总体税负水平的选择首先要以有利于经济的增长与发展为前提。

2. 政府职能标准

筹集财政资金，满足政府需要，是税收的基本职能。政府的职能范围不同，对税收的需要量就不一样。因此，一国总体税负水平的高低，要视政府职能范围的大小而定。

根据经济增长标准，税收应当有利于激励企业生产，刺激储蓄和投资。因此，较低的税负水平是有利于经济增长的。但是，依据政府职能标准，又要求政府保持

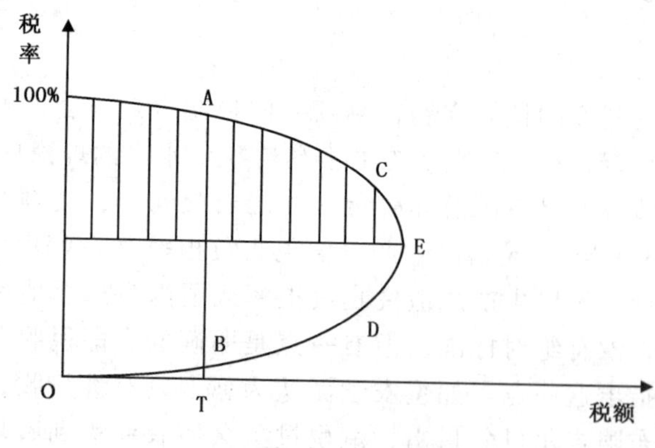

图4-1　拉弗曲线

适当的税收规模。那么，一国究竟应当实行什么样的税收负担政策，适度税负的最佳区间应在何处？答案是因国而异的。如前所述，税负水平高低在很大程度上只有相对意义，各国政府应当根据本国国情作出自己的最佳选择。

二、税负结构

研究税收负担问题，不仅要分析税收负担的总体水平，还必须进行结构分析，即研究税收负担的具体分布，通过结构研究，可以准确地分析税收负担的分配情况，以及税收对社会经济发展和宏观经济运行的影响程度，从而为完善税制提供依据。

根据对税制的不同分类，以及基于不同的研究目的，税负结构具有多种测算比较方法。而具体采用何种标准，主要应考虑结构分析的目的和所要说明的问题。主要包括：

（一）不同税类的税负结构

在现代国家中，税种类型大致可分为商品劳务税、所得税与财产税三类，而不同的税类存在不同的特征与功能。其中：商品劳务税易于征收与管理，但具有一定程度的累退性；所得税具有优越的收入分配功能，且不会形成重复征税，但执行成本较高；财产税收入比较稳定，但难以满足复杂的社会经济调节需要。通过对不同税类税负结构的分析，可以在一定程度上反映出税制功能的有效性与局限性，从而为税制结构的调整，税收制度的优化提供依据。

（二）不同地区的税负结构

对于大多数国家而言，区域经济发展不均衡是一个普遍的现象，而税收负担直接受到经济发展的影响，因此，在一个国家或一个地区内部，不同的区域之间税负结构必然也是不均衡的。通过对不同地区的税负结构进行分析，有利于真实反映地区间的税负差异，评判地区间经济增长与税收负担是否趋于一致。尤其是当政府决定采取差异化地区发展战略时，通过调整不同地区税负水平与结构，能够有效实现政府调节目标。在进行地区税负结构分析时，可以采取以地理区划的分析方法，但更为常用的是采用地理区划与经济区划相结合的思路，后者的分析结论与政策建议更具有针对性。

（三）不同产业的税负结构

一国的产业结构决定该国的税源结构，产业结构的发展级次以及由低向高的变动趋势，与宏观税源的增长具有高度的关联性。当产业结构出现新旧交替时，税收制度应适应新的变化及时进行调整或改革，使税源的分布与税收负担的结构相适应，从而达到产业间税负水平的公平，并有利于经济的增长与发展。同样，税收负担的高与低、轻与重对产业的兴衰也产生着重要的影响。产业结构优化程度高低，能源、高新技术产业的多少，企业效益的好坏，对宏观税负的拉动能力都比较重要。

在产业税负结构分析中，还可以进行更具体的行业划分，以第二产业为例，就可以再划分出采掘、电子、金属、服装、食品、医药、电子、能源、信息技术等诸多行业，从而进一步研究不同行业的税负结构，为行业发展提供政策依据。

（四）不同所有制类型的税负结构

在现代社会中，企业所有制类型的选择更加多元化，但是不同的经济类型必然具有不同的所有权属性，出于国家经济安全、资源有效利用等方面的考虑，在行业准入、制度保障、资源运用等方面还是会存在一定程度的区别对待，因此，税收政策从立法到执法层次，可能也会对不同所有制类型的企业产生影响，而最明显的后果之一就是税负差异。从所有制类型角度研究税负结构，有利于正确认识税负与所有制企业之间的均衡，对不同类型企业间的税源变化进行适当的调整。

在具体所有制类型的选择中，既可以按照现有公司、企业的种类进行税负结构分析，例如，区分为全民所有制企业（即国有企业）、集体所有制企业、三资企业、私营企业及其他企业等。也可以按照出资方类型进行税负结构分析，如区分为内资企业、外资企业；或依公司股票上市与否为标准进行税负结构分析，如区分为上市公司与非上市公司等。

（五）不同收入阶层的税负结构

依据税收公平原则，合理的税负结构在实现横向公平、普遍征收的基础上，还应该具有维护纵向公平的责任，即实现“量能负担”的目标。从这个意义上分析，不同收入阶层所负担的税负应该是有区别的。否则，一方面导致高收入阶层税源与税收收入的不均衡，影响税收收入的增长；另一方面，低收入阶层却承担不合理的高税负，不利于实现收入分配目标，容易诱发一系列经济、社会问题。

需要注意的是，即使在相同的收入层次中，对于具体纳税人而言，还要区分收入来源的税负差异。以个人所得税为例，在实行分类征收的国家，不同的收入来源结构会形成不同的税负差异，以工薪收入为主的劳动性收入与利息、租金等收入为主的财产性收入之间由于具体计税方法的差异，即使收入总额一样，但是，税负差异也会影响到收入分配的合理性。这些问题都要依靠税负结构的比较才能更好地予以解决。

第四节　税负转嫁与税负归宿

一、税负转嫁与税负归宿的概念

所谓税负转嫁，是指纳税人在缴纳税款之后通过种种途径将税收负担转移给他人负担的过程。税负转嫁与商品交易密不可分，因为纳税人只有在与他人发生经济交易的情况下才可能通过价格调整等手段将税收负担转嫁出去。因此，商品交换是税负转嫁的前提条件。税负转嫁之后，最初的纳税人并不一定就是税收的最终负担者。依据转嫁的程度，税收转嫁可以分为全部转嫁和部分转嫁。全部转嫁是指纳税人通过一定方式将税收负担全部转嫁给税收的实际负担者。而部分转嫁则是指纳税人通过一定方式只把部分税收负担转嫁给实际的税收负担者。通常我们区分直接税与间接税的标准就是看税负能否被转嫁，即不能被转嫁的就是直接税，而能被转嫁的就是间接税。当然这种区分并不是绝对的。在一般情况下，商品劳务税之所以被称为间接税，是因为这类税收在形式上具有转嫁税负的可能性；而所得税之所以被称为直接税，是因为它在形式上一般不具有转嫁的可能性。

所谓税负归宿，是指税收负担的最终负担者，它是税负转嫁的最终结果。税收负担经过若干环节的运动和转移，最后总是要落在最终负担者身上，即最终的税负归宿。税负归宿是税收负担的核心问题，即谁最终为税收“埋单”。不同税种在不同经济条件下，其转嫁的方式、转嫁的过程和转嫁的结果是不同的。但任何一种税收最终都要由一定的经济主体负担，一旦税收的最终负担者也就是税负归宿确定了，税负转嫁的过程也就结束了。根据税收的实际负担情况，税负归宿可以分为法定归宿和经济归宿。其中，法定归宿是指法律上明确规定负有纳税义务的人，而经济归宿则是指税收导致纳税人实际资源配置或收入分配的变化情况。税收法定归宿与经济归宿之间的差异就是税负转嫁的程度。而我们通常所说的税收归宿实际上是指经济归宿。政府在制定税收政策之前，应弄清税收经济归宿，只有这样，才能对税收调节作用或税收导致的结果有比较清楚的认识。

二、税负转嫁的方式

税负转嫁的方式主要有前转、后转、混转、消转和税收资本化等。

（一）前转

前转也称为顺转。即纳税人在经济交易过程中通过提高其所提供的商品或生产要素的价格的方法，将其所缴纳的税款向前转移给商品或生产要素的购买者或最终消费者负担的一种方式。

前转是税负转嫁最普遍和最典型的方式，通常表现为商品劳务课税的转嫁方面。例如，在生产环节对烟酒等消费品课征税款，生产者可以通过提高商品的销售价格，将税负转嫁给批发商，而批发商也采取同样方式将税负转嫁给零售商，最终零售商将税负转嫁给消费者。实际上，不论消费者是否知情，他在购买商品时已经支付了部分或全部税收。

（二）后转

后转也称为逆转。即纳税人在经济交易过程中通过压低生产要素的价格，将税负转嫁给生产要素的提供者或生产者的一种方式。

后转发生的主要原因是市场供求条件不允许纳税人以提高商品价格的形式向前转移税收负担。例如，当对某一商品在零售环节课税，并且该商品在市场上处于供过于求的情况下，销售价格难以提高，此时，零售商便难以通过提高商品价格的方式将税收负担向前转移，而只能通过压低商品进价将税收负担转嫁给批发商，批发商则通过同样方法将税负转嫁给生产商，而生产商又通过压低原材料价格或工人工资等办法，将税负转嫁给生产要素的提供者。所以，零售商是纳税人，但实际的税收负担则由原材料供应商和工人所负担。

（三）混转

混转也称为散转。即在现实经济生活中，转嫁形式不可能是纯粹的前转或后转，往往是同一税额，一部分通过前转转嫁出去，另一部分则通过后转转嫁出去。

（四）消转

消转也称为税收转化。是指纳税人对其所缴纳的税款既不向前转嫁，也不向后转嫁，而是通过改善生产管理，改进生产技术，提高生产效率，降低成本等方式补偿其纳税损失，自行消化税收负担，使其纳税前后的利润水平相同。但消转需要具备一定的条件，如生产技术方法存在改进和发展的余地等。

消转是一种特殊的税负转嫁形式，与一般形式的税负转嫁并不相同。因为在消转的情况下，纳税人并没有将税负转移给他人，没有特定的负税人。对于这种转嫁形式，理论界对其看法并不一致。支持者认为，衡量税负是否转嫁的基本标准是，纳税人纳税前后的利润水平是否相同，如果征税后利润水平没有下降，则发生了税负转嫁；反之，则没有发生税负转嫁。但纳税人通过消转方式来弥补因纳税所带来的损失，保住原有的利润水平，因此，消转是符合税负转嫁的基本标准的。反对者则认为，在税负转嫁的情况下，纳税人与负税人是分离的。而在消转的形式下，纳税人即为负税人，而且降低成本，提高经济效益是生产者从事生产经营的基本动力，而非因为征税所致，征税的作用仅仅是增加了生产者的压力，因此，消转并非严格意义上的税负转嫁。

（五）税收资本化

税收资本化也称为资本还原，即生产要素购买者将所购买的生产要素，如土地、房屋、机器设备等未来应纳税款，通过从购入价格中预先扣除，即压低生产要素的购买价格的方式，向后转移给生产要素的出售者的一种形式。

税收资本化最典型的例子是对土地课税。例如，某块土地在市场上每年的收益是 10 万元，而市场收益率是 10%，则该块土地的市场价格为 100 万元。当政府对土地征收 20% 的土地税之后，该块土地每年的收益就变成 8 万元，则土地市场价格就变成 80 万元。在这种情况下，土地购买者通过压低土地市场价格的方式将税收负担转嫁给了土地所有者。土地税与土地价格存在反向变动关系，土地税增加，土地价格就下降；反之，土地税降低，土地价格就上升。

税收资本化与一般意义上的税负转嫁的不同之处是，一般意义上的税负转嫁通过多种方式将每次课征的税款随时予以转移，而税收资本化则是把未来应缴纳的税款作一次性扣除。因此，税收资本化是税收后转的一种特殊形式。

三、税负转嫁与归宿的一般原则

税负转嫁理论上的可能性并不等于税负转嫁的现实性。在现实经济生活中，税负转嫁总是受到各种客观经济条件的约束。具体到每一纳税人，税负能否转嫁，转嫁多少，通常取决于价格、供求弹性和征税范围等多种经济变量。

（一）价格对税负转嫁的影响

由于典型意义上的税负转嫁是纳税人通过提高价格来实现的，因此，税负转嫁的实现及其转嫁的程度，必然受到价格变动可能性的制约。通常来讲有以下几种情况：

1. 征税之后，价格不变，则税负不能转嫁，由卖方负担。

2. 征税之后，价格提高，但提价的数额小于征税的数额，则税负部分转嫁，由买方和卖方共同负担。

3. 征税之后，价格提高，且提价数额等于征税的数额，则税负刚好全部转嫁，由买方负担。

4. 征税之后，价格提高，且提价数额大于征税的数额，则税负不仅能全部转嫁，由买方负担，而且卖方还能获得超额利润。

5. 征税之后，价格下跌，税负不仅不能转嫁，而且纳税人还要蒙受额外损失。

上述所提到的几种情况，通常出现在价格不能自由变动的情况下，也即处于非完全竞争市场中，如政府定价或完全垄断。实际上，在一般情况下，价格的变动都会受市场供求情况影响，而供求弹性则对税负的转嫁起到关键性的作用。

（二）供求弹性对税负转嫁的影响

在市场竞争中，价格能否变动，主要取决于市场供求状况，因此，价格变动对税负转嫁的影响最终取决于商品供求弹性。

一般来说，在其他条件相同的情况下，需求弹性越大，税负越难转嫁出去；反之，需求弹性越小，税负越容易转嫁出去。即需求弹性的大小与税负转嫁的难易程度成反向关系。具体来说，需求弹性大，说明当某种商品因征税而提高价格时，购买者就会不买或少买，从而将迫使商品价格回落或阻止价格提高，此时，卖方就难以向前转嫁税负。而需求弹性小，说明某种商品因征税而提高价格时，购买者没有选择余地，价格提高阻力小，从而卖方就容易向前转嫁税负。

而供给弹性则相反，供给弹性越大，税负越容易转嫁出去；反之，供给弹性越小，税负越难转嫁出去。即供给弹性的大小与税负转嫁的难易程度成正向关系。供给弹性越大，说明某种商品增加税负时，卖方会因为利润减少而削减供给数量。由于供给减少，价格势必上涨，税负容易转嫁。供给弹性小，说明虽然税负增加，但因受生产条件等限制，削减供给数量困难，此时，只要卖方有利可图，就会继续供给，从而难以提高价格，税负转嫁也就困难。

（三）征税范围对税负转嫁的影响

征税范围不同，税负转嫁的数量、难易程度也不相同。一般来说，征税范围越广，税负越容易转嫁；征税范围越窄，税负越难转嫁。

其基本原因在于，征税范围越窄，税收对商品或生产要素的替代效应就越大，需求弹性也就越大，税负也就难以转嫁。通俗地说，征税范围包含的商品或生产要素越少，就越可能使买方改变选择，减少征税的商品或生产要素的购买，而选择其他商品作为替代。例如，在仅仅对大米征税的情况下，消费者会减少大米的购买量，而增加小麦、大豆等替代品的消费量，此时，大米的价格就难以提高，税负也就难以转嫁。与此相反，征税范围越广，替代效应越难以发生，需求越缺乏弹性。在上面所提到的例子中，如果除了对大米征税之外，还对小麦、大豆等其他粮食也征税，那么，大米的替代效应就不会发生太大变化，其价格提高也相对较为容易，税负也就越容易转嫁。

此外，对于不同的征税对象征税，其税负转嫁的结果也是不同的。具体有以下几种情况：一是对生活必需品、不易替代的商品、用途狭窄的商品或耐用品征税，由于这类商品的需求弹性较小，买方处于不利地位，税负将更多地向前转嫁；二是对奢侈品、易于替代商品、用途广泛的商品或非耐用品征税，由于此类商品需求弹性较大，买方处于有利地位，税负将更多地向后转嫁或不能转嫁；三是对资本密集型商品、生产周期较长的商品征税，由于此类商品生产变动困难，供给弹性比较小，卖方处于不利地位，税负会更多地向后转嫁或不能转嫁；四是对劳动密集型商品或生产周期较短的商品征税，此类商品供给弹性比较大，卖方处于有利地位，税负将更多地向前转嫁。

第五节 税负转嫁与税负归宿的影响因素

在现实经济生活中，税负转嫁受到了客观经济条件的制约，因此，分析税负转嫁与归宿必须将税收放到特定的经济环境中。一般有两种分析方法：局部均衡分析和一般均衡分析。

一、局部均衡分析

所谓局部均衡分析，是在假定其他条件不变的情况下，分析某种商品或要素的供给与需求达到均衡时的税负转嫁与归宿及其对价格的影响。如上所述，影响税负转嫁的变量很多，除供求弹性、价格、征税范围等因素之外，还有市场结构、课税对象、计税方法等许多变量。众多变量对税负转嫁的影响非常复杂，为了简化分析，通常可以假定其他变量不变，而仅选择某一变量对税负转嫁与归宿的影响做局部均衡分析。

（一）需求弹性对税负转嫁的影响

需求弹性即需求的价格弹性，是指商品或生产要素的需求数量对于价格变动的反应程度。用公式来表示即为：$E^d=\frac{\Delta Q}{Q}\Big/\frac{\Delta P}{P}$

其中：E^d 为需求弹性，P 为价格，ΔP 为价格的变化量，Q 为需求数量，ΔQ 为需求数量的变化量。

当 $E^d=0$ 时，需求完全无弹性。此时，消费者或购买者不会因商品的价格变化而改变购买数量。当政府对需求弹性为 0 的商品或要素征税时，会导致商品价格上涨，上涨的幅度等于所征收的税收，即税收全部向消费者转嫁。如图 4－2 所示，需求曲线 D 是一条与横轴垂直的直线，即需求弹性为 0。需求曲线 D 与供给曲线 S 相交于 E_0 点，此时的均衡价格分别为 P_0 和 Q_0。在政府对商品或生产要素征收 T 数额的税收后，商品或要素的价格也随之提高，供给曲线移动到 S + T，供给与需求在 E_1 点达到新的均衡，新的均衡价格为 P_1，均衡数量仍为 Q_0，$P_1 - P_0 = T$。这表明，在 $E^d = 0$ 时，税收完全转嫁给消费者或购买者。这是一种极端情况，如在粮食极端匮乏的情况下，粮食的需求弹性为 0，此时，政府对粮食征收的税收将全部转嫁给消费者。

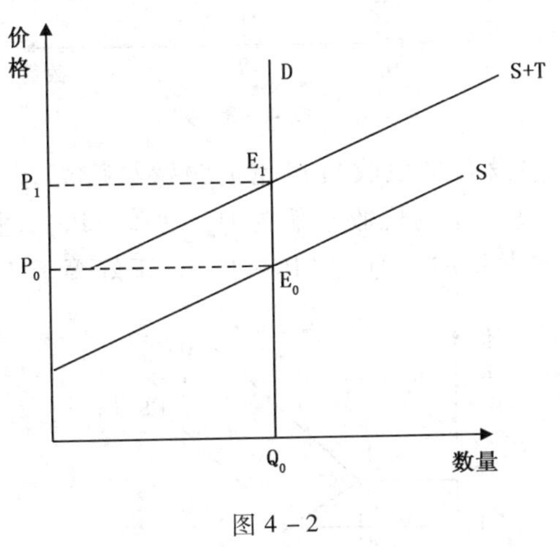

图 4 - 2

另外一种极端情况就是 E^d 趋近于∞，需求完全有弹性。此时，价格的任何微小变化都会引起需求数量变为 0。当政府对需求弹性趋近于∞的商品或要素征税时，商品或要素的价格不会发生任何变化，税收不能转嫁给购买者，即税收全部由供给者承担或向后转嫁。如图 4 - 3 所示，需求曲线是一条与横轴平行的直线，即商品或要素的价格始终保持不变；供给曲线为 S，供求曲线相交于 E_0 点，均衡价格为 P_0，均衡数量为 Q_0。当政府对商品或要素征收数额为 T 的税收之后，供给曲线向上移动到 S + T 的位置，均衡价格仍然为 P_0，但均衡数量却由 Q_0 降为 Q_1，而卖方所获得的净价格则从 P_0 下降到 P_1，$P_0 - P_1$ 正好等于 T。这说明，在需求完全有弹性的情况下，卖方不能通过提高价格的形式将税负向前转嫁给买方，而只能向后转嫁或通过减少产量的方式自行消化。

当 E^d 介于 0 和∞之间时，可以从图 4 - 4 中分析需求弹性与税负转嫁的关系。某商品或要素的供给曲线 S 与需求曲线 D 相交于 E 点，均衡价格为 P_1，均衡数量为 Q_1。当对该商品或要素征收数额为 T 的税收之后，供给曲线向上移动到 S + T，均衡点为 E_1，均衡价格为 P_2，均衡数量为 Q_2。即征税后，商品或要素价格由 P_1 上升到 P_2。但此时供给者所获得的价格则从 P_1 下降到 P_3。此时在消费者实际支付的价格 P_2 与供给者实际获得的价格 P_3 之间存在着一个差额，这个差额通常被称为“税收

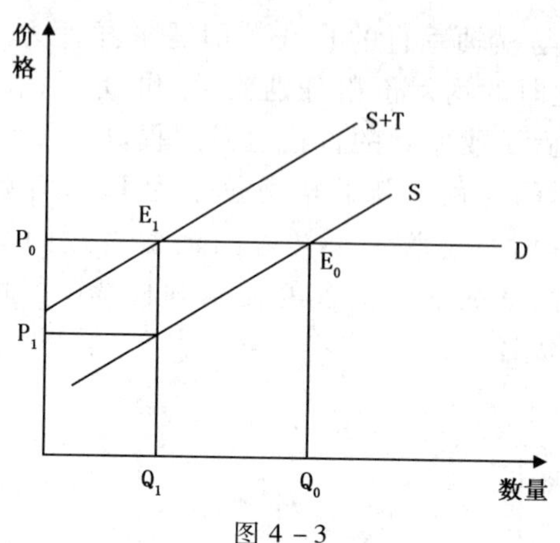

图 4－3

楔子”。很显然，卖方并没有将税收负担完全转嫁给购买方。政府所征收的税收由供需双方分摊。购买者所承担的税收数额为 $Q_2\times(P_2-P_1)$，供给者所承担的税收数额为 $Q_2\times(P_1-P_3)$，两者相加为 $Q_2\times(P_2-P_3)$，正好等于 T。

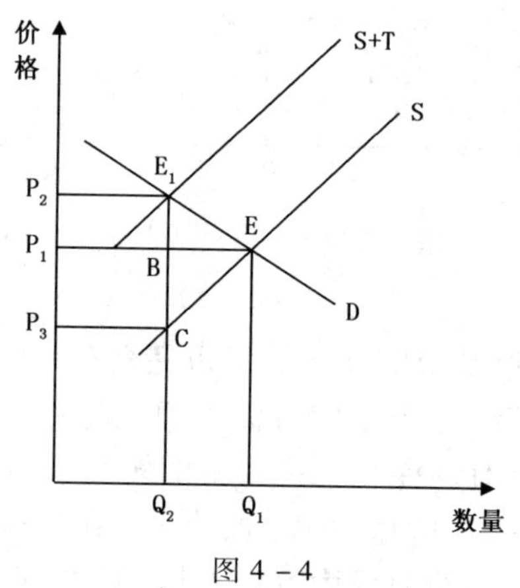

图 4－4

（二）供给弹性对税负转嫁的影响

供给弹性是供给的价格弹性，即商品或生产要素的供给数量对于价格变动的反应程度。用公式来表示即为：$E^S=\frac{\Delta Q}{Q}\Big/\frac{\Delta P}{P}$

其中：E^S 为供给弹性，P 为价格，ΔP 为价格的变化量，Q 为供给数量，ΔQ 为供给数量的变化量。

当 $E^S=0$，供给完全无弹性。此时，供给数量不会因价格的变化而发生任何变动。如图 4－5 所示，当 $E^S=0$ 时，供给曲线为一条与横轴垂直的直线，供给曲线与需求曲线相交于 E 点，均衡价格为 P，均衡数量为 Q。当政府征收数额为 T 的税收后，价格相对下降，下降的数额等于 T。需求曲线就向下移动到 D＋T 的位置，税后的均衡价格为 P_1，均衡数量仍为 Q。此时卖方税后的净收入比税前减少 $(P-P_1)\times Q$，正好等于政府征收的税收 T。这说明在 $E^S=0$ 的情况下，税收不能向前转嫁，而是由卖方负担。

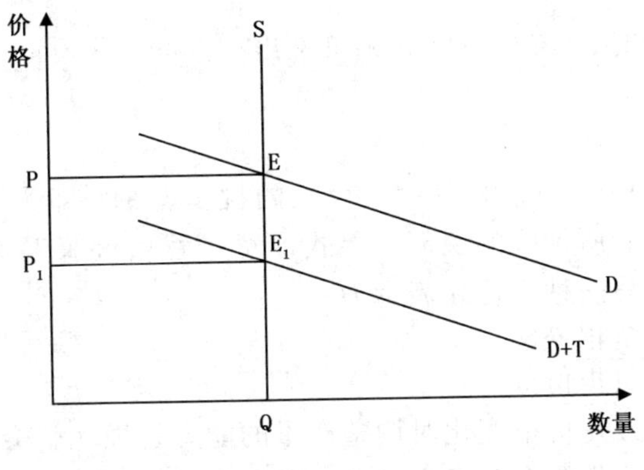

图 4－5

另一种极端情况就是 E^S 趋近于∞，供给完全有弹性。此时，所征的税收会全部向前转嫁，由买方全部负担。如图 4－6 所示，供给曲线 S 与横轴平行，均衡数量为 Q，均衡价格为 P。政府征税后，供给曲线向上移动到 S＋T 的位置，均衡价格上升到 P_1，均衡数量下降到 Q_1。P_1-P 恰好等于 T。

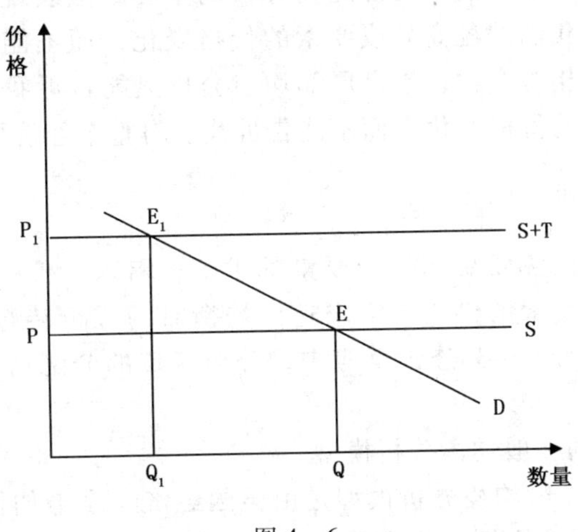

图 4－6

（三）供给与需求都有弹性但非完全弹性情况下的税负转嫁

上面分析了供给弹性和需求弹性对与税收转嫁的关系。我们再回顾一下需求弹性和供给弹性的公式。

$$E^d=\frac{\Delta Q}{Q}\Big/\frac{\Delta P}{P} \qquad E^S=\frac{\Delta Q}{Q}\Big/\frac{\Delta P}{P}$$

假定税前均衡价格与均衡产量分别为 P_0 与 Q_0，税收引起供给量的变化 ΔQ_S，卖方净价格变化为 ΔP_S，买方支付的价格变动为 ΔP_d。则有

$$\Delta Q_d = \frac{E^d \Delta P_d Q_0}{P_0} \qquad \Delta Q_S = \frac{E^S \Delta P_S Q_0}{P_0}$$

当实现税后均衡时，$\Delta Q_d = \Delta Q_S$，则可推出

$$\frac{E^d}{E^S} = \frac{\Delta P_S}{\Delta P_d}$$

由于在税后均衡时，ΔP_S 即为卖方承担的税负，ΔP_d 即为买方所承担的税负，两者之和刚好等于政府所征收的税额。上式即意味着供求双方各自承担的税负与各自的弹性成反比。用另一种表达式表示为：

$$\frac{\text{需求弹性}}{\text{供给弹性}} = \frac{\text{卖方负担份额}}{\text{买方负担份额}}$$

这说明，买卖双方在价格变化时调整产量的能力越强，就会承担越少的税负。

在上面的分析中，都假定对卖方征税。那么，当对买方征税而不是对卖方征税时，税收转嫁的情况会发生变化吗？答案是否定的。即税收对价格和产出的影响与对卖方还是对买方征税无关，这也被称为“无关性定理”。通俗地说，税收最终由谁负担和名义上由谁纳税无关，税收的转嫁与归宿由税后的均衡价格决定。

局部均衡分析有局限性，这是因为它忽略了其他商品或要素相对价格的变化，由此所得出的结论是不完全的。局部均衡分析的重要缺陷表现在两个方面：一是局部均衡分析只能告诉我们课税商品或要素的价格变化，而不能告诉我们征税引起其他商品或要素的价格相对变化；二是局部均衡分析只能告诉我们征税引起某一商品或要素在某一市场上的价格变化，而不能告诉我们对整个经济要素的影响。

二、一般均衡分析

一般均衡分析是在各商品和生产要素的供给、需求、价格相互影响的假定下，分析所有商品与生产要素的供给与需求达到均衡时的税负转嫁与归宿。也就是说，在因政府征税而引起的一系列连锁反应中，分析税负的分配情况。这种分析方法更加贴近现实。

（一）税负归宿的一般均衡分析模型

人们通常采用的一般均衡分析模型是由美国经济学家哈伯格所提出的“税收归宿的一般均衡模型”。该模型首先假设：整个经济体系仅有制造品市场和食品市场两个市场；家庭没有储蓄，所以收入等于消费；只有资本和劳动力两种生产要素，资本和劳动力可以在不同部门之间自由流动。

该模型中共有四种税：只对某一部门某种生产要素收入征收的税；对两部门的某种生产要素收入征收的税；对某种商品消费征收的税；综合所得税。其具体模型见表 4－1。

表 4－1

T_{KF}	+	T_{LF}	=	T_F
+		+		+
T_{KM}	+	T_{LM}	=	T_M
‖		‖		‖
T_K	+	T_L	=	T_T

表 4－1 中，F 代表食品业；M 代表制造业；L 代表劳动力；K 代表资本；T_{KF}代表以食品业的资本收入为征税对象的税；T_{LF}代表以食品业的劳动者工资为征税对象的税；T_F 代表以食品的产出为征税对象的税；T_{KM}代表以制造业的资本收入为征税对象的税；T_{LM}代表以制造业的劳动者工资收入为征税对象的税；T_M 代表以制造业的产出为征税对象的税；T_K 代表对以食品和制造业两个部门的资本收入为征税对象的税；T_L 代表以食品和制造业两个部门的劳动者工资收入为征税对象的税。

这一模型能够评价某一局部要素的课税对产出市场的影响，可以揭示出各税种之间相互作用、相互影响的结果。它反映了以下几种关系。

1. 如果政府既征收 T_F 又征收 T_M，且税率相同，则相当于对所有产品征收税收 T_T。其原因在于，如果对消费者的各方面支出额分别按相同的税率征税，其效果等于对消费者的全部收入按与前相同的税率征收综合所得税。

2. 如果政府既征收 T_K 又征收 T_L，且税率相同，则相当于对所有要素征收税收 T_T。其原因在于，如果对各种来源的收入分别按相同的税率征收分类所得税，其效果等于将所有来源的收入相加，并按与前相同的税率统一征收综合所得税。

3. 如果政府既征收 T_{KF}又征收 T_{KM}，且税率相同，则相当于对资本收入征收税收 T_K。其原因在于，如果对两个部门的资本收入分别按相同的税率征收所得税，其效果等于将所有经济部门的资本收入汇总相加，并按与前相同的税率统一对资本收入征收所得税。

4. 如果政府既征收 T_{LF}又征收 T_{LM}，且税率相同，则相当于对工资收入征收税收 T_L。其原因在于，如果两个部门的劳动者工资收入分别按相同的税率征收所得税，其效果等同于对社会全部劳动者工资收入按与前相同的税率统一征收所得税。

5. 如果政府既征收 T_{KF}又征收 T_{LF}，且税率相同，则相当于对食品产出征收税收 T_F。其原因在于，对同一部门的资本收入和劳动者收入分别按相同的税率征收所得税，其效果等于政府对该部门的全部收入额或增值性流转额征收了流转税。

6. 如果政府既征收 T_{KM}又征收 T_{LM}，且税率相同，则相当于对制造业产出征收税收 T_M。其原因与 5 相同。

（二）商品课税归宿的一般均衡分析

根据上述模型，首先可以对商品课税的转嫁与归宿进行均衡分析。

在应用这个模型时，要有以下几个假设条件：每个生产部门都使用资本和劳动力这两种生产要素，但部门间所使用的资本和劳动力的比例不一定相同，资本与劳动力的替代率可以不一样；资本和劳动力可以在各个生产部门间自由流动，而造成这一流动的原因在于部门间收益率的差异；总的生产要素供给量固定不变，即劳动力和资本的供给总量是一个常量，政府征税不会造成劳动力和资本的供给总量的变动；所有消费者的行为偏好相同；税种之间可以相互替代；市场处于完全竞争状态。

以模型中所涉及的 T_F 即食品税为例，来说明商品课税归宿的一般均衡分析。

从消费者的角度看，政府对食品征税之后，消费者会减少食品的购买量，而将部分购买力转向服装。故对服装的需求量会增加，服装的价格也会因此而上涨。随着服装价格的上涨，食品价格又会相对有所下降。于是，税收负担的承担者从食品的消费者扩展到所有其他商品的消费者。也就是说，食品税的负担不仅会落在食品消费者身上，也同样会落在所有其他商品的消费者身上。从生产者的角度看，政府对食品征税之后，随着食品业收益率的下降，食品业的生产要素会向制造业流动。假定两个行业资本和劳动力之间的替代率不同，食品业属劳动力密集型，制造业则是次劳动力密集型的行业。这就意味着，随着社会商品结构的变化，各种生产要素的需求结构也会发生变化。食品业流动的劳动力相对较多，资本相对较少。而制造业扩大生产规模所需要吸收的劳动力相对较少，资本相对较多。这就造成制造业劳动力供给相对宽松，资本供给则相对紧张。食品业流出的劳动力若要为制造业所吸收，劳动力的相对价格必须下降。而劳动力的相对价格一旦下降，税收负担就会有一部分落在劳动者的身上。而且不仅食品业的劳动者要承担税负，制造业的劳动者也要承担税负。如果情况相反，食品业属次劳动力密集型，制造业是劳动力密集型。那么，由于食品业流出的劳动力相对较少，资本相对较多，而制造业扩大生产规模所需要吸收的劳动力相对较多，资本相对较少。制造业的劳动力供给相对紧张，资本供给相对宽松，也会造成资本相对价格的下降。随着资本相对价格的下降，税收负担就会有一部分落在资本所有者的身上。而且不仅食品业的资本所有者要负担税收，制造业的资本所有者也要负担税收。

由上述分析可见，对某一生产部门的产品课税，其影响会波及整个经济。不仅该生产部门产品的消费者要承担税负，其他生产部门产品的消费者也要承担税负。不但该生产部门的生产者和生产要素提供者有可能承担税负，其他生产部门的生产者和生产要素提供者也可能承担税负。据此得出的结论是：整个社会的所有商品和所有生产要素的价格，几乎都可能因政府对某一生产部门的某一产品的课税而发生变动，包括消费者、生产者和生产要素提供者在内的所有人，几乎都有可能成为某一生产部门的某一产品税收的直接或间接的归宿。

（三）生产要素收入课税归宿的一般均衡分析

以模型中所涉及的 T_{KM}，即对制造业资本收入的课税为例，来说明生产要素收入课税归宿的一般均衡分析。

政府对制造业资本收入征税之后，会产生两个方面的影响，即收入效应和替代效应。

从收入效应来看，政府对制造业资本收入征税，而对食品业资本收入不征税，会造成制造业资本收益率相对下降，从而应税的制造业资本向免税的食品业流动。伴随这一流动过程，制造业的产品数量减少，资本收益率上升。食品业的产品数量增加，资本收益率下降。只有当两个行业的资本纯收益率被拉平时，资本的这种流动才会停止，其结果，不仅制造业的资本所有者承担了税负，通过资本从制造业向食品业的流动以及由此而带来的资本收益率的平均化，食品业的资本所有者也承担了税负。也就是说，政府对制造业资本收入的课税负担，最终要被应税的制造业和免税的食品业的资本所有者所分担。

从替代效应来看，政府对制造业资本收入征税，而对劳动力收入不征税，会促使制造业生产者倾向于减少资本的使用量，而增加劳动力的使用量，即以劳动力替代资本，从而造成制造业资本相对价格的下降。进一步看，随着制造业生产要素向食品业的流动，这种替代效应也会在食品业发生。不仅制造业资本所有者的税负会变本加厉，食品业资本所有者的税负也会出现同样情形。也就是说，政府对制造业资本收入的课税，会通过生产要素配置比例的变化（多使用劳动力，少使用资本），导致两个行业的资本所有者承受较政府所征税额为重的负担。这是因为，以劳动力替代资本的过程，就是对劳动力的需求相对增加，而对资本的需求相对减少的过程，同时，也就是劳动者的工资率相对上升，而资本的收益率相对下降的过程。

通过上述分析，可以得出这样一个结论：政府对某一生产部门的某一种生产要素收入的课税，其影响亦会涉及整个经济。不仅该生产部门的资本所有者要承担税负，其他生产部门的资本所有者也要承担税负。整个社会资本的所有者不但要承担相当于政府所征税收的负担，还有可能承担较政府所征税收为多的额外负担。

复习与思考

一、基本概念

税收负担　宏观税收负担　微观税收负担　税负转嫁　税负归宿

二、思考题

1. 衡量宏观税负的标准有哪些？
2. 影响宏观税负水平的因素包括哪些？
3. 拉弗曲线的含义是什么？
4. 你认为合理宏观税负水平的内涵是什么？
5. 如何看待我国当前的宏观税负水平与税负结构？
6. 税负转嫁的形式有哪几种？影响税负转嫁的因素有哪些？
7. 请分析税负转嫁与物价上涨的关系。

第五章

税收原则

第一节　税收原则理论的发展脉络

税收原则是一国政府税制设计和实施过程中所遵循的基本准则，是税务行政和税收管理所依托的理论标准。自税收产生以来，古今中外的税收思想家围绕着税收本质、征税方法等问题进行了广泛探讨，但直到300多年前才抽象出税收应遵循的基本原则，并将税收原则提升到理论高度。由于社会经济环境状况的不同，税收原则的内容也在不断发展变化之中。

一、传统西方税收原则理论

税收原则理论起源于17世纪的英国，其最早提出者是英国古典政治经济学的创始人威廉·配第。但税收学界普遍认为，第一次将税收原则提到理论高度，进行明确、系统阐述的是18世纪英国古典政治经济学家亚当·斯密。此后，随着资本主义经济的发展，税收原则理论经过不断充实和深化，形成了具有历史阶段性和连续性的各种税收原则理论。

（一）威廉·配第的税收原则理论

威廉·配第（William Petty，1623—1687）是英国古典政治经济学的创始人，一生著述颇丰，其税收思想主要体现在代表作《赋税论》和《政治算术》之中。配第深刻分析了税收与国民财富，税收与国家经济实力之间的关系，并针对当时英国税收制度的种种弊端提出了税收应遵循公平、便利和节省的三个原则。

在配第提出的税收三原则中，首要的原则是公平。他指出，征税并没有“依据一种公平而无所偏袒的标准来课征，而是听凭某些政党或是派系的一时掌权来决定”[①]。当时，人们普遍认为，社会与有机体的功能类似，贵族被视为心脏，平民被视为有机体的次要器官，在这种等级秩序下，平民向贵族纳税体现了神的意旨，是天经地义的事情。但是，配第打破了这种等级观念，提出公平负担税赋原则，并认

---

① ［英］威廉·配第：《赋税论》，商务印书馆1978年版，第72页。

为“公平”就是对任何人、任何团体“无所偏祖”。

当时的赋税往往采用包税制，配第认为，包税的方式违背了公平和确实原则，而只准用货币形式缴纳税款是不便利的，还会带来浪费。因此，从纳税人的角度看，征税手续不能过于繁琐，应尽量给纳税人以便利，方法要简明；从征税机构的角度看，征税费用不能过多，应尽量注意节约。

（二）尤斯蒂的税收原则理论

继威廉·配第之后，德国官房学派代表人物尤斯蒂（Johann Heinvich Von Justi，1705—1771）站在国家观的立场上研究如何适当征税。在其《财政学体系》一书中，他首先给出了捐税的定义，认为捐税是当王室领地和特权项下的收入不足以应付国家的必要支出时，人民不得不就其私有财产和收益按一定的比率作出的支出。在此基础上，尤斯蒂就征收税赋的方法提出了六个原则：一是课税方法应促进国民自发纳税，强调赋税应当自愿缴纳，以维护人民生活和保障私人的基本财产。二是赋税不得侵犯臣民合理的自由和增加对产业的干预。即税收不得妨碍纳税人的经济活动，而且是实属必要的场合时，国家才能征税。三是赋税应该平等课征，做到公平合理。四是征税应有明确的法律依据，要迅速确实。五是挑选征收费用较少的物品课税。六是纳税手续简便，税款分期缴纳，时间安排得当。值得注意的是，尤斯蒂所提出的六原则中，其核心是确保国库收入原则。

（三）亚当·斯密的税收原则理论

第一次将税收原则提升到理论高度，明确、系统加以阐述的是英国古典政治经济学家亚当·斯密（Adam Smith，1723—1790）。斯密处于资本主义上升时期的自由竞争阶段，他从经济自由主义立场出发，在《国民财富的性质和原因的研究》一书中，提出了著名的税收四原则。

1. 平等原则。即国民应依其纳税能力以及在国家的保护下所得收入的多少来确定纳税的额度。斯密认为，一切国民，都须在可能范围内，按照各自能力的比例，即按照各自在国家保护下享得收入的比例，缴纳国赋，以维持政府。税收应保持中立，不能因征税而改变财富分配的原有比例。

2. 确实原则。斯密指出，国民应当缴纳的赋税，必须是确定的，不得随意变更。纳税的日期、方法、数额，都应当使一切纳税人及其他人清楚明白地了解。只有纳税事项确实，纳税人才能有章可循，税吏才不会任意武断。

3. 便利原则。斯密认为，各种赋税完纳的日期以及方法，须予纳税人以最大的便利。纳税时间应尽量选择在纳税人获得纳税所得之后，这样纳税人既不会感到纳税困难，国家也可及时获取税收收入；纳税方法应力求简便易行，不使纳税人感到手续繁琐；纳税地点应选择在交通便利的场所，方便纳税人纳税；纳税形式应尽量选择货币形式，避免纳税人因运输实物而增加额外的税收负担。

4. 最少征收费用原则。斯密强调，一切赋税的征收，须设法使人民所付出的，尽可能等于国家所得。在税收征收过程中，国家的收入额与纳税人所缴纳的税额之间的差额越小越好，也即税务部门征税时所耗用的费用越低越好。要达到这一目的，政府应控制征税机构的规模，对纳税人进行适度检查，对逃税者加重处罚力度以增加逃税成本。

（四）西斯蒙第的税收原则理论

西斯蒙第（Sismondi，1773—1842）是法国古典经济学的完成者，其生活的时代正处于资本主义经济发展时期。西斯蒙第从发展资本主义经济的观点出发，在肯定斯密提出的税收四原则的基础上，提出了国家征税的量的界限，即对穷人要免税，以维持其基本生活的需要；对富人也不能重税，以避免出现资本外逃。同时，还提出了国家筹集税收收入的质的界限，即国家任何时候都要以轻税为目标，政府应针对收入纳税，税种应该多样化。由此，西斯蒙第补充和发展了亚当·斯密的税收原则理论，增加了四条税收原则。

1. 以收入而非资本作为课税对象。他认为，对资本课税就是“毁灭用于维持个人和国家生存的财富”。

2. 不应以每年的总产品作为课税标准。因为总产品中除了年收入之外，还包括全部流动资本。必须保留这部分产品，以维持或增加各种固定资本。

3. 对穷人免税。他认为，赋税是公民换得享受的代价，所以，不应该向得不到任何享受的人征税。也就是说，永远不能对纳税人维持生活所必需的那部分收入征税。

4. 赋税应避免使资本外逃。

此外，为了适应资本积累的要求，他着力倡导轻税的原则。西斯蒙第的税收原则理论，在一定程度上揭示了税收与经济之间的本质联系，补充了亚当·斯密在经济方面的空白，是一种新的贡献。

（五）萨伊的税收原则理论

萨伊（Say，1767—1832）是法国资产阶级庸俗经济学的创始人，在他的《政治经济学概论》等书中详细阐述了其赋税理论。萨伊认为，国家最好的财政计划是尽量少花费，最好的赋税是最轻的赋税，而最好的租税或为害最小的租税应符合五个标准，即税收五原则。

1. 税率适度原则。因为征税会减少收入，收入减少必然导致对产品需求的减少，进而减少供给，使课税对象减少。他认为，这就是税率增加而税收并不比例增加的原因。

2. 节省征税费用原则。萨伊认为，税收应在最低程度上烦扰纳税人，而且不增加国库负担。

3. 各阶层人民负担公平原则。

4. 最低程度妨碍再生产原则。萨伊认为，所有租税都有害再生产，因为它阻止生产性资本的累积，并最终危害生产的发展，因而他赞成对资本课以轻税。

5. 有利于国民道德提高原则。即课税还要注意社会效应，促使人们勤劳，鼓励节约。

萨伊的税收五原则，基本上继承了斯密的税收原则理论。可以看到，他认为税收基本上都会妨碍社会的再生产，但同时税收又是不可避免地客观存在。要处理这一矛盾，就是降低税率，使税收对再生产的影响降至最低，并主张采用累进税率。此外，萨伊的贡献还在于他第一次提出国家应将税收作为一种调控国民行为的工具，并在制定税制时有目的地予以贯彻使用。

（六）瓦格纳的税收原则理论

瓦格纳（Wagner，1813—1883）是德国社会政策学派的代表人物。19 世纪下半叶，资本主义正由自由竞争阶段向垄断阶段过渡，阶级矛盾激烈，分配严重失衡。为缓和矛盾，以德国一些大学的教授为代表的学者提出了社会改良思想。瓦格纳在其代表作《财政学》和《政治经济学》中强调，税收不仅要满足财政需要，而且要树立社会政策的目标，用以干预和调节国民所得及财产的分配，纠正分配不公。在总结前人税收原则理论的基础上，他系统地提出了建立税制的四大项九小点原则，被通称为“四端九项原则”。

1. 财政原则。瓦格纳认为，税收应以满足国家实现其职能的经费需要为主要目的，具体来说有两个要义：一是收入充分原则。随着社会经济的发展，国家职能不断扩大，国家财政支出总是不断增长。[①] 为此，税收应充分满足国家财政支出不断增长的资金需要。二是收入弹性原则。税收能随着财政需要的变动而相应增减，最重要的是，可以通过增税或自然增收相应增加财政收入。

2. 国民经济原则。即征税不能阻碍国民经济的发展，不应危及税源。在可能的范围内，应尽量有助于资本的形成，促进国民经济的发展。这一原则又包括两个具体原则：一是慎选税源原则。从发展经济的角度考虑，最好以国民所得为税源。若以资本或财产为税源，则可能打击投资，侵蚀国民经济发展的基础。但出于经济或社会政策的需要，可以适当选择某些资本或财产作为税源。二是慎选税种原则。选择税种时要考虑税负转嫁因素，尽量选择难以转嫁或转嫁方向明确的税种，因为这关系到国民收入分配和税负公平。

3. 公正原则。也叫社会正义或政策原则。税收负担应当在各个人和各个阶级之间公平分配，因而要通过税收矫正社会分配不公。公正原则又分为两个具体原则：一是普遍原则。国家征税应遍及社会上每个成员，不能因身份或社会地位的不同而有所区别。二是平等原则。应根据纳税人纳税能力的大小征税，使纳税人税负与其纳税能力相称。

4. 税务行政原则。又称课税技术原则。税务行政原则又细分为三点：一是确实原则；二是便利原则；三是最少征收费用原则。

瓦格纳实际上是将斯密的税收四原则扩大化，并主张以税收作为调节财富与收入的再分配，降低贫富差距的工具。相比之下，瓦格纳的税收原则思想更加积极，更加完善。正因如此，瓦格纳被认为是税收原则理论的集大成者。

---

① 瓦格纳的这一观点，即财政支出不断增长的规律，被后人称为“瓦格纳法则”。

二、现代西方税收原则理论

从传统西方税收原则理论的历史沿革来看，税收原则理论一直在发展，并表现出一定的历史阶段性。综观税收原则学说，每一历史发展阶段税收原则的含义都包括公平原则和税务行政原则。随着资本主义的发展，税收与经济之间的关系逐步得到重视，瓦格纳甚至认可税收可以作为调节经济的工具，这在市场可以自动调节经济理论大行其道的当时是十分离经悖道的。① 19 世纪末，以马歇尔为主要代表人物的英国新古典学派进一步发展了税收原则理论。1890 年马歇尔在《经济学原理》中，运用效用理论、消费者盈余和供需弹性等概念，首次详细研究了税收可能带来的效率损失，描述了税收的“额外负担”。因此，税收原则的含义真正意义上扩大为公平原则、管理原则和效率原则。

直到 20 世纪 30 年代，税收原则理论几乎没有得到发展。1929—1933 年资本主义世界普遍爆发了严重的经济危机，凯恩斯经济理论应运而生，凯恩斯提出政府运用财税政策杠杆解决经济危机的政策建议在很多国家收到了很好的成效。从此，税收对经济的调控作用得到重视，税收的稳定功能也明确了下来。② 马斯格雷夫在 1973 年发表的代表作《财政理论与实践》中，对亚当·斯密以来的税收原则理论进行了总结归纳，提出了六项税收原则理论：一是税收分配应该是公平的，应使每个人都支付他“适当的份额”；二是税收的选择应尽量不干预有效的市场决策。也就是说，税收的“超额负担”最小化；三是如果税收政策被用于实现刺激投资等其他目标，那么，应使它对公平性的干扰尽量地小；四是税收结构应有助于以经济稳定和增长为目标的财政政策的实现；五是税收制度应明晰而无行政争议，并且要便于纳税人理解；六是税收的管理和征纳费用应在考虑其他目标的基础上尽可能地较少。这六项税收原则和马斯格雷夫提出的著名的“财政三职能说”正好对应。财政的配置职能对应于税收的效率原则，财政的分配职能对应于税收的公平原则，财政的稳定职能对应于税收的稳定原则，再加上税务行政原则，税收四原则被普遍认可。

第二次世界大战后至 20 世纪 70 年代初，西方发达国家经历了经济发展的黄金时期。但 20 世纪 70 年代中期开始，各主要发达国家遭遇了“滞胀”的困境。经济停滞与通货膨胀的政府干预机制自相矛盾，为解决这一难题，供给学派、货币学派、理性预期学派等纷纷给出政策建议。其中，供给学派以减税为主的一系列主张得到政府采用，有效地解决了“滞胀”问题并促进了经济增长。至此，税收调节经济的功能被广泛认可，并在税制优化理论中得到充分体现。1988 年，美国著名经济学家斯蒂格利茨提出的最优税制原则是：一是效率原则，即税收不应过分干预资源的有

---

① 按照现在的税收原则理论，这就是税收的稳定原则。该原则直到 20 世纪 30 年代之后才被认可。

② 除了凯恩斯经济学派之外，还有福利经济学派。两者在财政政策方面都十分重视利用税收工具来达到社会目标。凯恩斯建议通过财政支出的增加来扩大社会的有效需求，通过税收再分配的作用来扩大个人的有效需求；福利经济学派则重视运用税收工具来改善社会的收入分配状况，使总体的社会福利水平提高等。

效配置；二是管理原则，即税制应明确简便，易于管理；三是灵活性原则，即税制能较自如（甚至自动）适应变化的宏观经济环境，维持经济稳定与促进经济增长；四是公平原则，即税制应通过对纳税者的区别对待而实现公平的目标；五是政治性原则，即税制应反映纳税者的偏好与政府政策意向。[①] 其中，灵活性原则就是税收的经济稳定与增长原则。而且在税制优化理论中，税收原则与税制设计直接地、有机地结合了起来。经过 200 多年的发展沿革，税收原则理论形成了五原则框架：公平原则、管理原则、效率原则、稳定原则和增长原则。

不过，税制优化理论关于税收原则的表述更加简化。一般而言，建立在福利经济学理论基础上的税制优化理论以资源配置的效率性和收入分配的公平性为准则，也即税收原则表述为公平与效率两大基本原则。经济增长与稳定原则被归为效率原则，因为经济稳定与经济增长密不可分，只有稳定下的增长才是持续的、有效率的增长。管理原则，也即税务行政效率，同样被归为效率原则。从西方税收原则理论的发展历程可以看出，税收原则的发展演变与当时所处的社会经济状况密切有关。到现在，税收原则理论（税制优化理论）更加侧重税收经济意义上的内在原则：公平原则和效率原则。

值得一提的是，作为经济意义上的内在原则之一的财政原则是否应该引起足够重视？处于资本主义自由竞争时期的学者主张自由放任和充分竞争，认为政府是“廉价政府”，财政支出应当削减到最低限度，其理财思想中自然就没有把财政原则作为税收的一项原则。[②] 而当资本主义进入垄断时期后，市场失灵凸显，政府干预越来越多，要求政府必须有充裕的税收收入。随着经济的发展，税基日益丰富，税收收入似乎不成为问题，人们对课税的关注越来越集中于效率和公平上，税收原则理论中就没有再明确提出财政原则，但都是把保证一定的财政收入作为隐含的前提。例如，税制优化理论就是研究如何以最经济合理的方法征收税款，或者说在税款一定的前提下如何兼顾效率与公平。

税收的财政原则、公平原则和效率原则对任何国家都是相同的，只不过各项原则的具体内容因不同国家、不同时期的政治经济情况不同，其侧重点也有所不同。以下将对现代政府税制设计时遵循的三大原则：财政原则、效率原则、公平原则进行具体阐述。

第二节　税收的财政原则

一、税收财政原则的演变

税收从其产生和发展的历史看，整体上首先体现的是财政原则。在人类社会早

① （美）斯蒂格利茨：《公共部门经济学》，中国人民大学出版社 1988 年版，第 390 页。

② 但也有少数学者提到了财政原则，如 18 世纪意大利著名财政学家费里 1771 年提出的税收五原则中提到：税收不可使财政循环中断。

期，税收活动的核心就是如何充分地满足王公贵族的消费需要，这个时期由于社会劳动生产力不发达，社会产品贫乏，可供政府选择的税源和课税对象较少，设置计税制，选择税种的主要依据和标准就是其财政功能的强弱。到了近现代，社会经济有了较大发展，社会产品日益丰富，政府课税具有较大的选择余地，因而税收理论的重心也发生转移，评价和选择税制、税种的依据不再仅限于财政收入功能，而是更多地考虑公平与效率的要求。尤其是在自由竞争的资本主义市场经济条件下，避免课税对市场的干预以发挥市场效率的要求越来越高。随着经济的进一步发展，公平问题越来越突出，课税开始更多地考虑公平问题，形成了现代的公平原则。在当代，税收理论已较少涉及财政功能问题，很多经济学家认为满足财政需要已不再是主要的税收问题，政府课税应更多地考虑对经济社会进行合理、有效地调节。但是，多数国家面临的窘迫的财政预算和巨额的财政赤字的现实，使政府和财政学家又重新重视已被忽视的税收财政收入功能。

从税收实践看，尽管每一个税种的出现和发展都有其政治、经济、社会和文化传统等多方面的原因，但有很多税种，尤其是一些古老的税种，其产生的直接动因就是满足政府财政收入的需要。所得税的产生与战争密不可分。1799 年英法战争中，英国为了应付战争费用的需要，当时的首相皮特首创了一种“三级税”——所得税的雏形。德国于 1808 年为筹集普法战争中的战败赔款而创设所得税；美国于 1862 年南北战争中创设所得税。最初的所得税只是局限于满足政府支出需要，采用单一税率，征收范围也有限，仅对富人征收。随着社会经济的发展和对所得征税实践经验的不断总结，所得税的收入再分配职能，以及对经济的宏观调节职能等才逐渐被认识与重视。现在，所得税已成为绝大多数发达国家的主要税种，在发挥经济社会调节作用的同时，在筹集财政收入方面也起到举足轻重的作用。而商品劳务税本身就是收入来源稳定的税种，财产税在奴隶社会向封建社会过渡时期，以及整个封建社会，曾经是各个国家的主要财政收入来源。当今社会，税收的财政收入功能依然应该认真加以考虑，如果离开财政原则，仅谈效率和公平原则，与各国税收管理的实践，尤其是发展中国家的税收管理实践是相差甚远的。

筹集财政收入是政府课税的重要目标，是税收管理实践活动的重要内容。这一点并没有因为时代的发展而改变，只是经济社会的发展扩充了税收的目标，使其在满足财政需要的同时，还要顾及效率和公平问题。

二、税收财政原则提出的必要性

1. 税收的财政原则是数量上的概念，是要不要征税以及征多少税的问题。而现在广为认可的效率原则和公平原则是质量上的概念，是关于怎么征税的问题。没有数量的需要，就根本谈不上质量的需要。数量的需要并不因质量的好坏而存在。从实际情况看，财政原则与效率和公平原则有些时候是一致的，也就是说，在体现效率和公平过程中同时也满足了政府财政需要；但也有很多时候是相互矛盾的。因此，仅仅把满足一定的财政收入需要作为税制设计隐含的前提是远远不够的。

2. 税收的财政原则是税收管理的直接原则或目标。把财政原则作为税收管理的目标提出来，体现了税收管理的特点，也分清了税收管理原则与政府管理原则和其他政府部门管理原则的区别。

3. 税收的财政原则是税收的本质要求。税收最本质的特征是国家凭借政治权力，依照法律规定，对纳税人强制征收，以满足社会公共需求和公共物品的需要。因此，税收最原始、最主要的目的是筹集财政收入，为政府支付一般经费。其他的目的都是在此基础上发展而来的。

4. 税收的财政原则也符合纳税人的利益要求。政府管理目标必须服务、服从于社会发展目标，也就是说，满足财政原则的税收并不是越多越好，有利于社会发展目标的必要数额内的税收数额即可。在现代民主政治下，这一必要数额由纳税人选举的代表纳税人利益需求的机构决定。

我国在一个相当长的时期内还将处于社会主义初级阶段，经济社会的发展需要政府提供更多的公共物品，政府长期面临着收入不足的压力，税收工作更是明确提出以收入为中心。因此，确定税收的财政原则对我国具有更加现实的意义。

三、税收财政原则的内容

税收财政原则是以满足国家财政需要为目标的税制准则，是税收最根本的原则。税收财政原则随着国家的出现而产生，各种税收制度的目的就是要获得满足国家支出需要的财政收入，税收是国家财政收入的主要来源。税收财政原则的内容包括收入充裕、收入弹性和收入适度三个方面。

（一）收入充裕

收入充裕指税收收入必须充足、稳定、可靠，以满足财政支出的需要。这就要求设计税制体系要着眼于广开税源，选择合理的税制结构模式；选择税种应考虑课税对象能否提供丰裕的税源，特别是在确定税制中的主体税种时，应结合本国经济发展、人民收入水平以及征税难易程度等情况，合理确定符合本国实际的主体税种；调整税目、税率和制定减免税政策时，应充分考虑其对财政收入的影响。

税收收入充裕原则包括两层意义：一是税收收入的充足问题；二是税收收入的稳定问题。所谓充足的税收收入是一个相对的量的概念，是指税收要为政府筹集足额的资金，以满足政府向社会提供公共物品的财力需要。税收收入额度是由政府提供公共物品的财力需要决定的。同时，政府提供公共物品的财力也要受到税收收入的制约，政府既可以通过增加其收入而使税收收入不足转为充足，也可以通过减少政府经费支出等使税收收入不足变为充足。所谓稳定的税收收入是指税收收入要相对稳定，税收同国民生产总值或国民收入的比例应稳定在一个适度水平，不宜经常变动，特别不宜急剧变动，以避免税收对经济正常秩序的冲击。税收收入的稳定也是一个相对的概念，在经济发生重大变革，政府收支体系结构发生重大调整时，税收收入的稳定机制就有可能会被打破。

（二）收入弹性

收入弹性是指税收收入必须具有随国家财政需要变化而伸缩的可能性。从经济意义上看，税收收入弹性表现为税收收入增长率与经济增长率之间的比率，公式为：

$$E_T = \frac{\Delta T/T}{\Delta Y/Y}$$

其中，E_T 表示税收收入弹性，T 表示税收收入，ΔT 表示税收收入变动数额，Y 表示国民收入（或国内生产总值等），ΔY 表示国民收入（或国内生产总值等）的变动数额。

税收收入弹性（E_T）在一定程度上反映税收收入对经济变化的敏感程度。当 $E_T = 1$ 时，说明税收收入增减变动情况和经济增减变动情况相同；当 $E_T < 1$ 时，说明税收收入增减变动幅度小于经济增减变动幅度；当 $E_T > 1$ 时，说明税收收入增减变动幅度大于经济增减变动幅度。一般认为，经济增长是一种常态，当 $E_T > 1$ 时，意味着税收的绝对量在增加，税收占国民收入的比重也上升。

税收收入弹性的政策运用价值在于，税收具有稳定经济的功能，即所谓“自动稳定器”功能。根据税收自动稳定机制，当经济高涨，个人收入和企业利润水平上升，税收相应增加，税收的增加会抑制个人取得收入以及企业取得利润的积极性，从而熨平经济。税收对经济的自动反映和调节能力的大小取决于税收收入弹性系数的大小。

（三）收入适度

收入适度指税收收入在满足国家财政需要的同时，必须兼顾经济的承受能力，做到取之有度。在中国古代税收思想史上，儒家学派特别强调这个方面，并提出薄赋敛的主张；而法家学派则比较强调国家需要的一面，甚至提出“重税论”的观点。随着现代国家职能的扩大，国家财政需要相应增加，片面强调轻税政策而过分压缩财政支出已不可能；另一方面，片面强调满足国家财政支出需要，不顾客观经济的承受能力，实行重税政策也不可行。国家财政需要往往是无限的，而在一定时期内，社会产品或国民收入的增长是有限的，这就要求在设计税制、制定税收政策时，兼顾需要与可能，不能超越客观的限度。这个客观限度，从总量上说，就是税收占国民收入或国民生产总值的一定比例。由于各国社会制度和经济发展水平的不同，在通常情况下，税收保持与国民收入或国民生产总值的同步增长，大体是符合收入适度这一要求的。

第三节 税收的公平原则

公平是税收的基本原则，亚当·斯密将公平原则列为税收四原则之首，可见其重要性。所谓税收公平原则，就是政府征税（包括税制的建立和税收政策的运用），应确保公平，遵循公平原则。税收公平，首先是作为社会公平问题而受到重视的，我国历史上有“不患寡而患不均”的说法，社会公平问题历来是影响政权稳固的重要因素之一。但是，自税收产生至今，没有一种公认的公平标准来判断税收是否公平。

按照现代税收公平原则理论，税收至少应从形式上表现为普遍征税，除特殊原因予以免税外，人人都有纳税的义务，不能有特权。普遍征税也是“法律面前人人平等”的平等价值观在税法中的直接体现，反映了税法的形式正义。普遍征税包括四方面的内容：一是在政治上排除对特权阶层的免税；二是在经济上对所有纳税人普遍征税；三是在财政上排除了不应有的减免税；四是在管理上对管辖区域内的所有纳税人一律课税。

但是，现代税收公平原则更重要的是要考虑经济意义上的公平，考虑制定什么样的标准征税对纳税人而言才是公平的。根据人们对税收公平的认识和侧重点不同，经济意义上的税收公平原则有两个发展阶段：一是受益原则；二是支付能力原则。

一、受益原则

税收的公平思想可以追溯到 17 世纪末期。在此之前，社会等级制度森严，人们普遍认为贵族和政府相当于人体的心脏，而社会地位低下的平民相当于人体的次要器官。这种等级制思想还被赋予了神的意志。因此，平民向贵族或政府纳税是天经地义的事情。自欧洲文艺复兴后，等级制思想不断受到挑战。1689 年，英国国会在与国王的权力斗争中取得胜利，确立了君主立宪制，社会契约思想广泛传播。按照这种思想，人与人之间是平等的，个人与政府之间相当于签订了契约，政府提供安全等公共服务以保护个人，个人向国家支付的价格就是税收。个人从政府得到的“受益”越多，他所缴纳的税收就应该越多。这就是公平原则的第一个体现：受益原则（Benefit Received Principle）。根据受益原则，纳税人应按照从政府所提供的公共服务中获得收益的程度及大小来分担税收。通俗地说，就是“受益多者多纳税，受益少者少纳税”。

受益原则在理论上看似合理，但依据受益原则进行税制设计的时候，碰到的一个问题就是作为税基的“受益”，其衡量指标是什么？一般而言，衡量受益的指标有三种：

1. 财富指标。以纳税人拥有财富的多少判断个人从政府提供的公共支出中所获收益的大小。例如，孟德斯鸠认为，国家收入来自每一位公民的财富，每位公民之所以会贡献出一部分财富，目的是为了确保余下财富的安全。

2. 收入指标。以纳税人取得的收入所得为标准来测定受益，典型代表人物是亚当·斯密。斯密认为，每个人应该为支持国家作出贡献，这一贡献应尽可能接近于他所享受的处于国家保护之下的收入的比例。个人从公共支出中获得的好处与其所得成正比。

3. 消费指标。以纳税人的消费或支出为标准来衡量受益。代表人物是霍布斯，他认为，征税平等存在于消费平等之中，并不在于个人是否富有，没有理由认为一个多劳多得但消费较少的人比一个游手好闲尽情挥霍的人得到了更多的国家保护从而多纳税。

随着功利主义哲学的兴起，受益原则开始受到攻击，表现在：与公共支出结合在一起考虑的“受益”实践上很难执行①，而且这一原则没有考虑初始收入分配的公平问题。按照约翰·斯图亚特·穆勒的观点，如果循着受益原则的逻辑，那些最没有能力保护自己的人也被强迫分担一定份额的公共品价格，而财产规模巨大的人却并不需要更多的警察。到19世纪中期，约翰·斯图亚特·穆勒所倡导的支付能力原则（Ability - to - pay Principle）开始成为税收公平原则的主流。

二、支付能力原则

支付能力原则是指根据纳税人的支付能力来分担税收。具体来说，以个人的支付能力为标准来衡量个人的福利状况，并以支付能力作为课税基础来确定纳税人应分担的税收。这一原则的问题是：什么是支付能力？目前关于支付能力的衡量标准，有两种学说。

1. 客观说。客观说主张以纳税人拥有财富的多少作为测度支付能力的标准，而财富又表现为财产、收入和消费（支出）三种形式。作为税基，这三种形式具有不同的特点。

通常认为收入是最能够反映纳税人支付能力的指标，因为收入增加一方面意味着负担能力的增加，另一方面意味着支出能力的增加。假定所有收入迟早都被用于消费，拥有相同收入的人具有相同的消费潜力，以收入为标准，所得税就是最好的选择，而如果只征收消费税，则会抑制消费。但是，所得税具有双重征税的缺陷。例如，一笔收入没有消费而是储蓄起来，则到第二期期末，将再被征收利息所得税，故所得税会抑制储蓄，而储蓄一直被经济学家们认为是有利于经济发展的。

为了弥补以收入为税基设计的所得税制和以消费为税基设计的消费税制的缺陷，可以考虑征收财产税。财产代表纳税人一种独立的支付能力，但并不能全面反映纳税人的支付能力。拥有相同财产的负债者和无债者的纳税能力就不同，拥有相同财产但财产获益情况不同的人纳税能力也不同。而且实践中很难有效确定财产项目和准确评估财产价值，因此，财产税也只能在税制结构中居于次要的辅助地位。各个国家在设计税制时，往往是所得税、消费税和财产税相互补充，而且还要根据纳税人的具体情况对有关税基作适当调整。

还有一种超脱于以上分析思路的观点，认为支付能力的标准应该是综合所得（comprehensive income）或一般支出（universiversal expenditure），即纳税人的“经济实力”。如果以综合所得作为税基，那么，所得就不仅局限于货币收入，而要将任何可增加个人消费潜力的所得都要纳入进来，如自产自用产品的价值，贫困救济等等。其核心是把能够带来福利增进的因素都要加以考虑。如果以一般支出作为税

① 受益原则实践中有三个问题：一是难以量化；二是难以克服公共物品的“免费搭车”；三是会使对公共物品的需求发生扭曲。

基，将会鼓励储蓄和投资，因为这种税制是将单位时期内纳税人的总收入，扣除不是用于消费支出的各种支出（如投资支出）后的余额作为税基。

2. 主观说。主观说主张以纳税人因纳税而感受的牺牲大小作为测度纳税能力的标准。对纳税人而言，纳税是经济上的牺牲，如果税收能使每一个纳税人感受到的牺牲程度相同，则征税数额就符合纳税人的纳税能力，这样的税收也就是公平的。主观说强调的是纳税人在纳税之后的边际效用相同，而判断边际效用大小需要以社会福利函数的形式为基础。穆勒最早提出牺牲相等的思想，他认为，“课税公平作为一条政治公理意味着牺牲的相等”。此后，经过庇古、马歇尔和斯图亚特等人的发展，根据所依据的是功利主义、罗尔斯主义还是折衷主义的公平原则，形成了相等绝对牺牲论、相等边际牺牲论和相等比例牺牲论三种“牺牲相等”思想。

（1）相等绝对牺牲（equal absolute sacrifice），要求每个纳税人因纳税而牺牲的总效用相等。根据边际效用递减规律，收入（总效用）与其边际效用呈反向变化关系，假定每个人的边际效用曲线相同，则收入和边际效用可以反映在一个图中，见图5-1。设有甲、乙两人，征税前甲的效用为AC，乙的效用为BD，按照相等绝对牺牲论，征税后甲的效用牺牲等于乙的效用牺牲，即只有CE = DF时，或者税后AIG′C′ = BJH′D′时，税收才是公平的。因此，为使每个纳税人牺牲的总效用相等，就必须对边际效用小的部分收入课以高税，对边际效用大的部分课以轻税。换言之，对高收入者征收高税，对低收入者征收低税。

（2）相等比例牺牲（equal proportional sacrifice），要求每个纳税人因纳税而牺牲的效用与其收入呈相同的比例。仍沿用图5-1，对甲、乙两人征税后，应使CK/CA = DL/DB，或者APM′C′/AOW′C′ = BQN′D′/BOW′D′。这种理论要求对总效用大的纳税人多征税，对总效用小的纳税人少征税，从而可能使征税后纳税人牺牲的效用与其收入呈相同的比例。

（3）相等边际牺牲（equal marginal sacrifice），要求社会全体因征税而牺牲的总效用最小。在图5-1中，对甲、乙两人课税后，两人的税后边际效用都等于总效用曲线在S点的斜率，即等于VS′。相等边际牺牲论的政策意义是，高收入者收入的边际效用总是低于低收入者，要使征税后每个人的边际效用相等，必须从最高收入者开始递减征税，即对最高收入者实行100%累进税，根据收入依次递减，对最低收入者完全免税。这样做的结果是税后收入绝对平均，消除了贫富差距，但会牺牲一定的效率，最终使可供分配的社会产品减少。

牺牲相等思想的政策贡献在于，税制结构的设计上提出了富有建设性的观点。相等边际牺牲论是唯一明确赞成实行累进税的。相等绝对牺牲论则要根据所得边际效用的弹性（所得的变化引起总效用的变化程度），确定相应的税率结构。如果该弹性大于1，实行累进税；弹性小于1，实行累退税；弹性等于1，实行比例税。相等比例牺牲论根据边际效用递减幅度大于、等于或小于平均效用递减幅度而分别征收累进税、比例税或累退税。

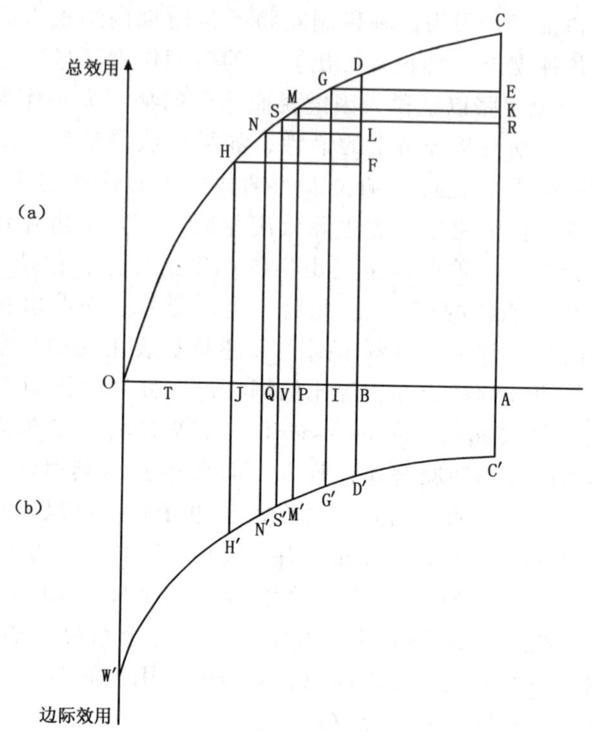

图 5－1　三种牺牲相等原则

三、横向公平和纵向公平

依据初始纳税能力的不同，税收公平原则还可细分为横向公平（horizontal equity）和纵向公平（vertical equity）。所谓横向公平，是指纳税能力相同的人同等纳税，要求对于相同纳税能力的人给予相同的税收对待。所谓纵向公平，是指纳税能力不同的人不同等纳税，要求对于不同纳税能力的人给予不同的税收对待。

问题是以什么标准来衡量纳税人纳税能力的异同？有两个人月收入都是 3000 元，一个是单身未婚男子；一个是有两个孩子的父亲，那么，是否可以说两个人的纳税能力相同呢？用经济学的语言说明，假定有两个人，税前的福利状况相同，横向公平原则要求，经过纳税后，两人的税后福利状况还应该相同。但是，即使用“福利”概念来界定纳税能力，纳税能力依然没有准确的衡量标准。两个人拥有相同的无差异曲线，相同的收入，面对相同的价格，消费相同的商品，即使他们选择了相同的商品组合，也无法说明两人的福利状况完全相同。因为无差异曲线只说明个人的偏好次序，并不反映具体的效用水平。对两个人征同等的税额不一定就符合横向公平的原则。纵向公平原则更加复杂，不仅要求判断纳税人纳税能力或税前福利状况，还要设法公平地区别对待。纳税能力的衡量标准问题又返回到“支付能力原则”的分析上。

第四节　税收的效率原则

效率问题是国民经济的基本问题，也是税收的基本问题。税收效率原则的理解包括两个方面：一是税收征收的效率，即税务行政效率；二是税收对资源配置效率的影响，即税收的经济效率。

一、税收的经济效率

经济效率也即资源配置效率，是在经济资源稀缺或有限的条件下，研究如何充分利用资源，使资源得到最有效合理的安排，以最少的资源投入取得最大的经济效益。现代经济学一般用帕累托效率来判断资源配置是否合理有效。帕累托效率是指如果资源的配置和使用已经达到这样一种状态，即任何资源的重新配置已不可能使一些人的境况变好而又不使另一些人的境况变坏。或者，社会分配已经达到这样一种状态，任何分配的改变都不可能使一些人的福利有所增加而不使其他人的福利减少，这种资源配置已经使社会效用达到最大，那么这种资源配置状态就是帕累托最优状态。从政策层面可以这样理解，如果市场作为最基本的资源配置方式已经使资源配置处于帕累托最优，那么，作为政府资源配置方式的税收对资源的重新配置将使经济变得低效，此时，税收应避免或减少对经济的干预，保持中性，以避免效率损失；如果市场配置方式并没有使资源处于帕累托最优状态，通过税收的重新配置则有可能提高资源配置效率。因此，税收的经济效率原则包括提高资源配置效率和减少效率损失两个方面。

（一）中性税收

中性税收是指政府课税对纳税人有效率的选择保持中立，即税收不会对人们的行为、选择产生影响。这意味着税收不应破坏资源有效配置的一系列帕累托效率条件，如商品之间的选择，工作和闲暇的选择，未来消费与现时消费的选择时所实现的帕累托效率条件。以商品消费为例，考虑某个人可以在商品 x 和商品 y 之间选择，当这两种商品消费的边际替代率等于生产的边际转换率（$MRS_{xy} = MRT_{xy} = P_x/P_y$）时，这两种商品的消费满足帕累托效率条件，达到帕累托最优。进一步地，对这两种商品征收消费税，如果征税不改变上述帕累托效率条件，可以说，该消费税是中性的。

但是，纯粹的中性税收几乎不存在。对商品 x 和商品 y 征收同样的一般消费税，可能不会改变对两种商品的偏好或选择，一般消费税在这两种商品之间的选择是中性的，但并不能说一般消费税具有普遍的中性的特征。人们普遍认为归总税（lump - sum tax）[①] 与人们的行为无关，是中性税收的典型例证。但是，即使是归总税也可能会以某种方式影响人们的行为，如采取抗议示威，移居他处甚至自杀的方式退

① 如历史上曾经实行过的“人头税”。

出归总税的管辖。因此，只要征税给纳税人留以时滞，能够调整或改变自己的行为，这种税就必然是非中性的，而不给纳税人调整时间的税收根本不存在。

（二）税收对资源配置效率的影响

征税会带来两种效应：收入效应和替代效应。税收对资源配置效率的影响通过这两种效应反映出来。

首先从收入效应来看。假设某个人收入既定为 y，只在两种商品之间选择，两种商品的价格分别为 P_x 和 P_z，消费数量分别为 x 和 z。可得预算约束为：$P_{xx} + P_{zz} = y$，反映在图上是一条横轴截距为 y/P_x，纵轴截距为 y/P_z 的直线，总可以找到一条无差异曲线与该预算约束线相切。设切点为 E_1，由微观经济学可知，在 E_1 点是最有效率的消费组合，此时，$MRS_{xz} = P_x/P_z$。现在征收税率为 t 的一般消费税（从价税），则预算约束变为：$P_{xx}(1+t) + P_{zz}(1+t) = y$，即 $P_{xx} + P_{zz} = y/(1+t)$。可以理解为这个人税后实际收入由 y 下降为 $y/(1+t)$，预算约束线平行内移，横轴截距为 $y/P_x(1+t)$，纵轴截距为 $y/P_z(1+t)$。同样，可以找到一条无差异曲线与之相切，切点为 E_2。E_2 点决定了两种商品税收消费的最优组合，其斜率等于税后预算线的斜率，而税收预算线是税收预算线的平行内移，两者斜率相等。税收个人的边际替代率与税前相等，这也就意味着征税并没有改变这个人对两种商品消费的消费比例，换言之，消费偏好并没有因征税而发生改变，征税只是相当于减少了这个人的实际收入。因此，税收的收入效应并不会改变人们的行为方式，没有对资源配置效率产生影响。

再从替代效应来看。沿用上例，如果只对一种商品征收消费税，税率为 t，则预算约束线变为：$P_{xx}(1+t) + P_{zz} = y$，横轴截距为 $y/P_x(1+t)$，纵轴截距为 y/P_z，税后预算约束线相当于以税前预算约束线的纵轴截距为圆点，将税前预算线向内旋转的一条直线。再结合无差异曲线分析，税后边际替代率为 $P_x(1+t)/P_z$。而生产的边际转换率却并不因征税而改变，征税商品的生产者得到的价格仍然是 P_x 而非 $P_x(1+t)$，因此，商品的消费和生产之间被认为是插进了一个税收楔子（tax wedge），从而产生效率损失（deadweight losses）或超额负担（excess burden）。此时，税收的替代效应改变了个人的行为方式，将更加偏好没有征税的商品 B。因此，替代效应不仅会破坏原有的资源配置效率，还会产生效率损失。

（三）效率损失

既然税收的收入效应不会产生效率损失，我们在衡量效率损失的时候，就要将收入变化的影响剔除掉。有两种思路：一是从个人的收入损失不变出发，即征税数额不变，对比只有收入效应下个人的满足程度与替代效应下个人的满足程度，两者的差额视为效率损失；二是从个人的效用损失不变出发，考虑税后使个人满足程度下降到同一条无差异曲线，对比只有收入效应下可征收的税额与替代效应下可征收的税额，两者的差额视为效率损失。下面我们着重介绍第二种思路，并从中推导出效率损失的计算公式。

如图 5－2。设个人税前某一商品的最优消费数量为 x_1，税后为 x_3，在保持税后个人无差异曲线不变的基础上分解收入效应。收入效应下预算线要平行内移且无差异曲线不变，可做一条与 I″相切并平行于原预算线的直线 A″B″，切点为 E_4。由于 E_1 到 E_4 只有收入效应，说明政府可获得的税额为 E_4T''，但是，由于还存在替代效应，它使均衡点由 E_4 进一步移动到 E_3，故政府实际可获得的税额为 E_3T。因此，使个人效用损失相同的情况下，政府可获得的税额减少（$E_4T'' - E_3T$），这就是税收的效率损失。

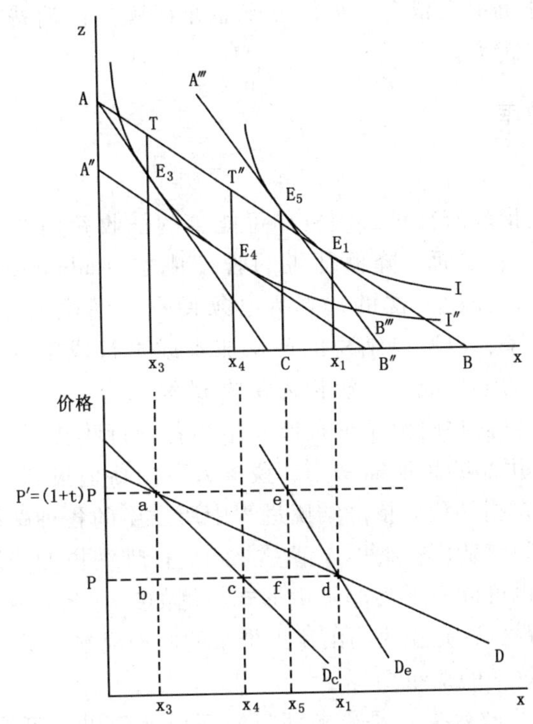

图 5－2　税收效率损失与补偿需求曲线

再就补偿需求曲线进行分析。该商品有两种价格水平，税前为 P，税后为 (1＋t)P。补偿需求曲线考虑的是纯粹价格变化引起的需求变化，即由 x_4 到 x_3 或 x_1 到 x_5 的变化，在图 5－2 中表现为线 D_c 或线 D_e。利用补偿需求曲线可以进一步求出效率损失的计算公式。由图 5－2 可见，税收引起的消费者剩余的损失为四边形 acPP′的大小，其中矩形 abPP′为转移到政府部门的税收，三角形 abc 为消费者剩余的净损失。设 ΔP 和 ΔQ 分别为税收引起的价格变化和需求量变化，效率损失 DL 就是三角形 abc 的面积。

$$DL = \frac{1}{2}\Delta P \Delta Q \tag{1}$$

设补偿需求曲线 D_c 的弹性为 η，由于 $\eta = \frac{\Delta Q/Q}{\Delta P/P}$，推出

$$\Delta Q = \frac{\eta \cdot \Delta P \cdot Q}{P} \tag{2}$$

由于 $\Delta P = (1+t)P - P = tP$　(3)

将式（2）、式（3）代入式（1），得到效率损失的计算公式：

$$DL = \frac{1}{2}tP\frac{\eta \cdot \Delta P \cdot Q}{P} = \frac{1}{2}t^2\eta PQ$$

一般来说，被征税产品的需求弹性越大，带来的税收额外负担就越多；征税的税率越高，税收额外负担也越高；被征税产品在征税前占消费者消费支出的比重越大，税收额外负担也越大。

二、税务行政效率

（一）税收成本

税务行政效率是指政府征税必须以尽可能少的征收费用获得尽可能多的税收收入，这包括两方面：一方面，降低征税的管理成本（administration cost）；另一方面，税务机关的设置，征税方法的选择等必须便利于纳税人，使纳税登记、申报、缴纳等都有较高的效率，以减少纳税的遵从成本或奉行成本（compliance cost）。征税的管理成本和纳税的遵从成本，统称为税收成本。

征税的管理成本包括政府由于征税所发生的各种行政费用，如税务机关的设置、设备购置、日常办公用品购置所需费用，税务人员的薪金报酬等等。

纳税的遵从成本是指纳税人依法纳税过程中所发生的各种费用，如纳税人为办理纳税申报所花费的时间和费用，纳税人请专业人员代理纳税的费用等。这些费用既可以表现为货币形式，也可以表现为非货币形式。例如，由于税制复杂，纳税人不知如何正确纳税而变得焦躁，这是税收给纳税人带来的心理成本，很难用货币进行量化。

（二）税务行政效率的衡量指标

简单地说，税务行政效率就是税务部门的征税如何以尽可能低的税收成本（包括人力、物力和财力），取得尽可能多的税收收入。换言之，征税要以最少的投入，获取最大的产出。由于侧重点不同，税务行政效率的衡量指标也不同。

1. 成本维度。即在基本完成税收收入目标的前提下，税收成本有所降低，就认为税务行政效率得以提高。成本维度主要包括以下两个指标：征税成本率和纳税成本率。

征税成本率是指某一地区在一定时期内（通常为一年）税务部门为组织税收收入所耗费的征税成本总额占税收收入的比重。用公式表示为：

$$征税成本率 = \frac{征税成本额}{税收收入额} \times 100\%$$

纳税成本率是指某一地区在一定时期内（通常为一年）纳税人为缴纳税款而耗费的各项费用占税收收入总额的比率。用公式表示为：

$$纳税成本率 = \frac{纳税成本总额}{税收收入总额} \times 100\%$$

一般情况下，这两个指标越低，代表税务行政效率越高。当然，征税成本和纳税成本在实际使用中还存在一定的局限性，主要包括：一是数据的稀缺性；二是科学性的欠缺。从征税成本方面看，影响征税成本高低的主要因素有：税源状况、税制状况、机构设置状况、征管方式、征管手段状况等。从纳税成本方面看，影响纳税成本高低的主要因素有税制状况、纳税方式手段、纳税人自身素质等。因此，指标使用的科学性也受到一些影响和限制。

2. 收入维度。收入维度主要指人均征税额这一指标。人均征税额是指一定时期的税收收入总量与税务人员数量的比例。用公式表示为：

$$人均征税额=\frac{一定时期的税收收入}{一定时期税务人员数量}\times 100\%$$

一般来说，人均征税额越低，税务行政效率就越低；反之，税务行政管理效率就越高。

3. 税收努力维度。即以税收努力指数作为衡量指标，实际税收收入越趋近于预期的税收能力，说明征税效率越高。这就要求最大化地发挥税收人员的工作努力程度，激发其工作的积极性。税务人员的努力既可以是体力的运用，也可以是脑力的运用，可以把努力看成是税务人员个体对他自己的精神和由外部环境确定的动机做反应的结果。决定努力程度的因素除了生理原因外，制度因素和工作环境也是影响这一变量取值的重要因素。

$$税收努力程度=\frac{实际税收征管努力指标}{理想税收征管努力指标}$$

目前常用的方法为：根据税法规定，用官方统计数据，客观地估算一个地区在未来一定时期内潜在的税收能力，并以之与实际收入数相比较，相应估算出该地区的“当期”实际征收率。

4. 满意度维度。即税务机关作为公共部门，应尽量让公众满意，并以公众的价值判断作为衡量税务机关工作效率高低的准绳。衡量纳税人满意度可以从两个方面考虑：一是纳税人对税务部门服务质量的总体感受，可以通过发放调查问卷并对调查结果进行统计的方式得到数据；二是选择税务行政诉讼率和税务部门败诉率两个指标综合考察。

复习与思考

一、基本概念

税收原则　税收的财政原则　税收的公平原则　税收的效率原则　税收成本

二、思考题

1. 亚当·斯密提出的税收原则与瓦格纳提出的税收原则的主要区别是什么？为什么？
2. 现代税收原则主要包括哪些内容？为什么？
3. 税收行政效率如何衡量？

第六章

税 制 结 构

第一节　税制结构及其类型

一、税制结构的概念

税制结构，有广义和狭义之分。广义的税制结构是指一国税制中不同税系之间、税种之间和税制要素之间，以及各自内部的相互配合、相互制约关系的构成方式。任何税收制度都客观存在着结构的选择问题。税制结构包括三个层次的内容：

（一）不同税系或税类之间的地位及相互关系

税制依据不同标准可以划分为不同的税制系列或类别。例如，以课税对象性质为标准，税制大致可以划分为商品劳务税系、所得税系、财产税系、资源税系、行为目的税系等。而各个税系在税收制度和税收分配活动中的地位是不同的，这决定了它们之间相互关系也不尽相同。一般来说，如果其中的某一类税种在履行税收职能中处于主导地位，则该类税种便属于税制中的主体税种，其他税种则构成辅助税种。这两大类税种之间的主辅关系形式就是狭义的或通常意义上的税制结构，也称为税制模式。

（二）同一税系内部和不同税系的各个税种之间的联结关系

税收制度及其构成体系均由税种组成。各个税种之间联结关系的表现方式有两种：一种是同一税系内部各税种之间的关系，如主辅地位，职责分工等。以我国目前的商品劳务税结构而言，主要由增值税、消费税、关税等税种组成。其中：增值税是主导性税种，其他税种则处于辅助地位；另一种是不同税系的各个税种间的相互关系。

（三）各个税制要素的组合关系

税制要素是构成一个税种的基本单位，税制要素的不同组合和选择方式，也会形成不同的税制结构。通常具体有三种表现形式：

1. 同一税系内部课税要素的选择，影响该税系的基本格局和功能配置。例如，原商品劳务税系中，增值税与营业税选择的是平行征收，税目互不交叉原则，这种相互独立的搭配模式，比较清楚地反映出两个税种之间的征收范围。与此同时，增值税与消费税选择的是增值税普遍征收、消费税特定调节的交叉征收搭配模式，又较好地体现出消费税的特殊征收目的。

2. 同一税种内部不同要素之间配置关系。其中，纳税人、课税对象、税率三大基本要素的抉择及配置形式，规定着该税种课税的范围，征收的方向和负担的深度，进而影响着税种在整个税制结构中的地位和作用。

3. 同一税系或同一税种内部某一税制要素采取不同的形式，影响税系或税种的构成。以纳税环节为例，可以在商品流转过程中分别选择单环节课税，两环节课税或多环节课税等方法。相应地，商品劳务税系就会形成不同的税制结构，如一次课征制、两次课征制或多次课征制等。

任何税收制度都客观存在着结构的选择问题，这是由税收制度的内在属性和职能要求决定的。从税收制度本身来看，它是由各个税种及要素构成的有机体系，或国家各种税收法令和征税办法的总称。税收制度的自然属性是要解决对什么征税，征多少税，以及如何征税等基本问题。因此，政府征税的偏好必然会通过不同的税制结构体现出来。

二、税制结构的特征

作为一种经济系统，税制结构的基本特征包括：

（一）总体的概括性

税制结构虽是经济结构中的一个子系统，但在税收制度中，税制结构尤其是其中的税制模式则属于宏观问题，其描述的对象一般为税制的总体框架。这种总体性描述基本上规定了税制结构的性质，税收活动的方向等重要内容。

（二）明确的目的性

税制结构集中反映着政府课税的意志。政府征税的目的或偏好可以通过多种途径和形式体现出来。短期、临时的征税目的主要以某些税收弹性条款，如减免税等予以表现；而长期重大的征税目的则只能通过不同的税制结构来体现，尤其主要是依赖对税制模式的选择来体现，因为不同税种的财政、经济功能是不一样的。

（三）功能的系统性

在现代复合税制体系中，税收的各种功能是通过有序的税制结构体现出来的。税制结构的功能首先是系统的，它既包括财政功能、经济调节功能，也包括税收的社会政策功能，后者又包含总量均衡、结构调整、社会分配公正和级差收益调节等诸多内容。另一方面，税制结构的多功能客观上要求具有协调性，它们在大致分工的基础上，彼此间又相互衔接，注意发挥结构总体效应。

（四）相对的稳定性

税制结构既不同于具体征税办法，也不同于某一时期的税收政策，它所涉及的是税收制度的总体形式及结构性因素。因此，它要求在一个较长时间里保持相对稳定。而且制约税制结构的因素大都具有客观性和长期性，这也决定着税制结构不宜也不能频繁变动。

三、税制结构的类型

税制结构是一个内容丰富的税收范畴，它不仅具有质的规定性，还可以从量的外延上进行分类研究。对税制结构进行分类研究，有助于把握税制结构发展变化的一般规律，了解不同结构税制的主要特点及其效应，为税制建设服务。税制结构可根据不同标准进行分类。

（一）以税制中的税种数量为标准，可以分为单一税制结构和复税制结构

所谓单一税制结构，是指由一种税构成的税制形式。18 世纪法国重农学派代表人物魁奈根据其“纯产品”学说，提出了土地单一税设想。此外，当时的一些资产阶级学者还提出过诸如消费单一税、财产单一税、所得单一税等。由于这类单一税制构想在理论上违背国民收入及其税收分配的一般规律，在财政上难以保证国家税收收入，在税收负担上有悖于公平合理的原则，因此，这种理论构想一直未能真正付诸实践。

复税制结构，是指由两个以上税种构成的税制形式。由于复税制克服了单一税制存在的根本缺陷，具有经济上的适应性，功能上的全面性，财政上的保证性和负担上酌情合理性，现已广泛被世界各国所采用。复税制又可进一步划分为不同的税制结构。

（二）根据各税系在整个税制中的地位不同，可以分为商品劳务税为主体税种，所得税为主体税种，以及商品劳务税和所得税并重为主体税种的税制结构或税制模式

在以商品劳务税为主体的税制模式中，商品税或消费税居于主导地位，它在保证国家税收和体现国家生产与消费政策等方面有着特殊作用。在以所得税为主体的税制模式中，各种所得税起主导作用，这种作用尤其体现在调节收入分配，贯彻弹性负担原则和稳定经济运行等方面。商品劳务税和所得税并重的税制模式，其优点是能够兼顾两者的长处，但在如何衔接两者功能方面存在一些需要解决的矛盾。

（三）以税收管理的权限不同，可以分为中央税制结构和地方税制结构

中央税制结构，主要是指中央税制内不同税种之间相互关系的总体形式，它可以分为中央主体税、中央辅助税之间的关系，以及主体税种之间，辅助税种之间的结合方式。地方税制结构的核心也涉及上述关键问题。例如，在美国税制结构中，中央（联邦）税以所得税为主体税种并辅之以遗产税、赠与税和社会保险税，组成直接税体系。地方（含州和地方两级）税制则以某几种间接税或财产税为主体税种，辅之以其他税种，组成地方两级税制结构。合理设计中央、地方税制结构，特别是地方税制结构，是分税制财政体制改革所要解决的重大问题之一。

此外，税制结构还有其他分类方法。如根据税制管辖的范围不同，可以分为国内税制结构和涉外税制结构；按不同税系，可以分为所得税制结构、商品劳务税制结构、资源税制结构、财产税制结构、行为目的税制结构等。

第二节 税制结构的影响因素

一个国家选择税制结构，需要考虑哪些因素？为何各国税制结构呈现各自的特点，但同时似乎又有规律可循？这首先需要研究影响税制结构的因素，以便为税制结构的优化提供依据。

一、经济发展水平

经济发展水平是制约税制结构的生产力因素，两者之间的相关程度较高。这种相关性主要表现为，经济发展水平不仅规定着税收参与社会产品分配的比例，而且决定着税制结构的选择。

经济发展水平的差异通常以人均国民生产总值的高低来衡量。在人均国民生产总值不同的国家里，税收规模即税收占国民生产总值的比重通常是不一样的。一般来说，人均国民生产总值愈高的国家，税负承受能力愈强，国民生产总值税收率也愈高，从而也为税制结构的调整提供了物质基础。

具体来说，在人均国民收入较高的国家，企业和个人的所得占国民收入的份额较大，从而为实行以所得税为主体的税制模式提供了可能；相反，在人均国民收入较低的国家，流向企业和个人的纯收入极为有限，税收主要只能来源于对商品、劳务征收的商品劳务税。一般的规律是，所得税随人均国民收入增长而上升，流转税随人均国民收入增长而下降。即经济发展水平和国民收入状况对税制结构具有决定性的影响。

二、经济结构

经济结构即国民经济各部门、各环节相互联系的总体构成形式。它所包含的范围十分广泛，具体包括诸如部门结构、产业结构、产品结构、所有制结构、企业组织结构等。这些因素都可能对税制结构的形成产生影响。

（一）税制结构与生产部门结构的关系

税制结构状况与生产部门构成之间存在较高的相关程度。这种相关性突出表现在，国民经济中不同产业部门地位的变化，必然引起税制结构的相应转换。在以自然经济为主体的社会，工商各业均不发达，农业是经济结构中的主导部门，也是封建国家财政收入的主要来源。这样，税收必然选择以农业为基础的生产要素及生产成果作为主要课税对象。在资本主义生产方式以前所未有的巨大生产力摧毁封建关系后，自然经济格局逐步为现代商品经济所代替，商业、服务业为社会创造着巨大财富和为政府提供着日益增加的税收，从而使得以商品和服务为课税对象的现代间接税和以所得为课税对象的现代直接税取代了古老的直接税，成为现代各国占主导地位的税种。

（二）产业结构和产品结构与税制结构的关系

整个国民经济是由不同产业部门构成的，如工业、农业、交通、矿冶、商业、建筑、服务业以及其他各业。在同一产业中又可分为不同的产品结构。而产业结构、产品结构的差异决定税源、税种、税目及税率的结构，最终左右税收在不同产业及产品间的分布和税制结构。

（三）所有制结构与税制结构的关系

一国所有制结构可以从规模方面体现其总体经济性质，虽然这种结构变化与主体税制变化之间尚无必然联系。但应当指出的是，所有制结构状况必然影响一国税制模式的选择，所有制结构变化会制约着国家税收收入结构。新中国成立以来，我国所有制结构，特别是私营经济和个体经济的发展，及其收入比重变化经历了一个曲折的发展过程。目前，非公有制经济的规模已经与公有制经济并驾齐驱，它必然对税制结构产生影响。

（四）企业组织结构与税制结构的关系

企业组织结构，指组织企业生产经营的总体形式，主要可以分为两种：一种是全能生产，垄断经营；一种是专业生产，协作经营。在前一种生产组织形式下，由于同一产品或同一类生产经营活动集中在一个企业，纳税主体单一，必然产生以销售全额课税为特征的商品劳务税制。如西方国家曾征收的营业税，我国过去曾征收的工商税和产品税等。随着现代工业生产社会化、协作化、集约化的发展，客观上要求改革传统商品税对专业协作产品的重复征税，税负重于全能生产企业的不合理状况。这样，以增值额为课税对象，对企业组织形式变化适应性较强，负担合理均衡的增值税便应运而生。

三、经济运行机制

不同的经济运行制度，要求有与之相适应的税制结构，这种制约关系，在社会主义转型国家中的税制结构选择问题上表现得十分明显。自 1978 年以来，我国的经济体制改革推动着税制结构的变革与完善。主要表现在以下几个方面：一是实行社会主义市场经济，在税收的财政职能和经济调节职能方面，都要求选择以商品劳务税和所得税并重的税制模式。二是多种经济形式和经营方式并存，经济情况变得异常复杂，需要有一个由多种税组成，多环节课征，具有多种功能的复合税制与之相适应。三是强调运用包括税收在内的经济杠杆调控经济运行，需要以一个完善的税收宏观调控制度为基础。因此，我们所需要建立的是符合社会主义市场经济要求，并体现国家政策的税制结构。

四、国家政策取向

税收是国家聚财的主要手段，也是宏观调控的工具，国家政策目标需要通过税收来实现，为此，税制结构会做出相应反应。如发达国家早期以自由放任政策为主基调，奉行税收中性原则，将效率看作首要目标，目的在于加快商品经济发展。此时，这些国家的主体税种为流转税。第二次世界大战以后，发达国家对税制加以改革，在政策导向上将公平原则置于重要地位。福利经济学此时也对税制结构变革产生影响，国家通过所得税实现收入分配均等化更加普遍。20 世纪 80 年代之后，发达国家在漫长的经济衰退中又重新审视经济政策，并将税收政策重要目标进行调整，即由公平转向效率。在这种情况下，发达国家对过大的所得税比重进行调整，适当增加流转税比重，使税制结构更加趋于优化。

五、政治和传统习惯

税收对于各利益主体而言是利益消长的调节器。不同税种，由于其课征对象不同，作用力度不同，会对不同利益主体产生不同的影响，如社会各阶层，中央和地方政府，企业和消费者等等。税制结构的设计，须考虑到各利益主体的相对平衡，因此，政治因素对税制结构产生重要的影响。同时，传统习惯也会对税制结构产生影响。在设计税种时，对本国的传统习惯也应加以考虑。

六、其他因素

税制结构的正常运行，并达到设定的预期目标，还需要其他因素的配合。这些因素包括税收征管水平、纳税意识、国际税收协调等。

第三节 税制模式的形成与发展

从税收发展的历史过程来分析，世界税制发展大致经历了三个阶段，即以古老的直接税为主体税种的税制模式，以间接税为主体税种的税制模式，以所得税为主体税种的税制模式。

一、古老的直接税模式及其形成原因

在以土地私有制为基础的奴隶社会和封建社会中，能够构成国家税收来源的课税对象和社会财富极为有限。主要包括以土地、房屋和人身等为课税对象的古老直接税。

这种模式在税收发展史上延续数千年，然而，它的弊端是明显的：一是古老的直接税通常以课税对象的某些外部标志作为标准，而不考虑课税物品带给其所有者的收入及负担能力，因而失之公允。二是这类税制缺乏必要的收入弹性，很难及时而充分地满足财政需要。三是在古老的直接税制下，封建贵族、僧侣阶层易于获得豁免税收的特权，税收不公常引起人民的强烈不满。四是农村中，古老的直接税往往加速了农民破产，封建国家因此常采取加重对城市工商业课税的办法予以弥补，如执照税、资本税等，而这些城市的直接税严重阻碍着资本主义工商业的发展。因此，当资本主义商品经济关系在封建母体内孕育成长时，就已经预示着这种古老的

直接税逐渐衰退的历史必然性。

二、间接税制模式的形成与发展

资产阶级夺取政权以后，立即按照发展资本主义的要求改革税制。改革的首要目标，是在城市取消对工商业者征收的原始直接税，代之以间接税即消费税。由于消费税金可以随销售一同转嫁出去，这样，经营工商业的资本家一般不会负担税收。而且在资本主义发展初期，农村自给自足的经济占主导地位，加之资本主义工业产品虽然质量高但价格昂贵，因此，购买这些商品并负担消费税的，还是那些富裕的贵族和大地主阶级。所以，马克思在《哲学的贫困》中指出："消费税只是随着资本主义统治的确定才得到充分的发展。……在它手中，消费税是对那些只知道消费的封建贵族们的轻浮、逸乐、挥霍的财富进行剥削的一种手段。"① 这种手段在当时起着双重作用：一方面解决新兴资产阶级政府的财政困难；另一方面削弱封建势力的经济实力。

消费税有狭义和广义之分。前者指的是对消费品课征的个别消费税，如烟税、酒税、关税等，这在封建社会时就已存在，资产阶级所要求的是后者，即广义的以商品和服务为对象的一般消费税，如营业税、商品税、消费税等，从16世纪到18世纪中叶，这类消费税已逐步发展成为主导性税收，形成了以间接税为主体税种的税制模式。

不过，以间接税为主体税种的税制模式实行一段时间后，资产阶级发现，这种税制开始阻碍资本主义经济发展，同资产阶级利益时常发生矛盾。主要表现为两个方面：一是国境消费税即关税制度，过去曾经是保护资本主义工业发展的有力武器，然而，当本国工业已经发展壮大起来，出口竞争能力增强，需要向国外销售产品，或向国外购买廉价原材料时，保护关税就成为实行自由贸易政策的桎梏。二是在国内，消费税的范围扩展到全部生活必需品和资本工业品，且税率不断提高，这对于资本主义发展造成了相当大的消极效应。首先，消费税通常只能课及大工业生产的商品，难以课及自给产品，这在客观上限制着资本主义商品生产发展。其次，那时的商品税一律采取多阶段，阶梯式课征方法，商品生产的环节愈多，流转范围愈广，税收负担就愈重，削弱了资本主义工业品的竞争优势。所有这些，正如马克思所指出的："由于现代化分工，由于大工业生产；由于国内贸易直接依赖于对外贸易和世界市场，间接税制度就同社会消费发生了双重冲突。在国境上，这种制度体现为保护关税政策，它破坏或阻碍同其他国家进行自由交换。在国内，这种制度就像国库干涉生产一样，破坏各种商品价值的对比关系，损害自由竞争和交换。"②

① 《马克思恩格斯全集》第4卷，第179页。
② 《马克思恩格斯全集》第8卷，第543页。

三、以现代所得税为主体税种的税制模式及其形成发展

面对消费税所引起的矛盾，资产阶级又陷入了重重困难之中，若取消消费税，会给以它为基础的整个财政制度带来灾难性的后果；若恢复或增加原始的直接税，不仅要激起日益贫困化的农民的强烈反抗，同时也无法满足国家不断增加的财政需要。如果对所得和财产征收直接税，也不符合资产阶级的利益，因为"直接税不允许进行欺骗"，即资产阶级也要为此支付相应的份额。从18世纪中叶到19世纪末，资产阶级在上述矛盾的权衡中，在间接税为主体和所得税为主体的模式间，踌躇徘徊了整整一个世纪。最后，战争给资产阶级国家提出了增税的要求，成为孕育所得税的"温床"。1799年英国对拿破仑战争期间，当时的英国首相皮特在发行巨额公债之余，首创所得税，即三部课征捐，属临时性战争税。后因战事波折，几经改废，直到1842年通过正式立法，成为永久性的国家税收。法国在1848年创议开征所得税，直到1914年才获议会正式批准。今天，所得税已成为一些主要资本主义国家的主导税种，加上其他辅助税种，如消费税、财产税、行为目的税等，已形成较为完善的所得税为主体税种的税制模式。

综上所述，世界税制模式发展大体经历了一个由原始直接税到间接税再到现代直接税即所得税这样一个"否定之否定"的历史过程。实践中，现代世界各国因各自的国情不同，其税制模式选择尚处在这个发展过程的不同阶段上，且处在不断地调整变化之中。

20世纪80年代到90年代末，以及2008年金融危机以来，税制改革的重要趋势是：发达国家大多降低了个人所得税和公司所得税的税率，同时又在提高增值税税率，力图通过增加增值税为代表的流转税比重，减小对所得税的依赖。

总体上来看，目前发达国家的税制结构体现了以直接税（尤其是个人所得税和社会保障税）为主体的明显特征。在经济合作与发展组织（OECD）成员国税制结构中，近几十年来，直接税收入（包括个人所得税、公司所得税、社会保障税、工薪税和财产税）一直居于全部税收收入中的主导地位。从单个税种来看，在目前发达国家的税收收入结构中，直接税收入以社会保障税、个人所得税和公司所得税比重最大，间接税则以增值税或销售税为主，其他税种所占比重相对较小。

而发展中国家税制结构总体上呈现出以商品劳务税和所得税为主体的双主体税制结构模式特征。从单个税种看，国内商品劳务税普遍是发展中国家最大的税收收入来源。但按照人均GDP排序，可以发现，处于不同经济发展水平的发展中国家税制结构的差异，其基本表现是：人均GDP较高的国家，直接税体系相对完善，直接税收入比重更高。而人均GDP较低的发展中国家，绝大多数国家对商品劳务税的依赖程度则要大大高于所得税。

随着经济的发展，人均国民收入的增加，以及税收征管水平的提高，发展中国家所得税将呈现出逐渐上升的趋势，但在相当长时期内，流转税仍将在这些国家占据主导地位。因为在发展过程中，发展中国家对财政收入的庞大需求使政府不会刻

意为增加所得税比重而削弱流转税，这就决定了发展中国家税制结构的变化将是渐进的过程。

这样的发展规律与过程表明，在现代经济社会中，国家往往需要各种不同性质的税种共同发挥作用，没有一个国家只依靠某个（类）税种就可以实现自己所有的调控目标。也就是说，寻求税类间合理的搭配是今后税制发展的最终目标，无论是发达国家还是发展中国家，直接税和间接税都是其不能缺少的。因此，总体来看，当前国际社会税制结构出现了向均衡型或中间型发展的新趋势。具体参见图6－1。

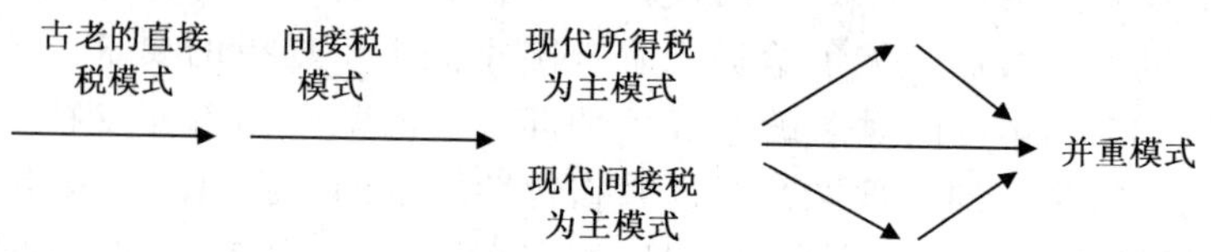

图6－1 各国税制结构演进图

总之，无论是发达国家还是发展中国家都面临着共同的问题，即优化税制结构，互相取长补短。各国税制结构基本上呈现出这样一个发展趋势，既趋同，又存异，在与国际税制接轨的基础上，保持本国税制结构的特点，因此，不能简单地以所得税或流转税为主体税种来衡量税制结构的优劣。根据本国国情，全面发挥税制功能，才是适合本国的税制结构。

第四节 税制模式的选择

一、选择税制模式的基本原则

税制模式所涉及的核心，是主体税种选择与辅助税种配置的问题。正确选择适合我国国情的税制模式，对于充分发挥税收的作用，促进税制进一步完善，推动经济稳定增长，都有着重大意义。税制模式的抉择，应当建立在以下原则基础之上。

（一）充分发挥税收功能作用

税制模式的选择，在很大程度上取决于税制目标的确定。税制模式目标固然很多，但最直接的目标是通过优化税制结构来增强税收的整体功能。一般来说，税收具有积累资金，调节经济，实现社会政策等功能，且不同的历史时期，税收的基本功能或主体功能有所侧重。因此，在选择税制模式时，作为主体税种，应当有利于充分发挥税收的主体功能。

（二）适合一国国情

在一个人口众多，资源相对匮乏，生产力较为落后，经济管理水平相对比较低的国家，经济发展水平等国情无疑是影响税制模式选择的重要因素，因此，税制模式的选择要适合一国国情，这也是选择税制模式应遵循的基本原则。具体来说，由于生产力落后，要求税收能够广泛而有效地积累建设资金，改善薄弱的国民经济基础，带动经济增长；由于经济发展水平低，生产消耗高，国民纯所得有限，决定了难以为所得税主体模式提供充裕税源；由于经济管理水平低，需要考虑税制模式的可行性，既要简便易行，又要有利于堵塞税收漏洞。

（三）有利于提高征管效率

在能够保证充分发挥税收效率作用的前提下，税制模式应力求简化。一个相对简化的税制，有利于税收立法和依法纳税，有利于提高征纳效率，减少不必要的征管费用，便利纳税人，同时还有利于多个税种间的相互协调，形成合力。一个相对简化的税制才可能是一个有效率的税制，根据这一原则，主体税种选择必须明确，数量不宜过多；辅助税种设置应当广泛灵活，但要避免杂乱；主体税种与辅助税种之间，以及主体税种、辅助税种内部都要协调好各自的职能范围，形成有效率的税制网络体系。

二、主体税种的选择

主体税种，是指在税收制度中居于主导地位，起主导作用的税种，是表现一定税制结构类型的主要标志。主体税种的基本特征：一是在全部税收收入中占较大比重；二是在履行经济调节职能等方面发挥主要作用；三是其征税制度变化会给整个税制带来举足轻重的影响。一国税制对主体税种的不同选择，形成不同类型的税制模式。在理论界，以何种税为主体税种，主要有三种选择，即：以商品劳务税为主体税种的模式，以所得税为主体税种的模式，以及以商品劳务税、所得税并重的税制模式。

（一）以商品劳务税为主体税种的税制模式

商品劳务税是以商品和劳务为课税对象课征的税。其优点：一是征税范围广，税源充裕，且税收不受生产经营成本、费用变化的影响，因而它能够在今后较长时期内从财政上保证普遍、及时、稳定、可靠地取得财政收入。二是在商品劳务税实行价内税的情况下，具有直接参与国民收入分配的特点，可以配合价格政策，体现国家促进生产，引导消费和调节产品盈利水平的意图。三是商品劳务税可以适应一国税收征管水平低，国民自觉纳税观念较为淡薄的客观条件。

但是，在持续的改革与发展中，一国长期实行商品劳务税为主体税种的模式，也存在某些矛盾，一是多种经济形式的发展和企业经济效益的改善，所得税税源增长较快，税制模式选择应面对这个现实。二是社会财富和收入分配不断拉开差距，商品劳务税在调节收入分配方面作用微弱。三是商品劳务税本身也存在一些需要完善的问题，如重复征税、税负不公等。

（二）以所得税为主体税种的税制模式

所得税是以法人和自然人的收入所得为课税对象的税类，它也是当今一些主要发达国家税制的主导税种。其优点：一是所得税和现代商品经济有着必然联系，对经济运行的消极作用小。强化所得税地位，能够相应淡化商品劳务税对经济和价格的不合理干预作用。二是所得税以收入所得为课税对象，实行量能负担，具有良好的弹性功能，可以灵活适应纳税人负担水平变化情况。三是累进所得税制不仅能够调节社会成员之间的收入分配，而且对“熨平”经济周期波动，具有良好的“自动稳定器”功能。

在生产力水平偏低和经济效益状况不稳定的发展中国家，以所得税为主体税种的税制模式，难以确保财政收入普遍、均衡、稳定地获得。同时，所得税对企业核算水平和征税技术要求高，在征管素质较低的情况下，以所得税为主体税种，难以避免税收跑、冒、滴、漏，严重影响国家收入。

（三）以商品劳务税和所得税并重为主体税种的税制模式

商品劳务税和所得税双主体模式最主要的优点是：在经济运行机制上，政府调节和市场调节可以通过这种模式结合起来；在税收职能方面，它既可以保证财政收入，又可以充分发挥税收的经济调节功能；在税收运行方式上，这种模式将商品劳务税的刚性和所得税的弹性功能有机地结合起来，有着较强的财政经济适应性，从税制发展趋势看，双主体模式既考虑了一国现实的生产力水平，又兼顾了税制发展的长期需要。

三、辅助税种的配置

（一）辅助税种的特点

所谓辅助税种，是在整个税制结构中处于辅助地位，起主体税种辅助作用的税类。它一般具有以下特点：

1. 功能的特殊性

辅助税种并非表明它只是主体税种的消极附属，相反，它能补充或发挥主体税种难以替代的特殊功能。

2. 设置的灵活性

在商品劳务税和所得税双主体模式中，辅助税大都属于行为目的税、财产税或其他地方税。税种设置具有较大的灵活性和因地制宜性。

3. 职能范围的有限性

辅助税种不像主体税种那样，兼有税收的多重职能，相反，每一种辅助税种都有自身特殊的课征对象和调节层次，体现国家某种特定的征税目的。

4. 负担的直接性

一般而言，辅助税种要有效地体现国家政策，往往需要具有税负透明度高，影响利益直接等特点，其征税更加有利于体现国家政策。

（二）设置辅助税种的基本要求

辅助税种是税制结构的重要组成部分，因此，辅助税种设置不仅要遵循税收制度的一般原则，还要根据其自身特点，考虑辅助税种的设计规范和要求。具体有：

1. 设置辅助税种要适应税制模式的总体要求。通过选择课税对象，设计税目税率，确定纳税环节等，发挥辅助税种对主体税种功能的拾遗补阙作用。

2. 辅助税种应尽可能做到普遍征税，均衡负担。公平税负是一个相对概念，要想使所有的纳税人在主体税种前一律平等，既不现实，也不可能。在这种情况下，通过辅助税种负担的合理分配，就可以弥补主体税种税负不公的缺陷，实现整体税负的相对公平。

3. 辅助税种应力求简化、方便。根据需要与可能，可征可不征的，应该不征，或者用其他手段来代替；可多征或少征的，应当少征，以避免税制的过重，过滥而出现“苛捐杂税”。

4. 辅助税种设置必须节时省费，每设计开征一种新税，必须在税收职能效应与征税成本之间再三权衡。

5. 在辅助税种之间要界定职能分工，力求功能配套，避免功能逆调。

复习与思考

一、基本概念

税制结构　税制模式　主体税种　辅助税种

二、思考题

1. 什么是税制结构，它的基本特征是什么？
2. 影响税制结构的基本因素有哪些？
3. 世界税制发展上有哪三种税制模式？
4. 主体税种在税制结构中的作用是什么？
5. 辅助税种的配置应该遵循什么原则？

第七章

国际税收关系

第一节　国际税收关系的产生

国际税收是一个历史范畴，它不是从来就有的，而是历史发展到一定阶段的产物。国际税收关系的产生取决于两个先决条件：一是经济生活的国际化；二是税收的国际化。

一、经济生活的国际化

所谓经济生活的国际化主要表现为跨国所得的出现。19 世纪末 20 世纪初，各主要资本主义国家相继由自由竞争阶段发展到垄断阶段。随着这些国家资本输出规模的扩大和跨国公司的出现，以各国为中心的生产日益超越了国界。第二次世界大战后，资本和生产的国际化趋势更为明显。在新技术革命浪潮的推动下，西方发达国家经济迅速发展，并日益以国际领域作为本国经济活动的舞台。与此同时，随着大量前殖民地、半殖民地国家在政治上的独立，广大的第三世界国家也进入了发展本国经济的新时期。不少国家相继采取了对外开放、引进外国资本和技术的发展政策。这一时期，不仅西方发达国家在资本输出规模和形式方面获得了巨大进展，而且第三世界国家之间的经济合作也迅速发展起来，国际经济活动领域不断得到拓宽。除了跨国公司在世界范围内得到长足的发展之外，其他诸如加工订货、补偿贸易、合作生产、合资经营、技术转让、许可证交易以及国际信贷、国际债券、国际租赁等多种国际投资形式和经济合作形式也大量出现。这一切都使得各国经济的相互联系和相互依赖比以往任何时候都更为密切，生产的国际化已成为当代世界经济的一大特点。

二、税收的国际化

所谓税收的国际化，主要表现为税收分配关系在国家之间的扩展，包括税收政策国际化、税收制度国际化和税收征管国际化。

在生产国际化的背景下，各国税收的发展，一方面使得税收征税活动在纳税人和课税对象方面打破了国与国之间的界限；另一方面也由此产生了国与国之间合理地划分税收权益以及加强税收相互配合的国际税收关系协调问题。课税权作为国家主权的组成部分，世界上任何一个主权国家都有权根据各个国家的政治、经济状况和法律传统，按照最适合本国利益的原则来行使税收管辖权。由于不同国家行使税收管辖权所依循的原则、实施范围以及具体规定等方面的差异，有关国家在对从事国际经济活动的企业或个人的所得及财产的课税上，往往会发生两个或两个以上国家税收管辖权的重叠或冲突，从而导致国际重复课税现象，其结果，必然会加重企业和个人的税收负担，使其难以从事跨国经济活动。显然，这对于国际经济交往的正常发展乃至各国经济自身的发展都是不利的。而各国涉外税收的发展本身也蕴含着协调税收管辖权、合理地处理国际税收权益关系的内在要求。此外，涉外税收涉及的纳税人和课税对象所具有的跨国性质使得税收征管工作存在更多的困难和疏漏，国际避税与偷漏税现象日趋严重。为了维护各自的税收利益，进一步加强国际税务配合自然就成为各国政府及其税务当局的共同愿望。

因此，随着国际经济交往和各国涉外税收的发展，在各国政府之间逐步形成了一系列划分国际税收权益和处理税务关系的准则与惯例。例如，在同时实行属地与属人两个原则的基础上，合理地规范税收管辖权行使范围；反对税收歧视，对其他国家国民实行无差别待遇；对本国居民或公民的纳税人的境外所得和财产实行免税或“税收抵免”措施，以避免国际重复课税等等。同时，以上述准则、惯例为渊源，产生了具有国际公法性质的两个或多个国家之间签订的国际税收协定。在各国签订国际税收协定的基础上，20 世纪 60 年代以来，相继出现了经济合作与发展组织（OECD）制订的为指导成员国之间和成员国与非成员国之间谈签国际税收协定的范本，以及由联合国经济与社会理事会组织制订的为指导发展中国家与发达国家谈签国际税收协定的协定范本。

在资本和生产国际化的历史条件下，税收分配关系日益打破以往限于各个国家范围内的界限而趋于国际化。税收分配关系的国际化不仅表现在各国涉外税收所涉及的纳税人和课税对象具有跨国性质，而且还表现在由此产生的国与国之间的税收利益分配关系上。而国际税收范畴的出现，正是税收分配关系国际化在理论上的反映。

第二节　国际税收与国家税收的关系

一、国际税收的本质

国际税收问题作为开放经济条件下的一种税收现象，其背后隐含着的是国与国之间的税收关系。而这种国家之间的税收关系就是国际税收的本质所在。

具体来说，国家之间的税收关系主要表现在以下两个方面。

（一）国与国之间的税收分配关系

国与国之间的税收分配关系涉及对同一课税对象由哪国征税，或征多少税的税收权益划分问题。当一国征税而导致另一国不能征税，或者当一国多征税而造成另一国少征税时，两国之间便会发生税收分配关系。例如，为了避免所得的国际重复征税，纳税人的居住国可以放弃对本国居民国外所得的征税权，而由所得的来源国单独行使征税权；或者居住国让来源国优先行使征税权，然后再在来源国征税的基础上对这笔国外所得按来源国税率的差额部分进行补征。在这两种情况下，居住国和来源国之间都会发生一定的税收分配关系。又如，为了防止对同一批国际贸易商品出口国和进口国都课征国内商品税，目前国际税收协定都规定对国际贸易商品统一由进口国课征国内商品税，出口国则不征税。这样，出口国由于放弃自己对出口商品的征税权，其税收利益就会受到一定的影响，进口国与出口国之间因而也要发生一定的税收分配关系。再如，为降低跨国公司的总体税负，跨国公司通常要把公司集团的一部分利润，通过一定的避税手段，如转让定价，由高税国子公司转移到低税国子公司去实现，因此，高税国的所得税税基必然要受到影响，高税国与低税国之间也必然会发生一定的税收分配关系。现实生活中大量的国际税收问题最终都将引发国家之间的税收分配关系，因此，后者构成现代国际税收关系的实质内容。

（二）国与国之间的税收协调关系

征税是一国主权，一个主权国家既有权决定对什么征税，对什么不征税，也有权决定多征税或少征税。也就是说，在征税问题上，一国完全可以自行其是，而不必顾及他国的好恶。然而，税收又可能成为国际经济交往和发展的一种障碍。如商品课税会影响国际贸易，所得课税和财产课税会影响国际投资、国际技术转让等。因此，在一个开放的世界中，一国实际上并不能随意制定税收制度和行使自己的征税权，在许多问题上还必须考虑本国与其他国家的经济关系。而这就要求国与国之间在税收制度和税收政策等方面进行一定的协调。这种税收协调包括有两方面的内容：一是合作性协调关系，即有关国家通过谈判就各自的税基、税率、征税规则等达成协议，并根据协议的内容确定对对方国家的商品或纳税人进行征税的制度和办法。例如，国与国之间签订的避免双重征税协定体现的就是这种合作性税收协调关系。二是非合作性协调关系，即一国在其他国家竞争压力的驱使下，在其他国家税收制度既定不变的情况下，单方面调整自己的税收制度，使本国的税收制度尽量能与他国保持一致，从而形成一种税收的国际协调。由于这种非合作性的国际税收协调是在市场竞争的基础上形成的，因此，其实质上是税收的国家竞争。

二、国际税收与国家税收的联系与区别

税收是一个与政治权力密切相关的历史范畴。因此，国际税收与国家税收在凭借政治权力进行分配这一点上必然存在着联系。但是，国际税收终究不能等同于国家税收，两者之间仍有着明显的区别。因为国际税收作为一种国际关系，所涉及的并不是某个国家内部的事情，而是国家与国家之间的交往关系。具体是指国家与国

家之间在税收分配方面所发生的双边（bilateral）或多边（multilateral）关系。一国不成其为国际，一个国家凭借其政治权力进行的分配，并不是国际税收，而是国家税收。但这并不意味着在国家的政治权力之外，还存在着一个国际的，或者是超国家的政治权力，因此，国际税收也不是以某种超国家的政治权力为后盾所进行的分配。

政治权力是不能离开国家暴力机器而单独存在的。以第二次世界大战后建立起来的联合国为例，它也不是一个国家之上的国家，并不具有一种超国家的政治权力，而只不过是一个促进国家之间合作以及讨论各种国际事务和有关世界和平等问题的国际组织。任何一个参加联合国的会员国，都不能不经授权而允许联合国干预自己国家政治权力范围以内的事情。其他一些地区性的国家集团，也同样是属于有关国家之间的合作组织，而并不具有超国家政治权力机构的性质。至于国际法（International Law），应该指出，它与国内法（Internal Law）分属于两种不同的法律体系。国际法的主要渊源（Origin）是国际条约（Treaty）、国际惯例（Lonvention）以及国际组织的决议（Resolution）。它不像国内法有统一的立法机关、统一的法典（Code）和统一集中的强制执行机构。这一渊源表明，国际法不可能由某个国家的权力机构或某种超越国家之上的权力机构来制订，而只能通过国家之间的协议或认可来制订。国际法的贯彻实施，也不可能由一个臆想中的、居于国家之上的、能够统一对各国采取强制措施的机构去执行，而只能由有关国家单独或集体的强制措施去保证其执行。简言之，国际税收作为税收，必须以政治权力为后盾，而政治权力又总是国家的政治权力，并不存在一种超国家的、国际的政治权力，可以被凭借来进行国际范围内的课征。

同时，还必须看到的是，税收总是体现为以一国政府为征收者一方，与以这个政府管辖下的纳税人为缴纳者一方所形成的一定征纳关系。国际税收与国家税收既然都是税收，它们也会在这一点上存在着联系。但是，由于政府总是一个国家的政府，因而税收征纳关系中的征收者一方，也只能是一个国家的政府，而不可以设想有一个多国家政府的存在。此外，政府管辖下的纳税人，也只能是某个国家政府管辖范围内的纳税人，而不能设想有一个对不受其任何管辖的别国政府也同时发生缴纳义务的纳税人。

因此，国际税收作为税收，必定体现为由一定的征收者与缴纳者双方所形成的征纳关系，但国际税收又不可能有自己的、区别于国家税收的特定征收者和缴纳者。因此，客观上既不存在一种由某个多国家政府与它的纳税人之间所发生的国际范围的征纳关系，也不存在一种由某个单一国家政府同属于它管辖下的以及不属于它管辖的别国的纳税人之间所发生的国际范围的征纳关系。

归纳起来，两者的区别表现在：

第一，世界上并不存在一部超越国家政权的国际税法，而只有国家之间签订的税收协定和条约。因此，国际税收并非意味着存在一种超越国家政权的强制课征。

第二，国际税收没有独立的税种、纳税人和征税对象，它只涉及一定的税种、纳税人和征税对象。即各国税制中关系到两个或两个以上国家的财权利益的特定税种、纳税人和征税对象，并且只有在有关国家政府的政权管辖范围内，对同一跨国纳税人的同一征税对象进行征税时才会发生。

第三，国家之间的税收分配关系，主要是通过国际税收协定或条约来予以约束，而国家税收的分配关系，是通过国家税法处理的。

一般来说，各国税收产生必须具备的条件：一是政治上的前提，即要有国家；二是经济上的条件，即要有剩余产品。两者相互联系，辩证统一。

马克思曾经指出："赋税是政府机器的经济基础，而不是其他任何东西"，"赋税是官僚、军队教士和宫廷的生活源泉，一句话，它是行政权力整个机构的生活源泉，强有力的政府和繁重的赋税是同一个概念。"[①] 由此可见，一方面国家依赖于税收而生存，税收是国家的经济基础；另一方面税收有赖于国家而存在，国家是税收的前提。

税收是国家取得财政收入的一种手段。正因为各个国家都有征税权，而这种征税权又是依附于它的政治权力，因此，随着国际经济交往的发展，当商品流通和资本流通以及各类纳税收入的实现超越国界，牵涉两个或两个以上国家的经济利益和财政利益，需要进行国家同国家之间的税收协调时，国际税收问题就出现了。

税收起源的政治前提和经济条件不可混为一谈，前者指的是权力手段，后者指的是税源基础。一个国家在各个不同的历史时期，对什么征税，向谁征税，征多少税，根本上取决于当时当地的经济资源结构、国民经济结构和国民收入结构。

国际税收是生产社会化发展到了形成世界市场，在世界经济中广泛出现商品国际化、生产国际化、资本国际化的历史条件下产生的。第二次世界大战后，生产国际化趋势日益明显，资本也日益超越国界并以国际领域作为自己的活动舞台。跨国公司迅速发展，人力、资源、技术、劳务跨越国界日益频繁，这些都加速了纳税人收入的国际化。同时世界各国普遍实行所得税制，也就使得国与国之间的税收关系问题更加突出。

总之，没有商品、劳务、资本广泛的国际流通，没有世界市场的形成，没有税收利益在国际合理分配的迫切要求，是绝不可能有国际税收产生的。

第三节 税收管辖权

一、税收管辖权是国际税收最基本的范畴

（一）税收管辖权的概念

税收管辖权，是国家主权在税收领域中的表现，是一国政府在征税方面所行使

① 《马克思恩格斯选集》第1卷，人民出版社1972年版，第679页。

的管理权力及其范围。税收管辖权具有独立性和排他性。其独立性体现在该主权国家在税收方面行使权力的完全自主性，即一国对本国的税收立法和税务管理具有独立的管辖权力；排他性意味着在处理本国税收事务时不受外来干涉和控制。

（二）税收管辖权的理论原则

税收管辖权是国际法学理论中的管辖权在税收领域中的运用。它是国家主权的重要组成部分，受到国家政治权力所能达到的范围的制约。对一个主权国家的政治权力所能达到的范围，国际上主要有两个概念：一是地域概念，即一国只能在该国区域内包括该国疆界内所属领土的全部空间行使其政治权力；一是人员概念，即一国可以对该国的全部公民和居民行使政治权力。在国际法学理论中，这两个概念分别称为属地原则和属人原则。同国家的政治权力按不同原则确定相适应，所得税等直接税的税收管辖权也是按照属地与属人两种不同的原则来确立的。在税收领域中，属地原则也可称为来源国原则，按该原则确立的税收管辖权称作地域管辖权或收入来源管辖权。它根据纳税人的所得是否来源本国境内来确定其纳税义务，而不论纳税人是否为本国的公民或居民。属人原则也可称为居住国原则，按该原则确定的税收管辖权，称作居民管辖权和公民管辖权。它根据纳税人与本国的政治法律联系以及居住联系来确定其纳税义务，而不论这些居民或公民的所得是否来源于本国领土疆域之内。

不论是来源国原则还是居住国原则，都是国家主权的具体体现。在国际法上没有公认的、统一的规则可以限制国家在税收事物上的主权，仅有的例外是外交和领事人员的税收豁免特权。正因为如此，在各国实行不同的税收管辖权的情况下，就会产生一系列国际税收的矛盾。

二、税收管辖权类型

按照来源国原则和居住国原则确立的所得税等方面的税收管辖权，可划分为以下三种类型：

（一）收入来源地管辖权

即国家对来源于该国境内的全部所得以及存在于本国领土范围内的财产行使征税权力，而不考虑取得所得收入者和财产所有者是否为该国的居民或公民。

（二）居民管辖权

也称为居住管辖权，即国家对该国居民（包括自然人和法人）的世界范围的全部所得和财产行使征税权力，而不考虑该纳税居民的所得是来源于国内，还是国外。

（三）公民或国籍管辖权

即国家对具有本国国籍的公民在世界范围的全部所得和财产行使征税权力，而不考虑该公民是否为本国居民。

如何行使税收管理权，是一个国家的国内事务。各国都有权根据自己国家的经济、政治、法律和社会状况选择税收管辖权的种类。按照国际税收惯例，一般是对不同类型纳税人行使不同的税收管辖权，在国际税收中，纳税人通常分为两种类型：

一种是具有无限纳税义务的纳税人；另一种是具有有限纳税义务的纳税人，这里的“无限”与“有限”是以收入来源的领域范围划分的。无限纳税义务指广泛的纳税义务，不受国境的限制。凡是一个纳税人向一国政府不仅要就其从该国领域之内取得的所得纳税，而且还要就其从该国领域之外的所得纳税，则称该纳税人对该国政府负无限纳税义务，或称其为负全面纳税义务。凡是一个纳税人向一国政府只就其从该国境内取得的收入纳税，则称该纳税人对该国政府仅负有限纳税义务。根据国际惯例，对于具有无限纳税义务的纳税人来说，不论是自然人还是法人，往往构成一国税收上的居民（或公民），该国可行使居民税收管辖权，对该居民来源于世界范围的所得课税。而对具有有限纳税人义务的纳税人来说，通常是该国的非居民，该国行使收入来源管辖权，对其来源于该国境内的所得课税。这已经成为国际上的通行做法，并已成为各国涉外税制遵循的一般准则。

三、各国实行的税收管辖权

税收管辖权的行使体现着不同的财权利益，因此，各国都尽量选择对本国有利的税收管辖权。对广大发展中国家来说，由于资金匮乏、技术落后，大多只能从发达国家引进资金和技术，因此，发展中国家一般是资本输入国和技术引进国，本国对外投资的比例小于外商在本国境内的投资比例，因此，境外收益相对而言并不多。在与发达国家的经济交往中，发展中国家基本上处于来源国的地位。与此相适应，发生在本国领土内的别国居民或公民的收益、所得和财产也比较多。因此，发展中国家更倾向于地域税收管辖权，以扩大对别国居民在本国领土范围内的收益、所得和财产的征税范围。而发达国家往往是资本输出国与技术输出国，同时也会大量地吸引外资和更先进的技术。从资本输出和技术输出的角度而言，大量的国外业务会产生巨大的境外利益，且居民中从事跨国经济活动的较多，本国居民和公民来自于世界范围内的所得占比较大，因此，采用属人主义原则对本国的税收收益比较有利，因而发达国家比较强调居民或公民管辖权的行使，以扩大对本国居民在国外的收益、所得和财产征税的范围。另外，从国家间利益对等的原则出发，发达国家也会采用地域税收管辖权来维护本国的利益。

综观世界各国现行的所得税制度，所得税管辖权的实施至少有以下四种情况：一是同时实行地域管辖权和居民管辖权，即一国对本国居民的境内所得、境外所得，以及外国居民的境内所得这三类所得都行使征税权。其中，对本国居民境外所得征税所依据的是居民管辖权，对外国居民在本国境内所得征税所依据的是地域管辖权。目前世界上大多数国家都采取这种地域管辖权和居民管辖权并行的办法。二是同时实行地域管辖权和公民管辖权，即一国对本国公民的境内所得、境外所得，以及外国公民的境内所得这三类所得都行使征税权。例如罗马尼亚和菲律宾。三是仅实行地域管辖权，即一国只对来源于本国境内的所得行使征税权，其中包括本国居民的境内所得和外国居民的境内所得，但对本国居民的境外所得不行使征税权。例如巴西、阿根廷和中国香港等12个国家和地区。四是同时实行地域管辖权、居民管辖权和公民管辖权。这种情况主要发生在个别十分强调本国征税范围的国家，其个人所得税除了实行地域管辖权和居民管辖权之外，还坚持公民管辖权。例如，美国和墨西哥。见表 7－1。

表 7－1 不同国家和地区税收管辖权实施情况

税收管辖权	国家或地区
同时行使地域税收管辖权和居民税收管辖权	中国内地、印度、阿富汗、澳大利亚、孟加拉国、斐济、日本、韩国、马来西亚、印度尼西亚、巴基斯坦、新西兰、新加坡、泰国、斯里兰卡、哥伦比亚、秘鲁、萨尔瓦多、洪都拉斯、奥地利、比利时、希腊、瑞士、瑞典、英国、卢森堡、土耳其、西班牙、摩纳哥、法国、荷兰、塞尔维亚、加拿大、俄罗斯
同时行使地域税收管辖权和公民税收管辖权	菲律宾、罗马尼亚
单一行使地域税收管辖权	中国香港、文莱、玻利维亚、阿根廷、巴西、多米尼加、厄瓜多尔、危地马拉、巴拿马、尼加拉瓜、巴拉圭、委内瑞拉等
同时行使地域税收管辖权、居民税收管辖权和公民税收管辖权	美国、墨西哥

第四节 国际双重征税及其避免

一、国际双重征税

（一）国际双重征税的含义

随着各国经济的发展，国内的企业为寻求资源的合理配置、利润的最大化，往往在国内与国外建立总、分公司或母、子公司的组织形式。由于各国采取不同的税收制度，实施不同的税收管辖权，因此，必然存在国际双重征税现象。所谓国际双重征税，是指两个或两个以上的国家各自依据自己的税收管辖权就同一税种向同一或不同跨国纳税人的同一跨国所得所在同一纳税期限内同时进行的交叉重叠征税。

（二）国际双重征税产生的原因

国际双重征税产生的基本原因在于国家间税收管辖权的冲突。这种冲突通常有三种情况：

1. 居民税收管辖权与地域税收管辖权之间的冲突

当今世界，除少数国家和地区外，绝大多数国家在所得税和一般财产税方面，既对本国居民来自居住国境内和境外的一切所得和财产价值行使居民税收管辖权。同时，又对非居民来源于境内的各种所得和存在于境内的财产价值行使所得来源地税收管辖权。因此，在一国居民所取得的来源于居住国境外的跨国所得上，势必会发生一国的居民税收管辖权与另一国的所得来源地税收管辖权之间的冲突。这一冲突，是造成当今大量的国际重复征税的最为普遍的原因。

2. 居民税收管辖权与居民税收管辖权之间的冲突

国际双重征税也可能因两个国家均主张居民税收管辖权而发生。引起居民税收管辖权之间冲突的原因，在于各国税法上采用的确认纳税人居民身份的标准差异。居民身份确认标准的不同，使得同一跨国纳税人在不同国家都被认定为居民，都要承担无限的纳税义务，从而造成国际重复征税现象。

3. 地域税收管辖权与地域税收管辖权之间的冲突

由于各国税法对同一种类所得的来源地认定标准可能不一致，有关国家的地域税收管辖权之间也可能产生冲突，从而导致对同一笔所得的国际重复征税。这类税收管辖权冲突表现为，纳税人的同一笔所得分别被两个国家认为是来源于其境内，从而纳税人应分别向这两个国家就该笔所得承担有限的纳税义务。例如，在劳务所得来源地识别上，有的国家采用劳务履行地标准，有的国家则以劳务报酬支付人所在地为标准。假设甲国的某家公司聘请丙国的某个居民个人到乙国境内从事技术指导工作，丙国的居民个人在乙国工作的工资是由甲国境内的公司支付的，如果甲国税法采用的是劳务报酬支付人所在地标准，乙国却是以劳务履行地为标准，则上述丙国居民个人的工资所得将被甲、乙两国税务机关分别认定为是来源于其境内的所得而主张征税。

各国所得税制的普遍化是产生国际双重征税的另一原因。目前，除实行“避税港”税收模式的少数国家和地区外，各国几乎都开征了所得税。由于所得税制在世界各国的普遍推行，使国际重复征税的机会大大增加了；更由于所得税征收范围的扩大，使得国际重复征税的严重性大大增强了。

（三）国际双重征税的类型

国际双重征税按性质可分为以下两类：

1. 法律性国际双复征税

所谓法律性国际双复征税，是指两个或两个以上的国家对同一纳税人就同一征税对象，在同一时期内课征相同或类似的税收。法律意义上的国际重复征税概念包括以下 5 项构成要件：一是存在两个以上的征税主体；二是同一个纳税主体，即同一个纳税人对两个或两个以上的国家负有纳税义务；三是课税对象的同一性，即同一笔所得或财产价值；四是同一征税期间，即在同一纳税期间内发生的征税；五是课征相同或类似性质的税收。只有同时具备上述五项要件，才构成法律意义上的国际重复征税。这种法律意义的国际重复征税，亦称狭义的国际重复征税，是目前各国通过单边国内立法和双边税收协定努力克服解决的核心问题。

2. 经济性国际双重征税

所谓经济性国际双重征税，是指两个以上的国家对不同的纳税人就同一课税对象或同一税源在同一期间内课征相同或类似性质的税收。主要表现在两个国家分别同时对在各自境内居住的公司的利润和股东从公司获取的股息的征税上。从法律角度看，公司和公司的股东是各自具有独立法律人格的不同纳税人。公司通过经营活动取得的营业利润和股东从公司获取的股息，也是属于两个不同纳税人的所得。因此，一国对属于其境内居民的公司的利润征税和另一国对其境内居住的股东从上述公司取得的股息征税，在法律上均属合法有据，并非对一个纳税人的重复征税。然而，两个国家分别对公司的利润和股东的股息征税，在经济上不合理。因为从经济角度看，公司实质上是由各个股东所组成的，公司的资本是各个股东持有的股份的总和，公司的利润是股东分得股息的源泉。因此，一方面对公司的利润征税；另一方面又对作为公司税后利润分配的股息再征税，明显是对同一征税对象或同一税源进行的重复征税。就经济效果而言，对公司利润征收的所得税，最终还是按股份比例由各个股东承担。这与对同一纳税人的同一所得的重复征税在实质上并无区别。

二、国际双重征税的避免

（一）国际双重征税对国际经济发展的危害

无论是法律性国际双重征税还是经济性国际双重征税，其所产生的消极影响是相同的。从法律角度看，国际双重征税使从事跨国投资和其他各种经济活动的纳税人相对于从事国内投资和其他各种经济活动的纳税人，背负了沉重的双重税收负担，违背了税收中立和税负公平的税法原则。从经济角度看，国际双重征税造成税负不公，使跨国纳税人处于不利的竞争地位，势必挫伤其从事跨国经济活动的积极性，从而阻碍国际资金、技术和人员的正常流动和交往，影响了国际资金的运用，因而对国际的技术交流不利，限制了国际经济交往，不利于对落后地区的经济开发。鉴于国际双重征税的上述危害性，各国政府都意识到应采取措施予以避免和消除。

（二）避免国际双重征税的一般理论和原则

国际双重征税产生的根本原因，既然是由于国家税收管辖权的冲突引起，因此，要解决国际双重征税问题，就必须避免税收管辖权的冲突。国家间税收管辖权之间的冲突存在三种不同的类型。对于居民税收管辖权冲突，国际上的两个税收协定范本已有解决原则。对于来源地税收管辖权冲突，可由国家双边税收协定或协商解决。而对居民税收管辖权与来源地税收管辖权之间的冲突，则在税收管辖权冲突中最为普遍，影响也最大。因此，避免国际双重征税主要是解决这类冲突。

要避免居民税收管辖权与来源地税收管辖权之间的冲突，最直观的办法是，通过限定各国只能行使一种管辖权，即要么都行使居民税收管辖权，要么都行使来源地税收管辖权。但这种做法在实践上和理论上都行不通。因为两种管辖权都与国家的财政利益紧密相连，且税收管辖权是国家主权行为。因此，最终的解决办法，就只能是在承认各国有权同时行使居民税收管辖权和来源地税收管辖权的基础上，由居住国承认来源地税收管辖权的优先地位，并由居住国采取一定的方法来避免对在来源国已征过税的所得进行重复征税。

（三）避免国际双重征税的方法

1. 免税法。免税法是指居住国对其居民纳税人来源于或存在于境外的并已向来源国纳税了的那部分跨国所得，在一定条件下，允许从其应税所得中扣除，免于征税的一种避免国际双重征税的办法。

根据居住国采取的税率方式的不同，免税法可分为两种：

（1）全额免税法。全额免税法是指居住国政府在对其居民纳税人的所得征税时，不考虑该居民纳税人已被本国免予征税的境外所得额，仅按国内所得额征税。

（2）累进免税法。累进免税法是指居住国对居民纳税人的境外所得虽然给予免税，但在确定纳税人总所得的适用税率时，仍将居民纳税人的境内境外的所得总额考虑在税基内。

免税法的指导原则是承认收入来源地税收管辖权的独占地位，对居住在本国的跨国纳税人来自外国并已由外国政府征税的那部分所得，完全放弃行使居民（公民）管辖权，免予课征国内所得税。这就从根本上消除了因双重税收管辖权而导致的双重课税。目前，世界上实行免税法的国家主要有法国、丹麦、澳大利亚、瑞士以及拉美的一些国家。

2. 扣除法。扣除法是指居住国在行使居民税收管辖权时，允许居民纳税人就其境外所得而向来源国缴纳的税款，从应税所得额中扣除，就其余额适用相应的税率计算应纳税额。扣除法的指导原则是把居住在本国的跨国纳税人在收入来源国缴纳的所得税视为一般的费用支出在计税所得中减除。与免税法对比，在扣除法下，纳税人的税收负担水平高，国外所得并没有完全消除重复征税，只是有所减轻。

采用扣除法，跨国纳税人在居住国所缴纳的税款可用下述公式表示：应纳税额=（居住国内外全部应税所得－在收入来源国已纳税款）×居住国税率。由于扣除方法并不能妥善解决国际双重征税问题。因此，采用这种方法的国家较少。

3. 抵免法。抵免法是指居住国允许本国居民纳税人在本国税法规定的限度内，用已在来源国缴纳的税款，抵免应就其世界范围所得向居住国缴纳税额的一部分。

（1）抵免法基本的计算公式是：实际应向居住国缴纳的税款=跨国所得×居住国所得税税率－已在来源国缴纳的税款

（2）抵免的类型。依不同的划分标准，抵免可有不同的类型：按居民纳税人与收入来源国征纳关系的不同，分直接抵免与间接抵免；按抵免的方式不同分单边抵免和双边抵免；按照抵免数额不同，分全额抵免与限额抵免。

①直接抵免法。直接抵免法是指对跨国纳税人已向收入来源地国直接缴纳的所得税税款的抵免方法。直接抵免的数额应以纳税人直接缴纳的税款为限，纳税人可将其在收入来源国所缴纳的所得税抵免居住国税收。所谓在收入来源国直接缴纳的所得税税款，是指在外国从事生产、经营、劳务等取得的利润所得或财产收益所缴纳的外国所得税税款。所谓纳税人直接缴纳的税款，是指本国居民纳税人从事某项须经投资活动取得利息、特许权使用费等收入时，外国政府从源征收所预提的所得税税款。直接抵免法适用于：跨国自然人所缴纳的外国所得税，分公司或分支机构的外国税收和预提税。

直接抵免法的基本公式为：

居住国应征所得税税额=国内外总所得×居住国所得税税率－允许抵免的已缴来源国所得税税款

②间接抵免法。间接抵免法是适用于解决跨国母子公司之间股息分配存在的经济性重复征税的方法。因为分别处于两个国家的母公司和子公司，在法律上是两个不同的纳税主体，分别是各自所在国管辖下的居民纳税人。在一般情况下，母公司只是拥有子公司的部分股份而非全部股份，子公司的利润也并不全属于母公司的所得。因此，子公司就其利润向其所在国缴纳的所得税额，不可能全部用来直接抵免母公司向其居住国应缴的所得税额，而只能是其中由母公司取得的股息所承担的部分税额。由于从母公司应纳税额中可以抵扣的外国子公司已缴所在国税额和抵免限额的确定，都需要通过母公司收取的股息间接地计算出来，因此，一般称这种抵免方法为间接抵免法。

间接抵免法的基本计算原理与直接抵免法相同。其复杂性主要在于先应根据母公司收取的外国子公司支付的股息计算出这部分股息已承担的外国所得税税额。由于股息是来源于子公司缴纳了所在国的公司所得税后的净利润，子公司从税后利润中分配支付给母公司的股息并不完全等于母公司来自子公司的所得，后者也需要通过股息间接地计算出来。属于母公司的这部分子公司所得额一旦确定，即可按前述有关抵免限额的计算公式确定母公司居住国允许抵免的外国子公司税额。母公司实际承担的外国子公司已缴税额低于或等于抵免限额的，允许从母公司应纳居住国税额中全部扣除；如果超过抵免限额，只能按抵免限额扣除，超过部分则不能抵免。

母公司所获股息已承担的外国子公司所得税额的计算公式如下：

母公司承担的外国子公司所得税额 = 外国子公司向所在国缴纳的所得税 ×（母公司分得的股息 ÷ 外国子公司的税后利润）

母公司来自子公司的所得额，即母公司分得的股息与母公司承担的外国子公司所得税额之和。其计算公式为：

母公司来自外国子公司所得额 = 母公司分得的股息 ÷（1 – 外国子公司所得税税率）

在国际税收实践中，子公司所在国除了对子公司的所得征收公司所得税外，通常在子公司对母公司支付股息时还要对母公司的股息所得征收预提所得税，即由支付股息的子公司作为扣缴义务人，在向外国母公司支付股息时代为扣缴。子公司所在国征收的这种预提所得税，由于纳税主体是收取股息的母公司，母公司的居住国允许给予直接抵免，但条件是这部分由母公司直接承担的子公司所在国预提所得税与前述母公司间接承担的子公司所得税额之和，不得超过母公司来自子公司的所得按母公司居住国税率计算出的抵免限额。

以上所述的是适用于跨国母子公司之间一层参股关系的间接抵免法。有些国家还允许对公司通过子公司从外国孙公司取得的股息所承担的外国所得税，实行间接抵免。这种适用于解决母公司以下各层公司的重复征税的抵免方法，称为多层间接抵免方法。多层间接抵免法的计算原理与单层间接抵免相同，只是在计算步骤上多了一些层次。例如，在三层间接抵免情况下，首先需要按上述一层间接抵免的计算公式计算外国子公司应承担的外国孙公司所得税额，其次再按下述公式计算母公司应承担的外国子公司和孙公司缴纳的外国所得税税额：

母公司应承担的外国子公司和孙公司已缴外国所得税税额 =（外国子公司已缴所在国所得税税额 + 外国子公司应承担的外国孙公司已缴所在国税额）×（母公司从子公司分得的股息 ÷ 外国子公司的税后利润）

③全额抵免法。全额抵免法是指居住国政府对本国居民纳税人已向来源国政府缴纳的所有所得税税额予以全部抵免。即抵免额等于纳税人在境外所缴纳的外国税收总额。全额抵免虽然简便易行，但全额抵免会减少国内税收，引起国家税收权益的外流。如果来源地国税率过低，或税收优惠措施过多过滥，实行全额抵免会导致居住国资本大量外流而影响本国经济发展。因此，目前世界上只有马耳他、塞浦路斯等少数国家采纳。

④限额抵免法。限额抵免法亦称普通抵免法。它是指居住国政府允许居民纳税人将其向外国缴纳的所得税税额进行抵免，但同时设置数量上限，即抵免额不得超过按本国税法规定的税率所应缴纳的税款额。目前，国际上大多数国家均采用限额抵免法以消除国际双重征税。

抵免限额的计算公式为：抵免限额 = 在收入来源地国的所得 × 居住国的适用税率

由于限额抵免的税基是居住国国内税法规定计算其来源于来源地国的应纳税所得额的，这样既坚持了行使居住国的居民税收管辖权，又兼顾了所得来源国的根据属地原则的征税权但并非独占权，而且还能够合理确定跨国纳税人的利润归属和划分境内境外费用的分摊，因此，属于一种较为合理解决国际双重征税的方法。但限额抵免的问题主要是它的计算繁琐，操作难度较大，从而易使居住国的税务成本增加。

此外，在实行综合所得税制的国家，抵免限额又可以分为综合限额和分国限额两种。所谓综合限额，是指将居民纳税人向所有来源地国缴纳的税款合并起来计算可以抵免的额度。其计算公式为：

综合抵免限额 = 按来自国内外全部应税所得计算的向居住国缴纳税款 ×（来自所有外国的应税所得/来自国内外的全部应税所得）

所谓分国限额，是指把应抵免的外国所得税税额分国别单独计算抵免限额。其计算公式为：某一外国税收抵免限额 = 按来自国内外全部应税所得计算的向居住国缴纳的税款 ×（某一外国的应税所得/来自国内外的全部应税所得）

（四）税收饶让抵免

在通常情况下，按照外国税收抵免制度，只有居民纳税人在来源地国实际已缴的税额，才能在居住国的应纳税额中得到抵免。如果纳税人来源于来源国的所得未在来源国纳税或少纳税，那么，居民纳税人可以在居住国应纳税额中抵免的外国税额就不存在或者减少。这样，在来源地国为吸引外资而实行的减免税优惠并不能使跨国投资人实际受惠，其所放弃的税收利益转为投资人居住国的国库收入，并没有收到鼓励外国投资的效应。因此，处于资本输入国地位的来源国，为使其减免税优惠能发挥实际效应，往往在与资本输出国签订的双重征税协定中要求对方实行税收饶让抵免，即居住国对其居民因来源地国实行减免税优惠而未实际缴纳的那部分税额，应视同已经缴纳同样给予抵免。由于在税收饶让抵免方法下，居住国给予抵免的是居民纳税人并未实际缴纳的来源地国税收，所以又称为“虚拟抵免”或“影子税收抵免”。

第五节　国际避税与反避税

国际避税是国内避税在地域范围的延伸。跨越国界的避税涉及两个或两个以上国家的税收管辖权，因此，也使得其影响跨越了国界，不但影响有关国家的税收权益，而且对国际经济往来与发展，对跨国纳税人之间和国家之间的税收公平也将产生影响。

一、国际避税的基本内涵

避税原本是一个中性的定义，指纳税人通过对个人或企业事务的人为安排，利用税法的漏洞、特例和缺陷，规避或减轻其纳税义务的行为。税法漏洞是指税法中由于各种原因遗漏的规定或规定的不完善之处。税法特例是指在税法中因政策等需要对特殊情况所作出的某种优惠规定。税法缺陷是指税法规定的错误之处。随着避税的合法性为越来越多的国家政府所否定，认为避税是错用或滥用税法的行为，很多国家制定了反避税条例或规定。国际避税是指跨国纳税人利用两个或两个以上国家的税法和国际税收协定的差别、漏洞、特例和缺陷，规避或减轻其总纳税义务的行为。国际避税问题涉及两个或两个以上的国家，比国内避税问题更为复杂，矛盾也更为突出。

从上述定义可以看出，国际避税与国际逃税是不同的。虽然国际避税和国际逃税的最终结果都导致有关国家的财政收入减少，财权利益受到损失，因而从这一角度看两者并没有根本的区别。但两者性质却不一样，因此，对于国际避税，一般是有关国家通过调整纳税人的收入或费用，要求纳税人进行补税。因避税暴露出来的税收法规方面的问题，有关国家会对其国内税法或税收协定作出相应的修改和补充，使税法不断完善，杜绝税法漏洞，防止再次发生避税行为。而对于国际逃税，则一般是根据税收协定的规定，由有关国家依照其国内税法和有关法律、法规追缴税款、加处罚金，直至查封财产、追究刑事责任。因此，在遇到具体问题时，必须对国际避税加以判定，以便与逃税相区别。判别国际避税的主要依据是看纳税人为少缴税而采取的手段是否违法。如果纳税人是利用两个或两个以上国家的税法和国际税收协定的差别、漏洞、特例和缺陷，规避或减轻其总纳税义务，其行为不违反税法和税收协定的有关规定，就属于国际避税。反之，如果纳税人少缴税所采取的手段违反了有关的税收法规就是逃税行为。

二、国际避税的原因

国际避税有其存在的客观原因，主要是各国税制存在着差异，如一些国家税负重，一些国家税负轻；有些国家税制不公平，如负担能力强的纳税人缴纳相对较少的税收，负担能力弱的纳税人反而缴纳相对较多的税收。具体而言，有以下几方面的原因：

1. 课税的范围和方式有区别。各国对哪些情况需要征税，哪些情况不需要征税，以及对不同的所得采取什么方式征税是不一样的。如有的国家对所得、财富或财富的转让不征税；有的国家对资本利得不征税等。

2. 适用税率上有差别。以所得税为例，有的国家实行比例税率，有的国家实行超额累进税率。而实行比例税率的国家，其税率也不尽一致；实行超额累进税率的国家，其税率、级距有区别。

3. 税基不同。在所得税中，各国往往都规定对应纳税所得额征收税款，但应纳税所得额的计算，各国的规定是有区别的。给予税收优惠会缩小税基，取消各种税收优惠会扩大税基。而在税率一定的情况下。税基的大小决定税负的高低。

4. 采取的避免双重征税的方法不同。为了消除和减轻双重征税，各国都采取了避免双重征税的方法。通常主要有三种方法即抵免法、免税法和扣除法。而这三种方法在消除双重征税上是有区别的。其中，免税法对纳税人最有利，抵免法次之，扣除法对纳税人最为不利。

5. 税收的实际征收管理水平的差别。由于多种原因，各国的税收征收管理水平是有一定距离的。因此，虽然有的国家对纳税义务的规定比较重，但由于征收管理水平跟不上，税法得不到严格执行，名义税负重而实际税负轻。除上述原因外，其他一些非税收方面的法律对国际避税的过程也具有重要影响，如移民、外汇管理制度、公司法以及是否存在银行保密习惯或者其他保密责任等。

同时，并非所有国家都认为国际避税是需要打击的行为。避税在一些国家被认为就是逃税，而在另一些国家则被认为是合法和合理的行为。有些国家正有意或无意地提供被其他国家反对的避税机会，吸引跨国纳税人前去投资经营或从事其他活动。

三、国际避税的主要方式

税收是国家对纳税人（纳税主体）和征税对象（纳税客体）进行的课征。因此，要规避税收，就要避免成为纳税主体和纳税客体。国际避税的基本方式就是跨国纳税人通过借用或滥用有关国家税法、国际税收协定，利用它们的差别、漏洞、特例和缺陷，规避纳税主体和纳税客体的纳税义务，不纳税或少纳税。基本方式和方法主要有以下几类：

（一）通过纳税人的国际转移进行避税

纳税人（包括公司、合伙企业和个人）的国际转移，是指一个国家税收管辖权下的纳税人迁移出该国，成为另一个国家税收管辖权下的纳税人，或没有成为任何一个国家税收管辖权下的纳税人，以规避或减轻其总纳税义务的国际避税方式。如纳税人从高税国迁往低税国，成为低税国的居民。

（二）纳税人不迁移进行国际避税

一般来说，纳税人要规避其纳税义务，就要设法迁移。但利用有关国家税法和税收协定的漏洞和缺陷，纳税人有时不迁移也可以规避或减轻其纳税义务。如纳税人虚假迁移其住所，即纳税人法律上已迁出了高税国，但实际上并没有在其他任何国家取得住所。如果一个高税国的纳税人有足够证据证明他不是这个国家的居民，而是另一个国家的居民，那么，尽管实际上他是这个国家的居民，他的纳税义务还是可以减轻，甚至消除。因为各个国家关于住所或居所的法律规定并不一样，法律解释也不相同，使纳税人利用住所或居所的虚假迁移进行国际避税成为可能。

（三）通过征税对象的国际转移进行避税

征税对象的国际转移，是指一个国家税收管辖权下的征税对象转移出该国，成为另一个国家税收管辖权下的征税对象，或没有成为任何一个国家税收管辖权下的征税对象，以规避或减轻纳税人总纳税义务的国际避税方式。这类避税方式手法很多，非常复杂，如通过建立免税常设机构转移应税所得。目前，许多国家的双边税收协定都对跨国纳税人常设机构的经营活动规定了大量免税待遇。这些经营活动包括货物仓储、存货管理、货物购买、广告宣传、信息提供或其他准备性、辅助性营业活动等。这样，跨国纳税人就可以把设在没有这类免税待遇的国家的常设机构所从事的货物购买、存储等活动，转移到有免税规定的有关国家的常设机构中去，以转移应税所得，达到避税的目的。

再如，跨国公司可以通过关联企业之间的转让定价转移应税所得，从而避税。这是目前跨国公司在世界范围采取的一种非常重要的国际避税方法。其基本做法是：高税国企业向其低税国关联企业销售货物、提供劳务、转让无形资产、提供贷款时制定低价；低税国企业向高税国关联企业销售货物、提供劳务、转让无形资产、提供贷款时制定高价。这样，跨国公司的利润就可以从高税国转移到低税国。

（四）不转移征税对象进行国际避税

利用有关国家税法和国际税收协定的漏洞和缺陷，有时不转移征税对象也可以规避或减轻税收负担，如改变企业的组织形式进行避税。因为不同性质的企业获得所得的性质不同，而不同性质的所得可能会有不同的税收待遇。通过企业组织形式的改变，也可达到避税目的。如作为总分公司，需要就其世界范围的所得合并计算征收所得税，而作为母子公司，是就各自的所得分别计算征收所得税。因此，利用企业组织形式的变化就可以在征税对象不进行国际转移的条件下规避税收。

（五）利用避税地进行国际避税

避税地亦称“避税港”、“避税乐园”，是指国际上轻税甚至无税的场所，即外国人可以在那里取得收入或拥有资产，而不必因之支付税金或只需支付少量税金的地方。该场所或地方可以是一个国家，也可以是一个国家的某个地区，如港口、岛屿、沿海地区或交通方便的城市，因而也被称为“避税港”。避税港主要是从税务工作角度上对这类地区的命名。

避税地具有以下特点：一是具有明确的避税区域范围，大多数都是很小的国家和地区，甚至是很小的岛屿。二是避税港的地理位置大多靠近实行高税的经济发达国家，交通方便，并便于形成脱离高税管辖的庇护地。三是避税港提供的税收优惠形式、优惠内容及程度远远超过其他地区。根据 OECD 最新报告，目前全球避税地有 46 个，主要分布于欧洲、远东和太平洋地区和加勒比海地区，最典型的要属英属维尔京群岛、百慕大和巴哈马群岛。当今世界上大体有 3 种类型的避税地：一种是没有所得税和一般财产税的国家和地区。这一类型的避税地常被称为“纯国际避税地”。另一种是完全放弃居民（公民）管辖权只行使地域管辖权的国家和地区。第三种是在按照各国惯例制定《税法》的同时，提供某些特殊优惠的国家和地区。

避税港的产生，有历史原因、制度原因和经济原因。例如，从经济上看，一些国家和地区经济落后，出于振兴本国经济的需要，往往在税收上制订较多的优惠措施，以吸引国外资金和技术的流入。一些发达国家则出于缓解国内投资不足的需要，制订某些税收优惠措施，吸引本国资本回流或外国资本流入。跨国公司可以通过多种方式利用避税地进行避税，例如，选择与总公司所在国签订有可利用的税收协定的国际避税地，建立最适合于避税的常设机构，就是常用的手法。

四、国际反避税

国际避税的存在，对国际经济交往和有关国家的财权利益以及纳税人的心理都产生了不可忽视的影响。因此，为了遏制纳税人采用各种方法进行避税，维护一国的合法权益，有关国家针对跨国纳税人进行国际避税所采用的各种方法，采取了相应的措施加以限制。综合来看，无非从两个方面进行避税：一是通过颁布和修改国内税法和其他有关法规，改变在某些问题上无法可依的状况和进一步完善税法体制，加强对跨国纳税人的税务监督和管理，即单边措施；二是通过与其他国家签订有关税收协定，取得对方政府和税务机关的配合协助，以弥补国内立法上的不足和缺陷。

（一）单边措施

1. 防止通过纳税主体国际转移进行国际避税的一般措施。

（1）对自然人利用移居国外的形式规避税收负担的限制。有的国家规定，必须属于“真正的”和“全部的”移居才予以承认，方可脱离与本国的税收征纳关系，而对“部分的”和“虚假的”移居则不予承认。如德国规定，纳税自然人虽已失去本国居民身份，但仍有经济联系的，应连续对其征收有关的所得税，视其为特殊的“非居民”。荷兰政府也规定，本国居民到国外定居不满 1 年就迁回，尚未取得外国居民身份者，应连续视为荷兰居民征税。有的国家还规定，自然人只有到了退休年龄才准许移民国外。

（2）对法人利用变更居民或公民身份的形式规避税收负担的限制。有的国家对法人的国际转移给予有条件的允许。荷兰曾规定，准许本国企业在战时或其他类似祸害发生时迁移到荷属领地，而不作避税处理，但对于其他理由的迁移，一般认为是以避税为目的，而不予承认，仍连续负有纳税义务。英国曾规定，如果一家公司未取得同意而迁出境外，将受到两种惩罚：一是公司将继续负有在英国的纳税义务，如同根本未迁移出境一样；二是将可能受到刑法中附加条款的制裁。对于法人居民身份的改变，目前多数国家已按照“主要管理机构所在地”的原则掌握，有的国家还对“主要管理机构”的具体标准作了较详细的规定，但由于没有统一的口径，仍有一些漏洞存在。

2. 防止通过征税对象国际转移进行国际避税的一般措施。通过征税对象国际转移进行避税，主要发生在国际关联企业之间。这些企业之间的财务收支活动、利润分配形式体现着“集团利益”的特征，因此，对这种避税活动给予限制，关键是应坚持“独立竞争”标准，即按照有关联的公司任何一方与无关联的第三方公司，各自以独立经济利益和相互竞争的身份出现，在相同或类似的情况下，从事相同或类似的活动所应承担或归属的成本、费用或利润来考查、衡量某个公司的利润是否正常，是否在公司之间发生了不合理的安排。凡是符合“独立竞争”标准的，在征税时就可以承认。否则，要按照这一标准进行调整，这样就可以达到防止避税的目的。然而，公司之间的各种交易往来内容十分繁杂，各国情况差异较大，目前尚无统一的和公认的具体“独立竞争”标准，事实上也很难找到各国均适用的正常交易候选人和收费标准，有关国家都是参照本国或其他国家一般独立公司的情况，作出了原则上的规定。

3. 转让定价调整。对关联企业之间销售货物或财产的定价问题，一直是防止国际避税的一个焦点。其中的一个关键环节是确定公平的价格，以此作为衡量纳税人是否通过转让定价方式，压低或抬高价格，规避税收。美国税法在这方面有较详细、明确的规定，已为许多国家所仿效。美国在其《国内收入法典》中规定，关联企业或公司彼此出售货物或财产时，财政法规规定的公平价格，就是比照彼此无关联各方，在同等情况下，出售同类货物或财产付出的价格。OECD 范本所规定的调整转让定价也与此类似。

调整转让定价的方法主要有以下两大类五种。

第一大类是传统的调整方法，包括三种方法：

（1）可比非受控价格法。也称不被控制的价格法，即比照没有任何人为控制因素的卖给无关联买主的价格来确定。

（2）再销售价格法。如无可比照价格，就以关联企业交易的买方将购进的货物再销售给无关联企业关系的第三方时的销售价格扣除合理的购销差价来确定。

（3）成本加利润法。对于无可比照的价格，而且购进货物经过加工有了一定的附加值，已不适用再销售价格法的情况，则采用以制造成本加上合理的毛利，按正规的会计核算办法组成价格的方法。

随着企业经营活动的进一步全球化，尤其是传统的转让定价方法无法应对选址节约带来的挑战。在《OECD 转让定价指南（2010）》中，对于选址节约有简要的表述，即跨国公司可以通过将部分业务转移到低成本地区来获取选址节约的好处。转移到低成本地区可以解决的成本，包括低劳动力成本、较低的不动产购置成本等。对其进行定量分析，其后才能就选址节约所带来的这些增量利润在集团企业间进行符合独立交易原则的分配，进而解决由此带来的对转让定价问题的挑战。但这是一个非常复杂的问题。

近几年来各国越来越倾向于采用第二大类方法，即也称为现代的调整方法来调整转让定价，我国也在逐渐采用这一类方法。主要包括：

（1）可比利润法，即把关联企业账面利润与经营活动相类似的非关联企业实际利润相比较，或者将关联企业账面利润与其历史同期利润进行比较，得出合理的利润区间，并据以对价格做出调整。

（2）交易净利润法，交易净利润法是指相对于一个合理的基数（如成本、销售额、资产）而言，纳税人从受控交易中实现的边际净利润。其运用的方式与再销售价格法和成本加成法一致。但交易净利润法是一种完全的净利润法，是剔除了所有的经营费用后的利润。交易净利润法以可比非关联交易的利润率指标确定关联交易的净利润。利润率指标包括资产收益率、销售利润率、完全成本加成率、贝里比率等。交易净利润法通常适用于有形资产的购销、转让和使用，无形资产的转让和使用以及劳务提供等关联交易。

此外，还有其他一些引申方法，如可比利润法，即把关联企业账面利润与经营活动相类似的非关联企业实际利润相比较，或者将关联企业账面利润与其历史同期利润进行比较，得出合理的利润区间，并据以对价格作出调整。

4. 防止利用避税地避税的措施。针对国际避税地的特殊税收优惠办法，一些国家从维护自身的税收权益出发，分别在本国的税法中作出相应的规定，以防止国际避税发生。其中美国的防范措施规定最复杂，也最典型。例如，美国《国内收入法典》规定，只要在国外某一公司的“综合选举权”股份总额中，有50%以上分属于一些美国股东，而这些股东每人所持有的综合选举权股份又在10%以上时，这个公司就被视为被美国纳税人控制的外国公司，即外国基地公司。而且这个股权标准只要外国一家公司在一个纳税年度中的任何一天发生过，该公司当年就被视为外国基地公司。在上述条件下，凡按股息比例应归到各美国股东名下的所得，即使当年外国基地公司未分配，也均应计入各美国股东本人当年所得额中合并计税，这部分所得称为外国基地公司所得，其应缴外国税款可以获得抵免，以后这部分所得实际作为股息分配给美国股东时，则不再征税。外国基地公司所得应认定多少归为美国股东，有更具体的规定。这样规定的目的就是为了避免美国公司向国际避税地转移利润，长期积累所得进行避税。

5. 加强征收管理

如何有效地防止或限制国际避税，实际上需要从税收立法到征收管理全过程的协调，仅靠一般方法是不够的。近几十年来，随着各国税法的不断完善，跨国纳税人为进行国际避税，采取了更加迂回、变通的方法，使国际避税行为更加复杂，这反过来又增加了国际反避税工作的难度。对此，许多国家从以下几个方面加强了征收管理，制定了比较严密的税收管理制度。

（1）纳税申报制度。严格要求一切从事跨国经济活动的纳税人及时、准确、真实地向国家税务机关申报自己的所有经营收入、利润、成本或费用列支等情况，这是国际反避税的重要环节。许多国家在其立法中都特别规定纳税人对与纳税义务有关的事项，负有向税务机关报告和举证的义务，如果纳税人对税务机关的处理，提不出相反的证据，就应按照税务机关的决定执行。

（2）会计审计制度。与纳税申报制度密切相关的是如何对跨国纳税人的会计核算过程及结果进行必要的审核，以检查其业务或账目有无不实、不妥以及多摊成本费用和虚列支出等问题。目前，许多国家都加强了对涉及外国公司会计业务的审计制度，一般都要求外国公司，特别是股份公司所申报的各类报表一律要经过公证会计师的审核，否则，不予承认。

（3）所得核定制度。许多国家采用假设或估计的方法确定国际税纳人的应税所得。征税可以基于一种假设或估计之上，这不是对税法的背弃，而是在一些特殊的情况下采取的有效办法。如在纳税人不能提供准确的成本或费用凭证，不能正确计算应税所得额时，可以由税务机关参照一定标准，估计或核定一个相应的所得额，然后据以征税。此举的目的多是为了避免跨国纳税人利用不准确的成本或费用避税，同时也可以简化征收手续。

（二）国际税务合作

各国经济的交互关系日益密切，跨国公司不断发展壮大，再加上各国税收制度和税负的差异，纳税人利用税收法律的漏洞和采取转让定价等方法进行逃税、避税的技巧日益增多，各国税务机关很难直接控制和防范发生在其领土之外的各种避税和偷逃税问题。同时，由于避税地的存在，各国税务机关更需加强国家间税务合作，通过交换税收情报，尽可能多地采取防范逃税、避税的联合行动。税收情报交换的范围，一般不在税收协定中列出具体项目，只作出原则性的规定，内容大体有以下三个方面：一是交换为实施税收协定所需要的税收情报。如纳税人在居住国或所得来源地的收入情况，关联企业之间的作价等。二是交换与税收协定涉及税种有关的国内法律情报，其中包括为防范偷逃税所单方面采取的法律措施。但是，这些法律应当与税收协定不相抵触。三是交换防范税收欺诈、偷逃税的情报。前两项情报交换虽然也能够起到防范偷逃税的作用，但其重点是为了实施税收协定，而交换防范税收欺诈、偷逃税的情报，重点就是解决核实征税和依法处理偷逃税案件的问题，以防范和处理国际偷逃税和避税。如各国签订《多边税收征管互助公约》，旨在团结一致，共同应对税收问题，推动税务合作，并通过开展国际税收征管协作，打击跨境逃避税行为，维护公平税收秩序。

第六节 国际税收协定

国际税收协定是指两个或两个以上的主权国家，为了协调相互的税收分配关系和处理税务方面的问题，通过谈判所签订的书面协议或条约。这种协议或条约一般须经缔约国立法机构批准，并通过外交途径交换批准文件后方能生效。在协定全部有效期间，缔约国各方必须对协定中的一切条款承担义务。任何一方的原有单方面规定，如有与协定内容相抵触的，必须按照协定的条款执行。在有效期满后，缔约国任何一方经由外交途径发出中止通知，该协定即行失效。国际税收协定是缔约国之间进行国际税收合作的法律文件，是调节缔约国之间税收分配关系的规范。

国际税收协定按照参加国家的多少，可以分为双边和多边两类。凡由两个国家参加签订的协定，称为双边国际税收协定。凡由两个以上国家参加签订的协定，称为多边国际税收协定。按照涉及内容范围的大不，可以分为一般与特定两种形式。凡协定内容一般地适用于缔约国之间各种国际税收问题的，称为一般国际税收协定。凡协定内容仅仅适用于某项业务的特定税收问题的，则称为特定国际税收协定。

一、国际税收协定范本

国际税收协定产生初期，签订税收协定的国家比较少。进入21世纪以后，世界经济一体化的进程不断加快，越来越多的国家加入到签订国际税收协定的行列。因此，迫切需要制定出国与国之间签订税收协定时可供参照和遵循的国际标准。国际税收协定范本就是在这种国际环境下产生的。其主要作用是为各国签订税收协定提供一个规范性样本，为解决协定谈判过程中遇到的技术性难题提供有效的帮助。税收协定范本包括联合国范本和经合组织范本，其基本特征有二：一是规范化，可供签订国际税收协定时参照；二是内容弹性化，能适应各国的实际情况，可由谈判国家协商调整。其主要不同点在于，联合国范本强调收入来源管辖权原则，而经合组织范本虽然在某些特殊例子中承认收入来源管辖权原则，但强调的是居住管辖权原则，比较符合发达国家利益。

经合组织和联合国这两个国际性税收协定范本是世界各国处理相互税收关系的实践总结，其产生标志着国际税收关系的调整进入了成熟阶段。这两个范本主要包括以下几方面基本内容：

（一）征税权的划分与协定的适用范围

两个范本在指导思想上都承认优先考虑收入来源管辖权原则，即从源课税原则，由纳税人的居住国采取免税或抵免的方法来避免国际双重征税。但两个范本也存在重要区别：联合国范本比较强调收入来源地征税原则，分别反映发达国家和发展中国家的利益；经合组织范本较多地要求限制收入来源地原则。两个范本对协定的适用范围基本一致，主要包括纳税人的适用范围规定和税种的适用范围规定。

（二）常设机构的约定

两个范本都对常设机构的含义作了约定。常设机构是指企业进行全部或部分营业活动的固定场所，包括三个要点：第一，有一个营业场所，即企业投施，如房屋、场地或机器设备等。第二，这个场所必须是固定的，即建立了一个确定的地点，并有一定的永久性。第三，企业通过该场所进行营业活动，通常由公司人员在固定场所所在国依靠企业（人员）进行经济活动。明确常设机构含义的目的，是为了确定缔约国一方对另一方企业利润的征税权。常设机构范围确定的宽窄，直接关系居住国与收入来源国之间税收分配的多寡。经合组织范本倾向于把常设机构的范围划得窄些，以利于发达国家征税；联合国范本倾向于把常设机构的范围划得宽些，以利于发展中国家。

（三）预提税的税率限定

对股息、利息、特许权使用费等投资所得征收预提税的通常做法，是限定收入来源国的税率，使缔约国双方都能征到税，排除任何一方的税收独占权。税率的限定幅度，两个范本有明显的区别。经合组织范本要求税率限定很低，这样收入来源国征收的预提税就较少，居住国给予抵免后，还可以征收到较多的税收。联合国范本没有沿用这一规定，预提税限定税率要由缔约国双方谈判确定。

（四）税收无差别待遇

经合组织范本和联合国范本都主张平等互利的原则。缔约国一方应保障另一方国民享受到与本国国民相同的税收待遇。具体内容为：一是国籍无差别。即不能因为纳税人的国籍不同，而在相同或类似情况下，给予的税收待遇不同。二是常设机构无差别。即设在本国的对方国的常设机构，其税收负担不应重于本国类似企业。三是支付扣除无差别。即在计算企业利润时，企业支付的利息、特许权使用费或其他支付款项，如果承认可以作为费用扣除，不能因支付对象是本国居民或对方国居民，在处理上差别对待。四是资本无差别。即缔约国一方企业的资本，无论全部或部分、直接或间接为缔约国另一方居民所拥有或控制，该企业的税收负担或有关条件，不应与缔约国一方的同类企业不同或更重。

（五）避免国际逃税、国际避税

避免国际逃税、国际避税是国际税收协定的主要内容之一。两个范本对这方面所采取的措施主要有：一是情报交换。分日常情报交换和专门情报交换。日常的情报交换，是缔约国定期交换有关跨国纳税人的收入和经济往来资料。通过这种情报交换，缔约国各方可以了解跨国纳税人在收入和经济往来方面的变化，以正确地核定应税所得。专门的情报交换，是由缔约国的一方，提出需要调查核实的内容，由另一方帮助核实。二是转让定价调整。为了防止和限制国际合法避税，缔约国各方必须密切配合，并在协定中确定各方都同意的转让定价方法，以避免纳税人以价格的方式转移利润、逃避纳税。

二、国际税收协定的适用范围

国际税收协定所要协调的范围也就是协定适用的范围，主要包括两个方面：一是协定适用于哪些纳税人（包括自然人和法人）；二是协定适用于哪些税种。

（一）适用的纳税人

早期的国际税收协定，一般是适用于缔约国双方的公民，是以国籍原则来确定协定的适用范围，并不涉及其住所或居所在国内或是国外。随着经济生活的日益国际化，特别是第二次世界大战以后，跨国投资和国际人员流动的急速增加，完全按公民身份来行使全面性的税收管辖权，已越来越脱离现实，于是逐渐放弃了国籍原则，而以永久住所为原则来行使全面的税收管辖权。近期签订的避免双重征税协定，一般都要在第一条开宗明义规定："本协定适用于缔约国一方或者同时为双方居民的人"。即协定在适用于人的范围方面，限于作为缔约国居民的人，除了纳税无差别待遇，税收情报交换和政府职员等个别条款以外，不是缔约国居民的人不能享受协定的待遇。也就是说，只有是缔约国居民的人，才有权利要求本国为其在对方国家取得的所得谋求避免和消除双重征税。而不是缔约国一方或双方居民的人，在缔约双方国家之间，由于不存在居住地税收管辖权和所得来源地税收管辖权的重叠，因而不存在在缔约国之间双重征税的问题。从这个意义上说，协定适用的缔约国居民的人，应该是在缔约国负有居民纳税义务的人。要确定一个人是否是缔约国一方的居民，只能依据该国法律，而不能依据缔约国另一方或其他国家的法律来确定。但是，签订避免双重征税协定是要在双方国家执行的，作为协定的适用人——居民，其身份的确定，就不能不涉及缔约双方的国家权益和在双方国家享受协定待遇的问题。因此，要解决好协定适用于人的范围，就必须在尊重主权和不干涉内政的原则下，作出能为缔约国双方所能接受的协调规定。

每个国家确定为其居民的标准不尽相同。对于法人，即公司、企业为居民的标准，有些国家以其社会住所，即首脑机构（包括总机构、主要事务所等）所在地为准。有些国家以管理机构所在地为准。所谓管理机构，是指控制和管理的权力中心机构；还有的国家以登记注册地为准。对于自然人即个人为居民的标准，一般是以住所或居所确定其居民身份。所谓"住所"，一般是指配偶或家庭所在地，具有永久性；所谓"居所"，一般指短期停留而临时居住并达到一定期限的处所。各国规定的居住期限不同，有的国家规定为居住满 1 年；有的国家规定为居住满 183 天；有的国家还要结合考虑有无长期居留的意愿。

（二）适用的税种

避免双重征税协定适用于哪些税种，是明确协定适用范围的另一个重要方面，需要由缔约国双方结合各自国家的税制情况加以商定。总的原则是把那些基于同一征税客体，由于国家间税收管辖权重叠，而存在重复征税的税种列入协定的税种范围。国际上的通常做法是限于所得税等直接税的税种。因为只有这种税，才会存在同一征税客体重复征税和同一负税主体的双重纳税问题。一般都不把间接税列入避免双重征税协定的适用税种，因为以流转额或销售额为征税对象的销售税、周转税或营业税、增值税等，不论是起点征税或是终点征税以及多环节征税，其征税客体不是同一的，纳税人也并不一定是税收的真正负担者，无法确定和消除双重征税问题。中国在对外已签订的避免双重征税协定中，列入协定的适用税种主要是所得税。

复习与思考

一、基本概念

税收管辖权　收入来源地管辖权　居民管辖权　公民管辖权

二、思考题

1. 国际税收关系产生的条件是什么？
2. 国际税收与国家税收的联系与区别？
3. 税收管辖权有哪些类型？
4. 国际双重征税的免除方法有哪些？
5. 国际税收协定的主要目标是什么？

第八章

税制的功能及中国现行税制体系

第一节　税制及其功能

一、税收制度的概念

税收制度，简称税制，是国家各项税收法令及征税办法的总称，是国家向纳税人征税的法律依据和工作规程，属于上层建筑的范畴。

税收制度有广义和狭义之分。广义的税收制度是指一个国家设置的由各个税种组成的税收体系及各项征收管理制度。其主要内容包括：各种税收法律、条例、办法、暂行规定等税收基本法规，以及税收管理体制、税收征管制度和税收计划、会计、统计制度等。狭义的税制是指具体税种的课征制度。它由若干税收要素构成，如纳税人、课税对象、税率、减免税、纳税期限、纳税环节、纳税地点等。

二、税收制度的功能

税收是国家组织财政收入、调控经济的手段，税收制度使这种手段法律化、制度化。建立科学的税收制度，是正确处理国家与纳税人之间分配关系的需要，是促进社会经济发展，实现税收职能的需要。具体来说，税收制度具有以下三大功能：

（一）税收制度是税收分配的法律依据

税收分配是以国家为主体进行的非直接返还性分配，其涉及面甚广，必须以法律形式加以规范与保证。税收分配赖以进行的直接依据——税收制度，就是经国家权力机关和行政机关制定并公布实施的法律规范。它首先规定了人们必须纳税，进而具体规定了不同的纳税人应纳的不同税，以及何时纳税，如何纳税等，从而为税务征收机关提供了征税的法律依据，为企业、单位和个人提供了纳税的法律准绳，使整个税收分配纳入有序的法制轨道。

（二）税收制度是税务机关的工作规程

税收分配活动是一项涉及社会经济生活方方面面的系统工程，其政策性极强。税收制度对纳税人、课税对象、税率、征收机关的职责分工，征管权限划分，征管形式、方法等都作了明确规定，从而为税务机关的工作提供了行为准则和工作规程，为考核、检查税务机关及税务人员的工作质量与效果提供了客观标准。

（三）税收制度是税收作用实现的法律保证

税收作用是税收职能的具体体现，是税收分配所产生的效果，包括取得财政收入的作用，调节经济作用和对经济活动进行监督管理的作用等。税收的这些作用不可能自发实现，而要通过税收制度的强制实施予以保障。离开了税收制度的法律保证，税收作用是无从发挥的。

第二节　税制与税法

从法的角度看，税收制度是一国税收法律、法规及各种征税办法的统称，是政府向纳税单位和个人征税的法律依据和工作规程。因此，税收制度与税法的关系极为密切。在现代社会中，任何国家的税收制度都要采取法的形式，税收法律生效要经过法定的立法程序，税收行政法规和各种税收部门规章的制定和颁布也须依法或依授权立法，按法定程序进行。总之，税收法律规范构成了税收制度最基本、最重要的内容。也正是从这个意义上讲，税收制度也就是税收法律制度。

一、税法的概念及特点

税法是国家法律、法规的重要组成部分，是规定国家与纳税人之间在征收税款和缴纳税款方面的权利、义务关系的法律规范的统称。税法的主要特点是：

（一）税法结构的规范性

税法的调整对象主要是税收征纳关系，其调整对象的单纯性，决定了税法结构的规范性或统一性。以作为税法主体的税收实体法为例，它一般按单个税种进行立法。尽管每开征一个税种就要制定一个税法，不同税种的课税对象、纳税人、税率等不尽相同，但就税收实体法的形式结构来说，它们大都已形成一种基本统一的规格，都要包含大致相同的税法要素。如任何一种税法，在立法内容方面，都必须规定课税对象、纳税人、税率等等。如果缺少这些内容，就不成其为税法。

（二）税法规范的成文性

税法是确认公民纳税义务的法律，体现国家政治权力对私有财产权的侵犯关系。所以，税法规范在法律意义上属于“侵权规范”。另一方面，税法为了促使国家对未来税收的财政、经济调节作用的预测成为可能，并保持税收法律制度的相对稳定，一般要求税法采取成文法形式。当然，也有极少数例外，如有的国家税法在规定给予纳税人减轻或免除某些特定纳税义务时，有时也采取习惯法。

（三）税法规范的刚性

由于税收分配具有强制性特征，体现在税法上，就是大量带有刚性内容的法律条款。除了税法规定的少数弹性条款之外，大多数条款都具有不可逆性。对纳税人或税务机关义务的条款都规定纳税人或税务机关“应”如何行为，“不得”如何行为，并明确规定了纳税人或税务机关违反上述规定时要承担的法律责任。

二、税收法律关系

（一）税收法律关系的本质特征

税收法律关系一般指由税法所确认和调整的国家和纳税人之间的税收征纳权利、义务关系。这种关系不同于其他法律关系的主要特征是：

1. 税收法律关系中固有一方主体始终是国家及其征税机关。法律关系是一种社会关系，不能没有参与法律关系的主体。它可能是两方，也可能是多方。在税收征纳过程中，国家及其征税机关自始至终作为主体一方，参与税收法律关系，另一主体则可以是不同的法人，也可以是不同的个人，这是税收法律关系区别于其他法律关系的最明显的特征之一。例如：民事法律关系的主体可以是公民个人，而不涉及国家。税收法律关系则不同，它是国家在参与社会产品分配过程中形成的特殊社会关系。因此，没有国家及其征税机关这一主体，就不能构成税收法律关系。

2. 税收法律关系是有着特定权利和义务内容的社会关系。授予法定权利和设定法定义务，是法律实现对社会关系调整的特有方式。一种社会关系之所以成为法律关系，就在于它具有法律所规定的当事人之间的权利和义务的内容。不同法律关系的权利、义务又不尽相同。税收法律关系是通过规定征税机关的依法课税权力和纳税人的法定纳税义务来体现的。课税权是国家及其征税机关为了保证国家履行职责的财政需要和保证纳税人依法履行纳税义务所必须拥有的支配力量。没有这种力量，纳税义务就难以普遍、及时、完整的履行，国家利益就得不到保障。纳税义务是纳税人为满足征税主体要求，必须依法履行的一项责任，没有这项法定责任，国家参与纳税人收入分配的税收关系就不能成立。因此，规定征税权利和纳税义务是税收法律关系的核心。

3. 在税收征纳过程中发生的税收法律关系，具有单方面权利或义务的内容。就一般法律而论，参与法律关系的主体双方或多方，其各自所享有的法定权利和应承担的法定义务是对等的，相互联系着的。例如，金融法规定了资金借贷双方在申请、获得、使用、归还贷款，以及审批、发放、收回贷款的过程中，各自应享有的权利和承担的义务。然而，在税收征纳过程中发生的税收法律关系，则不具有权利和义务关系的对等性，即作为法律关系主体的国家及其征税机关与纳税人之间的地位是不对等的。一般说来，国家及其征税机关是权利主体，享有依法征税的单方面权力；纳税单位和个人则是义务主体，承担依法缴纳税款的单方面义务。但以上是就直接的意义上来理解的，总体上来考察，在纳税人与征税机关之间，权利与义务存在十分明显的对应性。

4. 税收法律关系的产生，以纳税人发生了税法规定的行为或事件为前提，而不以主体双方的意志为转移。法律关系的存在总要以相应的法律事实为前提。在一般法律关系中，法律的产生不仅要考虑上述前提，它还要以法律关系主体的意志为转移。例如，《经济合同法》是经济合同法律关系产生的法律依据，但仅此一个因素尚不能形成现实的法律关系。只有当事人在经过充分酝酿和协商，在自愿基础上正式签订合同之后，经济合同的法律关系才能够正式成立。而且在某些法律关系中，法定权利和义务的产生、变更和终止可以依主体的意志为转移。例如，可以引起行政诉讼法律关系发生、变更和终止的法律行为是诉讼行为。一方当事人起诉的行为，就引起法律关系产生，而撤诉行为，又引起法律关系消亡。

税收法律关系则不同，它的产生以纳税人产生了税法规定的行为或事件为条件。例如，企业生产销售货物后，就发生了相应的纳税义务，必须依法缴纳增值税；我国的居民取得个人收入超过法定免税限额时，要依法缴纳个人所得税等等。当纳税人发生上述应税行为或事件后，由此产生的税收法律关系要求纳税人必须依法履行纳税义务，并且这种义务不得让渡，更不能不履行；要求征税机关必须依法履行征税职责，并且这种职责不得放弃，也不能转让。同时，征纳双方还不能协商办税。征纳双方违反上述法律规范要求，要受法律追究，承担法律责任。

5. 税收法律关系带有财产所有权或支配权单向转移的性质。法律关系大多涉及财产和经济利益。在一般民事法律和经济法律中，财产所有权或支配权的让渡转移，通常是在主体双方平等协商，有偿等价的原则基础上进行的。例如，涉及经济法律关系的许多经济活动，如购销关系、租赁关系、借贷关系、偿付关系等都具有这一特点。但是，在税收法律关系中，纳税人依法履行纳税义务，缴纳税款，就意味着将自己拥有或支配的一部分财物让渡给国家，成为国库的财政收入，而且这笔款项国家不再直接返还给纳税人。可见，税收法律关系中的财产转移具有一定程度的单向转移且连续的特点，只要纳税人产生税法规定的行为或事件，税法不发生变更，这种法律关系就将一直延续下去。

6. 在制定税法法律、法规和进行税收征管过程中，国家权力机关、征税机关以及它们内部上下级之间产生的税收法律关系，其权利和义务合二为一，并以职权和责任的形式出现。因为在这一过程中，征税主体所享有的权利或职权本身，对国家和纳税人来说，又是必须履行的义务和责任。

（二）税收法律关系的要件

税收法律关系要件，是指构成税收法律关系的最基本的条件，它同其他法律关系一样，由主体、内容、客体三要素组成。它们是相互联系，不可分割的整体，缺少其中任何一个要件，就不能构成税收法律关系。

1. 税收法律关系的主体。法律关系是能够引起法律后果的一种社会关系，这就需要有法律后果的直接承担者。换言之，一切法律关系都必须有具体的当事人。税收法律关系的主体是参加税收关系的当事人，它们的主体资格由国家法律直接规定。可以分为征税主体和纳税主体两类。其中，征税主体包括三类主体：一是国家权力机关或立法机关，它在制定税法问题上，拥有极为广泛的权力；二是国家最高行政机关及其职能部门，如财政部、国家税务总局、海关总署，它可以依法或根据授权制定具有法律效力的税收法规和规章，并代表国家行使征税职权；三是地方权力机关及行政机关，根据宪法、《立法法》和税收管理权限的规定，有权制定本辖区适用的地方性税收法规和规章，并行使对本地税收的征管职权。纳税主体在我国主要包括：各类国内企业（含股份制企业和联营企业）、外商投资企业和外国企业、行政、事业单位及其他单位、居民个人。

2. 税收法律关系的客体。税收法律关系客体，是指税收法律关系主体的权利和义务（或债权）所共同指向的目标或对象。没有客体，税收法律关系的内容就会落空。这种客体主要指税法规定要征税的产品、财产、收入、所得、资源、行为等。

3. 税收法律关系的内容。税收法律关系的内容，是指税收法律关系主体享有的法定权利和应当履行的法定义务。征税机关的主要权力是：办理税务登记；对纳税人的纳税申报表进行审核，并将税款组织入库；对负有纳税义务而未按规定进行纳税申报的纳税人，核定其应税收入和应纳税额；对逾期未纳税款，且催缴无效的纳税人，通知其开户银行将应缴税款扣缴入库；对纳税人的财务会计核算、发票账目及其他纳税资料进行检查；对纳税人的应税产品、货币财产等进行查验登记；对违反税收法规的纳税人依法给予处罚或提请有关机关吊销其营业执照、封存或冻结其财产和银行账户；对违反税法情节严重，构成税务犯罪的，提请司法机关依法追究刑事责任。征税机关的主要义务是：向纳税人宣传、咨询、辅导税法。纳税主体的主要权利是：延期申报权；延期缴款权；申请退税权；追索赔偿权；复议和诉讼权；保密权；拒查权；拒付权等。纳税主体的义务主要是：依法办理税务登记或变更登记、重新登记；定期向主管税务机关报送纳税申报表、财务会计报表和其他有关资料；及时办理纳税申报，足额缴纳税款；主动接受和配合征税机关的纳税检查，如实报告其生产经营和纳税情况，提供有关资料；发生税务违法行为的纳税人，应当按规定缴纳滞纳金或税务罚款，并接受征税机关做出的其他法定处罚。

4. 税收法律关系的产生、变更和终止。税收法律关系是一种经常变更着的社会关系，它会因税收法律事实的变化而产生、变更和终止。税收法律事实可分为两类：一类是行为，即税收法律关系当事人有意识的活动所引起的法律现象，如国家最高权力机关或行政机关颁布新税法；纳税人依法从事某项生产经营活动或是偷逃税款等，都会引起这类法律事实。另一类是事件，即不依税收法律关系当事人主观意愿为转移的法律现象，如重大自然灾害，导致纳税人不能及时、足额地缴纳税款等。税收法律关系会因为税收法律事实的出现而发生变化。具体有：一是税收法律关系因下列法律事实的出现而产生：国家颁布某些税收法律、法规、规章；纳税人发生了税法规定的行为或事件；新的纳税单位和个人出现等。二是税收法律关系因下列法律事实而变更：修改原有税收法律；征纳税程序发生变更；纳税人的生产经营及收入情况发生变化；纳税人发生了税法规定予以减免税的特殊事件等。三是税收法律关系因下列法律事实而出现暂时性或永久性的终止：纳税人依法履行了某项纳税义务；废止某项税法；课税对象或税目有了变化；纳税主体消亡；如负有纳税义务的个人死亡，或法律解散、破产等等。

（三）税法结构

在税收法律体系中，税法的形式、结构十分复杂。可以依据不同的标准进行分类：

1. 税法在法律效力上，分为税收法律、税收行政法规和税收部门规章。税收法律是由国家最高权力机关，依据法定程序，制定公布的税收法律规范。各国宪法一般规定，税收立法权属于国会或议会。我国的税收立法权属于全国人民代表大会及其常务委员会。由它制定颁发的税收法律具有正式的、最高的法律效力。新中国成立至今，我国正式颁布了一系列税收法律，主要有：《中华人民共和国工商统一税条例（草案）》、《中华人民共和国中外合资经营企业所得税法》、《中华人民共和国外国企业所得税法》、《中华人民共和国外商投资企业和外国企业所得税法》、《中华人民共和国个人所得税法》、《中华人民共和国企业所得税法》、《中华人民共和国车船税法》、《中华人民共和国环境保护税法》、《中华人民共和国车辆购置税法》、《中华人民共和国资源税法》、《中华人民共和国烟叶税法》、《中华人民共和国耕地占用税法》、《中华人民共和国船舶吨位税法》和《中华人民共和国税收征收管理法》等。

税收行政法规是国家最高行政机关依法或根据国家最高权力机关授权制定颁布的税收法律规范。这类法规通常采用税收条例、决定、办法、通知、规定等形式。例如，全国人大常委会于1984年通过了《关于授权国务院在经济体制改革和对外开放方面可以制定暂行规定或者条例的决定》。根据这个决定，国务院先后发布了《关于征收烧油特别税的试行规定》、《中华人民共和国国营企业所得税暂行条例》等数十个税收行政法规。

税收部门规章是国家财政、税务、海关等职能部门根据授权制定的关于解释税收法律、法规的法律文件，它也是国家税收法律制度的一部分，是税法的一种形式。由于税收法律、法规所规定的大多是征税的原则性条款，因而在税法实施过程中，有必要对税法条款的原则性内容做出符合法律的具体解释，以利于准确、严格地执行税法。这类规章的形式较多，通常以征税规定、通知、办法、复函等形式出现。主要内容是：解释税收行政法规某些条款的具体的征税规定；根据税收法律、法规，对某些特殊具体问题做出具体的征税规定；对某些税收问题或案例，作特案处理。在我国，税收部门规章的制定颁发权属于财政部、国家税务总局和海关部署。

除此之外，税法体系还包括地方税收法规，以及地方政府制定的征税规章等。

2. 税法在体系结构上，分为税收实体法和税收程序法。税收实体法是确认税收法律关系主体的实质性权利和义务的法律规范。这类规范通常规定法律关系主体应当如何行为，以及不得如何行为。这些权利、义务大多通过有关单项税种的税法及其税法要素既构成单个税种的基本内容，也构成了税收实体法的基本内容。因此，税收实体法是征税机关和纳税人征纳税款的基本法律依据。《中华人民共和国增值税暂行条例》、《中华人民共和国个人所得税法》等，均属于税收实体法。

税收程序法是确定应纳税款征纳执行程序的法律规范。举凡法律，不仅要规定主体的权利和义务，还要明确通过什么样的程序、手续去实现主体的权利，履行主体的义务。税收程序法所要解决的基本问题，如纳税人发生纳税义务后，应当如何进行纳税申报，如何缴纳税款或代扣代缴税款；申请减免税的纳税人应当履行哪些法定手续；纳税人对征税机关的征税决定和处罚决定不服时，应当经过哪些程序和何种途径提请税务行政复议或行政诉讼等。税收程序法还要明确税务机关征收税款并组织入库，怎样进行税务检查，运用税收执法权应当具备哪些条件，经过哪些法定程序等等。现行《中华人民共和国税收征收管理法》即为税收程序法。

3. 税法在基本内容上，分为税收基本法和税收普通法。税收基本法是税法体系的主体和核心，在税法体系中起到税收母法的作用。其基本内容一般包括：税收制度的性质、税务管理机构、税收立法与管理权限，纳税人的基本权利与义务，税收征收范围（税种）等。我国目前还没有制定统一的税收基本法。

税收普通法是根据税收基本法的原则，对税收基本法所规定的事项分别立法并实行的法律，如个人所得税法、税收征收管理法等。

第三节　新中国成立以来税制的形成与变迁

中华人民共和国成立 70 多年来，随着国家政治、经济形势的发展，税收制度的建立与发展也经历了一个曲折的发展过程。从总体上来看，新中国成立以来我国税制改革的发展大致上经历了三个历史时期：第一个时期是从 1949 年新中国成立到 1957 年，即国民经济恢复和社会主义改造时期，这是新中国税制建立和巩固的时期。第二个时期是从 1958 年到 1978 年底中国共产党第十一届中央委员会第三次全体会议召开之前，这是我国税制曲折发展的时期。第三个时期是 1978 年党的十一届三中全会召开之后的新时期，是我国税制建设得到全面加强、税制改革不断前进的时期。

在上述三个时期内，我国的税收制度先后进行了五次重大的改革：第一次是新中国成立之初的 1950 年，在总结老解放区税制建设的经验和全面清理旧中国税收制度的基础上，建立了中华人民共和国的新税制。第二次是 1958 年税制改革，其主要内容是简化税制，以适应社会主义改造基本完成，经济管理体制改革之后的形势的要求。第三次是 1973 年税制改革，其主要内容仍然是简化税制，这是“文化大革命”的产物。第四次是 1984 年税制改革，其主要内容是普遍实行国营企业“利改税”和全面改革工商税收制度，以适应发展有计划社会主义商品经济的要求。第五次是 1994 年税制改革，以及 2003 年党的十六届三中全会启动的新一轮税制改革，其主要内容是全面改革工商税收制度，以适应建立社会主义市场经济体制的要求。以下按时间大致分为四个阶段：

一、1978 年以前的税制改革

从 1949 年中华人民共和国成立到 1978 年约 29 年间，我国税制建设的发展历程十分坎坷。

新中国诞生后，我国立即着手建立新税制。1950 年 1 月 30 日，中央人民政府政务院发布《全国税政实施要则》，规定全国共设 14 种税收，即货物税、工商业税（包括营业税和所得税两个部分）、盐税、关税、薪给报酬所得税、存款利息所得税、印花税、遗产税、交易税、屠宰税、房产税、地产税、特种消费行为税和使用牌照税。此外，还有各地自行征收的一些税种，如农业税、牧业税等。

在执行中，税制做了一些调整。例如，将房产税和地产税合并为城市房地产税，将特种消费行为税并入文化娱乐税（新增）和营业税，增加契税和船舶吨税，试行商品流通税，农业税由全国人民代表大会常务委员会正式立法。薪给报酬所得税和遗产税则始终未开征。

总的来说，从 1950 年到 1958 年，我国根据当时的政治、经济状况，在清理旧税制的基础上，建立了一套以多种税、多次征为特征的复合税制。由于党和国家的重视以及各方面的努力，这套新税制的建立和实施，对于保证革命战争的胜利，实现国家财政经济状况的根本好转，促进国民经济的恢复和发展，以及配合国家对于农业、手工业和资本主义工商业的社会主义改造，建立社会主义经济制度，发挥了重要的作用。

1958 年，我国进行了新中国成立以后第一次大规模的税制改革，其主要内容是简化工商税制，试行工商统一税，甚至一度在城市国营企业试行“税利合一”，在农村人民公社试行“财政包干”。改革之后，我国的工商税制共设 9 个税种，即工商统一税、工商所得税、盐税、屠宰税、利息所得税（1959 年停征）、城市房地产税、车船使用牌照税、文化娱乐税（1966 年停征）和牲畜交易税（无全国性统一法规）；1962 年，开征了集市交易税，1966 年以后各地基本停征。

1973 年，我国进行了新中国成立以后第二次大规模的税制改革，其核心仍然是简化工商税制。此次改革之后，我国的工商税制一共设有 7 种税，即工商税（包括盐税）、工商所得税、城市房地产税、车船使用牌照税、屠宰税、工商统一税和集市交易税。其中，对国营企业只征收一道工商税；对集体企业只征收工商税和工商所得税两种税，城市房地产税、车船使用牌照税、屠宰税仅对个人和极少数单位征收，工商统一税仅对外适用。

总的来看，从生产资料私有制的社会主义改造基本完成到 1978 年的 20 多年间，由于“左”的指导思想和苏联经济理论及财税制度的某些影响，我国的税制建设受到了极大的干扰。税制几经变革，走的都是一条片面简化的路子。同时，税务机构被大量撤并，大批税务人员被迫下放、改行。其结果是，税种越来越少，税制越来越简单，从而大大地缩小了税收在经济领域中的活动范围，严重地影响了税收职能作用的发挥。

二、1978 年至 1982 年的税制改革

在此期间，党的十一届三中全会明确地提出了改革经济体制的任务，党的十二大进一步提出要抓紧制定改革的总体方案和实施步骤，在“七五”期间（即 1986 年至 1990 年）逐步推开。这些重要的会议及其所做出的一系列重大决策，对于这一期间我国的经济体制改革和税制改革具有极为重要的指导作用。

这一时期可以说是我国税制建设的恢复时期和税制改革的准备、起步时期，从思想上、理论上、组织上、税制上为后来的改革做了大量的准备工作，打下了坚实的基础。在此期间，我国的税制改革取得了改革开放以后的第一次全面重大突破。

从 1980 年 9 月到 1981 年 12 月，第五届全国人民代表大会先后通过并公布了中外合资经营企业所得税法、个人所得税法和外国企业所得税法。同时，对中外合资企业、外国企业和外国人继续征收工商统一税、城市房地产税和车船使用牌照税。由此初步形成了一套大体适用的涉外税收制度，适应了我国对外开放初期引进外资、开展对外经济技术合作的需要。

在建立涉外税制的同时，财税部门就改革工商税制和国营企业利润分配制度做了大量的调研工作，并在部分地区进行了试点。在此基础上，财政部于 1981 年 8 月向国务院报送了《关于改革工商税制的设想》，并很快获得批准。

1982 年 11 月，国务院向五届全国人大五次会议提交的《关于第六个五年计划的报告》，提出了包括“利改税”在内的今后 3 年税制改革的任务，并获得会议批准。在此期间，国务院还批准开征了烧油特别税，发布了牲畜交易税暂行条例。

三、1983 年至 1991 年的税制改革

1983 年至 1991 年期间，我国社会主义经济理论的发展有了重大突破，如提出了发展有计划的社会主义商品经济，自觉运用价值规律，充分发挥税收等经济杠杆的作用，搞活经济，加强宏观调节等理论。在所有制理论上，提出了所有权与经营权分离的论点，并充分肯定了集体经济、个体经济和私营经济存在的必要性。这一时期也可以说是我国税制改革全面探索的时期，取得了改革开放以后税制改革的第二次重大突破。

作为企业改革和城市改革的一项重大措施，1983 年，国务院决定在全国试行国营企业“利改税”，即将新中国成立以后实行了 30 多年的国营企业向国家上缴利润的制度改为缴纳企业所得税的制度，并取得了初步的成功。这一改革从理论上和实践上突破了国营企业只能向国家缴纳利润，而国家不能向国营企业征收所得税的禁区。这是国家与企业分配关系改革的一个历史性转变。

为了加快城市经济体制改革的步伐，经第六届全国人民代表大会及其常委会批准，国务院决定从 1984 年 10 月起在全国实施第二步“利改税”和工商税制全面改革，发布了关于征收国营企业所得税、国营企业利润调节税、产品税、增值税、营业税、盐税、资源税的一系列行政法规。这是我国改革开放以后第一次，新中国成

立以后第四次大规模的税制改革。

此后，国务院又陆续发布了关于征收集体企业所得税、私营企业所得税、城乡个体工商业户所得税、个人收入调节税、城市维护建设税、奖金税（包括国营企业奖金税、集体企业奖金税和事业单位奖金税）、国营企业工资调节税、固定资产投资方向调节税（其前身为1983年开征的建筑税）、特别消费税、房产税、车船使用税、城镇土地使用税、印花税、筵席税等税种的法规。

1991年，第七届全国人民代表大会第四次会议将中外合资企业所得税法与外国企业所得税法合并为外商投资企业和外国企业所得税法。

至此，我国的工商税制共包括32种税，即产品税、增值税、营业税、资源税、盐税、城镇土地使用税、国营企业所得税、国营企业利润调节税、集体企业所得税、私营企业所得税、城乡个体工商业户所得税、个人收入调节税、国营企业奖金税、集体企业奖金税、事业单位奖金税、国营企业工资调节税、固定资产投资方向调节税、城市维护建设税、烧油特别税、筵席税、特别消费税、房产税、车船使用税、印花税、屠宰税、集市交易税、牲畜交易税、外商投资企业和外国企业所得税、个人所得税、工商统一税、城市房地产税和车船使用牌照税。

从1978年到1992年，随着经济的发展和改革的深入，我国对工商税制改革进行了全面地探索，改革逐步深入，取得了很大的进展，初步建成了一套内外有别的，以流转税和所得税为主体，其他税种相配合的新的税制体系，大体适应了我国经济体制改革起步阶段的经济状况，税收的职能作用得以全面加强，税收收入持续稳定增长，宏观调控作用明显增强，对于贯彻国家的经济政策及调节生产、分配和消费，起到了积极的促进作用。

这套税制的建立，在理论和实践上突破了长期以来封闭型税制的约束，转向开放型税制；突破了统收统支的财力分配的关系，重新确立了国家与企业的分配关系；突破了以往税制改革片面强调简化税制的框子，注重多环节、多层次、多方面地发挥税收的经济杠杆作用，由单一税制转变为复合税制。这些突破使中国的税制建设开始进入健康发展的新轨道，与国家经济体制、财政体制改革的总体进程协调一致。

四、1992年至1994年的税制改革

1992年9月召开的党的十四大，提出了建立社会主义市场经济体制的战略目标，其中包括税制改革的任务。1993年6月，中共中央、国务院做出了关于加强宏观调控的一系列重要决策，其中的重要措施之一就是要加快税制改革。同年11月，党的十四届三中全会通过了《关于建立社会主义市场经济体制若干问题的决定》，明确提出了税制改革的基本原则和主要内容。

建立社会主义市场经济体制战略目标的提出，给我国的经济改革与发展指明了方向，也给我国的税制改革带来了许多新情况、新问题，同时为全面推行税制改革提供了一次极好的机遇。从市场机制的角度来看，要求统一税法、简化税制、公平税负、促进竞争。从国家经济管理的角度来看，国家要运用税收等手段加强宏观调

控，体现产业政策，调整经济结构，优化资源配置，调节收入分配，保证财政收入，并配合其他改革的推行。

为此，在中共中央、国务院的直接领导下，从 1992 年起，财税部门就开始了加快税制改革的准备工作，1993 年更是抓住机遇，迅速制定了全面改革工商税制的总体方案和各项具体措施，并完成了有关法律、法规的必要程序，于 1993 年底之前陆续公布，从 1994 年起在全国实施。这是我国改革开放以后第二次，新中国成立以后第五次大规模的税制改革。

经过 1994 年税制改革和多年来的逐步完善，我国已经初步建立了适应社会主义市场经济体制需要的税收制度，对于保证财政收入，加强宏观调控，深化改革，扩大开放，促进经济与社会的发展，起到了重要的作用。

总的来说，1994 年的税制改革，全面改革了商品劳务税，统一了企业所得税，规范了个人所得税，调整、归并了地方税，并开征一些特殊调节的税种。全部工商税种由 32 个减少到 17 个。具体包括：增值税、消费税、营业税、企业所得税、外商投资企业和外国企业所得税、个人所得税、资源税、土地增值税、城市维护建设税、土地使用税、房产税、车船使用税、证券交易税、印花税、遗产税和赠与税、固定资产投资方向调节税、屠宰税（其中，证券交易税、遗产税和赠与税未能开征）。主要内容如下：

1. 商品劳务税改革。商品劳务税改革以增值税为重点，对产品的交易和进口普遍征收增值税，并选择部分消费品交叉征收消费税，对不实行增值税的劳务服务业征收营业税。改革后的商品劳务税由增值税、消费税和营业税组成，统一适用于内资企业、外资投资企业和外国企业，取消产品税和对外商投资企业和外国企业征收的工商统一税。原来征收产品税的应税农林牧水产品改征农业特产税和屠宰税。从 1994 年 1 月 1 日起，正式实施《中华人民共和国增值税暂行条例》、《中华人民共和国消费税暂行条例》、《中华人民共和国营业税暂行条例》。

2. 企业所得税改革。企业所得税改革分两步进行，第一步从 1994 年起先统一内资企业所得税，相应取消国营企业所得税、集体企业所得税和私营企业所得税，待条件成熟后再统一内外资企业所得税。从 1994 年 1 月 1 日起，内资企业按《中华人民共和国企业所得税暂行条例》缴纳企业所得税，外资企业仍按原适用税种缴纳企业所得税。

3. 个人所得税改革。个人所得税改革是把原个人所得税，个人收入调节税和城乡个体工商业户所得税合并，建立统一的个人所得税。《中华人民共和国个人所得税法（修正案）》已于 1993 年 10 月 31 日在八届人大四次会议上通过，于 1994 年 1 月 1 日起实施。

4. 其他税种改革。主要内容有：开征土地增值税；调整、撤并其他一些零星税种，包括取消集市交易税、牲畜交易税、奖金税和工资调节税，将盐税并入资源税中，将特别消费税和烧油特别税并入消费税；下放屠宰税和筵席税。原有税种不作改动的有外商投资企业和外国企业所得税、印花税、固定资产投资方向调节税。

五、2003 年之后的税制改革

进入 21 世纪以来，随着社会主义市场经济体制改革的不断深化，以及国内外经济社会环境的不断变化，对税制提出了进一步改革的要求。在 2003 年 10 月召开的党的十六届三中全会所作出的《完善社会主义市场经济体制若干问题的决定》中，简税制、宽税基、低税负、严征管成为税制改革的基本原则，并明确要求稳步推进税制改革。自此，我国新一轮税制改革拉开了序幕。主要内容包括：

（一）商品劳务税的改革

2004 年 7 月 1 日起，对东北地区从事装备制造业、石油化工业、冶金业、船舶制造业、汽车制造业、农产品加工业产品生产、军品或高新技术产品生产为主的增值税一般纳税人扩大增值税抵扣范围；2007 年 7 月 1 日起，对中部六省老工业基地城市从事装备制造业、石油化工业、冶金业、汽车制造业、农产品加工业、电力业、采掘业、高新技术产业为主的增值税一般纳税人扩大增值税抵扣范围。自 2009 年 1 月 1 日起，在全国范围内，不分地区不分行业全面实行增值税转型方案，实施消费型增值税。

同时，2006 年 4 月 1 日起，调整和完善了消费税的有关内容。新增了高尔夫球及球具、高档手表、游艇、木制一次性筷子、实木地板等税目。增列成品油税目，原汽油、柴油税目作为该税目的两个子目，同时新增石脑油、溶剂油、润滑油、燃料油、航空煤油五个子目。取消了“护肤护发品”税目。调整了白酒、小汽车、摩托车、汽车轮胎等税目和税率。2009 年 1 月、5 月、8 月又分别对成品油、香烟和白酒消费税进行了调整。2015 年 5 月继续对卷烟批发环节税率进行了调整。而 2016 年 10 月 1 日、12 月 1 日则分别对化妆品和超豪华小汽车的消费税政策进行了调整。

为应对 2008 年席卷全球的国际金融危机，加快我国经济结构的转型，并进一步优化税制，经国务院批准，财政部、国家税务总局 2011 年 11 月 16 日联合印发了财税〔2011〕110 号：《关于印发〈营业税改征增值税试点方案〉的通知》，财税〔2011〕111 号：《关于在上海市开展交通运输业和部分服务业营业税改征增值税试点的通知》，从 2012 年 1 月 1 日起，在上海交通运输业和部分现代服务业开展营业税改征增值税试点。2012 年 8 月 1 日起至年底，国务院扩大营改增试点至 10 省市，2013 年 8 月 1 日，“营改增”范围推广到全国试行。2016 年 5 月 1 日，原征收营业税的行业全部改为征收增值税，至此，营业税完全退出我国现行税制体系。此后，为适应经济高质量发展的要求，以及国际经济形势的变化，我国多次调降和简并增值税税率。

（二）企业所得税的改革

1994 年所形成的内外资企业所得税分设的状况在 2008 年得到彻底改变，新企业所得税法已经于 2007 年 3 月份提交十届人大五次会议审议通过。新的企业所得税法通过统一税率水平，统一税前扣除项目，统一税收优惠政策体现国家的产业政策，促进不同类型的企业更加公平、规范的进行平等竞争。

（三）其他税种改革

为了鼓励社会投资、拉动经济增长，从 1999 年 7 月 1 日起，对固定资产投资方向调节税实行减半征收，从 2000 年 1 月 1 日起暂停征收固定资产投资方向调节税。

为了配合农村税费改革，2006 年 2 月 17 日起，1950 年 12 月 19 日政务院发布的《屠宰税暂行条例》被废止。2006 年 1 月 1 日起，1958 年 6 月 3 日政务院发布的《农业税条例》被废止，彻底告别延续了在中国持续了两千余年的“皇粮国税”——农业税。同时，为了引导烟叶种植和烟草行业的健康发展，稳定地方财政收入并规范烟草税制体系，我国于 2006 年 4 月 26 日由国务院公布了《中华人民共和国烟草税暂行条例》，以在中华人民共和国境内收购烟叶的单位为纳税人。

为了适应税费改革变化，2001 年 1 月 1 日起，在原交通部门收取车辆购置费的基础上，通过“费改税”，征收了车辆购置税。

为了统一内外税制，公平纳税人的负担，2006 年 12 月 31 日修订了《中华人民共和国城镇土地使用税暂行条例》，自 2007 年 1 月 1 日起，将城镇土地使用税的范围扩大到外商投资企业和外国企业。2006 年 12 月 29 日通过了《中华人民共和国车船税暂行条例》，取代原有的《车船使用税》和《车船使用牌照税》，自 2007 年 1 月 1 日正式实施。2011 年 2 月 25 日中华人民共和国第十一届全国人民代表大会常务委员会第十九次会议通过了《中华人民共和国车船税法》，自 2012 年 1 月 1 日起正式施行，这是新中国成立以来第一个财产税法，该法按排量分设七档税率。

此外，根据 2008 年 1 月《国务院关于废止部分行政法规的规定》，《中华人民共和国筵席税暂行条例》已被废止。2008 年 12 月 31 日，国务院公布了第 546 号令，决定自 2009 年 1 月 1 日起，废止《城市房地产税暂行条例》，外商投资企业、外国企业和组织，以及外籍个人，依照《中华人民共和国房产税暂行条例》缴纳房产税。2010 年 12 月 1 日起，外资企业统一征收城市维护建设税。同时，我国加快了税种税制的立法步伐。其中，2011 年 12 月 27 日第十一届全国人民代表大会常务委员会第十九次会议通过《中华人民共和国车船税法》，自 2012 年 1 月 1 日起施行；2016 年 12 月 25 日第十二届全国人民代表大会常务委员会第二十五次会议通过《中华人民共和国环境保护税法》，自 2018 年 1 月 1 日起施行；2017 年 12 月 27 日第十二届全国人民代表大会常务委员会第三十一次会议通过《中华人民共和国烟叶税法》、《中华人民共和国船舶吨位税法》，自 2018 年 7 月 1 日起施行；2018 年 12 月 29 日第十三届全国人民代表大会常务委员会第七次会议通过《中华人民共和国车辆购置税法》、《中华人民共和国耕地占用税法》，分别自 2019 年 7 月 1 日、2019 年 9 月 1 日起施行；2019 年 8 月 26 日第十三届全国人民代表大会常务委员会第十二次会议通过《中华人民共和国资源税法》，自 2020 年 9 月 1 日起施行。2020 年 8 月 11 日，十三届全国人大常委会第二十一次会议通过《中华人民共和国契税法》，自 2021 年 9 月 1 日起正式施行。

第四节　现行税制体系

税制体系是由一国法定征收的各个税种组成的有机系统。我国现行税制体系是在原有税制的基础上，经过 1994 年工商税制全面改革及 2003 年启动的新一轮税制改革的基础上形成的。我国现行税制体系是以商品劳务税为主体，其他税类为辅助税种的复税制体系，现共有 18 个税种，各税类包括的具体税种如下：

商品劳务税类。主要包括增值税、消费税、关税、烟叶税。

所得税类。主要包括企业所得税、个人所得税。

资源税类。主要是资源税。

财产税类。主要包括房产税、契税、城镇土地使用税、车船税、土地增值税。

行为目的税类。主要包括印花税、城市维护建设税、耕地占用税、车辆购置税、环境保护税、船舶吨税。

上述 18 种税中，除企业所得税、个人所得税、车船税等税种以国家法律的形式发布实施外，其他各税种都是经全国人民代表大会授权立法，由国务院以暂行条例的形式发布实施的。其税收法律、法规组成了我国的税收实体法体系。

除此以外，在税制体系中，还需要规定不同的税收管理法规，以保障各税种的贯彻实施，我国对税收征收管理适用的法律制度，是根据税收管理机关的不同而分别规定的：即由税务机关负责征收的税种的征收管理，按照全国人大常委会发布实施的《税收征收管理法》执行；由海关机关负责征收的税种的征收管理，按照《海关法》及《进出口关税条例》等有关规定执行。

上述税收实体法和税收征收管理的程序法的法律制度构成了我国现行税制体系。

复习与思考

一、基本概念

税收制度　税法　税收法律关系　税收实体法　税收程序法

二、思考题

1. 税收与税制是何种关系？
2. 税制有何功能？
3. 税制与税法是何种关系？
4. 我国税制体系的发展变化体现了什么样的规律？
5. 我国现行税制体系的主要内容是什么？

第九章

增 值 税

第一节 增值税概述

一、增值税与增值额的概念

所谓增值税，是指以生产经营者销售或进口货物、提供应税劳务和应税服务的增值额为课税对象所征收的一种间接税。它是我国现行商品劳务税中最主要的一个税种。把握增值税及其计税原理，首先必须理解什么是增值额，增值额可以从不同角度加以理解。

概括地说，增值额可以看作是价差，即因提供应税商品或劳务而取得的收入价格（不包括该商品或劳务的购买者应付的增值税在内）与该项商品或劳务的外购成本价格（不包括为这些外购项目所支付的增值税）之间的差额。

从经济学理论上看，任何一种商品或劳务的价值均由 C、V、M 三部分构成。而商品或劳务价值扣除 C 以后的部分，即为该商品或劳务的新增价值 V + M。其中 V 为劳动力的补偿价值，M 为剩余产品价值。

具体从一个企业商品生产经营的全过程分析，增值额是指该企业商品或劳务的销售额扣除外购商品或劳务金额，即非增值项目金额之后的余额。众所周知，一个企业或生产经营者要从事任何一种商品或劳务的生产，都必须事先进行投资，购买投入物品，如原材料、燃料、动力、包装物品、低值易耗品、机器设备、土地和建筑物等，然后支付工资使工人们对投入物品进行加工，形成最终产品或劳务予以出售，取得商品或劳务的销售额，并核算商品或劳务的利润。企业的销售额减去外购投入物品金额，剩下的部分，即为商品或劳务的增值额。从企业核算的角度看，这个增值额一般由工资和利润两部分构成（暂不考虑其他增值性因素）。因此，增值额 = 工资 + 利润，或增值额 = 产出 - 投入。也就是说增值税的征税对象或税基不是商品或劳务的销售额，而是以商品或劳务的销售额（产出）减除外购商品或劳务金额（投入）后的增值额（工资 + 利润）。

从一个商品生产经营的全过程而言，增值额则相当于该商品制造和流通过程中的商品总值。

二、增值税的类型

作为增值税课税对象的增值额，在各国增值税制度中，受诸多因素的影响，存在一定的差异。这种差异主要表现在各国对外购投入物品的减除或抵扣规定不尽一致。一般来说，用于生产商品或劳务的外购投入物品包括：原材料及辅助材料；燃料、动力；低值易耗品；外购劳务；固定资产（如机器设备、土地建筑物等）。各国增值税制度通常允许将前四项列入扣除项目，从商品或劳务的销售额中予以扣除。但是，对最后一项即外购固定资产价值的扣除处理，则因国情而异，有的允许全额抵扣，有的允许部分抵扣，有的则不予抵扣，由此，各国增值税可以分为三种类型。

（一）生产型增值税

在计算增值税时，只允许将前四项列为扣除项目，而不允许将外购固定资产的价款（包括年度折旧）从商品或劳务的销售额中抵扣。由于作为增值税税基的增值额大体相当于国民生产总值（GNP），故这种类型增值税被称为生产型增值税。

（二）收入型增值税

在计算增值税时，除允许将前四项列为扣除项目外，还允许将当期固定资产折旧从商品和劳务的销售额中予以扣除。由于作为增值税税基的增值额大体相当于国民生产净值（NNP）或国民收入，故被称为收入型增值税。

（三）消费型增值税

在计算增值税时，除允许将前四项列为扣除项目外，还允许从商品和劳务的销售额中扣除当期购进固定资产总额。由于这种增值税不对资本投入品课税，而只是对消费品课征，故称消费型增值税。

综上分析，作为增值税税基的增值额，在不同国家范围大小不一，而实际征收中遇到的情况又远比上述规定复杂。因此，上述增值额的含义仅仅是一个税收上的概念，真正作为增值税计税依据的增值额，必须通过其法律依据——增值税法规才能确定。

三、增值税的产生与发展

增值税的兴起堪称财税史上一绝，在其诞生以来短短的50多年时间里，先后为世界上100多个国家所采用。时间之短，发展之迅速，是其他任何税种所不能及的。

早在第一次世界大战结束时，美国耶鲁大学教授托马斯·S. 亚当斯以及担任政府顾问的德国商人威尔海姆·万·西蒙斯博士就曾提出过增值税的设想。随后一些国家也曾进行过具有某些增值税性质的销售税改革尝试，但因各种原因，都未形成真正的增值税制度。直至第二次世界大战结束后的1954年，才由法国率先采用增值税并取得成功。

法国增值税的前身为营业税，该税的基本特点是道道环节征税，且每道环节按销售收入额全额课税，从而产生了如下突出弊端：税上加税，税负难以预测；企业专业化、协作化程度不同税负不同；出口退税、进口征税额的计算十分困难等。为了消除营业税对现代工业的社会化生产和商品经济发展的障碍，法国最开始是从解决多阶段课征方面采取措施的，即对工业生产环节的营业税，由原来的每个生产阶段都征税，改为只就最后产成品阶段征税。但这种改进并没有从根本上解决问题，相反，还形成了不少新的矛盾。经过不断探索，他们终于认识到营业税弊端产生的根源并不在于道道征税，而在于道道环节全额征税。为此，法国规定对企业征税时准予扣除生产过程中购进的货物价款，从而既消除了营业税的弊端，又保留了原营业税道道征税的优点，使营业税制突破了旧的模式，开始具有了增值税的新内容。

1954 年，法国进一步完善了最初的增值税办法，扩大了抵扣范围，对制造商和批发商在生产经营过程中所用的一切投入物品全部予以扣除，并开始采用进项税款抵扣制。1963 年，法国开始将增值税扩大到商品零售环节。到 1963 年，所有货物和劳务的销售全部被纳入增值税范围。

随着法国增值税的成功采用，从 20 世纪 70 年代开始，增值税制在全世界迅速推开，并已在一些国家成为主体税种。

在我国，随着经济体制改革的深入发展，重复征税的问题日益突出。为此，从 1979 年开始，我国在认真总结商品劳务税发展历史经验的基础上，借鉴国外的经验，研究增值税在我国实行的可行性问题。1980 年，财政部决定在柳州、长沙、襄樊、上海等城市，选择重复征税矛盾较突出的机器机械和农业机具两个行业进行试点。1982 年财政部制定了《增值税暂行办法》，决定从 1982 年起在全国范围内对上述两个行业的产品以及对电风扇、缝纫机、自行车三项产品在全国范围内试行增值税。1984 年工商税制全面改革中，国务院正式颁发《中华人民共和国增值税条例（草案）》，使增值税正式成为我国的一个独立税种。随后，我国又根据实际情况进一步扩大了增值税的征税范围，使增值税覆盖了绝大部分工业品。1987 年，我国对增值税的计算方法和扣除项目作出了统一规定，使增值税制度向规范化迈进了一大步。社会主义市场经济体制确立以后，改革和完善增值税愈显迫切。1993 年底，国务院颁布《中华人民共和国增值税暂行条例》，规定对产制环节、商品流通环节、加工、修理修配环节实行普遍征收，凭发票注明税款抵扣的增值税制，标志着增值税制在我国的正式确立。2008 年，为贯彻国务院全面实施增值税改革的要求，财政部、国家税务总局发布《关于全国实施增值税转型改革若干问题的通知》（财税〔2008〕170 号），实现了增值税转型改革。2011 年年底国家决定在上海试点营业税改增值税的工作，并逐步将试点地区扩展到全国。2016 年 3 月 23 日，经国务院批准，财政部和国家税务总局发布了《关于全面推开营业税改增值税试点的通知》（财税〔2016〕36 号），自 2016 年 5 月 1 日起，在全国范围内全面推开营业税改增值税试点，将建筑业、房地产业、金融业、生活服务业等全部营业税纳税人，纳入试点范围，由缴纳营业税改为缴纳增值税。至此，我国形成了目前全世界征收范围最为广泛的增值税。

四、增值税的计税原理

增值税以增值额为计税依据，而增值额从相加的角度来说相当于工资加利润，从相减的角度来说等于产出减投入。因此，对增值税可以采用以下四种计税方法：

直接相加法：应纳增值税额 =（工资 + 利润）× 税率

间接相加法：应纳增值税额 = 工资 × 税率 + 利润 × 税率

直接减除法：应纳增值税额 =（产出 − 投入）× 税率

间接减除法：应纳增值税额 = 产出 × 税率 − 投入 × 税率

在上述四种计税方法中，第一、第二种方法要求直接依据利润、利息、租金等增值性项目计算增值税。由于这些项目的认定、计算极为困难，有的在财务核算上时滞性较大，不便于增值税的准确计算和及时征收，所以各国均未采用这两种方法。第三种方法虽然绕开了上述困难，但在依据进销差额确定增值额时，往往出现有些项目免税，有些项目减税，账户记载要求十分精确，且税款计算涉及成本、费用核算，实行起来难度也很大。因此，世界各国大多实行第四种方法，即扣税法。因为采用凭发票注明税款进行扣税来计算增值税，不仅科学、严谨，而且简便易行。

我国在初行增值税阶段曾同时采用过扣额法和扣税法，1986 年后统一改为扣税法。从 1994 年起，计税方法得到进一步完善，统一实行凭增值税专用发票注明税款进行抵扣的增值税制度。

根据扣税法计算增值税，其计税原理为：在每一个应税阶段，对销售商品或提供劳务所产生的相应计税基础，按适用税率计算销项税额，然后减去已经直接影响构成商品或劳务价格各组成部分成本的进项税额（其金额已在购货发票上注明），即为应纳增值税额。使用这种方法，税额的计算可以按周进行，也可以按月、按季或按年进行，因而这是一种能最及时地计算应纳增值税额并允许增值税使用多档税率的方法，其在技术上和法律上远较其他计税方法优越。根据扣税法计算增值税，其具体计算方法如表 9 − 1 所示。

表 9 − 1

单位：元

征税环节	外购商品进价 ①	外购商品进价 + 进项税金②	销售额 ③	税率 ④	销项税金 ⑤ = ③ × ④	进项税金 ⑥	本环节实纳增值税 ⑦ = ⑤ − ⑥	本环节增值额 ⑧ = ③ − ①
原材料生产	0	0	100	10%	10	0	10	100
工业制造	100	110	200	10%	20	10	10	100
商业批发	200	220	300	10%	30	20	10	100
商业零售	300	330	400	10%	40	30	10	100
合　计	600	660	1000	10%	100	60	40	400

分析表 9 − 1，可以得出以下结论：

一是依据扣税法，以销项税金减去进项税金所得增值税额，同扣额法即以销售额减去外购商品金额后的余额，再乘以税率所得的结果，在理论上完全一致，各环节均为10元。

二是在每一个环节依据扣税法计算出的增值税额与按本环节增值额乘以税率后计算出的结果完全相同，各为10元。

三是依据扣税法计税，本环节所要扣除税款，恰好等于以前各环节累计已纳税款。如商品零售环节所要扣除的进项税金30元，等于原材料生产、工业制造和商品批发三个环节已纳的增值税之和（30元=0+10元+20元）。

四是各环节的增值额之和等于某一商品的最终销售价格（商品零售价格400元=各环节增值额100元+100元+100元+100元），因此，消费者最终承担的40元增值税款等于最后销售环节的销售额与增值税率的乘积。

五、增值税的特点

增值税之所以倍受各国政府青睐，应归因于增值税制度方面的特点。这种现代间接税制一方面继承了传统间接税优点，另一方面又克服了传统间接税的致命弱点，有着良好的财政、经济效应。

（一）增值税的一般特点

1. 征税范围广，税源充裕。作为增值税税基的新价值额遍及于社会经济的各部门、各行业和各企业。人们不论是从事矿产开发、工业制造，还是销售货物或提供劳务，都会在劳动过程中创造商品和劳务的附加值，因此，增值税可以课征于经济活动的各领域、各环节。例如，欧共体国家的增值税，其征税范围就涉及农业、工业、商业、服务业等领域，以及生产、批发、零售等环节。我国目前的增值税范围也已覆盖从工业生产到商业经营等所有的货物销售和劳务销售的广阔领域。

2. 实行多阶段征税，但不重复征税。增值税保留了传统间接税对商品和劳务的道道征税制度，有利于广泛筹集财政资金，保证税收负担和预算进款的均衡。另一方面，增值税又不像传统间接税那样，对外购商品和劳务实行重复征税，而只是在每一生产经营环节以销售额扣除外购商品和劳务进价后的增值额征税，从而消除了重复征税的弊端。

3. 对经济活动具有“中性”效应。定义一种经济手段具有中性效应，是指手段的运作对微观主体经营行为的影响较小，甚至为零。增值税的中性效应表现在两个方面：一是应税商品在任何一个流转环节上的负担，不受商品流转环节多少的影响。这样，企业就不会因为增值税而改变其既定的生产经营方式选择。二是增值税对绝大多数商品和劳务采用同一比例税率，实行等比负担，它同传统间接税的差别税率相比，其税收的干预、诱导能力大大弱化，这在一定意义上有利于发挥市场机制对资源配置的主导作用。

4. 增值税税收负担具有向前推移性。增值税后一阶段的纳税人总是前一阶段纳税人已缴税款的负担者，商品和劳务的买者总是销售者已纳税款的归宿。当税负随商品流转推移至最终销售环节时，消费者便成为增值税的最终归宿。因此，增值税在西方国家被视为一种典型的间接税，税收负担具有转嫁性。

（二）我国增值税的特点

1994 年税制改革以前，我国增值税虽推行有十多年历史，但无论从税制结构上看，还是从计税方法、计税基础上看都存在着严重缺陷。经过 1994 年的税制改革，增值税制逐步规范，初步形成了既适合市场经济要求，又切合我国国情的征税办法。概括地说，现行的增值税与过去的增值税及国外一些国家实行的增值税相比具有以下特点：

1. 实行价外税，使增值税的间接税性质更加明显。在国外，规范的增值税均属于由生产经营者或销售者缴纳，而由购买者或消费者负担、税款可以转嫁的间接税。增值税实行价外税办法，即税金不包含在销售价格内，将税款和价款明确划分开来。其好处一是使企业的成本核算、经济效益不受税收影响；二是更好地体现增值税的转嫁性质，明确企业只是税款的缴纳者，消费者才是税款的最终负担者，提高了国家和企业之间税收分配关系的透明度；三是可以为发票注明税款创造条件。另外，在零售环节出售商品和对消费者提供劳务时，税法规定价格和税金不再分开标明，这符合我国群众的消费心理，但并未改变增值税价外税的间接税性质。

2. 统一实现规范的扣税法，即凭发票注明税款进行抵扣的办法。原增值税曾采用过“实耗法”和“购进法”两种扣税方法。按照实耗法，扣税要涉及企业成本费用的核算，计算方法既复杂又不科学。实行凭发票注明税款进行扣税的办法以后，销货企业在开出的专用发票上，不仅要注明价款，还要注明税款，这样对进货企业来讲，进项税款是发票上注明的而非自己计算的，从而大大减轻了纳税人计算进项税金的工作量，而且使抵扣税金更加准确。

3. 采用消费型增值税，对购进固定资产的税金予以抵扣。2009 年 1 月 1 日以前，《增值税暂行条例》中确定的我国增值税类型是生产型增值税，即计算增值税应纳税额时不允许企业抵扣购进固定资产的进项税额。原有增值税制对于保障财政收入、调节经济发展发挥了积极作用。但存在重复征税问题，制约了企业技术改造的积极性。随着这些年来经济社会环境的发展和变化，各界要求增值税由生产型向消费型转变的呼声很高。党的十六届三中全会明确提出适时实施增值税转型改革，自 2004 年 7 月 1 日起，经国务院批准，东北、中部等部分地区已先后进行改革试点，取得了成功经验。因此，国务院决定自 2009 年 1 月 1 日起，在全国推开增值税转型改革，实施全面消费型增值税。

4. 对不同经营规模的纳税人，采取不同的计税方法。设计增值税的计算征收方法，既要考虑国际上的通常做法，又要考虑我国中小企业较多、经营规模较小、会计核算不健全的实际。因此，现行增值税纳税人划分为两类：一类为一般纳税人，采用扣税法计税；另一类是小规模纳税人，采用简易方法计算征收。这样，既有利于增值税制度的推进，又有利于简化征收，强化征管。

六、增值税的作用

增值税较之传统的商品劳务税，以其内在优点，在财政、经济、对外贸易等方面发挥着积极的作用：

（一）从财政上看，实行增值税，能保证财政收入的普遍性和稳定性

1. 普遍性。普遍性是指增值税的课税范围可以涉及社会的生产、流通、消费、劳务等诸多生产经营领域，凡从事应税商品生产、交换和提供劳务，并取得增值额的单位和个人，都要缴纳增值税。而且，它在生产经营的每一个环节上，实行道道征税，税基极为广阔。

2. 稳定性。增值税能够保证国家稳定地取得收入，主要表现在两方面：一是增值税不受生产结构、经营环节变化的影响。既不会因为生产经营由集中走向分散而增加企业负担，也不会因为生产经营由分散走向集中而减少财政收入；二是增值税实行扣税法，且凭发票注明税款进行扣税，使购销单位之间因扣税而形成相互制约关系，有利于税务机关对纳税情况的交叉稽核，防止偷漏税的发生。

（二）从经济上看，实行增值税消除了传统间接税存在的重复征税弊端，有利于生产经营专业化协作化发展，具有较强的经济适应性

现代工业生产随着科学技术的广泛使用，分工愈来愈细，工艺愈来愈复杂，技术要求愈来愈高，产品通常具有高、精、尖，大批量的特点，它在客观上要求突破那种“大而全”、“小而全”的生产模式，大力发展生产专业化、协作化。然而，传统间接税课征的结果，导致生产同一产品，全能厂的税负轻，专业协作企业的税负重，因而严重阻碍现代工业生产和商品经济的发展。实行增值税，可以从根本上解决传统间接税制与经济发展不相适应的矛盾。具体来说：

1. 就一个企业而言，增值税负担不受产品协作所占比重大小的影响。企业在生产中不论是自行生产零部件，还是改为由其他协作单位提供零部件，税收负担都不会因此而发生变化。这就改变了原来按销售全额征税，协作件比例愈大，企业负担愈重的状况，为企业扩大协作生产创造了条件。

2. 就一个产品而言，增值税的总体负担不受产品生产经营结构和环节变化的影响。增值税避免了原来按销售全额征税，造成全能厂、联合企业税负轻，专业协作厂、中小企业税负重的不合理现象，使税收既有利于促进专业化生产，又不妨碍工业在专业化基础上实行生产联合。

3. 就商品流通而言，增值税负担不受商品流转环节多寡的影响。由于增值税对由上一环节转移而来的商品价值不再征税，它不会像传统的间接税那样，每增加一个商品流转环节，就发生一次重复征税。因此，实行增值税有利于疏通渠道，搞活流通领域。

（三）从外贸出口上看，实行增值税有利于贯彻国家鼓励出口的政策，做到出口退税准确、彻底，以提高本国产品的出口竞争能力

随着世界贸易的发展，各国之间的商品出口竞争日趋激烈。许多国家政府为了

提高本国商品的出口竞争能力，大多对出口商品实行退税政策，使之以不含税价格进入国际市场。然而在传统间接税制度下，出口商品价格所包含的税金因该商品的生产结构、经营环节不同而多寡不一，因而给准确退税带来了很大的困难；退税过多又会形成财政补贴出口，不仅影响一国的财政收入，而且有可能引起他国的经济报复。

实行增值税从根本上克服了上述弊端。增值税的一个基本特点是，一个商品在出口环节前缴纳的全部税收与该商品在最终销售环节或出口环节的总体税负是一致的。换言之，一个商品在生产经营各个环节的增值额之和等于这个商品最终销售时的销售价格。这样，根据这个最终销售额和增值税率计算出的增值税额，也就是该商品出口以前各环节已纳的增值税之和，如果将这笔税额退还给商品出口者，就能做到出口退税的准确、彻底，使出口商品以不含税价格进入国际市场。

第二节 增值税的征税范围、纳税人与税率

一、增值税的征税范围

如何选择增值税的征税范围，可以从国民经济活动的横向和纵向两个方面考虑。从横向的产业部门看，大多数国家增值税的实施范围包括了采掘业、制造业、建筑业、交通运输业、商业和劳务服务业；从纵向的流转环节看，多数国家选择了在原材料采购、制造、批发和零售环节征税。欧共体国家还将增值税后延至对农产品的生产、采购课征。

我国自实施增值税以来，通过不断总结经验，其征税范围不断扩大，现已覆盖整个商品提供和劳务服务领域。依据《中华人民共和国增值税暂行条例》和营业税改征增值税试点实施办法，增值税的征税范围包括：在中华人民共和国境内销售或进口货物，提供加工、修理修配劳务、销售服务、无形资产或者不动产。其具体征税范围如下：

（一）应税货物

应税货物，是指土地、房屋和其他建筑物等不动产之外的有形动产，即包括不动产之外的所有用于销售的产品、商品，以及电力、热力和气体。企业单位和个人凡在我国境内销售货物，即销售货物的起运地在中国境内，都视作有偿转让货物的销售行为，该货物就属于增值税的征税范围。凡进入我国国境或关境的货物，在报关进口环节，除了依法缴纳关税之外，还必须缴纳增值税。

（二）应税劳务

纳入增值税范围的劳务是指加工、修理、修配劳务。其中：

加工，是指受托人加工货物，即由委托方提供原料及主要材料，受托方按照委托方的要求制造货物并收取加工费的业务。经加工形成的货物，其所有权仍归委

托方。

修理、修配，是指受托方对损伤或丧失功能的货物进行修复，使其恢复原状和功能的业务。

企业、单位和个人凡在我国境内提供上述劳务，即应税劳务的发生地在我国境内，则不论受托方是以货币形式收取加工费，还是从委托方取得货物或其他经济利益，都视作有偿销售行为，征收增值税。但是，单位或个体经营者聘用的员工为本单位或雇主提供的加工、修理修配劳务，不在征税之列。

（三）销售服务

销售服务，是指提供交通运输服务、邮政服务、电信服务、建筑服务、金融服务、现代服务、生活服务。

1. 交通运输服务。交通运输服务，是指利用运输工具将货物或者旅客送达目的地，使其空间位置得到转移的业务活动。包括陆路运输服务、水路运输服务、航空运输服务和管道运输服务。

（1）陆路运输服务。陆路运输服务，是指通过陆路（地上或者地下）运送货物或者旅客的运输业务活动，包括铁路运输服务和其他陆路运输服务（包括公路运输、缆车运输、索道运输、地铁运输、城市轻轨运输等）。

出租车公司向使用本公司自有出租车的出租车司机收取的管理费用，按照陆路运输服务缴纳增值税。

（2）水路运输服务。水路运输服务，是指通过江、河、湖、川等天然、人工水道或者海洋航道运送货物或者旅客的运输业务活动。

水路运输的程租、期租业务，属于水路运输服务。

程租业务，是指运输企业为租船人完成某一特定航次的运输任务并收取租赁费的业务。

期租业务，是指运输企业将配备有操作人员的船舶承租给他人使用一定期限，承租期内听候承租方调遣，不论是否经营，均按天向承租方收取租赁费，发生的固定费用均由船东负担的业务。

（3）航空运输服务。航空运输服务，是指通过空中航线运送货物或者旅客的运输业务活动。

航空运输的湿租业务，属于航空运输服务。

湿租业务，是指航空运输企业将配备有机组人员的飞机承租给他人使用一定期限，承租期内听候承租方调遣，不论是否经营，均按一定标准向承租方收取租赁费，发生的固定费用均由承租方承担的业务。

航天运输服务，按照航空运输服务缴纳增值税。

航天运输服务，是指利用火箭等载体将卫星、空间探测器等空间飞行器发射到空间轨道的业务活动。

（4）管道运输服务。管道运输服务，是指通过管道设施输送气体、液体、固体物质的运输业务活动。

无运输工具承运业务，按照交通运输服务缴纳增值税。

无运输工具承运业务，是指经营者以承运人身份与托运人签订运输服务合同，收取运费并承担承运人责任，然后委托实际承运人完成运输服务的经营活动。

2. 邮政服务。邮政服务，是指中国邮政集团公司及其所属邮政企业提供邮件寄递、邮政汇兑和机要通信等邮政基本服务的业务活动。包括邮政普遍服务、邮政特殊服务和其他邮政服务。

邮政普遍服务，是指函件、包裹等邮件寄递，以及邮票发行、报刊发行和邮政汇兑等业务活动。

邮政特殊服务，是指义务兵平常信函、机要通信、盲人读物和革命烈士遗物的寄递等业务活动。

其他邮政服务，是指邮册等邮品销售、邮政代理等业务活动。

3. 电信服务。电信服务，是指利用有线、无线的电磁系统或者光电系统等各种通信网络资源，提供语音通话服务，传送、发射、接收或者应用图像、短信等电子数据和信息的业务活动。包括基础电信服务和增值电信服务。

基础电信服务，是指利用固网、移动网、卫星、互联网，提供语音通话服务的业务活动，以及出租或者出售带宽、波长等网络元素的业务活动。

增值电信服务，是指利用固网、移动网、卫星、互联网、有线电视网络，提供短信和彩信服务、电子数据和信息的传输及应用服务、互联网接入服务等业务活动。

卫星电视信号落地转接服务，按照增值电信服务缴纳增值税。

4. 建筑服务。建筑服务，是指各类建筑物、构筑物及其附属设施的建造、修缮、装饰，线路、管道、设备、设施等的安装以及其他工程作业的业务活动。包括工程服务、安装服务、修缮服务、装饰服务和其他建筑服务。

工程服务，是指新建、改建各种建筑物、构筑物的工程作业，包括与建筑物相连的各种设备或者支柱、操作平台的安装或者装设工程作业，以及各种窑炉和金属结构工程作业。

安装服务，是指生产设备、动力设备、起重设备、运输设备、传动设备、医疗实验设备以及其他各种设备、设施的装配、安置工程作业，包括与被安装设备相连的工作台、梯子、栏杆的装设工程作业，以及被安装设备的绝缘、防腐、保温、油漆等工程作业。

固定电话、有线电视、宽带、水、电、燃气、暖气等经营者向用户收取的安装费、初装费、开户费、扩容费以及类似收费，按照安装服务缴纳增值税。

修缮服务，是指对建筑物、构筑物进行修补、加固、养护、改善，使之恢复原来的使用价值或者延长其使用期限的工程作业。

装饰服务，是指对建筑物、构筑物进行修饰装修，使之美观或者具有特定用途的工程作业。

其他建筑服务，是指上列工程作业之外的各种工程作业服务，如钻井（打井）、拆除建筑物或者构筑物、平整土地、园林绿化、疏浚（不包括航道疏浚）、建筑物平移、搭脚手架、爆破、矿山穿孔、表面附着物（包括岩层、土层、沙层等）剥离和清理等工程作业。

5. 金融服务。金融服务，是指经营金融保险的业务活动。包括贷款服务、直接收费金融服务、保险服务和金融商品转让。

（1）贷款服务。贷款，是指将资金贷与他人使用而取得利息收入的业务活动。

各种占用、拆借资金取得的收入，包括金融商品持有期间（含到期）利息（保本收益、报酬、资金占用费、补偿金等）收入、信用卡透支利息收入、买入返售金融商品利息收入、融资融券收取的利息收入，以及融资性售后回租、押汇、罚息、票据贴现、转贷等业务取得的利息及利息性质的收入，按照贷款服务缴纳增值税。

融资性售后回租，是指承租方以融资为目的，将资产出售给从事融资性售后回租业务的企业后，从事融资性售后回租业务的企业将该资产出租给承租方的业务活动。

以货币资金投资收取的固定利润或者保底利润，按照贷款服务缴纳增值税。

（2）直接收费金融服务。直接收费金融服务，是指为货币资金融通及其他金融业务提供相关服务并且收取费用的业务活动。包括提供货币兑换、账户管理、电子银行、信用卡、信用证、财务担保、资产管理、信托管理、基金管理、金融交易场所（平台）管理、资金结算、资金清算、金融支付等服务。

（3）保险服务。保险服务，是指投保人根据合同约定，向保险人支付保险费，保险人对于合同约定的可能发生的事故因其发生所造成的财产损失承担赔偿保险金责任，或者当被保险人死亡、伤残、疾病或者达到合同约定的年龄、期限等条件时承担给付保险金责任的商业保险行为。包括人身保险服务和财产保险服务。

人身保险服务，是指以人的寿命和身体为保险标的的保险业务活动。

财产保险服务，是指以财产及其有关利益为保险标的的保险业务活动。

（4）金融商品转让。金融商品转让，是指转让外汇、有价证券、非货物期货和其他金融商品所有权的业务活动。

其他金融商品转让包括基金、信托、理财产品等各类资产管理产品和各种金融衍生品的转让。

6. 现代服务。现代服务，是指围绕制造业、文化产业、现代物流产业等提供技术性、知识性服务的业务活动。包括研发和技术服务、信息技术服务、文化创意服务、物流辅助服务、租赁服务、鉴证咨询服务、广播影视服务、商务辅助服务和其他现代服务。

（1）研发和技术服务。包括研发服务、合同能源管理服务、工程勘察勘探服务、专业技术服务。

（2）信息技术服务。包括利用计算机、通信网络等技术对信息进行生产、收集、处理、加工、存储、运输、检索和利用，并提供信息服务的业务活动。包括软件服务、电路设计及测试服务、信息系统服务、业务流程管理服务和信息系统增值服务。

(3) 文化创意服务。包括设计服务、知识产权服务、广告服务和会议展览服务。

(4) 物流辅助服务。包括航空服务、港口码头服务、货运客运场站服务、打捞救助服务、装卸搬运服务、仓储服务和收派服务。

航空服务，包括航空地面服务和通用航空服务。

港口码头服务，是指港务船舶调度服务、船舶通讯服务、航道管理服务、航道疏浚服务、灯塔管理服务、航标管理服务、船舶引航服务、理货服务、系解缆服务、停泊和移泊服务、海上船舶溢油清除服务、水上交通管理服务、船只专业清洗消毒检测服务和防止船只漏油服务等为船只提供服务的业务活动。港口设施经营人收取的港口设施保安费按照港口码头服务缴纳增值税。

货运客运场站服务，是指货运客运场站提供货物配载服务、运输组织服务、中转换乘服务、车辆调度服务、票务服务、货物打包整理、铁路线路使用服务、加挂铁路客车服务、铁路行包专列发送服务、铁路到达和中转服务、铁路车辆编解服务、车辆挂运服务、铁路接触网服务、铁路机车牵引服务等业务活动。

打捞救助服务，是指提供船舶人员救助、船舶财产救助、水上救助和沉船沉物打捞服务的业务活动。

装卸搬运服务，是指使用装卸搬运工具或者人力、畜力将货物在运输工具之间、装卸现场之间或者运输工具与装卸现场之间进行装卸和搬运的业务活动。

仓储服务，是指利用仓库、货场或者其他场所代客贮放、保管货物的业务活动。

收派服务，是指接受寄件人委托，在承诺的时限内完成函件和包裹的收件、分拣、派送服务的业务活动。

(5) 租赁服务。包括融资租赁服务和经营租赁服务。

融资租赁服务，是指具有融资性质和所有权转移特点的租赁活动。即出租人根据承租人所要求的规格、型号、性能等条件购入有形动产或者不动产租赁给承租人，合同期内租赁物所有权属于出租人，承租人只拥有使用权，合同期满付清租金后，承租人有权按照残值购入租赁物，以拥有其所有权。不论出租人是否将租赁物销售给承租人，均属于融资租赁。按照标的物的不同，融资租赁服务可分为有形动产融资租赁服务和不动产融资租赁服务。融资性售后回租不按照本税目缴纳增值税。

经营租赁服务，是指在约定时间内将有形动产或者不动产转让他人使用且租赁物所有权不变更的业务活动。

按照标的物的不同，经营租赁服务可分为有形动产经营租赁服务和不动产经营租赁服务。

将建筑物、构筑物等不动产或者飞机、车辆等有形动产的广告位出租给其他单位或者个人用于发布广告，按照经营租赁服务缴纳增值税。

车辆停放服务、道路通行服务（包括过路费、过桥费、过闸费等）等按照不动产经营租赁服务缴纳增值税。

水路运输的光租业务、航空运输的干租业务，属于经营租赁。

光租业务，是指运输企业将船舶在约定的时间内出租给他人使用，不配备操作人员，不承担运输过程中发生的各项费用，只收取固定租赁费的业务活动。

干租业务，是指航空运输企业将飞机在约定的时间内出租给他人使用，不配备机组人员，不承担运输过程中发生的各项费用，只收取固定租赁费的业务活动。

（6）鉴证咨询服务。包括认证服务、鉴证服务和咨询服务。

认证服务，是指具有专业资质的单位利用检测、检验、计量等技术，证明产品、服务、管理体系符合相关技术规范、相关技术规范的强制性要求或者标准的业务活动。

鉴证服务，是指具有专业资质的单位受托对相关事项进行鉴证，发表具有证明力的意见的业务活动。包括会计鉴证、税务鉴证、法律鉴证、职业技能鉴定、工程造价鉴证、工程监理、资产评估、环境评估、房地产土地评估、建筑图纸审核、医疗事故鉴定等。

咨询服务，是指提供信息、建议、策划、顾问等服务的活动。包括金融、软件、技术、财务、税收、法律、内部管理、业务运作、流程管理、健康等方面的咨询。

翻译服务和市场调查服务按照咨询服务缴纳增值税。

（7）广播影视服务。包括广播影视节目（作品）的制作服务、发行服务和播映（含放映，下同）服务。

（8）商务辅助服务。包括企业管理服务、经纪代理服务、人力资源服务、安全保护服务。

企业管理服务，是指提供总部管理、投资与资产管理、市场管理、物业管理、日常综合管理等服务的业务活动。

经纪代理服务，是指各类经纪、中介、代理服务。包括金融代理、知识产权代理、货物运输代理、代理报关、法律代理、房地产中介、职业中介、婚姻中介、代理记账、拍卖等。

人力资源服务，是指提供公共就业、劳务派遣、人才委托招聘、劳动力外包等服务的业务活动。

安全保护服务，是指提供保护人身安全和财产安全，维护社会治安等的业务活动。包括场所住宅保安、特种保安、安全系统监控以及其他安保服务。

（9）其他现代服务。具体包括除研发和技术服务、信息技术服务、文化创意服务、物流辅助服务、租赁服务、鉴证咨询服务、广播影视服务和商务辅助服务以外的现代服务。

7. 生活服务。生活服务指为满足城乡居民日常生活需求提供的各类服务活动。包括文化体育服务、教育医疗服务、旅游娱乐服务、餐饮住宿服务、居民日常服务和其他生活服务。

文化体育服务包括文化服务和体育服务。文化服务，是指为满足社会公众文化生活需求提供的各种服务。体育服务，是指组织举办体育比赛、体育表演、体育活动，以及提供体育训练、体育指导、体育管理的业务活动。

教育医疗服务包括教育服务和医疗服务。教育服务是指提供学历教育服务、非学历教育服务、教育辅助服务的业务活动。医疗服务是指提供医学检查、诊断、治疗、康复、预防、保健、接生、计划生育、防疫服务等方面的服务，以及与这些服务有关的提供药品、医用材料器具、救护车、病房住宿和伙食的业务。

旅游娱乐服务包括旅游服务和娱乐服务。旅游服务是指根据旅游者的要求，组织安排交通、游览、住宿、餐饮、购物、文娱、商务等服务的业务活动。娱乐服务是指为娱乐活动同时提供场所和服务的业务。具体包括：歌厅、舞厅、夜总会、酒吧、台球、高尔夫球、保龄球、游艺（包括射击、狩猎、跑马、游戏机、蹦极、卡丁车、热气球、动力伞、射箭、飞镖）。

餐饮住宿服务包括餐饮服务和住宿服务。餐饮服务是指通过同时提供饮食和饮食场所的方式为消费者提供饮食消费服务的业务活动。住宿服务是指提供住宿场所及配套服务等的活动。包括宾馆、旅馆、旅社、度假村和其他经营性住宿场所提供的住宿服务。

居民日常服务。主要是指主要为满足居民个人及其家庭日常生活需求提供的服务，包括市容市政管理、家政、婚庆、养老、殡葬、照料和护理、救助救济、美容美发、按摩、桑拿、氧吧、足疗、沐浴、洗染、摄影扩印等服务。

其他生活服务是指除文化体育服务、教育医疗服务、旅游娱乐服务、餐饮住宿服务和居民日常服务之外的生活服务。

（四）销售无形资产

销售无形资产，是指转让无形资产所有权或者使用权的业务活动。无形资产，是指不具实物形态，但能带来经济利益的资产，包括技术、商标、著作权、商誉、自然资源使用权和其他权益性无形资产。

技术，包括专利技术和非专利技术。

自然资源使用权，包括土地使用权、海域使用权、探矿权、采矿权、取水权和其他自然资源使用权。

其他权益性无形资产，包括基础设施资产经营权、公共事业特许权、配额、经营权（包括特许经营权、连锁经营权、其他经营权）、经销权、分销权、代理权、会员权、席位权、网络游戏虚拟道具、域名、名称权、肖像权、冠名权、转会费等。

（五）销售不动产

销售不动产，是指转让不动产所有权的业务活动。不动产，是指不能移动或者移动后会引起性质、形状改变的财产，包括建筑物、构筑物等。

建筑物，包括住宅、商业营业用房、办公楼等可供居住、工作或者进行其他活动的建造物。

构筑物，包括道路、桥梁、隧道、水坝等建造物。

转让建筑物有限产权或者永久使用权的，转让在建的建筑物或者构筑物所有权的，以及在转让建筑物或者构筑物时一并转让其所占土地的使用权的，按照销售不动产缴纳增值税。

（六）销售服务、无形资产或者不动产的非营业活动与境内范围

1. 非营业活动。销售服务、无形资产或者不动产，是指有偿提供服务、有偿转让无形资产或者不动产，但属于下列非经营活动的情形除外：

（1）行政单位收取的同时满足以下条件的政府性基金或者行政事业性收费。

①由国务院或者财政部批准设立的政府性基金，由国务院或者省级人民政府及其财政、价格主管部门批准设立的行政事业性收费；

②收取时开具省级以上（含省级）财政部门监（印）制的财政票据；

③所收款项全额上缴财政。

（2）单位或者个体工商户聘用的员工为本单位或者雇主提供取得工资的服务。

（3）单位或者个体工商户为聘用的员工提供服务。

（4）财政部和国家税务总局规定的其他情形。例如各党派、共青团、工会、妇联、中科协、青联、台联、侨联收取党费、团费、会费，以及政府间国际组织收取会费，属于非经营活动，不征收增值税。

2. 销售服务、无形资产或者不动产的境内。在境内销售服务、无形资产或者不动产，是指服务（租赁不动产除外）或者无形资产（自然资源使用权除外）的销售方或者购买方在境内；所销售或者租赁的不动产在境内；所销售自然资源使用权的自然资源在境内；财政部和国家税务总局规定的其他情形。

因此，下列情形不属于在境内销售服务或者无形资产：

（1）境外单位或者个人向境内单位或者个人销售完全在境外发生的服务。

（2）境外单位或者个人向境内单位或者个人销售完全在境外使用的无形资产。

（3）境外单位或者个人向境内单位或者个人出租完全在境外使用的有形动产。

（4）财政部和国家税务总局规定的其他情形。

（七）视同销售行为

一般来说，对货物征收增值税要以货物所有权的有偿转让为前提。但是，在实际经营活动中，经常出现以下三种情形：一是转让货物但未发生产权转移；二是虽然货物产权发生了变动，但货物的转移不一定采取直接的销售方式；三是货物产权没有发生变动，货物转移也未采取销售形式，而是用于了类似于销售的其他用途。对于以上三种特殊情形，《条例》基于货物经营的实质内容，为了平衡各类经营方式或各类货物之间的税收负担，便于税源的控管，规定对这类货物视同销售，也征收增值税。主要可分为以下几种类型：

1. 将货物交付其他单位或者个人代销；

2. 销售代销货物；

3. 设有两个以上机构并实行统一核算的纳税人，将货物从一个机构移送至其他机构用于销售，但相关机构设在同一县（市）的除外；

4. 将自产、委托加工的货物用于非增值税应税项目；

5. 将自产、委托加工的货物用于集体福利或者个人消费；

6. 将自产、委托加工或者购进的货物作为投资，提供给其他单位或者个体工

商户；

7. 将自产、委托加工或者购进的货物分配给股东或者投资者；

8. 将自产、委托加工或者购进的货物无偿赠送其他单位或者个人。

9. “营改增”试点规定的视同销售服务、无形资产或者不动产。

根据《营业税改征增值税试点实施办法》，下列情形视同销售服务、无形资产或者不动产：

（1）单位或者个体工商户向其他单位或者个人无偿提供服务，但用于公益事业或者以社会公众为对象的除外。

（2）单位或者个人向其他单位或者个人无偿转让无形资产或者不动产，但用于公益事业或者以社会公众为对象的除外。

（3）财政部和国家税务总局规定的其他情形。

（八）混合销售

一项销售行为如果既涉及服务又涉及货物，为混合销售。从事货物的生产、批发或者零售的单位和个体工商户的混合销售行为，按照销售货物缴纳增值税；其他单位和个体工商户的混合销售行为，按照销售服务缴纳增值税。

从事货物的生产、批发或者零售的单位和个体工商户，包括以从事货物的生产、批发或者零售为主，并兼营销售服务的单位和个体工商户在内。其中“从事货物的生产、批发或者零售为主，并兼营销售服务”是指纳税人的年货物销售额和服务销售额合计数中，年货物销售额超过50%，服务销售额不到50%。

（九）兼营

纳税人销售货物、加工修理修配劳务、服务、无形资产或者不动产适用不同税率或者征收率的，应当分别核算适用不同税率或者征收率的销售额，未分别核算销售额的，按照以下方法适用税率或者征收率：

1. 兼有不同税率的销售货物、加工修理修配劳务、服务、无形资产或者不动产，从高适用税率。

2. 兼有不同征收率的销售货物、加工修理修配劳务、服务、无形资产或者不动产，从高适用征收率。

3. 兼有不同税率和征收率的销售货物、加工修理修配劳务、服务、无形资产或者不动产，从高适用税率。

（十）其他特殊规定

1. 货物期货（包括商品期货和贵金属期货），应当征收增值税。纳税人应在期货的实物交割环节纳税，其中：

交割时采取由期货交易所开具发票的，以期货交易所为纳税人。期货交易所缴纳的增值税按次计算，其进项税额为该货物交割时供货会员单位开具的增值税专用发票上注明的销项税额，期货交易所本身发生的各种进项不得抵扣。

交割时采取由供货的会员单位直接将发票开给购货会员单位的，以供货会员单位为纳税人。

2. 典当业的死当物品销售业务和寄售业代委托人销售寄售物品的业务，均应征收增值税。

3. 电力公司向发电企业收取的过网费，应当征收增值税。供电企业利用自身输变电设备对并入电网的企业自备电厂生产的电力产品进行电压调节，向电厂收取的并网服务费，应当征收增值税。

4. 印刷企业接受出版单位委托，自行购买纸张，印刷有统一刊号（CN）以及采用国际标准书号编序的图书、报纸和杂志，按货物销售征收增值税。

5. 各燃油电厂从政府财政专户取得的发电补贴不属于增值税规定的价外费用，不计入应税销售额，不征收增值税。

6. 关于罚没物品征免增值税问题。

①执罚部门和单位查处的属于一般商业部门经营的商品，具备拍卖条件的，由执罚部门或单位商同级财政部门同意后，公开拍卖。其拍卖收入作为罚没收入由执罚部门和单位如数上缴财政，不予征税。对经营单位购入拍卖物品再销售的应照章征收增值税。

②执罚部门和单位查处的属于一般商业部门经营的商品，不具备拍卖条件的，由执罚部门、财政部门、国家指定销售单位会同有关部门按质论价，交由国家指定销售单位纳入正常销售渠道变价处理。执罚部门按商定价格所取得的变价收入作为罚没收入如数上缴财政，不予征税。国家指定销售单位将罚没物品纳入正常销售渠道销售的，应照章征收增值税。

③执罚部门和单位查处的属于专管机关管理或专管企业经营的财物，如金银（不包括金银首饰）、外币、有价证券、非禁止出口文物，应交由专管机关或专营企业收兑或收购。执罚部门和单位按收兑或收购价所取得的收入作为罚没收入如数上缴财政，不予征税。专管机关或专营企业经营上述物品中属于应征增值税的货物，应照章征收增值税。

7. 不征收增值税的收入。

①纳税人在资产重组中，通过合并、分立、出售、置换等方式，将全部或部分实物资产以及与其相关的债权、债务和劳动力一并转让给其他单位和个人，不属于增值税的征税范围，转让的货物不征收增值税。纳税人在资产重组过程中，通过合并、分立、出售、置换等方式，将全部或部分实物资产以及与其相关联的债权、负债经多次转让后，最终的受让方与劳动力接受方为同一单位和个人，仍适用上述规定，其中的货物多次转让行为均不征收增值税。

在资产重组过程中，通过合并、分立、出售、置换等方式，将全部或者部分实物资产以及与其相关联的债权、负债和劳动力一并转让给其他单位和个人，其中涉及的不动产、土地使用权转让行为，不征收增值税。

②根据国家指令无偿提供的铁路运输服务、航空运输服务，属于用于公益事业的服务。

③存款利息。

④被保险人获得的保险赔付。

⑤房地产主管部门或者其指定机构、公积金管理中心、开发企业以及物业管理单位代收的住宅专项维修资金。

二、增值税的纳税人

在中华人民共和国境内销售或进口货物、提供加工、修理修配劳务、销售服务、无形资产或者不动产的单位和个人，为增值税的纳税人。

上述单位包括国有企业、集体企业、私有企业、股份制企业、其他企业和行政单位、事业单位、军事单位、社会团体和其他单位。上述个人是指个体工商户和其他个人、单位以承包、承租、挂靠方式经营的，承包人、承租人、挂靠人（以下统称承包人）以发包人、出租人、被挂靠人（以下统称发包人）名义对外经营并由发包人承担相关法律责任的，以该发包人为纳税人。否则，以承包人为纳税人。

中华人民共和国境外单位或者个人在境内发生应税服务，在境内未设有经营机构的，以购买方为增值税扣缴义务人。财政部和国家税务总局另有规定的除外。

由于增值税实行凭增值税专用发票抵扣税款的制度，因此，对于增值税纳税人会计核算是否健全，是否能够准确核算销项税额、进项税额和应纳税额有较高的要求。但是，对于众多的纳税人来说，其会计核算水平却有高低不同，另外，对某些经营规模很小的纳税人，其销售货物或提供应税劳务的对象多是最终消费者，也无须开具增值税专用发票。因此，为了严格增值税的征收管理和对某些经营规模小的纳税人计税办法，《中华人民共和国增值税暂行条例》参照国际惯例，将纳税人按其经营规模及会计核算健全与否划分为一般纳税人和小规模纳税人。

（一）小规模纳税人的认定与管理

1. 小规模纳税人的认定。增值税小规模纳税人标准为年应征增值税销售额（以下简称年应税销售额）500 万元及以下。年应税销售额，是指纳税人在连续不超过 12 个月或四个季度的经营期内累计应征增值税销售额，包括纳税申报销售额、稽查查补销售额、纳税评估调整销售额。其中稽查查补销售额和纳税评估调整销售额计入查补税款申报当月的销售额，不计入税款所属期销售额。经营期，是指在纳税人存续期内的连续经营期间，含未取得销售收入的月份。

销售服务、无形资产或者不动产（以下简称“应税行为”）有扣除项目的纳税人，其应税行为年应税销售额按未扣除之前的销售额计算。纳税人偶然发生的销售无形资产、转让不动产的销售额，不计入应税行为年应税销售额。

年应税销售额未超过规定标准的纳税人，会计核算健全，能够提供准确税务资料的，可以向主管税务机关办理一般纳税人登记。所谓会计核算健全，是指能够按照国家统一的会计制度规定设置账簿，根据合法、有效凭证进行核算。

年应税销售额超过小规模纳税人标准的其他个人按小规模纳税人纳税。其他个人是指自然人。

非企业性单位、不经常发生应税行为的企业，可选择按小规模纳税人纳税。

2. 小规模纳税人的管理。小规模纳税人实行简易征税办法，并且一般不使用增值税专用发票，但基于增值税征收管理中一般纳税人与小规模纳税人之间客观存在的经济往来的情况，小规模纳税人可以到税务机关代开增值税专用发票。依据国家税务总局公告 2019 年第 8 号，将小规模纳税人自行开具增值税专用发票试点范围由住宿业，鉴证咨询业，建筑业，工业，信息传输、软件和信息技术服务业，扩大至租赁和商务服务业，科学研究和技术服务业，居民服务、修理和其他服务业。上述 8 个行业小规模纳税人（以下称“试点纳税人”）发生增值税应税行为，需要开具增值税专用发票的，可以自愿使用增值税发票管理系统自行开具。

试点纳税人销售其取得的不动产，需要开具增值税专用发票的，应当按照有关规定向税务机关申请代开。试点纳税人应当就开具增值税专用发票的销售额计算增值税应纳税额，并在规定的纳税申报期内向主管税务机关申报缴纳。

（二）一般纳税人的认定与管理

1. 一般纳税人的认定。增值税纳税人的年应税销售额超过财政部、国家税务总局规定的小规模纳税人标准（即年应税销售额 500 万元）的，除按照政策规定，选择按照小规模纳税人纳税的以及年应税销售额超过规定标准的其他个人外，都应当向主管税务机关办理一般纳税人登记。

2. 一般纳税人的管理。纳税人应当向其机构所在地主管税务机关办理一般纳税人登记手续。基本程序如下：

（1）纳税人向主管税务机关填报《增值税一般纳税人登记表》，如实填写固定生产经营场所等信息，并提供税务登记证件；

（2）纳税人填报内容与税务登记信息一致的，主管税务机关当场登记；

（3）纳税人填报内容与税务登记信息不一致，或者不符合填列要求的，税务机关应当场告知纳税人需要补正的内容。

纳税人在年应税销售额超过规定标准的月份（或季度）的所属申报期结束后 15 日内按照规定办理相关手续；未按规定时限办理的，主管税务机关应当在规定时限结束后 5 日内制作《税务事项通知书》，告知纳税人应当在 5 日内向主管税务机关办理相关手续；逾期仍不办理的，次月起按销售额依照增值税税率计算应纳税额，不得抵扣进项税额，直至纳税人办理相关手续为止。

纳税人自一般纳税人生效之日起，按照增值税一般计税方法计算应纳税额，并可以按照规定领用增值税专用发票，财政部、国家税务总局另有规定的除外。所称的生效之日，是指纳税人办理登记的当月 1 日或者次月 1 日，由纳税人在办理登记手续时自行选择。

纳税人登记为一般纳税人后，不得转为小规模纳税人，国家税务总局另有规定的除外。例如转登记日前连续 12 个月（以 1 个月为 1 个纳税期）或者连续 4 个季度（以 1 个季度为 1 个纳税期）累计销售额未超过 500 万元的一般纳税人，在 2019 年 12 月 31 日前，可选择转登记为小规模纳税人。

主管税务机关应当加强对税收风险的管理。对税收遵从度低的一般纳税人，主管税务机关可以实行纳税辅导期管理。

有下列情形之一者，应按销售额依照增值税税率计算应纳税额，不得抵扣进项税额，也不得使用增值税专用发票：

（1）一般纳税人会计核算不健全，或者不能够提供准确税务资料的；

（2）除年应税销售额超过小规模纳税人标准的其他个人、非企业性单位、不经常发生应税行为的企业，可选择按小规模纳税人纳税外，纳税人销售额超过小规模纳税人标准，未申请办理一般纳税人认定手续的。

三、增值税的税率

（一）增值税税率的含义

增值税的征收对象虽然是每一环节的增值额，但增值税税率却是按照某一应税商品的整体税负（既有本环节的应征增值税额，又包括以前各环节的已征增值税税额）和本环节的销售额来设计的。换言之，增值税税率的设计方法为：

$$增值税税率=\frac{某商品本环节的应征税额+以前各环节累计的应征税额}{本环节的销售额}\times 100\%$$

当依据增值税税率和本环节销售额计算本环节应征增值税时，就必须以本环节的销项税金减去以前各环节累计已纳税金，计算公式为：

$$\begin{array}{c}本环节应征\\增值税额\end{array}=本环节销售额\times增值税率-以前各环节累计已征税款（即进项税金）$$

（二）增值税税率设计的原则

如何合理设计增值税税率，这是增值税制中与界定征税范围同等重要的一个问题。由于各国的国情不同，增值税税率的档次数量、高低程度、适用范围都不尽相同。我国现行增值税税率在涉及上述问题时，所遵循的主要原则是：

1. 尽量简化税率，体现增值税中性的简便的要求。实行增值税的国家，税率档次多少不一，但共同的经验教训是，税率档次过多，会极大地增加税收征管难度，尤其是当增值税由产制环节扩展到零售环节后，矛盾更为突出。因此，多数国家尽可能采用单一税率，或辅之以高低两档税率。

2. 兼顾大多数纳税人的负担能力和财政需要两个方面。增值税税率的高低受一国经济发展水平和政府财政需要两方面因素影响，其中前者的影响更大。例如，欧盟各国的经济实力要大大强于拉美国家，所以，前者的税率定在12%—23%之间；而后者除阿根廷25%的税率之外，其他国家的税率在5%—20%之间。其中近一半国家的税率为5%—7%。

3. 体现国家的社会经济政策。一些国家政府比较注重高、低税率的选择运用，以体现产业政策和消费政策。因为增值税纳税人是生产经营者，最终负税人是消费者，因此，从某种意义上来看，合理运用高低税率征之于不同商品，可以直接调节某种商品的消费，间接影响该种商品的生产。因此，增值税的基本税率、低税率适应范围，也需要基于体现国家政策进行设计，其中，低税率主要适用于那些需要给予鼓励和照顾的人民生活必需品、文化教育用品和农业投入物品。这些商品无论是在生产环节还是在批发、零售环节，均按低税率9%征收。

4. 有利于推行增值税抵扣制，平衡各类企业负担。根据这一考虑，低税率和基本税率的水平差距不宜过大，以免出现大面积的“高征低扣”或企业因销项税额小于进项税额，导致部分进项税额不足抵扣的现象。

（三）税率档次及适用范围

现行增值税税率包括：13%、9%、6%以及零税率。

1. 13%税率适用的范围。增值税一般纳税人销售或者进口货物，提供加工、修理修配劳务以及有形动产租赁服务，除适用其他较低税率适用范围之外，税率一律为13%。

2. 9%税率适用的范围。增值税一般纳税人销售交通运输、邮政、基础电信、建筑、不动产租赁服务，销售不动产，转让土地使用权，销售或者进口下列货物，税率为9%。

（1）粮食等农产品、食用植物油、食用盐。

（2）自来水、暖气、冷气、热水、煤气、石油液化气、天然气、二甲醚、沼气、居民用煤炭制品。

（3）图书、报纸、杂志、音像制品、电子出版物。

（4）饲料、化肥、农药、农机、农膜。

（5）国务院规定的其他货物。

3. 6%税率适用的范围。主要包括提供现代服务（租赁除外）、增值电信服务、金融服务、生活服务、销售无形资产（转让土地使用权除外）。

4. 零税率适用的范围。零税率适用于纳税人出口货物和财政部、国家税务总局规定的应税服务。对出口货物实行零税率，是实行增值税国家的普遍做法。零税率是免税的一种特殊形式，但它与一般免税的内涵不一样。一般免税只是指对某一应税商品免征本环节的税收，增值税则不同，因为增值税税率体现的是生产、流通全过程的整体税负。如果对某一商品规定税率为零，实际上意味着要对该商品从工业产制到商品出口免征各个环节的税收，使其在出口环节以不含税价格进入国际市场。因此，对出口商品实行零税率制，是各国鼓励商品出口的重要税收之举。

我国规定出口货物税率为零，表明两层含义：一是对出口货物在报关出口环节免征增值税；二是要对出口货物在报关出口以前各环节承担的增值税实行退税，最终使出口商品价格中不含增值税。

根据“营改增”的规定，中华人民共和国境内（以下称境内）的单位和个人销售的下列服务和无形资产，适用增值税零税率：

（1）国际运输服务。具体是指：在境内载运旅客或者货物出境；在境外载运旅客或者货物入境。在境外载运旅客或者货物。

（2）航天运输服务。

（3）向境外单位提供的完全在境外消费的下列服务：研发服务；合同能源管理

服务；设计服务；广播影视节目（作品）的制作和发行服务；软件服务；电路设计及测试服务；信息系统服务；业务流程管理服务；离岸服务外包业务；转让技术。

本规定所称完全在境外消费，是指：服务的实际接受方在境外，且与境内的货物和不动产无关；无形资产完全在境外使用，且与境内的货物和不动产无关；财政部和国家税务总局规定的其他情形。

需要注意的是，境内的单位和个人销售适用增值税零税率的服务或无形资产的，可以放弃适用增值税零税率，选择免税或按规定缴纳增值税。放弃适用增值税零税率后，36个月内不得再申请适用增值税零税率。

（四）征收率

增值税对小规模纳税人及一些特殊情况采用简易征收办法，对小规模纳税人及特殊情况适用的税率称为征收率。

1. 一般规定。考虑到小规模纳税人经营规模小，会计核算不健全，难以按上述增值税税率计税和使用增值税专用发票抵扣进项税款，因此，实行按销售额与征收率计算应纳税额的简易办法。自2009年1月1日起，小规模纳税人增值税征收率统一调整为3%。

根据“营改增”的规定，营业税改征增值税中的小规模纳税人适用3%的征收率，财政部和国家税务总局另有规定的除外。

2. 国务院与相关部门的规定。

（1）纳税人销售自己使用过的物品，按下列政策执行：

①一般纳税人销售自己使用过的属于不得抵扣且未抵扣进项税额的固定资产，按照简易办法依照3%征收率减按2%征收增值税。

一般纳税人销售自己使用过的除固定资产以外的物品，应当按照适用税率征收增值税。

②小规模纳税人（除其他个人外，下同）销售自己使用过的固定资产，减按2%征收率征收增值税。

小规模纳税人销售自己使用过的除固定资产以外的物品，应按3%的征收率征收增值税。

（2）纳税人销售旧货，按照简易办法依照3%征收率减按2%征收增值。

所称旧货，是指进入二次流通的具有部分使用价值的货物（含旧汽车、旧摩托车和旧游艇），但不包括自己使用过的物品。

上述纳税人销售自己使用过的固定资产、物品和旧货适用按照简易办法依3%征收率减按2%征收增值税的，按下列公式确定销售额和应纳税额：

销售额 = 含税销售额 ÷（1 + 3%）

应纳税额 = 销售额 × 2%

（3）一般纳税人销售自产的下列货物，可选择按照简易办法依照3%征收率计算缴纳增值税：

①县级及县级以下小型水力发电单位生产的电力。小型水力发电单位，是指各

类投资主体建设的装机容量为5万千瓦以下（含5万千瓦）的小型水力发电单位。

②建筑用和生产建筑材料所用的砂、土、石料。

③以自己采掘的砂、土、石料或其他矿物连续生产的砖瓦、石灰（不含黏土实心砖、瓦）。

④用微生物、微生物代谢产物、动物毒素、人或动物的血液或组织制成的生物制品。

⑤自来水。

⑥商品混凝土（仅限于以水泥为原料生产的水泥混凝土）。

⑦属于增值税一般纳税人的单采血浆站销售非临床用人体血液，可以按照简易办法依照3%征收率计算应纳税额，但不得对外开具增值税专用发票；也可以按照销项税额抵扣进项税额的办法依照增值税适用税率计算应纳税额。

一般纳税人选择简易办法计算缴纳增值税后，36个月内不得变更。

（4）一般纳税人销售货物属于下列情形之一的，暂按简易办法依照3%征收率计算缴纳增值税：

①寄售商店代销寄售物品（包括居民个人寄售的物品在内）；

②典当业销售死当物品。

第三节 增值税的计算

一、一般计算方法

增值税采用扣税法计算本环节应纳税额，即凭扣税凭证从当期销项税额中减去当期进项税额，其余额为应纳税额。计算公式为：

应纳税额 = 当期销项税额 - 当期进项税额

（一）增值税的销项税额

销项税额是指纳税人销售货物或者提供应税劳务，按照销售额或应税劳务收入和规定的税率计算并向购买方收取的增值税税额。销项税额的计算公式为：

销项税额 = 销售额 × 适用税率

销项税额是增值税条例中的一个概念，从定义和公式中我们可以知道，它是由购买方支付的税额，对于属于一般纳税人的销售方来讲，在没有抵扣其进项税额前，销售方收取的销项税额还不是其应纳增值税税额。销项税额的计算取决于销售额和适用税率两个因素，适用税率在前已有说明，此处主要介绍销售额。需要强调的是，增值税是价外税，公式中的“销售额”必须是不含增值税税额的销售额。

1. 一般销售方式下的销售额。正确计算应纳增值税额，需要首先准确核算作为增值税计税依据的销售额。销售额是指纳税人销售货物或者提供应税劳务向购买方（承受应税劳务也视为购买方）收取的全部价款和价外费用，但是不包括收取的销项税额。其中，价外费用（实属价外收入）是指价外向购买方收取的手续费、补贴、基金、集资费、返还利润、奖励费、违约金（延期付款利息）、包装费、包装物租金、储备费、优质费、运输装卸费、代收款项、代垫款项及其他各种性质的价外收费。但下列项目不包括在内：

（1）向购买方收取的销项税额。

（2）受托加工应征消费税的消费品所代收代缴的消费税。

（3）同时符合以下条件的代垫运费：承运者的运费发票开具给购货方的；纳税人将该项发票转交给购货方的。

（4）纳税人代有关行政管理部门收取的同时符合以下条件的，不属于价外费用，不征收增值税：经国务院、国务院有关部门或省级政府批准；开具经财政部门批准使用的行政事业收费专用票据；所收款项全额上缴财政。

（5）纳税人销售货物的同时代办保险而向购买者收取的保险费，以及从事汽车销售的纳税人向购买方收取的缴纳的车辆购置税、牌照费，不作为价外费用征收增值税。

（6）以委托方名义开具发票代委托方收取的款项。

凡随同销售货物或提供应税劳务向购买方收取的价外费用，无论其会计制度如何核算，均应并入销售额计算应纳税额。

税法规定各种性质的价外收费都要并入销售额计算征税，目的是防止以各种名目的收费减少销售额逃避纳税的现象。但应注意是，根据国家税务总局规定：对增值税一般纳税人（包括纳税人自己或代其他部门）向购买方收取的价外费用和逾期包装物押金，应视为含税收入，在征税时换算成不含税收入后再并入销售额。

销售额以人民币计算。纳税人以人民币以外的货币结算销售额的，应当折合成人民币计算。折合率可以选择销售额发生的当天或者当月1日的人民币汇率中间价。纳税人应当在事先确定采用何种折合率，确定后12个月内不得变更。

2. 特殊销售方式下的销售额。在销售活动中，为了达到促销的目的，有多种销售方式。不同销售方式下，销售者取得的销售额会有所不同。对不同销售方式如何确定其计征增值税的销售额，既是纳税人关心的问题，也是税法必须分别予以明确规定的事情。税法对以下几种销售方式分别作了规定：

（1）采取折扣方式销售。折扣销售是指销货方在销售货物或应税劳务时，因购货方购货数量较大等原因，而给予购货方的价格优惠（如购买10件，销售价格折扣10%，购买50件，折扣20%等）。由于折扣是在实现销售时同时发生的，因此，税法规定，如果销售额和折扣额在同一张发票上分别注明的，可按折扣后的余额作为销售额计算增值税，如果将折扣额另开发票，不论其在财务上如何处理，均不得从销售额中减除折扣额。

销售折扣是指销货方在销售货物或应税劳务后，为了鼓励购货方及早偿还贷款，而协议许诺给予购货方的一种折扣优待，如10天内付款，货款折扣2%；20天内付款，折扣1%；30天内全价付款。销售折扣发生在销货之后，是一种融资性质的理财费用，因此，销售折扣不得从销售额中减除。

销售折让是指货物销售后，由于其品种、质量等原因购货方未予退货，但销货方需给予购货方的一种价格折让。因为销售折让是由于货物的品种和质量引起销售额的减少，因此，税法规定，对销售折让可按折让后的货款为销售额。

需要注意问题：一是折扣销售不同于销售折扣，企业在确定销售额时应把折扣销售与销售折扣严格区分开；二是折扣销售仅限于货物价格的折扣，如果销货者将自产、委托加工和购买的货物用于实物折扣的，则该实物款额不能从货物销售额中减除，且该实物应按增值税条例“视同销售货物”中的“赠送他人”计算征收增值税；三是对折扣销售之所以规定销售额与折扣额须在同一张发票上注明，是从保证增值税征税、扣税相一致的角度考虑。如果允许对销售额开一张销货发票，对折扣额再开一张退款红字发票，就可能造成销货方按减除折扣额后的销售额计算销项税额，而购货方却按未减除折扣额的销售额及其进项税额进行抵扣的问题。这种造成增值税计算征收混乱的做法是不允许的。

（2）采取以旧换新方式销售。以旧换新是指纳税人在销售自己的货物时，有偿收回旧货物的行为。税法规定，采取以旧换新方式销售货物的，应按新货物的同期销售价格确定销售额，不得扣减旧货物的收购价格。之所以这样规定，是因为销售货物与收购货物是两个不同的业务活动，销售额与收购额不能相互抵减，目的是为了严格增值税的计算征收，防止出现销售额不实、减少纳税的现象。

（3）采取以物易物方式销售。以物易物是一种较为特殊的购销活动，是指购销双方不是以货币结算，而是以同等价款的货物相互结算，实现货物购销的一种方式。税法规定，以物易物双方都应作购销业务处理，以各自发出的货物核算销售额并计算销项税额，以各自收到的货物按规定核算购货额并计算进项税额。应注意的是：在以物易物活动中，应分别开具合法的票据，如收到的货物不能取得相应的增值税专用发票或其他合法票据的，不能抵扣进项税额。

（4）包装物押金是否计入销售额。包装物是指纳税人包装本单位货物的各种物品。纳税人销售货物时另收取包装物押金，目的是促使购货方及早退回包装物以便周转使用。对收取的包装物押金是否计入货物的销售额，税法作了如下规定：纳税人为销售货物而出租出借包装物收取的押金，单独记账核算的，时间在一年以内，又未过期的，不并入销售额征税。但对因逾期未收回包装物不再退还的押金，应按所包装货物的适用税率计算销项税额。其中的“逾期”是指按合同约定实际逾期或以一年为期限。对收取一年以上的押金，无论是否退还均并入销售额征税。在将包装物押金并入销售额征税时，需要先将该押金换算为不含税价，再并入销售额征税。

但包装物押金不应混同于包装物租金，包装物租金在销货时作为价外费用并入销售额计算销项税额。国家税务总局国税发〔1995〕192号文件规定，从1995年6月1日起，对销售除啤酒、黄酒外的其他酒类产品而收取的包装物押金，无论是否返还以及会计上如何核算，均应并入当期销售额征税。对销售啤酒、黄酒所收取的押金，按上述一般押金的规定处理。

（5）销售已使用过的固定资产的税务处理。自2009年1月1日起，增值税一般纳税人销售自己使用过的固定资产（以下简称已使用过的固定资产），应区分不同情形征收增值税，同时应根据《关于简并增值税征收率政策的通知》（财税〔2014〕57号）的规定，对2014年7月1日后的有关行为进行征收率的处理：

①销售自己使用过的2009年1月1日以后购进或者自制的固定资产，按照适用税率征收增值税。

②2008年12月31日以前未纳入扩大增值税抵扣范围试点的纳税人，销售自己使用过的2008年12月31日以前购进或者自制的固定资产，按照4%征收率减半征收增值税；2014年7月1日以后按照3%的征收率减按2%征收增值税。

③2008年12月31日以前已纳入扩大增值税抵扣范围试点的纳税人，销售自己使用过的在本地区扩大增值税抵扣范围试点以前购进或者自制的固定资产按照4%征收率减半征收增值税；2014年7月1日以后按照3%的征收率减按2%征收增值税。销售自己使用过的在本地区扩大增值税抵扣范围试点以后购进或者自制的固定资产，按照适用税率征收增值税。

④对于纳税人发生《增值税暂行条例实施细则》第四条规定固定资产视同销售行为，对已使用过的固定资产无法确定销售额的，以固定资产净值为销售额。“已使用过的固定资产”是指纳税人根据财务会计制度已经计提折旧的固定资产。

⑤按照“营改增”规定认定的一般纳税人，销售自己使用过的本地区试点实施之日（含）以后购进或自制的固定资产，按照适用税率征收增值税；销售自己使用过的本地区试点实施之日以前购进或者自制的固定资产，按照4%征收率减半征收增值税，2014年7月1日以后按照3%的征收率减按2%征收增值税。

（6）“营改增”试点行业的特殊销售额：

①贷款服务以取得的全部利息及利息性质的收入为销售额。

②直接收费金融服务以提供直接收费金融服务收取的手续费、佣金、酬金、管理费、服务费、经手费、开户费、过户费、结算费、转托管费等各类费用为销售额。

③经纪代理服务以取得的全部价款和价外费用，扣除向委托方收取并代为支付的政府性基金或者行政事业性收费后的余额为销售额。向委托方收取的政府性基金或者行政事业性收费，不得开具增值税专用发票。

纳税人提供人力资源外包服务，按照经纪代理服务缴纳增值税，其销售额不包括受客户单位委托代为向客户单位员工发放的工资和代理缴纳的社会保险、住房公积金。向委托方收取并代为发放的工资和代理缴纳的社会保险、住房公积金，不得开具增值税专用发票，可以开具普通发票。

④金融商品转让的销售额为卖出价扣除买入价后的余额。转让金融商品出现的正负差，按盈亏相抵后的余额为销售额。若相抵后出现负差，可结转下一纳税期与下期转让金融商品销售额相抵，但年末时仍出现负差的，不得转入下一个会计年度。

金融商品的买入价，可选择按照加权平均法或移动加权平均法进行核算，选择后36个月内不得变更。金融商品转让，不得开具增值税专用发票。

⑤融资租赁和融资性售后回租业务

经人民银行、银监会或者商务部批准从事融资租赁业务的试点纳税人，提供融资租赁服务，以取得的全部价款和价外费用，扣除支付的借款利息（包括外汇借款和人民币借款利息）、发行债券利息和车辆购置税后的余额为销售额。

经人民银行、银监会或者商务部批准从事融资租赁业务的试点纳税人，提供融资性售后回租服务，以取得的全部价款和价外费用（不含本金），扣除对外支付的借款利息（包括外汇借款和人民币借款利息）、发行债券利息后的余额作为销售额。

⑥航空运输服务的销售额不包括代收的机场建设费和代售其他航空运输企业客票而代收转付的价款。

⑦客运场站服务的销售额为取得的全部价款和价外费用扣除支付给承运方运费后的余额，从承运方取得的增值税专用发票注明的增值税，不得抵扣。

⑧试点纳税人提供旅游服务，可以选择以取得的全部价款和价外费用，扣除向旅游服务购买方收取并支付给其他单位或者个人的住宿费、餐饮费、交通费、签证费、门票费和支付给其他接团旅游企业的旅游费用后的余额为销售额。选择上述办法计算销售额的试点纳税人，向旅游服务购买方收取并支付的上述费用，不得开具增值税专用发票，可以开具普通发票。

⑨房地产开发企业中的一般纳税人销售其开发的房地产项目（选择简易计税方法的房地产老项目除外），以取得的全部价款和价外费用，扣除受让土地时向政府部门支付的土地价款后的余额为销售额。房地产老项目，是指《建筑工程施工许可证》注明的合同开工日期在2016年4月30日前的房地产项目。

销售额＝(全部价款和价外费用－当期允许扣除的土地价款)÷(1＋11%)

公式中“支付的土地价款”，是指向政府、土地管理部门或受政府委托收取土地价款的单位直接支付的土地价款。

当期允许扣除的土地价款＝(当期销售房地产项目建筑面积÷房地产项目可供销售建筑面积)×支付土地价款

⑩试点纳税人提供建筑服务适用简易计税方法的，以取得的全部价款和价外费用扣除支付的分包款后的余额为销售额。

试点纳税人按照规定从全部价款和价外费用中扣除的价款，应当取得符合法律、行政法规和国家税务总局规定的有效凭证。否则，不得扣除。

上述凭证是指：

（1）支付给境内单位或者个人的款项，以发票为合法有效凭证。

（2）支付给境外单位或者个人的款项，以该单位或者个人的签收单据为合法有效凭证，税务机关对签收单据有异议的，可以要求其提供境外公证机构的确认证明。

（3）缴纳的税款，以完税凭证为合法有效凭证。

(4) 扣除的政府性基金、行政事业性收费或者向政府支付的土地价款，以省级以上（含省级）财政部门监（印）制的财政票据为合法有效凭证。

(5) 国家税务总局规定的其他凭证。

纳税人取得的上述凭证属于增值税扣税凭证的，其进项税额不得从销项税额中抵扣。

(6) 对视同销售货物行为的销售额的确定。在本章第一节“征税范围”中已列明了单位和个体经营者 8 种视同销售货物行为，如：将货物交付他人代销，将自产、委托加工或购买的货物无偿赠送他人等。这些视同销售行为中某些行为由于不是以资金的形式反映出来，会出现无销售额的现象。因此，纳税人发生视同销售货物而无销售额的，主管税务机关有权按照下列顺序确定销售额：

第一，按纳税人最近时期同类货物或者同类应税服务的平均销售价格确定；

第二，按其他纳税人最近时期同类货物或者同类应税服务的平均销售价格确定；

第三，按组成计税价格确定。其中，组成计税价格的公式为：

组成计税价格 = 成本 ×（1 + 成本利润率）

征收增值税的货物，同时又征收消费税的，其组成计税价格中应加计消费税税额。其组成计税价格公式为：

组成计税价格 = 成本 ×（1 + 成本利润率）+ 消费税税额

或：组成计税价格 = 成本 ×（1 + 成本利润率）÷（1 - 消费税税率）

公式中的成本，销售自产货物的为实际生产成本，销售外购货物的为实际采购成本。公式中的成本利润率按 1993 年 12 月 28 日国家税务总局颁发的《增值税若干具体问题的规定》确定为 10%。但属于应从价定率征收消费税的货物，其组成计税价格公式中的成本利润率，为《消费税若干具体问题的规定》中规定的成本利润率。

依据“营改增”相关规定，纳税人发生应税行为价格明显偏低或者偏高且不具有合理商业目的的，或者发生视同提供应税服务而无销售额的，主管税务机关有权按照下列顺序确定销售额：

第一，按照纳税人最近时期销售同类服务、无形资产或者不动产的平均价格确定。

第二，按照其他纳税人最近时期销售同类服务、无形资产或者不动产的平均价格确定。

第三，按照组成计税价格确定。组成计税价格的公式为：

组成计税价格 = 成本 ×（1 + 成本利润率）

成本利润率由国家税务总局确定。

不具有合理商业目的，是指以谋取税收利益为主要目的，通过人为安排，减少、免除、推迟缴纳增值税税款，或者增加退还增值税税款。

3. 含税销售额的换算。为了符合增值税作为价外税的要求，纳税人在填写进销货及纳税凭证、进行账务处理时，应分项记录不含税销售额、销项税额和进项税额，以正确计算应纳增值税额。然而，在实际工作中，常常会出现一般纳税人将销售货物或者应税劳务采用销售额和销项税额合并定价收取的方法，这样，就会形成含税销售额。在计算应纳税额时，如果不将含税销售额换算为不含税销售额，就会违背增值税价外税的基本原理，甚至出现物价非正常上涨的局面。因此，一般纳税人销售货物或者应税劳务取得的含税销售额在计算销项税额时，必须将其换算为不含税的销售额。不含税销售额的计算公式为：

不含税销售额 = 含税销售额 ÷ (1 + 税率)

公式中的税率为销售的货物或者应税劳务按《增值税暂行条例》规定所适用的税率。

（二）增值税的进项税额

增值税进项税额，是指购货方随购进货物或应税劳务同时承担的该货物或应税劳务的增值税额。在实行凭发票注明税款进行抵扣的征收制度中，它有三个特点：一是进项税额是由货物或应税劳务的销售方缴纳，但在购进环节由购进方支付或负担的税款。二是除购进免税农产品和某些特殊抵扣项目以外，进项税额通常是在增值税专用发票上计算并注明，而非由购进方计算。三是进项税额是购货方在销售货物或应税劳务时，可以从销项税额中予以扣除的税款。因此，进项税额的抵扣数额同增值税收入呈反比关系。

正确审定进项税额，严格按照税法规定进行税额抵扣，是保证增值税制贯彻实施和国家财政收入的重要环节。为此，《增值税暂行条例》和《实施细则》对进项税额的抵扣范围、条件、数额及方法作了专门规定。

1. 允许抵扣的进项税额的一般规定。一般情况下准予从销项税额中抵扣的进项税额是：

（1）从销售方或者提供方取得的增值税专用发票（含货物运输业增值税专用发票、税控机动车销售统一发票，下同）上注明的增值税额。

（2）从海关取得的海关进口增值税专用缴款书上注明的增值税额。

2. 允许抵扣进项税额的特殊规定。

（1）购进农产品。除取得增值税专用发票或者海关进口增值税专用缴款书外，按照农产品收购发票或者销售发票上注明的农产品买价和9%的扣除率计算的进项税额。计算公式为：

准予抵扣的进项税额 = 买价 × 扣除率

对本项规定需要注意的是：

第一，所谓“农业产品”，是指直接从事植物的种植、收割和动物的饲养、捕捞的单位和个人销售的自产农业产品，免征增值税；农业产品所包括的具体品目按照1995年6月财政部、国家税务总局印发的《农业产品征税范围注释》执行。

第二，购买农业产品的买价，仅限于销售自产农业产品经主管税务机关批准使用的收购凭证上注明的价款；对烟叶税纳税人按规定缴纳的烟叶税，准予并入烟叶产品的买价计算增值税的进项税额，并在计算缴纳增值税时予以抵扣。即购进烟叶准予抵扣的增值税进项税额，按照《中华人民共和国烟叶税暂行条例》及《财政部、国家税务总局印发〈关于烟叶税若干具体问题的规定〉的通知》规定的烟叶收购金额和烟叶税及法定扣除率计算。烟叶收购金额包括纳税人支付给烟叶销售者的烟叶收购价款和价外补贴，价外补贴统一暂按烟叶收购价款的10%计算。

准予抵扣进项税额 = 收购金额或普通发票金额 ×9%

烟叶收购金额 = 烟叶收购价款 ×(1 +10%)

烟叶税应纳税额 = 烟叶收购金额 × 税率（20%）

准予抵扣的进项税额 =(烟叶收购金额 + 烟叶税)×9%

第三，纳税人购进用于生产销售或委托加工13%税率货物的农产品，按照10%的扣除率计算进项税额。

第四，自2012年7月1日起，以购进农产品为原料生产销售液体乳及乳制品、酒及酒精、植物油的增值税一般纳税人，纳入农产品增值税进项税额核定扣除试点范围，其购进农产品无论是否用于生产上述产品，增值税进项税额均按照《农产品增值税进项税额核定扣除试点实施办法》的规定抵扣。试点纳税人以购进农产品为原料生产货物的，农产品增值税进项税额核定的方法包括：投入产出法、成本法和参照法。

（2）纳税人购进国内旅客运输服务的抵扣政策。纳税人未取得增值税专用发票的，暂按照以下规定确定进项税额：

①取得增值税电子普通发票的，为发票上注明的税额；

②取得注明旅客身份信息的航空运输电子客票行程单的，为按照下列公式计算进项税额：

航空旅客运输进项税额 =（票价 + 燃油附加费）÷（1 +9%）×9%

③取得注明旅客身份信息的铁路车票的，为按照下列公式计算的进项税额：

铁路旅客运输进项税额 = 票面金额 ÷（1 +9%）×9%

④取得注明旅客身份信息的公路、水路等其他客票的，按照下列公式计算进项税额：

公路、水路等其他旅客运输进项税额 = 票面金额 ÷（1 +3%）×3%

（3）接受境外单位或者个人提供的应税服务，从税务机关或者境内代理人取得的解缴税款的中华人民共和国税收缴款凭证（以下称税收缴款凭证）上注明的增值税额。

（4）纳税人取得的增值税扣税凭证不符合法律、行政法规或者国家税务总局有关规定的，其进项税额不得从销项税额中抵扣。

增值税扣税凭证，是指增值税专用发票、海关进口增值税专用缴款书、农产品收购发票、农产品销售发票和完税凭证。

纳税人凭完税凭证抵扣进项税额的，应当具备书面合同、付款证明和境外单位的对账单或者发票。资料不全的，其进项税额不得从销项税额中抵扣。

（5）自2019年4月1日至2021年12月31日，允许生产、生活性服务业纳税人按照当期可抵扣进项税额加计10%，抵减应纳税额（以下称加计抵减政策）。生产、生活性服务业纳税人，是指提供邮政服务、电信服务、现代服务、生活服务（以下称四项服务）取得的销售额占全部销售额的比重超过50%的纳税人。

2019年3月31日前设立的纳税人，自2018年4月至2019年3月间的销售额（经营期不满12个月的，按照实际经营期的销售额）符合上述规定条件的，自2019年4月1日起适用加计抵减政策。

2019年4月1日后设立的纳税人，自设立之日起3个月的销售额符合上述规定条件的，自登记为一般纳税人之日起适用加计抵减政策。

纳税人确定适用加计抵减政策后，当年内不再调整，以后年度是否适用，根据上年度销售额计算确定。

纳税人可计提但未计提的加计抵减额，可在确定适用加计抵减政策当期一并计提。

①纳税人应按照当期可抵扣进项税额的10%计提当期加计抵减额。按照现行规定不得从销项税额中抵扣的进项税额，不得计提加计抵减额；已计提加计抵减额的进项税额，按规定作进项税额转出的，应在进项税额转出当期，相应调减加计抵减额。计算公式如下：

当期计提加计抵减额 = 当期可抵扣进项税额 × 10%

当期可抵减加计抵减额 = 上期末加计抵减额余额 + 当期计提加计抵减额 − 当期调减加计抵减额

②纳税人应按照现行规定计算一般计税方法下的应纳税额（以下称抵减前的应纳税额）后，区分以下情形加计抵减：

抵减前的应纳税额等于零的，当期可抵减加计抵减额全部结转下期抵减；

抵减前的应纳税额大于零，且大于当期可抵减加计抵减额的，当期可抵减加计抵减额全额从抵减前的应纳税额中抵减

抵减前的应纳税额大于零，且小于或等于当期可抵减加计抵减额的，以当期可抵减加计抵减额抵减应纳税额至零。未抵减完的当期可抵减加计抵减额，结转下期继续抵减。

③纳税人出口货物劳务、发生跨境应税行为不适用加计抵减政策，其对应的进项税额不得计提加计抵减额。

纳税人兼营出口货物劳务、发生跨境应税行为且无法划分不得计提加计抵减额的进项税额，按照以下公式计算：

不得计提加计抵减额的进项税额 = 当期无法划分的全部进项税额 × 当期出口货物劳务和发生跨境应税行为的销售额 ÷ 当期全部销售额

④纳税人应单独核算加计抵减额的计提、抵减、调减、结余等变动情况。骗取适用加计抵减政策或虚增加计抵减额的，按照《中华人民共和国税收征收管理法》

等有关规定处理。

⑤加计抵减政策执行到期后，纳税人不再计提加计抵减额，结余的加计抵减额停止抵减。

3. 不得抵扣的进项税额。

（1）用于简易计税方法计税项目、免征增值税项目、集体福利或者个人消费的购进货物、加工修理修配劳务、服务、无形资产和不动产。其中涉及的固定资产、无形资产、不动产，仅指专用于上述项目的固定资产、无形资产（不包括其他权益性无形资产）、不动产。

纳税人的交际应酬消费属于个人消费。

（2）非正常损失的购进货物，以及相关的加工修理修配劳务和交通运输服务。

（3）非正常损失的在产品、产成品所耗用的购进货物（不包括固定资产）、加工修理修配劳务和交通运输服务。

（4）非正常损失的不动产，以及该不动产所耗用的购进货物、设计服务和建筑服务。

（5）非正常损失的不动产在建工程所耗用的购进货物、设计服务和建筑服务。

纳税人新建、改建、扩建、修缮、装饰不动产，均属于不动产在建工程。

（6）购进的贷款服务、餐饮服务、居民日常服务和娱乐服务。纳税人接受贷款服务向贷款方支付的与该笔贷款直接相关的投融资顾问费、手续费、咨询费等费用，其进项税额不得从销项税额中抵扣。

（7）财政部和国家税务总局规定的其他情形。

本条第（4）项、第（5）项所称货物，是指构成不动产实体的材料和设备，包括建筑装饰材料和给排水、采暖、卫生、通风、照明、通讯、煤气、消防、中央空调、电梯、电气、智能化楼宇设备及配套设施。

不动产、无形资产的具体范围，按照前文中征税范围中的注释执行。

固定资产，是指使用期限超过12个月的机器、机械、运输工具以及其他与生产经营有关的设备、工具、器具等有形动产。

非正常损失，是指因管理不善造成货物被盗、丢失、霉烂变质，以及因违反法律法规造成货物或者不动产被依法没收、销毁、拆除的情形。

已抵扣进项税额的购进货物（不含固定资产）、劳务、服务，发生上述规定情形（简易计税方法计税项目、免征增值税项目除外）的，应当将该进项税额从当期进项税额中扣减；无法确定该进项税额的，按照当期实际成本计算应扣减的进项税额。

已抵扣进项税额的固定资产、无形资产或者不动产，发生上述规定情形的，按照下列公式计算不得抵扣的进项税额：

不得抵扣的进项税额 = 固定资产、无形资产或者不动产净值 × 适用税率

固定资产、无形资产或者不动产净值，是指纳税人根据财务会计制度计提折旧或摊销后的余额。

不得抵扣且未抵扣进项税额的固定资产、无形资产、不动产，发生用途改变，用于允许抵扣进项税额的应税项目，可在用途改变的次月按照下列公式，依据合法有效的增值税扣税凭证，计算可以抵扣的进项税额：

可以抵扣的进项税额＝固定资产、无形资产、不动产净值/(1＋适用税率)×适用税率

上述可以抵扣的进项税额应取得合法有效的增值税扣税凭证。

4. 兼营免税项目或简易计税项目的抵扣规定。适用一般计税方法的纳税人，兼营简易计税方法计税项目、免征增值税项目而无法划分不得抵扣的进项税额，按照下列公式计算不得抵扣的进项税额：

不得抵扣的进项税额＝当期无法划分的全部进项税额×（当期简易计税方法计税项目销售额＋免征增值税项目销售额）÷当期全部销售额

主管税务机关可以按照上述公式依据年度数据对不得抵扣的进项税额进行清算。

5. 向供货方收取返还收入的税务处理。自2004年7月1日起对商业企业向供货方收取的与商品销售量、销售额挂钩（如以一定比例、金额、数量计算）的各种返还收入，均应按照平销返利行为的有关规定冲减当期增值税进项税金，不征收营业税。应冲减进项税金的计算公式调整为：

$$\text{当期应冲减进项税金}=\text{当期取得的返还资金}\div\left(1+\text{所购货物适用增值税税率}\right)\times\text{所购货物适用增值税税率}$$

（三）应纳税额的计算

在计算出销项税额和进项税额后就可以得出实际应纳税额。纳税人销售货物或提供应税劳务，其应纳税额为当期销项税额抵扣当期进项税额后的余额。基本计算公式为：

应纳税额＝当期销项税额－当期进项税额

增值税应纳税额计算公式直观地反映了增值税仅对商品流通环节产生的增值额征税的原理，同时，也简洁、明了地解释了增值税的主要内容和计税方法。为了使这个公式得以正确运用，需要掌握以下几个重要规定：

1. 计算应纳税额的时间限定。为了保证计算应纳税额的合理、准确性，纳税人必须严格把握当期进项税额从当期销项税额中抵扣这个要点。“当期”是个重要的时间限定，具体是指税务机关依照税法规定对纳税人确定的纳税期限；只有在纳税期限内实际发生的销项税额、进项税额，才是法定的当期销项税额或当期进项税额。

自2017年7月1日起，增值税一般纳税人取得的2017年7月1日及以后开具的增值税专用发票和机动车销售统一发票，应自开具之日起360日内认证或登录增值税发票选择确认平台进行确认，并在规定的纳税申报期内，向主管国税机关申报抵扣进项税额。

增值税一般纳税人取得的2017年7月1日及以后开具的海关进口增值税专用缴款书，应自开具之日起360日内向主管国税机关报送《海关完税凭证抵扣清单》，申请稽核比对。

2. 未按期申报抵扣增值税扣税凭证抵扣管理办法。增值税一般纳税人取得的增值税扣税凭证已认证或已采集上报信息但未按照规定期限申报抵扣；实行纳税辅导期管理的增值税一般纳税人以及实行海关进口增值税专用缴款书"先比对后抵扣"管理办法的增值税一般纳税人，取得的增值税扣税凭证稽核比对结果相符但未按规定期限申报抵扣，属于发生真实交易且符合规定的客观原因的，经主管税务机关审核，允许纳税人继续申报抵扣其进项税额。

所称增值税扣税凭证，包括增值税专用发票（含货物运输业增值税专用发票和税控机动车销售统一发票)、海关进口增值税专用缴款书和税收缴款凭证。

增值税一般纳税人除客观原因以外的其他原因造成增值税扣税凭证未按期申报抵扣的，仍按照现行增值税扣税凭证申报抵扣有关规定执行。

客观原因包括如下类型：

(1) 因自然灾害、社会突发事件等不可抗力原因造成增值税扣税凭证未按期申报抵扣；

(2) 有关司法、行政机关在办理业务或者检查中，扣押、封存纳税人账簿资料，导致纳税人未能按期办理申报手续；

(3) 税务机关信息系统、网络故障，导致纳税人未能及时取得认证结果通知书或稽核结果通知书，未能及时办理申报抵扣；

(4) 由于企业办税人员伤亡、突发危重疾病或者擅自离职，未能办理交接手续，导致未能按期申报抵扣；

(5) 国家税务总局规定的其他情形。

3. 计算应纳税额时进项税额不足抵扣的处理。由于增值税实行扣税法，有时企业当期购进的货物很多，在计算应纳税额时会出现当期销项税额小于当期进项税额不足抵扣的情况，根据税法规定，当期进项税额不足抵扣的部分可以结转下期继续抵扣，一般不能办理退税，税法另有规定者除外。

4. 扣减发生期进项税额的规定。由于增值税实行以当期销项税额抵扣当期进项税额的"购进扣税法"，当期购进的货物或应税劳务如果事先并未确定将用于非生产经营项目，其进项税额会在当期销项税额中予以抵扣。但已抵扣进项税额的购进货物或应税劳务如果事后改变用途，即用于非应税项目、用于免税项目、用于集体福利或者个人消费，或购进货物发生非正常损失、在产品或产成品发生非正常损失，根据税法规定，应将该项购进货物或应税劳务的进项税额从当期发生的进项税额中扣减，无法准确确定该项进项税额的，按当期实际成本计算应扣减的进项税额。

进口货物的实际成本，即进价 + 运费 + 保险费 + 其他有关费用，按征税时该货物适用的税率计算应扣减的进项税额；如果是国内购进的货物，成本主要包括进价和运费两大部分。

5. 销货退回、服务中止或折让的税务处理。纳税人在生产经营过程中，因销货退回、服务中止或者折让而退还给购买方的增值税额，应当从当期的销项税额中扣减；发生服务中止、购进货物退出、折让而收回的增值税额，应当从当期的进项税额中扣减。

应纳税额计算的一般操作过程，主要是通过反映企业购销活动的增值税专用发票和设置核算应纳税额的“应交税费——应交增值税”的科目来完成的。该科目的结构是：借方发生额反映企业购进货物或应税劳务支付的进项税额和实际已缴的增值税额；贷方发生额反映销售货物或应税劳务应缴纳的增值税、出口货物退税、转出已支付或应分担的增值税。期末余额若在贷方，反映企业本期应缴而未缴的增值税额；期末余额若在借方，反映企业本期多缴的增值税额或当期尚未抵扣完而留待下期继续抵扣的进项税额。该科目有关内容以丁字账户形式表示如表 9－2：

表 9－2　　应交税费——应交增值税

借方	贷方
发生额： 1. 企业购进货物或应税劳务所支付的进项税额 2. 实际已缴纳增值税额 3. 红字表示购货退回应冲销的税额及退回多缴的增值税	发生额： 1. 销售货物或应税劳务的销项税额 2. 出口货物退税 3. 转出已支付或应分担的增值税 4. 红字表示销货退回应冲销的销项税额
期末余额： 1. 企业多缴的增值税 2. 尚未抵扣留待下期继续抵扣的进项税额	期末余额： 反映企业尚未缴纳的增值税额

6. 留抵进项税额退税的特殊规定。

（1）一般留抵税额退税政策。同时符合以下条件的纳税人，可以向主管税务机关申请退还增量留抵税额：自 2019 年 4 月税款所属期起，连续六个月（按季纳税的，连续两个季度）增量留抵税额均大于零，且第六个月增量留抵税额不低于 50 万元；纳税信用等级为 A 级或者 B 级；申请退税前 36 个月未发生骗取留抵退税、出口退税或虚开增值税专用发票情形的；申请退税前 36 个月未因偷税被税务机关处罚两次及以上的；自 2019 年 4 月 1 日起未享受即征即退、先征后返（退）政策的。

所称增量留抵税额，是指与 2019 年 3 月底相比新增加的期末留抵税额。

允许退还的增量留抵税额＝增量留抵税额×进项构成比例×60%

进项构成比例，为 2019 年 4 月至申请退税前一税款所属期内已抵扣的增值税专用发票（含税控机动车销售统一发票）、海关进口增值税专用缴款书、解缴税款完税凭证注明的增值税额占同期全部已抵扣进项税额的比重。

纳税人应在增值税纳税申报期内，向主管税务机关申请退还留抵税额。

（2）部分先进制造业留抵税额退税政策。自 2019 年 6 月 1 日起，同时符合以下条件的部分先进制造业纳税人，可以自 2019 年 7 月及以后纳税申报期向主管税务机关申请退还增量留抵税额：增量留抵税额大于零；纳税信用等级为 A 级或者 B 级；申请退税前 36 个月未发生骗取留抵退税、出口退税或虚开增值税专用发票情形；申请退税前36个月未因偷税被税务机关处罚两次及以上；自2019年4月1日起未享受即征即退、先征后返（退）政策。

部分先进制造业纳税人，是指按照《国民经济行业分类》，生产并销售非金属矿物制品、通用设备、专用设备及计算机、通信和其他电子设备销售额占全部销售额的比重超过50%的纳税人。上述销售额比重根据纳税人申请退税前连续12个月的销售额计算确定；申请退税前经营期不满12个月但满3个月的，按照实际经营期的销售额计算确定。

所称增量留抵税额，是指与2019年3月31日相比新增加的期末留抵税额。

允许退还的增量留抵税额=增量留抵税额×进项构成比例

进项构成比例，为2019年4月至申请退税前一税款所属期内已抵扣的增值税专用发票（含税控机动车销售统一发票）、海关进口增值税专用缴款书、解缴税款完税凭证注明的增值税额占同期全部已抵扣进项税额的比重。

例9-1：某食品厂本年度6月份销售A产品给某批发单位，开出专用发票一张，分别收取价款和税款38000元和6460元，本月以成本价销售B产品1200瓶给本厂职工，每瓶单价1.5元，取得收入1800元，以出厂不含税价格每瓶3元销售B产品1500瓶给某使用单位，开出普通发票，金额为5265元，月初购进上述产品所需原料取得专用发票二张，其中：A产品原料价款和税款分别为10000元和1300元，B产品原料价款和税款分别为1000元和130元，专用发票当月均通过认证并申报抵扣。试计算该厂应缴纳的增值税。

解：①销售A产品给某批发单位计税销售额=38000（元）

②销售B产品给本厂职工计税销售额=1200×3=3600（元）

③销售B产品给某使用单位计税销售额=1500×3=4500（元）

④该厂全月销项税额=（38000+3600+4500）×13%=5993（元）

⑤该厂全月进项税额=1300+130=1430（元）

⑥该厂全月应纳税额=5993-1430=4563（元）

二、进口货物应纳税额计算

对进口货物征税是国际上大多数国家的通常做法，根据《增值税暂行条例》的规定，一切进口货物的单位和个人都应当依照条例规定缴纳增值税。

（一）进口货物征税的范围

申报进入中华人民共和国海关境内的货物，除另有规定者外，均应缴纳增值税。

确定一项货物是否属于进口货物，必须首先看其是否有报关进口手续。一般来说，境外产品要输入境内，都必须向我国海关申报进口，并办理有关报关手续。只要是报关进口的应税货物，不论其是国外产制还是我国已出口而转销国内的货物；是进口者自行采购还是国外捐赠的货物，是进口者自用还是作为贸易或其他用途等等，均应按照规定缴纳进口环节的增值税。另外，国家在规定对进口货物征税的同时，对某些进口货物制定了减免税的特殊规定。如属于来料加工、进料加工贸易方式进口国外的原材料、零配件等在国内加工后复出口的，对进口的料、件按规定给予免税或减税。但这些进口免、减税的料、件若不能加工复出口，而是销往国内的，就要予以补税。对进口货物是否减免税由国务院统一规定，任何地方、部门都无权规定减免税项目。

（二）进口货物的纳税人和适用税率

进口货物的收货人或办理报关手续的单位和个人，为进口货物增值税的纳税义务人。也就是说，进口货物增值税纳税人的范围较宽，包括了国内一切从事进口业务的企事业单位、机关团体和个人。

对于企业、单位和个人委托代理进口应征增值税的货物，一律由进口代理者代交进口环节增值税。纳税后，由代理者将已纳税款和进口货物价款费用等与委托方结算，由委托者承担已纳税款。

进口货物的适用税率与国内销售货物的适用税率是一致的。

（三）进口货物的应纳税额计算

进口货物按照组成计税价格和规定的税率，计算进口环节应纳增值税额，不得抵扣任何税额。组成计税价格和应纳税额的计算公式为：

组成计税价格 = 关税完税价格 + 关税

属于征收消费税的进口货物，还需在组成计税价格中加上消费税。公式为：

组成计税价格 = 关税完税价格 + 关税 + 消费税

应纳税额 = 组成计税价格 × 税率

对于进口货物征收增值税，之所以不允许抵扣任何税额，其原因有二：一是当今世界许多国家对本国出口商品都实行免税或退税政策，使其以不含价格进入他国市场。因此，这类商品通常无税可扣。二是即使少数国家的出口商品价格中仍然含有商品劳务税，但根据国际惯例，进口国政府有权不予抵扣，否则，就会形成进口国向出口国商品的财政补贴。

例 9 - 2：某进出口公司某月进口高档化妆品一批，到岸价格 840 万元，已知关税税率为 50%，消费税税率为 15%，试计算该公司当月应纳增值税额。

解：（1）进口关税 = 840 × 50% = 420（万元）

（2）进口消费税 $= \dfrac{840 + 420}{1 - 15\%} \times 15\% = 222.35$（万元）

（3）进口增值税 = (840 + 420 + 222.35) × 13% = 192.71（万元）

（四）进口货物的税收管理

进口货物，增值税纳税义务发生时间为报关进口的当天。其纳税地点应当由进口人或其代理人向报关地海关申报纳税。其纳税期限应当自海关填发税款缴纳证的次日起 15 日内缴纳税款。

三、小规模纳税人应纳税额的计算方法

小规模纳税人销售货物或者提供应税劳务，按照销售额和《增值税暂行条例》

规定的3%的征收率计算应纳税额，不得抵扣进项税额。应纳税额的计算公式为：

应纳税额 = 销售额 × 征收率

小规模纳税人取得的销售额与本节一中讲述的销售额所包含的内容是一致的，都是销售货物或提供应税劳务向购买方收取的全部价款和价外费用，但是不包括按3%的征收率所收取的增值税税额。

由于小规模纳税人在销售货物或应税劳务时，只能开具普通发票，取得的销售收入均为含税销售额。为了符合增值税作为价外税的要求，小规模纳税人在计算应纳税额时，必须将含税销售额换算为不含税的销售额后才能计算应纳税额。小规模纳税人不含税销售额的换算公式为：

不含税销售额 = 含税销售额 ÷（1 + 征收率）

例9-3：某个体零售商店，某月销售额为94600元，试计算该个体户商店该月应纳增值税税额。

解：（1）计税销售额 = 94600 ÷（1 + 3%）= 91844.66（元）

（2）应纳税额 = 91844.66 × 3% = 2755.34（元）

小规模纳税人（除其他个人外，下同）销售自己使用过的固定资产，减按2%征收率征收增值税。小规模纳税人销售自己使用过的除固定资产以外的物品，应按3%的征收率征收增值税。

四、"营改增"简易计税应纳税额的计算

根据"营改增"的规定，一般纳税人应该按照一般计税方法计算缴纳增值税，但是下列特殊情形属于可以选择简易计税方法的范畴：

（一）试点纳税人中的一般纳税人提供的公共交通运输服务（不包括铁路旅客运输服务），可以选择按照简易计税方法计算缴纳增值税。公共交通运输服务，包括轮客渡、公交客运、轨道交通（含地铁、城市轻轨）、出租车、长途客运、班车。其中，班车，是指按固定路线、固定时间运营并在固定站点停靠的运送旅客的陆路运输。

（二）以纳入营改增试点之日前取得的有形动产为标的物提供的经营租赁服务，在纳入营改增试点之日前签订的尚未执行完毕的有形动产租赁合同，可以选择适用简易计税方法计算缴纳增值税。

（三）电影放映服务、仓储服务、装卸搬运服务、收派服务和文化体育服务，可以选择按照简易计税办法计算缴纳增值税。

（四）一般纳税人提供非学历教育服务，可以选择适用简易计税方法按照3%征收率计算应纳税额。

（五）提供物业管理服务的纳税人，向服务接受方收取的自来水水费，以扣除其对外支付的自来水水费后的余额为销售额，按照简易计税方法依3%的征收率计算缴纳增值税。

（六）建筑服务

1. 一般纳税人以清包工方式提供的建筑服务，可以选择适用简易计税方法计税。以清包工方式提供建筑服务，是指施工方不采购建筑工程所需的材料或只采购辅助材料，并收取人工费、管理费或者其他费用的建筑服务。

2. 一般纳税人为甲供工程提供的建筑服务，可以选择适用简易计税方法计税。甲供工程，是指全部或部分设备、材料、动力由工程发包方自行采购的建筑工程。

3. 一般纳税人为建筑工程老项目提供的建筑服务，可以选择适用简易计税方法计税。建筑工程老项目，是指：

（1）《建筑工程施工许可证》注明的合同开工日期在 2016 年 4 月 30 日前的建筑工程项目；

（2）未取得《建筑工程施工许可证》的，建筑工程承包合同注明的开工日期在 2016 年 4 月 30 日前的建筑工程项目。

4. 一般纳税人跨县（市）提供建筑服务，适用一般计税方法计税的，应以取得的全部价款和价外费用为销售额计算应纳税额。纳税人应以取得的全部价款和价外费用扣除支付的分包款后的余额，按照 2% 的预征率在建筑服务发生地预缴税款后，向机构所在地主管税务机关进行纳税申报。

5. 一般纳税人跨县（市）提供建筑服务，选择适用简易计税方法计税的，应以取得的全部价款和价外费用扣除支付的分包款后的余额为销售额，按照 3% 的征收率计算应纳税额。纳税人应按照上述计税方法在建筑服务发生地预缴税款后，向机构所在地主管税务机关进行纳税申报。

6. 试点纳税人中的小规模纳税人（以下称小规模纳税人）跨县（市）提供建筑服务，应以取得的全部价款和价外费用扣除支付的分包款后的余额为销售额，按照 3% 的征收率计算应纳税额。纳税人应按照上述计税方法在建筑服务发生地预缴税款后，向机构所在地主管税务机关进行纳税申报。

（七）销售不动产

1. 一般纳税人销售其 2016 年 4 月 30 日前取得（不含自建）的不动产，可以选择适用简易计税方法，以取得的全部价款和价外费用减去该项不动产购置原价或者取得不动产时的作价后的余额为销售额，按照 5% 的征收率计算应纳税额。纳税人应按照上述计税方法在不动产所在地预缴税款后，向机构所在地主管税务机关进行纳税申报。

2. 一般纳税人销售其 2016 年 4 月 30 日前自建的不动产，可以选择适用简易计税方法，以取得的全部价款和价外费用为销售额，按照 5% 的征收率计算应纳税额。纳税人应按照上述计税方法在不动产所在地预缴税款后，向机构所在地主管税务机关进行纳税申报。

3. 一般纳税人销售其 2016 年 5 月 1 日后取得（不含自建）的不动产，应适用一般计税方法，以取得的全部价款和价外费用为销售额计算应纳税额。纳税人应以取得的全部价款和价外费用减去该项不动产购置原价或者取得不动产时的作价后的余额，按照5%的预征率在不动产所在地预缴税款后，向机构所在地主管税务机关进行纳税申报。

4. 一般纳税人销售其2016年5月1日后自建的不动产，应适用一般计税方法，以取得的全部价款和价外费用为销售额计算应纳税额。纳税人应以取得的全部价款和价外费用，按照5%的预征率在不动产所在地预缴税款后，向机构所在地主管税务机关进行纳税申报。

5. 小规模纳税人销售其取得（不含自建）的不动产（不含个体工商户销售购买的住房和其他个人销售不动产），应以取得的全部价款和价外费用减去该项不动产购置原价或者取得不动产时的作价后的余额为销售额，按照5%的征收率计算应纳税额。纳税人应按照上述计税方法在不动产所在地预缴税款后，向机构所在地主管税务机关进行纳税申报。

6. 小规模纳税人销售其自建的不动产，应以取得的全部价款和价外费用为销售额，按照5%的征收率计算应纳税额。纳税人应按照上述计税方法在不动产所在地预缴税款后，向机构所在地主管税务机关进行纳税申报。

7. 房地产开发企业中的一般纳税人，销售自行开发的房地产老项目，可以选择适用简易计税方法按照5%的征收率计税。

8. 房地产开发企业中的小规模纳税人，销售自行开发的房地产项目，按照5%的征收率计税。

9. 房地产开发企业采取预收款方式销售所开发的房地产项目，在收到预收款时按照3%的预征率预缴增值税。

10. 个体工商户销售购买的住房，应按照有关规定征免增值税。纳税人应按照上述计税方法在不动产所在地预缴税款后，向机构所在地主管税务机关进行纳税申报。

11. 其他个人销售其取得（不含自建）的不动产（不含其购买的住房），应以取得的全部价款和价外费用减去该项不动产购置原价或者取得不动产时的作价后的余额为销售额，按照5%的征收率计算应纳税额。

12. 纳税人转让2016年4月30日前取得的土地使用权，可以选择适用简易计税方法，以取得的全部价款和价外费用减去取得该土地使用权的原价后的余额为销售额，按照5%的征收率计算缴纳增值税。

（八）不动产经营租赁服务

1. 一般纳税人出租其2016年4月30日前取得的不动产，可以选择适用简易计税方法，按照5%的征收率计算应纳税额。纳税人出租其2016年4月30日前取得的与机构所在地不在同一县（市）的不动产，应按照上述计税方法在不动产所在地预缴税款后，向机构所在地主管税务机关进行纳税申报。

2. 公路经营企业中的一般纳税人收取试点前开工的高速公路的车辆通行费，可以选择适用简易计税方法，减按3%的征收率计算应纳税额。

试点前开工的高速公路，是指相关施工许可证明上注明的合同开工日期在2016

年4月30日前的高速公路。

3. 一般纳税人出租其2016年5月1日后取得的、与机构所在地不在同一县（市）的不动产，应按照3%的预征率在不动产所在地预缴税款后，向机构所在地主管税务机关进行纳税申报。

4. 小规模纳税人出租其取得的不动产（不含个人出租住房），应按照5%的征收率计算应纳税额。纳税人出租与机构所在地不在同一县（市）的不动产，应按照上述计税方法在不动产所在地预缴税款后，向机构所在地主管税务机关进行纳税申报。

5. 其他个人出租其取得的不动产（不含住房），应按照5%的征收率计算应纳税额。

6. 个人出租住房，应按照5%的征收率减按1.5%计算应纳税额。

7. 纳税人以经营租赁方式将土地出租给他人使用，按照不动产经营租赁服务缴纳增值税。一般纳税人2016年4月30日前签订的不动产融资租赁合同，或以2016年4月30日前取得的不动产提供的融资租赁服务，可以选择适用简易计税方法，按照5%的征收率计算缴纳增值税。

（九）劳务派遣服务

1. 一般纳税人提供劳务派遣服务，可以以取得的全部价款和价外费用为销售额，按照一般计税方法计算缴纳增值税；也可以选择差额纳税，以取得的全部价款和价外费用，扣除代用工单位支付给劳务派遣员工的工资、福利和为其办理社会保险及住房公积金后的余额为销售额，按照简易计税方法依5%的征收率计算缴纳增值税。

2. 小规模纳税人提供劳务派遣服务，可以按照有关规定，以取得的全部价款和价外费用为销售额，按照简易计税方法依3%的征收率计算缴纳增值税；也可以选择差额纳税，以取得的全部价款和价外费用，扣除代用工单位支付给劳务派遣员工的工资、福利和为其办理社会保险及住房公积金后的余额为销售额，按照简易计税方法依5%的征收率计算缴纳增值税。

（十）资管产品增值税问题

资管产品，包括银行理财产品、资金信托（包括集合资金信托、单一资金信托）、财产权信托、公开募集证券投资基金、特定客户资产管理计划、集合资产管理计划、定向资产管理计划、私募投资基金、债权投资计划、股权投资计划、股债结合型投资计划、资产支持计划、组合类保险资产管理产品、养老保障管理产品。财政部和税务总局规定的其他资管产品管理人及资管产品。

资管产品管理人（以下称管理人）运营资管产品过程中发生的增值税应税行为（以下称资管产品运营业务），暂适用简易计税方法，按照3%的征收率缴纳增值税。资管产品管理人包括银行、信托公司、公募基金管理公司及其子公司、证券公司及其子公司、期货公司及其子公司、私募基金管理人、保险资产管理公司、专业保险资产管理机构、养老保险公司。

管理人接受投资者委托或信托对受托资产提供的管理服务以及管理人发生的除资管产品运营业务的其他增值税应税行为（以下称其他业务），按照现行规定缴纳增值税。管理人应分别核算资管产品运营业务和其他业务的销售额和增值税应纳税额。未分别核算的，资管产品运营业务不得适用本通知第一条规定。管理人可选择分别或汇总核算资管产品运营业务销售额和增值税应纳税额。管理人应按照规定的纳税期限，汇总申报缴纳资管产品运营业务和其他业务增值税。

第四节 增值税的减免税与出口退税

一、增值税的减免税

各国增值税的减免税，其中主要是免税，分为有抵扣权免税和无抵扣权免税两种类型。有抵扣权免税是指允许享受免税待遇的企业不纳本环节的增值税，还可以扣除进项税额。这种免税由于实行全程免税，故也称“零税率制”。这里所要分析的减免税是指无抵扣权的免税。这种免税对特定生产经营项目免于征税，但对企业为生产经营免税项目所购进的投入物品的税额不予抵扣，即企业既不用纳税，也不能扣税。

无抵扣权免税又可分为两种形式：一种是对商品生产经营过程中的某一阶段免税，但以前阶段的销售不属于免税范围；另一种是对特定企业免税，即把这类企业全部应税经营活动排除在增值税征收范围之外。由于增值税的计税原理不同于传统间接税，因增值税免税所带来的效应也要比传统间接税复杂得多。因此，世界各国对增值税的减免税，尤其是对最终销售以前环节的免税，控制得极为严格。主要基于以下理由：一是增值税属于价外税，生产经营者是纳税人，但非负税人，税款最终转嫁给消费者负担。因此，对最终销售环节以前的生产经营者给予减税或免税，毫无意义。二是增值税为了避免对外购商品的重复征税，实行进项税额抵扣制，形成环环相扣的“链条”。只要不是在最终销售环节免税，而是对其中某一环节给予免税，势力造成抵扣“链条”的断裂，使得上一环节减少的税收负担转移给下一个环节负担。三是减免税不仅扰乱了应税商品的价格体系，而且，作为增值税最终归宿的消费者，在制造、批发等中间环节免税的情况下，并不会从减免税中受益。四是享受增值税减免税优惠的生产经营者不仅不会从减免税中受益，而且还会由于免税产品不能享有进项税额抵扣权，以及由于免税企业销售免税产品，不能出具专用发票等扣税凭证，导致购买者不愿从免税企业购进商品的消极效应。因此，增值税减免税应进行严格控制。

（一）《增值税暂行条例》规定的免税项目

1. 农业生产者销售的自产农产品。农业生产者，包括从事农业生产的单位和个人。农业产品是指种植业、养殖业、林业、牧业、水产业生产的各类植物、动物的初级产品。对上述单位和个人销售的外购农产品，以及单位和个人外购农产品生产、加工后销售的仍然属于规定范围的农业产品，不属于免税的范围，应当按照规定的税率征收增值税。

纳税人采取“公司+农户”经营模式从事畜禽饲养，即公司与农户签订委托养殖合同，向农户提供畜禽苗、饲料、农药及疫苗等（所有权属于公司），农户饲养畜禽苗至成品后交付公司回收，公司将回收的成品畜禽用于销售。在上述经营模式下，纳税人回收再销售畜禽，属于农业生产者销售自产农产品，应根据《增值税暂行条例》的有关规定免征增值税。

2. 避孕药品和用具。

3. 古旧图书，是指向社会收购的古书和旧书。

4. 直接用于科学研究、科学试验和教学的进口仪器、设备。

5. 外国政府、国际组织无偿援助的进口物资和设备由残疾人的组织直接进口供残疾人专用的物品。

6. 销售自己使用过的物品。自己使用过的物品，是指其他个人自己使用过的物品。

（二）财政部、国家税务总局规定的其他免征税项目

1. 资源综合利用及其他产品的增值税政策。

（1）对销售再生水、以废旧轮胎为全部生产原料生产的胶粉、翻新轮胎、生产原料中掺兑废渣比例不低于30%的特定建材产品等符合规定的自产货物实行免征增值税政策。

（2）对符合规定的垃圾处理、污泥处理处置劳务免征增值税。

（3）对销售以工业废气为原料生产的高纯度二氧化碳产品、以垃圾为燃料生产的电力或者热力、以煤炭开采过程中伴生的舍弃物油母页岩为原料生产的页岩油、以废旧沥青混凝土为原料生产的再生沥青混凝土等符合规定的自产货物实行增值税即征即退的政策。

（4）对销售自产的综合利用生物柴油实行增值税先征后退政策。综合利用生物柴油，是指以废弃的动物油和植物油为原料生产的柴油。废弃的动物油和植物油用量占生产原料的比重不低于70%。

（5）对利用工业生产过程中产生的余热、余压生产的电力或热力、以污水处理后产生的污泥为原料生产的干化污泥与燃料、以废弃的动物油、植物油为原料生产的饲料级混合油等符合规定的自产货物实行增值税即征即退100%的政策。

（6）对销售以三剩物、次小薪材和农作物秸秆等3类农林剩余物为原料生产的木（竹、秸秆）纤维板、木（竹、秸秆）刨花板，细木工板、活性炭、拷胶、水解酒精、炭棒；以沙柳为原料生产的箱板纸等符合规定的自产货物实行增值税即征即退80%的政策。

（7）对销售以退役军用发射药为原料生产的涂料硝化棉粉、以煤矸石、煤泥、石煤、油母页岩为燃料生产的电力和热力、利用风力生产的电力、以粉煤灰、煤研

石为原料生产的氧化铝、活性硅酸钙等符合规定的自产货物实行增值税即征即退50%的政策。

2. 农业领域增值税政策。

（1）对从事蔬菜批发、零售的纳税人销售的蔬菜免征增值税。各种蔬菜罐头不属于本通知所述蔬菜的范围。

（2）豆粕属于征收增值税的饲料产品，除豆粕以外的其他粕类饲料产品，均免征增值税。

（3）制种企业利用自有土地或承租土地，雇用农户或雇工进行种子繁育，或者制种企业提供亲本种子委托农户繁育并从农户手中收回，再经烘干、脱粒、风筛等深加工后销售种子，属于农业生产者销售自产农业产品，免征增值税。

（4）自2008年6月1日起，纳税人生产销售和批发、零售有机肥产品免征增值税。

（三）跨境应税服务免税政策

境内的单位和个人销售的下列服务和无形资产免征增值税，但财政部和国家税务总局规定适用增值税零税率的除外：

1. 下列服务：工程项目在境外的建筑服务；工程项目在境外的工程监理服务；工程、矿产资源在境外的工程勘察勘探服务；会议展览地点在境外的会议展览服务；存储地点在境外的仓储服务；标的物在境外使用的有形动产租赁服务；在境外提供的广播影视节目（作品）的播映服务；在境外提供的文化体育服务、教育医疗服务、旅游服务等。

2. 为出口货物提供的邮政服务、收派服务、保险服务。为出口货物提供的保险服务，包括出口货物保险和出口信用保险。

3. 向境外单位提供的完全在境外消费的电信服务、知识产权服务、物流辅助服务（仓储服务、收派服务除外）、鉴证咨询服务、专业技术服务、商务辅助服务、广告投放地在境外的广告服务和无形资产。

4. 以无运输工具承运方式提供的国际运输服务。

5. 为境外单位之间的货币资金融通及其他金融业务提供的直接收费金融服务，且该服务与境内的货物、无形资产和不动产无关。

（四）营业税改征增值税试点过渡政策的规定

1. 免征增值税。

（1）托儿所、幼儿园提供的保育和教育服务；养老机构提供的养老服务；残疾人福利机构提供的育养服务；婚姻介绍服务；殡葬服务；残疾人员本人为社会提供的服务等。

（2）医疗机构提供的医疗服务；从事学历教育的学校提供的教育服务；学生勤工俭学提供的服务等。

（3）纪念馆、博物馆、文化馆、文物保护单位管理机构、美术馆、展览馆、书画院、图书馆在自己的场所提供文化体育服务取得的第一道门票收入。

（4）个人转让著作权。

（5）纳税人提供技术转让、技术开发和与之相关的技术咨询、技术服务。

（6）将土地使用权转让给农业生产者用于农业生产。

（7）涉及家庭财产分割的个人无偿转让不动产、土地使用权。

（8）个人将购买不足2年的住房对外销售的，按照5%的征收率全额缴纳增值税；个人将购买2年以上（含2年）的住房对外销售的，免征增值税。上述政策适用于北京市、上海市、广州市和深圳市之外的地区。

个人将购买不足2年的住房对外销售的，按照5%的征收率全额缴纳增值税；个人将购买2年以上（含2年）的非普通住房对外销售的，以销售收入减去购买住房价款后的差额按照5%的征收率缴纳增值税；个人将购买2年以上（含2年）的普通住房对外销售的，免征增值税。上述政策仅适用于北京市、上海市、广州市和深圳市。

2. 增值税即征即退。

（1）一般纳税人提供管道运输服务，对其增值税实际税负超过3%的部分实行增值税即征即退政策。

（2）经人民银行、银监会或者商务部批准从事融资租赁业务的试点纳税人中的一般纳税人，提供有形动产融资租赁服务和有形动产融资性售后回租服务，对其增值税实际税负超过3%的部分实行增值税即征即退政策。

（3）本规定所称增值税实际税负，是指纳税人当期提供应税服务实际缴纳的增值税额占纳税人当期提供应税服务取得的全部价款和价外费用的比例。

二、增值税的起征点

为了照顾部分纳税人收入较少、生产经营和生产方面的困难，增值税设立了起征点。增值税起征点的幅度如下：

1. 销售货物的，为月销售额5000—20000元。

2. 销售应税劳务的，为月销售额5000—20000元。

3. 按次纳税的，为每次（日）销售额300—500元。

4. 应税服务的起征点：

（1）按期纳税的，为月销售额5000—20000元（含本数）。

（2）按次纳税的，为每次（日）销售额300—500元（含本数）。

起征点的调整由财政部和国家税务总局规定。省、自治区、直辖市财政厅（局）和国家税务局应当在规定的幅度内，根据实际情况确定本地区适用的起征点，并报财政部和国家税务总局备案。

自2019年1月1日起，小规模纳税人发生增值税应税销售行为，合计月销售额未超过10万元（以1个季度为1个纳税期的，季度销售额未超过30万元，下同）的，免征增值税。小规模纳税人发生增值税应税销售行为，合计月销售额超过10万元，但扣除本期发生的销售不动产的销售额后未超过10万元的，其销售货物、劳务、服务、无形资产取得的销售额免征增值税。适用增值税差额征税政策的小规模纳税人，以差额后的销售额确定是否可以享受本公告规定的免征增值税政策。

按固定期限纳税的小规模纳税人可以选择以 1 个月或 1 个季度为纳税期限，一经选择，一个会计年度内不得变更。其他个人，采取一次性收取租金形式出租不动产取得的租金收入，可在对应的租赁期内平均分摊，分摊后的月租金收入未超过 10 万元的，免征增值税。

三、增值税的出口货物退（免）税

（一）出口退（免）税的原则

出口退（免）税，是国际贸易中采用的对出口货物退还或免征间接税的税收措施。它为世界各国所普遍接受，其目的在于鼓励各国出口货物的公平竞争。由于这项制度比较公平合理，因此，它已成为国际社会通行的惯例。

我国的出口货物退（免）税，是指在国际贸易业务中，对我国报关出口的货物退还或免征其在国内各生产和流转环节按税法规定缴纳的增值税和消费税，对增值税出口货物实行零税率，对消费税出口货物免税。增值税出口货物的零税率，从税法上理解有两层含义：一是对本道环节生产或销售货物的增值部分免征增值税，二是对出口货物前道环节所含的进项税额进行退付。当然，由于各种货物出口前涉及征免税情况有所不同，且国家对少数货物有限制出口政策，因此，对货物出口的不同情况国家在遵循“征多少、退多少”、“未征不退和彻底退税”基本原则的基础上，制定了不同的税务处理办法。

（二）适用增值税退（免）税政策的出口货物劳务

1. 出口企业出口货物。所称出口企业，是指依法办理工商登记、税务登记、对外贸易经营者备案登记，自营或委托出口货物的单位或个体工商户，以及依法办理工商登记、税务登记但未办理对外贸易经营者备案登记，委托出口货物的生产企业。所称出口货物，是指向海关报关后实际离境并销售给境外单位或个人的货物，分为自营出口货物和委托出口货物两类。所称生产企业，是指具有生产能力（包括加工修理修配能力）的单位或个体工商户。

2. 出口企业或其他单位视同出口货物。具体是指：出口企业对外援助、对外承包、境外投资的出口货物；出口企业经海关报关进入国家批准的出口加工区、保税物流园区、保税港区、综合保税区等特殊区域并销售给特殊区域内单位或境外单位、个人的货物；免税品经营企业销售的货物［国家规定不允许经营和限制出口的货物；出口企业或其他单位销售给用于国际金融组织或外国政府贷款国际招标建设项目的中标机电产品（以下称中标机电产品）；生产企业向海上石油天然气开采企业销售的自产的海洋工程结构物；出口企业或其他单位销售给国际运输企业用于国际运输工具上的货物等］。

3. 出口企业对外提供加工修理修配劳务。对外提供加工修理修配劳务，是指对进境复出口货物或从事国际运输的运输工具进行的加工修理修配。

（三）增值税退（免）税办法与出口退税率

1. 适用增值税退（免）税政策的出口货物劳务，按照下列规定实行增值税免抵退税或免退税办法。

（1）免抵退税办法。生产企业出口自产货物和视同自产货物及对外提供加工修理修配劳务，以及列名生产企业出口非自产货物，免征增值税，相应的进项税额抵减应纳增值税额（不包括适用增值税即征即退、先征后退政策的应纳增值税额），未抵减完的部分予以退还。

（2）免退税办法。不具有生产能力的出口企业（以下称外贸企业）或其他单位出口货物劳务，免征增值税，相应的进项税额予以退还。

2. 出口退税率。

（1）除财政部和国家税务总局根据国务院决定而明确的增值税出口退税率（以下称退税率）外，出口货物的退税率为其适用税率。国家税务总局根据上述规定将退税率通过出口货物劳务退税率文库予以发布，供征纳双方执行。退税率有调整的，除另有规定外，其执行时间以货物（包括被加工修理修配的货物）出口货物报关单（出口退税专用）上注明的出口日期为准。

（2）退税率的特殊规定：

①外贸企业购进按简易办法征税的出口货物、从小规模纳税人购进的出口货物，其退税率分别为简易办法实际执行的征收率、小规模纳税人征收率。上述出口货物取得增值税专用发票的，退税率按照增值税专用发票上的税率和出口货物退税率孰低的原则确定。

②出口企业委托加工修理修配货物，其加工修理修配费用的退税率，为出口货物的退税率。

（3）适用不同退税率的货物劳务，应分开报关、核算并申报退（免）税，未分开报关、核算或划分不清的，从低适用退税率。

（四）增值税退（免）税的计税依据

出口货物劳务的增值税退（免）税的计税依据，按出口货物劳务的出口发票（外销发票）、其他普通发票或购进出口货物劳务的增值税专用发票、海关进口增值税专用缴款书确定。

1. 生产企业出口货物劳务（进料加工复出口货物除外）增值税退（免）税的计税依据为出口货物劳务的实际离岸价（FOB）。实际离岸价应以出口发票上的离岸价为准，但如果出口发票不能反映实际离岸价，主管税务机关有权予以核定。

2. 生产企业进料加工复出口货物增值税退（免）税的计税依据，按出口货物的离岸价（FOB）扣除出口货物所含的海关保税进口料件的金额后确定。

3. 生产企业国内购进无进项税额且不计提进项税额的免税原材料加工后出口的货物的计税依据，按出口货物的离岸价（FOB）扣除出口货物所含的国内购进免税原材料的金额后确定。

4. 外贸企业出口货物（委托加工修理修配货物除外）增值税退（免）税的计

税依据，为购进出口货物的增值税专用发票注明的金额或海关进口增值税专用缴款书注明的完税价格。

5. 外贸企业出口委托加工修理修配货物增值税退（免）税的计税依据，为加工修理修配费用增值税专用发票注明的金额。外贸企业应将加工修理修配使用的原材料（进料加工海关保税进口料件除外）作价销售给受托加工修理修配的生产企业，受托加工修理修配的生产企业应将原材料成本并入加工修理修配费用开具发票。

6. 出口进项税额未计算抵扣的已使用过的设备增值税退（免）税的计税依据，按下列公式确定：

退（免）税计税依据 = 增值税专用发票上的金额或海关进口增值税专用缴款书注明的完税价格 × 已使用过的设备固定资产净值 ÷ 已使用过的设备原值

已使用过的设备固定资产净值 = 已使用过的设备原值 − 已使用过的设备已提累计折旧

本通知所称已使用过的设备，是指出口企业根据财务会计制度已经计提折旧的固定资产。

（五）增值税免抵退税和免退税的计算

1. 生产企业出口货物劳务增值税免抵退税，依下列公式计算：

（1）当期应纳税额的计算：

当期应纳税额 = 当期销项税额 −（当期进项税额 − 当期不得免征和抵扣税额）

当期不得免征和抵扣税额 = 当期出口货物离岸价 × 外汇人民币折合率 ×（出口货物适用税率 − 出口货物退税率）− 当期不得免征和抵扣税额抵减额

当期不得免征和抵扣税额抵减额 = 当期免税购进原材料价格 ×（出口货物适用税率 − 出口货物退税率）

（2）当期免抵退税额的计算：

当期免抵退税额 = 当期出口货物离岸价 × 外汇人民币折合率 × 出口货物退税率 − 当期免抵退税额抵减额

当期免抵退税额抵减额 = 当期免税购进原材料价格 × 出口货物退税率

（3）当期应退税额和免抵税额的计算：

①当期期末留抵税额 ≤ 当期免抵退税额，则

当期应退税额 = 当期期末留抵税额

当期免抵税额 = 当期免抵退税额 − 当期应退税额

②当期期末留抵税额 > 当期免抵退税额，则

当期应退税额 = 当期免抵退税额

当期免抵税额 = 0

当期期末留抵税额为当期增值税纳税申报表中“期末留抵税额”。

（4）当期免税购进原材料价格包括当期国内购进的无进项税额且不计提进项税额的免税原材料的价格和当期进料加工保税进口料件的价格，其中当期进料加工保税进口料件的价格为组成计税价格。

当期进料加工保税进口料件的组成计税价格 = 当期进口料件到岸价格 + 海关实征关税 + 海关实征消费税

①采用“实耗法”的，当期进料加工保税进口料件的组成计税价格为当期进料加工出口货物耗用的进口料件组成计税价格。其计算公式为：

当期进料加工保税进口料件的组成计税价格 = 当期进料加工出口货物离岸价 × 外汇人民币折合率 × 计划分配率

计划分配率 = 计划进口总值 ÷ 计划出口总值 × 100%

实行纸质手册和电子化手册的生产企业，应根据海关签发的加工贸易手册或加工贸易电子化纸质单证所列的计划进出口总值计算计划分配率。

实行电子账册的生产企业，计划分配率按前一期已核销的实际分配率确定；新启用电子账册的，计划分配率按前一期已核销的纸质手册或电子化手册的实际分配率确定。

②采用“购进法”的，当期进料加工保税进口料件的组成计税价格为当期实际购进的进料加工进口料件的组成计税价格。

若当期实际不得免征和抵扣税额抵减额大于当期出口货物离岸价 × 外汇人民币折合率 ×（出口货物适用税率 - 出口货物退税率）的，则：

当期不得免征和抵扣税额抵减额 = 当期出口货物离岸价 × 外汇人民币折合率 ×（出口货物适用税率 - 出口货物退税率）

例 9-4：某自营出口的生产企业为增值税一般纳税人，出口货物的征税税率为 13%，退税税率为 9%。某月有关经营业务为：购进原材料一批，取得的增值税专用发票注明的价款 200 万元，外购货物准予抵扣的进项税额 26 万元通过认证。上月末留抵税款 3 万元，本月内销货物不含税销售额 100 万元，收款 113 万元存入银行，本月出口货物的销售额折合人民币 200 万元。试计算该企业当期的“免、抵、退”税额。

解：（1）当期免抵退税不得免征和抵扣税额 = 200 ×（13% - 9%）= 8（万元）

（2）当期应纳税额 = 100 × 13% -（26 - 8）- 3 = -8（万元）

（3）出口货物“免、抵、退”税额 = 200 × 9% = 18（万元）

（4）按规定，如当期期末留抵税额 ≤ 当期免抵退税额时：

当期应退税额 = 当期期末留抵税额

即该企业当期应退税额 = 8 万元

（5）当期免抵税额 = 当期免抵退税额 - 当期应退税额

当期免抵税额 = 18 - 8 = 10（万元）

例 9-5：某自营出口生产企业是增值税一般纳税人，出口货物的征税税率为 13%，退税税率为 9%。某年 8 月有关经营业务为：购原材料一批，取得的增值税专用发票注明的价款 200 万元，外购货物准予抵扣进项税额 26 万元通过认证。当月进料加工免税进口料件的组成计税价格 100 万元（该企业采取购进法核算）。上期末留抵税款 6 万元。本月内销货物不含税销售额 100 万元，收款 113 万元存入银行。

本月出口货物销售额折合人民币200万元。试计算该企业当期的“免、抵、退”税额。

解：(1) 免抵退税不得免征和抵扣税额抵减额 = 免税进口料件的组成计税价格 ×(出口货物征税税率 - 出口货物退税税率) = 100 ×(13% - 9%) = 4（万元）

(2) 免抵退税不得免征和抵扣税额 = 当期出口货物离岸价 × 外汇人民币牌价 ×(出口货物征税税率 - 出口货物退税税率) - 免抵退税不得免征和抵扣税额抵减额 = 200 ×(13% - 9%) - 4 = 8 - 4 = 4（万元）

(3) 当期应纳税额 = 100 × 13% - (26 - 4) - 6 = 13 - 30 - 6 = -23（万元）

(4) 免抵退税额抵减额 = 免税购进原材料 × 材料出口货物退税税率

= 100 × 9% = 9（万元）

(5) 出口货物“免、抵、退”税额 = 200 × 9% - 9 = 9（万元）

(6) 按规定，如当期期末留抵税额 > 当期免抵退税额时：

当期应退税额 = 当期免抵退税额，即该企业应退税额 = 9（万元）

(7) 当期免抵税额 = 当期免抵退税额 - 当期应退税额

当期该企业免抵税额 = 9 - 9 = 0（万元）

(8) 8月期末留抵结转下期继续抵扣税额为14（23 - 9）万元。

2. 外贸企业出口货物劳务增值税免退税，依下列公式计算：

(1) 外贸企业出口委托加工修理修配货物以外的货物：

增值税应退税额 = 增值税退（免）税计税依据 × 出口货物退税率

(2) 外贸企业出口委托加工修理修配货物：

出口委托加工修理修配货物的增值税应退税额 = 委托加工修理修配的增值税退（免）税计税依据 × 出口货物退税率

3. 退税率低于适用税率的，相应计算出的差额部分的税款计入出口货物劳务成本。

4. 出口企业既有适用增值税免抵退项目，也有增值税即征即退、先征后退项目的，增值税即征即退和先征后退项目不参与出口项目免抵退税计算。出口企业应分别核算增值税免抵退项目和增值税即征即退、先征后退项目，并分别申请享受增值税即征即退、先征后退和免抵退税政策。

用于增值税即征即退或者先征后退项目的进项税额无法划分的，按照下列公式计算：

无法划分进项税额中用于增值税即征即退或者先征后退项目的部分 = 当月无法划分的全部进项税额 × 当月增值税即征即退或者先征后退项目销售额 ÷ 当月全部销售额、营业额合计

(六) 适用增值税免税政策的出口货物劳务

对符合下列条件的出口货物劳务，除特殊情况外，按下列规定实行免征增值税（以下称增值税免税）政策：

1. 适用范围。出口企业或其他单位出口规定的货物，具体是指：增值税小规模

纳税人出口的货物；避孕药品和用具，古旧图书；软件产品；含黄金、铂金成分的货物，钻石及其饰品；国家计划内出口的卷烟；已使用过的设备；非出口企业委托出口的货物；非列名生产企业出口的非视同自产货物；农业生产者自产农产品；外贸企业取得普通发票、废旧物资收购凭证、农产品收购发票、政府非税收入票据的货物；来料加工复出口的货物；特殊区域内的企业出口的特殊区域内的货物等。

出口企业或其他单位视同出口的下列货物劳务也适用增值税免税政策：包括国家批准设立的免税店销售的免税货物；特殊区域内的企业为境外的单位或个人提供加工修理修配劳务；同一特殊区域、不同特殊区域内的企业之间销售特殊区域内的货物。

对于适用增值税免税政策的出口货物劳务，出口企业或其他单位可以依照现行增值税有关规定放弃免税，并依照规定缴纳增值税。

2. 进项税额的处理计算。

（1）适用增值税免税政策的出口货物劳务，其进项税额不得抵扣和退税，应当转入成本。

（2）出口卷烟，依下列公式计算：

不得抵扣的进项税额＝出口卷烟含消费税金额÷（出口卷烟含消费税金额＋内销卷烟销售额）×当期全部进项税额

①当生产企业销售的出口卷烟在国内有同类产品销售价格时：

出口卷烟含消费税金额＝出口销售数量×销售价格

“销售价格”为同类产品生产企业国内实际调拨价格。如实际调拨价格低于税务机关公示的计税价格的，“销售价格”为税务机关公示的计税价格；高于公示计税价格的，销售价格为实际调拨价格。

②当生产企业销售的出口卷烟在国内没有同类产品销售价格时：

出口卷烟含税金额＝（出口销售额＋出口销售数量×消费税定额税率）÷（1－消费税比例税率）

“出口销售额”以出口发票上的离岸价为准。若出口发票不能如实反映离岸价，生产企业应按实际离岸价计算，否则，税务机关有权按照有关规定予以核定调整。

（3）除出口卷烟外，适用增值税免税政策的其他出口货物劳务的计算，按照增值税免税政策的统一规定执行。其中，如果涉及销售额，除来料加工复出口货物为其加工费收入外，其他均为出口离岸价或销售额。

（七）适用增值税征税政策的出口货物劳务

下列出口货物劳务，不适用增值税退（免）税和免税政策，按下列规定及视同内销货物征税的其他规定征收增值税（以下称增值税征税）：

1. 适用范围。

适用增值税征税政策的出口货物劳务，是指：出口企业出口或视同出口财政部和国家税务总局根据国务院决定明确的取消出口退（免）税的货物［不包括来料加工复出口货物、中标机电产品、列名原材料、输入特殊区域的水电气、海洋工程结构物］；出口企业或其他单位销售给特殊区域内的生活消费用品和交通运输工具；出口企业或其他单位因骗取出口退税被税务机关停止办理增值税退（免）税期间出口的货物；出口企业或其他单位提供虚假备案单证的货物；出口企业或其他单位增值税退（免）税凭证有伪造或内容不实的货物；出口企业或其他单位未在国家税务总局规定期限内申报免税核销以及经主管税务机关审核不予免税核销的出口卷烟。

出口企业或其他单位具有以下情形之一的出口货物劳务也应征收增值税：

(1) 将空白的出口货物报关单、出口收汇核销单等退（免）税凭证交由除签有委托合同的货代公司、报关行，或由境外进口方指定的货代公司（提供合同约定或者其他相关证明）以外的其他单位或个人使用的。

(2) 以自营名义出口，其出口业务实质上是由本企业及其投资的企业以外的单位或个人借该出口企业名义操作完成的。

(3) 以自营名义出口，其出口的同一批货物既签订购货合同，又签订代理出口合同（或协议）的。

(4) 出口货物在海关验放后，自己或委托货代承运人对该笔货物的海运提单或其他运输单据等上的品名、规格等进行修改，造成出口货物报关单与海运提单或其他运输单据有关内容不符的。

(5) 以自营名义出口，但不承担出口货物的质量、收款或退税风险之一的，即出口货物发生质量问题不承担购买方的索赔责任（合同中有约定质量责任承担者除外）；不承担未按期收款导致不能核销的责任（合同中有约定收款责任承担者除外）；不承担因申报出口退（免）税的资料、单证等出现问题造成不退税责任的。

(6) 未实质参与出口经营活动、接受并从事由中间人介绍的其他出口业务，但仍以自营名义出口的。

2. 应纳增值税的计算。适用增值税征税政策的出口货物劳务，其应纳增值税按下列办法计算：

(1) 一般纳税人出口货物：

销项税额 =（出口货物离岸价 − 出口货物耗用的进料加工保税进口料件金额）÷（1 + 适用税率）× 适用税率

出口货物若已按征退税率之差计算不得免征和抵扣税额并已经转入成本的，相应的税额应转回进项税额。

①出口货物耗用的进料加工保税进口料件金额 = 主营业务成本 ×（投入的保税进口料件金额 ÷ 生产成本）

主营业务成本、生产成本均为不予退（免）税的进料加工出口货物的主营业务成本、生产成本，当耗用的保税进口料件金额大于不予退（免）税的进料加工出口货物金额时，耗用的保税进口料件金额为不予退（免）税的进料加工出口货物金额。

②出口企业应分别核算内销货物和增值税征税的出口货物的生产成本、主营业务成本。未分别核算的，其相应的生产成本、主营业务成本由主管税务机关核定。

进料加工手册海关核销后，出口企业应对出口货物耗用的保税进口料件金额进行清算。清算公式为：

清算耗用的保税进口料件总额 = 实际保税进口料件总额 - 退（免）税出口货物耗用的保税进口料件总额 - 进料加工副产品耗用的保税进口料件总额

若耗用的保税进口料件总额与各纳税期扣减的保税进口料件金额之和存在差额时，应在清算的当期相应调整销项税额。当耗用的保税进口料件总额大于出口货物离岸金额时，其差额部分不得扣减其他出口货物金额。

（2）小规模纳税人出口货物：

应纳税额 = 出口货物离岸价 ÷ (1 + 征收率) × 征收率

第五节　增值税的征收与缴纳

一、纳税人的纳税义务发生时间

纳税人发生了增值税征税范围内的应税行为，必须依法履行纳税义务。增值税对于销售货物或者应税劳务的纳税义务发生时间，按照销售结算方式的不同，在税法中作出了明确规定：

（一）销售货物或者提供应税劳务的纳税义务发生时间

纳税人销售货物或者提供应税劳务，其纳税义务发生时间为收讫销售款项或者取得索取销售款项凭据的当天；先开具发票的，为开具发票的当天。其中，收讫销售款项或者取得索取销售款项凭据的当天按销售结算方式的不同，具体为：

1. 纳税人采取直接收款方式销售货物，不论货物是否发出，均为收到销售款项或取得索取销售款项凭据的当天。

2. 纳税人采取托收承付和委托银行收款方式销售货物，为发出货物并办妥托收手续的当天。

3. 采取赊销和分期收款方式销售货物，为书面合同约定的收款日期的当天，无书面合同的或者书面合同没有约定收款日期的，为货物发出的当天。

4. 采取预收货款方式销售货物，为货物发出的当天，但生产销售生产工期超过12个月的大型机械设备、船舶、飞机等货物，为收到预收款或者书面合同约定的收款日期的当天；纳税人提供有形动产租赁服务采取预收款方式的，其纳税义务发生时间为收到预收款的当天。

5. 委托其他纳税人代销货物，为收到代销单位的代销清单或者收到全部或者部分货款的当天。未收到代销清单及货款的，为发出代销货物满180天的当天。

6. 纳税人发生视同销售货物或应税服务的行为，除将货物交付他人代销及销售代销货物外，其纳税义务发生时间，均为货物移送或应税服务完成的当天。

7. 纳税人销售应税劳务，其纳税义务发生时间为提供劳务同时收讫价款或者取得索取价款的凭据的当天。

8. 进口货物的纳税义务发生时间为报关进口当天。

9. 增值税扣缴义务发生时间为纳税人增值税纳税义务发生的当天。

（二）提供应税服务的纳税义务发生时间

1. 纳税人发生应税行为并收讫销售款项或者取得索取销售款项凭据的当天；先开具发票的，为开具发票的当天。收讫销售款项，是指纳税人销售服务、无形资产、不动产过程中或者完成后收到款项。取得索取销售款项凭据的当天，是指书面合同确定的付款日期；未签订书面合同或者书面合同未确定付款日期的，为服务、无形资产转让完成的当天或者不动产权属变更的当天。

2. 纳税人提供租赁服务采取预收款方式的，其纳税义务发生时间为收到预收款的当天。

3. 纳税人从事金融商品转让的，为金融商品所有权转移的当天。

4. 纳税人发生视同提供应税服务的，其纳税义务发生时间为服务、无形资产转让完成的当天或者不动产权属变更的当天。

5. 增值税扣缴义务发生时间为纳税人增值税纳税义务发生的当天。

上述纳税义务发生时间的规定，明确了企业在计算应纳税额时，对“当期销项税额”时间的限定，是增值税计税和征收管理中重要的规定。目前，某些企业并没有按照纳税义务发生时间的要求将实现的销售收入及时入账并计算纳税，而是采取延迟入账或不计销售收入等做法，以拖延纳税或逃避纳税。这些做法都是错误的。企业必须按上述规定的时限及时、准确地记录销售额和计算当期销项税额。

二、增值税的纳税期限

在明确了增值税纳税义务发生时间与纳税地点之后，还需要掌握具体纳税期限，以保证按期缴纳税款。根据条例规定，增值税的纳税期限分别为 1 日、3 日、5 日、10 日、15 日、1 个月或者一个季度。纳税人的具体纳税期限，由主管税务机关根据纳税人应纳税额的大小分别核定；不能按照固定期限纳税的，可以按次纳税。以 1 个季度为纳税期限的规定适用于小规模纳税人、银行、财务公司、信托投资公司、信用社，以及财政部和国家税务总局规定的其他纳税人。不能按照固定期限纳税的，可以按次纳税。

纳税人以 1 个月或一个季度为一期纳税的，自期满之日起 15 日内申报纳税；以 1 日、3 日、5 日、10 日或者 15 日为一期纳税的，自期满之日起 5 日内预缴税款，于次月 1 日起 15 日内申报纳税并结清上月应纳税款。

扣缴义务人解缴税款的期限，依照前两款规定执行。

纳税人进口货物，应当自海关填发税款缴纳书之日起 15 日内缴纳税款。

纳税人出口适用税率为零的货物，可以按月向税务机关申报办理该项出口货物的退税。

三、增值税的纳税地点

增值税的纳税地点既关系到是否方便税收征纳，同时还关系到是否有利于处理地区与地区之间的财政分配关系。因此，纳税地点的确定必须科学、合理。根据《增值税暂行条例》第22条及其《细则》规定：

1. 固定业户应当向其机构所在地主管税务机关申报纳税。总机构和分支机构不在同一县（市）的，应当分别向各自所在地主管税务机关申报纳税；经国家税务总局或其授权的税务机关批准，也可由总机构汇总向总机构所在地主管税务机关申报纳税。

2. 固定业户到外县（市）销售货物的，应当向其机构所在地主管税务机关申请开具外出经营活动税收管理证明，向其机构所在地主管税务机关申报纳税。未持有其机构所在地主管税务机关核发的外出经营活动税收管理证明，到外县（市）销售货物或者应税劳务的，应当向销售地主管税务机关申报纳税；未向销售地主管税务机关申报纳税的，由其机构所在地主管税务机关补征税款。

3. 非固定业户销售货物或者应税劳务，应当向销售地主管税务机关申报纳税。

4. 进口货物，应当由进口人或其代理人向报关地海关申报纳税。

5. 扣缴义务人应当向其机构所在地或居住地的主管税务机关申报缴纳其扣缴的税款。

6. “营改增”相关业务的纳税地点

（1）其他个人提供建筑服务，销售或者租赁不动产，转让自然资源使用权，应向建筑服务发生地、不动产所在地、自然资源所在地主管税务机关申报纳税。

（2）纳税人跨县（市）提供建筑服务，在建筑服务发生地预缴税款后，向机构所在地主管税务机关进行纳税申报。

（3）纳税人销售不动产，在不动产所在地预缴税款后，向机构所在地主管税务机关进行纳税申报。

（4）纳税人租赁不动产，在不动产所在地预缴税款后，向机构所在地主管税务机关进行纳税申报。

第六节　增值税专用发票的使用和管理

增值税实行凭国家印发的增值税专用发票注明的税款进行抵扣的制度。专用发票不仅是纳税人经济活动中的重要商业凭证，而且是兼记销货方销项税额和购货方进项税额进行税款抵扣的凭证，对增值税的计算和管理起着决定性的作用，因此，正确使用增值税专用发票是十分重要的。

一、专用发票的联次

专用发票由基本联次或者基本联次附加其他联次构成，基本联次为三联：发票联、抵扣联和记账联。发票联，作为购买方核算采购成本和增值税进项税额的记账凭证；抵扣联，作为购买方报送主管税务机关认证和留存备查的凭证；记账联，作为销售方核算销售收入和增值税销项税额的记账凭证。其他联次用途，由一般纳税人自行确定。

二、专用发票的开票限额

专用发票实行最高开票限额管理。最高开票限额，是指单份专用发票开具的销售额合计数不得达到的上限额度。

最高开票限额由一般纳税人申请，区县税务机关依法审批。

一般纳税人申请最高开票限额时，需填报《增值税专用发票最高开票限额申请单》。主管税务机关受理纳税人申请以后，根据需要进行实地查验。实地查验的范围和方法由各省国税机关确定。申请最高开票限额不超过10万元的，主管税务机关不需要事前进行实地查验。税务机关应根据纳税人实际生产经营和销售情况进行审批，保证纳税人生产经营的正常需要。

三、专用发票开具范围

一般纳税人销售货物或者提供应税劳务，应向购买方开具专用发票。

商业企业一般纳税人零售的烟、酒、食品、服装、鞋帽（不包括劳保专用部分）、化妆品等消费品不得开具专用发票。

向消费者个人提供应税服务不得开具专用发票。

增值税小规模纳税人（以下简称小规模纳税人）需要开具专用发票的，可向主管税务机关申请代开。

销售免税货物和运用免征增值税规定的应税货物不得开具专用发票，法律、法规及国家税务总局另有规定的除外。

四、专用发票开具要求

专用发票应按下列要求开具：

（一）项目齐全，与实际交易相符；

（二）字迹清楚，不得压线、错格；

（三）发票联和抵扣联加盖财务专用章或者发票专用章；

（四）按照增值税纳税义务的发生时间开具。

对不符合上列要求的专用发票，购买方有权拒收。

一般纳税人销售货物或者提供应税劳务可汇总开具专用发票。

五、开具专用发票后发生退货或开票有误的处理

增值税一般纳税人开具增值税专用发票（以下简称专用发票）后，发生销货退回、销售折让以及开票有误等情况需要开具红字专用发票的，视不同情况分别按以下办法处理：

1. 因专用发票抵扣联、发票联均无法认证的，由购买方填报《开具红字增值税专用发票申请单》，并在申请单上填写具体原因以及相对应蓝字专用发票的信息，主管税务机关审核后出具《开具红字增值税专用发票通知单》。购买方不作进项税额转出处理。

2. 购买方所购货物不属于增值税扣税项目范围，取得的专用发票未经认证的，由购买方填报申请单，并在申请单上填写具体原因以及相对应蓝字专用发票的信息，主管税务机关审核后出具通知单。购买方不作进项税额转出处理。

3. 因开票有误购买方拒收专用发票的，销售方须在专用发票认证期限内向主管税务机关填报申请单，并在申请单上填写具体原因以及相对应蓝字专用发票的信息，同时提供由购买方出具的写明拒收理由、错误具体项目以及正确内容的书面材料，主管税务机关审核确认后出具通知单。销售方凭通知单开具红字专用发票。

4. 因开票有误等原因尚未将专用发票交付购买方的，销售方须在开具有误专用发票的次月内向主管税务机关填报申请单，并在申请单上填写具体原因以及相对应蓝字专用发票的信息，同时提供由销售方出具的写明具体理由、错误具体项目以及正确内容的书面材料，主管税务机关审核确认后出具通知单。销售方凭通知单开具红字专用发票。

5. 发生销货退回或销售折让的，除按照《通知》的规定进行处理外，销售方还应在开具红字专用发票后将该笔业务的相应记账凭证复印件报送主管税务机关备案。

六、加强增值税专用发票的管理

税法除了对纳税人领购、开具专用发票作了上述各项具体规定外，在严格管理上也作了多项规定。主要有：

（一）关于被盗、丢失增值税专用发票的处理

1. 纳税人必须严格按《增值税专用发票使用规定》保管使用专用发票，对违反规定发生被盗、丢失专用发票的纳税人，按《税收征收管理法》和《发票管理办法》的规定，处以1万元以下的罚款，并可视具体情况，对丢失专用发票的纳税人，在一定期限内（最长不超过半年）停止领购专用发票、对纳税人申报遗失的专用发票，如发现非法代开、虚开问题的，该纳税人应承担偷税、骗税的连带责任。

2. 纳税人丢失专用发票后，必须按规定程序向当地主管税务机关、公安机关报失。接受处罚后，在有刊号的报纸登报声明作废。

（二）关于对代开、虚开增值税专用发票的处理

代开发票是指为与自己没有发生直接购销关系的他人开具发票的行为，虚开发票是指在没有任何购销事实的前提下，为他人、为自己或让他人为自己或介绍他人开具发票的行为。代开、虚开发票的行为都是严重的违法行为。对代开、虚开专用发票的，一律按票面所列货物的适用税率全额征补税款，并按《税收征收管理法》的规定按偷税给予处罚。对纳税人取得代开、虚开的增值税专用发票，不得作为增值税合法抵扣凭证抵扣进项税额。代开、虚开发票构成犯罪的，按全国人大常委会

发布的《关于惩治虚开、伪造和非法出售增值税专用发票犯罪的决定》处以刑罚。

为了加强对纳税人对外开具增值税专用发票管理，国家税务总局进一步明确，自 2014 年 8 月 1 日起，纳税人通过虚增增值税进项税额偷逃税款，但对外开具增值税专用发票同时符合以下情形的，不属于对外虚开增值税专用发票：

1. 纳税人向受票方纳税人销售了货物，或者提供了增值税应税劳务、应税服务；

2. 纳税人向受票方纳税人收取了所销售货物、所提供应税劳务或者应税服务的款项，或者取得了索取销售款项的凭据；

3. 纳税人按规定向受票方纳税人开具的增值税专用发票相关内容，与所销售货物、所提供应税劳务或者应税服务相符，且该增值税专用发票是纳税人合法取得并以自己名义开具的。

（三）纳税人善意取得虚开的增值税专用发票处理

根据国税发〔2000〕187 号，《国家税务总局关于纳税人善意取得虚开的增值税专用发票处理问题的通知》规定：

1. 购货方与销售方存在真实的交易，销售方使用的是其所在省（自治区、直辖市和计划单列市）的专用发票，专用发票注明的销售方名称、印章、货物数量、金额及税额等全部内容与实际相符，且没有证据表明购货方知道销售方提供的专用发票是以非法手段获得的，对购货方不以偷税或者骗取出口退税论处。但应按有关规定不予抵扣进项税款或者不予出口退税；购货方已经抵扣的进项税款或者取得的出口退税，应依法追缴。

2. 购货方能够重新从销售方取得防伪税控系统开出的合法、有效专用发票的，或者取得手工开出的合法、有效专用发票且取得了销售方所在地税务机关已经或者正在依法对销售方虚开专用发票行为进行查处证明的，购货方所在地税务机关应依法准予抵扣进项税款或者出口退税。

3. 如有证据表明，购货方在进项税款得到抵扣或者获得出口退税前知道该专用发票是销售方以非法手段获得的，对购货方应按《国家税务总局关于纳税人取得虚开的增值税专用发票处理问题的通知》（国税发〔1997〕134 号）和《国家税务总局关于（国家税务总局关于纳税人取得虚开的增值税专用发票处理问题的通知）的补充通知》（国税发〔2000〕182 号）的规定处理。

4. 依据（国税发〔2000〕182 号）规定：有下列情形之一的，无论购货方（受票方）与销售方是否进行了实际的交易，增值税专用发票所注明的数量、金额与实际交易是否相符，购货方向税务机关申请抵扣进项税款或者出口退税的，对其均应按偷税或者骗取出口退税处理。

（1）购货方取得的增值税专用发票所注明的销售方名称、印章与其进行实际交易的销售方不符的；即 134 号文件第二条规定的“购货方从销售方取得第三方开具的专用发票”的情况。

（2）购货方取得的增值税专用发票为销售方所在省（自治区、直辖市和计划单列市）以外地区的，即134号文件第二条规定的“从销货地以外的地区获得专用发票”的情况。

（3）其他有证据表明购货方明知取得的增值税专用发票系销售方以非法手段获得的，即134号文件第一条规定的“受票方利用他人虚开的专用发票，向税务机关申报抵扣税款进行偷税”的情况。

复习与思考

一、基本概念

增值税　增值额　生产型增值税　收入型增值税　消费型增值税　销项税额　进项税额　混合销售

二、思考题

1. 如何理解增值额？
2. 增值税有何特点？
3. 增值税为何能在全世界广泛推开？
4. 增值税的征税范围是如何规定的？
5. 增值税的计税依据是什么？
6. 我国为何要实行“营改增”？

三、练习题

1. 某传媒有限责任公司主要经营电视剧、电影等广播影视节目的制作和发行，被认定为营改增试点一般纳税人。某月企业发生如下业务：

（1）9日，传媒公司为某电视剧提供片头、片尾、片花制作服务，取得含税服务费106万元。

（2）同日，公司购入8台计算机，用于公司的日常业务制作，取得增值税专用发票，当月通过认证，价、税分别为4万元、0.52万元。

（3）10日，公司购入一台小汽车，取得机动车销售统一发票，支付价税合计金额22.6万元。

（4）11日，取得设计服务收入含税价款53万元。

（5）22日，该电影在某影院开始上映，传媒公司向影院支付含税上映费用15万元，取得税务局代开增值税专用发票，注明税额0.44万元。

（6）25日，支付增值税税控系统技术维护费用合计付款700元，取得增值税专用发票注明价款660.38元，税额39.62元。

要求：计算该传媒公司当月应纳的增值税税额。

2. 某制药厂，经认定为增值税一般纳税人。根据三月份该厂下列有关计税资料，计算该厂当月应交纳的增值税税额。

(1) 应税成品药销售：开出增值税专用发票，注明销售额 1000000 元，销项税额 130000 元。

(2) 免税药品销售：开出普通发票，注明销售额 200000 元；

(3) 当月全部进项税额（含用于免税药品）102000 元；

(4) “应交税金——应交增值税”科目，上月底借方余额 5000 元。

3. 某生产企业为增值税一般纳税人，适用增值税税率 13%，某年 6 月有关生产经营业务如下：

(1) 销售甲产品给某大商场，开具增值税专用发票，取得不含税销售额 100 万元；另外，开具普通发票，取得销售甲产品的送货运输费收入 11.3 万元；

(2) 销售乙产品，开具普通发票，取得含税销售额 28.25 万元；

(3) 将试制的一批应税新产品用于本企业基建工程，成本价为 20 万元，成本利润率为 10%，该新产品无同类产品市场销售价格；

(4) 销售使用过的进口设备 5 台，开具普通发票，每台取得含税销售额 1.04 万元；该设备原值每台 0.9 万元，未抵扣过进项税额；

(5) 购进货物取得增值税专用发票，注明支付的货款 60 万元，进项税额 7.8 万元，货物验收入库；另外，支付购货的运输费用 6 万元，取得铁路运输公司开具的普通发票；

(6) 向农业生产者购进免税农产品一批，支付收购价 40 万元，支付给运输单位的运费 5 万元，取得相关的合法票据，农产品验收入库。本月下旬将购进的农产品的 40% 用于本企业职工福利。

要求：请计算该企业该月应缴纳的增值税。

4. 某工业企业（增值税一般纳税人），某月购销业务情况如下：

(1) 购进生产原料一批，已验收入库，取得的增值税专用发票上注明的价、税款分别为 23 万元、2.99 万元，另支付运费，取得专用发票，价、税分别为 3 万元、0.27 万元；

(2) 购进钢材 20 吨，已验收入库，取得的增值税专用发票上注明价、税款分别为 8 万元、1.04 万元；

(3) 直接向农民收购用于生产加工的农产品一批，经税务机关批准的收购凭证上注明价款为 42 万元；

(4) 销售产品一批，货已发出并办妥银行托收手续，但货款未到，向买方开具专用发票注明销售额 42 万元；

(5) 将本月外购 20 吨钢材及库存的同价钢材 20 吨移送本企业修建产品仓库工程使用；

(6) 期初留抵进项税额 0.5 万元。

要求：计算该企业当期应纳增值税额或期末留抵进项税额。

5. 某有进出口经营权的生产企业，某月内销货物销售额为600万元，出口货物销售额（离岸价）180万美元（外汇人民币牌价1∶7），当月购进所需原材料等货物的进项税额为500万元，取得增值税专用发票，支付进货运费10万元，取得普通发票。当月进料加工免税进口料件的到岸价为100万元，海关征收的关税为10万元，消费税为12万元。该企业销售货物适用税率为13%，退税率为9%，并且有上期末抵扣完的进项税额32万元。

要求：计算当期应纳或应退的增值税额。

6. 某汽车制造企业为增值税一般纳税人，某年6月有关生产经营业务如下：

（1）以交款提货方式销售A型小汽车30辆给汽车销售公司，每辆不含税售价15万元，开具税控专用发票注明应收价款450万元，当月实际收回货款430万元，余款下月才能收回。

（2）销售B型小汽车50辆给特约经销商，每辆不含税单价12万元，向特约经销商开具了税控增值税专用发票，注明不含税价款600万元，由于特约经销商当月支付了全部货款，汽车制造企业给予特约经销商原售价2%的销售折扣。

（3）将新研制生产的C型小汽车5辆销售给本企业的中层干部，每辆按成本价10万元出售，共计取得收入50万元，C型小汽车尚无市场销售价格。

（4）销售已使用2年的进口设备一台，开具普通发票取得收入65.52万元，该设备固定资产的原值为62万元，销售时账面余值为58万元，购进时进项税额已抵扣。

（5）购进机械设备取得税控专用发票注明价款20万元、进项税额2.6万元，该设备当月投入使用。

（6）当月购进原材料取得税控专用发票注明金额600万元、进项税额78万元并经过税务机关认证。

（7）从小规模纳税人处购进汽车零部件，取得由当地税务机关开具的增值税专用发票注明价款20万元、进项税额0.6万元。

（8）当月发生意外事故损失库存原材料金额35万元（其中含铁路运输费用2.79万元），直接计入“营业外支出”账户损失为35万元。

当月该企业自行计算、申报缴纳的增值税如下：

$$\text{申报缴纳的增值税} = [430 + 600 \times (1 - 2\%) + 507 \times 13\% - (2.6 + 78 + 0.6 - 35 \times 13\%)]$$

$$= 138.84 - 76.65 = 62.19 \text{（万元）}$$

（说明：该企业生产的小汽车均适用8%的消费税税率，C型小汽车成本利润率8%）

根据上述资料，按下列序号计算有关纳税事项或回答问题，计算事项需计算出合计数：

（1）根据企业自行计算、申报缴纳增值税的处理情况，按资料顺序逐项指出企业的做法是否正确？简要说明理由。

（2）当月该企业应补缴的增值税。

第十章

消 费 税

第一节 消费税概述

一、消费税的概念

消费税是以特定消费品为课税对象征收的一种税，属于商品劳务税的范畴。它在保证国家财政收入，体现国家经济政策等方面具有十分重要的作用。目前，世界上已有 100 多个国家开征了这一税种或类似税种。如智利、墨西哥、秘鲁、乌拉圭等国开征的货物税、美国开征的国内产品税、韩国开征的特种消费税、德国开征的联邦消费税、欧洲许多国家开征的烟税、酒精饮料类税等，均属消费税的范围。

消费税不仅为当今世界各国所普遍征收，而且在我国也有着十分久远的历史。早在公元前 81 年，汉昭帝为避免酒的专卖“与商人争市利”，改酒专卖为征税，允许各地的地主、商人自行酿酒卖酒，每升酒缴税四文，纳税环节在酒销售之后，而不是在出坊（酒坊）时缴纳税款，这可以说是我国较早的消费税。

新中国成立后，1950 年统一全国税制，建立新税制，曾开征了特种消费行为税，这一税种包含娱乐、筵席、冷食、旅馆四个税目，在发生特种消费行为时征收。其中，“筵席、冷食、旅馆三种有关食住方面的消费行为，其消费额在一般日常生活水平限度以内者，不算特种消费，不应负税”，即规定有起征点。“至于娱乐方面的消费，则不是一般日常生活的绝对需要，所以不规定起征点。”1988 年 9 月 22 日，国务院针对社会上存在的不合理消费现象开征了筵席税。1989 年 2 月 1 日，为缓解彩色电视机、小轿车的供求矛盾开征了彩色电视机特别消费税和小轿车特别消费税，此外，我国 1984 年 9 月 18 日颁布开征的产品税和增值税的课税范围也涉及大部分消费品，也具有一定的消费税性质。1993 年年底，为使税制适应市场经济体制的需要，国务院正式颁布了《中华人民共和国消费税暂行条例》，并于 1994 年 1 月 1 日起实施。即在增值税进行普遍征收的基础上，再对部分消费品征收消费税，以贯彻国家产业政策和消费政策。现行消费税以 2009 年 1 月 1 日起施行的《中华人民共和国消费税暂行条例》以及《中华人民共和国消费税暂行条例实施细则》为基本法律依据。

二、消费税的特点

消费税与其他税种相比，具有如下几个特点：

（一）仅以特定消费品为课税对象

消费税以需要进行特殊调节的部分最终消费品为课税对象。列举征税的品目只有 15 个，可以分为四大类：第一类是 1994 年 1 月 1 日统一征收增值税后，与以往征收产品税、增值税相比较，税收负担下降较多的消费品；第二类是某些奢侈品、高档消费品；第三类是某些不可再生的资源类消费品；第四类是为配合产业结构调整而需要在一定时期内限制生产的长线产品。除此之外，对其他消费品和消费行为不征消费税。

（二）征税环节具有单一性

消费税负担的最终归宿虽然是消费者，但是，为了加强源泉控制，防止税款流失，消费税的纳税环节主要确定在产制环节或进口环节。以我国消费税为例，一般是在应税消费品的生产、委托加工和进口环节缴纳，在以后的批发、零售等环节中，由于价款中已包含消费税，因此不必再缴纳消费税。从 1995 年 1 月 1 日起，金银首饰由生产销售环节征税改为零售环节征税；从 2002 年 1 月 1 日起，钻石及钻石饰品由生产、进口环节改为零售环节征税。但无论在哪个环节征税，都实行单一环节征收。这样，既可以减少纳税人的数量，降低税款征收费用和税源流失的风险，又可以防止重复征税。

为了适当增加财政收入，完善烟产品消费税制度，自 2009 年 5 月 1 日起，在原有卷烟生产环节征收从价和从量消费税之外，在卷烟批发环节又加征一道从价消费税。为了引导合理消费，促进节能减排，经国务院批准，自 2016 年 12 月 1 日起，对超豪华小汽车在现行征税环节和征税基础上，在零售环节加征消费税。这属于特殊产品的税收安排，并没有改变消费税制整体上单一环节征收的特点。

（三）实行差别税率，税负差异大

消费税属于国家运用税收杠杆对某些消费品进行特殊调节的税种。为了有效体现国家政策，消费税实行差别税率，其平均税率水平一般定得比较高，并且不同征税项目的税负差异较大，对需要限制或控制消费的消费品，通常征税较重。我国现行消费税是同增值税相互配合而设置的。这种办法在对某些需要特殊调节的消费品在征收增值税的同时，再征收一道消费税，从而形成了一种双层次调节的间接税体系。

（四）从价征收与从量征收并存

我国现行消费对不同应税消费品分别实行比例税率和定额税率。即既可以实行从价定率征收，也可以实行从量定额征收。通常大部分应税消费品都以消费品的销售额为计税依据，实行从价定率的征收办法，而对少数价格差异不大，计量单位规范的消费品以其实物量为计税依据，实行从量定额的征收方法。

（五）实行价内税

消费税就其价税关系分析，有价外税和价内税两种形式。国外的消费税大多采取价外税，其税基为不含消费税的商品销售额，我国的消费税实行价内税，其税基是由生产成本、利润和消费税三部分构成的销售额。

（六）税负具有转嫁性

消费税是对消费应税消费品课税。因此，税负归宿应为消费者。但为了简化征收管理，我国消费税直接以应税消费品的生产经营者为纳税人，于进口环节或产制销售环节，或零售环节缴纳税款，并成为商品价格的一个组成部分向购买者收回，消费者为税负的最终归宿。

三、我国消费税的立法精神

现行消费税是在对原产品税、增值税和特别消费税进行改革的基础上形成的。1994 年的税制改革将增值税范围扩大到全部工业品，并延伸到商品批发和零售环节，取消产品税和特别消费税，在此基础上选择部分消费品征收消费税，从而形成了目前增值税普遍征收，消费税特殊调节，部分征税项目交叉的双层次征税结构。消费税的开征主要体现以下三个方面的立法精神：

（一）正确引导消费，抑制超前消费

世界上许多国家的经验教训表明，当一国经济发展和人均国民收入达到某一水平后，必然引起消费需求结构的重大变化。对此，政府要制定正确的消费政策对变化中的消费需求加以合理引导，以避免不正常、不合理的消费倾向所产生的一系列消极效应。

开征消费税的重要目的之一，就是要运用税收调节社会消费结构和消费需求，使之同我国国情相适应。为了正确引导消费方向，国家决定将烟、酒、鞭炮、焰火等特殊消费品纳入消费税的征税范围，体现“寓禁于征”的政策精神；为了抑制超前消费需求，决定对贵重首饰、化妆品等奢侈品或非生活必需品征收消费税。并明确规定，消费税属于间接税，税收由购买应税消费品的消费者负担，不得减税免税。

（二）调节支付能力，缓解社会分配不公

由于个人生活水平或贫富状况很大程度体现在其支付能力上，因此，通过对某些奢侈品或特殊消费品征收消费税，立足于从调节个人支付能力的角度间接增加某些消费者的税收负担，体现收入多者多负税的政策精神，从而可在一定程度上有利于配合个人所得税及其他有关税种进行调节，缓解目前存在的社会分配不公的矛盾。

（三）保持原有负担，稳定财政收入

消费税是在原产品税和增值税进行改革的背景下出台的。原产品税的收入主要集中在烟、酒、石化等几类产品上，且税率档次多，税率较高。当这些高税率产品改征新的、规范化的增值税后，若按基本税率 17% 衡量，税负将下降过多，对财政收入的影响较大。为了把税制改革对财政收入的不利影响降至较低水平，同时不削弱税收对某些产品生产和消费的调控作用，需要通过征收消费税，把实行新的增值税后由于降低税负而可能减少的税收收入征收上来，基本保持原产品的税收负担，并随着应税消费品生产和消费的增长，使财政收入也保持稳定增长。

第二节 消费税的征税范围、纳税人和税率

一、消费税的征税范围

现行消费税主要选择了部分特殊消费品、奢侈品、高能耗消费品、不可再生的稀缺资源消费品和税基宽广、消费普遍、适当征税不至于影响人民生活水平，但又具有一定财政意义的消费品征税。共分为五种类型，即属于过度消费会对人类健康、社会秩序和生态环境等方面造成危害的特殊消费品；奢侈品或非生活必需品；高能耗及高档消费品；属于不可再生或不可替代的石油消费品；具有一定财政意义的消费品。这些产品具体包括15类，采用由税法正列举的办法，它们是：烟（包括各种进口烟）、酒、鞭炮、焰火、贵重首饰（包括各种金、银、珠宝首饰及珠宝、玉石）、高档化妆品（包括成套化妆品）、成品油、小汽车、摩托车、高尔夫球及球具、高档手表、游艇、木制一次性筷子、实木地板、电池、涂料。上述应税消费品凡采取以下生产经营方式，且起运地在我国境内的，均列入消费税的征税范围。具体税目的情况如下：

（一）烟

凡是以烟叶为原料加工生产的产品，不论使用何种辅料，均属于本税目的征收范围。包括卷烟（进口卷烟、白包卷烟、手工卷烟和未经国务院批准纳入计划的企业及个人生产的卷烟）、雪茄烟和烟丝。

按照国税函〔2001〕955号规定，从2001年12月20日起，对既有自产卷烟，同时又委托联营企业加工与自产卷烟牌号、规格相同卷烟的工业企业（以下简称卷烟回购企业），从联营企业购进后再直接销售的卷烟，对外销售时不论是否加价，凡是符合下述条件的，不再征收消费税；不符合下述条件的，则征收消费税：

1. 企业在委托联营企业加工卷烟时，除提供给联营企业所需加工卷烟牌号外，还须同时提供税务机关已公示的消费税计税价格。联营企业必须按照已公示的调拨价格申报缴税。

2. 回购企业将联营企业加工卷烟回购后再销售的卷烟，其销售收入应与自产卷烟的销售收入分开核算，以备税务机关检查；如不分开核算，则一并计入自产卷烟销售收入征收消费税。

（二）酒

酒是酒精度在1度以上的各种酒类饮料。酒精又名乙醇，是指用蒸馏或合成方法生产的酒精度在95度以上的无色透明液体。酒类包括粮食白酒、薯类白酒、黄酒、啤酒和其他酒。

对饮食业、商业、娱乐业举办的啤酒屋（啤酒坊）利用啤酒生产设备生产的啤酒，应当征收消费税。

配制酒（露酒）是指以发酵酒、蒸馏酒或食用酒精为酒基，加入可食用或药食两用的辅料或食品添加剂，进行调配、混合或再加工制成的、并改变了其原酒基风格的饮料酒。具体规定如下：

（1）以蒸馏酒或食用酒精为酒基，具有国家相关部门批准的国食健字或卫食健字文号并且酒精度低于38度（含）的配制酒，按消费税税目税率表“其他酒”10%适用税率征收消费税。

（2）以发酵酒为酒基，酒精度低于20度（含）的配制酒，按消费税税目税率表“其他酒”10%适用税率征收消费税。

（3）其他配制酒，按消费税税目税率表“白酒”适用税率征收消费税。

（三）高档化妆品

高档化妆品的征收范围包括高档美容、修饰类化妆品、高档护肤类化妆品和成套化妆品。高档美容、修饰类化妆品和高档护肤类化妆品是指生产（进口）环节销售（完税）价格（不含增值税）在10元/毫升（克）或15元/片（张）及以上的美容、修饰类化妆品和护肤类化妆品。

（四）贵重首饰及珠宝玉石

包括：凡以金、银、铂金、宝石、珍珠、钻石、翡翠、珊瑚、玛瑙等高贵稀有物质以及其他金属、人造宝石等制作的各种纯金银首饰及镶嵌首饰和经采掘、打磨、加工的各种珠宝玉石。对出国人员免税商店销售的金银首饰征收消费税。

（五）鞭炮、焰火

包括：各种鞭炮、焰火。体育上用的发令纸、鞭炮药引线，不按本税目征收。

（六）成品油

成品油包括汽油、柴油、石脑油、溶剂油、航空煤油、润滑油、燃料油七个子目。

1. 汽油：是指由天然或人造原油经蒸馏所得的直馏汽油组分，二次加工汽油组分及其他高辛烷值组分按比例调合而成的或用其他原料、工艺生产的辛烷值不小于66的各种汽油和以汽油组分为主，辛烷值大于50的经调合可用作汽油发动机燃料的非标油。对于非标油品是否征税要结合其他因素来确定。

2. 柴油：是指由天然或人造原油经常减压蒸馏在一定温度下切割的馏分，或用于二次加工柴油组分调合而成的倾点在-50号至30号的各种柴油和以柴油组分为主、经调和精制可用作柴油发动机的非标油。以动植物油为原料，经提纯、精炼、合成等工艺生产的生物柴油，不属于消费税征税范围。

3. 石脑油：又称为轻汽油、化工轻油，是以石油加工生产的或二次加工汽油经加氢精制而得的用于化工原料的轻质油。石脑油的征收范围包括除汽油、柴油、煤油、溶剂油以外的各种轻质油。

4. 溶剂油：是以石油加工生产的用于涂料和油漆生产、食用油加工、印刷油墨、皮革、农药、橡胶、化妆品生产的轻质油。溶剂油的征收范围包括各种溶剂油。

5. 航空煤油：也称为喷气燃料，是以石油加工生产的用于喷气发动机和喷气推进系统中作为能源的石油燃料。航空煤油的征收范围包括各种航空煤油。

6. 润滑油：是用于内燃机、机械加工过程的润滑产品。润滑油分为矿物性润滑油、植物性润滑油、动物性润滑油和化工原料合成润滑油。润滑油的征收范围包括以石油为原料加工的矿物性润滑油，矿物性润滑油基础油。植物性润滑油、动物性润滑油和化工原料合成润滑油不属于润滑油的征收范围。

以植物性、动物性和矿物性基础油（或矿物性润滑油）混合掺配而成的“混合性”润滑油，不论矿物性基础油（或矿物性润滑油）所占比例高低，均属润滑油的征税范围。

7. 燃料油：也称为重油、渣油。燃料油征收范围包括用于电厂发电、船舶锅炉燃料、加热炉燃料、冶金和其他工业炉燃料的各类燃料油。石脑油、溶剂油、润滑油、燃料油暂按应纳税额的30%征收消费税；航空煤油暂缓征收消费税。

（七）摩托车

包括轻便摩托车和摩托车两种。对最大设计车速不超过50km/h，发动机气缸总工作容量不超过50ml的三轮摩托车不征收消费税。

（八）小汽车

小汽车是指由动力驱动，具有四个或四个以上车轮的非轨道承载的车辆。沙滩车、雪地车、卡丁车、高尔夫车不属于消费税征收范围，不征收消费税。

1. 本税目征收范围包括含驾驶员座位在内最多不超过9个座位（含）的，在设计和技术特性上用于载运乘客和货物的各类乘用车和含驾驶员座位在内的座位数在10至23座（含23座）的在设计和技术特性上用于载运乘客和货物的各类中轻型商用客车。

2. 用排气量小于1.5升（含）的乘用车底盘（车架）改装、改制的车辆属于乘用车征收范围。用排气量大于1.5升的乘用车底盘（车架）或用中轻型商用客车底盘（车架）改装、改制的车辆属于中轻型商用客车征收范围。

3. 含驾驶员人数（额定载客）为区间值的（如8—10人；17—26人）小汽车，按其区间值下限人数确定征收范围。

4. 电动汽车不属于本税目征收范围。

5. 车身长度大于7米（含），并且座位在10至23座（含）以下的商用客车，不属于中轻型商用客车征税范围，不征收消费税。

根据财税〔2016〕129号《关于对超豪华小汽车加征消费税有关事项的通知》，2016年12月1日起，“小汽车”税目下增设“超豪华小汽车”子税目。征收范围为每辆零售价格130万元（不含增值税）及以上的乘用车和中轻型商用客车，即乘用车和中轻型商用客车子税目中的超豪华小汽车。对超豪华小汽车，在生产（进口）环节按现行税率征收消费税基础上，在零售环节加征消费税，税率为10%。

(九) 高尔夫球及球具

高尔夫球及球具是指从事高尔夫球运动所需的各种专用装备，包括高尔夫球、高尔夫球杆及高尔夫球包（袋）等。本税目征收范围包括高尔夫球、高尔夫球杆、高尔夫球包（袋）。高尔夫球杆的杆头、杆身和握把属于本税目的征收范围。

(十) 高档手表

高档手表是指销售价格（不含增值税）每只在 10000 元（含）以上的各类手表。

(十一) 游艇

游艇是指长度大于 8 米小于 90 米，船体由玻璃钢、钢、铝合金、塑料等多种材料制作，可以在水上移动的水上浮载体。按照动力划分，游艇分为无动力艇、帆艇和机动艇。本税目征收范围包括艇身长度大于 8 米（含）小于 90 米（含），内置发动机，可在水上移动，一般为私人或团体购置，主要用于水上运动和休闲娱乐等非牟利活动的各类机动艇。

(十二) 木制一次性筷子

木制一次性筷子又称卫生筷子，是指以木材为原料经过锯段、浸泡、旋切、刨切、烘干、筛选、打磨、倒角、包装等环节加工而成的各类一次性使用的筷子。本税目征收范围包括各种规格的木制一次性筷子。未经打磨、倒角的木制一次性筷子属于本税目征税范围。

(十三) 实木地板

实木地板是指以木材为原料，经锯割、干燥、刨光、截断、开榫、涂漆等工序加工而成的块状或条状的地面装饰材料。实木地板按生产工艺不同，可分为独板（块）实木地板、实木指接地板、实木复合地板三类；按表面处理状态不同，可分为未涂饰地板（白坯板、素板）和漆饰地板两类。本税目征收范围包括各类规格的实木地板、实木指接地板、实木复合地板及用于装饰墙壁、天棚的侧端面为榫、槽的实木装饰板。未经涂饰的素板属于本税目征税范围。

(十四) 电池

电池，是一种将化学能、光能等直接转换为电能的装置，一般由电极、电解质、容器、极端，通常还有隔离层组成的基本功能单元，以及用一个或多个基本功能单元装配成的电池组。范围包括：原电池、蓄电池、燃料电池、太阳能电池和其他电池。

对无汞原电池、金属氢化物镍蓄电池（又称“氢镍蓄电池”或“镍氢蓄电池”）、锂原电池、锂离子蓄电池、太阳能电池、燃料电池和全钒液流电池免征消费税。自 2016 年 1 月 1 日起，对铅蓄电池按 4% 税率征收消费税。

(十五) 涂料

涂料是指涂于物体表面能形成具有保护、装饰或特殊性能的固态涂膜的一类液体或固体材料之总称。涂料由主要成膜物质、次要成膜物质等构成。

二、消费税的纳税人

消费税的纳税人为在中华人民共和国境内从事生产、零售、委托加工和进口应税消费品的单位和个人。具体包括以下几种类型：

1. 生产销售应税消费品的单位和个人；
2. 零售应税消费品的单位和个人；
3. 委托加工应税消费品的单位和个人；
4. 进口应税消费品的单位和个人。

上述单位是指在我国境内从事生产、零售和进口应税消费品的国有企业、集体企业、私有企业、股份制企业、其他行政单位、事业单位、军事单位、社会团体及其他单位。

上述个人指个体经营者及其他个人。

三、消费税的税率

消费税依据应税消费品的具体情况分别采用比例税率和定额税率（见表10－1）。

表10－1　　消费税税目税率表

税目			税率
一、烟	1. 卷烟	工业：	
		甲类卷烟	56%加0.003元/支
		乙类卷烟	36%加0.003元/支
		商业：商业批发	11%加0.005元/支
	2. 雪茄烟		36%
	3. 烟丝		30%
二、酒	1. 白酒		20%加0.5元/500克（或500毫升）
	2. 黄酒		240元/吨
	3. 啤酒	甲类啤酒	250元/吨
		乙类啤酒	220元/吨
	4. 其他酒		10%
三、化妆品	1. 化妆品		15%
四、贵重首饰及珠宝玉石	1. 金银、铂金首饰和钻石及钻石饰品		5%
	2. 其他贵重首饰和珠宝玉石		10%
五、鞭炮、焰火	1. 鞭炮、焰火		15%

续表

<table>
<tr><th colspan="3">税目</th><th>税率</th></tr>
<tr><td rowspan="7">六、成品油</td><td colspan="2">1. 汽油</td><td>1.52 元/升</td></tr>
<tr><td colspan="2">2. 柴油</td><td>1.2 元/升</td></tr>
<tr><td colspan="2">3. 航空煤油</td><td>1.2 元/升</td></tr>
<tr><td colspan="2">4. 石脑油</td><td>1.52 元/升</td></tr>
<tr><td colspan="2">5. 溶剂油</td><td>1.52 元/升</td></tr>
<tr><td colspan="2">6. 润滑油</td><td>1.52 元/升</td></tr>
<tr><td colspan="2">7. 燃料油</td><td>1.2 元/升</td></tr>
<tr><td rowspan="2">七、摩托车</td><td colspan="2">气缸容量 250 毫升</td><td>3%</td></tr>
<tr><td colspan="2">气缸容量 250 毫升以上（不含）</td><td>10%</td></tr>
<tr><td rowspan="9">八、小汽车</td><td rowspan="7">1. 乘用车</td><td>1. 1.0 升（含）以下</td><td>1%</td></tr>
<tr><td>2. 1.0—1.5 升（含）</td><td>3%</td></tr>
<tr><td>3. 1.5—2.0 升（含）</td><td>5%</td></tr>
<tr><td>4. 2.0—2.5 升（含）</td><td>9%</td></tr>
<tr><td>5. 2.5—3.0 升（含）</td><td>12%</td></tr>
<tr><td>6. 3.0—4.0 升（含）</td><td>25%</td></tr>
<tr><td>7. 4.0 升以上的</td><td>40%</td></tr>
<tr><td colspan="2">2. 中轻型商用客车</td><td>5%</td></tr>
<tr><td colspan="2">3. 超豪华小汽车</td><td>10%</td></tr>
<tr><td>九、高尔夫球及球具</td><td colspan="2">1. 高尔夫球及球具</td><td>10%</td></tr>
<tr><td>十、高档手表</td><td colspan="2">1. 高档手表</td><td>20%</td></tr>
<tr><td>十一、游艇</td><td colspan="2">1. 游艇</td><td>10%</td></tr>
<tr><td>十二、木制一次性筷子</td><td colspan="2">1. 木制一次性筷子</td><td>5%</td></tr>
<tr><td>十三、实木地板</td><td colspan="2">1. 实木地板</td><td>5%</td></tr>
<tr><td rowspan="2">十四、电池</td><td colspan="2">1. 电池（不含铅蓄电池）</td><td>4%</td></tr>
<tr><td colspan="2">2. 铅蓄电池</td><td>4%</td></tr>
<tr><td>十五、涂料</td><td colspan="2">1. 涂料</td><td>4%</td></tr>
</table>

（一）比例税率

比例税率主要适用于那些供求矛盾突出、同类产品之间价格差异较大，或计量单位不规范、规格不一的应税消费品。它们是：除卷烟外的雪茄烟、烟丝等；除白酒、黄酒、啤酒以外的其他酒、酒精等；以及化妆品、鞭炮、焰火、贵重首饰、汽车轮胎、摩托车、小汽车、高档手表、实木地板等。

（二）定额税率

定额税率主要适用于那些供求基本平衡、同类产品之间价格差异不大，且计量单位规范的消费品。如黄酒（240 元/吨）、柴油（0.8 元/升）。

（三）复合税率

1. 根据《财政部、国家税务总局关于调整酒类产品消费税政策的通知》规定，自2001年5月1日起，对粮食白酒、薯类白酒实行从量定额和从价定率相结合的复合计税办法。定额税率为每斤（500克）0.5元。比例税率，粮食白酒25%，薯类白酒15%。2006年4月1日起，粮食白酒、薯类白酒的比例税率统一调整到20%。

2. 根据现行规定，自2009年5月1日起，对卷烟实行双环节征税制度。在生产环节（含进口）实施从量定额和从价定率相结合的复合计税办法。首先征收一道从量定额税，定额税率为每支0.003元；然后再按照调拨价格从价征收，每标准条（200支，下同）调拨价格在70元（含70元，不含增值税）以上的卷烟税率为56%；每标准条（200支）对外调拨价格在70元（不含增值税）以下的卷烟税率为36%。在批发环节实施从价定率征收办法，适用税率5%。自2015年5月10日起，我国进一步将卷烟批发环节从价税税率由5%提高至11%，并按0.005元/支加征从量税。

第三节　消费税的计算

一、从价定率计算方法

在从价定率计算方法下，应纳税额的计算取决于应税消费品的销售额和适用税率两个因素。其基本计算公式为：

应纳税额 = 应税消费品的销售额 × 适用税率

（一）销售额的确定

销售额为纳税人销售应税消费品向购买方收取的全部价款和价外费用。“价外费用”是指价外收取的基金、集资费、返还利润、补贴、违约金（延期付款利息）和手续费、包装费、储备费、优质费、运输装卸费、代收款项、代垫款项以及其他各种性质的价外收费。但下列款项不包括在内：

1. 承运部门的运费发票开具给购货方的。

2. 纳税人将该项发票转交给购货方的。

其他价外费用，无论是否属于纳税人的收入，均应并入销售额计算征税。

实行从价定率办法计算应纳税额的应税消费品连同包装物销售的，无论包装物是否单独计价，也不论在会计上如何核算，均应并入应税消费品的销售额中征收消费税。如果包装物不作价随同产品销售，而是收取押金（收取酒类产品的包装物押金除外），且单独核算，又未过期的，此项押金则不应并入应税消费品的销售额中征税。但对因逾期未收回的包装物不再退还的和已收取一年以上的押金，应并入应税消费品的销售额，按照应税消费品的适用税率征收消费税。

对既作价随同应税消费品销售，又另外收取的包装物押金，凡纳税人在规定的期限内不予退还的，均应并入应税消费品的销售额，按照应税消费品的适用税率征收消费税。

对酒类产品生产企业销售酒类产品而收取的包装物押金，无论押金是否返还与会计上如何核算，均需并入酒类产品销售额中，依酒类产品的适用税率征收消费税。

（二）含增值税销售额的换算

应税消费品在缴纳消费税的同时，与一般货物一样，还应缴纳增值税。按照《消费税暂行条例实施细则》的规定，应税消费品的销售额，不包括应向购货方收取的增值税税款。如果纳税人应税消费品的销售额中未扣除增值税税款或者因不得开具增值税专用发票而发生价款和增值税税款合并收取的，在计算消费税时，应将含增值税的销售额换算为不含增值税税款的销售额。其换算公式为：

$$\text{应税消费品的销售额} = \text{含增值税的销售额} \div \left(1 + \text{增值税税率或征收率}\right)$$

在使用换算公式时，应根据纳税人的具体情况分别使用增值税税率或征收率。如果消费税的纳税人同时又是增值税一般纳税人的，应适用17%的增值税税率；如果消费税的纳税人是增值税小规模纳税人的，应适用3%的征收率。

例10－1：某高档化妆品生产企业为增值税一般纳税人。8月10日向某大型商场销售化妆品一批，开具增值税专用发票，取得不含增值税销售额40万元，增值税税额5.2万元；8月15日向某单位销售化妆品一批，开具普通发票，取得含增值税销售额5.65万元。计算该化妆品生产企业8月应缴纳的消费税额。

解：（1）高档化妆品适用消费税税率15%

（2）化妆品的应税销售额＝40＋5.65÷（1＋13%）＝45（万元）

（3）应缴纳的消费税税额＝45×15%＝6.75（万元）

二、从量定额计算方法

在从量定额计算方法下，应纳税额的计算取决于消费品的应税数量和单位税额两个因素。其基本计算公式为：

应纳税额＝应税消费品的销售数量×单位税额

（一）销售数量的确定

销售数量是指纳税人生产、加工和进口应税消费品的数量。具体规定为：

1. 销售应税消费品的，为应税消费品的销售数量。

2. 自产自用应税消费品的，为应税消费品的移送使用数量。

3. 委托加工应税消费品的，为纳税人收回的应税消费品数量。

4. 进口的应税消费品，为海关核定的应税消费品进口征税数量。

（二）计量单位的换算标准

消费税暂行条例规定，黄酒、啤酒是以吨为税额单位；汽油、柴油是以升为税额单位的。但是，考虑到在实际销售过程中，一些纳税人会把吨或升这两个计量单位混用，为了规范不同产品的计量单位，以准确计算应纳税额，吨与升两个计量单位的换算标准为：

啤酒　1 吨 =988 升　　石脑油　1 吨 =1385 升

黄酒　1 吨 =962 升　　溶剂油　1 吨 =1282 升

汽油　1 吨 =1388 升　　润滑油　1 吨 =1126 升

柴油　1 吨 =1176 升　　燃料油　1 吨 =1015 升

航空煤油　1 吨 =1246 升

例 10－2：某啤酒厂 10 月份销售啤酒 500 吨，每吨出厂价格 2900 元。计算 10 月该厂应纳消费税税额。

解：（1）每吨售价在 3000 元以下的，适用单位税额 220 元

（2）应纳税额 = 销售数量 × 单位税额

= 500 × 220 = 110000（元）

三、从价定率和从量定额混合计算方法

现行消费税的征税范围中，只有卷烟、白酒采用混合计算方法。从价定率和从量定额混合计算方法，仍然属于从价计征和从量计征两种基本方法。其基本计算公式为：

应纳税额 = 应税销售数量 × 定额税率 + 应税销售额 × 比例税率

生产销售卷烟、粮食白酒、薯类白酒从量定额计税依据为实际销售数量。进口、委托加工、自产自用卷烟、白酒从量定额计税依据分别为海关核定的进口征税数量、委托方收回数量、移送使用数量。

四、计税依据的特殊规定

1. 卷烟从价定率计税办法的计税依据为调拨价格或核定价格。调拨价格是指卷烟生产企业通过卷烟交易市场与购货方签订的卷烟交易价格。计税调拨价格由国家税务总局按照中国烟草交易中心和各省烟草交易（订货）会各牌号、规格卷烟的调拨价格确定。核定价格是指由税务机关按其零售价倒算一定比例的办法核定计税价格。核定价格的计算公式为：

某牌号规格卷烟核定价格 = 该牌号规格卷烟市场零售价格 ÷（1 + 35%）

实际销售价格高于计税价格和核定价格的卷烟，按实际销售价格征收消费税；实际销售价格低于计税价格和核定价格的卷烟，按计税价格或核定价格征收消费税。

非标准条包装卷烟应当折算成标准包装卷烟的数量，依其实际销售收入计算确定其折算成标准条包装后的实际销售价格，并确定适用的比例税率。

2. 卷烟批发环节的计税依据是纳税人批发卷烟的销售额（不含增值税）。纳税人应将卷烟销售额与其他商品销售额分开核算，未分开核算的，一并征收消费税。纳税人销售给纳税人以外的单位和个人的卷烟于销售时纳税，纳税人之间销售的卷烟不缴纳消费税。卷烟批发企业的机构所在地，总机构与分支机构不在同一地区的，由总机构申报纳税。卷烟消费税在生产和批发两个环节征收后，批发企业在计算纳

税时不得扣除已含的生产环节的消费税税款。

3. 白酒生产企业销售给销售单位的白酒，生产企业消费税计税价格低于销售单位对外销售价格（不含增值税，下同）70%以下的，税务机关应核定消费税最低计税价格。白酒生产企业销售给销售单位的白酒，生产企业消费税计税价格低于销售单位对外销售价格70%以下的，消费税最低计税价格由税务机关根据生产规模、白酒品牌、利润水平等情况在销售单位对外销售价格50%至70%范围内自行核定。其中生产规模较大，利润水平较高的企业生产的需要核定消费税最低计税价格的白酒，税务机关核价幅度原则上应选择在销售单位对外销售价格60%至70%范围内。

已核定最低计税价格的白酒，生产企业实际销售价格高于消费税最低计税价格的，按实际销售价格申报纳税；实际销售价格低于消费税最低计税价格的，按最低计税价格申报纳税。已核定最低计税价格的白酒，销售单位对外销售价格持续上涨或下降时间达到3个月以上、累计上涨或下降幅度在20%（含）以上的白酒，税务机关重新核定最低计税价格。

白酒生产企业向商业销售单位收取的“品牌使用费”是随着应税白酒的销售而向购货方收取的，属于应税白酒销售价款的组成部分，因此，不论企业采取何种方式或以何种名义收取价款，均应并入白酒的销售额中缴纳消费税。

4. 纳税人通过自设非独立核算门市部销售的自产应税消费品，应当按照门市部对外销售额或者销售数量征收消费税。

例10－3：某摩托车生产企业为增值税一般纳税人，11月份将生产的某型号摩托车50辆，以每辆出厂价11000元（不含增值税）给自设非独立核算的门市部；门市部又以每辆15210元（含增值税）售给消费者。计算摩托车生产企业11月应缴纳消费税税额。

解：(1) 摩托车适用消费税税率10%

(2) 应纳税额＝销售额×税率＝15210÷(1＋13%)×50×10%

＝673009×10%＝67300.9（元）

5. 纳税人用于换取生产资料和消费资料，投资入股和抵偿债务等方面的应税消费品，应当以纳税人同类应税消费品的最高销售价格作为计税依据计算消费税。

例10－4：某汽车制造厂以自产小汽车6辆换取某钢厂生产的钢材100吨，每吨钢材3000元。该厂生产的同一型号小汽车销售价格分别为9.5万元/辆、9万元/辆和8.5万元/辆，计算用于换取钢材的小汽车应纳消费税额（以上价格不含增值税，适用消费税税率5%）。

解：根据国家有关规定，纳税人用于换取生产资料和消费资料、投资入股和抵偿债务等方面的应税消费品，应当以纳税人同类应税消费品的最高销售价格作为计依据计算消费税。因此，该汽车制造厂用于换取钢材的小汽车应缴纳消费税为：

(1) 小汽车适用的消费税税率为5%

(2) 应纳税额＝销售额×税率＝9.5×6×5%＝2.85（万元）

6. 兼营不同税率应税消费品的计税依据。纳税人生产销售应税消费品，如果不是单一经营某一税率的产品，而是经营多种不同税率的产品，这就是兼营行为。由于《消费税暂行条例》税目税率表列举的各种应税消费品的税率高低不同，因此，纳税人在兼营不同税率应税消费品时，税法就要针对其不同的核算方式分别规定税务处理办法，以加强税收管理，避免因核算方式不同而出现税款流失的现象。

纳税人兼营不同税率的应税消费品，应当分别核算不同税率应税消费品的销售额、销售数量。未分别核算销售额、销售数量，或者将不同税率的应税消费品组成成套消费品销售的，从高适用税率。

需要解释的是，纳税人兼营不同税率的应税消费品，是指纳税人生产销售两种税率以上的应税消费品。所谓“从高适用税率”就是对兼营高低不同税率的应税消费品，当不能分别核算销售额、销售数量，或者将不同税率的应税消费品组成成套消费品销售的，就以应税消费品中适用的高税率与混合在一起的销售额、销售数量相乘，得出应纳消费税税额。

五、外购应税消费品已纳税款的扣除

由于某些应税消费品是用外购已缴纳消费税的应税消费品连续生产出来的，在对这些连续生产出来的应税消费品计算征税时，税法规定应按当期生产领用数量计算准予扣除外购的应税消费品已纳的消费税税款。扣除范围包括：

1. 外购已税烟丝生产的卷烟。
2. 外购已税高档化妆品生产的高档化妆品。
3. 外购已税珠宝玉石生产的贵重首饰及珠宝玉石。
4. 外购已税鞭炮焰火生产的鞭炮焰火。
5. 外购已税杆头、杆身和握把生产的高尔夫球杆。
6. 外购已税木制一次性筷子生产的木制一次性筷子。
7. 外购已税实木地板生产的实木地板。
8. 外购已税汽油、柴油、石脑油、燃料油、润滑油为原料生产的应税成品油。
9. 从葡萄酒生产企业购进、进口葡萄酒连续生产应税葡萄酒的，准予从葡萄酒消费税应纳税额中扣除所耗用应税葡萄酒已纳消费税税款。

上述当期准予扣除外购应税消费品已纳消费税税款的计算公式为：

$$\text{当期准予扣除的外购应税消费品已纳税款}=\text{当期准予扣除的外购应税消费品买价}\times\text{外购应税消费品适用税率}$$

$$\text{当期准予扣除的外购应税消费品买价}=\text{期初库存的外购应税消费品的买价}+\text{当期购进的应税消费品的买价}-\text{期末库存的外购应税消费品的买价}$$

外购已税消费品的买价是指购货发票上注明的销售额（不包括增值税税款）。

外购应税消费品用于连续生产应税消费品，从商业企业购进应税消费品连续生产应税消费品的，符合抵扣条件的，准予扣除外购应税消费品已纳消费税税款。纳

税人用外购的已税珠宝玉石生产的改在零售环节征收消费税的金银首饰（镶嵌首饰），计算应纳消费税时不得扣除外购珠宝玉石的已纳税款。

对于自己不生产应税消费品，而只是购进后再销售应税消费品的工业企业，凡不能构成最终消费品直接进入消费品市场，而需要进一步生产加工的，应当征收消费税，同时允许扣除上述外购应税消费品的应纳税额。外购应税消费品后销售的允许抵扣已纳税额的应税消费品只限于从工业企业购进和进口的消费品，从商业企业购进应税消费品一律不得扣除。

六、自产自用应税消费品应纳税额的计算

（一）用于连续生产应税消费品的含义

纳税人自产自用的应税消费品，用于连续生产应税消费品的不纳税。所谓“纳税人自产自用的应税消费品，用于连续生产应税消费品的”，是指作为生产最终应税消费品的直接材料、并构成最终产品实体的应税消费品。例如：卷烟厂生产出烟丝，烟丝已是应税消费品，卷烟厂再用生产出的烟丝连续生产卷烟，这样，用于连续生产卷烟的烟丝就不缴纳消费税，只对生产的卷烟征收消费税。当然，生产出的烟丝如果是直接销售的，则烟丝还是要缴纳消费税。税法规定对自产自用的应税消费品，用于连续生产应税消费品的不征税，体现了税不重征且计税简便的原则。

（二）用于其他方面的规定

纳税人自产自用的应税消费品，除用于连续生产应税消费品外，凡用于其他方面的，于移送使用时纳税。用于其他方面的是指纳税人用于生产非应税消费品和在建工程、管理部门、非生产机构、提供劳务，以及用于馈赠、赞助、集资、广告、样品、职工福利、奖励等方面的应税消费品。所谓“用于生产非应税消费品”，是指把自产的应税消费品用于生产消费税条例税目税率表所列产品以外的产品。例如：原油加工厂用生产出的应税消费品汽油调和制成溶剂汽油，该溶剂汽油就属于非应税消费品。所谓“用于在建工程”，是指把自产的应税消费品用于本单位的各项建设工程。例如：石化工厂把自己生产的柴油用于本厂基建工程的车辆、设备使用。所谓“用于管理部门、非生产机构”，是指把自己生产的应税消费品用于与本单位有隶属关系的管理部门或非生产机构。例如：汽车制造厂把生产出的小汽车提供给上级主管部门使用。所谓“用于馈赠、赞助、集资、广告、样品、职工福利、奖励”，是指把自己生产的应税消费品无偿赠送给他人或以资金的形式投资于外单位某些事业或作为商品广告、经销样品或以福利、奖励的形式发给职工。例如：摩托车厂把自己生产的摩托车赠送或赞助给摩托车拉力赛赛手使用，兼作商品广告；酒厂把生产的滋补药酒以福利的形式发给职工等。总之，企业自产的应税消费品虽然没有用于销售或连续生产应税消费品，但只要是用于税法所规定的范围的都要视同销售，依法缴纳消费税。

（三）组成计税价格及税额的计算

纳税人自产自用的应税消费品，凡用于其他方面，应当纳税的，按照纳税人生

产的同类消费品的销售价格计算纳税。同类消费品的销售价格是指纳税人当月销售的同类消费品的销售价格，如果当月同类消费品各期销售价格高低不同，应按销售数量加权平均计算。但销售的应税消费品有下列情况之一的，不得列入加权平均计算：

1. 销售价格明显偏低又无正当理由的；

2. 无销售价格的，如果当月无销售或者当月未完结，应按照同类消费品上月或最近月份的销售价格计算纳税。

没有同类消费品销售价格的，按照组成计税价格计算纳税。组成计税价格计算公式是：

实行从价定率办法计算纳税的组成计税价格计算公式：

组成计税价格 =（成本 + 利润）÷（1 - 比例税率）

应纳税额 = 组成计税价格 × 比例税率

实行复合计税办法计算纳税的组成计税价格计算公式：

组成计税价格 =（成本 + 利润 + 自产自用数量 × 定额税率）÷（1 - 比例税率）

应纳税额 = 组成计税价格 × 比例税率 + 自产自用数量 × 定额税率

上述公式中所说的"成本"，是指应税消费品的产品生产成本。

上述公式中所说的"利润"，是指根据应税消费品的全国平均成本利润率计算的利润。应税消费品全国平均成本利润率由国家税务总局确定。

3. 应税消费品全国平均成本利润率。1993 年 12 月 28 日与 2006 年 3 月，国家税务总局颁发的《消费税若干具体问题的规定》，确定应税消费品全国平均成本利润率见表 10 - 2。

表 10 - 2　平均成本利润率表

单位：%

货物名称	利润率	货物名称	利润率
1. 甲类卷烟	10	11. 贵重首饰及珠宝玉石	6
2. 乙类卷烟	5	12. 汽车轮胎	5
3. 雪茄烟	5	13. 摩托车	6
4. 烟丝	5	14. 高尔夫球及球具	10
5. 粮食白酒	10	15. 高档手表	20
6. 薯类白酒	5	16. 游艇	10
7. 其他酒	5	17. 木制一次性筷子	5
8. 酒精	5	18. 实木地板	5
9. 化妆品	5	19. 乘用车	8
10. 鞭炮、焰火	5	20. 中轻型商用客车	5

例 10 - 5：某化妆品公司将一批自产的高档化妆品用作职工福利，高档化妆品的成本 8000 元。计算该批化妆品应缴纳的消费税税额。

解：（1）组成计税价格 = [8000 +（8000 × 5%）]

÷（1 - 15%）= 9882.35（元）

（2）应纳税额：9882.35 × 15% = 1482.35（元）

七、委托加工应税消费品应纳税额的计算

（一）委托加工应税消费品的确定

委托加工的应税消费品是指由委托方提供原料和主要材料，受托方只收取加工费和代垫部分辅助材料加工的应税消费品。对于由受托方提供原材料生产的应税消费品，或者受托方先将原材料卖给委托方，然后再接受加工的应税消费品，以及由受托方以委托方名义购进原材料生产的应税消费品，不论纳税人在财务上是否作销售处理，都不得作为委托加工应税消费品，而应当按照销售自制应税消费品缴纳消费税。

（二）代收代缴税款的规定

对于确实属于委托方提供原料和主要材料，受托方只收取加工费和代垫部分辅助材料加工的应税消费品，税法规定，由受托方在向委托方交货时代收代缴消费税。这样，受托方就是法定的代收代缴义务人。如果受托方对委托加工的应税消费品未代收代缴或少代收代缴消费税，就要按照税收征收管理法的规定，承担代收代缴的法律责任。因此，受托方必须严格履行代收代缴义务，正确计算和按时代缴税款。为了加强对受托方代收代缴税款的管理，1994 年 5 月，国家税务总局在颁发的《关于消费税若干征税问题的通知》中，对委托个体经营者加工应税消费品纳税问题做了调整，由原定一律由受托方代收代缴税款，改为纳税人委托个体经营者加工应税消费品，一律于委托方收回后在委托方所在地缴纳消费税。

对于受托方没有按规定代收代缴税款的，并不能因此免除委托方补缴税款的责任。在对委托方进行税务检查中，如果发现其委托加工的应税消费品受托方没有代收代缴税款，委托方要补缴税款（对受托方不再重复补税了，但要按《征管法》的规定，处以应代收代缴税款 50% 以上 3 倍以下的罚款）。对委托方补征税款的计税依据是：

如果在检查时，收回的应税消费品已经直接销售的，按销售额计税；收回的应税消费品尚未销售或不能直接销售的（如收回后用于连续生产等），按组成计税价格计税。

委托加工的应税消费品，受托方在交货时已代收代缴消费税，委托方收回后直接出售的，不再征收消费税。具体包括：

委托方将收回的应税消费品，以不高于受托方的计税价格出售的，为直接出售，不再缴纳消费税；

委托方以高于受托方的计税价格出售的，不属于直接出售，需按照规定申报缴纳消费税，在计税时准予扣除受托方已代收代缴的消费税。

（三）组成计税价格及应纳税额的计算

委托加工的应税消费品，按照受托方的同类消费品的销售价格计算纳税，没有同类消费品销售价格的，按照组成计税价格计算纳税。

实行从价定率办法计算纳税的组成计税价格计算公式：

组成计税价格 =（材料成本 + 加工费）÷（1 - 比例税率）

实行复合计税办法计算纳税的组成计税价格计算公式：

组成计税价格 =（材料成本 + 加工费 + 委托加工数量 × 定额税率）

÷（1 - 比例税率）

同类消费品的销售价格是指受托方（即代收代缴义务人）当月销售的同类消费品的销售价格，如果当月同类消费品各期销售价格高低不同，应按销售数量加权平均计算。但销售的应税消费品有下列情况之一的，不得列入加权平均计算：

1. 销售价格明显偏低又无正当理由的；

2. 无销售价格的。如果当月无销售或者当月未完结，应按照同类消费品上月或最近月份的销售价格计算纳税。

上述组成计税价格公式中有两个重要的专用名词需要掌握。

1. 材料成本。按照《消费税暂行条例实施细则》的解释，“材料成本”是指委托方所提供加工材料的实际成本。

委托加工应税消费品的纳税人，必须在委托加工合同上如实注明（或以其他方式提供）材料成本；凡未提供材料成本的，受托方所在地主管税务机关有权核定其材料成本。从这一条规定可以看出，税法对委托方提供原料和主要材料要求如实注明，或要以明确的方式如实提供材料成本，要求是很严格的，其目的就是为了防止假冒委托加工应税消费品或少报材料成本，逃避纳税的现象。

2. 加工费。《消费税暂行条例实施细则》规定，加工费，是指受托方加工应税消费品向委托方所收取的全部费用（包括代垫辅助材料的实际成本，不包括增值税税金），这是税法对受托方的要求。受托方必须如实提供向委托方收取的全部费用，这样才能既保证组成计税价格及代收代缴消费税准确地计算出来，也使受托方按加工费得以正确计算其应纳的增值税。

（四）委托加工收回的应税消费品已纳税款的扣除

委托加工的应税消费品因为已由受托方代收代缴消费税，因此，委托方收回货物后用于连续生产应税消费品的，其已纳税款准予按照规定从连续生产的应税消费品应纳消费税税额中抵扣。按照国家税务总局的规定，从 1995 年 6 月 1 日起，下列连续生产的应税消费品准予从应纳消费税税额中按当期生产领用数量计算扣除委托加工收回的应税消费品已纳消费税税款：

1. 以委托加工收回的已税烟丝为原料生产的卷烟。

2. 以委托加工收回的已税高档化妆品为原料生产的高档化妆品。

3. 以委托加工收回的已税珠宝玉石为原料生产的贵重首饰及珠宝玉石。

4. 以委托加工收回的已税鞭炮、焰火为原料生产的鞭炮、焰火。

5. 以委托加工收回的已税杆头、杆身和握把生产的高尔夫球杆。

6. 以委托加工收回的已税木制一次性筷子生产的木制一次性筷子。

7. 以委托加工收回的已税实木地板生产的实木地板。

8. 以委托加工收回的已税汽油、柴油、石脑油、燃料油、润滑油为原料生产的应税成品油。

上述当期准予扣除委托加工收回的应税消费品已纳消费税税款的计算公式是：

当期准予扣除的委托加工应税消费品已纳税款 = 期初库存的委托加工应税消费品已纳税款 + 当期收回的委托加工应税消费品已纳税款 − 期末库存的委托加工应税消费品已纳税款

需要说明的是，纳税人用委托加工收回的已税珠宝玉石生产的改在零售环节征收消费税的金银首饰，在计税时一律不得扣除委托加工收回的珠宝玉石的已纳消费税税款。

八、进口应税消费品应纳税额的计算

进口的应税消费品，于报关进口时缴纳消费税；进口的应税消费品的消费税由海关代征；进口的应税消费品，由进口人或者其代理人向报关地海关申报纳税；纳税人进口应税消费品，按照关税征收管理的相关规定，应当自海关填发税款缴纳书的次日起 15 日内缴纳消费税款。

纳税人进口应税消费品，按照组成计税价格和规定的税率计算应纳税额。计算公式如下：

（一）实行从价定率办法的应税消费品的应纳税额的计算

组成计税价格 =（关税完税价格 + 关税）÷（1 − 消费税税率）

应纳税额 = 组成计税价格 × 消费税税率

公式中所称“关税完税价格”，是指海关核定的关税计税价格。

（二）实行从量定额办法的应税消费品的应纳税额的计算

应纳税额 = 应税消费品数量 × 消费税单位税额

（三）实行从价定率和从量定额办法的应税消费品的应纳税额的计算

应纳税额 = 组成计税价格 × 消费税税率 + 应税消费品数量 × 消费税单位税额

其中：组成计税价格 =（关税完税价格 + 关税 + 进口数量 × 消费税定额税率）÷（1 − 消费税比例税率）

进口环节消费税除国务院另有规定者外，一律不得给予减税免税。

（四）进口卷烟的应纳税额计算

自 2009 年 5 月 1 日起，进口卷烟消费税适用比例税率按以下办法确定：

1. 每标准条进口卷烟（200 支）确定消费税适用比例税率的价格 =（关税完税价格 + 关税 + 消费税定额税率）/（1 − 消费税税率）。其中，关税完税价格和关税为每标准条的关税完税价格及关税税额；消费税定额税率为每标准条（200 支）0.6 元（依据现行消费税定额税率折算而成）；消费税税率固定为 36%。

2. 每标准条进口卷烟（200 支）确定消费税适用比例税率的价格≥70 元人民币的，适用比例税率为 56%；每标准条进口卷烟（200 支）确定消费税适用比例税率的价格 <70 元人民币的，适用比例税率为 36%。

3. 依据上述确定的消费税适用比例税率，计算进口卷烟消费税组成计税价格和应纳消费税税额。

进口卷烟消费税组成计税价格 =（关税完税价格 + 关税 + 消费税定额税）/（1 - 进口卷烟消费税适用比例税率）。

应纳消费税税额 = 进口卷烟消费税组成计税价格 × 进口卷烟消费税适用比例税率 + 消费税定额税。其中，消费税定额税 = 海关核定的进口卷烟数量 × 消费税定额税率，消费税定额税率为每标准箱（50000 支）150 元。

九、税额减免的规定

为保护生态环境，促进替代污染排放汽车的生产和消费，推进汽车工业技术进步，对生产销售达到低污染排放值的小轿车、越野车和小客车减征 30% 的消费税。计算公式为：

减征税额 = 按法定税率计算的消费税额 × 30%

应征税额 = 按法定税率计算的消费税额 - 减征税额

低污染排放限值是指相当于欧盟指令 94/12/EC、96/69/EC 排放标准（简称“欧洲Ⅱ号标准”）。

从 2009 年 1 月 1 日起，对同时符合下列条件的纯生物柴油免征消费税：

1. 生产原料中废弃的动物油和植物油用量所占比重不低于 70%。

2. 生产的纯生物柴油符合国家《柴油机燃料调合生物柴油（BD100）》标准。

第四节 消费税的减免税和出口退（免）税

一、减免税

由于消费税的征税对象是少数需要调节的特定消费品，所以，除极特殊情况外，一般不给予减免优惠。《暂行条例》第十一条仅规定，对纳税人出口的应税消费品，免征消费税；国务院另有规定限制出口的应税消费品不在免税范围内。

二、出口退税

（一）出口退税的范围

凡具备出口条件的应税消费品，给予退税。这类消费品必须具备以下四个条件：属于消费税征税范围的消费品；取得《税收（出口产品专用）缴款书》；必须报关离境；在财务上作出口销售处理。某些虽不具备出口条件，也给予退税的消费品以及出口退税企业的范围，比照增值税出口退税的原则规定办理。

1. 出口免税并退税。适用这个政策的是：有出口经营权的外贸企业购进应税消费品直接出口，以及外贸企业受其他外贸企业委托代理出口应税消费品。这里需要重申的是，外贸企业只有受其他外贸企业委托、代理出口应税消费品才可办理退税，外贸企业受其他企业（主要是非生产性的商贸企业）委托，代理出口应税消费品是不予退（免）税的。这个政策限定与前述出口货物退（免）增值税的政策规定是一致的。

2. 出口免税但不退税。适应这个政策的是：有出口经营权的生产性企业自营出口，或生产企业委托外贸企业代理出口自产的应税消费品，依据其实际出口数量免征消费税，不予办理退还消费税。这里，免征消费税是指对生产性企业按其实际出口数量免征生产环节的消费税。不予办理退还消费税，是指因已免征生产环节的消费税，该应税消费品出口时，已不含消费税，所以也无须再办理退还消费税了。这项政策规定与前述生产性企业自营出口或委托代理出口自产货物退（免）增值税的规定是不一样的。其政策区别的原因是，消费税仅在生产企业的生产环节征收，生产环节免税了，出口的应税消费品就不含有消费税了；而增值税却在货物销售的各个环节征收，生产企业出口货物时，已纳的增值税应退还。

3. 出口不免税也不退税。适用这个政策的是：除生产企业、外贸企业外的其他企业，具体是指一般商贸企业，这类企业委托外贸企业代理出口应税消费品一律不予退（免）税。

（二）出口退税的税率

计算出口应税消费品应退消费税的税率或单位税额，依据《消费税暂行条例》所附《消费税税目税率（税额）表》执行。这是退（免）消费税与退（免）增值税的一个重要区别。当出口的货物是应税消费品时，其退还增值税要按规定的退税率计算；其退还消费税则按该应税消费品所适用的消费税税率计算。企业应将不同消费税税率的出口应税消费品分开核算和申报，凡划分不清适用税率的，一律从低适用税率计算应退消费税额。

（三）出口退税的计算方法

1. 属于从价定率计征消费税的应税消费品，应依照外贸企业从工厂购进货物时征收消费税的价格计算应退消费税税款。

应退消费税税款 = 出口货物的工厂销售额 × 税率

对含增值税的购进金额应换算成不含增值税的金额作为计算退税的依据。计算公式为：

$$\text{不含增值税的购进金额}=\frac{\text{含增值税购进金额}}{1+\text{增值税税率或征收率}}$$

2. 对采用固定税率征收消费税的消费品，应依货物购进和报关出口的数量计算应退消费税税款。外贸企业出口或代理出口货物的应退消费税税额，应分别按上述计算依据和税目税率（税额）表规定的税率（单位税额）计算。其计算公式为：

应退消费税额 = 出口消费品的工厂销售额（出口数量）× 税率

（四）出口应税消费品办理退（免）税后的管理

出口的应税消费品办理退税后，发生退关，或者国外退货进口时予以免税的，报关出口者必须及时向其所在地主管税务机关申报补缴已退的消费税税款。

纳税人直接出口的应税消费品办理免税后发生退关或国外退货，进口时已予以免税的，经所在地主管税务机关批准，可暂不办理补税，待其转为国内销售时，再向其主管税务机关申报补缴消费税。

第五节 消费税的征收与缴纳

一、消费税的纳税义务发生时间

纳税人生产的应税消费品于销售时纳税，进口消费品应当于应税消费品报关进口环节纳税，但金银首饰、钻石及钻石饰品在零售环节纳税。消费税纳税义务发生的时间，以货款结算方式或行为发生时间分别确定。

1. 纳税人销售应税消费品的纳税义务发生时间：

（1）纳税人采取赊销和分期收款方式的，其纳税义务的发生时间为销售合同规定的收款日期的当天。

（2）纳税人采取预收货款结算方式的，其纳税义务的发生时间为发出应税消费品的当天。

（3）纳税人采取托收承付和委托银行收款方式销售的应税消费品，其纳税义务发生时间为发出应税消费品并办妥托收手续的当天。

（4）纳税人采取其他结算方式的，其纳税义务发生时间，为收讫销售款或者取得索取销售凭据的当天。

2. 纳税人自产自用的应税消费品，其纳税义务发生时间为移送使用当天。

3. 纳税人委托加工的应税消费品，其纳税义务发生时间为纳税人提货的当天。

4. 纳税人进口的应税消费品，其纳税义务发生时间为报关进口的当天。

二、消费税的纳税环节

纳税人生产的应税消费品，除金、银首饰外，均在生产销售环节纳税。金、银首饰的消费税在零售环节征收。卷烟在批发环节还要加征一道消费税。超豪华小汽车则在零售环节再加征一道消费税。

纳税人自产自用的应税消费品，用于连续生产应税消费品的，不纳税，用于其他方面的，于移送使用时纳税。

委托加工的应税消费品，由受托方在向委托方交货时代收代缴。

进口的应税消费品，于报关进口时纳税。

三、消费税的纳税地点

1. 纳税人销售的应税消费品，以及自产自用的应税消费品，除国家另有规定的外，应当向纳税人核算地主管税务机关申报纳税。

2. 委托加工的应税消费品，除受托方为个体经营者外，由受托方向所在地主管税务机关代收代缴消费税税款。

3. 进口的应税消费品，由进口人或者其代理人向报关地海关申报纳税。

4. 纳税人到外县（市）销售或委托外县（市）代销自产应税消费品的，于应税消费品销售后，回纳税人核算地或销售所在地缴纳消费税。

5. 纳税人的总机构与分支机构不在同一县（市）的，应在生产应税消费品的分支机构所在地缴纳消费税。但经国家税务总局及所属省国家税务局批准，纳税人分支机构应纳消费税税款也可由总机构汇总向总机构所在地主管税务机关缴纳。

6. 纳税人销售的应税消费品，如因质量等原因由购买者退回时，经所在地主管税务机关审核批准后，可退还已征收的消费税税款。但不能自行直接抵减应纳税款。

四、消费税的纳税期限

按照《消费税暂行条例》规定，消费税的纳税期限分别为 1 日、3 日、5 日、10 日、15 日、1 个月或者一个季度。纳税人的具体纳税期限，由主管税务机关根据纳税人应纳税额的大小分别核定；不能按照固定期限纳税的，可以按次纳税。

纳税人以 1 个月或一个季度为一期纳税的，自期满之日起 15 日内申报纳税；以 1 日、3 日、5 日、10 日或者 15 日为一期纳税的，自期满之日起 5 日内预缴税款，于次月 1 日起至 15 日内申报纳税并结清上月应纳税款。

纳税人进口应税消费品，应当自海关填发税款缴纳书的次日起 15 日内缴纳税款。

如果纳税人不能按照规定的纳税期限依法纳税，将按《税收征收管理法》的有关规定处理。

复习与思考

一、基本概念

消费税　委托加工的应税消费品

二、思考题

1. 消费税有何特点？
2. 消费税与增值税为何种关系？

三、练习题

1. 某日用化工厂某月销售香皂取得货款 48000 元，开出专用发票，取得价外补贴 2400 元，开出普通发票，向消费者零散销售化妆品取得收入 21350 元，参加高档化妆品展销无偿赠送高档化妆品 30 盒，每盒单位出厂不含税价格 100 元，当月购入各种材料取得专用发票，共计进项税额为 5085 元。试计算该厂应交的增值税和消费税。

2. 某县城酒厂某月外购粮食白酒 20 吨，支付价税合计 45200 元，取得增值税专用发票，注明税额 5200 元，已入库，支付该批白酒运费 2000 元、保险费 500 元、装卸费 500 元，取得普通发票。当期生产领用粮食白酒 10 吨进行勾兑，生产低度白酒 20 吨，并将其中 15 吨销售，取得收入 68200 元，开出专用发票。收取包装物押金 2000 元（规定 60 天内收回）。当期有 1000 元以前月份发出包装物押金到期。要求计算该企业当月应缴纳的增值税和消费税。

3. 某化妆品生产企业为增值税一般纳税人，某月上旬从国外进口一批散装高档化妆品，支付给国外的货价 120 万元、相关税金 10 万元、卖方佣金 2 万元、运抵我国海关前的运杂费和保险费 18 万元；进口机器设备一套，支付给国外的货价 35 万元、运抵我国海关前的运杂费和保险费 5 万元。散装高档化妆品和机器设备均验收入库。本月内企业将进口的散装高档化妆品的 80% 生产加工为成套化妆品 7800 件，对外批发销售 6000 件，取得不含税销售额 290 万元；向消费者零售 800 件，取得含税销售额 51.48 万元（化妆品的进口关税税率 40%、消费税税率 15%；机器设备的进口关税税率 20%）。

要求：（1）计算该企业在进口环节应缴纳的消费税、增值税。

（2）计算该企业国内生产销售环节应缴纳的增值税、消费税。

4. 某卷烟厂为增值税一般纳税人，本年 10 月有关生产经营情况如下：

（1）从某烟丝厂购进已税烟丝 200 吨，每吨不含税单价 2 万元，取得烟丝厂开具的增值税专用发票，注明货款 400 万元、增值税 52 万元，烟丝已验收入库。

（2）向农业生产者收购烟叶 30 吨，收购凭证上注明支付收购货款 42 万元（含烟叶税），烟叶验收入库后，又将其运往烟丝厂加工成烟丝，取得烟丝厂开具的增值税专用发票，注明支付加工费 8 万元、增值税 1.04 万元，卷烟厂收回烟丝时烟丝厂未代收代缴消费税。

（3）卷烟厂生产领用外购已税烟丝 150 吨，生产卷烟 20000 标准箱（每箱 50000 支，每条 200 支，每条调拨价在 50 元以上），当月销售给卷烟专卖商 18000 箱，取得不含税销售额 36000 万元。

提示：烟丝消费税率 30%；卷烟消费税比例税率 56%，定额税率 0.003 元/支。

要求：（1）计算卷烟厂当月应缴纳的增值税。

（2）计算卷烟厂当月应缴纳的消费税。

5. 某市大型商贸公司为增值税一般纳税人，兼营商品加工、批发、零售和进出口业务，某年 6 月相关经营业务如下：

（1）进口高档化妆品一批，支付国外的买价 220 万元、国外的经纪费 10 万元；支付运抵我国海关地前的运输费用 20 万元、装卸费用和保险费用 11 万元；支付海关地再运往商贸公司的铁路运输费用 8 万元、装卸费用和保险费用 3 万元；

(2) 受托加工高档化妆品一批，委托方提供的原材料不含税金额 86 万元，加工结束向委托方开具普通发票收取加工费和添加辅助材料的含税金额共计 45.2 万元，该化妆品商贸公司当地无同类产品市场价格；

(3) 收购免税农产品一批，支付收购价款 70 万元，铁路运输费用 10 万元，当月将购回免税农产品的 30% 用于公司饮食部；

(4) 购进其他商品，取得增值税专用发票，支付价款 200 万元、增值税 26 万元；

(5) 将进口高档化妆品的 80% 重新加工制作成套装化妆品，当月销售给其他商场并开具增值税专用发票，取得不含税销售额 650 万元；直接销售给消费者个人，开具普通发票，取得含税销售额 67.8 万元；

(6) 销售除高档化妆品以外的其他商品，开具增值税专用发票，应收不含税销售额 300 万元，由于月末前可将全部货款收回，给所有购货方的销售折扣比例为 5%，实际收到金额 285 万元；

(7) 取得高档化妆品的逾期包装押金收入 14.04 万元。

(注：关税税率 20%，化妆品消费税税率 15%；当月购销各环节所涉及的票据符合税法规定，并经过税务机关认证。)

要求：按下列顺序回答问题：

(1) 分别计算该公司进口环节应缴纳的关税、消费税、增值税；

(2) 计算该公司加工环节应代收代缴的消费税；

(3) 计算该公司国内销售环节应缴纳的消费税总和；

(4) 计算该公司国内销售环节实现的销项税额总和；

(5) 计算该公司国内销售环节准予抵扣的进项税额总和；

(6) 计算该公司国内销售环节应缴纳的增值税。

第十一章

城市维护建设税、教育费附加和烟叶税

第一节　城市维护建设税

一、城市维护建设税

（一）城市维护建设税概述

城市维护建设税是对从事工商经营，缴纳增值税、消费税的单位和个人征收的一种税。

新中国成立以来，我国城市建设和维护在不同时期都取得了较大成绩，但国家在城市建设方面一直资金不足。1979 年以前，我国用于城市维护建设的资金来源由当时的工商税附加、城市公用事业附加和国拨城市维护费组成。1979 年国家开始在部分大中城市试行从上年工商利润中提取 5% 用于城市维护和建设的办法，但未能从根本上解决问题。1981 年国务院在批转财政部关于改革工商税制的设想中提出："根据城市建设的需要，开征城市维护建设税，作为县以上城市和工矿区市政建设的专项资金"。1985 年 2 月 8 日国务院正式颁布了《中华人民共和国城市维护建设税暂行条例》，并于 1985 年 1 月 1 日在全国范围内施行。

（二）城市维护建设税的特点

城市维护建设税受本身的性质决定，与其他税种相比具有以下特点：

1. 税款专款专用。一般说来，税收收入都直接纳入国家预算，由中央和地方政府根据需要，统一安排使用到国家建设和事业发展的各个方面，税法并不规定各个税种收入的具体使用范围和方向。但城市维护建设税不同，其所征税款要求保证用于城市公用事业和公共设施的维护和建设。

2. 属于一种附加税。征税对象是税法规定征税的目的物，是一个税种区别于另一个税种的主要标志。而城市维护建设税是以增值税、消费税为计税依据，随增值税、消费税同时征收，本身没有特定的课税对象，其征管方法也完全比照增值税、消费税的有关规定办理。

3. 根据城镇规模设计税率。城市维护建设税的负担水平，不是依据纳税人获取的利润水平或经营特点，而是根据纳税人所在城镇的规模及其资金需要设计的。城镇规模大的，税率高一些；反之，就要低一些。例如，纳税人所在地在城市市区的，税率为7%；在县城、建制镇的税率为5%。这样规定能够使不同地区获取不同数量的城市维护建设资金，因地制宜地进行城市的维护和建设。

4. 征收范围较广。增值税、消费税是我国商品劳务税类，乃至整个税制的主体税种，其征税范围基本上包括了我国境内所有经营行为的单位和个人。城市维护建设税以增值税、消费税额作为税基，从这个意义上看，城市维护建设税是对所有纳税人的征税，因此，它的征税范围比其他任何税种的征税范围都要广。

（三）城市维护建设税的作用

1. 补充城市维护建设资金的不足。城市在国民经济建设中有着重要的作用。随着经济体制改革的深入和市场经济的迅速发展，以及城乡物资交流和对外贸易的不断扩大，城市的中心地位越来越重要。但是，由于城市建设资金不足，使城市的维护建设欠账较多，远远跟不上工农业生产和各项事业发展的需要。在1984年以前，国家用于城市维护建设的资金，除了在基本建设投资中安排及征收城市公用事业附加外，还在部分城市试行从上年利润中提取5%的城市维护费的办法。采用这种办法集中城建资金，不仅面窄、量少，而且极不稳定。1984年国营企业实行利改税后，企业利润减少，又直接影响了城建资金的提取量。开征城市维护建设税之后，由于城建税以增值税、消费税的税额为计税依据，与增值税、消费税同时征收，这样不仅扩大了征收范围，还可以保证城建税收入随增值税、消费税的增长而增长，从而使城市维护建设支出有一个比较稳定和可靠的资金来源，而且取得收入范围也扩大了。

2. 限制对企业乱摊派。长期以来，有些地区和部门借口城建资金不足，随意向企业摊派物资和资金，加重了企业负担，影响了企业的正常生产经营。征收城市维护建设税后，国家把地方政府用于城市维护建设的资金来源用法律形式稳定、固定下来。所以，城市维护建设税暂行条例第八条明确规定：开征城市维护建设税后，任何地区和部门，都不得再向纳税人摊派资金或物资。遇到摊派情况，纳税人有权拒绝执行。这就为限制对企业的乱摊派提供了法律保证。

3. 调动地方政府进行城市维护和建设的积极性，为推行分税制创造条件。城市维护建设税暂行条例第六条规定：城市维护建设税应当保证用于城市的公用事业和公共设施的维护建设，具体安排由地方人民政府确定。这就明确了城市维护建设税是一个具有专款专用性质的地方税。将城市维护建设税收入与当地城市建设直接挂钩，税收收入越多，城镇建设资金就越充裕，城镇建设发展就越快。这样，就可以充分调动地方政府的积极性，使其关心城市维护建设税收入，加强城市维护建设税的征收管理。另一方面，城市维护建设税作为一个主要的地方税种，充实和完善了地方税体系，扩大了地方财政收入规模，为实行分税制财政体制奠定了基础。

二、城市维护建设税的征税范围和纳税人

（一）征税范围

城市维护建设税的征税范围比较广。具体包括城市、县城、建制镇以及税法规定征税的其他地区。城市、县城、建制镇的范围，应根据行政区划作为划分标准，不能随意扩大或缩小各自行政区域的管辖范围。

（二）纳税人

城市维护建设税的纳税人是在征税范围内从事工商经营，并缴纳增值税、消费税的单位和个人。不论是国有企业、集体企业、私营企业、个体工商户，还是其他单位、个人，只要缴纳了增值税、消费税中的任何一种税，都必须同时缴纳城市维护建设税。

三、城市维护建设税的税率

城市维护建设税实行地区差别比例税率。按照纳税人所在地的不同，税率分别规定为7%、5%、1%三个档次。不同地区的纳税人，实行不同档次的税率。具体适用范围是：

纳税人所在地为城市市区的，税率7%；

纳税人所在地为县城、建制镇的，税率5%；

纳税人所在地不在城市市区、县城、建制镇的，税率1%。

纳税单位或个人缴纳城市建设税的适用税率，一律按其纳税所在地的规定税率执行。县政府设在城市市区，其在市区办的企业，按市区的规定税率计算纳税。纳税人所在地为工矿区的，应根据行政区划分别按照7%、5%、1%的税率缴纳城市维护建设税。

城市维护建设税的适用税率，一般规定按纳税人所在地的适用税率执行。但对下列两种情况，可按缴纳增值税、消费税所在地的规定税率就地缴纳城市维护建设税：

第一种情况是：由受托方代扣代缴、代收代缴增值税、消费税的单位和个人，其代扣代缴、代收代缴的城市维护建设税按受托方所在地适用税率执行；

第二种情况是：流动经营等无固定纳税地点的单位和个人，在经营地缴纳增值税、消费税的，其城市维护建设税的缴纳按经营地适用税率执行。

四、城市维护建设税的计算与征收管理

（一）城市维护建设税的计税依据

城市维护建设税的计税依据是纳税人实际缴纳的增值税、消费税税额。

城市维护建设税的计税依据，是指纳税人实际缴纳的增值税、消费税税额。纳税人违反增值税、消费税有关税法而加收的滞纳金和罚款，是税务机关对纳税人违法行为的经济制裁，不作为城市维护建设税的计税依据，但纳税人在被查补增值税、

消费税和被处以罚款时，应同时对其偷漏的城市维护建设税进行补税和罚款。

自 2005 年 1 月 1 日起，经国家税务总局正式审核批准的当期免抵的增值税税额应纳入城市维护建设税和教育费附加的计征范围，分别按规定的税（费）率征收城市维护建设税和教育费附加。2005 年 1 月 1 日前，已按免抵的增值税税额征收的城市维护建设税和教育费附加不再退还，未征的不再补征。

（二）城市维护建设税的计算

城市维护建设税的应纳税额按以下公式计算：

应纳税额 = 实际缴纳的增值税、消费税税额 × 适用税率

例 11－1：地处县城的某国有企业，本年 7 月份实际缴纳消费税税额 17 万元、增值税 4 万元，计算应纳城市维护建设税。

解：应纳税额 = （17 + 4） × 5% = 1.05（万元）

（三）城市维护建设税的征收管理

1. 纳税环节。城市维护建设税的纳税环节，是指城市维护建设税规定的纳税人应当缴纳该税的环节。其纳税环节，实际上就是纳税人缴纳增值税、消费税的环节。纳税人只要发生增值税、消费税的纳税义务，就要在同样的环节，分别计算缴纳城市维护建设税。

2. 纳税地点。城市维护建设税以纳税人实际缴纳的增值税、消费税税额为计税依据，分别与增值税、消费税同时缴纳。所以，纳税人缴纳增值税、消费税的地点，就是该纳税人缴纳城市维护建设税的地点。但是，属于下列情况的，纳税地点为：

（1）代扣代缴、代征代缴增值税、消费税的单位和个人，其城市维护建设税的纳税地点在代扣代缴、代征代缴地。

（2）跨省开采的油田，下属生产单位与核算单位不在一个省内的，其生产的原油，在油井所在地缴纳增值税，其应纳税款由核算单位按照各油井的产量和规定税率，计算汇拨各油井缴纳。所以，各油井应纳的城市维护建设税，应由核算单位计算，随同增值税一并汇拨油井所在地，由油井在缴纳增值税的同时，一并缴纳城市维护建设税。

（3）纳税人跨地区提供建筑服务、销售和出租不动产的，应在建筑服务发生地、不动产所在地预缴增值税时，以预缴增值税税额为计税依据，并按预缴增值税所在地的城市维护建设税适用税率和教育费附加征收率就地计算缴纳城市维护建设税和教育费附加。

预缴增值税的纳税人在其机构所在地申报缴纳增值税时，以其实际缴纳的增值税税额为计税依据，并按机构所在地的城市维护建设税适用税率和教育费附加征收率就地计算缴纳城市维护建设税和教育费附加。

（4）对流动经营等无固定纳税地点的单位和个人，应随同增值税、消费税在经营地按适用税率缴纳。

3. 纳税期限。由于城市维护建设税是由纳税人在缴纳增值税、消费税时同时缴纳的，所以其纳税期限分别与增值税、消费税的纳税期限一致。根据增值税法和消

费税法规定，增值税、消费税的纳税期限均分别为1日、3日、5日、10日、15日或者1个月；增值税、消费税的纳税人的具体纳税期限，由主管税务机关根据纳税人应纳税额大小分别核定；不能按照固定期限纳税的，可以按次纳税。

由于城市维护建设税法规是在1994年分税制前制定的，1994年后，增值税、消费税由国家税务局征收管理，而城市维护建设税由地方税务局征收管理，因此，在缴税入库的时间上不一定完全一致。

五、城市维护建设税的减免税

因为城市维护建设税具有附加税性质，是以消费税、增值税税额为计税依据并与增值税、消费税同时征收的，因此，当主税发生减免时，城市维护建设税会相应发生税收减免。这样，税法规定对纳税人减免增值税、消费税时，相应也减免了城市维护建设税。故城市维护建设税本身基本没有单独规定减免税。但对一些特殊情况，财政部和国家税务总局作了特案减免税规定，具体包括：

1. 城市维护建设税按减免后实际缴纳的增值税、消费税税额计征，即随增值税、消费税的减免而减免。

2. 对于因减免税而需进行增值税、消费税退库的，城市维护建设税也可同时退库。

3. 海关对进口产品代征的增值税、消费税，不征收城市维护建设税。但对出口产品退还增值税、消费税的，不退还已缴纳的城市维护建设税。

4. 对增值税、消费税实行先征后返、先征后退、即征即退办法的，除另有规定外，对附征的城建税和教育费附加，一律不予退（返）还。

5. 为支持国家重大水利工程建设，对国家重大水利工程建设基金免征城市维护建设税。

6. 对实行增值税期末留抵退税的纳税人，允许其从城市维护建设税、教育费附加和地方教育费附加的计税（征）依据中扣除退还的增值税税额。

第二节　教育费附加和地方教育附加

一、教育费附加概述

教育费附加是对缴纳增值税、消费税的单位和个人，就其实际缴纳的税额为计算依据征收的一种附加费，其本质是一种税。

教育费附加是为加快地方教育事业，扩大地方教育经费的资金而征收的一项专用基金。1984年，国务院颁布了《关于筹措农村学校办学经费的通知》，开征了农村教育事业经费附加。1985年，中共中央做出了《关于教育体制改革的决定》，指出必须在国家增拨教育基本建设投资和教育经费的同时，充分调动企事业单位和其他各种社会力量办学的积极性，开辟多种渠道筹措经费。为此，国务院于1986年4

月 28 日颁布了《征收教育费附加的暂行规定》，决定从同年 7 月 1 日开始在全国范围内征收教育费附加。

2006 年 9 月 1 日起施行的《中华人民共和国教育法》规定："税务机关依法足额征收教育费附加，由教育行政部门统筹管理，主要用于实施义务教育。省、自治区、直辖市人民政府根据国务院的有关规定，可以决定开征用于教育的地方附加费，专款专用。" 2010 年财政部下发了《关于统一地方教育附加政策有关问题的通知》对各省、市、自治区的地方教育附加进行了统一。

教育费附加对加快教育事业的发展发挥了一定的积极作用。一是扩大了地方教育经费的资金来源，促进了地方教育事业的发展；二是逐步改善了中小学教学设施和办学条件。

二、教育费附加的征收范围及计征依据

教育费附加对缴纳增值税、消费税的单位和个人征收，以其实际缴纳的增值税、消费税为计征依据，分别与增值税、消费税同时缴纳。

三、教育费附加计征比率

教育费附加计征比率曾几经变化。1986 年开征时，规定为 1%，1990 年 5 月《国务院关于修改〈征收教育费附加的暂行规定〉的决定》中规定为 2%。按照 1994 年 2 月 7 日《国务院关于教育费附加征收问题的紧急通知》的规定，现行教育费附加征收比率为 3%，地方教育附加征收率统一为 2%。

四、教育费附加的计算

教育费附加的计算公式为：

应纳教育费附加 = 实际缴纳的增值税、消费税 × 征收比率（3% 或 2%）

五、教育费附加的征收管理

教育费附加的征收机关是税务机关。教育费附加作为教育专项资金纳入预算管理。凡缴纳农村教育事业费附加的单位不再缴纳教育费附加。

六、教育费附加的减免规定

1. 对海关进口的产品征收的增值税、消费税，不征收教育费附加。

2. 对由于减免增值税、消费税而发生退税的，可同时退还已征收的教育费附加。但对出口产品退还增值税、消费税的，不退还已征的教育费附加。

第三节 烟 叶 税

一、烟叶税征收背景

烟叶税是以纳税人收购烟叶的收购金额为计税依据征收的一种税。

为减轻农民负担，党的十六届三中全会确立了深化农村税费改革的各项政策目标，并加快了减免农业税和农业特产农业税的步伐。2004 年 6 月，根据《中共中央、国务院关于促进农民增加收入若干政策的意见》，财政部、税务总局下发了《关于取消除烟叶外的农业特产农业税有关问题的通知》，规定从 2004 年起，除对烟叶暂保留征收农业特产农业税外，取消对其他农业特产品征收的农业特产农业税。2005 年 12 月 29 日，十届全国人大常委会第十九次会议决定废止《农业税条例》。农业特产农业税是依据《农业税条例》开征的，取消农业税以后，意味着农业特产农业税也要同时取消。因此，2006 年 2 月 17 日，国务院第 459 号令废止了《国务院关于对农业特产收入征收农业税的规定》。这样，对烟叶征收农业特产农业税也失去了法律依据。

但是，停止征收烟叶特产农业税后，产生了一些新的问题：一是烟叶产区的地方财政特别是一些县乡的财政收入受到较大的影响；二是不利于烟叶产区县乡经济的发展，对当地基层政权的正常运转和各项公共事业的发展产生一定的负面影响；三是不利于卷烟工业的持续稳定发展。烟叶是卷烟生产的主要原料，停止征收烟叶特产农业税，会影响地方政府引导和发展烟叶种植的积极性，对于卷烟工业的持续稳定发展也是不利的。

基于以上情况，为了保持政策的连续性，充分兼顾地方利益和有利于烟叶产区可持续发展，国务院决定制定《中华人民共和国烟叶税暂行条例》（以下简称《条例》），开征烟叶税取代原烟叶特产农业税，并于 2006 年 4 月 28 日正式实施。

《条例》的出台，有利于解决烟叶农业特产税停止征收后产生的一系列问题，有利于实现改革的平稳过渡，有利于保持我国烟叶税制的完整和对烟草行业的宏观调控。这次停止征收烟叶农业特产税以后，以烟叶税替代烟叶农业特产税，不仅使原有政策得以延续，在税收制度上也保持了烟草税制的完整。这不仅有利于国家取得必要的财政收入，而且也有利于通过税收手段对烟叶种植和收购以及烟草行业的生产和经营实施必要的宏观调控。为进一步提高税收制度的法治化水平，2017 年 12 月 27 日第十二届全国人民代表大会常务委员会第三十一次会议通过《中华人民共和国烟叶税法》，自 2018 年 7 月 1 日起实施。

二、烟叶税的纳税义务人和征税范围

1. 纳税人。在中华人民共和国境内收购烟叶的单位为烟叶税的纳税人。

2. 征税范围。烟叶，具体指晾晒烟叶、烤烟叶。

三、烟叶税的税率、计税依据和应纳税额的计算

1. 税率。烟叶税实行比例税率，税率为20%。

2. 应纳税额的计算。按照纳税人收购烟叶的收购金额和规定的税率计算。应纳税额的计算公式为：

应纳税额 = 烟叶收购金额 × 税率

其中：烟叶收购金额包括纳税人支付给烟叶销售者的烟叶收购价款和价外补贴，价外补贴统一暂按烟叶收购价款的10%计算。计算公式如下：

烟叶收购金额 = 烟叶收购价款 ×（1 + 10%）

例11 - 2：某卷烟厂4月从农业生产者处收购烟叶生产卷烟，收购凭证上注明收购价款40万元，并向烟叶生产者支付了价外补贴。计算该卷烟厂收购烟叶应缴纳的烟叶税。

解：(1) 烟叶税税率为20%

(2) 烟叶收购金额 = 40 ×（1 + 10%）= 44（万元）

(3) 烟叶应纳税额 = 44 × 20% = 8.8（万元）

四、烟叶税的征收与管理

1. 烟叶税的纳税义务发生时间为纳税人收购烟叶的当日。收购烟叶的当日是指纳税人向烟叶销售者付讫收购烟叶款项或者开具收购烟叶凭据的当日。

2. 纳税地点。纳税人收购烟叶，应当向烟叶收购地的主管税务机关申报纳税。

3. 纳税期限。烟叶税按月计征，纳税人应当于纳税义务发生月终了之日起15日内申报并缴纳税款。

复习与思考

一、基本概念

城市维护建设税　教育费附加　烟叶税

二、思考题

1. 城市维护建设税的性质是什么？
2. 教育费附加的本质是什么？
3. 烟叶税的性质是什么？
4. 烟叶税的开征背景是什么？

三、练习题

1. 位于市区的某化妆品生产企业为增值税一般纳税人，经营内销与出口业务。9月份实际缴纳消费税40万元，出口货物增值税免抵税额5万元。另外，进口货物缴纳增值税13万元、消费税30万元。要求计算该企业9月份应缴纳的城市维护建设税、教育费附加和地方教育附加。

2. 某摩托车生产厂家（一般纳税人）在今年2月销售一批制成品给某批发企业，开出增值税专用发票，注明价款为20万元，将一批不含税价格为5万元的制成品作为样品无偿赠送他人，另有一批制成品直接销售给消费者，开具的普通发票上注明金额11.3万元。当月购进材料取得增值税专用发票注明价款和税款分别为10万元、1.3万元。该产品适用的消费税税率为10%。要求计算该企业本期应缴纳的增值税、消费税、城市维护建设税、教育费附加和地方教育附加。

3. 某县城一生产企业为增值税一般纳税人，本期进口的材料，缴纳的进口环节增值税10万元；本期在国内销售甲产品缴纳增值税30万元、消费税50万元，由于缴纳消费税时超过纳税期限，被罚滞纳金1万元；本期出口乙产品，退回增值税5万元。要求计算该企业应该缴纳的城市维护建设税额、教育费附加和地方教育附加。

4. 某城市一卷烟厂委托某县城一卷烟厂加工一批雪茄烟，委托方提供原材料40000元，支付加工费5000元（不含增值税），雪茄烟消费税税率为36%，这批雪茄烟无同类产品市场价格。要求计算受托方应代收代缴的城市维护建设税、教育费附加和地方教育附加。

第十二章

关税和船舶吨税

第一节　关 税 概 述

一、关税的概念

关税是主权国家对进出国境或关境的货物或物品所征收的一种税。

国境是一国主权所管辖的境域，而关境则是一国关税法令完全实施的领域。在通常情况下，关境和国境的境域是一致的，应税货物通过国境同时也就是通过关境。因此，许多国家海关法规定对进出关境的货物征收关税。但是，关境和国境的范围有时又不尽一致。一种情形是关境小于国境，这种情况多发生于一国在本国境内设立不征关税的自由港或进口加工区，这类区域就进出口关税而言，处于关境之外，如我国香港和澳门。另一种情形是关境大于国境。这种情况发生于几个国家结成关税同盟，规定在同盟国之间，货物进出彼此国境不征收关税，只对来自和运往非同盟国的货物进出他们共同的关境时征收关税。

二、关税的特点

关税的历史极为悠久，早在我国的西周时期就已有了“关市之赋”。古希腊、古罗马时代也已开始征收关税。近代关税是随着封建制度的解体和资产阶级统一国家的产生而逐步形成的。其主要特点如下：

（一）统一的国境关税

在封建社会里，由于封建割据，导致国内关卡林立，重重征税，所以那时的关税主要为国内关税或内地关税，它严重地阻碍着商品经济的发展。资本主义生产方式取代封建生产方式后，新兴资产阶级建立起统一的国家，结束了国内封建割据状态，主张国内自由贸易和商品自由流通，因而纷纷废除旧时的内陆关税，实行统一的国境关税。换言之，近代关税只对进出国境的货物在边境口岸征一次税，进口货物征收关税之后，可以行销全国，不再征收进口关税。

（二）由国家专设的海关机关统一征收

在封建社会，由于除农业以外的其他产业不发达，对过往客商征收关税就成了各个封建领主取得财政收入的一种最便利的形式。当时各国既无统一的关税法规，又无统一的征收标准和征收机关，各领主或庄园主通常就地设卡征收关税，名目繁多。近现代国家的关税则不同，它是由主权国家设置在边境、沿海口岸或境内的水陆空国际交往通道的海关机关，根据国家规定的关税税法、税则征收的，其他任何单位和个人均无权征收关税。在这一点上，关税与其他工商税收是不同的。

（三）关税是执行国家经济政策的手段

封建社会早中期的关税主要以取得财政收入为目的。突出表现在国家对出、入境的商品实行同等课税，并且税率较高。随着资本主义的兴起，各资本主义国家，无论是主张贸易自由政策，还是实行保护关税政策，在本质上都是把关税作为执行国家经济政策和贸易政策的工具，以保护和促进本国经济的发展。

（四）关税具有涉外性

近代关税由于主要是对进出国境的货物征税，因此，其征收往往涉及国与国之间的经济交往和国家的经济利益。并且，一些西方国家常利用关税手段干预别国内政，以实现其国际政治目标，从而使关税具有一定的涉外性质。

三、关税的作用

随着世界贸易和国际经济一体化的发展，特别是世界贸易组织成员范围的扩大，以及它的关税国际规范对各成员国约束力的增强，关税对于各国经济的意义已经不像20世纪70年代以前那么重要了。尽管如此，关税仍然不失为一国政府实现政治、经济和对外贸易关系目标的重要手段，对包括我国在内的发展中国家来说尤为如此。概括来说，关税具有以下四个方面的作用：

（一）维护国家主权和经济利益

对进出口货物征收关税，表面上看似乎只是一个与对外贸易相联系的税收问题，其实一国采取什么样的关税政策直接关系到国与国之间的主权和经济利益。

历史发展至今天，世界各国之间贸易竞争愈来愈激烈，发达国家和发展中国家之间的贸易愈来愈不公正，关税就成了各国政府维护本国政治、经济权益，乃至进行国际经济斗争的一个重要武器。利用关税与其他国家签订互惠协定，可以争得国家之间的平等贸易往来；利用关税壁垒可以作为保护本国生产的防卫手段；利用歧视关税可以作为实现本国政治目标的工具。尤其是对于中国这类发展中国家来说，关税在维护国家主权和经济利益方面，其作用更为重要。我国《进出口关税条例》第十四条明确规定：任何国家或者地区违反与中华人民共和国签订或者共同参加的贸易协定及相关协定，对中华人民共和国在贸易方面采取禁止、限制、加征关税或者其他影响正常贸易的措施的，对原产于该国家或者地区的进口货物可以征收报复性关税，适用报复性关税税率。

（二）保护和促进工农业生产的发展

一个国家采取什么样的关税政策，是实行自由贸易，还是采用保护关税政策，是由该国的经济发展水平、产业结构状况、国际贸易收支，以及参与国际经济竞争能力等多种因素决定的。国际上许多发展经济学家认为，自由贸易政策不符合发展中国家的情况。相反，这些国家为了顺利地发展民族经济，实现工业化，必须实行保护关税政策。我国作为发展中国家，一直十分重视利用关税保护本国的幼稚工业，促进进口替代工业发展，关税在保护和促进本国工农业生产的发展方面发挥了重要作用。

（三）筹集财政资金和履行财政职能

从世界大多数国家尤其是发达国家的税制结构分析，关税收入在整个财政收入中的比重不大，并且呈下降趋势。但是，一些发展中国家，其中主要是那些国内工业不发达、工商税源有限、国民经济主要依赖于某种或某几种初级资源产品出口，以及国内许多消费品主要依赖进口的国家，征收进出口关税，仍然是他们取得财政收入的重要渠道之一。

我国关税收入在整个税收收入中比重虽然不高，但充分发挥在筹集财政资金和履行公共财政职能方面的作用，仍是目前我国关税政策的一项重要内容。

（四）调节国民经济和对外贸易

关税是国家的重要经济杠杆，通过税率的高低和关税的减免，可以影响进出口规模，调节国民经济活动。如调节出口产品和出口产品生产企业的利润水平，有意识的引导各类产品的生产；调节进出口商品数量和结构，促进国内市场商品的供需平衡，保持国内市场物价稳定等等。

四、关税的类型

世界各国的关税制度复杂，种类繁多。根据不同标准，关税可以分为不同类型。

（一）以应税货物的不同流向为标准，关税可以分为进口税、出口税和过境税

进口税是海关对进口货物或物品征收的关税，它是关税中最主要的一种。目前，由于征收出口税，尤其是征收过境税的国家极少，因此，通常所说关税或国际税收协定、国际税收谈判中所指的关税，一般即为进口税。一国征收进口税，一方面可以调节本国商品供求及价格关系，增加财政收入；另一方面有利于保护民族工业发展。因此，进口税在各国财政经济中一直发挥着重要作用。正因为如此，进口税也是本章所要阐述的重点。

出口税是海关对出口货物或物品所征收的关税。欧洲一些国家在17、18世纪以前曾以出口税作为重要的财政收入来源。但是，随着这些国家经济的发展，以及税源的扩展，出口税的财政意义已显得微不足道。更重要的是，征收出口税会提高本国商品的价格，使本国出口商品在国际竞争中处于不利地位。所以，当今一些西方发达国家都不再对出口商品征收出口税。目前，仍在征收出口税的主要是一些经济不发达国家，究其原因主要有：一是增加本国财政收入。这些国家由于加工工业发展滞后，财政收入主要依赖于某种或某几种国内资源丰富，且在世界市场具有独占

地位或垄断地位的初级产品，如巴西的咖啡，智利的硝石等。对这类出口产品征税，既可以增加财政收入，一般也不会对产品出口造成大的影响。二是限制本国某些产品或资源的输出。如有的国家为了控制或稳定国际市场价格，以利于本国出口创汇，对某些竞相出口的商品征收出口税；也有的是在特定形势下，为了保证国内人民生活需要而对某些出口商品征税，如德国于1842年发生饥荒，故将谷物的出口税增加至25%。三是出于某种政治或军事方面的需要而对某些出口商品征税。例如，在战争时期对某些战略资源课征出口税，以限制这类物资输入敌国。又如，几内亚政府于1975年对铝矾土征收出口税，以限制跨国公司低价收购输出。

过境税是海关对一国运往第三国的货物在通过本国关境时所征收的关税。这种关税在欧洲15、16世纪曾经盛行一时，征税的目的在于取得财政收入。但是，由于过境税妨碍商品流通、国际贸易和交通运输业的发展，到了19世纪，各国相继取消过境税。《关贸总协定》第五条第三项规定，“缔约国对通过其领土的过境运输……不应受到不必要的耽搁或限制，并应对它免征关税、过境税或有关过境的其他费用”。

（二）依据征税的目的不同，关税可以分为财政关税和保护关税

财政关税是以增加财政收入为主要目的的关税。其基本特征是：从进口货物来看，征税对象一般选择为大量进口的消费品。这类商品进口愈多，税收收入愈大。从出口货物来看，征税对象通常是国内资源极为丰富的垄断性出口商品或质优价廉的高技术产品，从进出口税率来看，不应定得太高，否则，税负过重，国外消费者难以承受，就会影响商品出口量，达不到财政收入的目的。所以，西方经济学家C. V. 哈勃勒在《国际贸易原理》中提出的财政关税的基本原则是：对进口产品与本国同类产品征同样的税，或者征收的关税既不引导本国生产该种产品，也不引导生产能转移该种产品需求的代用品。

征收财政关税的国家大多工业不发达，除土地、财产外的其他税源极为有限，因而只能依赖于税源相对集中且征管容易的关税筹集财政资金。随着一国工商服务业的发展和税源的开拓，关税的财政作用将逐步降低。以美国为例，1805年联邦财政收入的90%左右来自于关税，但目前已降至2%以下。

保护关税是以保护本国工农业生产为目的而征收的关税。保护关税政策始于重商主义，当时欧洲一些国家实行对本国产品的全面保护，即对外国货物一律征高税，限制其进口。现在各国关税保护的重点则有所不同。发达国家所需要保护的通常是国际竞争性很强的商品，发展中国家则侧重于保护本国幼稚工业的发展。一些实行保护关税政策的国家，除了可以对奢侈品征高税，体现寓禁于征的政策之外，对一般进口商品的税率则不宜定得过高。否则，这种禁止性关税容易招致别国的报复。

（三）依据计税标准的不同，关税可以分为从价税、从量税、复合税、选择税、滑准税和季节税

从价税是以进出口货物的完税价格为计税标准的关税。

从量税是以进出口货物的计量单位（重量、数量、面积、容积、长度等）为计税标准的关税。

所谓复合税，是指在税则中对同一税目规定从量和从价两种税率，征税国海关可以根据需要，有时以从价为主，有时以从量为主；选择税虽然也是在税则中对同一税目规定从价和从量两种税率，但在征税时可由海关选择其中一种计征。一般是选择税额较高的一种，选择的基本原则是：在物价上涨时，选择从价税；在物价下跌时，使用从量税。

滑准税是指对某种货物在税则中预先按该商品的价格规定几档税率，同一种货物当价格高时适用较低税率，价格低的时候适用较高税率，目的是使该物品的价格在国内市场上保持相对稳定。季节税是指对某种商品在不同季节进口适用不同关税税率计征关税的一种方法。

（四）以对进口货物的输出国的差别待遇为标准，关税可以分为加重关税和优惠关税两类

1. 加重关税。也称歧视关税，是指对某些输出国、生产国的进口货物，因某种原因（如歧视、报复、保护和经济方面的需要等），使用比正常税率较高的税率所征收的关税。在这类歧视性关税中，使用较多的是反倾销税和反补贴税。

反倾销税是进口国海关对被认定为构成出口倾销并对其国内相关产业构成损害的进口产品所征收的一种临时进口附加税。1904 年，加拿大最早使用这种关税，以防止美国和其他国家的商品倾销。原《关税及贸易总协定》在反倾销问题上制订了一套多边规范，总的原则是一方面不赞成使用这种手段，但允许缔约国征收反倾销税，另一方面又试图统一或协调一些国家的反倾销法规和做法。各国反倾销税的征税办法不尽相同，一般是根据调查当局所确定的倾销幅度来确定反倾销税率。

反补贴税，亦称抵消税。是进口国对接受过补贴的外国货物在进入本国时所征收的一种进口附加税。征税的目的在于抵消进口商品由于接受政府补贴在降低成本方面所获得的额外好处，使其无法在进口国市场上进行低价竞销，以保护进口国同类商品的生产。征收反补贴税的数额一般不得超过这种产品在原产国或输出国制造、生产或输出时所直接得到的奖金或补贴的估计额。

2. 优惠关税。是一国对特定的受惠国给予优惠待遇，使用比普通税率较低的优惠税率。具体形式有：互惠关税、特惠关税、普惠关税和关税最惠国待遇。

五、我国的关税政策

关税政策是国家在一定历史时期运用关税手段达到预期目的的行为准则。不同国家在不同时期的关税政策是不一样的，这主要取决于当时的政治、经济、外贸、外交以及产业发展政策等多种因素。1950 年新中国成立之初，由于当时的经济发展水平低，现代工业极其落后，加之特定的国际环境，所以国务院提出关税“必须保护国家生产，必须保护国内产品与国外商品的竞争”的保护关税政策。根据这项总政策制定了海关税则的六项原则。1984 年 11 月，国务院根据改革、开放的新形势，决定修改《海关进出口税则》。1985 年 3 月国务院重新发布了《中华人民共和国海关进出口关税条例》和《中华人民共和国海关进出口税则》。1987 年 1 月六届人大

常委会第十九次会议通过了《中华人民共和国海关法》。国务院于1987年9月和1992年3月根据《海关法》修订发布了《进出口关税条例》。

现行关税法律规范以全国人民代表大会常务委员会于2013年6月修订的《中华人民共和国海关法》为法律依据，以国务院于2011年1月修订的《中华人民共和国进出口关税条例》，以及由国务院关税税则委员会审定并报国务院批准，作为条例组成部分的《中华人民共和国海关进出口税则》和《中华人民共和国海关入境旅客行李物品和个人邮递物品征收进口税办法》为基本法规。这些法规的制定遵循以下几项关税政策：

1. 对进口国家建设和人民生活必需的，而国内又不能生产或供应不足的动、植物良种、肥料、饲料、药剂、精密仪器仪表、关键机器设备和粮食等制定低税率或免税；

2. 原材料的进口税率，一般比半成品、成品为低，特别是受自然条件制约，国内短期不能迅速生产的原材料，其税率应更低；

3. 国内不能生产的或质量未过关的机械设备和仪器仪表的零部件、部件进口税率应比整机为低；

4. 国内已能生产和非国计民生必需的物品，应制定较高的税率；

5. 对国内需要保护和国内外差价大的产品应制定更高的税率；

6. 对绝大多数出口货物不征出口税，但对国内外差价大，在国际市场上容量有限而又竞争性强的货物，以及需要限制的极少数原料、材料和半成品，必要时可征收适当的出口税。

以上六项政策的基本精神，除了继续体现保护国内工农业生产的原则之外，还重在进一步贯彻对外开放方针，充分、灵活地利用关税杠杆，不再是单纯地防范，而是积极地促进、扩大必需品的进口，鼓励货物出口，限制国内外差价大、国内已能满足需要的产品进口，以利于对外贸易和国内经济建设的发展。

此外，在关税税则税目和税率方面，我国政府也多次进行改革调整。自1992年起，我国采用国际通用的《商品名称及编码协调制度》，之后每年都对税则税目进行调整，历经调整后，2013年的进出口税目总数由2012年的8194个增至8238个，设置也更加科学化、精细化。自2002年起，我国认真履行承诺的关税减让义务，逐年降低关税税率，至2010年我国的降税承诺全部履行完毕，关税总水平也由2001年的15.3%降至目前的9.8%，远远低于发展中国家的平均水平。我国在履行降税承诺的同时，还不断优化关税结构，基本实现了从“高税率、窄税基”向“低税率、宽税基”的转变，形成了以资源性产品、零部件、制成品为顺序，由低至高较为合理的关税结构。

第二节　关税的征税范围、纳税人与税率

一、关税的征税对象

关税的征税对象是进出我国国境的货物和物品。货物是指贸易性商品；物品包

括入境旅客随身携带的行李和物品、个人邮寄物品、各种运输工具上的服务人员携带进口的自用物品、馈赠物品以及其他方式进入国境的个人物品。

二、关税的征税范围

1. 进口货物的征税范围。进出口税则列明的全部税目中，除规定免税者外，都要征收进口关税。

2. 对出口货物的征税范围。对出口货物征税的总的精神是，既要服从鼓励出口的政策，又要做到能够控制一些商品的盲目出口。因此，征税的品种不宜太多。目前，征收出口税的商品主要是盈利特别高，且比较稳定的大宗商品；在国际上容量有限，盲目出口在国外容易形成竞相削价的商品；在国际市场上我国出口已占相当比重的商品；国内紧俏，又要大量进口的商品；以及国家控制出口的商品。对这些出口货物征税后既不会影响正常出口，又可增加财政收入。

三、关税的纳税义务人

进口货物的收货人、出口货物的发货人、进出境物品的所有人，是关税的纳税义务人。进出口货物的收、发货人是依法取得对外贸易经营权，并进口或者出口货物的法人或者其他社会团体。进出境物品的所有人包括该物品的所有人和推定为所有人的人。一般情况下，对于携带进境的物品，推定其携带人为所有人；对分离运输的行李，推定相应的进出境旅客为所有人；对以邮递方式进境的物品，推定其收件人为所有人；以邮递或其他运输方式出境的物品，推定其寄件人或托运人为所有人。

非贸易性进出境物品的纳税人（参见第六节）。

四、关税的税率

（一）进口关税税率

1. 税率设置和适用。我国进口税则设有最惠国税率、协定税率、特惠税率、普通税率。最惠国税率适用原产于与我国共同适用最惠国条款的 WTO 成员方或地区的进口货物，或原产于与我国签订有相互给予最惠国待遇条款的双边贸易协定的国家或地区进口的货物。协定税率适用原产于我国参加的含有关税优惠条款的区域性贸易协定有关缔约方的进口货物。特惠税率是用于原产于与我国签订有特殊优惠关税协定的国家或地区的进口货物。普通税率是用于原产于上述国家或地区以外的其他国家或地区的进口货物。适用最惠国税率、协定税率、特惠税率的国家或地区的名单，由国务院关税税则委员会决定。

进出口货物应按照《海关进出口税则》规定的分类原则归入合适的税号，并按照适用的税率缴纳关税。

2. 税率的类型。我国目前对绝大多数进口货物实行从价税，此外，对部分货物实行从量税、复合税、选择税、滑准税和季节税。如目前我国对感光材料进口实行从量税，对部分电子摄录设备进口实行复合税，对天然橡胶进口实行选择税，对配额外进口棉花实行滑准税，对部分化肥及相关产品出口实行季节税等。

我国目前对录像机、放像机、摄像机、数字照相机和摄录一体机实行复合税。

滑准税是一种关税税率随进口商品价格由高到低而由低到高的关税计征办法。其主要特点是可以保证滑准税商品的国内市场价格的相对稳定，尽可能减少国际市场价格波动的影响。目前我国对新闻纸实行滑准税。

3. 暂定税率和关税配额税率。根据经济发展需要，国家对部分进口原材料、零部件、农药原药和中间体、乐器及生产设备实行暂定税率。暂定税率优先适用于优惠税率或最惠国税率，按普通税率征税的进口货物不适用暂定税率。同时，对部分进口农产品和化肥产品实行关税配额，即一定数量内的上述进口商品适用税率较低的配额内税率，超出该数量的进口商品适用税率较高的配额外税率。现行税则对700多个税目进口商品实行了暂定税率，对小麦、玉米等7种农产品和尿素等3种化肥产品实行关税配额管理。

（二）出口关税税率

我国出口税则为一栏税率，即出口税率。国家仅对少数资源性产品及易于竞相杀价、盲目进口、需要规范出口秩序的半制成品征收出口关税。现行税则对100余种商品计征出口关税，主要是鳗鱼苗、部分有色金属矿砂及其精矿、生锑、磷、氟钽酸钾、苯、山羊板皮、部分铁合金、钢铁废碎料、铜和铝原料及其制品、镍锭、锌锭、锑锭。但对上述范围内的部分商品实行0—25%的暂定税率，此外，根据需要对其他200多种商品征收暂定税率。与进口暂定税率一样，出口暂定税率优先适用于出口税则中规定的出口税率。

（三）特别关税

特别关税包括报复性关税、反倾销税与反补贴税、保障性关税。征收特别关税的货物、适用国别、税率、期限和征收办法，由国务院关税税则委员会决定，海关总署负责实施。

第三节　关税的计算

一、关税的完税价格

所谓关税的完税价格，是按从价税标准征收关税时计算进出口货物应纳税额的价格。目前，我国关税主要实行从价计征，在税率一定的情况下，能否准确地审定完税价格，就成为贯彻国家关税政策，发挥关税职能作用的重要环节。因此，在征税前，海关必须对申报的货物价格进行审查，核定其完税价格。完税价格分为进口货物的完税价格和出口货物的完税价格。

（一）进口货物的完税价格

1. 一般货物的完税价格。按一般贸易方式进口的货物，由海关以该货物的成交价格为基础审查确定。在成交价格不能确定的时候，完税价格由海关依法采用相同货物成交价格方法、类似货物成交价格方法、倒扣价格成交方法、计算价格方法或其他合理方法估定。

进口货物的完税价格由海关以符合规定条件的成交价格以及该货物运抵中华人民共和国境内输入地点起卸前的运输及其相关费用、保险费为基础审查确定。

进口货物的成交价格，是指卖方向中华人民共和国境内销售该货物时买方为进口该货物向卖方实付、应付的，并按照《进出口关税条例》规定调整后的价款总额，包括直接支付的价款和间接支付的价款。

（1）进口货物的成交价格应符合的条件：

①对买方处置或者使用该货物不予限制，但法律，行政法规规定实施的限制、对货物转售地域的限制和对货物价格无实质性影响的限制除外；

②该货物的成交价格没有因搭售或者其他因素的影响而无法确定；

③卖方不得从买方直接或者间接获得因该货物进口后转售、处置或者使用而产生的任何收益，或者虽有收益但能够按照《进出口关税条例》的规定进行调整；

④买卖双方没有特殊关系，或者虽有特殊关系但未对成交价格产生影响。

（2）应当计入进口货物完税价格的费用。进口货物的下列费用应当计入完税价格：

①由买方负担的购货佣金以外的佣金和经纪费用；

②由买方负担的在审查确定完税价格时与该货物视为一体的容器的费用；

③由买方负担的包装材料费用和包装劳务费用；

④与该货物的生产和向中华人民共和国境内销售有关的，由买方以免费或者以低于成本的方式提供并可以按适当比例分摊的料件、工具、模具、消耗材料及类似货物的价款，以及在境外开发、设计等相关服务的费用；

⑤作为该货物向中华人民共和国境内销售的条件，买方必须支付的与该货物有关的特许权使用费；

⑥卖方直接或者间接从买方获得的该货物进口后转售、处置或者使用的收益。

（3）不计入货物完税价格的税收、费用。进口时在货物的价款中列明的下列税收、费用，不计入该货物的完税价格：

①厂房、机械、设备等货物进口后进行建设、安装、装配、维修和技术服务的费用；

②进口货物运抵境内输入地点起卸后的运输及其相关费用、保险费；

③进口关税及国内税收。

陆运、空运和海运进口货物的运费和保险费，应当按照实际支付的费用计算。如果进口货物的运费无法确定或未实际发生，海关应当按照该货物进口同期运输行业公布的运费率（额）计算运费；按照“货价加运费”两者总额的3‰计算保险费。

2. 特殊货物的完税价格。

（1）加工贸易进口料件及其制成品。加工贸易进口料件及其制成品需征税或内销补税的，海关按一般进口货物的完税价格规定审定完税价格。

（2）保税区、出口加工区货物。从保税区或出口加工区销往区外、从保税区仓库出库内销的进口货物（加工贸易进口料件及其制成品除外），以海关审定的价格为完税价格。对经审核销售价格不能确定的，海关应按照一般进口货物估价办法的规定，估定完税价格。

（3）运往境外修理的货物。运往境外修理的机器、运输工具或其他货物，出境时已向海关报明，并在海关规定时间内复运进境的，应当以海关审定的境外修理费和材料费，以及该货物复运进境内的运输及其相关费用、保险费估定完税价格。

（4）运往境外加工的货物。运往境外加工的货物，出境时已向海关报明，并在海关规定时间内复运进境的，应当以海关审定的境外加工费和材料费，以及该货物复运进境的运输机器相关费用、保险费，估定完税价格。

（5）租赁方式进口货物。按租赁方式进口货物中，以租金方式对外支付的租赁货物，在租赁期间内以海关审定的租金作为完税价格；留购的租赁货物，以海关审定的留购价格作为完税价格；承租人申请一次性缴纳税款的，按一般进口货物估价办法的规定估定完税价格。

（6）留购的进口货样等。对于境内留购的进口货样、展览品和广告陈列品，以海关审定的留购价格作为完税价格。

（7）暂时进境的货物。对于海关批准的暂时进境的货物，如超过半年仍留在境内，则应从第七个月起，计征关税。按照一般进口货物估价办法的规定，估定完税价格。

（二）出口货物的完税价格

1. 以成交价格作为基础的完税价格。出口货物的完税价格，是由海关审定的成交价格为基础的售与境外的离岸价格，并应包括货物运至我国境内输出地点装载前的运费及其相关费用保险费，不包括出口关税。

出口货物的关税完税价格 = 离岸价格 ÷ （1 + 出口税率）

2. 出口货物海关估价方法。当出口货物成交价格不能确定时，完税价格由海关依次使用下列方法估定：

（1）同时或大约同时向同一国家或地区出口的相同货物的成交价格。

（2）同时或大约同时向同一国家或地区出口的类似货物的成交价格。

（3）根据境内生产相同或类似货物的成本、利润和一般费用、境内发生的运输费及其相关费用、保险费计算所得的价格。

（4）按合理方法估定完税价格。

二、关税应纳税额的计算

（一）从价税应纳税额的计算

关税税额＝应税进（出）口货物数量×单位完税价格×税率

（二）从量税应纳税额的计算

关税税额＝应税进（出）口货物数量×单位货物税额

（三）复合税应纳税额的计算

我国目前实行的复合税都是先计征从量税，再计征从价税。

关税税额＝应税进（出）口货物数量×单位货物税额＋应税进（出）口货物数量×单位完税价格×税率

（四）滑准税应纳税额的计算

关税税额＝应税进（出）口货物数量×单位完税价格×滑准税税率

例 12－1：某进出口公司，某月份从国外进口 A 产品一批，海关审定的到岸价格为 480000 美元，美元与人民币的比价为 1∶7.10，进口关税税率为 10%，试计算该公司应纳关税税额。

解：（1）适用税率：10%

（2）关税完税价格＝480000×7.10＝3408000（元）

（3）应纳关税＝3408000×10%＝340800（元）

第四节　关税的减免税

关税的减免税有法定减免、特定减免和临时减免三种形式。根据《海关法》的规定，除法定减免外其余减免税均由国务院决定。

一、法定减免

法定减免是指我国《海关法》、《进出口关税条例》明确规定的减免税。主要包括：

1. 关税税额在人民币 50 元以下的一票货物，可免征关税。
2. 无商业价值的广告品和货样，可免征关税。
3. 外国政府、国际组织无偿赠送的物资，可免征关税。
4. 进出境运输工具装载的途中必需的燃料、物料和饮食用品，可予免税。
5. 在海关放行前损失的货物，可免征关税。
6. 在海关放行前遭受损失的货物，可以根据海关认定的受损程度减征关税。
7. 我国缔结或者参加的国际条约规定减征、免征关税的货物、物品，按照规定予以减免关税。
8. 法律规定减征、免征关税的其他货物、物品。

二、特定减免

特定减免是指在法定减免之外，根据国务院颁布或批准的有关进出口货品减免关税办法办理的政策性减免税。如：科研单位进口的仪器设备、特定边境地区居民互市贸易和小额贸易、保税区进出口货物的税收优惠和减免等。

三、临时减免

临时减免是指法定减免和特定减免以外的其他减免税，是由国务院根据我国《海关法》给予的特殊照顾，一案一批，专文下达的减免税。“入世”后，国家严格控制减免税，一般不办理个案临时减免税，对特定减免税也在逐步规范和清理，对不符合国际惯例的税收优惠政策将予以废止。

第五节 关税的征收管理

一、关税的缴纳

进口货物自运输工具申报进境之日起 14 日内，出口货物在货物运抵海关监管区后装货的 24 小时之前，应由进出口货物的纳税义务人向货物进（出）境地海关申报，海关根据税则归类和完税价格，计算其应缴纳的关税和进口环节代征税，并填发税款缴款书。纳税义务人应当自海关填发税款缴款书之日起 15 日内，向指定银行缴纳税款。如缴纳期限的最后一日是周末或法定节假日，则关税缴纳期限顺延至周末或法定节假日过后的第一个工作日。

关税纳税义务人因不可抗力或者在国家税收政策调整的情形下，不能按期缴纳税款的，经海关总署批准，可以延期缴纳税款，但最长不得超过 6 个月。

二、关税的强制执行

纳税义务人未在关税缴纳期限内缴纳税款，即构成关税滞纳。为保证海关征收关税决定的有效执行和国家财政收入的及时入库，《海关法》赋予海关对滞纳关税的纳税义务人强制执行的权力。强制措施主要有两类：

1. 征收滞纳金。滞纳金自关税缴纳期限届满之次日起，至纳税义务人缴纳关税之日止，按滞纳税款的万分之五的比例按日征收，周末或法定节假日不予扣除。其计算公式为：

关税滞纳金金额 = 滞纳关税税额 × 滞纳金征收比率 × 滞纳天数

2. 强制征收。纳税义务人自海关填发缴款书之日起 3 个月仍未缴纳税款，经海关关长批准，海关可以采取强制扣缴、变价抵缴等强制措施。强制扣缴是海关从纳税义务人在开户银行或者其他金融机构的存款中直接扣缴税款。变价抵缴是海关将应税货物依法变卖，以变卖所得抵缴税款。

三、关税退还

海关发现多征税款的，应当立即通知纳税义务人办理退税手续。

纳税义务人发现多缴税款的，自缴款之日起 1 年内，可以以书面形式要求海关退还多缴的税款并加算银行同期活期存款利息；海关应当自受理退税申请之日起 30 日内作出书面答复并通知纳税义务人，纳税义务人应在接到海关准予退税通知之日起 3 个月内办理有关退税手续。

四、关税的补征和追征

纳税人因违反海关规定而造成短征关税的称为“追征”；不是因纳税人违反海关规定而造成短征关税，称为“补征”。根据我国《海关法》，当海关发现少征或漏征时，应当自缴纳税款或者货物、物品放行之日起 1 年内，向纳税义务人补征；如纳税义务人因违反规定而造成的少征或漏征，海关在 3 年之内可以追征。并从缴纳税款之日起按日加收少征或者漏征税款万分之五的滞纳金。

五、关税的纳税争议

纳税义务人同海关发生纳税争议时，可向海关申请复议，但同时应当在规定的期限内按海关核定的税额缴纳关税，逾期则构成滞纳，海关有权按规定采取强制执行措施。

第六节　船舶吨税

船舶吨税是对进出我国港口的国际航行船舶征收的一种税。船舶吨税是一种使用税，征收的依据是由于外国船舶使用了我国的港口和助航设备而缴纳的报酬。船舶吨税由海关总署负责征收管理，所得收入由中央政府所有。现行的船舶吨税法规是国务院于 2011 年 11 月通过，自 2012 年 1 月 1 日起施行的《中华人民共和国船舶吨税暂行条例》。2017 年 12 月 27 日第十二届全国人民代表大会常务委员会第三十一次会议通过《中华人民共和国船舶吨位税法》，自 2018 年 7 月 1 日起实施。

一、船舶吨税的征税范围

征税范围为：自我国境外港口进入境内港口的船舶，具体包括：在我国港口行驶的外国籍船舶；外商租用的中国籍船舶；中外合营企业自有或租用的中、外籍船舶；我国租用的航行国外或者兼营国内沿海贸易的外国籍船舶（包括国外华商所有的和租用的）船舶。

二、船舶吨税的税率

船舶吨税是按船舶吨位计算征税，以吨为单位规定定额税率，船舶吨位越大，税率越高。

船舶吨税设置优惠税率和普通税率。具有我国国籍的应税船舶，船籍国（地区）与我国签订含有相互给以船舶吨税最惠国待遇条款的条约或者协定的应税船舶，适用优惠税率。其他应税船舶，适用普通税率。具体见表 12－1：

表 12－1　　船舶吨税税目、税率表

税目（按船舶净吨位划分）	税率（元/净吨）						备注
	普通税率（按执照期限划分）			优惠税率（按执照期限划分）			
	1 年	90 日	30 日	1 年	90 日	30 日	
不超过 2000 净吨	12.6	4.2	2.1	9.0	3.0	1.5	拖船和非机动驳船分别按相同净吨位船舶税率的 50% 计征税款
超过 2000 净吨，但不超过 10000 净吨	24.0	8.0	4.0	17.4	5.8	2.9	
超过 10000 净吨，但不超过 50000 净吨	27.6	9.2	4.6	19.8	6.6	3.3	
超过 5000 净吨	31.8	10.6	5.3	22.8	7.0	3.8	

注：拖船，是指专门用于拖（推）动运输船舶的专业作业船舶，拖船按照发动机功率每 1 千瓦折合净吨位 0.67 吨；非机动驳船，是指在船舶管理部门登记为驳船的非机动船舶。

三、计征方法

船舶吨税的征收分为 1 年期，90 日期和 30 日期三种，由纳税人于申请完税时自行选报。船舶申请进口之日算起。船舶吨税执照期满时，如仍在我国港口，应从期满的次日起续征。

船舶吨税按照船舶净吨位和吨税执照期限征收，应纳税额按照船舶净吨位乘以适用税率计算。净吨位，是指由船籍国（地区）政府授权签发的船舶吨位证明书上标明的净吨位。

船舶吨税的计算公式为：

应纳税额＝船舶净吨位×定额税率（元）

例 12－2：本年 10 月 10 日，B 国某运输公司一吨货轮驶入我国某港口，该货轮净吨位为 10000 吨，货轮负责人已向我国海关领取了吨税执照。在港口停留期限为 30 天，B 国已与我国签订含有相互给以船舶吨税最惠国待遇条款。请计算该货轮负责人该向我国海关缴纳的船舶吨税。

解：（1）根据船舶吨税的规定，该货轮应享受优惠税率，每净吨位 3.3 元

（2）应缴纳船舶吨税＝10000×3.3＝33000（元）

复习与思考

一、基本概念

关税　进口税　出口税　过境税　复合税　选择税　加重关税　反倾销税　反补贴税　优惠关税　船舶吨税

二、思考题

1. 关税有何特点？
2. 关税有哪些主要分类方法？
3. 关税对进口货物和出口货物的征税有何区别？
4. 船舶吨税具有何种性质？

三、练习题

1. 某进出口公司从A国进口货物一批，成交价（离岸价）折合人民币9000万元（包括单独计价并经海关审查属实的货物进口后装配调试费用60万元，向自己的采购代理人支付的购货佣金50万元）。另支付运费180万元，保险费90万元。货物运抵我国口岸后，该公司在未经批准缓税的情况下，于海关填发税款缴纳凭证的次日起第20天才缴纳税款。假设该货物关税税率为25%，增值税税率13%，消费税税率5%。分别计算该公司应缴纳的关税、关税滞纳金、增值税和消费税。

2. 某有进出口经营权的企业发生以下进口业务：

（1）以租赁方式进口一台设备，设备价款80万元，分8次支付租金，每次支付10万元，承租人申请一次性缴纳税款。

（2）进口材料一批，进口成交价格100万元，发生运费2万元，保险费1万元。

（3）将一台设备运往境外修理，设备价款60万元，修理费5万元、材料费6万元、运费3万元、保险费1万元。

假设上述业务均适用20%的关税税率，计算上述进口应纳关税。

第十三章

企业所得税

第一节　企业所得税概述

一、企业所得税的概念

企业所得税是对我国境内的企业和其他取得收入的组织的生产经营所得和其他所得所征收的一种税。

一直以来，我国的法人所得税呈“一税两法”的格局。即根据企业投资资本来源的不同，有两套企业所得税同时并存：一是1991年七届人大四次会议通过的适用于外资企业的《外商投资企业和外国企业所得税法》；二是1993年国务院发布的仅适用于内资企业的《企业所得税暂行条例》。两者的最大区别体现在税率、税前扣除及优惠规定等方面，并主要体现为对外商投资企业有大量的税收优惠，由此导致内外资企业的所得税负担不一。

为克服因两套企业所得税法引致的税负不公与竞争不平等，两税合并势在必行。2006年12月24日，合并的企业所得税法草案首次提请全国人大常委会审议。2007年3月9日十届全国人大五次会议第二次全体会议审议《中华人民共和国企业所得税法（草案）》。2007年3月16日十届全国人民代表大会第五全体会议通过，《中华人民共和国企业所得税法》正式颁布。现行企业所得税法自2008年1月1日起正式实施。

二、企业所得税的特点

企业所得税作为所得税类，具有与商品劳务税不同的性质，其特点有如下四个方面：

（一）征税对象往往是特定的所得额

企业所得税的课税对象，是纳税人的收入总额，扣除了各项成本、费用开支之后的净所得额。因此，企业所得税是一种完全不同于商品劳务税的税种。

（二）应纳税所得额的计算通常要经过一系列复杂的程序，同成本、费用关系密切企业所得税以净所得为征税对象，因此，应纳税所得额的计算，首先涉及一定时期成本、费用的归集与分摊。而且由于政府往往将所得税作为调节国民收入分配、执行经济政策和社会政策的重要工具，因此，为了对纳税人的不同所得项目实行区别对待，需要通过不予计列项目，将某些所得排除在应税所得之外，而由于以上原因使得计算程序变得较为复杂。

（三）以量能负担为征税原则

企业所得税以纳税人的生产、经营所得和其他所得为征税对象，所得税负担轻重和纳税人所得的多少有着内在关联，所得多、负担能力强的多征，所得少、负担能力弱的少征，无所得、没有负担能力的不征，便于体现税收的公平原则。

（四）一般实行按年计征、分期预缴的征收办法

通过利润来综合反映企业的经营业绩，一般是按年度计算和衡量的。所以企业所得税的一般是以纳税人全年的应纳税所得额为计税依据，分月或分季预缴，年终汇算清缴。

三、实行统一的企业所得税的意义

（一）实行统一的企业所得税，有利于为各类企业的公平竞争创造良好的条件

自党的十一届三中全会以来，为适应对外开放和吸引外资的需要，我国一直实行依据出资者身份的不同而内外有别的企业所得税制度。尽管两税的名义税率相同，但因为税前扣除和税收优惠存在较大差异，且事实上长期实行对外资企业的超国民待遇，从而导致了内外资企业的税负严重不公。特别是在我国加入世贸组织后，面对日益激烈的国际竞争，不公平的税收待遇更是严重损害了企业之间的公平竞争环境。两税合并后，内外税制、税率、税前扣除和税收优惠实现了四个统一，使得各类企业可以在同一起跑线上公平竞争，因而也将更加有利于社会主义市场经济的健康有序发展。

（二）实行统一的企业所得税，有利于促进经济增长方式转变和产业结构升级

改革开放以来，我国经济持续快速增长，但总体上来看，是一种粗放式增长，相当部分区域经济的发展是以资源的巨大破坏和环境的严重破坏为代价的。与此相适应，产业结构单调，科技进步缓慢，一大批生产方式落后，技术含量低，耗用资源高的产业和产品始终占据市场，重复生产、重复建设的问题屡屡出现，严重制约了我国产业的现代化和国际竞争力。统一内外资企业所得税，实行鼓励节约资源能源、保护环境以及发展高新技术等以产业优惠为主的税收优惠政策，将有利于进一步发挥税收的调控作用，有利于引导我国经济增长方式向集约型转变，并推动我国产业结构的优化升级。

（三）实行统一的企业所得税，有利于促进区域经济的协调发展

我国是一个人口多，区域经济发展很不平衡的国家。改革开放以来，东部和沿海地区享受国家制定的一系列优惠政策，并获得快速发展，使得东、中、西部之间的差距日益扩大，而由此不仅会带来一些社会政治、经济问题，也不利于东部沿海

和整个国民经济的可持续发展。统一内外资企业所得税，将优惠重点由以区域优惠为主转向以产业优惠为主，同时对西部地区需要重点扶持的产业继续实行所得税优惠政策，有利于推动西部地区加快发展，逐步缩小东、中、西部地区差距，从而促进区域经济的协调发展，以及和谐社会的全面建立。

（四）实行统一的企业所得税，有利于推动我国税制的现代化建设

统一后的企业所得税按照“简税制、宽税基、低税率、严征管”的税制改革原则，参照国际惯例和世界税制改革的基本趋势和做法，将建立统一、法治、公平、科学的现代企业所得税制度作为立法的重要目标，使我国企业所得税制更为现代化，这对于促进我国企业提高自主创新能力，增加企业发展的后劲也将具有重要作用。

（五）实行统一的企业所得税，有利于加强税收征管，堵塞税收征管漏洞

两税统一以前，由于税制不统一，不规范，所得税的征管成为各税种中最复杂、最困难的税种。不仅税法不同、扣除不同、优惠不同，而且企业纳税申报表不同、对企业政策处理的宽严都不同，从而严重制约了所得税的征管。合并后的税法，降低了法定税率，实现了“四个统一”，规范了纳税行为，使得税制更加透明，更为合理，从而有利于堵塞税收漏洞，防止税收流失。

第二节　企业所得税的纳税人、征税对象和税率

一、企业所得税的纳税人

企业所得税的纳税人是指在中华人民共和国境内的企业和其他取得收入的组织。《中华人民共和国企业所得税法》第一条规定，凡在我国境内的企业和其他取得收入的组织（以下统称企业）为企业所得税的纳税人，依照本法规定缴纳企业所得税。这里的企业包括国有企业、集体企业、私营企业、联营企业、股份制企业、外商投资企业、外国企业以及有生产、经营所得和其他所得的其他组织。其中，有生产、经营所得和其他所得的其他组织，是指经国家有关部门批准，依法注册、登记的事业单位、社会团体等组织。由于我国的一些社会团体组织，事业单位在完成国家事业计划的过程中，开展多种经营和有偿服务活动，取得除财政部门各项拨款、财政部和国家物价部门批准的各项规费收入以外的经营收入，具有了经营的特点，因而应当视同企业纳入征税范围。

企业所得税的纳税人分为居民企业和非居民企业，这是根据纳税人纳税义务范围的宽窄进行的分类方法，不同的纳税人在向中国政府缴纳所得税时，纳税义务不同。把企业分为居民企业和非居民企业，是为了更好地保障我国税收管辖权的有效行使。税收管辖权是一国政府在征税方面的主权，是国家主权的重要组成部分。根据国际上的通行做法，我国选择了地域管辖权和居民管辖权的双重管辖权标准，以最大限度地维护我国的税收利益。

（一）居民纳税人

居民纳税人也就是居民企业。是指依法在中国境内成立，或者依照外国（地区）法律成立但实际管理机构在中国境内的企业。其中，实际管理机构，是指对企业的生产经营、人员、账务、财产等实施实质性全面管理和控制的机构。

（二）非居民纳税人

非居民纳税人也就是非居民企业。是指依照外国（地区）法律成立且实际管理机构不在中国境内，但在中国境内设计机构、场所，或者在中国境内未设立机构、场所，但有来源于中国境内所得的企业。其中的机构、场所，是指在中国境内从事生产经营活动的机构、场所，包括：（1）管理机构、营业机构、办事机构；（2）工厂、农场、开采自然资源的场所；（3）提供劳务的场所；（4）从事建筑、安装、装配、修理、勘探等工程作业的场所；（5）其他从事生产经营活动的机构、场所。

非居民企业委托营业代理人在中国境内从事生产经营活动的，包括委托单位或者个人经常代其签订合同，或者储存、交付货物等，该营业代理人视为非居民企业在中国境内设立的机构、场所。

企业所得税法所指的纳税人，无论是居民企业还是非居民企业，通常是指实行独立经济核算的企业和经济组织，它必须同时具备下述三个条件：一是在银行开设有结算账户；二是建立独立账簿，编制财务会计报表；三是独立计算盈亏。企业作为纳税人之所以应具备独立经济核算条件，是因为只有实行独立经济核算的企业，才能正确计算收入和成本费用，正确计算企业实现的利润和应纳税所得额，而非独立核算企业的利润所得通常由上级单位汇总计算。其次，由于独立核算的企业能独立进行生产经营，单独反映生产经营成果，便于税务机关对其生产经营及财务管理活动进行监督检查。

二、企业所得税的征税对象

（一）征税对象

1. 居民企业应当就其来源于中国境内、境外的所得作为征税对象。

2. 非居民企业在中国境内设立机构、场所的，应当就其所设机构、场所取得的来源于中国境内的所得，以及发生在中国境外但与其所设机构、场所有实际联系的所得，缴纳企业所得税。非居民企业在中国境内未设立机构、场所的，或者虽设立机构、场所但取得的所得与其所设机构、场所没有实际联系的，应当就其来源于中国境内的所得缴纳企业所得税。

以上所称所得，包括销售货物所得、提供劳务所得、转让财产所得、股息红利等权益性投资所得、利息所得、租金所得、特许权使用费所得、接受捐赠所得和其他所得。

所谓的实际联系，是指非居民企业在中国境内设立的机构、场所拥有的据以取得所得的股权、债权，以及拥有、管理、控制据以取得所得的财产。

（二）所得来源的确定

1. 销售货物所得，按照交易活动发生地确定；

2. 提供劳务所得，按照劳务发生地确定；

3. 转让财产所得，不动产转让所得按照不动产所在地确定，动产转让所得按照转让动产的企业或者机构、场所所在地确定，权益性投资资产转让所得按照被投资企业所在地确定；

4. 股息、红利等权益性投资所得，按照分配所得的企业所在地确定；

5. 利息所得、租金所得、特许权使用费所得，按照负担、支付所得的企业或者机构、场所所在地确定，或者按照负担、支付所得的个人的住所地确定；

6. 其他所得，由国务院财政、税务主管部门确定。

三、企业所得税的税率

企业所得税税率是体现国家与企业分配关系的核心问题。税率设计的原则是兼顾国家、企业、职工个人三者利益，既要保证财政收入的稳定增长，又要使企业在发展生产、经营方面有一定的财力保证；既要考虑到企业的实际情况和负担能力，又要维护税率的统一性，适当简化，避免繁琐。

1. 企业所得税的基本税率为25%。适用于居民企业和在中国境内设有机构、场所且所得与机构、场所有关联的非居民企业。

2. 在中国境内未设立机构、场所的，或者虽设立机构、场所但取得的所得与其所设机构、场所没有实际联系的非居民企业的所得，适用税率为20%。

第三节　企业所得税的计算

一、企业所得税的计税依据

企业所得税的计税依据为应纳税所得额。它是纳税人每一个纳税年度的收入总额，减除不征税收入、免税收入、各项扣除以及允许弥补的以前年度亏损后的余额。纳税人应纳税所得额的计算以权责发生制为原则，属于当期的收入和费用，不论款项是否收付，均作为当期的收入和费用；不属于当期的收入和费用，即使款项已经在当期收付，也不作为当期的收入和费用。应纳税所得额的正确计算，直接关系到国家财政收入和企业的税收负担，并且同成本、费用核算关系密切。所以，税法必须就涉及企业所得税应纳税所得额计算的一系列基本问题作出明确规定。主要内容包括收入总额、扣除范围和标准、资产的税务处理、亏损弥补等。

（一）收入总额的确定

纳税人的收入总额包括以货币形式和非货币形式从各种来源取得的收入。

纳税人取得收入的货币形式，包括现金、存款、应收账款、应收票据、准备持有至到期的债券投资以及债务的豁免等；纳税人以非货币形式取得的收入，包括固定资产、生物资产、无形资产、股权投资、存货、不准备持有至到期的债券投资、劳务以及有关权益等，这些非货币资产应当按照公允价值确定收入额，公允价值是指按照市场价格确定的价值。

1. 一般收入的具体内容。

（1）销售货物收入，是指企业销售商品、产品、原材料、包装物、低值易耗品以及其他存货取得的收入。

（2）劳务收入，是指企业从事建筑安装、修理修配、交通运输、仓储租赁、金融保险、邮电通信、咨询经纪、文化体育、科学研究、技术服务、教育培训、餐饮住宿、中介代理、卫生保健、社区服务、旅游、娱乐、加工以及其他劳务服务活动取得的收入。

（3）转让财产收入，是指企业转让固定资产、生物资产、无形资产、股权、债权等财产取得的收入。

（4）股息、红利等权益性投资收益，是指企业因权益性投资从被投资方取得的收入。股息、红利等权益性投资收益，除国务院财政、税务主管部门另有规定外，按照被投资方作出利润分配决定的日期确认收入的实现。

（5）利息收入，是指企业将资金提供他人使用但不构成权益性投资，或者因他人占用本企业资金取得的收入，包括存款利息、贷款利息、债券利息、欠款利息等收入。利息收入，按照合同约定的债务人应付利息的日期确认收入的实现。

（6）租金收入，是指企业提供固定资产、包装物或者其他有形资产的使用权取得的收入。租金收入，按照合同约定的承租人应付租金的日期确认收入的实现。

（7）特许权使用费收入，是指企业提供专利权、非专利技术、商标权、著作权以及其他特许权的使用权取得的收入。特许权使用费收入，按照合同约定的特许权使用人应付特许权使用费的日期确认收入的实现。

（8）接受捐赠收入，是指企业接受的来自其他企业、组织或者个人无偿给予的货币性资产、非货币性资产。接受捐赠收入，按照实际收到捐赠资产的日期确认收入的实现。

（9）其他收入，是指企业取得的除以上收入外的其他收入，包括企业资产溢余收入、逾期未退包装物押金收入、确实无法偿付的应付款项、已作坏账损失处理后又收回的应收款项、债务重组收入、补贴收入、违约金收入、汇兑收益等。

2. 特殊收入的确认。

（1）以分期收款方式销售货物的，按照合同约定的收款日期确认收入的实现；

（2）企业受托加工制造大型机械设备、船舶、飞机，以及从事建筑、安装、装配工程业务或者提供其他劳务等，持续时间超过 12 个月的，按照纳税年度内完工进度或者完成的工作量确认收入的实现。

（3）采取产品分成方式取得收入的，按照企业分得产品的日期确认收入的实现，其收入额按照产品的公允价值确定。

（4）企业发生非货币性资产交换，以及将货物、财产、劳务用于捐赠、偿债、赞助、集资、广告、样品、职工福利或者利润分配等用途的，应当视同销售货物、转让财产或者提供劳务，但国务院财政、税务主管部门另有规定的除外。

3. 资产处置收入。企业发生下列情形的处置资产，除将资产转移至境外以外，由于资产所有权属在形式和实质上均不发生改变，可作为内部处置资产，不视同销售确认收入，相关资产的计税基础延续计算：（1）将资产用于生产、制造、加工另一产品；（2）改变资产形状、结构或性能；（3）改变资产用途（如自建商品房转为自用或经营）；（4）将资产在总机构及其分支机构之间转移；（5）上述两种或两种以上情形的混合；（6）其他不改变资产所有权属的用途。

企业将资产移送他人的下列情形，因资产所有权属已发生改变而不属于内部处置资产，应按规定视同销售确定收入，除另有规定外，应按照被移送资产的公允价值确定销售收入：（1）用于市场推广或销售；（2）用于交际应酬；（3）用于职工奖励或福利；（4）用于股息分配；（5）用于对外捐赠；（6）其他改变资产所有权属的用途。

4. 相关收入实现的确认。除企业所得税法及实施条例前述收入的规定外，企业销售收入的确认，必须遵循权责发生制原则和实质重于形式原则：

（1）企业销售商品同时满足下列条件的，应确认收入的实现：①商品销售合同已经签订，企业已将商品所有权相关的主要风险和报酬转移给购货方；②企业对已售出的商品既没有保留通常与所有权相联系的继续管理权，也没有实施有效控制；③收入的金额能够可靠地计量；④已发生或将发生的销售方的成本能够可靠地核算。

（2）符合以上收入确认条件，采取下列商品销售或结算方式的，应按以下规定确认收入实现时间：①销售商品采用托收承付方式的，在办妥托收手续时确认收入。②销售商品采取预收款方式的，在发出商品时确认收入。③销售商品需要安装和检验的，在购买方接受商品以及安装和检验完毕时确认收入。如果安装程序比较简单，可在发出商品时确认收入。④销售商品采用支付手续费方式委托代销的，在收到代销清单时确认收入。

（3）采用售后回购方式销售商品的，销售的商品按售价确认收入，回购的商品作为购进商品处理。有证据表明不符合销售收入确认条件的，如以销售商品方式进行融资，收到的款项应确认为负债，回购价格大于原售价的，差额应在回购期间确认为利息费用。

（4）销售商品以旧换新的，销售商品应当按照销售商品收入确认条件确认收入，回收的商品作为购进商品处理。

（5）企业为促进商品销售而在商品价格上给予的价格扣除属于商业折扣，商品销售涉及商业折扣的，应当按照扣除商业折扣后的金额确定销售商品收入金额。

债权人为鼓励债务人在规定的期限内付款而向债务人提供的债务扣除属于现金折扣，销售商品涉及现金折扣的，应当按扣除现金折扣前的金额确定销售商品收入金额，现金折扣在实际发生时作为财务费用扣除。

企业因售出商品的质量不合格等原因而在售价上给予买方的价格减让属于销售折让；企业因售出商品质量、品种不符合要求等原因而发生的退货属于销售退回。企业已经确认销售收入的售出商品发生销售折让和销售退回，应当在发生当期冲减当期销售商品收入。

（6）企业在各个纳税期末，提供劳务交易的结果能够可靠估计的，应采用完工进度（完工百分比）法确认提供劳务收入。提供劳务交易的结果能够可靠估计，是指同时满足下列条件：①收入的金额能够可靠地计量；②交易的完工进度能够可靠地确定；③交易中已发生和将发生的成本能够可靠地核算。

企业提供劳务完工进度的确定，可选用下列方法：①已完工作的测量；②已提供劳务占劳务总量的比例；③发生成本占总成本的比例。

企业应按照从接受劳务方已收或应收的合同或协议价款确定劳务收入总额，根据纳税期末提供劳务收入总额乘以完工进度扣除以前纳税年度累计已确认提供劳务收入后的金额，确认为当期劳务收入；同时，按照提供劳务估计总成本乘以完工进度扣除以前纳税期间累计已确认劳务成本后的金额，结转为当期劳务成本。

提供劳务满足收入确认条件的，应按下列规定确认收入：①安装费。应根据安装完工进度确认收入。安装工作是商品销售附带条件的，在确认商品销售实现时确认安装收入。②宣传媒介的收费。应在相关的广告或商业行为出现于公众面前时确认收入。广告的制作费，应根据制作广告的完工进度确认收入。③软件费。为特定客户开发软件的收费，应根据开发的完工进度确认收入。④服务费。包含在商品售价内可区分的服务费，在提供服务的期间分期确认收入。⑤艺术表演、招待宴会和其他特殊活动的收费。在相关活动发生时确认收入。收费涉及几项活动的，预收的款项应合理分配给每项活动，分别确认收入。⑥会员费。申请入会或加入会员，只允许取得会籍，所有其他服务或商品都要另行收费的，在取得该会员费时确认收入。申请入会或加入会员后，会员在会员期内不再付费就可得到各种服务或商品，或者以低于非会员的价格销售商品或提供服务的，该会员费应在整个受益期内分期确认收入。⑦特许权费。属于提供设备和其他有形资产的特许权费，在交付资产或转移资产所有权时确认收入；属于提供初始及后续服务的特许权费，在提供服务时确认收入。⑧劳务费。长期为客户提供重复的劳务收取的劳务费，在相关劳务活动发生时确认收入。

（7）企业以买一赠一等方式组合销售本企业商品的，不属于捐赠，应将总的销售金额按各项商品的公允价值的比例来分摊确认各项的销售收入。

5. 不征税收入和免税收入。国家为了扶持和鼓励某些特殊的纳税人和特定的项目，或者避免因征税影响企业的正常经营，对企业取得的某些收入予以不征税或免税的特殊政策，以减轻企业的负担，促进经济的协调发展。或准予抵扣应纳税所得额，或者是对专项用途的资金作为非税收入处理，减轻企业的税负，增加企业可用资金。

（1）不征税收入。

①财政拨款。是指各级人民政府对纳入预算管理的事业单位、社会团体等组织

拨付的财政资金，但国务院和国务院财政、税务主管部门另有规定的除外。

②依法收取并纳入财政管理的行政事业性收费、政府性基金，是指依照法律法规等有关规定，按照国务院规定程序批准，在实施社会公共管理，以及在向公民、法人或者其他组织提供特定公共服务过程中，向特定对象收取并纳入财政管理的费用。政府性基金，是指企业依照法律、行政法规等有关规定，代政府收取的具有专项用途的财政资金。

③国务院规定的其他不征税收入，是指企业取得的，由国务院财政、税务主管部门规定专项用途并经国务院批准的财政性资金。

财政性资金，是指企业取得的来源于政府及其有关部门的财政补助、补贴、贷款贴息，以及其他各类财政专项资金，包括直接减免的增值税和即征即退、先征后退、先征后返的各种税收，但不包括企业按规定取得的出口退税款。

企业取得的各类财政性资金，除属于国家投资和资金使用后要求归还本金的以外，均应计入企业当年收入总额。国家投资是指国家以投资者身份投入企业、并按有关规定相应增加企业实收资本（股本）的直接投资。

对企业取得的由国务院财政、税务主管部门规定专项用途并经国务院批准的财政性资金，准予作为不征税收入，在计算应纳税所得额时从收入总额中减除。

纳入预算管理的事业单位、社会团体等组织按照核定的预算和经费报领关系收到的由财政部门或上级单位拨入的财政补助收入，准予作为不征税收入，在计算应纳税所得额时从收入总额中减除，但国务院和国务院财政、税务主管部门另有规定的除外。

值得注意的是：企业的不征税收入用于支出所形成的费用，不得在计算应纳税所得额时扣除；企业的不征税收入用于支出所形成的资产，其计算的折旧、摊销不得在计算应纳税所得额时扣除。

企业将符合规定条件的财政性资金作为不征税收入处理后，在 5 年内未发生支出且未缴回财政部门或其他拨付资金的政府部门的部分，应计入取得该资金第 6 年的应税收入总额；计入应税收入总额的财政性资金发生的支出，允许在计算应税所得额时扣除。

（2）免税收入。

①国债利息收入。为鼓励企业积极购买国债，支援国家建设，税法规定，企业因购买国债所得的利息收入，免征企业所得税。

②符合条件的居民企业之间的股息、红利等权益性收益。是指居民企业直接投资于其他居民企业取得的投资收益。

③在中国境内设立机构、场所的非居民企业从居民企业取得与该机构、场所有实际联系的股息、红利等权益性投资收益。该收益都不包括连续持有居民企业公开发行并上市流通的股票不足 12 个月取得的投资收益。

④符合条件的非营利组织的收入。

（二）扣除项目

1. 税前扣除的确认原则。纳税人申报的扣除要真实、合法。真实是指能提供证明有关支出确属已经实际发生的适当凭据；合法是指符合国家税法的规定，若其他法规规定与税收法规规定不一致，以税收法规规定为准。

除税收法规另有规定外，税前扣除的确认一般应遵循以下原则：

（1）权责发生制原则。即纳税人应在费用发生时而不是实际支付时确认扣除。

（2）配比原则。即纳税人发生的费用应在费用应配比或应分配的当期申报扣除。纳税人某一纳税年度应申报的可扣除费用不得提前或滞后申报扣除。

（3）相关性原则。纳税人可扣除的费用从性质和根源上必须与取得应税收入相关。

（4）确定性原则。即纳税人可扣除的费用不论何时支付，其金额必须是确定的。

（5）合理性原则。即纳税人可扣除费用的计算和分配方法应符合一般的经营常规和会计惯例。

2. 准予扣除的项目。企业所得税法规定，企业实际发生的与取得收入有关的、合理的支出，包括成本、费用、税金、损失和其他支出，准予在计算应纳税所得额时扣除。实践中，计算应纳税所得额时准予扣除的项目包括两个方面的内容，其一是每一个纳税年度发生的与取得应税收入有关的所有必要和正常成本、费用、税金和损失；其二是税法规定的免税收入和准予抵扣应纳税所得额的项目。纳税人的财务会计处理与税收规定不一致的，应依照税收规定予以调整。即纳税人在平时进行会计核算时，可以按会计制度的有关规定进行账务处理，但在申报纳税时，对税收规定和会计制度规定不同或标准有差异的，要按税收规定进行纳税调整。

（1）成本，是指企业在生产经营活动中发生的销售成本、销货成本、业务支出以及其他耗费，即纳税人销售商品（产品、材料、下脚料、废料、废旧物资等）、提供劳务、转让固定资产、无形资产（包括技术转让）的成本。

纳税人必须将经营活动中发生的成本合理划分为直接成本和间接成本。直接成本是可直接计入有关成本计算对象或劳务的经营成本中的直接材料、直接人工等。间接成本是指多个部门为同一成本对象提供服务的共同成本，或者同一种投入可以制造、提供两种或两种以上的产品或劳务的联合成本。

直接成本可根据有关会计凭证、记录直接计入有关成本计算对象或劳务的经营成本中。间接成本必须根据与成本计算对象之间的因果关系、成本计算对象的产量等，以合理的方法分配计入有关成本计算对象中。

（2）费用，是指纳税人每一个纳税年度为生产、经营商品和提供劳务等所发生的销售（经营）费用、管理费用和财务费用。已经计入成本的有关费用除外。

销售费用是指应由纳税人负担的为销售商品而发生的费用，包括广告费、运输费、装卸费、包装费、展览费、保险费、销售佣金（能直接认定的进口佣金调整商品进价成本）、代销手续费、经营性租赁费及销售部门发生的差旅费、工资、福利费等费用。

管理费用是指纳税人的行政管理部门为管理组织经营活动提供各项支援性服务而发生的费用。

财务费用是指纳税人筹集经营性资金而发生的费用，包括利息净支出、汇总净损失、金融机构手续费以及其他非资本化支出。

纳税人发生的支出必须严格区分收益性支出和资本性支出。资本性支出不得在发生当期直接扣除，必须按税收法规规定分期折旧、摊销或计入有关资产的成本。

（3）税金，是指企业发生的除企业所得税和允许抵扣的增值税以外的企业缴纳的各项税金及其附加。即纳税人按规定缴纳的消费税、城市维护建设税、关税、资源税、土地增值税、教育费附加等销售税金及附加，以及发生的房产税、车船使用税、土地使用税、印花税等，这些已纳税金准予税前扣除。企业缴纳的增值税，因其属于价外税，故不在扣除之列。

（4）损失，是指企业在生产经营活动中发生的固定资产和存货的盘亏、毁损、报废损失，转让财产损失，呆账损失，坏账损失，自然灾害等不可抗力因素造成的损失以及其他损失。

企业发生的损失，减除责任人赔偿和保险赔款后的余额，依照国务院财政、税务主管部门的规定扣除。

企业已经作为损失处理的资产，在以后纳税年度又全部收回或者部分收回时，应当计入当期收入。

（5）其他支出。是指除成本、费用、税金、损失外，企业在生产经营活动中发生的与生产经营活动有关的合理的支出。

3. 扣除范围和标准。在计算应纳税所得额时，下列项目按照规定的范围和标准扣除。

（1）工资、薪金支出。企业发生的合理的工资、薪金支出，准予扣除。所谓工资、薪金支出，是指纳税人每一纳税年度支付给本企业任职或与其有雇佣关系的员工的所有现金或非现金形式的劳动报酬，包括基本工资、资金、津贴、补贴、年终加薪、加班工资，以及与任职或者是受雇有关的其他支出。

所谓合理工资薪金，是指企业按照股东大会、董事会、薪酬委员会或相关管理机构制订的工资薪金制度规定实际发放给员工的工资薪金。税务机关在对工资薪金进行合理性确认时，可按以下原则掌握：①企业制订了较为规范的员工工资薪金制度。②企业所制订的工资薪金制度符合行业及地区水平。③企业在一定时期所发放的工资薪金是相对固定的，工资薪金的调整是有序进行的。④企业对实际发放的工资薪金，已依法履行了代扣代缴个人所得税义务。⑤有关工资薪金的安排，不以减少或逃避税款为目的。

（2）纳税人的职工福利费、工会经费、职工教育经费：①企业发生的职工福利费支出，不超过工资薪金总额 14% 的部分，准予扣除。②企业拨缴的工会经费，不超过工资薪金总额 2% 的部分，准予扣除。③除国务院财政、税务主管部门另有规定外，企业发生的职工教育经费支出，不超过工资薪金总额 8% 的部分，准予扣除；超过部分，准予在以后纳税年度结转扣除。

软件生产企业发生的职工教育经费中的职工培训费用，根据《财政部　国家税务总局关于企业所得税若干优惠政策的通知》，可以全额在企业所得税前扣除。软件生产企业应准确划分职工教育经费中的职工培训费支出，对于不能准确划分的，以及准确划分后职工教育经费中扣除职工培训费用的余额，一律按照规定的比例扣除。

上述计算职工福利费、工会经费、职工教育经费的“工资薪金总额”，是指企业按照上述第（1）条规定实际发放的工资薪金总和，不包括企业的职工福利费、职工教育经费、工会经费以及养老保险费、医疗保险费、失业保险费、工伤保险费、生育保险费等社会保险费和住房公积金。属于国有性质的企业，其工资薪金，不得超过政府有关部门给予的限定数额；超过部分，不得计入企业工资薪金总额，也不得在计算企业应纳税所得额时扣除。

（3）社会保险费。企业依照国务院有关主管部门或者省级人民政府规定的范围和标准为职工缴纳的基本养老保险费、基本医疗保险费、失业保险费、工伤保险费、生育保险费等基本社会保险费和住房公积金，准予扣除。

企业为投资者或者职工支付的补充养老保险费、补充医疗保险费，分别在不超过职工工资总额5%标准内的部分，准予扣除。企业依照国家有关规定为特殊工种职工支付的人身安全保险费和符合国务院财政、税务主管部门规定可以扣除的商业保险费。例如企业参加雇主责任险、公众责任险等责任保险，企业职工因公出差乘坐交通工具发生的人身意外保险费支出，准予企业在计算应纳税所得额时扣除。

企业参加财产保险，按照规定缴纳的保险费，准予扣除。企业为投资者或者职工支付的商业保险费，不得扣除。

（4）纳税人在生产、经营活动中发生的利息支出。①非金融企业向金融企业借款的利息支出、金融企业的各项存款利息支出和同业拆借利息支出、企业经批准发行债券的利息支出；②非金融企业向非金融企业借款的利息支出，不超过按照金融企业同期同类贷款利率计算的数额的部分。

其中，所谓金融机构，是指各类银行、保险公司及经中国人民银行批准从事金融业务的非银行金融机构。包括国家专业银行、区域性银行、股份制银行、外资银行、中外合资银行以及其他综合性银行；还包括全国性保险企业、区域性保险企业、股份制保险企业、中外合资保险企业以及其他专业性保险企业；城市、农村信用社、各类财务公司以及其他从事信托投资、租赁等业务的专业和综合性非银行金融机构。非金融机构，是指除上述金融机构以外的所有企业、事业单位以及社会团体等企业或组织。

（5）借款费用。企业在生产经营活动中发生的合理的不需要资本化的借款费用，准予扣除。

企业为购置、建造固定资产、无形资产和经过12个月以上的建造才能达到预定可销售状态的存货发生借款的，在有关资产购置、建造期间发生的合理的借款费用，应予以资本化，作为资本性支出计入有关资产的成本；有关资产交付使用后发生的借款利息，可在发生当期扣除。

（6）关联企业利息费用的扣除。企业从其关联方接受的债权性投资与权益性投资的比例超过规定标准而发生的利息支出，不得在计算应纳税所得额时扣除。

①在计算应纳税所得额时，企业实际支付给关联方的利息支出，不超过以下规定比例和税法及其实施条例有关规定计算的部分，准予扣除，超过的部分不得在发生当期和以后年度扣除。

企业实际支付给关联方的利息支出，除符合下面第②条规定外，其接受关联方债权性投资与其权益性投资比例为：金融企业 5∶1；其他企业 2∶1。

②企业如果能够按照税法及其实施条例的有关规定提供相关资料，并证明相关交易活动符合独立交易原则的；或者该企业的实际税负不高于境内关联方的，其实际支付给境内关联方的利息支出，在计算应纳税所得额时准予扣除。

③企业同时从事金融业务和非金融业务，其实际支付给关联方的利息支出，应按照合理方法分开计算；没有按照合理方法分开计算的，一律按前述第①条有关其他企业的比例计算准予税前扣除的利息支出。

④企业自关联方取得的不符合规定的利息收入应按照有关规定缴纳企业所得税。

（7）企业向自然人借款的利息支出在企业所得税税前的扣除。

①企业向股东或其他与企业有关联关系的自然人借款的利息支出，应根据《中华人民共和国企业所得税法》（以下简称《企业所得税法》）第四十六条及《财政部 国家税务总局关于企业关联方利息支出税前扣除标准有关税收政策问题的通知》（财税〔2008〕121 号）规定的条件，计算企业所得税扣除额。

②企业向除①规定以外的内部职工或其他人员借款的利息支出，其借款情况同时符合以下条件的，其利息支出在不超过按照金融企业同期同类贷款利率计算的数额的部分，准予扣除。

条件一：企业与个人之间的借贷是真实、合法、有效的，并且不具有非法集资目的或其他违反法律、法规的行为；

条件二：企业与个人之间签订了借款合同。

（8）业务招待费。企业发生的与生产经营活动有关的业务招待费支出，按照发生额的60%扣除，但最高不得超过当年销售（营业）收入的5‰。

（9）广告费和业务宣传费。企业发生的符合条件的广告费和业务宣传费支出，除国务院财政、税务主管部门另有规定外，不超过当年销售（营业）收入15%的部分，准予扣除；超过部分，准予在以后纳税年度结转扣除。

纳税人申报扣除的广告费支出应与赞助支出严格区分。纳税人申报扣除的广告费支出，必须符合下列条件：广告是通过工商部门批准的专门机构制作的；已实际支付费用，并已取得相应发票；通过一定的媒体传播。

化妆品制造或销售、医药制造、饮料制造（不含酒类制造）的广告费和业务宣传费支出，不超过当年销售（营业）收入30%的部分，准予扣除；超过部分，准予结转以后纳税年度扣除。

烟草企业的烟草广告费和业务宣传费支出，一律不得在计算应纳税所得额时扣除。

(10) 环境保护专项资金。企业依照法律、行政法规有关规定提取的用于环境保护、生态恢复等方面的专项资金，准予扣除。上述专项资金提取后改变用途的，不得扣除。

(11) 手续费与佣金支出。

①保险企业发生与其经营活动有关的手续费及佣金支出，不超过当年全部保费收入扣除退保金等后余额的18%（含本数）的部分，在计算应纳税所得额时准予扣除；超过部分，允许结转以后年度扣除。

②其他企业按与具有合法经营资格中介服务机构或个人（不含交易双方及其雇员、代理人和代表人等）所签订服务协议或合同确认的收入金额的5%计算限额。

企业应与具有合法经营资格中介服务企业或个人签订代办协议或合同，并按国家有关规定支付手续费及佣金。除委托个人代理外，企业以现金等非转账方式支付的手续费及佣金不得在税前扣除。企业为发行权益性证券支付给有关证券承销机构的手续费及佣金不得在税前扣除。

企业不得将手续费及佣金支出计入回扣、业务提成、返利、进场费等费用。

企业已计入固定资产、无形资产等相关资产的手续费及佣金支出，应当通过折旧、摊销等方式分期扣除，不得在发生当期直接扣除。

企业支付的手续费及佣金不得直接冲减服务协议或合同金额，并如实入账。

(12) 租赁费。企业根据生产经营活动的需要租入固定资产支付的租赁费，按照以下方法扣除：

①以经营租赁方式租入固定资产发生的租赁费支出，按照租赁期限均匀扣除；

②以融资租赁方式租入固定资产发生的租赁费支出，按照规定构成融资租入固定资产价值的部分应当提取折旧费用，分期扣除。

其中：经营性租赁是指所有权不转移的租赁，融资租赁是指在实质上转移与一项资产所有权有关的全部风险和报酬的一种租赁。

(13) 劳动保护费。企业发生的合理的劳动保护支出，准予扣除。

(14) 公益性捐赠支出。公益性捐赠，是指企业通过公益性社会团体或者县级以上人民政府及其部门，用于《中华人民共和国公益事业捐赠法》规定的公益事业的捐赠。具体范围包括：①救助灾害、救济贫困、扶助残疾人等困难的社会群体和个人的活动；②教育、科学、文化、卫生、体育事业；③环境保护、社会公共设施建设；④促进社会发展和进步的其他社会公共和福利事业。

企事业单位、社会团体以及其他组织捐赠住房作为廉租住房的视同公益性捐赠按上述规定执行。

企业发生的公益性捐赠支出，在年度利润总额12%以内的部分，准予在计算应纳税所得额时扣除，超过年度利润总额12%的部分，准予结转以后三年内在计算应纳税所得额时扣除。自2019年1月1日至2022年12月31日，企业通过公益性社会组织或者县级（含县级）以上人民政府及其组成部门和直属机构，用于目标脱贫地区的扶贫捐赠支出，准予在计算企业所得税应纳税所得额时据实扣除。

年度利润总额，是指企业依照国家统一会计制度的规定计算的年度会计利润。

（15）有关资产的费用。纳税人转让各类固定资产发生的费用，允许扣除。纳税人按规定计算的固定资产折旧费、无形资产和递延资产的摊销费，准予扣除。

（16）资产损失。纳税人当期发生的固定资产和流动资产盘亏、毁损净损失，由其提供清查盘存资料经主管税务机关审核后，准予扣除；企业因存货盘亏、毁损、报废等原因不得从销项税金中抵扣的进项税金，应视同企业财产损失，准予与存货损失一起在所得税前按规定扣除。

（17）汇兑损失。企业在货币交易中，以及纳税年度终了时将人民币以外的货币性资产、负债按照期末即期人民币汇率中间价折算为人民币时产生的汇兑损失，除已经计入有关资产成本以及与向所有者进行利润分配相关的部分外，准予扣除。

（18）支付给总机构的管理费。非居民企业在中国境内设立的机构、场所，就其中国境外总机构发生的与该机构、场所生产经营有关的费用，能够提供总机构出具的费用汇集范围、定额、分配依据和方法等证明文件，并合理分摊的，准予扣除。

（19）依照有关法律、行政法规和国家有关税法规定准予扣除的其他项目。如会员费、合理的会议费、差旅费、违约金、诉讼费用等。

4. 不准予扣除的支出。在计算应纳税所得额时，下列支出不得扣除：（1）向投资者支付的股息、红利等权益性投资收益款项。（2）企业所得税税款。（3）税收滞纳金。是指纳税人违反税收法规，被税务机关处以的滞纳金。（4）罚金、罚款和被没收财物的损失。是指纳税人违反国家有关法律、法规规定，被有关部门处以的罚款，以及被司法机关处以的罚金和被没收财物。（5）超过规定标准的捐赠支出。（6）赞助支出。是指企业发生的与生产经营活动无关的各种非广告性质支出。（7）未经核定的准备金支出，是指不符合国务院财政、税务主管部门规定的各项资产减值准备、风险准备等准备金支出。（8）企业之间支付的管理费、企业内营业机构之间支付的租金和特许权使用费，以及非银行企业内营业机构之间支付的利息，不得扣除。（9）与取得收入无关的其他支出。

（三）亏损弥补

亏损是指企业依照企业所得税法的规定，将每一纳税年度的收入总额减除不征税收入、免税收入和各项扣除后小于零的数额。税法规定，企业某一纳税年度发生的亏损可以用下一年度的所得弥补，下一年度的所得不足以弥补的，可以逐年延续弥补，但最长不得超过5年。而且，企业在汇总计算缴纳企业所得税时，其境外营业机构的亏损不得抵减境内营业机构的盈利。

自2018年1月1日起，当年具备高新技术企业或科技型中小企业资格（以下统称资格）的企业，其具备资格年度之前5个年度发生的尚未弥补完的亏损，准予结转以后年度弥补，最长结转年限由5年延长至10年。

（四）资产的税务处理

资产是由于资本投资而形成的财产，对于资本性支出以及无形资产受让、开办、开发费用，不允许作为成本、费用从纳税人的收入总额中作一次性扣除，只能采取分次计提折旧或分次摊销的方式予以列支。即纳税人经营活动中使用的固定资产的折旧费用、无形资产和递延资产的摊销费用可以扣除。税法规定，纳入税务处理范围的资产形式主要有固定资产、生物资产、无形资产、长期待摊费用、投资资产、存货等，均以历史成本为计税基础。历史成本是指企业取得该项资产时实际发生的支出。企业持有各项资产期间资产增值或者减值，除国务院财政、税务主管部门规定可以确认损益外，不得调整该资产的计税基础。

1. 固定资产的税务处理。纳税人的固定资产，是指企业为生产产品、提供劳务、出租或者经营管理而持有的、使用时间超过 12 个月的非货币性资产，包括房屋、建筑物、机器、机械、运输工具以及其他与生产经营活动有关的设备、器具、工具等。

（1）固定资产计税基础：①外购的固定资产，以购买价款和支付的相关税费以及直接归属于使该资产达到预定用途发生的其他支出为计税基础；②自行建造的固定资产，以竣工结算前发生的支出为计税基础；③融资租入的固定资产，以租赁合同约定的付款总额和承租人在签订租赁合同过程中发生的相关费用为计税基础，租赁合同未约定付款总额的，以该资产的公允价值和承租人在签订租赁合同过程中发生的相关费用为计税基础；④盘盈的固定资产，以同类固定资产的重置完全价值为计税基础；⑤通过捐赠、投资、非货币性资产交换、债务重组等方式取得的固定资产，以该资产的公允价值和支付的相关税费为计税基础；⑥改建的固定资产，除已足额提取折旧的固定资产和租入的固定资产以外的其他固定资产，以改建过程中发生的改建支出增加计税基础。

（2）固定资产折旧的范围。在计算应纳税所得额时，企业按照规定计算的固定资产折旧，准予扣除。下列固定资产不得计算折旧扣除：①房屋、建筑物以外未投入使用的固定资产；②以经营租赁方式租入的固定资产；③以融资租赁方式租出的固定资产；④已足额提取折旧仍继续使用的固定资产；⑤与经营活动无关的固定资产；⑥单独估价作为固定资产入账的土地；⑦其他不得计算折旧扣除的固定资产。

（3）固定资产折旧的计提方法。企业应当自固定资产投入使用月份的次月起计算折旧；停止使用的固定资产，应当自停止使用月份的次月起停止计算折旧。

企业应当根据固定资产的性质和使用情况，合理确定固定资产的预计净残值。固定资产的预计净残值一经确定，不得变更。

固定资产按照直线法计算的折旧，准予扣除。

（4）固定资产折旧的计提年限。除国务院财政、税务主管部门另有规定外，固定资产计算折旧的最低年限如下：①房屋、建筑物，为 20 年；②飞机、火车、轮船、机器、机械和其他生产设备，为 10 年；③与生产经营活动有关的器具、工具、家具等，为 5 年；④飞机、火车、轮船以外的运输工具，为 4 年；⑤电子设备，为 3 年。

从事开采石油、天然气等矿产资源的企业，在开始商业性生产前发生的费用和有关固定资产的折耗、折旧方法，由国务院财政、税务主管部门另行规定。

（5）一次性税前扣除政策。企业在2018年1月1日至2020年12月31日期间新购进的设备、器具，单位价值不超过500万元的，允许一次性计入当期成本费用在计算应纳税所得额时扣除，不再分年度计算折旧：①所称设备、器具，是指除房屋、建筑物以外的固定资产（以下简称固定资产）；所称购进，包括以货币形式购进或自行建造，其中以货币形式购进的固定资产包括购进的使用过的固定资产；以货币形式购进的固定资产，以购买价款和支付的相关税费以及直接归属于使该资产达到预定用途发生的其他支出确定单位价值，自行建造的固定资产，以竣工结算前发生的支出确定单位价值。②固定资产购进时点按以下原则确认：以货币形式购进的固定资产，除采取分期付款或赊销方式购进外，按发票开具时间确认；以分期付款或赊销方式购进的固定资产，按固定资产到货时间确认；自行建造的固定资产，按竣工结算时间确认。③固定资产在投入使用月份的次月所属年度一次性税前扣除。④企业选择享受一次性税前扣除政策的，其资产的税务处理可与会计处理不一致。⑤企业根据自身生产经营核算需要，可自行选择享受一次性税前扣除政策。未选择享受一次性税前扣除政策的，以后年度不得再变更。

2. 无形资产的税务处理。无形资产是指纳税人长期使用、但没有实物形态的资产，包括专利权、商标权、著作权、土地使用权、非专利技术、商誉等。

（1）无形资产的计税基础。无形资产按照以下方法确定计税基础：①外购的无形资产，以购买价款和支付的相关税费以及直接归属于使该资产达到预定用途发生的其他支出为计税基础；②自行开发的无形资产，以开发过程中该资产符合资本化条件后至达到预定用途前发生的支出为计税基础；③通过捐赠、投资、非货币性资产交换、债务重组等方式取得的无形资产，以该资产的公允价值和支付的相关税费为计税基础。

（2）无形资产摊销的范围。在计算应纳税所得额时，企业按照规定计算的无形资产摊销费用，准予扣除。下列无形资产不得计算摊销费用扣除：①自行开发的支出已在计算应纳税所得额时扣除的无形资产；②自创商誉；③与经营活动无关的无形资产；④其他不得计算摊销费用扣除的无形资产。

（3）无形资产的摊销方法及年限。无形资产的摊销，采取直线法计算。无形资产的摊销年限不得低于10年。作为投资或者受让的无形资产，有关法律规定或者合同约定了使用年限的，可以按照规定或者约定的使用年限分期摊销。外购商誉的支出，在企业整体转让或者清算时，准予扣除。

3. 生物资产的税务处理。生物资产是指有生命的动物和植物，并且被分为消耗性生物资产、生产性生物资产和公益性生物资产。生产性生物资产，是指企业为生产农产品、提供劳务或者出租等而持有的生物资产，包括经济林、薪炭林、产畜和役畜等。生物资产与固定资产等相比有其特殊性，为规范企业生物资产的确认、计量和披露，提高会计信息的可靠性和相关性，财政部制定了生物资产准则。而从征税的角度出发，生物资产的税务处理规定如下：

(1) 生物资产的计税基础。生产性生物资产按照以下方法确定计税基础：①外购的生产性生物资产，以购买价款和支付的相关税费为计税基础；②通过捐赠、投资、非货币性资产交换、债务重组等方式取得的生产性生物资产，以该资产的公允价值和支付的相关税费为计税基础。

(2) 生物资产的折旧方法和折旧年限。生产性生物资产按照直线法计算的折旧，准予扣除。企业应当自生产性生物资产投入使用月份的次月起计算折旧；停止使用的生产性生物资产，应当自停止使用月份的次月起停止计算折旧。

企业应当根据生产性生物资产的性质和使用情况，合理确定生产性生物资产的预计净残值。生产性生物资产的预计净残值一经确定，不得变更。

生产性生物资产计算折旧的最低年限如下：①林木类生产性生物资产，为10年；②畜类生产性生物资产，为3年。

4. 投资资产税务处理。财税〔2014〕116号文对非货币性资产投资涉及的企业所得税政策问题进一步加以明确，有关规定如下：

非货币性资产，是指现金、银行存款、应收账款、应收票据以及准备持有至到期的债券投资等货币性资产以外的资产。

非货币性资产投资，限于以非货币性资产出资设立新的居民企业，或将非货币性资产注入现存的居民企业。

(1) 居民企业（以下简称企业）以非货币性资产对外投资确认的非货币性资产转让所得，可在不超过5年期限内，分期均匀计入相应年度的应纳税所得额，按规定计算缴纳企业所得税。

(2) 企业以非货币性资产对外投资，应对非货币性资产进行评估并按评估后的公允价值扣除计税基础后的余额，计算确认非货币性资产转让所得。

企业以非货币性资产对外投资，应于投资协议生效并办理股权登记手续时，确认非货币性资产转让收入的实现。

(3) 企业以非货币性资产对外投资而取得被投资企业的股权，应以非货币性资产的原计税成本为计税基础，加上每年确认的非货币性资产转让所得，逐年进行调整。

被投资企业取得非货币性资产的计税基础，应按非货币性资产的公允价值确定。

(4) 企业在对外投资5年内转让上述股权或投资收回的，应停止执行递延纳税政策，并就递延期内尚未确认的非货币性资产转让所得，在转让股权或投资收回当年的企业所得税年度汇算清缴时，一次性计算缴纳企业所得税；企业在计算股权转让所得时，可按第3条规定将股权的计税基础一次调整到位。

企业在对外投资5年内注销的，应停止执行递延纳税政策，并就递延期内尚未确认的非货币性资产转让所得，在注销当年的企业所得税年度汇算清缴时，一次性计算缴纳企业所得税。

(5) 企业发生非货币性资产投资，符合《财政部 国家税务总局关于企业重组业务企业所得税处理若干问题的通知》（财税〔2009〕59号）等文件规定的特殊性税务处理条件的，也可选择按特殊性税务处理规定执行。该规定 2014 年 1 月 1 日起执行，该规定发布前尚未处理的非货币性资产投资，符合该文规定的可按该文执行。

（6）企业或个人以技术成果投资入股到境内居民企业，被投资企业支付的对价全部为股票（权）的，企业或个人可选择继续按现行有关税收政策执行，也可选择适用递延纳税优惠政策。选择技术成果投资入股递延纳税政策的，经向主管税务机关备案，投资入股当期可暂不纳税，允许递延至转让股权时，按股权转让收入减去技术成果原值和合理税费后的差额计算缴纳所得税。

企业或个人选择适用上述任一项政策，均允许被投资企业按技术成果投资入股时的评估值入账并在企业所得税前摊销扣除。

其中：技术成果是指专利技术（含国防专利）、计算机软件著作权、集成电路布图设计专有权、植物新品种权、生物医药新品种，以及科技部、财政部、国家税务总局确定的其他技术成果。而技术成果投资入股，是指纳税人将技术成果所有权让渡给被投资企业、取得该企业股票（权）的行为。

5. 长期待摊费用的税务处理。在计算应纳税所得额时，企业发生的下列支出作为长期待摊费用，按照规定摊销的，准予扣除：（1）已足额提取折旧的固定资产的改建支出；（2）租入固定资产的改建支出；（3）固定资产的大修理支出；（4）其他应当作为长期待摊费用的支出。

纳税人的固定资产修理支出可在发生当期直接扣除。纳税人的固定资产改良支出，如果有关固定资产尚未提足折旧，可增加固定资产价值；如有关固定资产已提足折旧，可作为长期待摊费用，在不短于 5 年的期间内平均摊销。

固定资产的改建支出，是指改变房屋或者建筑物结构、延长使用年限等发生的支出。已足额提取折旧的固定资产的改建支出，按照固定资产预计尚可使用年限分期摊销；租入固定资产的改建支出，按照合同约定的剩余租赁期限分期摊销；改建的固定资产延长使用年限的，除已足额提取折旧的固定资产、租入固定资产的改建支出外，其他的固定资产发生改建支出，应当适当延长折旧年限。

大修理支出，按照固定资产尚可使用年限分期摊销。

企业所得税法所指固定资产的大修理支出，是指同时符合下列条件的支出：（1）修理支出达到取得固定资产时的计税基础 50% 以上；（2）修理后固定资产的使用年限延长 2 年以上。

其他应当作为长期待摊费用的支出，自支出发生月份的次月起，分期摊销，摊销年限不得低于 3 年。

6. 存货的税务处理。存货是指企业持有以备出售的产品或者商品、处在生产过程中的在产品、在生产或者提供劳务过程中耗用的材料和物料等。

（1）存货的计税基础。存货按照以下方法确定成本：①通过支付现金方式取得的存货，以购买价款和支付的相关税费为成本；②通过支付现金以外的方式取得的存货，以该存货的公允价值和支付的相关税费为成本；③生产性生物资产收获的农产品，以产出或者采收过程中发生的材料费、人工费和分摊的间接费用等必要支出为成本。

（2）存货的成本计算方法。企业使用或者销售的存货的成本计算方法，可以在先进先出法、加权平均法、个别计价法中选用一种。计价方法一经选用，不得随意变更。

企业转让以上资产，在计算企业应纳税所得额时，资产的净值允许扣除。其中，资产的净值是指有关资产、财产的计税基础减除已经按照规定扣除的折旧、折耗、摊销、准备金等后的余额。

除国务院财政、税务主管部门另有规定外，企业在重组过程中，应当在交易发生时确认有关资产的转让所得或者损失，相关资产应当按照交易价格重新确定计税基础。

（五）企业重组业务企业所得税处理

企业重组，是指企业在日常经营活动以外发生的法律结构或经济结构重大改变的交易，包括企业法律形式改变、债务重组、股权收购、资产收购、合并、分立等。

企业法律形式改变，是指企业注册名称、住所以及企业组织形式等的简单改变，但符合本通知规定其他重组的类型除外。

债务重组，是指在债务人发生财务困难的情况下，债权人按照其与债务人达成的书面协议或者法院裁定书，就其债务人的债务作出让步的事项。

股权收购，是指一家企业（以下称为收购企业）购买另一家企业（以下称为被收购企业）的股权，以实现对被收购企业控制的交易。收购企业支付对价的形式包括股权支付、非股权支付或两者的组合。

资产收购，是指一家企业（以下称为受让企业）购买另一家企业（以下称为转让企业）实质经营性资产的交易。受让企业支付对价的形式包括股权支付、非股权支付或两者的组合。

合并，是指一家或多家企业（以下称为被合并企业）将其全部资产和负债转让给另一家现存或新设企业（以下称为合并企业），被合并企业股东换取合并企业的股权或非股权支付，实现两个或两个以上企业的依法合并。

分立，是指一家企业（以下称为被分立企业）将部分或全部资产分离转让给现存或新设的企业（以下称为分立企业），被分立企业股东换取分立企业的股权或非股权支付，实现企业的依法分立。

股权支付，是指企业重组中购买、换取资产的一方支付的对价中，以本企业或其控股企业的股权、股份作为支付的形式；非股权支付，是指以本企业的现金、银行存款、应收款项、本企业或其控股企业股权和股份以外的有价证券、存货、固定资产、其他资产以及承担债务等作为支付的形式。

1. 企业重组一般性税务处理规定。

（1）企业由法人转变为个人独资企业、合伙企业等非法人组织，或将登记注册地转移至中华人民共和国境外（包括港澳台地区），应视同企业进行清算、分配，股东重新投资成立新企业。企业的全部资产以及股东投资的计税基础均应以公允价值为基础确定。

企业发生其他法律形式简单改变的，可直接变更税务登记，除另有规定外，有关企业所得税纳税事项（包括亏损结转、税收优惠等权益和义务）由变更后企业承继，但因住所发生变化而不符合税收优惠条件的除外。

（2）企业债务重组，相关交易应按以下规定处理：

以非货币资产清偿债务，应当分解为转让相关非货币性资产、按非货币性资产公允价值清偿债务两项业务，确认相关资产的所得或损失。

发生债权转股权的，应当分解为债务清偿和股权投资两项业务，确认有关债务清偿所得或损失。

债务人应当按照支付的债务清偿额低于债务计税基础的差额，确认债务重组所得；债权人应当按照收到的债务清偿额低于债权计税基础的差额，确认债务重组损失。

债务人的相关所得税纳税事项原则上保持不变。

（3）企业股权收购、资产收购重组交易，相关交易应按以下规定处理：被收购方应确认股权、资产转让所得或损失。收购方取得股权或资产的计税基础应以公允价值为基础确定。被收购企业的相关所得税事项原则上保持不变。

（4）企业合并，当事各方应按下列规定处理：

合并企业应按公允价值确定接受被合并企业各项资产和负债的计税基础。

被合并企业及其股东都应按清算进行所得税处理。被合并企业的亏损不得在合并企业结转弥补。

（5）企业分立，当事各方应按下列规定处理：被分立企业对分立出去资产应按公允价值确认资产转让所得或损失。分立企业应按公允价值确认接受资产的计税基础。被分立企业继续存在时，其股东取得的对价应视同被分立企业分配进行处理。被分立企业不再继续存在时，被分立企业及其股东都应按清算进行所得税处理。企业分立相关企业的亏损不得相互结转弥补。

2. 企业重组同时符合下列条件的，适用特殊性税务处理规定：具有合理的商业目的，且不以减少、免除或者推迟缴纳税款为主要目的；被收购、合并或分立部分的资产或股权比例符合本通知规定的比例；企业重组后的连续 12 个月内不改变重组资产原来的实质性经营活动；重组交易对价中涉及股权支付金额符合本通知规定比例；企业重组中取得股权支付的原主要股东，在重组后连续 12 个月内，不得转让所取得的股权。

企业重组符合特殊性税务处理条件的，交易各方对其交易中的股权支付部分，可以按以下规定进行特殊性税务处理：

（1）企业债务重组确认的应纳税所得额占该企业当年应纳税所得额 50% 以上，可以在 5 个纳税年度的期间内，均匀计入各年度的应纳税所得额。

企业发生债权转股权业务，对债务清偿和股权投资两项业务暂不确认有关债务清偿所得或损失，股权投资的计税基础以原债权的计税基础确定。

企业的其他相关所得税事项保持不变。

(2) 股权收购，收购企业购买的股权不低于被收购企业全部股权的50%，且收购企业在该股权收购发生时的股权支付金额不低于其交易支付总额的85%，可以选择按以下规定处理：

被收购企业的股东取得收购企业股权的计税基础，以被收购股权的原有计税基础确定；

收购企业取得被收购企业股权的计税基础，以被收购股权的原有计税基础确定；

收购企业、被收购企业的原有各项资产和负债的计税基础和其他相关所得税事项保持不变。

(3) 资产收购，受让企业收购的资产不低于转让企业全部资产的50%，且受让企业在该资产收购发生时的股权支付金额不低于其交易支付总额的85%，可以选择按以下规定处理：

转让企业取得受让企业股权的计税基础，以被转让资产的原有计税基础确定；

受让企业取得转让企业资产的计税基础，以被转让资产的原有计税基础确定。

(4) 企业合并，企业股东在该企业合并发生时取得的股权支付金额不低于其交易支付总额的85%，以及同一控制下且不需要支付对价的企业合并，可以选择按以下规定处理：

合并企业接受被合并企业资产和负债的计税基础，以被合并企业的原有计税基础确定；

被合并企业合并前的相关所得税事项由合并企业承继；

可由合并企业弥补的被合并企业亏损的限额 = 被合并企业净资产公允价值 × 截至合并业务发生当年年末国家发行的最长期限的国债利率；

被合并企业股东取得合并企业股权的计税基础，以其原持有的被合并企业股权的计税基础确定。

(5) 企业分立，被分立企业所有股东按原持股比例取得分立企业的股权，分立企业和被分立企业均不改变原来的实质经营活动，且被分立企业股东在该企业分立发生时取得的股权支付金额不低于其交易支付总额的85%，可以选择按以下规定处理：

分立企业接受被分立企业资产和负债的计税基础，以被分立企业的原有计税基础确定；

被分立企业已分立出去资产相应的所得税事项由分立企业承继；

被分立企业未超过法定弥补期限的亏损额可按分立资产占全部资产的比例进行分配，由分立企业继续弥补；

被分立企业的股东取得分立企业的股权（以下简称“新股”），如需部分或全部放弃原持有的被分立企业的股权（以下简称“旧股”），“新股”的计税基础应以放弃“旧股”的计税基础确定。如不需放弃“旧股”，则其取得“新股”的计税基础可从以下两种方法中选择确定：直接将“新股”的计税基础确定为零；或者以被分立企业分立出去的净资产占被分立企业全部净资产的比例先调减原持有的“旧股”的计税基础，再将调减的计税基础平均分配到“新股”上。

（6）重组交易各方按上述（1）至（5）项规定对交易中股权支付暂不确认有关资产的转让所得或损失的，其非股权支付仍应在交易当期确认相应的资产转让所得或损失，并调整相应资产的计税基础。

非股权支付对应的资产转让所得或损失 =（被转让资产的公允价值 - 被转让资产的计税基础）×（非股权支付金额 ÷ 被转让资产的公允价值）

3. 企业发生涉及中国境内与境外之间（包括港澳台地区）的股权和资产收购交易，除应符合一般条件外，还应同时符合下列条件，才可选择适用特殊性税务处理规定：（1）非居民企业向其100%直接控股的另一非居民企业转让其拥有的居民企业股权，没有因此造成以后该项股权转让所得预提税负担变化，且转让方非居民企业向主管税务机关书面承诺在3年（含3年）内不转让其拥有受让方非居民企业的股权；（2）非居民企业向与其具有100%直接控股关系的居民企业转让其拥有的另一居民企业股权；（3）居民企业以其拥有的资产或股权向其100%直接控股的非居民企业进行投资；（4）股权、资产划转。对100%直接控制的居民企业之间，以及受同一或相同多家居民企业100%直接控制的居民企业之间按账面净值划转股权或资产，凡具有合理商业目的、不以减少、免除或者推迟缴纳税款为主要目的，股权或资产划转后连续12个月内不改变被划转股权或资产原来实质性经营活动，且划出方企业和划入方企业均未在会计上确认损益的，可以选择按以下规定进行特殊性税务处理：①划出方企业和划入方企业均不确认所得。②划入方企业取得被划转股权或资产的计税基础，以被划转股权或资产的原账面净值确定。③划入方企业取得的被划转资产，应按其原账面净值计算折旧扣除。（5）财政部、国家税务总局核准的其他情形。上述第（3）项所指的居民企业以其拥有的资产或股权向其100%直接控股关系的非居民企业进行投资，其资产或股权转让收益如选择特殊性税务处理，可以在10个纳税年度内均匀计入各年度应纳税所得额。

4. 在企业吸收合并中，合并后的存续企业性质及适用税收优惠的条件未发生改变的，可以继续享受合并前该企业剩余期限的税收优惠，其优惠金额按存续企业合并前一年的应纳税所得额（亏损计为零）计算。

在企业存续分立中，分立后的存续企业性质及适用税收优惠的条件未发生改变的，可以继续享受分立前该企业剩余期限的税收优惠，其优惠金额按该企业分立前一年的应纳税所得额（亏损计为零）乘以分立后存续企业资产占分立前该企业全部资产的比例计算。

5. 企业在重组发生前后连续12个月内分步对其资产、股权进行交易，应根据实质重于形式原则将上述交易作为一项企业重组交易进行处理。

6. 企业发生符合本通知规定的特殊性重组条件并选择特殊性税务处理的，当事各方应在该重组业务完成当年企业所得税年度申报时，向主管税务机关提交书面备案资料，证明其符合各类特殊性重组规定的条件。企业未按规定书面备案的，一律不得按特殊重组业务进行税务处理。

（六）资产损失的税务处理

资产是指企业拥有或者控制的、用于经营管理活动相关的资产，包括现金、银行存款、应收及预付款项（包括应收票据、各类垫款、企业之间往来款项）等货币性资产，存货、固定资产、无形资产、在建工程、生产性生物资产等非货币性资产，以及债权性投资和股权（权益）性投资。

依据《财政部国家税务总局关于企业资产损失税前扣除政策的通知》（财税〔2009〕57号）（以下简称《通知》）、《企业资产损失所得税税前扣除管理办法》（国家税务总局公告2011年第25号，以下简称《办法》），准予在企业所得税税前扣除的资产损失，是指企业在实际处置、转让上述资产过程中发生的合理损失（以下简称实际资产损失），以及企业虽未实际处置、转让上述资产，但符合《通知》和本办法规定条件计算确认的损失（以下简称法定资产损失）。企业实际资产损失，应当在其实际发生且会计上已作损失处理的年度申报扣除；法定资产损失，应当在企业向主管税务机关提供证据资料证明该项资产已符合法定资产损失确认条件，且会计上已作损失处理的年度申报扣除。

1. 申报管理。企业在进行企业所得税年度汇算清缴申报时，可将资产损失申报扣除，相关资料留存备查。企业资产损失按其申报内容和要求的不同，分为清单申报和专项申报两种申报形式。其中，属于清单申报的资产损失，企业可按会计核算科目进行归类、汇总，然后再将汇总清单报送税务机关，有关会计核算资料和纳税资料留存备查；属于专项申报的资产损失，企业应逐项（或逐笔）报送申请报告。企业在申报资产损失税前扣除过程中不符合上述要求的，税务机关应当要求其改正，企业拒绝改正的，税务机关有权不予受理。

下列资产损失，应以清单申报的方式向税务机关申报扣除：（1）企业在正常经营管理活动中，按照公允价格销售、转让、变卖非货币资产的损失；（2）企业各项存货发生的正常损耗；（3）企业固定资产达到或超过使用年限而正常报废清理的损失；（4）企业生产性生物资产达到或超过使用年限而正常死亡发生的资产损失；（5）企业按照市场公平交易原则，通过各种交易场所、市场等买卖债券、股票、期货、基金以及金融衍生产品等发生的损失。

前条以外的资产损失，应以专项申报的方式向税务机关申报扣除。企业无法准确判别是否属于清单申报扣除的资产损失，可以采取专项申报的形式申报扣除。

企业应当建立健全资产损失内部核销管理制度，及时收集、整理、编制、审核、申报、保存资产损失税前扣除证据材料，方便税务机关检查。而税务机关应按分项建档、分级管理的原则，建立企业资产损失税前扣除管理台账和纳税档案，及时进行评估。对资产损失金额较大或经评估后发现不符合资产损失税前扣除规定，或存有疑点、异常情况的资产损失，应及时进行核查。对有证据证明申报扣除的资产损失不真实、不合法的，应依法作出税收处理。

2. 资产损失确认证据。企业资产损失相关的证据包括具有法律效力的外部证据和特定事项的企业内部证据。

（1）具有法律效力的外部证据，是指司法机关、行政机关、专业技术鉴定部门等依法出具的与本企业资产损失相关的具有法律效力的书面文件，主要包括：①司法机关的判决或者裁定；②公安机关的立案结案证明、回复；③工商部门出具的注销、吊销及停业证明；④企业的破产清算公告或清偿文件；⑤行政机关的公文；⑥专业技术部门的鉴定报告；⑦具有法定资质的中介机构的经济鉴定证明；⑧仲裁机构的仲裁文书；⑨保险公司对投保资产出具的出险调查单、理赔计算单等保险单据；⑩符合法律规定的其他证据。

（2）特定事项的企业内部证据，是指会计核算制度健全、内部控制制度完善的企业，对各项资产发生毁损、报废、盘亏、死亡、变质等内部证明或承担责任的声明，主要包括：①有关会计核算资料和原始凭证；②资产盘点表；③相关经济行为的业务合同；④企业内部技术鉴定部门的鉴定文件或资料；⑤企业内部核批文件及有关情况说明；⑥对责任人由于经营管理责任造成损失的责任认定及赔偿情况说明；⑦法定代表人、企业负责人和企业财务负责人对特定事项真实性承担法律责任的声明。

3. 货币资产损失的确认。企业货币资产损失包括现金损失、银行存款损失和应收及预付款项损失等。

（1）现金损失应依据以下证据材料确认：①现金保管人确认的现金盘点表（包括倒推至基准日的记录）；②现金保管人对于短缺的说明及相关核准文件；③对责任人由于管理责任造成损失的责任认定及赔偿情况的说明；④涉及刑事犯罪的，应有司法机关出具的相关材料；⑤金融机构出具的假币收缴证明。

（2）企业因金融机构清算而发生的存款类资产损失应依据以下证据材料确认：①企业存款类资产的原始凭据；②金融机构破产、清算的法律文件；③金融机构清算后剩余资产分配情况资料。

金融机构应清算而未清算超过三年的，企业可将该款项确认为资产损失，但应有法院或破产清算管理人出具的未完成清算证明。

（3）企业应收及预付款项坏账损失应依据以下相关证据材料确认：①相关事项合同、协议或说明；②属于债务人破产清算的，应有人民法院的破产、清算公告；③属于诉讼案件的，应出具人民法院的判决书或裁决书或仲裁机构的仲裁书，或者被法院裁定终（中）止执行的法律文书；④属于债务人停止营业的，应有工商部门注销、吊销营业执照证明；⑤属于债务人死亡、失踪的，应有公安机关等有关部门对债务人个人的死亡、失踪证明；⑥属于债务重组的，应有债务重组协议及其债务人重组收益纳税情况说明；⑦属于自然灾害、战争等不可抗力而无法收回的，应有债务人受灾情况说明以及放弃债权申明。

企业逾期三年以上的应收款项在会计上已作为损失处理的，可以作为坏账损失，但应说明情况，并出具专项报告。

企业逾期一年以上，单笔数额不超过五万或者不超过企业年度收入总额万分之一的应收款项，会计上已经作为损失处理的，可以作为坏账损失，但应说明情况，并出具专项报告。

4. 非货币资产损失的确认。企业非货币资产损失包括存货损失、固定资产损失、无形资产损失、在建工程损失、生产性生物资产损失等。

（1）存货盘亏损失，为其盘亏金额扣除责任人赔偿后的余额，应依据以下证据材料确认：①存货计税成本确定依据；②企业内部有关责任认定、责任人赔偿说明和内部核批文件；③存货盘点表；④存货保管人对于盘亏的情况说明。

（2）存货报废、毁损或变质损失，为其计税成本扣除残值及责任人赔偿后的余额，应依据以下证据材料确认：①存货计税成本的确定依据；②企业内部关于存货报废、毁损、变质、残值情况说明及核销资料；③涉及责任人赔偿的，应当有赔偿情况说明；④该项损失数额较大的（指占企业该类资产计税成本10%以上，或减少当年应纳税所得、增加亏损10%以上，下同），应有专业技术鉴定意见或法定资质中介机构出具的专项报告等。

（3）存货被盗损失，为其计税成本扣除保险理赔以及责任人赔偿后的余额，应依据以下证据材料确认：①存货计税成本的确定依据；②向公安机关的报案记录；③涉及责任人和保险公司赔偿的，应有赔偿情况说明等。

（4）固定资产盘亏、丢失损失，为其账面净值扣除责任人赔偿后的余额，应依据以下证据材料确认：①企业内部有关责任认定和核销资料；②固定资产盘点表；③固定资产的计税基础相关资料；④固定资产盘亏、丢失情况说明；⑤损失金额较大的，应有专业技术鉴定报告或法定资质中介机构出具的专项报告等。

（5）固定资产报废、毁损损失，为其账面净值扣除残值和责任人赔偿后的余额，应依据以下证据材料确认：①固定资产的计税基础相关资料；②企业内部有关责任认定和核销资料；③企业内部有关部门出具的鉴定材料；④涉及责任赔偿的，应当有赔偿情况的说明；⑤损失金额较大的或自然灾害等不可抗力原因造成固定资产毁损、报废的，应有专业技术鉴定意见或法定资质中介机构出具的专项报告等。

（6）固定资产被盗损失，为其账面净值扣除责任人赔偿后的余额，应依据以下证据材料确认：①固定资产计税基础相关资料；②公安机关的报案记录，公安机关立案、破案和结案的证明材料；③涉及责任赔偿的，应有赔偿责任的认定及赔偿情况的说明等。

（7）在建工程停建、报废损失，为其工程项目投资账面价值扣除残值后的余额，应依据以下证据材料确认：①工程项目投资账面价值确定依据；②工程项目停建原因说明及相关材料；③因质量原因停建、报废的工程项目和因自然灾害和意外事故停建、报废的工程项目，应出具专业技术鉴定意见和责任认定、赔偿情况的说明等。

（8）工程物资发生损失，可比照存货损失的规定确认。

（9）生产性生物资产盘亏损失，为其账面净值扣除责任人赔偿后的余额，应依据以下证据材料确认：①生产性生物资产盘点表；②生产性生物资产盘亏情况说明；③生产性生物资产损失金额较大的，企业应有专业技术鉴定意见和责任认定、赔偿情况的说明等。

（10）因森林病虫害、疫情、死亡而产生的生产性生物资产损失，为其账面净值扣除残值、保险赔偿和责任人赔偿后的余额，应依据以下证据材料确认：①损失情况说明；②责任认定及其赔偿情况的说明；③损失金额较大的，应有专业技术鉴定意见。

（11）对被盗伐、被盗、丢失而产生的生产性生物资产损失，为其账面净值扣除保险赔偿以及责任人赔偿后的余额，应依据以下证据材料确认：①生产性生物资产被盗后，向公安机关的报案记录或公安机关立案、破案和结案的证明材料；②责任认定及其赔偿情况的说明。

（12）企业由于未能按期赎回抵押资产，使抵押资产被拍卖或变卖，其账面净值大于变卖价值的差额，可认定为资产损失，按以下证据材料确认：①抵押合同或协议书；②拍卖或变卖证明、清单；③会计核算资料等其他相关证据材料。

（13）被其他新技术所代替或已经超过法律保护期限，已经丧失使用价值和转让价值，尚未摊销的无形资产损失，应提交以下证据备案：①会计核算资料；②企业内部核批文件及有关情况说明；③技术鉴定意见和企业法定代表人、主要负责人和财务负责人签章证实无形资产已无使用价值或转让价值的书面申明；④无形资产的法律保护期限文件。

其他资产损失的确认内容略。

（七）会计制度与税法规定差异的协调

企业所得税的计算离不开企业财务的核算，它和整个财务的核算是紧密相关的。纳税人在平时会计核算时，可以按照会计制度的有关规定进行账务处理，但在申报纳税时，对税收规定和会计制度规定不同或标准有差异的，要按税收规定进行纳税调整。那么会计制度规定和税收规定应作如下协调：

1. 纳税人不能提供完整、准确的收入及成本、费用凭证，不能正确计算应纳税所得额的，由税务机关核定其应纳税所得额。

2. 纳税人依法清算时，以其清算终了后的清算所得为应纳税所得额，按规定缴纳企业所得税。

所谓清算所得，是指企业的全部资产可变现价值或者交易价格减除资产净值、清算费用以及相关税费等后的余额。

投资方企业从被清算企业分得的剩余资产，其中相当于从被清算企业累计未分配利润和累计盈余公积中应当分得的部分，应当确认为股息所得；剩余资产减除上述股息所得后的余额，超过或者低于投资成本的部分，应当确认为投资资产转让所得或者损失。

3. 企业应纳税所得额是根据税收法规计算出来的，它在数额上与依据财务会计制度计算的利润总额往往不一致。因此，税法规定："纳税人在计算应纳税所得额时，其财务会计处理办法同国家税收规定有抵触时，应当根据国家有关税收的规定计算纳税"。即对企业按照有关财务会计规定计算的利润额，要按照税法的规定进行必要调整后，才能作为应纳税所得额计算缴纳所得税。

二、应纳税额计算

（一）居民企业应纳税额的计算

居民企业应缴纳所得税额等于应纳税所得额乘以适用税率，基本计算公式为：

应纳税额 = 应纳税所得额 × 适用税率 - 减免税额 - 抵免税额

根据计算公式可以看出，应纳税额的多少，取决于应纳税所得额和适用税率两个因素。在实际过程中，应纳税所得额的计算一般有两种方法。

1. 直接计算法。在直接计算法下，企业每一纳税年度的收入总额减除不征税收入、免税收入、各项扣除以及允许弥补的以前年度亏损后的余额为应纳税所得额。计算公式与前述相同，即为：

应纳税所得额 = 收入总额 - 不征税收入 - 免税收入 - 各项扣除金额 - 弥补亏损

2. 间接计算法。在间接计算法下，是在会计利润总额的基础上加或减按照税法规定调整的项目金额后，即为应纳税所得额。计算公式为：

应纳税所得额 = 会计利润总额 ± 纳税调整项目金额

税收调整项目金额包括两方面的内容，一是企业的财务会计处理和税收规定不一致的应予以调整的金额；二是企业按税法规定准予扣除的税收金额。

（二）境外所得抵扣税额的计算

企业取得的下列所得已在境外缴纳的所得税税额，可以从其当期应纳税额中抵免，抵免限额为该项所得依照本法规定计算的应纳税额；超过抵免限额的部分，可以在以后 5 个年度内，用每年度抵免限额抵免当年应抵税额后的余额进行抵补：

1. 居民企业来源于中国境外的应税所得；

2. 非居民企业在中国境内设立机构、场所，取得发生在中国境外但与该机构、场所有实际联系的应税所得。

居民企业从其直接或者间接控制的外国企业分得的来源于中国境外的股息、红利等权益性投资收益，外国企业在境外实际缴纳的所得税税额中属于该项所得负担的部分，可以作为该居民企业的可抵免境外所得税税额，在企业所得税税法规定的抵免限额内抵免。

上述所称直接控制，是指居民企业直接持有外国企业 20% 以上股份。

上述所称间接控制，是指居民企业以间接持股方式持有外国企业 20% 以上股份，具体认定办法由国务院财政、税务主管部门另行制定。

已在境外缴纳的所得税税额，是指企业来源于中国境外的所得依照中国境外税收法律以及相关规定应当缴纳并已经实际缴纳的企业所得税性质的税款。企业依照企业所得税法的规定抵免企业所得税税额时，应当提供中国境外税务机关出具的税款所属年度的有关纳税凭证。

抵免限额，是指企业来源于中国境外的所得，依照企业所得税法和本条例的规定计算的应纳税额。抵免限额应当分国（地区）不分项计算或不分国（地区）不分项计算，方法一经选择，5 年内不得改变，计算公式为：

抵免限额 = 中国境内、境外所得依照企业所得税法和条例规定计算的应纳税总额 × 来源于某国（地区）的应纳税所得额 ÷ 中国境内、境外应纳税所得总额

前述 5 个年度，是指从企业取得的来源于中国境外的所得，已经在中国境外缴纳的企业所得税性质的税额超过抵免限额的当年的次年起连续 5 个纳税年度。

（三）居民企业核定征收

居民企业纳税人具有下列情形之一的，核定征收企业所得税：

1. 依照法律、行政法规的规定可以不设置账簿的；

2. 依照法律、行政法规的规定应当设置但未设置账簿的；

3. 擅自销毁账簿或者拒不提供纳税资料的；

4. 虽设置账簿，但账目混乱或者成本资料、收入凭证、费用凭证残缺不全，难以查账的；

5. 发生纳税义务，未按照规定的期限办理纳税申报，经税务机关责令限期申报，逾期仍不申报的；

6. 申报的计税依据明显偏低，又无正当理由的。

特殊行业、特殊类型的纳税人和一定规模以上的纳税人不适用本办法。上述特定纳税人由国家税务总局另行明确。

税务机关应根据纳税人具体情况，对核定征收企业所得税的纳税人，核定应税所得率或者核定应纳所得税额。

1. 具有下列情形之一的，核定其应税所得率：（1）能正确核算（查实）收入总额，但不能正确核算（查实）成本费用总额的；（2）能正确核算（查实）成本费用总额，但不能正确核算（查实）收入总额的；（3）通过合理方法，能计算和推定纳税人收入总额或成本费用总额的。

纳税人不属于以上情形的，核定其应纳所得税额。

2. 税务机关采用下列方法核定征收企业所得税：（1）参照当地同类行业或者类似行业中经营规模和收入水平相近的纳税人的税负水平核定；（2）按照应税收入额或成本费用支出额定率核定；（3）按照耗用的原材料、燃料、动力等推算或测算核定；（4）按照其他合理方法核定。

采用前款所列一种方法不足以正确核定应纳税所得额或应纳税额的，可以同时采用两种以上的方法核定。采用两种以上方法测算的应纳税额不一致时，可按测算的应纳税额从高核定。

采用应税所得率方式核定征收企业所得税的，应纳所得税额计算公式如下：

应纳所得税额 = 应纳税所得额 × 适用税率

应纳税所得额 = 应税收入额 × 应税所得率

或：应纳税所得额 = 成本（费用）支出额 ÷（1 - 应税所得率）× 应税所得率

“应税收入额”等于收入总额减去不征税收入和免税收入后的余额。用公式表示为：

应税收入额 = 收入总额 - 不征税收入 - 免税收入

实行应税所得率方式核定征收企业所得税的纳税人，经营多业的，无论其经营项目是否单独核算，均由税务机关根据其主营项目确定适用的应税所得率。

（四）非居民企业应纳税额的计算

对于在中国境内未设立机构、场所的，或者虽设立机构、场所但取得的所得与其所设机构、场所没有实际联系的非居民企业的所得，按照下列方法计算应纳税所得额：（1）股息、红利等权益性投资收益和利息、租金、特许权使用费所得，以收入全额为应纳税所得额；（2）转让财产所得，以收入全额减除财产净值后的余额为应纳税所得额；（3）其他所得，参照前两项规定的方法计算应纳税所得额。

财产净值是指财产的计税基础减除已经按照规定扣除的折旧、折耗、摊销、准备金等后的余额。

扣缴企业所得税应纳税额 = 应纳税所得额 × 实际征收率

应纳税所得额的计算，按上述 1 ~ 3 的规定为标准；实际征收率是指企业所得税法及其实施条例等相关法律法规规定的税率，或者税收协定规定的更低的税率。

第四节　企业所得税税收优惠

一、免税收入及减计收入

1. 国债利息收入免税。

2. 符合条件的权益性投资收益免税。

3. 符合条件的非营利组织的收入免税。

4. 企业综合利用资源，生产符合国家产业政策规定的产品所取得的收入，减按 90% 计入收入总额。

二、免税或减税所得

企业从事农、林、牧、渔业项目的所得，可以免征、减征企业所得税，是指：

1. 企业从事下列项目的所得，免征企业所得税：（1）蔬菜、谷物、薯类、油料、豆类、棉花、麻类、糖料、水果、坚果的种植；（2）农作物新品种的选育；（3）中药材的种植；（4）林木的培育和种植；（5）牲畜、家禽的饲养；（6）林产品的采集；（7）灌溉、农产品初加工、兽医、农技推广、农机作业和维修等农、林、牧、渔服务业项目；（8）远洋捕捞。

2. 企业从事下列项目的所得，减半征收企业所得税：（1）花卉、茶以及其他饮料作物和香料作物的种植；（2）海水养殖、内陆养殖。

企业从事国家限制和禁止发展的项目，不得享受本条规定的企业所得税优惠。

3. 重点投资项目的减征和免征：

（1）企业从事国家重点扶持的公共基础设施项目的投资经营的所得，自项目取得第一笔生产经营收入所属纳税年度起，第一年至第三年免征企业所得税，第四年至第六年减半征收企业所得税。

企业承包经营、承包建设和内部自建自用本条规定的项目，不得享受本条规定的企业所得税优惠。国家重点扶持的公共基础设施项目，是指《公共基础设施项目企业所得税优惠目录》规定的港口码头、机场、铁路、公路、城市公共交通、电力、水利等项目。

（2）环境保护、节能节水项目的所得，自项目取得第一笔生产经营收入所属纳税年度起，第一年至第三年免征企业所得税，第四年至第六年减半征收企业所得税。

符合条件的环境保护、节能节水项目，包括公共污水处理、公共垃圾处理、沼气综合开发利用、节能减排技术改造、海水淡化等。项目的具体条件和范围由国务院财政、税务主管部门商国务院有关部门制订，报国务院批准后公布施行。

但是以上规定享受减免税优惠的项目，在减免税期限内转让的，受让方自受让之日起，可以在剩余期限内享受规定的减免税优惠；减免税期限届满后转让的，受让方不得就该项目重复享受减免税优惠。

4. 技术转让所得减半征收。符合条件的技术转让所得免征、减征企业所得税，具体是指一个纳税年度内，居民企业技术转让所得不超过500万元的部分，免征企业所得税；超过500万元的部分，减半征收企业所得税。

三、加计扣除

1. 研究开发费。研究开发费是指企业为开发新技术、新产品、新工艺发生的研究开发费用，未形成无形资产计入当期损益的，在按照规定据实扣除的基础上，按照研究开发费用的50%加计扣除；形成无形资产的，按照无形资产成本的150%摊销。除法律另有规定外，摊销年限不得低于10年。

企业开展研发活动中实际发生的研发费用，未形成无形资产计入当期损益的，在按规定据实扣除的基础上，在2018年1月1日至2020年12月31日期间，再按照实际发生额的75%在税前加计扣除；形成无形资产的，在上述期间按照无形资产成本的175%在税前摊销。

2. 企业安置残疾人员所支付工资费用的加计扣除，是指企业安置残疾人员的，在按照支付给残疾职工工资据实扣除的基础上，按照支付给残疾职工工资的100%加计扣除。残疾人员的范围适用《中华人民共和国残疾人保障法》的有关规定。企业安置国家鼓励安置的其他就业人员所支付的工资的加计扣除办法，由国务院另行规定。

四、非居民企业的税收优惠

1. 减按10%的税率征收企业所得税。非居民企业在中国境内未设立机构、场所的，或者虽设立机构、场所但取得的所得与其所设机构、场所没有实际联系的所得。

2. 免征企业所得税：(1) 外国政府向中国政府提供贷款取得的利息所得；(2) 国际金融组织向中国政府和居民企业提供优惠贷款取得的利息所得；(3) 经国务院批准的其他所得。

五、小型微利企业和高新技术企业的税收优惠

1. 小型微利企业减按20%的税率征收企业所得税。小型微利企业是指从事国家非限制和禁止行业，且同时符合年度应纳税所得额不超过300万元、从业人数不超过300人、资产总额不超过5000万元等三个条件的企业。

自2019年1月1日起至2021年12月31日，对小型微利企业年应纳税所得额不超过100万元的部分，减按25%计入应纳税所得额，按20%的税率缴纳企业所得税；对年应纳税所得额超过100万元但不超过300万元的部分，减按50%计入应纳税所得额，按20%的税率缴纳企业所得税。

2. 国家需要重点扶持的高新技术企业减按15%的税率征收企业所得税。国家需要重点扶持的高新技术企业，是指拥有核心自主知识产权，并同时符合下列6个条件的企业：

(1) 拥有核心自主知识产权。是指在中国境内（不含港、澳、台地区）注册的企业，近3年内通过自主研发、受让、受赠、并购等方式，或通过5年以上的独占许可方式，对其主要产品（服务）的核心技术拥有自主知识产权。

(2) 产品（服务）属于《国家重点支持的高新技术领域》规定的范围。

(3) 研究开发费用占销售收入的比例不低于规定比例。是指企业为获得科学技术（不包括人文、社会科学）新知识，创造性运用科学技术新知识，或实质性改进技术、产品（服务）而持续进行了研究开发活动，且近3个会计年度的研究开发费用总额占销售收入总额的比例符合如下要求：①最近一年销售收入小于5000万元的企业，比例不低于6%；②最近一年销售收入在5000万元至20000万元的企业，比例不低于4%；③最近一年销售收入在20000万元以上的企业，比例不低于3%。

其中，企业在中国境内发生的研究开发费用总额占全部研究开发费用总额的比例不低于60%。企业注册成立时间不足3年的，按实际经营年限计算。

(4) 高新技术产品（服务）收入占企业总收入的比例不低于规定比例。是指高新技术产品（服务）收入占企业当年总收入的60%以上。

(5) 科技人员占企业职工总数的比例不低于规定比例。是指具有大学专科以上学历的科技人员占企业当年职工总数的30%以上，其中研发人员占企业当年职工总数的10%以上。

(6) 高新技术企业认定管理办法规定的其他条件。《国家重点支持的高新技术

领域》和高新技术企业认定管理办法由国务院科技、财政、税务主管部门商国务院有关部门制定，报国务院批准后公布施行。

六、抵扣应纳税所得额

创业投资企业采取股权投资方式投资于未上市的中小高新技术企业2年以上的，可以按照其投资额的70%在股权持有满2年的当年抵扣该创业投资企业的应纳税所得额；当年不足抵扣的，可以在以后纳税年度结转抵扣。

有限合伙制创业投资企业采取股权投资方式投资于未上市的中小高新技术企业满2年（24个月）的，其法人合伙人可按照对未上市中小高新技术企业投资额的70%抵扣该法人合伙人从该有限合伙制创业投资企业分得的应纳税所得额，当年不足抵扣的，可以在以后纳税年度结转抵扣。

七、缩短折旧年限或者采取加速折旧

企业的固定资产由于技术进步等原因，确需加速折旧的，可以缩短折旧年限或者采取加速折旧的方法。可采用以上折旧方法的固定资产是指：

1. 由于技术进步，产品更新换代较快的固定资产；
2. 常年处于强震动、高腐蚀状态的固定资产。

采取缩短折旧年限方法的，最低折旧年限不得低于本条例第60条规定折旧年限的60%；采取加速折旧方法的，可以采取双倍余额递减法或者年数总和法。

依据财税〔2014〕75号，生物药品制造业，专用设备制造业，铁路、船舶、航空航天和其他运输设备制造业，计算机、通信和其他电子设备制造业，仪器仪表制造业，信息传输、软件和信息技术服务业等6个行业的企业2014年1月1日后新购进的固定资产，可缩短折旧年限或采取加速折旧的方法。

依据财税〔2015〕106号，对轻工、纺织、机械、汽车等四个领域重点行业（具体范围见附件）的企业2015年1月1日后新购进的固定资产，可由企业选择缩短折旧年限或采取加速折旧的方法。

自2019年1月1日起，适用《财政部 国家税务总局关于完善固定资产加速折旧企业所得税政策的通知》（财税〔2014〕75号）和《财政部 国家税务总局关于进一步完善固定资产加速折旧企业所得税政策的通知》（财税〔2015〕106号）规定固定资产加速折旧优惠的行业范围，扩大至全部制造业领域。

八、税额抵免

税额抵免，是指企业购置并实际使用《环境保护专用设备企业所得税优惠目录》、《节能节水专用设备企业所得税优惠目录》和《安全生产专用设备企业所得税优惠目录》规定的环境保护、节能节水、安全生产等专用设备的，该专用设备的投资额的10%可以从企业当年的应纳税额中抵免；当年不足抵免的，可以在以后5个纳税年度结转抵免。

享受前款规定的企业所得税优惠的企业，应当实际购置并自身实际投入使用前款规定的专用设备；企业购置上述专用设备在5年内转让、出租的，应当停止享受企业所得税优惠，并补缴已经抵免的企业所得税税款。

增值税一般纳税人购进固定资产发生的进项税额可从其销项税额中抵扣。如增值税进项税额允许抵扣，其专用设备投资额不再包括增值税进项税额；如增值税进项税额不允许抵扣，其专用设备投资额应为增值税专用发票上注明的价税合计金额。企业购买专用设备取得普通发票的，其专用设备投资额为普通发票上注明的金额。

企业所得税优惠目录，由国务院财政、税务主管部门商国务院有关部门制订，报国务院批准后公布施行。

企业同时从事适用不同企业所得税待遇的项目的，其优惠项目应当单独计算所得，并合理分摊企业的期间费用；没有单独计算的，不得享受企业所得税优惠。

九、集成电路企业税收优惠

符合条件的集成电路封装、测试企业以及集成电路关键专用材料生产企业、集成电路专用设备生产企业，在2017年（含2017年）前实现获利的，自获利年度起，第一年至第二年免征企业所得税，第三年至第五年按照25%的法定税率减半征收企业所得税，并享受至期满为止；2017年前未实现获利的，自2017年起计算优惠期，享受至期满为止。

十、民族自治地方的税收优惠

民族自治地方的自治机关，对本民族自治地方的企业应缴纳的企业所得税中属于地方分享的部分，可以决定减征或免征。自治州、自治县决定减征或免征的，须报省、自治区、直辖市人民政府批准。

十一、西部大开发的税收优惠

对设在西部地区国家鼓励类产业企业，在2011年1月1日至2020年12月31日期间，减按15%的税率征收企业所得税；对在西部地区新办交通、电力、水利、邮政、广播电视企业，上述项目业务收入占企业总收入70%以上的，内资企业从开始生产经营之日起，享受“两免三减半”的税收优惠政策。

重庆市、四川省、贵州省、云南省、西藏自治区、陕西省、甘肃省、宁夏回族自治区、湖南省湘西土家族苗族自治州、湖北省鄂西土家族苗族自治州、吉林省延边朝鲜族自治州，可以比照西部地区的税收优惠政策执行。

第五节　特别纳税调整

关联方，是指与企业有下列关联关系之一的企业、其他组织或者个人，具体指：

在资金、经营、购销等方面存在直接或者间接的控制关系；直接或者间接地同为第三者控制；在利益上具有相关联的其他关系。

企业所得税法所定义的独立交易原则，是指没有关联关系的交易各方，按照公平成交价格和营业常规进行业务往来遵循的原则。

一、关联企业之间关联业务的税务处理

1. 企业与其关联方之间的业务往来，不符合独立交易原则而减少企业或者其关联方应纳税收入或者所得额的，税务机关有权按照合理方法调整：（1）企业与其关联方共同开发、受让无形资产，或者共同提供、接受劳务发生的成本，在计算应纳税所得额时应当按照独立交易原则进行分摊；（2）企业与其关联方分摊成本时，应当按照成本与预期收益相配比的原则进行分摊，并在税务机关规定的期限内，按照税务机关的要求报送有关资料；（3）企业与其关联方分摊成本时违反以上（1）、（2）规定的，其自行分摊的成本不得在计算应纳税所得额时扣除。

2. 企业可以向税务机关提出与其关联方之间业务往来的定价原则和计算方法，税务机关与企业协商、确认后，达成预约定价安排。

预约定价安排，是指企业就其未来年度关联交易的定价原则和计算方法，向税务机关提出申请，与税务机关按照独立交易原则协商、确认后达成的协议。

3. 企业向税务机关报送年度企业所得税纳税申报表时，应当就其与关联方之间的业务往来，附送年度关联业务往来报告表。

税务机关在进行关联业务调查时，企业及其关联方，以及与关联业务调查有关的其他企业，应当按照规定提供相关资料。相关资料是指：（1）与关联业务往来有关的价格、费用的制定标准、计算方法和说明等同期资料；（2）关联业务往来所涉及的财产、财产使用权、劳务等的再销售（转让）价格或者最终销售（转让）价格的相关资料；（3）与关联业务调查有关的其他企业应当提供的与被调查企业可比的产品价格、定价方式以及利润水平等资料；（4）其他与关联业务往来有关的资料。

与关联业务调查有关的其他企业，是指与被调查企业在生产经营内容和方式上相类似的企业。

企业应当在税务机关规定的期限内提供与关联业务往来有关的价格、费用的制定标准、计算方法和说明等资料。关联方以及与关联业务调查有关的其他企业应当在税务机关与其约定的期限内提供相关资料。

4. 企业不提供与其关联方之间业务往来资料，或者提供虚假、不完整资料，未能真实反映其关联业务往来情况的，税务机关有权依法核定其应纳税所得额。核定方法具体有：（1）参照同类或者类似企业的利润率水平核定；（2）按照企业成本加合理的费用和利润的方法核定；（3）按照关联企业集团整体利润的合理比例核定；（4）按照其他合理方法核定。

企业对税务机关按照前款规定的方法核定的应纳税所得额有异议的，应当提供相关证据，经税务机关认定后，调整核定的应纳税所得额。

5. 由居民企业，或者由居民企业和中国居民控制的设立在实际税负明显低于25%的税率水平的国家（地区）的企业，并非由于合理的经营需要而对利润不作分配或者减少分配的，上述利润中应归属于该居民企业的部分，应当计入该居民企业的当期收入。所指控制包括：（1）居民企业或者中国居民直接或者间接单一持有外国企业10%以上有表决权股份，且由其共同持有该外国企业50%以上股份；（2）居民企业，或者居民企业和中国居民持股比例没有达到第（1）项规定的标准，但在股份、资金、经营、购销等方面对该外国企业构成实质控制。

而所指的实际税负明显偏低是指实际税负明显低于企业所得税法规定的25%税率的50%。

6. 企业从其关联方接受的债权性投资与权益性投资的比例超过规定标准而发生的利息支出，不得在计算应纳税所得额时扣除，具体比例为：金融企业5∶1；其他企业2∶1。企业间接从关联方获得的债权性投资，包括：（1）关联方通过无关联第三方提供的债权性投资；（2）无关联第三方提供的、由关联方担保且负有连带责任的债权性投资；（3）其他间接从关联方获得的具有负债实质的债权性投资。

权益性投资，是指企业接受的不需要偿还本金和支付利息，投资人对企业净资产拥有所有权的投资。

不得在计算应纳税所得额时扣除的利息支出应按以下公式计算：

不得扣除利息支出＝年度实际支付的全部关联方利息×（1－标准比例/关联债资比例）

关联债资比例是指根据所得税法规定，企业从其全部关联方接受的债权性投资（以下简称关联债权投资）占企业接受的权益性投资（以下简称权益投资）的比例，关联债权投资包括关联方以各种形式提供担保的债权性投资。

关联债资比例＝年度各月平均关联债权投资之和/年度各月平均权益投资之和

其中：各月平均关联债权投资＝(关联债权投资月初账面余额＋月末账面余额)/2

各月平均权益投资＝(权益投资月初账面余额＋月末账面余额)/2

权益投资为企业资产负债表所列示的所有者权益金额。如果所有者权益小于实收资本（股本）与资本公积之和，则权益投资为实收资本（股本）与资本公积之和；如果实收资本（股本）与资本公积之和小于实收资本（股本）金额，则权益投资为实收资本（股本）金额。

7. 企业实施其他不具有合理商业目的的安排而减少其应纳税收入或者所得额的，税务机关有权按照合理方法调整。

不具有合理商业目的，是指以减少、免除或者推迟缴纳税款为主要目的。

8. 母子公司间提供服务支付费用有关企业所得税处理。

（1）母公司为其子公司（以下简称子公司）提供各种服务而发生的费用，应按照独立企业之间公平交易原则确定服务的价格，作为企业正常的劳务费用进行税务处理。

母子公司未按照独立企业之间的业务往来收取价款的，税务机关有权予以调整。

（2）母公司向其子公司提供各项服务，双方应签订服务合同或协议，明确规定提供服务的内容、收费标准及金额等，凡按上述合同或协议规定所发生的服务费，母公司应作为营业收入申报纳税；子公司作为成本费用在税前扣除。

（3）母公司向其多个子公司提供同类项服务，其收取的服务费可以采取分项签订合同或协议收取；也可以采取服务分摊协议的方式，即，由母公司与各子公司签订服务费用分摊合同或协议，以母公司为其子公司提供服务所发生的实际费用并附加一定比例利润作为向子公司收取的总服务费，在各服务受益子公司（包括盈利企业、亏损企业和享受减免税企业）之间按规定合理分摊。

（4）母公司以管理费形式向子公司提取费用，子公司因此支付给母公司的管理费，不得在税前扣除。

（5）子公司申报税前扣除向母公司支付的服务费用，应向主管税务机关提供与母公司签订的服务合同或者协议等与税前扣除该项费用相关的材料。不能提供相关材料的，支付的服务费用不得税前扣除。

9. 税务机关依照本章规定作出纳税调整，需要补征税款的，应当补征税款，并按照国务院规定加收利息。

税务机关根据税收法律、行政法规的规定，对企业作出特别纳税调整的，应当对补征的税款，自税款所属纳税年度的次年 6 月 1 日起至补缴税款之日止的期间，按日加收利息。

规定加收的利息，不得在计算应纳税所得额时扣除。

利息，应当按照税款所属纳税年度中国人民银行公布的与补税期间同期的人民币贷款基准利率加 5 个百分点计算。

企业依照企业所得税法规定，在报送年度企业所得税纳税申报表时，附送了年度关联业务往来报告表的，可以只按规定的人民币贷款基准利率计算利息。

企业与其关联方之间的业务往来，不符合独立交易原则，或者企业实施其他不具有合理商业目的的安排的，税务机关有权在该业务发生的纳税年度起 10 年内，进行纳税调整。

二、关联业务税收调整的合理方法

1. 可比非受控价格法。是指按照没有关联关系的交易各方进行相同或者类似业务往来的价格进行定价的方法；

2. 再销售价格法。是指按照从关联方购进商品再销售给没有关联关系的交易方的价格，减除相同或者类似业务的销售毛利进行定价的方法；

3. 成本加成法。是指按照成本加合理的费用和利润进行定价的方法；

4. 交易净利润法。是指按照没有关联关系的交易各方进行相同或者类似业务往来取得的净利润水平确定利润的方法；

5. 利润分割法。是指将企业与其关联方的合并利润或者亏损在各方之间采用合理标准进行分配的方法；

6. 其他符合独立交易原则的方法。

第六节 企业所得税的征收与缴纳

企业所得税的征收管理除了企业所得税法以外，依照《中华人民共和国税收征收管理法》的规定执行。

一、企业所得税的纳税年度

企业所得税的纳税年度，自公历1月1日起至12月31日止。纳税人在一个纳税年度的中间开业，或者由于合并、关闭等原因终止经营活动，使该纳税年度的实际经营期不足12个月的，应当以其实际经营期为一个纳税年度。纳税人清算时，应当以清算期间作为一个纳税年度。

二、企业所得税的征收方法与纳税期限

（一）征收方法和纳税期限

企业所得税分月或者分季预缴，企业应当自月份或者季度终了之日起十五日内，向税务机关报送预缴企业所得税纳税申报表，预缴税款。

企业应当自年度终了之日起五个月内，向税务机关报送年度企业所得税纳税申报表，并汇算清缴，结清应缴应退税款。

企业在报送企业所得税纳税申报表时，应当按照规定附送财务会计报告和其他有关资料。

企业在年度中间终止经营活动的，应当自实际经营终止之日起六十日内，向税务机关办理当期企业所得税汇算清缴。

企业应当在办理注销登记前，就其清算所得向税务机关申报并依法缴纳企业所得税。

依照企业所得税法缴纳的企业所得税，以人民币计算。所得以人民币以外的货币计算的，应当折合成人民币计算并缴纳税款。

企业在纳税年度内无论盈利或者亏损，都应当依照企业所得税法第五十四条规定的期限，向税务机关报送预缴企业所得税纳税申报表、年度企业所得税纳税申报表、财务会计报告和税务机关规定应当报送的其他有关资料。

（二）预缴及汇算清缴所得税的计算征收方法

企业所得税实行按年计征、分月或者分季预缴、年终汇算清缴、多退少补的征税办法。其应纳所得税额的计算分为预缴所得税额计算和年终汇算清缴所得税额计算两部分。

1. 按月（季）预缴所得税的计算。分月或者分季预缴企业所得税时，应当按照月度或者季度的实际利润额预缴；按照月度或者季度的实际利润额预缴有困难的，可以按照上一纳税年度应纳税所得额的月度或者季度平均额预缴，或者按照经税务

机关认可的其他方法预缴。预缴方法一经确定，该纳税年度内不得随意变更。其计算公式为：

应纳所得税额＝月（季）应纳税所得额×25%

或＝上年应纳税所得额×1/12（或1/4）×25%

2. 年终汇算清缴所得税的计算。

全年应纳所得税额＝全年应纳税所得额×25%

多退少补所得税额＝全年应纳所得税额－月（季）已预缴所得税额

企业所得税税款应以人民币为计算单位。若所得为外国货币的，应当按照国家外汇管理机关公布的外汇汇率折合人民币缴纳。

例13－1：某企业某年全年应纳税所得额720000元。次年企业经税务机关同意，每月按上年应纳税所得额1/12预缴企业所得税。次年全年实现利润经调整后的应纳税所得额为800000元，计算企业在年终汇算清缴时应补交的所得税额。

解：（1）1—12月每月预缴所得税为：

应纳税额＝720000÷12×25%＝15000（元）

（2）实际预缴所得税为＝15000×12＝180000（元）

（3）全年企业实际应纳所得税税额为：

应纳税额＝800000×25%＝200000（元）

（4）年终汇算清缴时应补缴税额为：

应补缴税额＝200000－180000＝20000（元）

（三）源泉扣缴法

1. 对非居民企业非居民企业在中国境内未设立机构、场所的，或者虽设立机构、场所但取得的所得与其所设机构、场所没有实际联系的所得应缴纳的所得税，实行源泉扣缴，以支付人为扣缴义务人。税款由扣缴义务人在每次支付或者到期应支付时，从支付或者到期应支付的款项中扣缴。

2. 对非居民企业在中国境内取得工程作业和劳务所得应缴纳的所得税，税务机关可以指定工程价款或者劳务费的支付人为扣缴义务人。

3. 以上应当扣缴的所得税，扣缴义务人未依法扣缴或者无法履行扣缴义务的，由纳税人在所得发生地缴纳。纳税人未依法缴纳的，税务机关可以从该纳税人在中国境内其他收入项目的支付人应付的款项中，追缴该纳税人的应纳税款。

4. 扣缴义务人每次代扣的税款，应当自代扣之日起七日内缴入国库，并向所在地的税务机关报送扣缴企业所得税报告表。

三、企业所得税的纳税地点

除税收法律、行政法规另有规定外，居民企业以企业登记注册地为纳税地点；但登记注册地在境外的，以实际管理机构所在地为纳税地点。企业注册登记地是指企业依照国家有关规定登记注册的住所地。

居民企业在中国境内设立不具有法人资格的营业机构的，应当汇总计算并缴纳企业所得税。企业汇总计算并缴纳企业所得税时，应当统一核算应纳税所得额，具体办法由国务院财政、税务主管部门另行制定。

非居民企业在中国境内设立机构、场所的，应当就其所设机构、场所取得的来源于中国境内的所得，以及发生在中国境外但与其所设机构、场所有实际联系的所得，以机构、场所所在地为纳税地点。非居民企业在中国境内设立两个或者两个以上机构、场所的，经税务机关审核批准，可以选择由其主要机构、场所汇总缴纳企业所得税。非居民企业经批准汇总缴纳企业所得税后，需要增设、合并、迁移、关闭机构、场所或者停止机构、场所业务的，应当事先由负责汇总申报缴纳企业所得税的主要机构、场所向其所在地税务机关报告；需要变更汇总缴纳企业所得税的主要机构、场所的，依照前款规定办理。

非居民企业在中国境内未设立机构、场所的，或者虽设立机构、场所但取得的所得与其所设机构、场所没有实际联系的所得，以扣缴义务人所在地为纳税地点。

除国务院另有规定外，企业之间不得合并缴纳企业所得税。

四、跨地区经营汇总纳税企业所得税征收管理

（一）基本原则与适用范围

为加强跨地区经营汇总纳税企业所得税征收管理，居民企业在中国境内跨地区（指跨省、自治区、直辖市和计划单列市，下同）设立不具有法人资格的营业机构、场所（以下称分支机构）的，该居民企业为汇总纳税企业（以下称企业），除另有规定外，适用本办法。

企业实行“统一计算、分级管理、就地预缴、汇总清算、财政调库”的企业所得税征收管理办法。

统一计算，是指企业总机构统一计算包括企业所属各个不具有法人资格的营业机构、场所在内的全部应纳税所得额、应纳税额。

分级管理，是指总机构、分支机构所在地的主管税务机关都有对当地机构进行企业所得税管理的责任，总机构和分支机构应分别接受机构所在地主管税务机关的管理。

就地预缴，是指总机构、分支机构应按本办法的规定，分月或分季分别向所在地主管税务机关申报预缴企业所得税。

汇总清算，是指在年度终了后，总机构负责进行企业所得税的年度汇算清缴，统一计算企业的年度应纳所得税额，抵减总机构、分支机构当年已就地分期预缴的企业所得税款后，多退少补税款。

财政调库，是指财政部定期将缴入中央国库的跨地区总分机构企业所得税待分配收入，按照核定的系数调整至地方金库。

（二）税款预缴和汇算清缴

1. 企业应根据当期实际利润额，按照本办法规定的预缴分摊方法计算总机构和分支机构的企业所得税预缴额，分别由总机构和分支机构分月或者分季就地预缴。

在规定期限内按实际利润额预缴有困难的，经总机构所在地主管税务机关认可，

可以按照上一年度应纳税所得额的1/12或1/4，由总机构、分支机构就地预缴企业所得税。

预缴方式一经确定，当年度不得变更。

2. 总机构和分支机构应分期预缴的企业所得税，50%在各分支机构间分摊预缴，50%由总机构预缴。总机构预缴的部分，其中25%就地入库，25%预缴入中央国库。

3. 按照当期实际利润额预缴的税款分摊方法。

（1）分支机构应分摊的预缴数。总机构根据统一计算的企业当期实际应纳所得税额，在每月或季度终了后10日内，按照各分支机构应分摊的比例，将本期企业全部应纳所得税额的50%在各分支机构之间进行分摊并通知到各分支机构；各分支机构应在每月或季度终了之日起15日内，就其分摊的所得税额向所在地主管税务机关申报预缴。

（2）总机构应分摊的预缴数。总机构根据统一计算的企业当期应纳所得税额的25%，在每月或季度终了后15日内自行就地申报预缴。

（3）总机构缴入中央国库分配税款的预缴数。总机构根据统一计算的企业当期应纳所得税额的25%，在每月或季度终了后15日内自行就地申报预缴。

4. 按照上一年度应纳税所得额的1/12或1/4预缴的税款分摊方法。

（1）分支机构应分摊的预缴数。总机构根据上年汇算清缴统一计算应缴纳所得税额的1/12或1/4，在每月或季度终了之日起10日内，按照各分支机构应分摊的比例，将本期企业全部应纳所得税额的50%在各分支机构之间进行分摊并通知到各分支机构；各分支机构应在每月或季度终了之日起15日内，就其分摊的所得税额向所在地主管税务机关申报预缴。

（2）总机构应分摊的预缴数。总机构根据上年汇算清缴统一计算应缴纳所得税额的1/12或1/4，将企业全部应纳所得税额的25%部分，在每月或季度终了后15日内自行向所在地主管税务机关申报预缴。

（3）总机构缴入中央国库分配税款的预缴数。总机构根据上年汇算清缴统一计算应缴纳所得税额的1/12或1/4，将企业全部应纳所得税额的25%部分，在每月或季度终了后15日内，自行向所在地主管税务机关申报预缴。

5. 总机构在年度终了后5个月内，应依照法律、法规和其他有关规定进行汇总纳税企业的所得税年度汇算清缴。各分支机构不进行企业所得税汇算清缴。

当年应补缴的所得税款，由总机构缴入中央国库。当年多缴的所得税款，由总机构所在地主管税务机关开具“税收收入退还书”等凭证，按规定程序从中央国库办理退库。

（三）分支机构分摊税款比例

总机构应按照以前年度（1—6月份按上上年度，7—12月份按上年度）分支机构的经营收入、职工工资和资产总额三个因素计算各分支机构应分摊所得税款的比例，三因素的权重依次为0.35、0.35、0.30。计算公式如下：

某分支机构分摊比例＝0.35×（该分支机构营业收入÷各分支机构营业收入之

和）+0.35×（该分支机构工资总额÷各分支机构工资总额之和）+0.30×（该分支机构资产总额÷各分支机构资产总额之和）

以上公式中分支机构仅指需要就地预缴的分支机构，该税款分摊比例按上述方法一经确定后，当年不作调整。

公式中所称分支机构经营收入，是指分支机构在销售商品或者提供劳务等经营业务中实现的全部营业收入。其中，生产经营企业的经营收入是指销售商品、提供劳务等取得的全部收入；金融企业的经营收入是指利息和手续费等全部收入；保险企业的经营收入是指保费等全部收入。

公式中所称分支机构职工工资，是指分支机构为获得职工提供的服务而给予职工的各种形式的报酬。

公式中所称分支机构资产总额，是指分支机构拥有或者控制的除无形资产外能以货币计量的经济资源总额。

各分支机构的经营收入、职工工资和资产总额的数据均以企业财务会计决算报告数据为准。

五、合伙企业所得税的征收管理

自2008年1月1日起，合伙企业缴纳的所得税按下列规定处理，此前规定与下列规定有抵触的，以下列规定为准。

（一）合伙企业以每一个合伙人为纳税义务人。合伙企业合伙人是自然人的，缴纳个人所得税；合伙人是法人和其他组织的，缴纳企业所得税。

（二）合伙企业生产经营所得和其他所得采取“先分后税”的原则。具体应纳税所得额的计算按照《关于个人独资企业和合伙企业投资者征收个人所得税的规定》（财税〔2000〕91号）及《财政部　国家税务总局关于调整个体工商户个人独资企业和合伙企业个人所得税税前扣除标准有关问题的通知》（财税〔2008〕65号）的有关规定执行。

前款所称生产经营所得和其他所得，包括合伙企业分配给所有合伙人的所得和企业当年留存的所得（利润）。

（三）合伙企业的合伙人按照下列原则确定应纳税所得额：

1. 合伙企业的合伙人以合伙企业的生产经营所得和其他所得，按照合伙协议约定的分配比例确定应纳税所得额。

2. 合伙协议未约定或者约定不明确的，以全部生产经营所得和其他所得，按照合伙人协商决定的分配比例确定应纳税所得额。

3. 协商不成的，以全部生产经营所得和其他所得，按照合伙人实缴出资比例确定应纳税所得额。

4. 无法确定出资比例的，以全部生产经营所得和其他所得，按照合伙人数量平均计算每个合伙人的应纳税所得额。

合伙协议不得约定将全部利润分配给部分合伙人。

（四）合伙企业的合伙人是法人和其他组织的，合伙人在计算其缴纳企业所得税时，不得用合伙企业的亏损抵减其盈利。

复习与思考

一、基本概念

居民纳税人　非居民纳税人　管理机构　应纳税所得额　税收抵免　纳税年度　生物资产

二、思考题

1. 企业所得税与商品劳务税的征税办法有何区别？
2. 企业所得税的计税依据和课税对象有何区别？
3. 企业所得税的纳税人从纳税义务的角度是如何分类的？
4. 企业所得税应纳税所得额计算原则有哪些？
5. 简述企业所得税各扣除项目的税务处理方法。
6. 企业所得税的税收优惠有何特点？

三、练习题

1. 某企业为居民企业，上年发生经营业务如下：

（1）取得产品销售收入4000万元；

（2）发生产品销售成本2600万元；

（3）发生销售费用770万元（其中广告费650万元）；管理费用480万元（其中业务招待费25万元）；财务费用60万元；

（4）销售税金160万元（含增值税120万元）；

（5）营业外收入80万元，营业外支出50万元（含通过公益性社会团体向贫困山区捐款30万元，支付税收滞纳金6万元）；

（6）计入成本、费用中的实发工资总额200万元、拨缴职工工会经费5万元、发生职工福利费31万元、发生职工教育经费7万元。

要求：计算该企业上年度实际应纳的企业所得税。

2. 某市卷烟厂为增值税一般纳税人，上年有关生产经营情况为：

（1）当年销售卷烟收入320万元，缴纳增值税47.46万元，消费税132.42万元，城建税及附加17.99万元。

（2）当年卷烟销售成本共计为120万元；财务费用10万元。

（3）发生管理费用20万元（管理费用中含业务招待费4万元）。

（4）销售费用10万元（含广告费8万元）。

(5) 计入成本、费用的实发工资费用150万元、拨缴工会经费5万元，支出职工福利费22.5万元和职工教育经费7.5万元。

(6) 营业外支出20万元，其中被工商部门行政罚款6万元，向本厂困难职工直接捐赠4万元，通过民政部门向贫困地区捐赠10万元。

(7) “投资收益”账户表明有来源的境外A国的投资收益28万元，该境外所得在境外按照20%的税率已经缴纳了税款。

要求：计算该企业上年度应缴纳的企业所得税额。

3. 某中外合资家电生产企业，共有在册职工120人，资产3500万元。上年销售产品取得不含税收入2500万元，会计利润600万元，已预缴所得税150万元。经会计师事务所审核，发现以下问题：

(1) 期间费用中广告费450万元、业务招待费15万元、研究开发费用20万元；

(2) 营业外支出50万元（含通过公益性社会团体向贫困山区捐款30万元，直接捐赠6万元）；

(3) 计入成本、费用中的实发工资总额150万元、拨缴职工工会经费3万元、支出职工福利费23万元和职工教育经费6万元；

(4) 7月购置并投入使用的安全生产专用设备企业未进行账务处理。取得购置设备增值税专用发票上注明价款70万元，增值税9.1万元，预计使用10年；

(5) 在A国设有分支机构，A国分支机构当年应纳税所得额300万元，其中生产经营所得200万元，A国规定税率为20%；特许权使用费所得100万元，A国规定的税率为30%；从A国分后税后利润230万元，尚未入账处理。

要求：计算该企业上年度应缴纳的企业所得税额。

4. 某市一家居民企业为增值税一般纳税人，主要生产销售彩色电视机，假定上年度有关经营业务如下：

(1) 销售采取得不含税收入8600万元，与彩电配比的销售成本5660万元；

(2) 转让技术所有权取得收入700万元，直接与技术所有权转让有关的成本和费用100万元；

(3) 出租设备取得租金收入200万元，接受原材料捐赠取得增值税专用发票注明材料金额50万元、增值税进项税金6.5万元，取得国债利息收入30万元；

(4) 购进原材料共计3000万元，取得增值税专用发票注明进项税税额390万元；支付购料运输费用共计230万元，取得增值税专用发票；

(5) 销售费用1650万元，其中广告费1400万元；

(6) 管理费用850万元，其中业务招待费90万元；

(7) 财务费用80万元，其中含向非金融企业借款500万元所支付的年利息40万元（当年金融企业贷款的年利率为5.8%）；

(8) 计入成本、费用中的实发工资540万元；发生的工会经费15万元、职工福利费82万元、职工教育经费18万元；

(9) 营业外支出300万元，其中包括通过公益性社会团体向贫困山区的捐款

150 万元。

（其他相关资料：①上述销售费用、管理费用和财务费用不涉及转让费用；②取得的相关票据均通过主管税务机关认证）。

要求：计算该企业上年度应缴纳的企业所得税额。

5. 某企业上年度境内应纳税所得额为 100 万元，适用 25% 的企业所得税税率。另外，该企业分别在 A、B 两国设有分支机构（我国与 A、B 两国已经缔结避免双重征税协定），在 A 国分支机构的应纳税所得额为 50 万元，A 国税率为 20%；在 B 国的分支机构的应纳税所得额为 30 万元，B 国税率为 30%。假设该企业在 A、B 两国所得按我国税法计算的应纳税所得额和按 A、B 两国税法计算的应纳税所得额一致，两个分支机构在 A、B 两国分别缴纳了 10 万元和 9 万元的企业所得税。

要求：假定该企业选择“分国不分项”的方法，试计算该企业汇总时在我国应缴纳的企业所得税税额。

第十四章

个人所得税

第一节 个人所得税概述

一、个人所得税的概念

个人所得税是以个人（自然人）取得的所得为课税对象征收的一种税，于1799年最早诞生于英国。由于个人所得税同时具有筹集财政收入、调节个人收入和维持宏观经济稳定等多重功能，因而成为世界上大多数国家，尤其是西方发达国家税制结构中最为重要的税种。

我国个人所得税始于改革开放之后正式征收，由于当时居民收入普遍较低，个人所得税实际上仅适用于外籍个人。随着我国经济社会不断发展，为适应不同形势发展的需要，我国个人所得税法进行了多次修改，2018年8月31日，第十三届全国人大常委会第五次会议表决通过了关于修改个人所得税法的决定，这是1980年个人所得税法出台以来第7次改革，修改后的个人所得税自2019年1月1日起实施。

二、个人所得税的特点

（一）实行综合与分类相结合的征收模式

世界各国施行的个人所得税制度一般有三种征收模式，分类所得税制、综合所得税制和混合所得税制，这三种模式各有特长，我国现行的个人所得税实行的综合与分类相结合的所得税制属于混合所得税制。实施中，现行税法将个人取得的收入分为9类，并将其中的工薪所得、劳务报酬所得、稿酬所得和特许权使用费所得合并为综合所得，单独适用计税方法，其他5类所得分别计税。

（二）超额累进税率与比例税率并用

累进税率体现公平，比例税率体现效率，我国个人所得税利用了两种税率的优点，对综合所得和经营所得适用累进税率，对其他所得适用比例税率。

（三）费用扣除办法多样化

个人所得税纳税人取得的不同类别的所得，在减除费用时采用定额、定率或计算扣除办法。如综合所得中的劳务报酬、稿酬所得和特许权使用费，采用定率扣除20%计算收入额，财产租赁采用定额和定率相结合的费用扣除办法，而经营所得采用计算扣除。

（四）采取源泉扣缴和个人申报两种征纳方法

我国个人所得税法规定，纳税人的应纳税额分别采取由支付单位或个人源泉扣缴和纳税人纳税申报两种方法。凡是可以在应税所得的支付环节扣缴个人所得税税款的，均由扣缴义务人代扣代缴税额义务，没有扣缴义务人或扣缴义务人未扣缴税额或税法要求需要自行申报的，由纳税人自行纳税申报。

三、个人所得税的作用

（一）调节收入分配，体现社会公平

随着经济的发展，我国人民生活水平不断提高，一部分人已达到较高的收入水平，有必要对个人收入进行适当的税收调节。在保证人们基本生活费用支出不受影响的前提下，高收入者多纳税，中等收入者少纳税，中下等或低收入者不纳税，以此缓解社会分配不公的矛盾，并在不损害分配效率的前提下体现社会公平。

（二）增强纳税意识，树立义务观念

长期以来，我国公民纳税意识普遍较为淡薄，义务观念也比较缺乏，通过个人所得税税法的宣传，税收管理和税款缴纳，源泉扣缴和自行申报制度实施，有助于使公民在纳税过程中逐步树立公民必须依法履行纳税义务的观念。

（三）扩大聚财渠道，增加财政收入

随着社会主义市场经济体制的建立与不断完善，我国公民与居民的收入水平将逐年提高，征收个人所得税，有助于扩大聚财渠道，增加国家财政收入。

第二节 个人所得税的征税范围、纳税义务人和税率

一、个人所得税的征税范围

个人所得税的征税对象为个人取得的各种应税所得，其征税范围的基本规定是：居民个人取得下列第一项至第四项所得（以下称综合所得），按纳税年度合并计算个人所得税；非居民个人取得下列第一项至第四项所得，按月或者按次分项计算个人所得税。纳税人取得下列第五项至第九项所得，分别计算个人所得税。

（一）工资、薪金所得

工资、薪金所得，是指个人因任职或者受雇而取得的工资、薪金、奖金、年终加薪、劳动分红、津贴、补贴以及与任职或受雇有关的其他所得。

一般来说，工资、薪金所得属于非独立个人劳动所得。所谓非独立个人劳动，是指个人从事的是由他人指定、安排并接受管理的劳动，工作或服务于各公司、工

厂、行政机关、事业单位的人员（私营企业主除外）均为非独立劳动者，他们从上述单位取得的劳动报酬，以工资、薪金的形式体现。但工资和薪金两种报酬形式并不相同，通常情况下，对直接从事生产、经营或劳务的劳动者（工人）的收入称为工资，对从事社会公职或管理活动的劳动者（公职人员）的收入称为薪金。但实际生活中，各国都从简便易行的角度出发，将工资、薪金合并为一个项目，适用相同的税率。

除工资、薪金以外，奖金、年终加薪、劳动分红、津贴、补贴也确定为属于工资、薪金范畴。其中，年终加薪、劳动分红不分种类和取得的情况一律予以征税，而津贴、补贴等则有所不同。根据我国目前个人收入的构成情况，规定对于一些不属于工资、薪金或者不属于纳税人本人工资、薪金所得项目的收入不征税。这些项目是：独生子女补贴、执行公务员工资制度未纳入基本工资总额的补贴、津贴差额和家属成员的副食补贴、托儿补助费、差旅费津贴、误餐补助。此外，这里的奖金仅指工资性质的奖金，税法中单列有免税奖金的范围。

个人在公司（包括关联公司）任职、受雇，同时兼任董事、监事的，应将董事费、监事费与个人工资收入合并，统一按工资、薪金所得项目缴纳个人所得税。

（二）劳务报酬所得

劳务报酬所得，是指个人从事各种非雇佣的各种劳务取得的所得。具体包括设计、装潢、安装、制图、化验、测试、医疗、法律、会计、咨询、讲学、翻译、审稿、书画、雕刻、影视、录音、录像、演出、表演、广告、展览、技术服务、介绍服务、经纪服务、代办服务以及其他劳务取得的所得。

上述各项所得属于独立个人劳动所得，其与工资、薪金所得的主要区别在于：劳务报酬所得是个人独立从事某种技艺，独立提供劳动取得的报酬；后者存在雇佣与被雇佣的关系，而前者则不存在这种关系。这一区别实际成为判断一种收入是否属于劳务报酬的标准。如果从事某项劳务活动取得的报酬是以工资、薪金形式体现的，如演员从剧团领取工资、教师从学校领取工资，均属于工资、薪金项目，不属于劳务报酬范围。如果从事某项劳务活动取得的报酬不是来自聘用、雇佣或工作的单位，如演员自己“走穴”或与他人组合“走穴”演出取得报酬，教师到校外办班讲学取得收入，则属于劳务报酬的范围。

（三）稿酬所得

稿酬所得，是指个人因其作品以图书、报刊形式出版、发表而取得的所得。个人所得税将稿酬单独列为一类，而将翻译、审稿等所得归为劳务报酬所得区别开来，给予某些税收优惠照顾，以体现国家的政策。

（四）特许权使用费所得

特许权使用费所得，是指个人提供专利权、商标权、著作权、非专利技术以及其他特许权的使用权取得的所得；提供著作权的使用权取得的所得，不包括稿酬所得。

此外，对于作者将自己的文学作品手稿或复印件公开拍卖（竞价）取得的所得，也应按特许权使用费所得项目征收个人所得税。

（五）经营所得

经营所得，是指：

1. 个体工商户从事生产、经营活动取得的所得，个人独资企业投资人、合伙企业的个人合伙人来源于境内注册的个人独资企业、合伙企业生产、经营的所得。

个体工商户以业主为个人所得税纳税义务人。

2. 个人依法从事办学、医疗、咨询以及其他有偿服务活动取得的所得。

3. 个人对企业、事业单位承包经营、承租经营以及转包、转租取得的所得。

对企事业单位的承包经营、承租经营所得，是指个人承包经营或承租经营以及转包、转租取得的所得。承包项目可分多种，如生产经营、采购、销售、建筑安装等各种承包。转包包括全部转包或部分转包。

4. 个人从事其他生产、经营活动取得的所得。

个体工商户和从事生产、经营的个人，取得与生产、经营活动无关的其他各项应税所得，应分别按照其他应税项目的有关规定，计算征收个人所得税。如取得银行存款的利息所得、对外投资取得的股息所得，应按“股息、利息、红利”税目的规定单独计征个人所得税。个人独资企业、合伙企业的个人投资者以企业资金为本人、家庭成员及其相关人员支付与企业生产经营无关的消费性支出及购买汽车、住房等财产性支出，视为企业对个人投资者利润分配，并入投资者个人的生产经营所得，依照“经营所得”项目计征个人所得税。

（六）利息、股息、红利所得

利息、股息、红利所得，是指个人拥有债权、股权而取得的利息、股息、红利所得。其中，利息，指个人拥有债权而取得的利息，包括存款利息、贷款利息和各种债券的利息。按照税法的规定，个人取得的利息所得，除国债和国家发行的金融债券利息外，均应当依法缴纳个人所得税。股息、红利，指个人拥有股权取得的股息、红利。按照一定的比率对每股发给的息金为股息；公司、企业应分配的利润，按股份分配的为红利。股息、红利所得，除另有规定外，都应当缴纳个人所得税。

除个人独资企业、合伙企业以外的其他企业的个人投资者，以企业资金为本人、家庭成员及其相关人员支付与企业生产经营无关的消费性支出及购买汽车、住房，财产性支出，视为企业对个人投资者的红利分配，依照“利息、股息、红利所得”项目计征个人所得税。企业的上述支出不允许在所得税前扣除。

纳税年度内个人投资者从其投资企业（个人独资企业、合伙企业除外）借款，在该纳税年度终了后既不归还，又未用于企业生产经营的，其未归还的借款可视为企业对个人投资者的红利分配，依照“利息、股息、红利所得”项目计征个人所得税。

（七）财产租赁所得

财产租赁所得，是指个人出租建筑物、土地使用权、机器设备、车船以及其他财产取得的所得。

财产租赁所得，不包括对该项财产购买的价款。如果租金中包含不属于租金分期支付的财产价款，则要将其扣除。

个人将承租房屋转租取得的租金收入，属于个人所得税应税所得，应按“财产租赁所得”项目计算缴纳个人所得税。

（八）财产转让所得

财产转让所得，是指个人转让有价证券、股权、建筑物、土地使用权、机器设备、车船以及其他财产取得的所得。

在现实生活中，个人进行的财产转让主要是个人财产所有权的转让。财产转让实际上是一种买卖行为，当事人双方通过签订、履行财产转让合同，形成财产买卖的法律关系，使出让财产的个人从对方取得价款（收入）或其他经济利益。

（九）偶然所得

偶然所得，主要是指中奖中彩及其他偶然性质的所得。

二、个人所得税的纳税义务人

个人所得税的纳税义务人，是指在中国境内有住所，或者无住所而一个纳税年度在中国境内居住累计满 183 天，以及无住所又不居住或居住不满 183 天但有从中国境内取得所得的个人。包括中国公民、个体工商业户、个人独资企业、合伙企业投资者、在中国大陆有所得的外籍人员（包括无国籍人员，下同）和香港、澳门、台湾同胞。上述纳税义务人依据住所和居住时间两个标准，区分为居民个人和非居民个人，分别承担不同的纳税义务。

（一）居民个人和非居民个人的划分标准

个人所得税的纳税人可以泛指取得所得的自然人。在实际生活中，自然人的情况比较复杂，在一国是否居住，居住多长时间，有无住所，情况各异，在税收上采取的政策也有所不同。为有效行使税收管辖权，我国根据国际惯例，对居民个人和非居民个人的划分采用了各国常用的住所和居住时间两个判定标准。

1. 住所标准。住所标准是以个人在一国境内拥有的住所确定其居民归属的判定标准。住所通常指公民长期生活和活动的主要场所。由于公民实际的生活和活动场所很多，因此，我国《民法通则》明确规定“公民以他的户籍所在地的居住地为住所。”也就是以公民本户口簿登记的住址为住所，我国公民一个人只有一个住所。一般情况下，公民的住所就是其户籍所在地居住地，但有时由于种种原因，公民经常居住地可能与户籍所在地不一致。

住所分为永久性住所和习惯性住所。上述住所通常是指永久性住所，具有法律意义。而经常性居住地则属于习惯性住所。它与永久性住所有时一致，有时不一致。我国税法将在中国境内有住所的个人，界定为“因户籍、家庭、经济利益关系而在中国境内习惯性居住的个人”。可见，我国目前采用的住所标准实际是习惯性住所标准。所谓习惯性居住或住所，是法律意义上的标准，不是指实际居住或在某一特定时期内的居住的，在其原因消除后，必须回到中国境内居住的，则中国就为该境外人的习惯性居住地。

2. 居住时间标准。居住时间标准是以个人在一国境内居住的时间确定其居民归属的判定标准。居住时间是个人在一国境内实际居住的日数。在实际生活中，有时个人在一国境内并无住所，又没有经常性居住地，而是较频繁地来往于境内各地之间，或因业务需要时常更换住处，这样，就无法用住所标准来判断和划分是居民还是非居民。而实际上，恰恰可能是这种人在境内外从事个人活动较多，需要按居民身份征税调节。在各国对个人所得长期征税的实践中，逐渐形成以个人居住时间长短衡量其是否是居民的居住时间标准。我国个人所得税法也采用这一标准。

判断居民身份的居住时间各国不尽一致。我国规定的时间是一个纳税年度内在中国境内累计居住满 183 日，即以居住满 183 天为时间标准，达到这一标准的个人即为中国居民个人。

上述两个判定标准是并列性标准，个人只要具备或达到其中任何一个标准，就可以认定为中国居民。

（二）居民个人和非居民个人的纳税义务范围

1. 居民个人负有无限纳税义务。根据《个人所得税法》规定，居民个人是指在中国境内有住所，或者无住所而一个纳税年度在中国境内居住累计满 183 天的个人。其中，在中国境内有住所的个人，是指因户籍、家庭、经济利益关系，而在中国境内习惯性居住的个人；一个纳税年度在境内居住累计满 183 天，是指在一个纳税年度（即公历 1 月 1 日起至 12 月 31 日止，下同）内，在中国境内居住累计满 183 日。居民个人取得的应纳税所得，无论是来源于中国境内还是中国境外任何地方，都要在中国缴纳个人所得税。

总体上，个人所得税居民个人包括以下两类：（1）在中国境内定居的中国公民和外国侨民。但不包括虽具有中国国籍，却并没有在中国大陆定居，而是侨居海外的华侨和居住在香港、澳门、台湾的同胞。（2）从公历 1 月 1 日起至 12 月 31 日止，在中国境内累计居住满 183 天的外国人、海外侨胞和香港、澳门、台湾同胞。

现行税法中关于“中国境内”的概念，是指中国大陆地区，目前还不包括香港、澳门和台湾地区。

2. 非居民个人承担有限纳税义务。非居民个人，是指不符合居民个人判定标准（条件）的纳税义务人。非居民个人承担有限纳税义务，即仅就其来源于中国境内的所得，向中国缴纳个人所得税。《个人所得税法》规定，非居民个人是“在中国境内无住所又不居住，或者无住所而一个纳税年度内在境内居住累计不满 183 天的个人”。也就是说，非居民个人是指习惯性居住地不在中国境内，而且不在中国居住；或者在一个纳税年度内，在中国境内居住累计不满 183 天的个人。在现实生活中，习惯性居住地不在中国境内的个人，只有外籍人员、华侨或香港、澳门和台湾同胞。因此，非居民个人，实际上只能是在一个纳税年度中，没有在中国境内居住，或者在中国境内居住天数累计不满 183 天的外籍人员、华侨或香港、澳门、台湾同胞。

三、个人所得税的所得来源地确定

判断所得来源地，是确定该项所得是否应该征收个人所得税的重要依据。对于居民纳税义务人，因为要承担无限纳税义务，因此，有关判断其所得来源地的问题，相对来说不是特别重要。但是，对于非居民纳税义务人，由于只就其来源于中国境内的所得征税，因此，判断其所得来源地，就显得十分重要。中国的个人所得税，依据所得来源地的判断，应反映经济活动的实质，要遵循方便税务机关实行有效征管的原则，具体规定如下：

除国务院财政、税务主管部门另有规定外，下列所得，不论支付地点是否在中国境内，均为来源于中国境内的所得：

1. 因任职、受雇、履约等而在中国境内提供劳务取得的所得。
2. 将财产出租给承租人在中国境内使用而取得的所得。
3. 转让中国境内的不动产等财产或者在中国境内转让其他财产取得的所得。
4. 许可各种特许权在中国境内使用而取得的所得。
5. 从中国境内企业、事业单位、其他组织以及居民个人取得的利息、股息、红利所得。

在中国境内无住所的个人，在中国境内居住累计满183天的年度连续不满六年的，其来源于中国境外的所得，经向主管税务机关备案，其来源于中国境外且由境外单位或者个人支付的所得，免予缴纳个人所得税；在中国境内居住累计满183天的任一年度中有一次离境超过30天的，其在中国境内居住累计满183天的年度的连续年限重新起算。

在中国境内无住所，但是在一个纳税年度中在中国境内居住累计不超过90日的个人，其来源于中国境内的所得，由境外雇主支付并且不由该雇主在中国境内的机构、场所负担的部分，免予缴纳个人所得税。例如，外国来华工作人员，在我国服务而取得的工资、薪金，不论是我方支付、外国支付、我方和外国共同支付，均属于来源于中国的所得，除少数人员可以享受免税优惠外，其他均应按规定征收个人所得税。但对在中国境内连续居住不超过90天者，可只就我方支付的工资、薪金部分计算纳税，对外国支付的工资、薪金部分免予征税。并且，外国来华工作人员，由外国派出单位发给包干款项，其中包括个人工资、公用经费（邮电费、办公费、广告费、业务上往来必要的交际费）、生活津贴费（住房费、差旅费），凡对上述所得能够划分清楚的，可只就工资薪金所得部分按照规定征收个人所得税。

四、个人所得税的税率

（一）综合所得适用税率

居民个人每一纳税年度内取得综合所得包括：工资、薪金所得，劳务报酬所得，稿酬所得和特许权使用费所得。综合所得适用七级超额累进税率，税率为3%至45%（见表14-1）。

表 14-1　　个人所得税税率表（综合所得适用）

级数	全年应纳税所得额	税率（%）
1	不超过 36000 元的	3
2	超过 36000 元至 144000 元的部分	10
3	超过 144000 元至 300000 元的部分	20
4	超过 300000 元至 420000 元的部分	25
5	超过 420000 元至 660000 元的部分	30
6	超过 660000 元至 960000 元的部分	35
7	超过 960000 元的部分	45

注 1：本表所列全年应纳税所得额，均为按照税法规定减除有关费用后的所得额，是指依照本法第六条的规定，居民个人取得综合所得以每一纳税年度收入额减除费用六万元以及专项扣除、专项附加扣除和依法确定的其他扣除后的余额。

注 2：非居民个人取得工资薪金所得，劳务报酬所得，稿酬所得和特许权使用费所得，依照本表按月换算后计算应纳税额。

（二）经营所得适用五级超额累进税率，税率为 5% 至 35%（见表 14-2）

表 14-2　　个人所得税税率表（经营所得适用）

级数	全年应纳税所得额	税率（%）
1	不超过 30000 元的部分	5
2	超过 30000 元至 90000 元的部分	10
3	超过 90000 元至 300000 元的部分	20
4	超过 300000 元至 500000 元的部分	30
5	超过 500000 元的部分	35

注：本表所称全年应纳税所得额是指依照本法第六条的规定，以每一纳税年度的收入减除成本、费用以及损失后的余额。

这里值得注意的是，由于目前实行承包（租）经营的形式较多，分配方式也不相同，因此，承包、承租人按照承包、承租经营合同（协议）规定取得所得的适用税率也不一致。

1. 承包、承租人对企业经营成果不拥有所有权，仅是按合同（协议）规定取得一定所得的，其所得按“工资、薪金”所得项目征税，纳入年度综合所得适用 3%—45% 的七级超额累进税率（见表 14-1）。

2. 承包、承租人按合同（协议）的规定只向发包、出租方缴纳一定费用后，企业经营成果归其所有的，承包、承租人取得的所得，按对企事业单位的承包经营、承租经营所得项目，适用 5%—35% 的五级超额累进税率征税（见表 14-2）。

（三）其他所得适用税率

利息、股息、红利所得，财产租赁所得，财产转让所得和偶然所得，适用税率为20%的比例税率。

第三节　个人所得税的计算

一、个人所得税的计税依据

个人所得税的计税标准是纳税人各项所得的货币金额。纳税人所得非现金者，需按规定折算为货币。

个人所得税的计税依据为应纳税所得额。除特殊项目外，一般是指个人的应税收入减去必要成本或费用后的余额。正确计算应纳税所得，是依法计征所得税的基础和前提。

个人所得税的所得在未计算征税之前属于“毛收入”。这是因为个人在取得收入或所得过程中，需支付一些必要的成本或费用。从世界各国征收个人所得税的实践来看，一般都允许纳税人从其收入或所得总额中扣除必要的费用，而仅就扣除费用后的余额征税。两个以上的个人共同取得同一项目收入的，应当对每个人取得的收入分别按照个人所得税法的规定计算纳税。由于各国具体情况不同，各自的扣除项目、扣除标准及方法也不尽一致。

（一）每次收入的确定

《个人所得税法》对纳税义务人的征税方法有三种：一是按年计征，如经营所得，居民个人取得的综合所得；二是按月计征，如非居民个人取得的工资、薪金所得；三是按次计征，如利息、股息、红利所得，财产租赁所得，偶然所得和非居民个人取得的劳务报酬所得，稿酬所得，特许权使用费所得等6项所得。在按次征收情况下，扣除费用依据每次应纳税所得额的大小，分别规定了定额和定率两种标准。因此，无论是从正确贯彻税法的立法精神、维护纳税义务人的合法权益方面来看，还是从避免税收漏洞、防止税款流失、保证国家税收收入方面来看，如何准确划分“次”都显得十分重要。前述6个项目的“次”，《个人所得税法实施条例》中作出了明确规定。具体情况如下：

1. 非居民个人取得劳务报酬所得、稿酬所得、特许权使用费所得，根据不同所得项目的特点，分别规定为：

（1）属于一次性收入的，以取得该项收入为一次。就劳务报酬所得来看，从事设计、安装、装潢、制图、化验、测试等劳务，往往是接受客户的委托，按照客户的要求，完成一次劳务后取得收入。因此，是属于只有一次性的收入，应以每次提供劳务取得的收入为一次。但需要注意的是，如果一次性劳务报酬收入以分月支付方式取得，则适用同一事项连续取得收入，以1个月内取得的收入为一次。

就稿酬来看，以每次出版、发表取得的收入为一次，不论出版单位是预付还是分笔支付稿酬，或者加印该作品后再付稿酬，均应合并其稿酬所得按一次计征个人所得税。具体又可细分为：同一作品再版取得的所得，应视作另一次稿酬所得计征个人所得税。同一作品先在报刊上连载，然后再出版，或先出版，再在报刊上连载，应视为两次稿酬所得征税。即连载作为一次，出版作为另一次。同一作品在报刊上连载取得收入的，以连载完成后取得的所有收入合并为一次，计征个人所得税。同一作品在出版和发表时，以预付稿酬或分次支付稿酬等形式取得的稿酬收入，应合并计算为一次。同一作品出版、发表后，因添加印数而追加稿酬的，应与以前出版、发表时取得的稿酬合并计算为一次，计征个人所得税。在两处或两处以上出版、发表或再版同一作品而取得稿酬所得，则可分别各处取得的所得或再版所得按分次所得计征个人所得税。作者去世后，对取得其遗作稿酬的个人，按稿酬所得征收个人所得税。

就特许权使用费来看，以某项使用权的一次转让所取得的收入为一次。而一个非居民个人，可能不仅拥有一项特许权利，且每一项特许权的使用权也可能不止一次地向我国境内提供，因此，对特许权使用费所得的“次”的界定，明确为每一项使用权的每次转让所取得的收入为一次。如果该次转让取得的收入是分笔支付的，则应将各笔收入相加为一次的收入，计征个人所得税。

（2）属于同一事项连续取得收入的，以 1 个月内取得的收入为一次。在计算其劳务报酬所得时，应视为同一事项的连续性收入，以其一个月内取得的收入为一次计征个人所得税，而不能以每天取得的收入为一次。

2. 财产租赁所得，以 1 个月内取得的收入为一次。

3. 利息、股息、红利所得，以支付利息、股息、红利时取得的收入为一次。

4. 偶然所得，以每次收入为一次。

（二）应纳税所得额和费用减除标准

1. 居民个人取得综合所得，以每年收入额减除费用 60000 元以及专项扣除、专项附加扣除和依法确定的其他扣除后的余额，为应纳税所得额。

（1）专项扣除，包括居民个人按照国家规定的范围和标准缴纳的基本养老保险、基本医疗保险、失业保险等社会保险费和住房公积金等。

（2）专项附加扣除，包括子女教育、继续教育、大病医疗、住房贷款利息或者住房租金、赡养老人等支出，具体范围、标准和实施步骤由国务院确定，并报全国人民代表大会常务委员会备案。

（3）依法确定的其他扣除，包括个人缴付符合国家规定的企业年金、职业年金，个人购买符合国家规定的商业健康保险、税收递延型商业养老保险的支出，以及国务院规定可以扣除的其他项目。

（4）专项扣除、专项附加扣除和依法确定的其他扣除，以居民个人一个纳税年度的应纳税所得额为限额；一个纳税年度扣除不完的，不得结转以后年度扣除。

2. 非居民个人的工资、薪金所得，以每月收入额减除费用 5000 元后的余额为应纳税所得额；劳务报酬所得、稿酬所得、特许权使用费所得，以每次收入额为应纳税所得额。

3. 经营所得，以每一纳税年度的收入总额减除成本、费用以及损失后的余额，为应纳税所得额。

所称成本、费用，是指生产、经营活动中发生的各项直接支出和分配计入成本的间接费用以及销售费用、管理费用、财务费用；所称损失，是指生产、经营活动中发生的固定资产和存货的盘亏、毁损、报废损失，转让财产损失，坏账损失，自然灾害等不可抗力因素造成的损失以及其他损失。

取得经营所得的个人，没有综合所得的，计算其每一纳税年度的应纳税所得额时，应当减除费用60000元、专项扣除、专项附加扣除以及依法确定的其他扣除。其中，专项附加扣除在办理汇算清缴时减除。

在个人税收递延型商业养老保险试点区域内，取得个体工商户生产经营所得、对企事业单位的承包承租经营所得的个体工商户业主、个人独资企业投资者、合伙企业自然人合伙人和承包承租经营者，其缴纳的税收递延型商业养老保险保费准予在申报扣除当年计算应纳税所得额时予以限额内据实扣除，其中，扣除限额按照不超过当年应税收入的6%和12000元孰低办法确定。

从事生产、经营活动，未提供完整、准确的纳税资料，不能正确计算应纳税所得额的，由主管税务机关核定应纳税所得额或者应纳税额。

个人独资企业的投资者以全部生产经营所得为应纳税所得额；合伙企业的投资者按照合伙企业的全部生产经营所得和合伙协议约定的分配比例，确定应纳税所得额，合伙协议没有约定分配比例的，以全部生产经营所得和合伙人数量平均计算每个投资者的应纳税所得额。

上述所称生产经营所得，包括企业分配给投资者个人的所得和企业当年留存的所得（利润）。

对个体工商户业主、个人独资企业和合伙企业自然人投资者的生产经营所得依法计征个人所得税时，个体工商户业主、个人独资企业和合伙企业自然人的投资者本人的费用扣除标准统一确定为60000元/年（5000元/月）。

对企事业单位的承包经营、承租经营所得，以每一纳税年度的收入总额，减除必要费用后的余额为应纳税所得额。每一纳税年度的收入总额，是指纳税义务人按照承包经营、承租经营合同规定分得的经营利润和工资、薪金性质的所得；所说的减除必要费用，是指按年减除60000元。

4. 财产租赁所得，每次收入不超过4000元的，减除费用800元；4000元以上的，减除20%的费用，其余额为应纳税所得额。

5. 财产转让所得，以转让财产的收入额减除财产原值和合理费用后的余额，为应纳税所得额。财产原值，是指：（1）有价证券，为买入价以及买入时按照规定缴纳的有关费用。（2）建筑物，为建造费或者购进价格以及其他有关费用。（3）土地使用权，为取得土地使用权所支付的金额、开发土地的费用以及其他有关费用。

（4）机器设备、车船，为购进价格、运输费、安装费以及其他有关费用。（5）其他财产，参照以上方法确定。

纳税义务人未提供完整、准确的财产原值凭证，不能正确计算财产原值的，由主管税务机关核定其财产原值。

合理费用，是指卖出财产时按照规定支付的有关费用。

6. 利息、股息、红利所得和偶然所得，以每次取得的收入额为应纳税所得额。

7. 专项附加扣除标准。个人所得税专项附加扣除，是指个人所得税法规定的子女教育、继续教育、大病医疗、住房贷款利息或者住房租金、赡养老人等 6 项专项附加扣除。

个人所得税专项附加扣除遵循公平合理、利于民生、简便易行的原则。根据教育、医疗、住房、养老等民生支出变化情况，适时调整专项附加扣除范围和标准。

（1）子女教育。纳税人的子女接受全日制学历教育的相关支出，按照每个子女每月 1000 元的标准定额扣除。学历教育包括义务教育（小学、初中教育）、高中阶段教育（普通高中、中等职业、技工教育）、高等教育（大学专科、大学本科、硕士研究生、博士研究生教育）。年满 3 岁至小学入学前处于学前教育阶段的子女，按本条第一款规定执行。父母可以选择由其中一方按扣除标准的 100% 扣除，也可以选择由双方分别按扣除标准的 50% 扣除，具体扣除方式在一个纳税年度内不能变更。纳税人子女在中国境外接受教育的，纳税人应当留存境外学校录取通知书、留学签证等相关教育的证明资料备查。

（2）继续教育。纳税人在中国境内接受学历（学位）继续教育的支出，在学历（学位）教育期间按照每月 400 元定额扣除。同一学历（学位）继续教育的扣除期限不能超过 48 个月。纳税人接受技能人员职业资格继续教育、专业技术人员职业资格继续教育的支出，在取得相关证书的当年，按照 3600 元定额扣除。个人接受本科及以下学历（学位）继续教育，符合规定扣除条件的，可以选择由其父母扣除，也可以选择由本人扣除。纳税人接受技能人员职业资格继续教育、专业技术人员职业资格继续教育的，应当留存相关证书等资料备查。

（3）大病医疗。在一个纳税年度内，纳税人发生的与基本医保相关的医药费用支出，扣除医保报销后个人负担（指医保目录范围内的自付部分）累计超过 15000 元的部分，由纳税人在办理年度汇算清缴时，在 80000 元限额内据实扣除。纳税人发生的医药费用支出可以选择由本人或者其配偶扣除；未成年子女发生的医药费用支出可以选择由其父母一方扣除。纳税人及其配偶、未成年子女发生的医药费用支出，按规定分别计算扣除额。纳税人应当留存医药服务收费及医保报销相关票据原件（或者复印件）等资料备查。医疗保障部门应当向患者提供在医疗保障信息系统记录的本人年度医药费用信息查询服务。

（4）住房贷款利息。纳税人本人或者配偶单独或者共同使用商业银行或者住房公积金个人住房贷款为本人或者其配偶购买中国境内住房，发生的首套住房贷款利息支出，在实际发生贷款利息的年度，按照每月 1000 元的标准定额扣除，扣除期限最长不超过240个月。纳税人只能享受一次首套住房贷款的利息扣除。所称首套住房贷款，是指购买住房享受首套住房贷款利率的住房贷款。经夫妻双方约定，可以选择由其中一方扣除，具体扣除方式在一个纳税年度内不能变更。夫妻双方婚前分别购买住房发生的首套住房贷款，其贷款利息支出，婚后可以选择其中一套购买的住房，由购买方按扣除标准的100%扣除，也可以由夫妻双方对各自购买的住房分别按扣除标准的50%扣除，具体扣除方式在一个纳税年度内不能变更。纳税人应当留存住房贷款合同、贷款还款支出凭证备查。

（5）住房租金。纳税人在主要工作城市没有自有住房而发生的住房租金支出，可以按照以下标准定额扣除：一是直辖市、省会（首府）城市、计划单列市以及国务院确定的其他城市，扣除标准为每月1500元；二是除第一项所列城市以外，市辖区户籍人口超过100万的城市，扣除标准为每月1100元；市辖区户籍人口不超过100万的城市，扣除标准为每月800元。纳税人的配偶在纳税人的主要工作城市有自有住房的，视同纳税人在主要工作城市有自有住房。市辖区户籍人口，以国家统计局公布的数据为准。所称主要工作城市是指纳税人任职受雇的直辖市、计划单列市、副省级城市、地级市（地区、州、盟）全部行政区域范围；纳税人无任职受雇单位的，为受理其综合所得汇算清缴的税务机关所在城市。夫妻双方主要工作城市相同的，只能由一方扣除住房租金支出。住房租金支出由签订租赁住房合同的承租人扣除。纳税人及其配偶在一个纳税年度内不能同时分别享受住房贷款利息和住房租金专项附加扣除。纳税人应当留存住房租赁合同、协议等有关资料备查。

（6）赡养老人。纳税人赡养一位及一位以上被赡养人的赡养支出，统一按照以下标准定额扣除：一是纳税人为独生子女的，按照每月2000元的标准定额扣除；纳税人为非独生子女的，由其与兄弟姐妹分摊每月2000元的扣除额度，每人分摊的额度不能超过每月1000元。可以由赡养人均摊或者约定分摊，也可以由被赡养人指定分摊。约定或者指定分摊的须签订书面分摊协议，指定分摊优先于约定分摊。具体分摊方式和额度在一个纳税年度内不能变更。所称被赡养人是指年满60岁的父母，以及子女均已去世的年满60岁的祖父母、外祖父母。

纳税人向收款单位索取发票、财政票据、支出凭证，收款单位不能拒绝提供。

纳税人首次享受专项附加扣除，应当将专项附加扣除相关信息提交扣缴义务人或者税务机关，扣缴义务人应当及时将相关信息报送税务机关，纳税人对所提交信息的真实性、准确性、完整性负责。专项附加扣除信息发生变化的，纳税人应当及时向扣缴义务人或者税务机关提供相关信息。

前款所称专项附加扣除相关信息，包括纳税人本人、配偶、子女、被赡养人等个人身份信息，以及国务院税务主管部门规定的其他与专项附加扣除相关的信息。

纳税人需要留存备查的相关资料应当留存五年。

扣缴义务人发现纳税人提供的信息与实际情况不符的，可以要求纳税人修改。纳税人拒绝修改的，扣缴义务人应当报告税务机关，税务机关应当及时处理。

税务机关核查专项附加扣除情况时，纳税人任职受雇单位所在地、经常居住地、户籍所在地的公安派出所、居民委员会或者村民委员会等有关单位和个人应当协助核查。

所称父母，是指生父母、继父母、养父母。所称子女，是指婚生子女、非婚生子女、继子女、养子女。父母之外的其他人担任未成年人的监护人的，比照本办法规定执行。

个人所得税专项附加扣除额一个纳税年度扣除不完的，不能结转以后年度扣除。

个人所得税专项附加扣除具体操作办法，由国务院税务主管部门另行制定。

（三）应纳税所得额的其他规定

1. 劳务报酬所得、稿酬所得、特许权使用费所得以收入减除20%的费用后的余额为收入额。稿酬所得的收入额减按70%计算。个人兼有不同的劳务报酬所得，应当分别减除费用，计算缴纳个人所得税。

2. 个人将其所得对教育、扶贫、济困等公益慈善事业进行捐赠，捐赠额未超过纳税人申报的应纳税所得额30%的部分，可以从其应纳税所得额中扣除；国务院规定对公益慈善事业捐赠实行全额税前扣除的，从其规定。

所称个人将其所得对教育、扶贫、济困等公益慈善事业进行捐赠，是指个人将其所得通过中国境内的公益性社会组织、国家机关向教育、扶贫、济困等公益慈善事业的捐赠；所称应纳税所得额，是指计算扣除捐赠额之前的应纳税所得额。

3. 个人所得的形式，包括现金、实物、有价证券和其他形式的经济利益。其中，所得为实物的，应当按照取得的凭证上所注明的价格计算应纳税所得额，无凭证的实物或者凭证上所注明的价格明显偏低的，参照市场价格核定应纳税所得额；所得为有价证券的，根据票面价格和市场价格核定应纳税所得额；所得为其他形式的经济利益的，参照市场价格核定应纳税所得额。

4. 居民个人从中国境外取得的所得，可以从其应纳税额中抵免已在境外缴纳的个人所得税税额，但抵免额不得超过该纳税人境外所得依照本法规定计算的应纳税额。

5. 所得为人民币以外货币的，按照办理纳税申报或者扣缴申报的上一月最后一日人民币汇率中间价，折合成人民币计算应纳税所得额。年度终了后办理汇算清缴的，对已经按月、按季或者按次预缴税款的人民币以外货币所得，不再重新折算；对应当补缴税款的所得部分，按照上一纳税年度最后一日人民币汇率中间价，折合成人民币计算应纳税所得额。

6. 对个人从事技术转让、提供劳务等过程中所支付的中介费，如能提供有效、合法凭证的，允许从其所得中扣除。

二、个人所得税应纳税额的计算

依照税法规定的适用税率和费用扣除标准，个人所得税各项所得的应纳税额，应分别计算如下：

（一）居民个人综合所得应纳税额的计算

1. 工资、薪金所得应全额计入收入额，劳务报酬所得、特许权使用费所得的收入额为实际取得劳务报酬、特许权使用费收入的80%，而稿酬所得的收入额在扣除20%费用基础上，再减按70%计算，即稿酬所得的收入额为实际取得稿酬收入的56%。

2. 居民个人的综合所得，以每一纳税年度的收入额减除费用六万元以及专项扣除、专项附加扣除和依法确定的其他扣除后的余额，为应纳税所得额。依照超额累进税率的含义，居民个人综合所得应纳税额的计算公式为：

应纳税额 = Σ（每一级数的全年应纳税所得额 × 对应级数的适用税率） = Σ[每一级数（全年收入额 - 基本减除费用 - 专项扣除 - 专项附加扣除 - 其他扣除）× 对应级数的适用税率]

依速算法，居民个人综合所得应纳税额的计算公式为：

应纳税额 = 全年应纳税所得额 × 适用税率 - 速算扣除数 = （全年收入额 - 基本减除费用 - 专项扣除 - 专项附加扣除 - 其他扣除）× 适用税率 - 速算扣除数

含速算扣除数的居民个人全年综合所得税率表（见表14-3）。

表14-3　综合所得个人所得税税率表（含速算扣除数）

级数	全年应纳税所得额	税率（%）	速算扣除数
1	不超过36000元的	3	0
2	超过36000元至144000元的部分	10	2520
3	超过144000元至300000元的部分	20	16920
4	超过300000元至420000元的部分	25	31920
5	超过420000元至660000元的部分	30	52920
6	超过660000元至960000元的部分	35	85920
7	超过960000元的部分	45	181920

例14-1：假定某居民个人纳税人2019年扣除“四险一金”后共取得含税工资收入12万元，除住房贷款专项附加扣除外，该纳税人不享受其余专项附加扣除和税法规定的其他扣除。试计算其当年应纳个人所得税税额。

解：（1）全年应纳税所得额 = 120000 - 60000 - 12000 = 48000（元）

（2）应纳税额 = 48000 × 10% - 2520 = 2280（元）

例14-2：假定某居民个人纳税人为独生子女，2019年交完社保和住房公积金后共取得税前工资收入20万元，劳务报酬1万元，稿酬1万元。该纳税人有两个小孩且均由其扣除子女教育专项附加，纳税人的父母健在且均已年满60岁。试计算其当年应纳个人所得税税额。

解：（1）全年应纳税所得额 = 200000 + 10000 ×（1 - 20%）+ 10000 ×（1 - 20%）× 70% - 60000 - 12000 × 2 - 24000 = 213600 - 108000 = 105600（元）

（2）应纳税额 = 105600 × 10% − 2520 = 8040（元）

（二）非居民个人取得工资、薪金所得，劳务报酬所得，稿酬所得和特许权使用费所得应纳税额的计算

需要明确的是：同居民个人取得的劳务报酬所得、稿酬所得和特许权使用费所得一样，非居民个人取得的这些项目的所得同样适用劳务报酬所得、稿酬所得、特许权使用费所得以收入减除百分之二十的费用后的余额为收入额；稿酬所得的收入额减按百分之七十计算的规定。

非居民个人的工资、薪金所得，以每月收入额减除费用五千元后的余额为应纳税所得额；劳务报酬所得、稿酬所得、特许权使用费所得，以每次收入额为应纳税所得额。

非居民个人取得工资、薪金所得，劳务报酬所得，稿酬所得和特许权使用费所得，依照表 14－1 按月换算后计算应纳税额。因此，非居民个人从我国境内取得这些所得时，适用的税率表为（见表 14－4）：

表 14－4　非居民个人工资、薪金所得，劳务报酬所得，稿酬所得，特许权使用费所得适用税率表

级数	全月应纳税所得额	税率（%）	速算扣除数
1	不超过 3000 元的	3	0
2	超过 3000 元至 12000 元的部分	10	210
3	超过 12000 元至 25000 元的部分	20	1410
4	超过 25000 元至 35000 元的部分	25	2660
5	超过 35000 元至 55000 元的部分	30	4410
6	超过 55000 元至 80000 元的部分	35	7160
7	超过 80000 元的部分	45	15160

例 14－3：假定某外商投资企业中工作的美国专家（假设为非居民纳税人），2019 年 2 月取得由该企业发放的含税工资收入 10400 元人民币，此外，还从别处取得劳务报酬 5000 元人民币。试计算当月其应纳个人所得税税额。

解：（1）该非居民个人当月工资、薪金所得应纳税额 =（10400 − 5000）× 10% − 210 = 330（元）

（2）该非居民个人当月劳务报酬所得应纳税额 = 5000 ×（1 − 20%）× 10% − 210
= 190（元）

（三）经营所得应纳税额的计算

经营所得应纳税额的计算公式为：

应纳税额 = 全年应纳税所得额 × 适用税率 − 速算扣除数或
=（全年收入总额 − 成本、费用以及损失）× 适用税率 − 速算扣除数

同居民个人综合所得应纳税额的计算一样，利用税法中给出的经营所得税率表，换算得到包含速算扣除数的经营所得适用税率表（见表 14－5）。

表 14－5　　经营所得个人所得税税率（含速算扣除数）

级数	全年应纳税所得额	税率（%）	速算扣除数
1	不超过 30000 元的部分	5	0
2	超过 30000 元至 90000 元的部分	10	1500
3	超过 90000 元至 300000 元的部分	20	10500
4	超过 300000 元至 500000 元的部分	30	40500
5	超过 500000 元的部分	35	65500

个体工商户应纳税所得额的计算，以权责发生制为原则，属于当期的收入和费用，不论款项是否收付，均作为当期的收入和费用；不属于当期的收入和费用，即使款项已经在当期收付，均不作为当期收入和费用。财政部、国家税务总局另有规定的除外。基本规定如下：

1. 计税基本规定。

（1）个体工商户的生产、经营所得，以每一纳税年度的收入总额，减除成本、费用、税金、损失、其他支出以及允许弥补的以前年度亏损后的余额，为应纳税所得额。

（2）个体工商户从事生产经营以及与生产经营有关的活动（以下简称生产经营）取得的货币形式和非货币形式的各项收入，为收入总额。包括：销售货物收入、提供劳务收入、转让财产收入、利息收入、租金收入、接受捐赠收入、其他收入。

前款所称其他收入包括个体工商户资产溢余收入、逾期一年以上的未退包装切押金收入、确实无法偿付的应付款项、已作坏账损失处理后又收回的应收款项、债务重组收入、补贴收入、违约金收入、汇兑收益等。

（3）成本，是指个体工商户在生产经营活动中发生的销售成本、销货成本、业务支出以及其他耗费。

（4）费用，是指个体工商户在生产经营活动中发生的销售费用、管理费用和财务费用，已经计入成本的有关费用除外。

（5）税金，是指个体工商户在生产经营活动中发生的除个人所得税和允许抵扣的增值税以外的各项税金及其附加。

（6）损失，是指个体工商户在生产经营活动中发生的固定资产和存货的盘亏、毁损、报废损失，转让财产损失，坏账损失，自然灾害等不可抗力因素造成的损失以及其他损失。

个体工商户发生的损失，减除责任人赔偿和保险赔款后的余额，参照财政部、国家税务总局有关企业资产损失税前扣除的规定扣除。

个体工商户已经作为损失处理的资产，在以后纳税年度又全部收回或者部分收回时，应当计入收回当期的收入。

（7）其他支出，是指除成本、费用、税金、损失外，个体工商户在生产经营活动中发生的与生产经营活动有关的、合理的支出。

（8）个体工商户发生的支出应当区分收益性支出和资本性支出。收益性支出在发生当期直接扣除；资本性支出应当分期扣除或者计入有关资产成本，不得在发生当期直接扣除。

前款所称支出，是指与取得收入直接相关的支出。

除税收法律法规另有规定外，个体工商户实际发生的成本、费用、税金、损失和其他支出，不得重复扣除。

（9）个体工商户下列支出不得扣除：个人所得税税款；税收滞纳金；罚金、罚款和被没收财物的损失；不符合扣除规定的捐赠支出；赞助支出；用于个人和家庭的支出；与取得生产经营收入无关的其他支出；国家税务总局规定不准扣除的支出。

（10）个体工商户生产经营活动中，应当分别核算生产经营费用和个人、家庭费用。对于生产经营与个人、家庭生活混用难以分清的费用，其40%视为与生产经营有关费用，准予扣除。

（11）个体工商户纳税年度发生的亏损，准予向以后年度结转，用以后年度的生产经营所得弥补，但结转年限最长不得超过五年。

（12）个体工商户使用或者销售存货，按照规定计算的存货成本，准予在计算应纳税所得额时扣除。

（13）个体工商户转让资产，该项资产的净值，准予在计算应纳税所得额时扣除。

（14）本办法所称亏损，是指个体工商户依照本办法规定计算的应纳税所得额小于0的数额。

（15）个体工商户与企业联营而分得的利润，按利息、股息、红利所得项目征收个人所得税。

（16）个体工商户和从事生产、经营的个人，取得与生产、经营活动无关的各项应税所得，应按规定分别计算征收个人所得税。

2. 扣除项目及标准。

（1）个体工商户实际支付给从业人员的、合理的工资薪金支出，准予扣除。

个体工商户业主的费用扣除标准，确定为60000元/年。

个体工商户业主的工资薪金支出不得税前扣除。

（2）个体工商户按照国务院有关主管部门或者省级人民政府规定的范围和标准为其业主和从业人员缴纳的基本养老保险费、基本医疗保险费、失业保险费、生育保险费、工伤保险费和住房公积金，准予扣除。

个体工商户为从业人员缴纳的补充养老保险费、补充医疗保险费，分别在不超过从业人员工资总额5%标准内的部分据实扣除；超过部分，不得扣除。

个体工商户业主本人缴纳的补充养老保险费、补充医疗保险费，以当地（地级市）上年度社会平均工资的3倍为计算基数，分别在不超过该计算基数5%标准内的部分据实扣除；超过部分，不得扣除。

（3）除个体工商户依照国家有关规定为特殊工种从业人员支付的人身安全保险费和财政部、国家税务总局规定可以扣除的其他商业保险费外，个体工商户业主本人或者为从业人员支付的商业保险费，不得扣除。

(4) 个体工商户在生产经营活动中发生的合理的不需要资本化的借款费用，准予扣除。

个体工商户为购置、建造固定资产、无形资产和经过12个月以上的建造才能达到预定可销售状态的存货发生借款的，在有关资产购置、建造期间发生的合理的借款费用，应当作为资本性支出计入有关资产的成本，并依照本办法的规定扣除。

(5) 个体工商户在生产经营活动中发生的下列利息支出，准予扣除：

向金融企业借款的利息支出；向非金融企业和个人借款的利息支出，不超过按照金融企业同期同类贷款利率计算的数额的部分。

(6) 个体工商户在货币交易中，以及纳税年度终了时将人民币以外的货币性资产、负债按照期末即期人民币汇率中间价折算为人民币时产生的汇兑损失，除已经计入有关资产成本部分外，准予扣除。

(7) 个体工商户向当地工会组织拨缴的工会经费、实际发生的职工福利费支出、职工教育经费支出分别在工资薪金总额的2%、14%、2.5%的标准内据实扣除。

工资薪金总额是指允许在当期税前扣除的工资薪金支出数额。

职工教育经费的实际发生数额超出规定比例当期不能扣除的数额，准予在以后纳税年度结转扣除。

个体工商户业主本人向当地工会组织缴纳的工会经费、实际发生的职工福利费支出、职工教育经费支出，以当地（地级市）上年度社会平均工资的3倍为计算基数，在本条第一款规定比例内据实扣除。

(8) 个体工商户发生的与生产经营活动有关的业务招待费，按照实际发生额的60%扣除，但最高不得超过当年销售（营业）收入的5‰。

业主自申请营业执照之日起至开始生产经营之日止所发生的业务招待费，按照实际发生额的60%计入个体工商户的开办费。

(9) 个体工商户每一纳税年度发生的与其生产经营活动直接相关的广告费和业务宣传费不超过当年销售（营业）收入15%的部分，可以据实扣除；超过部分，准予在以后纳税年度结转扣除。

(10) 个体工商户代其从业人员或者他人负担的税款，不得税前扣除。

(11) 个体工商户按照规定缴纳的摊位费、行政性收费、协会会费等，按实际发生数额扣除。

(12) 个体工商户根据生产经营活动的需要租入固定资产支付的租赁费，按照以下方法扣除：以经营租赁方式租入固定资产发生的租赁费支出，按照租赁期限均匀扣除；以融资租赁方式租入固定资产发生的租赁费支出，按照规定构成融资租入固定资产价值的部分应当提取折旧费用，分期扣除。

(13) 个体工商户参加财产保险，按照规定缴纳的保险费，准予扣除。

(14) 个体工商户发生的合理的劳动保护支出，准予扣除。

(15) 个体工商户自申请营业执照之日起至开始生产经营之日止所发生符合本

办法规定的费用，除为取得固定资产、无形资产的支出，以及应计入资产价值的汇兑损益、利息支出外，作为开办费，个体工商户可以选择在开始生产经营的当年一次性扣除，也可自生产经营月份起在不短于3年期限内摊销扣除，但一经选定，不得改变。

开始生产经营之日为个体工商户取得第一笔销售（营业）收入的日期。

（16）个体工商户通过公益性社会团体或者县级以上人民政府及其部门，用于《中华人民共和国公益事业捐赠法》规定的公益事业的捐赠，捐赠额不超过其应纳税所得额30%的部分可以据实扣除。

财政部、国家税务总局规定可以全额在税前扣除的捐赠支出项目，按有关规定执行。

个体工商户直接对受益人的捐赠不得扣除。

公益性社会团体的认定，按照财政部、国家税务总局、民政部有关规定执行。

（17）本办法所称赞助支出，是指个体工商户发生的与生产经营活动无关的各种非广告性质支出。

（18）个体工商户研究开发新产品、新技术、新工艺所发生的开发费用，以及研究开发新产品、新技术而购置单台价值在10万元以下的测试仪器和试验性装置的购置费准予直接扣除；单台价值在10万元以上（含10万元）的测试仪器和试验性装置，按固定资产管理，不得在当期直接扣除。

例14－4：某小型运输公司系个体工商户，账证健全，2019年12月取得经营收入为320000元，准许扣除的当月成本、费用（不含业主工资）及相关税金共计250600元。1—11月累计应纳税所得额88400元（未扣除业主费用减除标准），1—11月累计已预缴个人所得税10200元。除经营所得外，业主本人没有其他收入，且2019年全年均享受赡养老人一项专项附加扣除。不考虑专项扣除和符合税法规定的其他扣除，试计算该个体工商户就2019年度汇算清缴时应申请的个人所得税退税额。

解：纳税人取得经营所得，按年计算个人所得税，由纳税人在月度或季度终了后15日内，向经营管理所在地主管税务机关办理预缴纳税申报；在取得所得的次年3月31日前，向经营管理所在地主管税务机关办理汇算清缴。因此，按照税收法律、法规和文件规定，先计算全年应纳税所得额，再计算全年应纳税额。并根据全年应纳税额和当年已预缴税额计算出当年度应补（退）税额。

（1）全年应纳税所得额 $=320000-250600+88400-60000-24000$

$=73800$（元）

（2）全年应缴纳个人所得税 $=73800\times10\%-1500=5880$（元）

（3）该个体工商户2019年度应申请的个人所得税退税额 $=10200-5880$

$=4320$（元）

对个人独资企业和合伙企业生产经营所得，其个人所得税应纳税额的计算有以下两种方法：一是查账征税；二是核定征收。

（四）利息、股息、红利所得的计税方法

1. 计税依据。利息、股息、红利所得以个人每次收入额为应纳税所得额，不扣除任何费用。即除特殊规定外，每次收入额直接就是应纳税所得额。上述的每次收入，是指支付单位或个人每次支付利息、红利时个人所取得的收入。其中，储蓄存款利息，1999 年 1 月前免征个人所得税。根据国务院 1999 年 9 月 30 日《对储蓄存款利息所得征收个人所得税的实施办法》的规定，从中国境内的储蓄机构取得的人民币、外币储蓄存款利息所得的个人，应当缴纳个人所得税。《实施办法》还规定，储蓄存款在 1999 年 10 月 31 日前孳生的利息所得，不征收个人所得税；储蓄存款在 1999 年 11 月 1 日以后孳生的利息所得，征收个人所得税。自 2007 年 8 月 15 日起，存款利息所得税减按 5% 的税率征收，2008 年 10 月 9 日起，存款利息所得暂免征收个人所得税。

对企业和个人取得的 2012 年及以后年度发行的地方政府债券利息收入，免征企业所得税和个人所得税。地方政府债券是指经国务院批准同意，以省、自治区、直辖市、计划单列市政府为发行和偿还主体的债券。

2. 上市公司股息红利差别化个人所得税的有关规定和计算方法。

（1）个人从公开发行和转让市场取得的上市公司股票，持股期限超过 1 年的，股息红利所得暂免征收个人所得税。

个人从公开发行和转让市场取得的上市公司股票，持股期限在 1 个月以内（含 1 个月）的，其股息红利所得全额计入应纳税所得额；持股期限在 1 个月以上至 1 年（含 1 年）的，暂减按 50% 计入应纳税所得额；股息红利所得统一适用 20% 的税率计征个人所得税。

（2）上市公司派发股息红利时，对个人持股 1 年以内（含 1 年）的，上市公司暂不扣缴个人所得税；待个人转让股票时，证券登记结算公司根据其持股期限计算应纳税额，由证券公司等股份托管机构从个人资金账户中扣收并划付证券登记结算公司，证券登记结算公司应于次月 5 个工作日内划付上市公司，上市公司在收到税款当月的法定申报期内向主管税务机关申报缴纳。

上市公司派发股息红利，股权登记日在 2015 年 9 月 8 日之后的，股息红利所得按照该通知的规定执行，该规定从 2015 年 9 月 8 日起执行。

（3）个人转让股票时，按照先进先出的原则计算持股期限，即证券账户中先取得的股票视为先转让。

3. 应纳税额的计算方法。利息、股息、红利所得适用 20% 的比例税率。其应纳税额的计算公式为：

应纳税额 = 应纳税所得额（每次收入额）× 税率

（五）财产租赁所得的计税方法

1. 计税依据的一般规定。

财产租赁所得一般以个人每次收入定额或定率减除规定费用后的余额为应纳税所得额。每次收入不超过 4000 元的，定额减除费用 800 元；每次收入在 4000 元以上的，定率减除20%的费用。财产租赁所得以一个月内取得的收入为一次。

2. 计税依据的特殊规定。个人出租财产取得的财产租赁收入，在计算缴纳个人所得税时，应依次扣除以下费用：

（1）财产租赁过程中缴纳的税费。纳税人在出租财产过程中缴纳的税金和教育费附加，可持完税（缴款）凭证，从其财产租赁收入中扣除。

（2）向出租方支付的租金。取得转租收入的个人向房屋出租方支付的租金，凭房屋租赁合同和合法支付凭据允许在计算个人所得税时，从该项转租收入中扣除。

（3）由纳税人负担的该出租财产实际开支的修缮费用。准予扣除的项目除了前述项目外，还准予扣除能够提供有效、准确凭证，证明由纳税人负担的该出租财产实际开支的修缮费用。允许扣除的修缮费用，以每次800元为限。一次扣除不完的，准予在下一次继续扣除，直到扣完为止。

3. 税法规定的费用扣除标准。应纳税所得额的计算公式为：

（1）每次（月）收入不超过4000元的：

应纳税所得额 = 每次（月）收入额 − 准予扣除项目 − 修缮费用（800元为限）−800元

（2）每次（月）收入超过4000元的：

应纳税所得额 = [每次（月）收入额 − 准予扣除项目 − 修缮费用（800元为限）] ×（1 − 20%）

4. 应纳税额的计算方法。财产租赁所得适用20%的比例税率。但对个人按市场价格出租的居民住房取得的所得，自2001年1月1日起暂减按10%的税率征收个人所得税。其应纳税额的计算公式为：

应纳税额 = 应纳税所得额 × 适用税率

例14−5：李某于上年1月将自有房屋出租给王某居住，租期一年。该居民每月取得的租金收入扣除与出租活动相关税费后的收入为1500元，全年共计18000元。

解：（1）每月应纳税额 =（1500 − 800）×10% = 70（元）

（2）全年共计应纳税额 = 70 × 12 = 840（元）

上例中，如果当年2月份因下水道堵塞找人修理，发生修理费用400元，有维修部门开具的正式收据，则2月份的应纳税额为：应纳税额 =（1500 − 400 − 800）×10% = 30（元）

全年共计应纳税额 = 70 × 11 + 30 = 800（元）

（六）财产转让所得的计税方法

1. 计税依据。财产转让所得以个人转让财产的收入减除财产原值和合理费用后的余额为应纳税所得额。财产转让所得中允许减除的财产原值是指：（1）有价证券。其原值为买入价及买入时按照有关规定交纳的有关费用；（2）建筑物。其原值为建造或者购进价格以及其他有关费用；（3）土地使用权。其原值为取得土地使用权所支付的金额、开发土地的费用以及其他有关费用；（4）机器设备、车船。其原值为购进价格、运输费、安装费以及其他有关费用；（5）其他财产。其原值参照以上方法确定。

纳税人如未提供完整、准确的财产原值凭证，不能正确计算财产原值的，由主管税务机关核定其财产原值。

财产转让所得中允许减除的合理费用，是指转让财产时按照规定支付的有关费用。

财产转让所得应纳税所得额的计算公式为：

应纳税所得额 = 每次收入额 - 财产原值 - 合理费用

2. 应纳税额的计算方法。财产转让所得适用20%的比例税率。其应纳税额的计算公式为：

应纳税额 = 应纳税所得额 × 适用税率

例14-6：某居民于本年2月将一台复印机转让给本市某企业，取得转让收入120000元。其购进时原价为100000元，转让时支付有关费用500元。试计算该居民应纳的个人所得税。

解：（1）应纳税所得额 = 120000 - 100000 - 500 = 19500（元）

（2）应纳税额 = 19500 × 20% = 3900（元）

（七）偶然所得的计税方法

1. 计税依据。偶然所得以个人每次收入额为应纳税所得额，不扣除任何费用。除有特殊情况规定外，每次收入额就是应纳税所得额，以每次取得该项收入为一次。

2. 应纳税额的计算方法。偶然所得适用20%的比例税率。其应纳税额的计算公式为：

应纳税额 = 应纳税所得额（每次收入额） × 适用税率

第四节　个人所得税税额计算中的特殊征税规定

一、全年一次性奖金、中央企业负责人年度绩效薪金延期兑现收入和任期奖励的征税规定

全年一次性奖金是指行政机关、企事业单位等扣缴义务人根据其全年经济效益和对雇员全年工作业绩的综合考核情况，向雇员发放的一次性奖金。一次性奖金也包括年终加薪、实行年薪制和绩效工资办法的单位根据考核情况兑现的年薪和绩效工资。

居民个人取得全年一次性奖金，在2021年12月31日前，可选择不并入当年综合所得，按以下计税办法，由扣缴义务人发放时代扣代缴：将居民个人取得的全年一次性奖金，除以12个月，按其商数依照按月换算后的综合所得税率表确定适用税率和速算扣除数（见表14-6）。

表 14－6 按月换算后的综合所得税率表

级数	全月应纳税所得额	税率（%）	速算扣除数
1	不超过 3000 元的	3	0
2	超过 3000 元至 12000 元的部分	10	210
3	超过 12000 元至 25000 元的部分	20	1410
4	超过 25000 元至 35000 元的部分	25	2660
5	超过 35000 元至 55000 元的部分	30	4410
6	超过 55000 元至 80000 元的部分	35	7160
7	超过 80000 元的部分	45	15160

在一个纳税年度内，对每一个纳税人，该计税办法只允许采用一次。

实行年薪制和绩效工资的单位，居民个人取得年终兑现的年薪和绩效工资按上述方法执行。居民个人取得全年一次性奖金，也可以选择并入当年综合所得计算纳税。

居民个人取得除全年一次性奖金以外的其他各种名目奖金，如半年奖、季度奖、加班奖、先进奖、考勤奖等，一律与当月工资、薪金收入合并，按税法规定缴纳个人所得税。

自 2022 年 1 月 1 日起，居民个人取得全年一次性奖金，应并入当年综合所得计算缴纳个人所得税。

例 14－7：假定中国居民个人李某 2019 年在我国境内 1—12 月每月的税后工资为 3800 元，12 月 31 日又一次性领取年终含税奖金 60000 元。试计算李某取得年终奖金应缴纳的个人所得税。

解：（1）年终奖金适用的税率和速算扣除数为：

按 12 个月分摊后，根据工资、薪金七级超额累进税率的规定，适用的税率和速算扣除数分别为 10%、210 元。

（2）年终奖应缴纳个人所得税为：应纳税额＝年终奖金收入×适用的税率－速算扣除数＝60000×10%－210＝6000－210＝5790（元）

二、企事业单位将自建住房以低于购置或建造成本价格销售给职工的征税规定

（一）根据住房制度改革政策的有关规定，国家机关、企事业单位及其他组织（以下简称单位）在住房制度改革期间，按照所在地县级以上人民政府规定的房改成本价格向职工出售公有住房，职工因支付的房改成本价格低于房屋建造成本价格或市场价格而取得的差价收益，免征个人所得税。

（二）除上述符合规定的情形外，根据《中华人民共和国个人所得税法》及其实施条例的有关规定，单位按低于购置或建造成本价格出售住房给职工，职工因此而少支出的差价部分，不并入当年综合所得，以差价收入除以 12 个月得到的数额，按照月度税率表（表 14－7）确定适用税率和速算扣除数，单独计算纳税。

计算公式为：

应纳税额＝职工实际支付的购房价款低于该房屋的购置或建造成本价格的差额×适用税率－速算扣除数

其中"差价部分"，是指职工实际支付的购房价款低于该房屋的购置或建造成本价格的差额。

（三）对职工取得的上述应税所得，比照《国家税务总局关于调整个人取得全年一次性奖金等计算征收个人所得税方法问题的通知》（国税发〔2005〕9号）规定的全年一次性奖金的征税办法计算征收个人所得税。此前未征税款不再追征，已征税款不予退还。

三、房屋赠与个人的征税规定

房屋产权所有人将房屋产权无偿赠与他人的，受赠人因无偿受赠房屋取得的受赠收入，按照"偶然所得"项目计算缴纳个人所得税。按照《财政部国家税务总局关于个人无偿受赠房屋有关个人所得税问题的通知》（财税〔2009〕78号）第一条规定，符合以下情形的，对当事双方不征收个人所得税：

（一）房屋产权所有人将房屋产权无偿赠与配偶、父母、子女、祖父母、外祖父母、孙子女、外孙子女、兄弟姐妹。

（二）房屋产权所有人将房屋产权无偿赠与对其承担直接抚养或者赡养义务的抚养人或者赡养人。

（三）房屋产权所有人死亡，依法取得房屋产权的法定继承人、遗嘱继承人或者受遗赠人。

前款所称受赠收入的应纳税所得额按照《财政部国家税务总局关于个人无偿受赠房屋有关个人所得税问题的通知》（财税〔2009〕78号）第四条规定计算。

四、个人取得公务交通、通信补贴收入的征税规定

个人因公务用车和通信制度改革而取得的公务用车、通信补贴收入，扣除一定标准的公务费用后，按照"工资、薪金所得"项目计征个人所得税。按月发放的，并入当月"工资、薪金所得"计征个人所得税；不按月发放的，分解到所属月份并与该月份"工资、薪金所得"合并后计征个人所得税。

公务费用扣除标准，由省级税务局根据纳税人公务交通、通信费用实际发生情况调查测算，报经省级人民政府批准后确定，并报国家税务总局备案。

五、个人因解除劳动合同取得经济补偿金的征税规定

根据《财政部国家税务总局关于个人与用人单位解除劳动关系取得的一次性补偿收入征免个人所得税问题的通知》（财税〔2001〕157号）和《国家税务总局关于国有企业职工因解除劳动合同取得一次性补偿收入征免个人所得税问题的通知》（国税发〔2000〕77号）精神，自2001年10月1日起，按以下规定处理：

（一）企业依照国家有关法律规定宣告破产，企业职工从该破产企业取得的一次性安置费收入，免征个人所得税。

（二）个人因与用人单位解除劳动关系而取得的一次性补偿收入（包括用人单位发放的经济补偿金、生活补助费和其他补助费用），其收入在当地上年职工平均工资3倍数额以内的部分，免征个人所得税；超过3倍数额的部分，不并入当年综合所得，单独适用综合所得税率表（见表14－1或表14－3）计算纳税。个人在解除劳动合同后又再次任职、受雇的，已纳税的一次性补偿收入不再与再次任职、受雇的工资薪金所得合并计算补缴个人所得税。

（三）个人领取一次性补偿收入时按照国家和地方政府规定的比例实际缴纳的住房公积金、医疗保险费、基本养老保险费、失业保险费，可以在计征其一次性补偿收入的个人所得税时予以扣除。

六、企业减员增效和行政事业单位、社会团体在机构改革过程中实行内部退养办法人员取得收入的征税规定

实行内部退养的个人在其办理内部退养手续后至法定离退休年龄之间从原任职单位取得的工资、薪金，不属于离退休工资，应按“工资、薪金所得”项目计征个人所得税，个人在办理内部退养手续后从原任职单位取得的一次性收入，应按办理内部退养手续后至法定离退休年龄之间的所属月份进行平均，并与领取当月的“工资、薪金”所得合并后减除当月费用扣除标准，以余额为基数确定适用税率，再将当月工资、薪金加上取得的一次性收入，减去费用扣除标准，按适用税率计征个人所得税。

个人在办理内部退养手续后至法定离退休年龄之间重新就业取得的“工资、薪金”所得，应与其从原任职单位取得的同一月份的“工资、薪金”所得合并，并依法自行向主管税务机关申报缴纳个人所得税。

七、个人提前退休取得补贴收入的征税规定

自2019年1月1日起，个人提前退休取得一次性补贴收入征收个人所得税按以下规定执行：个人办理提前退休手续而取得的一次性补贴收入，应按照办理提前退休手续至法定离退休年龄之间实际年度数平均分摊，确定适用税率和速算扣除数，单独适用综合所得税率表（见表14－3），计算纳税。计算公式：

应纳税额＝［（一次性补贴收入÷办理提前退休手续至法定退休年龄的实际年度数）－费用扣除标准×适用税率－速算扣除数］×办理提前退休手续至法定退休年龄的实际年度数

八、企业年金、职业年金的征税规定

企业年金，是指根据2017年12月18日人社部和财政部联合颁布《企业年金办法》的规定，企业及其职工在依法参加基本养老保险的基础上，自愿建立的补充养

老保险制度。职业年金是指根据《事业单位职业年金办法》（国办发〔2015〕18号）的规定，事业单位及其工作人员在依法参加基本养老保险的基础上，建立的补充养老保险制度。

企业年金和职业年金个人所得税的计算征收按以下规定执行：

（一）企业和事业单位（以下统称单位）根据国家有关政策规定的办法和标准，为在本单位任职或者受雇的全体职工缴付的企业年金或职业年金（以下统称年金）单位缴费部分，在计入个人账户时，个人暂不缴纳个人所得税。

（二）个人根据国家有关政策规定缴付的年金个人缴费部分，在不超过本人缴费工资计税基数的4%标准内的部分，暂从个人当期的应纳税所得额中扣除。

（三）超过上述第1项和第2项规定的标准缴付的年金单位缴费和个人缴费部分，应并入个人当期的工资、薪金所得，依法计征个人所得税。税款由建立年金的单位代扣代缴，并向主管税务机关申报解缴。

（四）企业年金个人缴费工资计税基数为本人上一年度月平均工资。月平均工资按国家统计局规定列入工资总额统计的项目计算。月平均工资超过职工工作地所在设区城市上一年度职工月平均工资300%以上的部分，不计入个人缴费工资计税基数。

职业年金个人缴费工资计税基数为职工岗位工资和薪级工资之和。职工岗位工资和薪级工资之和超过职工工作地所在设区城市上一年度职工月平均工资300%以上的部分，不计入个人缴费工资计税基数。

九、办理补充养老保险退保和提供担保的征税规定

（一）单位为个人办理补充养老保险退保后个人所得税的处理

单位为职工个人购买商业性补充养老保险等，在办理投保手续时应作为个人所得税的“工资、薪金所得”项目，按税法规定缴纳个人所得税；因各种原因退保，个人未取得实际收入的，已缴纳的个人所得税应予以退回。

（二）个人提供担保取得收入征收个人所得税

个人为单位或他人提供担保获得报酬，应按照《个人所得税法》规定的“偶然所得”项目缴纳个人所得税，税款由支付所得的单位或个人代扣代缴。

十、关于商业健康保险的征税规定

（一）自2017年7月1日起，对个人购买符合规定的商业健康保险产品的支出，允许在当年（月）计算应纳税所得额时予以税前扣除，扣除限额为2400元/年（200元/月）。单位统一为员工购买符合规定的商业健康保险产品的支出，应分别计入员工个人工资薪金，视同个人购买，按上述限额予以扣除。

（二）适用商业健康保险税收优惠政策的纳税人，是指取得工资薪金所得、连续性劳务报酬所得的个人，以及取得个体工商户生产经营所得、对企事业单位的承包承租经营所得的个体工商户业主、个人独资企业投资者、合伙企业合伙人和承包

承租经营者。

（三）符合规定的商业健康保险产品，是指保险公司参照个人税收优惠型健康保险产品指引框架及示范条款开发的、符合下列条件的健康保险产品：

1. 健康保险产品采取具有保障功能并设立有最低保证收益账户的万能险方式，包含医疗保险和个人账户积累两项责任。被保险人个人账户由其所投保的保险公司负责管理维护。

2. 被保险人为16周岁以上、未满法定退休年龄的纳税人群。保险公司不得因被保险人既往病史拒保，并保证续保。

3. 医疗保险保障责任范围包括被保险人医保所在地基本医疗保险基金支付范围内的自付费用及部分基本医疗保险基金支付范围外的费用，费用的报销范围、比例和额度由各保险公司根据具体产品特点自行确定。

4. 同一款健康保险产品，可依据被保险人的不同情况，设置不同的保险金额，具体保险金额下限由保监会规定。

5. 健康保险产品坚持“保本微利”原则，对医疗保险部分的简单赔付率低于规定比例的，保险公司要将实际赔付率与规定比例之间的差额部分返还到被保险人的个人。

（四）根据目标人群已有保障项目和保障需求的不同，符合规定的健康保险产品共有三类，分别适用于：

1. 对公费医疗或基本医疗保险报销后个人负担的医疗费用有报销意愿的人群。

2. 对公费医疗或基本医疗保险报销后个人负担的特定大额医疗费用有报销意愿的人群。

3. 未参加公费医疗或基本医疗保险，对个人负担的医疗费用有报销意愿的人群。

（五）税收征管措施

1. 单位统一组织为员工购买或者单位和个人共同负担购买符合规定的商业健康保险产品，单位负担部分应当实名计入个人工资薪金明细清单，视同个人购买，并自购买产品次月起，在不超过200元/月的标准内按月扣除。一年内保费金额超过2400元的部分，不得税前扣除。以后年度续保时，按上述规定执行。个人自行退保时，应及时告知扣缴单位。个人相关退保信息保险公司应及时传递给税务机关。

2. 取得工资薪金所得或连续性劳务报酬所得的个人，自行购买符合规定的商业健康保险产品的，应当及时向代扣代缴单位提供保单凭证。扣缴单位自个人提交保单凭证的次月起，在不超过200元/月的标准内按月扣除。一年内保费金额超过2400元的部分，不得税前扣除。以后年度续保时，按上述规定执行。个人自行退保时，应及时告知扣缴义务人。

3. 个体工商户业主、企事业单位承包承租经营者、个人独资和合伙企业投资者自行购买符合条件的商业健康保险产品的，在不超过2400元/年的标准内据实扣除。一年内保费金额超过2400元的部分，不得税前扣除。以后年度续保时，按上述规定执行。

十一、个人兼职和退休人员再任职取得收入的征税规定

个人兼职取得的收入应按照“劳务报酬所得”应税项目缴纳个人所得税；退休人员再任职取得的收入，在减除按个人所得税法规定的费用扣除标准后，按“工资、薪金所得”应税项目缴纳个人所得税。

十二、企业促销展业赠送礼品的征税规定

企业在业务宣传、广告等活动中，随机向本单位以外的个人赠送礼品（包括网络红包，下同），以及企业在年会、座谈会、庆典以及其他活动中向本单位以外的个人赠送礼品，个人取得的礼品收入，按照“偶然所得”项目计算缴纳个人所得税，但企业赠送的具有价格折扣或折让性质的消费券、代金券、抵用券、优惠券等礼品除外。

前款所称礼品收入的应纳税所得额按照《财政部国家税务总局关于企业促销展业赠送礼品有关个人所得税问题的通知》（财税〔2011〕50 号）第三条规定计算。

十三、企业为股东个人购买汽车的征税规定

企业为股东购买车辆并将车辆所有权办到股东个人名下，其实质为企业对股东进行了红利性质的实物分配，应按照“利息、股息、红利所得”项目征收个人所得税。考虑到该股东个人名下的车辆同时也为企业经营使用的实际情况，允许合理减除部分所得；减除的具体数额由主管税务机关根据车辆的实际使用情况合理确定。

十四、企业资金为个人购房的征税规定

（一）个人取得以下情形的房屋或其他财产，不论所有权人是否将财产无偿或有偿交付企业使用，其实质均为企业对个人进行了实物性质的分配，应依法计征个人所得税。

1. 企业出资购买房屋及其他财产，将所有权登记为投资者个人、投资者家庭成员或企业其他人员的。

2. 企业投资者个人、投资者家庭成员或企业其他人员向企业借款用于购买房屋及其他财产，将所有权登记为投资者、投资者家庭成员或企业其他人员，且借款年度终了后未归还借款的。

（二）对个人独资企业、合伙企业的个人投资者或其家庭成员取得的上述所得，视为企业对个人投资者的利润分配，按照“个体工商户的生产、经营所得”项目计征个人所得税；对除个人独资企业、合伙企业以外其他企业的个人投资者或其家庭成员取得的上述所得，视为企业对个人投资者的红利分配，按照“利息、股息、红利”所得项目计征个人所得税；对企业其他人员取得的上述所得，按照“工资、薪金”所得项目计征个人所得税。

十五、个人取得拍卖收入的征税规定

（一）自2007年5月1日起，个人通过拍卖市场拍卖个人财产，对其取得所得按以下规定征税：

1. 作者将自己的文字作品手稿原件或复印件拍卖取得的所得，应以其转让收入额减除800元（转让收入额4000元以下）或者20%（转让收入额4000元以上）后的余额为应纳税所得额，按照“特许权使用费”所得项目适用20%税率缴纳个人所得税。

2. 个人拍卖除文字作品原稿及复印件外的其他财产，应以其转让收入额减除财产原值和合理费用后的余额为应纳税所得额，按照“财产转让所得”项目适用20%税率缴纳个人所得税。

（二）对个人财产拍卖所得征收个人所得税时，以该项财产最终拍卖成交价格为其转让收入额。

（三）个人财产拍卖所得适用“财产转让所得”项目计算应纳税所得额时，纳税人凭合法有效凭证（税务机关监制的正式发票、相关境外交易单据或海关报关单据、完税证明等），从其转让收入额中减除相应的财产原值、拍卖财产过程中缴纳的税金及有关合理费用。

1. 财产原值，是指售出方个人取得该拍卖品的价格（以合法有效凭证为准）。具体为：通过商店、画廊等途径购买的，为购买该拍卖品时实际支付的价款；通过拍卖行拍得的，为拍得该拍卖品实际支付的价款及缴纳的相关税费；通过祖传收藏的，为其收藏该拍卖品而发生的费用；通过赠送取得的，为其受赠该拍卖品时发生的相关税费；通过其他形式取得的，参照以上原则确定财产原值。

2. 拍卖财产过程中缴纳的税金，是指在拍卖财产时纳税人实际缴纳的相关税金及附加。

3. 有关合理费用，是指拍卖财产时纳税人按照规定实际支付的拍卖费（佣金）、鉴定费、评估费、图录费、证书费等费用。

（四）纳税人如不能提供合法、完整、准确的财产原值凭证，不能正确计算财产原值的，按转让收入额的3%征收率计算缴纳个人所得税；拍卖品为经文物部门认定是海外回流文物的，按转让收入额的2%征收率计算缴纳个人所得税。

（五）纳税人的财产原值凭证内容填写不规范，或者一份财产原值凭证包括多件拍卖品且无法确认每件拍卖品一一对应的原值的，不得将其作为扣除财产原值的计算依据，应视为不能提供合法、完整、准确的财产原值凭证，并按上述规定的征收率计算缴纳个人所得税。

（六）纳税人能够提供合法、完整、准确的财产原值凭证，但不能提供有关税费凭证的，不得按征收率计算纳税，应当就财产原值凭证上注明的金额据实扣除，并按照税法规定计算缴纳个人所得税。

（七）个人财产拍卖所得应纳的个人所得税税款，由拍卖单位负责代扣代缴，并按规定向拍卖单位所在地主管税务机关办理纳税申报。

（八）拍卖单位代扣代缴个人财产拍卖所得应纳的个人所得税税款时，应给纳税人填开完税凭证，并详细标明每件拍卖品的名称、拍卖成交价格、扣缴税款额。

（九）主管税务机关应加强对个人财产拍卖所得的税收征管工作，在拍卖单位举行拍卖活动期间派工作人员进入拍卖现场，了解拍卖的有关情况，宣传辅导有关税收政策，审核鉴定原值凭证和费用凭证，督促拍卖单位依法代扣代缴个人所得税。

十六、个人以非货币资产投资的征税规定

（一）个人以非货币性资产投资，属于个人转让非货币性资产和投资同时发生。对个人转让非货币性资产的所得，应按照“财产转让所得”项目，依法计算缴纳个人所得税。非货币性资产，是指现金、银行存款等货币性资产以外的资产，包括股权、不动产、技术发明成果以及其他形式的非货币性资产。非货币性资产投资，包括以非货币性资产出资设立新的企业，以及以非货币性资产出资参与企业增资扩股、定向增发股票、股权置换、重组改制等投资行为。

（二）个人以非货币性资产投资，应按评估后的公允价值确认非货币性资产转让收入。非货币性资产转让收入减除该资产原值及合理税费后的余额为应纳税所得额。

非货币性资产原值为纳税人取得该项资产时实际发生的支出。纳税人无法提供完整、准确的非货币性资产原值凭证，不能正确计算非货币性资产原值的，主管税务机关可依法核定其非货币性资产原值。

合理税费是指纳税人在非货币性资产投资过程中发生的与资产转移相关的税金及合理费用。纳税人以股权投资的，该股权原值确认等相关问题依照《股权转让所得个人所得税管理办法（试行）》（国家税务总局公告 2014 年第 67 号发布）有关规定执行。

（三）个人以非货币性资产投资，应于非货币性资产转让、取得被投资企业股权时，确认非货币性资产转让收入的实现。个人应在发生上述应税行为的次月 15 日内向主管税务机关申报纳税。纳税人一次性缴税有困难的，可合理确定分期缴纳计划并报主管税务机关备案后，自发生上述应税行为之日起不超过 5 个公历年度内（含）分期缴纳个人所得税。

（四）个人以非货币性资产投资交易过程中取得现金补价的，现金部分应优先用于缴税；现金不足以缴纳的部分，可分期缴纳。个人在分期缴税期间转让其持有的上述全部或部分股权，并取得现金收入的，该现金收入应优先用于缴纳尚未缴清的税款。

个人以非货币性资产投资享受分期缴税的政策自 2015 年 4 月 1 日起施行，对 2015 年 4 月 1 日之前发生的个人非货币性资产投资，尚未进行税收处理且自发生上述应税行为之日起期限未超过 5 年的，可在剩余的期限内分期缴纳其应纳税款。

（五）非货币性资产投资个人所得税以发生非货币性资产投资行为并取得被投资企业股权的个人为纳税人。非货币性资产投资个人所得税由纳税人向主管税务机

关自行申报缴纳。纳税人以不动产投资的，以不动产所在地地税机关为主管税务机关；纳税人以其持有的企业股权对外投资的，以该企业所在地地税机关为主管税务机关；纳税人以其他非货币资产投资的，以被投资企业所在地税务机关为主管税务机关。

十七、个人终止投资经营收回款项的征税规定

（一）个人因各种原因终止投资、联营、经营合作等行为，从被投资企业或合作项目、被投资企业的其他投资者以及合作项目的经营合作人取得股权转让收入、违约金、补偿金、赔偿金及以其他名目收回的款项等，均属于个人所得税应税收入，应按照财产转让所得计算缴纳个人所得税。

（二）应纳税所得额的计算公式如下：

应纳税所得额＝个人取得的股权转让收入、违约金、补偿金、赔偿金及以其他名目收回款项合计数－原实际出资额（投入额）及相关税费

应纳税额＝应纳税所得额×20%

十八、个人因购买和处置债权取得所得的征税规定

（一）根据《个人所得税法》及有关规定，个人通过招标、竞拍或其他方式购置债权以后，通过相关司法或行政程序主张债权而取得的所得，应按照“财产转让所得”项目缴纳个人所得税。

（二）个人通过上述方式取得“打包”债权，只处置部分债权的，其应纳税所得额按以下方式确定：

1. 以每次处置部分债权的所得，作为一次财产转让所得征税。

2. 其应税收入按照个人取得的货币资产和非货币资产的评估价值或市场价值的合计数确定。

3. 所处置债权成本费用（即财产原值），按下列公式计算：

当次处置债权成本费用＝个人购置“打包”债权实际支出×当次处置债权账面价值（或拍卖机构公布价值）÷“打包”债权账面价值（或拍卖机构公布价值）

4. 个人购买和处置债权过程中发生的拍卖招标手续费、诉讼费、审计评估费以及缴纳的税金等合理税费，在计算个人所得税时允许扣除。

十九、纳税人收回转让的股权的征税规定

（一）股权转让合同履行完毕、股权已作变更登记，且所得已经实现的，转让人取得的股权转让收入应当依法缴纳个人所得税。转让行为结束后，当事人双方签订并执行解除原股权转让合同、退回股权的协议，是另一次股权转让行为，对前次转让行为征收的个人所得税款不予退回。

（二）股权转让合同未履行完毕，因执行仲裁委员会作出的解除股权转让合同及补充协议的裁决、停止执行原股权转让合同，并原价收回已转让股权的，由于其

股权转让行为尚未完成、收入未完全实现，随着股权转让关系的解除，股权收益不复存在，根据《个人所得税法》和《税收征收管理法》的有关规定，以及从行政行为合理性原则出发，纳税人不应缴纳个人所得税。

二十、个人转让限售股的征税规定

自2010年1月1日起，对个人转让限售股取得的所得，按照“财产转让所得”，适用20%的比例税率征收个人所得税。

（一）限售股定义范围

1. 上市公司股权分置改革完成后股票复牌日之前股东所持原非流通股股份，以及股票复牌日至解禁日期间由上述股份孳生的送、转股（以下统称股改限售股）。

2. 2006年股权分置改革新老划断后，首次公开发行股票并上市的公司形成的限售股，以及上市首日至解禁日期间由上述股份孳生的送、转股（以下统称新股限售股）。

3. 个人从机构或其他个人受让的未解禁限售股。

4. 个人因依法继承或家庭财产依法分割取得的限售股。

5. 个人持有的从代办股份转让系统转到主板市场（或中小板、创业板市场）的限售股。

6. 上市公司吸收合并中，个人持有的原被合并方公司限售股所转换的合并方公司股份。

7. 上市公司分立中，个人持有的被分立方公司限售股所转换的分立后公司股份。

8. 财政部、国家税务总局、法制办和证监会共同确定的其他限售股。

（二）限售股在解禁前被多次转让的，转让方对每一次转让所得均应按规定缴纳个人所得税

对具有下列情形的，应按规定征收个人所得税：

1. 个人通过证券交易所集中交易系统或大宗交易系统转让限售股。

2. 个人用限售股认购或申购交易型开放式指数基金（ETF）份额。

3. 个人用限售股接受要约收购。

4. 个人行使现金选择权将限售股转让给提供现金选择权的第三方。

5. 个人协议转让限售股。

6. 个人持有的限售股被司法扣划。

7. 个人用限售股偿还上市公司股权分置改革中由大股东代其向流通股股东支付的对价。

8. 其他具有转让实质的情形。

（三）应纳税额的计算

一般规则：个人转让限售股，以每次限售股转让收入，减除股票原值和合理税费后的余额为应纳税所得额。即：

应纳税所得额 = 限售股转让收入 -（限售股原值 + 合理税费）

应纳税额 = 应纳税所得额 ×20%

上述所称限售股转让收入，是指转让限售股股票实际取得的收入。限售股原值，是指限售股买入时的买入价及按照规定缴纳的有关费用。合理税费，是指转让限售股过程中发生的印花税、佣金、过户费等与交易相关的税费。

如果纳税人未能提供完整、真实的限售股原值凭证的，不能准确计算限售股原值的，主管税务机关一律按限售股转让收入的15%核定限售股原值及合理税费。

二十一、企业改组改制过程中个人取得量化资产的征税规定

（一）对职工个人以股份形式取得的量化资产仅作为分红依据，不拥有所有权的企业量化资产，不征收个人所得税。

（二）对职工个人以股份形式取得的拥有所有权的企业量化资产，暂缓征收个人所得税；待个人将股份转让时，就其转让收入额，减除个人取得该股份时实际支付的费用支出和合理转让费用后的余额，按“财产转让所得”项目计征个人所得税。

（三）对职工个人以股份形式取得的企业量化资产参与企业分配而获得的股息、红利，应按“利息、股息、红利”项目征收个人所得税。

二十二、个人转让全国中小企业股份转让系统（以下简称新三板）挂牌公司股票的征税规定

（一）自2018年11月1日（含）起，对个人转让新三板挂牌公司非原始股取得的所得，暂免征收个人所得税。

所称非原始股是指个人在新三板挂牌公司挂牌后取得的股票，以及由上述股票孳生的送、转股。

（二）对个人转让新三板挂牌公司原始股取得的所得，按照“财产转让所得”，适用20%的比例税率征收个人所得税。所称原始股是指个人在新三板挂牌公司挂牌前取得的股票，以及在该公司挂牌前和挂牌后由上述股票孳生的送、转股。

（三）2019年9月1日之前，个人转让新三板挂牌公司原始股的个人所得税，征收管理办法按照现行股权转让所得有关规定执行，以股票受让方为扣缴义务人，由被投资企业所在地税务机关负责征收管理。

自2019年9月1日（含）起，个人转让新三板挂牌公司原始股的个人所得税，以股票托管的证券机构为扣缴义务人，由股票托管的证券机构所在地主管税务机关负责征收管理。

二十三、个人投资者收购企业股权后将原盈余积累转增股本的征税规定

根据《个人所得税法》及有关规定，对个人投资者收购企业股权后，将企业原有盈余积累转增股本有关个人所得税征收规定如下：

（一）一名或多名个人投资者以股权收购方式取得被收购企业100%股权，股权收购前，被收购企业原账面金额中的“资本公积、盈余公积、未分配利润”等盈余积累未转增股本，而在股权交易时将其一并计入股权转让价格并履行了所得税纳税义务。股权收购后，企业将原账面金额中的盈余积累向个人投资者（新股东，下同）转增股本，有关个人所得税问题区分以下情形处理：

1. 新股东以不低于净资产价格收购股权的，企业原盈余积累已全部计入股权交易价格，新股东取得盈余积累转增股本的部分，不征收个人所得税。

2. 新股东以低于净资产价格收购股权的，企业原盈余积累中，对于股权收购价格减去原股本的差额部分已经计入股权交易价格，新股东取得盈余积累转增股本的部分，不征收个人所得税；对于股权收购价格低于原所有者权益的差额部分未计入股权交易价格，新股东取得盈余积累转增股本的部分，应按照“利息、股息、红利所得”项目征收个人所得税。

新股东以低于净资产价格收购企业股权后转增股本，应按照下列顺序进行，即：先转增应税的盈余积累部分，然后再转增免税的盈余积累部分。

（二）新股东将所持股权转让时，其财产原值为其收购企业股权实际支付的对价及相关税费。

（三）企业发生股权交易及转增股本等事项后，应在次月15日内，将股东及其股权变化情况、股权交易前原账面记载的盈余积累数额、转增股本数额及扣缴税款情况报告主管税务机关。

（四）该规定自2013年6月7日起施行。此前尚未处理的涉税事项按该规定执行。

二十四、企业转增股本的征税规定

（一）股份制企业用资本公积金转增股本不属于股息、红利性质的分配，对个人取得的转增股本数额，不作为个人所得，不征收个人所得税。这里所表述的不征税“资本公积金”是指股份制企业股票溢价发行收入所形成的资本公积金。将此转增股本由个人取得的数额，不作为应税所得征收个人所得税。而与此不相符合的其他资本公积金分配个人所得部分，应当依法征收个人所得税。

（二）股份制企业用盈余公积金派发红股属于股息、红利性质的分配，对个人取得的红股数额，应作为个人所得征税。

（三）自2016年1月1日起，全国范围内的中小高新技术企业（未上市或未在新三板挂牌交易的）以未分配利润、盈余公积、资本公积向个人股东转增股本时，个人股东一次缴纳个人所得税确有困难的，可根据实际情况自行制定分期缴税计划，在不超过5个公历年度内（含）分期缴纳，并将有关资料报主管税务机关备案。

1. 个人股东获得转增的股本，应按照“利息、股息、红利所得”项目，适用20%税率征收个人所得税。

2. 股东转让股权并取得现金收入的，该现金收入应优先用于缴纳尚未缴清的税款。

3. 在股东转让该部分股权之前，企业依法宣告破产，股东进行相关权益处置后没有取得收益或收益小于初始投资额的，主管税务机关对其尚未缴纳的个人所得税可不予追征。

这里所称的中小高新技术企业，是指注册在中国境内实行查账征收的、经认定取得高新技术企业资格，且年销售额和资产总额均不超过2亿元、从业人数不超过500人的企业。

（四）非上市及未在全国中小企业股份转让系统挂牌的其他企业转增股本，应及时代扣代缴个人所得税。

（五）上市公司、上市中小高新技术企业及在新三板挂牌的中小高新技术企业向个人股东转增股本（不含以股票发行溢价形成的资本公积转增股本），股东应纳的个人所得税，继续按照现行有关股息红利差别化个人所得税政策执行，即：

1. 持股期限超过1年的，股息红利所得暂免征收个人所得税。

2. 持股期限在1个月以内（含）的，其股息红利所得全额计入应纳税所得额。

3. 持股期限在1个月以上至1年（含）的，暂减按50%计入应纳税所得额。

需要注意的是：企业向个人转赠股本，根据上述规定，有3种不同情况的征税规则：一是个人取得上市（含新三板，下同）企业转赠的股本（不含以股票发行溢价形成的资本公积转增股本），执行股息红利差别化税收政策；二是个人取得非上市或没有在新三板挂牌交易的中小高新技术企业转赠股本，并符合上述第3项中所述条件的，可在5年内分期纳税；三是个人从非上市其他企业转赠股本，应一次性按“利息、股息、红利所得”计缴税款。

二十五、个人股票期权所得的征税规定

（一）股票期权所得

企业员工股票期权（以下简称股票期权）是指上市公司按照规定的程序授予本公司及其控股企业员工的一项权利，该权利允许被授权员工在未来时间内以某一特定价格购买本公司一定数量的股票。

上述“某一特定价格”被称为“授予价”或“施权价”，即根据股票期权计划可以购买股票的价格，一般为股票期权授予日的市场价格或该价格的折扣价格，也可以是按照事先设定的计算方法约定的价格；“授予日”，也称“授权日”，是指公司授予员工上述权利的日期；“行权”，也称“执行”，是指员工根据股票期权计划选择购买股票的过程；员工行使上述权利的当日为“行权日”，也称“购买日”。

（二）股票期权所得性质的确认及其具体征税规定

1. 员工接受实施股票期权计划企业授予的股票期权时，除另有规定外，一般不作为应税所得征税。

2. 员工行权时，其从企业取得股票的实际购买价（施权价）低于购买日公平市

场价（指该股票当日的收盘价，下同）的差额，是因员工在企业的表现和业绩情况而取得的与任职、受雇有关的所得，应按“工资、薪金所得”适用的规定计算缴纳个人所得税。

对因特殊情况，员工在行权日之前将股票期权转让的，以股票期权的转让净收入，作为工资、薪金所得征收个人所得税。股票期权的转让净收入，一般是指股票期权转让收入。如果员工以折价购入方式取得股票期权的，可以股票期权转让收入扣除折价购入股票期权时实际支付的价款后的余额，作为股票期权的转让净收入。

员工行权日所在期间的工资、薪金所得，应按下列公式计算工资、薪金应纳税所得额：

股票期权形式的工资、薪金应纳税所得额 =（行权股票的每股市场价 - 员工取得该股票期权支付的每股施权价）×股票数量

公式中“员工取得该股票期权支付的每股施权价”，一般是指员工行使股票期权购买股票实际支付的每股价格。如果员工以折价购入方式取得股票期权的，上述施权价可包括员工折价购入股票期权时实际支付的价格。

3. 员工将行权后的股票再转让时获得的高于购买日公平市场价的差额，是因个人在证券二级市场上转让股票等有价证券而获得的所得，应按照“财产转让所得”适用的征免规定计算缴纳个人所得税。

4. 员工因拥有股权而参与企业税后利润分配取得的所得，应按照“利息、股息、红利所得”适用的规定计算缴纳个人所得税。

（三）工资、薪金所得境内外来源划分

根据税法有关规定，需对员工因参加企业股票期权计划而取得的工资、薪金所得确定境内或境外来源的，应按照该员工据以取得上述的工资、薪金所得的境内、外工作期间月份数比例计算划分。该境、内外工作期间月份总数是指员工按企业股票期权计划规定，在可行权以前须履行工作义务的月份总数。

（四）应纳税款的计算

1. 认购股票所得（行权所得）的税款计算。员工因参加股票期权计划而从中国境内取得的所得，按规定应按工资、薪金所得计算纳税的，在 2021 年 12 月 31 日前，对该股票期权形式的工资、薪金所得不并入当年综合所得，全额单独适用综合所得税率表（见表 14 - 1 或表 14 - 3），计算纳税。计算公式为：

应纳税额 = 股权激励收入 × 适用税率 - 速算扣除数

居民个人一个纳税年度内取得两次以上（含两次）股权激励的，应合并按上述规定计算纳税。

2. 转让股票（销售）取得所得的税款计算。对于员工转让股票等有价证券取得的所得，应按现行税法和政策规定征免个人所得税。即：个人将行权后的境内上市公司股票再行转让而取得的所得，暂不征收个人所得税；个人转让境外上市公司的股票而取得的所得，应按税法的规定计算应纳税所得额和应纳税额，依法缴纳税款。

3. 参与税后利润分配取得所得的税款计算。员工因拥有股权参与税后利润分配

而取得的股息、红利所得，除依照有关规定可以免税或减税的外，应全额按规定税率计算纳税。

二十六、完善股权激励和技术入股的征税规定

（一）对符合条件的非上市公司股票期权、股权期权、限制性股票和股权奖励实行递延纳税政策。

所称股票（权）期权是指公司给予激励对象在一定期限内以事先约定的价格购买本公司股票（权）的权利；所称限制性股票是指公司按照预先确定的条件授予激励对象一定数量的本公司股权，激励对象只有工作年限或业绩目标符合股权激励计划规定条件的才可以处置该股权；所称股权奖励是指企业无偿授予激励对象一定份额的股权或一定数量的股份。

1. 非上市公司授予本公司员工的股票期权、股权期权、限制性股票和股权奖励，符合规定条件的，经向主管税务机关备案，可实行递延纳税政策，即员工在取得股权激励时可暂不纳税，递延至转让该股权时纳税；股权转让时，按照股权转让收入减除股权取得成本以及合理税费后的差额，适用“财产转让所得”项目，按照20%的税率计算缴纳个人所得税。

股权转让时，股票（权）期权取得成本按行权价确定，限制性股票取得成本按实际出资额确定，股权奖励取得成本为零。

2. 享受递延纳税政策的非上市公司股权激励（包括股票期权、股权期权、限制性股票和股权奖励，下同）须同时满足以下条件：

（1）属于境内居民企业的股权激励计划。

（2）股权激励计划经公司董事会、股东（大）会审议通过。未设股东（大）会的国有单位，经上级主管部门审核批准。股权激励计划应列明激励目的、对象、标的、有效期、各类价格的确定方法、激励对象获取权益的条件、程序等。

（3）激励标的应为境内居民企业的本公司股权。股权奖励的标的可以是技术成果投资入股到其他境内居民企业所取得的股权。激励标的股票（权）包括通过增发、大股东直接让渡以及法律法规允许的其他合理方式授予激励对象的股票（权）。

（4）激励对象应为公司董事会或股东（大）会决定的技术骨干和高级管理人员，激励对象人数累计不得超过本公司最近6个月在职职工平均人数的30%。

（5）股票（权）期权自授予日起应持有满3年，且自行权日起持有满1年；限制性股票自授予日起应持有满3年，且解禁后持有满1年；股权奖励自获得奖励之日起应持有满3年。上述时间条件须在股权激励计划中列明。

（6）股票（权）期权自授予日至行权日的时间不得超过10年。

（7）实施股权奖励的公司及其奖励股权标的公司所属行业均不属于《股权奖励税收优惠政策限制性行业目录》范围。公司所属行业按公司上一纳税年度主营业务收入占比最高的行业确定。

3. 股权激励计划所列内容不同时满足上述第（2）款规定的全部条件，或递延纳税期间公司情况发生变化，不再符合上述第（2）款第 4 至 6 项条件的，不得享受递延纳税优惠，应按规定计算缴纳个人所得税。

4. 全国中小企业股份转让系统挂牌公司按照上述规定执行。

（二）对上市公司股票期权、限制性股票和股权奖励适当延长纳税期限

1. 上市公司授予个人的股票期权、限制性股票和股权奖励，经向主管税务机关备案，个人可自股票期权行权、限制性股票解禁或取得股权奖励之日起，在不超过 12 个月的期限内缴纳个人所得税。

2. 上市公司股票期权、限制性股票应纳税款的计算，继续按照《财政部国家税务总局关于个人股票期权所得征收个人所得税问题的通知》（财税〔2005〕35 号）、《财政部国家税务总局关于股票增值权所得和限制性股票所得征收个人所得税有关问题的通知》（财税〔2009〕5 号）、《国家税务总局关于股权激励有关个人所得税问题的通知》（国税函〔2009〕461 号）等相关规定执行。股权奖励应纳税款的计算比照上述规定执行。

3. 这里的上市公司是指其股票在上海证券交易所、深圳证券交易所上市交易的股份有限公司。

（三）对技术成果投资入股实施选择性税收优惠政策

技术成果是指专利技术（含国防专利）、计算机软件著作权、集成电路布图设计专有权、植物新品种权、生物医药新品种，以及科技部、财政部、国家税务总局确定的其他技术成果。

技术成果投资入股，是指纳税人将技术成果所有权让渡给被投资企业、取得该企业股票（权）的行为。

1. 个人以技术成果投资入股到境内居民企业，被投资企业支付的对价全部为股票（权）的，可选择继续按现行有关税收政策执行，也可选择适用递延纳税优惠政策。

选择技术成果投资入股递延纳税政策的，经向主管税务机关备案，投资入股当期可暂不纳税，允许递延至转让股权时，按股权转让收入减去技术成果原值和合理税费后的差额计算缴纳所得税。

2. 个人选择适用上述任一项政策，均允许被投资企业按技术成果投资入股时的评估值入账并在企业所得税前摊销扣除。

（四）相关政策

1. 个人从任职受雇企业以低于公平市场价格取得股票（权）的，凡不符合递延纳税条件，应在获得股票（权）时，对实际出资额低于公平市场价格的差额，按照“工资、薪金所得”项目，在 2021 年 12 月 31 日前，该部分收入不并入当年综合所得，全额单独适用综合所得税率表（表 14－1 或表 14－3），按照下列公式和要求计算扣缴其个人所得税：

应纳税额＝股权激励收入×适用税率－速算扣除数

居民个人一个纳税年度内取得两次以上（含两次）股权激励的，应合并按上述

公式计税。

2. 个人因股权激励、技术成果投资入股取得股权后，非上市公司在境内上市的，处置递延纳税的股权时，按照现行限售股有关征税规定执行。

3. 个人转让股权时，视同享受递延纳税优惠政策的股权优先转让。递延纳税的股权成本按照加权平均法计算，不与其他方式取得的股权成本合并计算。

4. 持有递延纳税的股权期间，因该股权产生的转增股本收入，以及以该递延纳税的股权再进行非货币性资产投资的，应在当期缴纳税款。

二十七、保险营销员、证券经纪人佣金收入的征税规定

保险营销员、证券经纪人取得的佣金收入，属于劳务报酬所得，自 2019 年 1 月 1 日起，以不含增值税的收入减除 20% 的费用后的余额为收入额，收入额减去展业成本以及附加税费后，并入当年综合所得，计算缴纳个人所得税。保险营销员、证券经纪人展业：成本按照收入额的 25% 计算。

扣缴义务人向保险营销员、证券经纪人支付佣金收入时，应按照《个人所得税扣缴申报管理办法（试行）》（国家税务总局公告 2018 年第 61 号）规定的累计预扣法计算预扣税款。

二十八、境外所得已纳税款的征税规定

在对纳税人的境外所得征税时，会存在其境外所得已在来源国家或者地区缴税的实际情况。基于国家之间对同一所得应避免双重征税的原则，我国在对纳税人的境外所得行使税收管辖权时，对该所得在境外已纳税额采取了分不同情况从应征税额中予以扣除的做法。

税法规定，居民个人从中国境外取得的所得，可以从其应纳税额中抵免已在境外缴纳的个人所得税，但抵免额不得超过该纳税人境外所得依照本法规定计算的已纳税额。

对这条规定需要解释的是：

（一）税法所说的已在境外缴纳的个人所得税税额，是指居民个人来源于中国境外的所得，依照该所得来源国家（地区）的法律应当缴纳并且实际已经缴纳的所得税税额。

（二）税法所说的纳税人境外所得依照规定计算的应纳税额，是居民个人抵免已在境外缴纳的综合所得、经营所得以及其他所得的所得税税额的限额（以下简称抵免限额）。除国务院财政、税务主管部门另有规定外，来源于中国境外一个国家（地区）的综合所得抵免限额、经营所得抵免限额以及其他所得抵免限额之和，为来源于该国家（地区）所得的抵免限额。

居民个人在中国境外一个国家（地区）实际已缴的个人所得税税额，低于依照前款规定计算出的来源于该国家（地区）所得的抵免限额的，应当在中国缴纳差额部分的税款；超过来源于该国家（地区）所得的抵免限额的，其超过部分不得在本

纳税年度的应纳税额中抵免，但是可以在以后纳税年度来源于该国家（地区）所得的抵免限额的余额中补扣。补扣期限最长不得超过五年。

（三）居民个人申请抵免已在境外缴纳的个人所得税税额，应当提供境外税务机关出具的税款所属年度的有关纳税凭证。

第五节 个人所得税的减免税

《个人所得税法》及其实施条例以及财政部、国家税务总局的若干规定等，都对个人所得项目给予了减税免税的优惠，主要有：

一、免征个人所得税的优惠

（一）省级人民政府、国务院部委和中国人民解放军军以上单位，以及外国组织颁发（颁布）的科学、教育、技术、文化、卫生、体育、环境保护等方面的奖金（奖学金）。

（二）国债和国家发行的金融债券利息。国债利息，是指个人持有中华人民共和国财政部发行的债券而取得的利息所得和2012年及以后年度发行的地方政府债券（以省、自治区、直辖市和计划单列市政府为发行和偿还主体）利息所得；国家发行的金融债券利息，是指个人持有经国务院批准发行的金融债券而取得的利息所得。

（三）按照国家统一规定发给的补贴、津贴。按照国家统一规定发给的补贴、津贴，是指按照国务院规定发给的政府特殊津贴、院士津贴，以及国务院规定免予缴纳个人所得税的其他补贴、津贴。

（四）福利费、抚恤金、救济金。福利费，是指根据国家有关规定，从企业、事业单位、国家机关、社会团体提留的福利费或者工会经费中支付给个人的生活补助费；救济金，指各级人民政府民政部门支付给个人的生活困难补助费。

（五）保险赔款。

（六）军人的转业费、复员费。对退役士兵按照《退役士兵安置条例》规定，取得的一次性退役金以及地方政府发放的一次性经济补助，免征个人所得税。

（七）按照国家统一规定发给干部、职工的安家费、退职费、退休工资、离休工资、离休生活补助费。

（八）依照我国有关法律规定应予免税的各国驻华使馆、领事馆的外交代表、领事官员其他人员的所得。

上述“所得”，是指依照《中华人民共和国外交特权与豁免条例》和《中华人民共和国领事特权与豁免条例》规定免税的所得。

（九）中国政府参加的国际公约以及签订的协议中规定免税的所得。

（十）对乡、镇（含乡、镇）以上人民政府或经县（含县）以上人民政府主管部门批准成立的有机构、有章程的见义勇为基金或者类似性质组织，奖励见义勇为者的奖金或奖品，经主管税务机关核准，免征个人所得税。

（十一）企业和个人按照省级以上人民政府规定的比例缴付的住房公积金、医疗保险金、基本养老保险金、失业保险金，允许在个人应纳税所得额中扣除，免予征收个人所得税。超过规定的比例缴付的部分并入个人当期的工资、薪金收入，计征个人所得税。

个人领取原提存的住房公积金、医疗保险金、基本养老保险金时，免予征收个人所得税。

对按照国家或省级地方政府规定的比例缴付的住房公积金、医疗保险金、基本养老保险金和失业保险金存入银行个人账户所取得的利息收入，免征个人所得税。

（十二）对个人取得的教育储蓄存款利息所得以及国务院财政部门确定的其他专项储蓄存款或者储蓄性专项基金存款的利息所得，免征个人所得税。自 2008 年 10 月 9 日起，对居民储蓄存款利息，暂免征收个人所得税。

（十三）储蓄机构内从事代扣代缴工作的办税人员取得的扣缴利息税手续费所得，免征个人所得税。

（十四）生育妇女按照县级以上人民政府根据国家有关规定制定的生育保险办法，取得的生育津贴、生育医疗费或其他属于生育保险性质的津贴、补贴，免征个人所得税。

（十五）对工伤职工及其近亲属按照《工伤保险条例》规定取得的工伤保险待遇，免征个人所得税。工伤保险待遇，包括工伤职工按照该条例规定取得的一次性伤残补助金、伤残津贴、一次性工伤医疗补助金、一次性伤残就业补助金、工伤医疗待遇、住院伙食补助费、外地就医交通食宿费用、工伤康复费用、辅助器具费用、生活护理费等，以及职工因工死亡，其近亲属按照该条例规定取得的丧葬补助金、供养亲属抚恤金和一次性工亡补助金等。

（十六）对个体工商户或个人，以及个人独资企业和合伙企业从事种植业、养殖业、饲养业和捕捞业（以下简称“四业”），取得的“四业”所得暂不征收个人所得税。

（十七）个人举报、协查各种违法、犯罪行为而获得的奖金。

（十八）个人办理代扣代缴税款手续，按规定取得的扣缴手续费。

（十九）个人转让自用达 5 年以上并且是唯一的家庭居住用房取得的所得。

（二十）对按《国务院关于高级专家离休退休若干问题的暂行规定》和《国务院办公厅关于杰出高级专家暂缓离休审批问题的通知》精神，达到离休、退休年龄，但确因工作需要，适当延长离休、退休年龄的高级专家，其在延长离休、退休期间的工资、薪金所得，视同退休工资、离休工资免征个人所得税。

（二十一）外籍个人从外商投资企业取得的股息、红利所得。

（二十二）凡符合下列条件之一的外籍专家取得的工资、薪金所得可免征个人所得税：

1. 根据世界银行专项贷款协议由世界银行直接派往我国工作的外国专家。

2. 联合国组织直接派往我国工作的专家。

3. 为联合国援助项目来华工作的专家。

4. 援助国派往我国专为该国无偿援助项目工作的专家，除工资、薪金外，其取得的生活津贴也免税。

5. 根据两国政府签订文化交流项目来华工作 2 年以内的文教专家，其工资、薪金所得由该国负担的。此外，外国来华文教专家，在我国服务期间，由我方发工资、薪金，并对其住房、使用汽车、医疗实行免费“三包”，可只就工资、薪金所得按照税法规定征收个人所得税；对我方免费提供的住房、使用汽车、医疗，可免予计算纳税。

6. 根据我国大专院校国际交流项目来华工作 2 年以内的文教专家，其工资、薪金所得由该国负担的。

7. 通过民间科研协定来华工作的专家，其工资、薪金所得由该国政府机构负担的。

（二十三）股权分置改革中非流通股股东通过对价方式向流通股股东支付的股份、现金等收入，暂免征收流通股股东应缴纳的个人所得税。

（二十四）对被拆迁人按照国家有关城镇房屋拆迁管理办法规定的标准取得的拆迁补偿款（含因棚户区改造而取得的拆迁补偿款），免征个人所得税。

（二十五）对个人投资者从投保基金公司取得的行政和解金，暂免征收个人所得税。

（二十六）对个人转让上市公司股票取得的所得暂免征收个人所得税。自 2008 年 10 月 9 日起，对证券市场个人投资者取得的证券交易结算资金利息所得，暂免征收个人所得税，即证券市场个人投资者的证券交易结算资金在 2008 年 10 月 9 日后（含 10 月 9 日）孳生的利息所得，暂免征收个人所得税。

（二十七）个人从公开发行和转让市场取得的上市公司股票，持股期限超过 1 年的，股息红利所得暂免征收个人所得税。个人从公开发行和转让市场取得的上市公司股票，持股期限在 1 个月以内（含 1 个月）的，其股息红利所得全额计入应纳税所得额；持股期限在 1 个月以上至 1 年（含 1 年）的，暂减按 50% 计入应纳税所得额；上述所得统一适用 20% 的税率计征个人所得税。本规定自 2015 年 9 月 8 日起施行。

全国中小企业股份转让系统挂牌公司股息红利差别化个人所得税政策也按上述政策执行。

（二十八）个人取得的下列中奖所得，暂免征收个人所得税：

1. 单张有奖发票奖金所得不超过 800 元（含 800 元）的，暂免征收个人所得税；个人取得单张有奖发票奖金所得超过 800 元的，应全额按照个人所得税法规定的“偶然所得”征收个人所得税。

2. 购买社会福利有奖募捐奖券、体育彩票一次中奖收入不超过 10000 元的暂免征收个人所得税，对一次中奖收入超过 10000 元的，应按税法规定全额征税。

（二十九）乡镇企业的职工和农民取得的青苗补偿费，属种植业的收益范围，同时，也属经济损失的补偿性收入，暂不征收个人所得税。

（三十）对由亚洲开发银行支付给我国公民或国民（包括为亚行执行任务的专家）的薪金和津贴，凡经亚洲开发银行确认这些人员为亚洲开发银行雇员或执行项目专家的，其取得的符合我国税法规定的有关薪金和津贴等报酬，免征个人所得税。

（三十一）自原油期货对外开放之日起，对境外个人投资者投资中国境内原油期货取得的所得，三年内暂免征收个人所得税。

（三十二）自 2018 年 1 月 1 日至 2020 年 12 月 31 日，对易地扶贫搬迁贫困人口按规定取得的住房建设补助资金、拆旧复垦奖励资金等与易地扶贫搬迁相关的货币化补偿和易地扶贫搬迁安置住房（以下简称安置住房），免征个人所得税。

（三十三）经国务院财政部门批准免税的所得。

二、减征个人所得税的优惠

有下列情形之一的，可以减征个人所得税，具体幅度和期限，由省、自治区、直辖市人民政府规定，并报同级人民代表大会常务委员会备案：

（一）残疾、孤老人员和烈属的所得。

（二）因严重自然灾害造成重大损失的。

（三）国务院可以规定其他减税情形，报全国人民代表大会常务委员会备案。

第六节　个人所得税的征收管理

个人所得税的纳税办法，全国通用实行的有自行申报纳税和全员全额扣缴申报纳税两种。此外，税收征管法还对无法查账征收的纳税人规定了核定征收的方式，其中，核定征收由各地税务局依据自身情况制定当地实施细则。

一、自行申报纳税

自行申报纳税，是由纳税人自行在税法规定的纳税期限内，向税务机关申报取得的应税所得项目和数额，如实填写个人所得税纳税申报表，并按照税法规定计算应纳税额，据此缴纳个人所得税的一种方法。

（一）有下列情形之一的，纳税人应当依法办理纳税申报

1. 取得综合所得需要办理汇算清缴。

2. 取得应税所得没有扣缴义务人。

3. 取得应税所得，扣缴义务人未扣缴税款。

4. 取得境外所得。

5. 因移居境外注销中国户籍。

6. 非居民个人在中国境内从两处以上取得工资、薪金所得。

7. 国务院规定的其他情形。

（二）取得综合所得需要办理汇算清缴的纳税申报

取得综合所得且符合下列情形之一的纳税人，应当依法办理汇算清缴：

1. 从两处以上取得综合所得，且综合所得年收入额减除专项扣除后的余额超过6万元。

2. 取得劳务报酬所得、稿酬所得、特许权使用费所得中一项或者多项所得，且综合所得年收入额减除专项扣除的余额超过6万元。

3. 纳税年度内预缴税额低于应纳税额。

4. 纳税人申请退税。

需要办理汇算清缴的纳税人，应当在取得所得的次年3月1日至6月30日内，向任职、受雇单位所在地主管税务机关办理纳税申报，并报送《个人所得税年度自行纳税申报表》。纳税人有两处以上任职、受雇单位的，选择向其中一处任职、受雇单位所在地主管税务机关办理纳税申报；纳税人没有任职、受雇单位的，向户籍所在地或经常居住地主管税务机关办理纳税申报。

纳税人办理综合所得汇算清缴，应当准备与收入、专项扣除、专项附加扣除、依法确定的其他扣除、捐赠、享受税收优惠等相关的资料，并按规定留存备查或报送。

纳税人办理汇算清缴退税或者扣缴义务人为纳税人办理汇算清缴退税的，税务机关审核后，按照国库管理的有关规定办理退税。纳税人申请退税时提供的汇算清缴信息有错误的，税务机关应当告知其更正；纳税人更正的，税务机关应当及时办理退税。纳税人申请退税，应当提供其在中国境内开设的银行账户，并在汇算清缴地就地办理税款退库。

（三）取得经营所得的纳税申报

个体工商户业主、个人独资企业投资者、合伙企业个人合伙人、承包承租经营者个人以及其他从事生产、经营活动的个人取得经营所得，包括以下情形：

1. 个体工商户从事生产、经营活动取得的所得，个人独资企业投资人、合伙企业的个人合伙人来源于境内注册的个人独资企业、合伙企业生产、经营的所得。

2. 个人依法从事办学、医疗、咨询以及其他有偿服务活动取得的所得。

3. 个人对企业、事业单位承包经营、承租经营以及转包、转租取得的所得。

4. 个人从事其他生产、经营活动取得的所得。纳税人取得经营所得，按年计算个人所得税，由纳税人在月度或季度终了后15日内，向经营管理所在地主管税务机关办理预缴纳税申报。

（四）取得应税所得，扣缴义务人未扣缴税款的纳税申报

纳税人取得应税所得，扣缴义务人未扣缴税款的，应当区别以下情形办理纳税申报：

1. 居民个人取得综合所得的，且符合前述自行申报纳税第（一）项所述情形的，应当依法办理汇算清缴。

2. 非居民个人取得工资、薪金所得，劳务报酬所得，稿酬所得，特许权使用费所得的，应当在取得所得的次年6月30日前，向扣缴义务人所在地主管税务机关办理纳税申报。有两个以上扣缴义务人均未扣缴税款的，选择向其中一处扣缴义务人所在地主管税务机关办理纳税申报。

非居民个人在次年6月30日前离境（临时离境除外）的，应当在离境前办理纳税申报。

3. 纳税人取得利息、股息、红利所得，财产租赁所得，财产转让所得和偶然所得的，应当在取得所得的次年6月30日前，按相关规定向主管税务机关办理纳税申报。

税务机关通知限期缴纳的，纳税人应当按照期限缴纳税款。

纳税人取得应税所得没有扣缴义务人的，应当在取得所得的次月十五日内报送纳税申报表，并缴纳税款。

（五）取得境外所得的纳税申报

居民个人从中国境外取得所得的，应当在取得所得的次年3月1日至6月30日内，向中国境内任职、受雇单位所在地主管税务机关办理纳税申报；在中国境内没有任职、受雇单位的，向户籍所在地或中国境内经常居住地主管税务机关办理纳税申报；户籍所在地与中国境内经常居住地不一致的，选择其中一地主管税务机关办理纳税申报；在中国境内没有户籍的，向中国境内经常居住地主管税务机关办理纳税申报。

（六）因移居境外注销中国户籍的纳税申报

纳税人因移居境外注销中国户籍的，应当在申请注销中国户籍前，向户籍所在地主管税务机关办理纳税申报，进行税款清算。

二、全员全额扣缴申报纳税

税法规定：扣缴义务人向个人支付应税款项时，应当依照个人所得税法规定预扣或者代扣税款，按时缴库，并专项记载备查。

全员全额扣缴申报，是指扣缴义务人应当在代扣税款的次月十五日内，向主管税务机关报送其支付所得的所有个人的有关信息、支付所得数额、扣除事项和数额、扣缴税款的具体金额和总额以及其他相关涉税信息资料。自2019年1月1日，对扣缴义务人和代扣预扣税款的范围、不同项目所得扣缴方法、扣缴义务人的义务及应承担的责任等内容做了明确规定。

（一）扣缴义务人和代扣预扣税款的范围

1. 扣缴义务人，是指向个人支付所得的单位或者个人。所称支付，包括现金支付、汇拨支付、转账支付和以有价证券、实物以及其他形式的支付。

2. 实行个人所得税全员全额扣缴申报的应税所得包括：（1）工资、薪金所得。（2）劳务报酬所得。（3）稿酬所得。（4）特许权使用费所得。（5）利息、股息、红利所得。（6）财产租赁所得。（7）财产转让所得。（8）偶然所得。

扣缴义务人应当依法办理全员全额扣缴申报。

（二）不同项目所得扣缴方法

1. 扣缴义务人向居民个人支付工资、薪金所得时，应当按照累计预扣法计算预扣税款，并按月办理扣缴申报。

累计预扣法，是指扣缴义务人在一个纳税年度内预扣预缴税款时，以纳税人在本单位截至当前月份工资、薪金所得累计收入减除累计免税收入、累计减除费用、累计专项扣除、累计专项附加扣除和累计依法确定的其他扣除后的余额为累计预扣预缴应纳税所得额，适用居民个人工资、薪金所得预扣预缴率表（见表14－7），计算累计应预扣预缴税额，再减除累计减免税额和累计已预扣预缴税额，其余额为本期应预扣预缴税额。余额为负值时，暂不退税。纳税年度终了后余额仍为负值时，由纳税人通过办理综合所得年度汇算清缴，税款多退少补。具体计算公式如下：

本期应预扣预缴税额 =（累计预扣预缴应纳税所得额 × 预扣率 － 速算扣除数）－累计减免税额 － 累计已预扣预缴税额

累计预扣预缴应纳税所得额 = 累计收入 － 累计免税收入 － 累计减除费用 － 累计专项扣除 － 累计专项附加扣除 － 累计依法确定的其他扣除

其中：累计减除费用，按照5000元/月乘以纳税人当年截至本月在本单位的任职受雇月份数计算。

表14－7　　居民个人工资、薪金预扣预缴率表

级数	累计预扣预缴应纳税所得额	预扣税率（%）	速算扣除数
1	不超过36000元的	3	0
2	超过36000元至144000元的部分	10	2520
3	超过144000元至300000元的部分	20	16920
4	超过300000元至420000元的部分	25	31920
5	超过420000元至660000元的部分	30	52920
6	超过660000元至960000元的部分	35	85920
7	超过960000元的部分	45	181920

居民个人向扣缴义务人提供有关信息并依法要求办理专项附加扣除的，扣缴义务人应当按照规定在工资、薪金所得按月预扣预缴税款时予以扣除，不得拒绝。

年度预扣预缴税额与年度应纳税额不一致的，由居民个人于次年3月1日至6月30日向主管税务机关办理综合所得年度汇算清缴，税款多退少补。

例14－8：某居民个人2019年每月取得工资收入10000元，每月缴纳社保费用和住房公积金1500元，该居民个人全年均享受住房贷款利息专项附加扣除，试计算该居民个人的工资薪金扣缴义务人2019年每月应代扣代缴的税款金额。

解：（1）2019年1月

累计预扣预缴应纳税所得额 = 累计收入 － 累计免税收入 － 累计基本减除费用 － 累计专项扣除 － 累计专项附加扣除 － 累计依法确定的其他扣除 = 10000 － 5000 － 1500 － 1000 = 2500（元）

本期应预扣预缴税额 = 2500 × 3% - 0 = 75（元）

（2）2019 年 2 月

累计预扣预缴应纳税所得额 = 累计收入 - 累计免税收入 - 累计基本减除费用 - 累计专项扣除 - 累计专项附加扣除 - 累计依法确定的其他扣除 = 20000 - 10000 - 3000 - 2000 = 5000（元）

本期应预扣预缴税额 =（5000 × 3% - 0）- 累计减免税额 - 累计已预扣预缴税额 = 150 - 75 = 75（元）

（3）2019 年 12 月

累计预扣预缴应纳税所得额 = 累计收入 - 累计免税收入 - 累计基本减除费用 - 累计专项扣除 - 累计专项附加扣除 - 累计依法确定的其他扣除 = 120000 - 60000 - 18000 - 12000 = 30000（元）

本期应预扣预缴税额 =（30000 × 3% - 0）- 累计减免税额 - 累计已预扣预缴税额 = 900 - 75 × 11 = 75（元）

2. 扣缴义务人向居民个人支付劳务报酬所得、稿酬所得、特许权使用费所得时，应当按照以下方法按次或者按月预扣预缴税款：

（1）劳务报酬所得、稿酬所得、特许权使用费所得以收入减除费用后的余额为收入额；其中，稿酬所得的收入额减按 70% 计算。

（2）减除费用：预扣预缴税款时，劳务报酬所得、稿酬所得、特许权使用费所得每次收入不超过四千元的，减除费用按八百元计算；每次收入四千元以上的，减除费用按收入的 20% 计算。

（3）应纳税所得额：劳务报酬所得、稿酬所得、特许权使用费所得，以每次收入额为预扣预缴应纳税所得额，计算应预扣预缴税额。劳务报酬所得适用居民个人劳务报酬所得预扣预缴率表（见表 14 - 8），稿酬所得、特许权使用费所得适用 20% 的比例预扣率。

（4）预扣预缴税额计算公式：

劳务报酬所得应预扣预缴税额 = 预扣预缴应纳税所得额 × 预扣率 - 速算扣除数

稿酬所得、特许权使用费所得应预扣预缴税额 = 预扣预缴应纳税所得额 × 20%

表 14 - 8　　居民个人劳务报酬所得预扣预缴率表

级数	预扣预缴应纳税所得额	预扣率（%）	速算扣除数
1	不超过 20000 元	20	0
2	超过 20000 元至 50000 元的部分	30	2000
3	超过 50000 元的部分	40	7000

居民个人办理年度综合所得汇算清缴时，应当依法计算劳务报酬所得、稿酬所得、特许权使用费所得的收入额，并入年度综合所得计算应纳税款，税款多退少补。

例 14 - 9：歌星王某一次取得表演收入 40000 元，扣除 20% 的费用后，应纳税所得额为 32000 元。试计算其应预扣预缴个人所得税税额。

解：应预扣预缴税额 = 预扣预缴应纳税所得额 ×（1 - 20%）× 预扣率 - 速算扣除数 = 40000 ×（1 - 20%）× 30% - 2000 = 7600（元）

例 14 - 10：某作家为居民个人，2019 年 3 月取得一次未扣除个人所得税的稿酬收入 20000 元，试计算其应预扣预缴的个人所得税税额。

解：应预扣预缴税额 = 预扣预缴应纳税所得额 ×（1 - 30%）× 预扣率 = 20000 ×（1 - 20%）×（1 - 30%）× 20% = 2240（元）

3. 非居民个人取得工资、薪金所得，劳务报酬所得，稿酬所得和特许权使用费所得，有扣缴义务人的，由扣缴义务人按月或者按次代扣代缴税款，不办理汇算清缴。

扣缴义务人向非居民个人支付工资、薪金所得，劳务报酬所得，稿酬所得和特许权使用费所得时，应当按照以下方法按月或者按次代扣代缴税款：

（1）非居民个人的工资、薪金所得，以每月收入额减除费用五千元后的余额为应纳税所得额。

（2）劳务报酬所得、稿酬所得、特许权使用费所得，以每次收入额为应纳税所得额，适用非居民个人工资薪金所得、劳务报酬所得、稿酬所得、特许权使用费所得适用税率表（见表 14 - 4）计算应纳税额。

（3）税款扣缴计算公式：

非居民个人工资、薪金所得，劳务报酬所得，稿酬所得，特许权使用费所得应纳税额 = 应纳税所得额 × 税率 - 速算扣除数

非居民个人在一个纳税年度内税款扣缴方法保持不变，达到居民个人条件时，应当告知扣缴义务人基础信息变化情况，年度终了后按照居民个人有关规定办理汇算清缴。

4. 扣缴义务人支付利息、股息、红利所得，财产租赁所得，财产转让所得或者偶然所得时，应当依法按次或者按月代扣代缴税款。

5. 劳务报酬所得、稿酬所得、特许权使用费所得，属于一次性收入的，以取得该项收入为一次；属于同一项目连续性收入的，以一个月内取得的收入为一次。

财产租赁所得，以一个月内取得的收入为一次。

利息、股息、红利所得，以支付利息、股息、红利时取得的收入为一次。

偶然所得，以每次取得该项收入为一次。

6. 纳税人需要享受税收协定待遇的，应当在取得应税所得时主动向扣缴义务人提出，并提交相关信息、资料，扣缴义务人代扣代缴税款时按照享受税收协定待遇有关办法办理。

7. 扣缴义务人未将扣缴的税款解缴入库的，不影响纳税人按照规定申请退税，税务机关应当凭纳税人提供的有关资料办理退税。

（三）扣缴义务人责任与义务

1. 支付工资、薪金所得的扣缴义务人应当于年度终了后两个月内，向纳税人提供其个人所得和已扣缴税款等信息。纳税人年度中间需要提供上述信息的，扣缴义

务人应当提供。

纳税人取得除工资、薪金所得以外的其他所得，扣缴义务人应当在扣缴税款后，及时向纳税人提供其个人所得和已扣缴税款等信息。

2. 扣缴义务人应当按照纳税人提供的信息计算税款、办理扣缴申报，不得擅自更改纳税人提供的信息。

扣缴义务人发现纳税人提供的信息与实际情况不符的，可以要求纳税人修改。纳税人拒绝修改的，扣缴义务人应当报告税务机关，税务机关应当及时处理。

纳税人发现扣缴义务人提供或者扣缴申报的个人信息、支付所得、扣缴税款等信息与实际情况不符的，有权要求扣缴义务人修改。扣缴义务人拒绝修改的，纳税人应当报告税务机关，税务机关应当及时处理。

3. 扣缴义务人对纳税人提供的《个人所得税专项附加扣除信息表》，应当按照规定妥善保存备查。

4. 扣缴义务人应当依法对纳税人报送的专项附加扣除等相关涉税信息和资料保密。

5. 对扣缴义务人按照规定扣缴的税款，按年付给2%的手续费。不包括税务机关、司法机关等查补或者责令补扣的税款。

扣缴义务人领取的扣缴手续费可用于提升办税能力、奖励办税人员。

6. 扣缴义务人依法履行代扣代缴义务，纳税人不得拒绝。纳税人拒绝的，扣缴义务人应当及时报告税务机关。

7. 扣缴义务人有未按照规定向税务机关报送资料和信息、未按照纳税人提供信息虚报虚扣专项附加扣除、应扣未扣税款、不缴或少缴已扣税款、借用或冒用他人身份等行为的，依照《中华人民共和国税收征收管理法》等相关法律、行政法规处理。

（四）代扣代缴期限

扣缴义务人每月或者每次预扣、代扣的税款，应当在次月十五日内缴入国库，并向税务机关报送《个人所得税扣缴申报表》。

扣缴义务人首次向纳税人支付所得时，应当按照纳税人提供的纳税人识别号等基础信息，填写《个人所得税基础信息表（A表）》，并于次月扣缴申报时向税务机关报送。

扣缴义务人对纳税人向其报告的相关基础信息变化情况，应当于次月扣缴申报时向税务机关报送。

三、反避税规定

（一）有下列情形之一的，税务机关有权按照合理方法进行纳税调整

1. 个人与其关联方之间的业务往来不符合独立交易原则而减少本人或者其关联方应纳税额，且无正当理由。

2. 居民个人控制的，或者居民个人和居民企业共同控制的设立在实际税负明显

偏低的国家（地区）的企业，无合理经营需要，对应当归属于居民个人的利润不作分配或者减少分配。

3. 个人实施其他不具有合理商业目的的安排而获取不当税收利益。

（二）补税及加征利息

1. 税务机关依照前述规定情形作出纳税调整，需要补征税款的，应当补征税款，并依法加收利息。

2. 依法加征的利息，应当按照税款所属纳税申报期最后一日中国人民银行公布的与补税期间同期的人民币贷款基准利率计算，自税款纳税申报期满次日起至补缴税款期限届满之日止按日加收。纳税人在补缴税款期限届满前补缴税款的，利息加收至补缴税款之日。

四、自然人纳税识别号的规定

（一）自然人纳税人识别号，是自然人纳税人办理各类涉税事项的唯一代码标识。

（二）有中国公民身份号码的，以其中国公民身份号码作为纳税人识别号；没有中国公民身份号码的，由税务机关赋予其纳税人识别号。

（三）纳税人首次办理涉税事项时，应当向税务机关或者扣缴义务人出示有效身份证件。并报送相关基础信息。

（四）税务机关应当在赋予自然人纳税人识别号后告知或者通过扣缴义务人告知纳税人其纳税人识别号，并为自然人纳税人查询本人纳税人识别号提供便利。

（五）自然人纳税人办理纳税申报、税款缴纳、申请退税、开具完税凭证、纳税查询等步税事项时应当向税务机关或扣缴义务人提供纳税人识别号。

复习与思考

一、基本概念

个人所得税　居民个人　非居民个人　住所标准　居住时间标准　综合所得收入额

二、思考题

1. 我国个人所得税的特征有哪些？
2. 我国个人所得税在整个税制体系中的地位及未来发展趋势如何？

三、练习题

1. 公民王某是高校教授，2019 年取得以下各项收入：

（1）每月取得工资 8000 元，6 月份取得上半年学期奖金 6000 元，12 月份取得下半年学期奖金 8000 元，12 月份学校为其家庭财产购买商业保险 4000 元。李某通过学校申报的专项附加扣除为 1000 元/月。

（2）2 月份以 10 万元购买 A 企业股权，并于 10 月份以 35 万元将股权转让给 B，不考虑相关的税费。

（3）5 月份出版一本著作，取得稿酬 40000 元。

（4）6 月份为 B 公司提供营销策划方案，取得报酬 35000 元。

要求：根据所给资料，回答下列问题。

（1）计算王某取得的稿酬所得应预扣预缴的个人所得税。

（2）计算王某取得的工资、学期奖金以及学校为其购买的商业保险全年应预扣预缴的个人所得税。

（3）计算王某股权转让行为应缴纳的个人所得税。

（4）计算王某营销策划取得的所得应预扣预缴的个人所得税。

2. 中国公民张某是某民营非上市公司的股东，同时也是一位作家。2019 年 4 月取得的部分实物或现金收入如下：

（1）公司为其购买了一辆轿车并将车辆所有权办到其名下，该车购买价为 35 万元。经当地主管税务机关核定，公司在代扣个人所得税税款时允许税前减除的数额为 7 万元。

（2）将本人一部长篇小说手稿的著作权拍卖，取得收入 5 万元，同时，拍卖一幅名人书法作品取得收入 35 万元。经税务机关确认，所拍卖的书法作品原值及相关费用为 20 万元。

（3）受邀为某企业家培训班讲课两天，取得讲课费 3 万元。

（4）当月转让半年前购入的境内某上市公司股票，扣除印花税和交易手续费等，净盈利 3500 元，同时，因持有该上市公司的股票 6 个月取得公司分配股利 2000 元。

要求：根据上述资料，回答下列问题。

（1）计算公司为张某购买轿车应代扣代缴个人所得税。

（2）计算小说手稿著作权拍卖收入和书法作品拍卖所得应预扣预缴个人所得税。

（3）计算取得讲课费收入应预扣预缴个人所得税。

（4）销售股票净盈利和取得的股票红利共应缴纳个人所得税。

第十五章

资源税和环境保护税

第一节　资源税

一、资源税概述

（一）资源税的概念

资源税是对在我国境内从事应税矿产资源开发和生产盐的单位和个人征收的一种税。

我国对资源的征税可追溯至春秋时期的“官山府海”，以专卖为名，行征税之实，可以说是资源税的萌芽。我国较早的资源税有明代的矿税，当时称为“坑冶之课”。其征税对象包括金、银、铜、铁、铅、汞、砂等矿产品，其中，以银税收入为最多。此外，我国历史上征收时间较长的盐税也属资源税类的税种。新中国成立后，对盐这种资源产品一直有相应的税种予以课征，如盐税、工商税。但正式以资源税命名开征资源税始于1984年的第二步利改税，在此次改革中，盐税从工商税中分离出来，与资源税并行征收。1993年底进行的税制改革，取消了盐税，将盐及矿产品统一纳入资源税课税范围，与增值税交叉征收，以调节不同资源开采企业的盈利水平。2019年8月26日，十三届全国人大常委会第十二次会议表决通过《中华人民共和国资源税法》，于2020年9月1日起正式实施。同时，我国还陆续在河北省、北京、天津等省（自治区、直辖市）开征水资源试点工作，采取水资源“费改税”方式，将地表水和地下水纳入征税范围，实行从量定额计征，并探索逐步将其他自然资源纳入征税范围。

（二）资源税的特点

现行资源税主要有以下三个特点：

1. 仅对特定资源征税。资源的含义十分广泛，就其物质内容来看，主要包括：矿产资源、动物资源、海洋资源、太阳能资源、空气资源等。现行资源税主要选择对矿产资源、水资源和盐进行征税，采取列举品目的办法进行征收，未列举品目的矿种主要是税源不大、不具有代表性的矿种。

2. 具有对绝对地租和级差地租（收入）征税的性质。《中华人民共和国宪法》规定："矿藏、水流、森林、山岭、草原、滩涂等自然资源属于国家所有，即全民所有。"《中华人民共和国矿产资源法》进一步规定："国家对矿产资源实行有偿开采。"根据上述法律规定，资源税确立的立法原则是：普遍征收，级差调节。即一方面对从事应税资源产品开采的单位和个人，不论其成本高低、利润多少，都要依法征收资源税，实行有偿开采，以保证国有资源价值的补偿，体现国家作为资源所有者的权益。另一方面，由于自然资源的天然储存、开采条件、地理位置等因素存在较大差异，必然造成资源占用、开发者之间的收入差别。一些占用、开发较好资源的企业和经营者，在按同等价格销售资源产品时，就可以获得由于客观资源级差状况造成的超额利润。为了调节资源开发的级差收入，现行资源税在普遍征收的同时，主要依据各矿山的资源级差状况设计税负，对资源条件好、开采条件优越、级差收入大的矿产品，确定较高的税负；对资源条件不够好、开采条件比较差、级差收入少的矿产品，确定较低税负。

3. 实行从量定额或从价定率征收。根据 2019 年 8 月 26 日通过的《中华人民共和国资源税法》，绝大部分的资源税应税产品适用从价定率的税率形式，少数应税产品可以选用从量定额的税率形式（如地热、石灰岩、砂石、其他黏土、矿泉水和天然卤水）。

（三）资源税的作用

1. 促进资源合理开采，节约使用国有资源。长期以来，我国的自然资源一直实行无偿使用，对资源级差收入也未进行合理的调节，助长了一些企业采富弃贫、采易弃难、采大弃小、乱采滥挖等行为，使资源条件遭受破坏，国家损失浪费严重。开征资源税，可以根据资源状况和开发条件的优劣，确定不同的税额，把资源的开采和使用同纳税人的切身利益结合起来。这样一方面能够加强对自然资源的保护和管理，防止经营者乱占滥用资源，减少资源的损失浪费；另一方面，也促使经营者出于自身经济利益方面的考虑，提高资源的开发利用率，最大限度合理、有效、节约地开发利用国有资源。

2. 合理调节级差收入，促进企业平等竞争。我国地域辽阔，各地资源结构和开发条件存在很大差异，在目前的市场条件下，如果对那些资源条件较好的企业不征资源税，必然使企业的利润水平不能真实地反映企业的经营状况。开征资源税，可以把由于自然资源条件优越而形成的级差收入收归国家所有，使各个资源生产企业在比较公平的条件下开展竞争，督促企业改善企业经营管理，提高经济效益。

3. 拓宽税收调节领域，增加国家财政收入。对资源征税，拓宽了税收的调节领域。通过资源税与其他各税种的相互配合，既可以弥补增值税调节作用的不足，又为矿产品生产企业的所得税创造了利润水平大致均衡的征收基础，因而它是市场经济条件下体现公平税负原则的一个重要税种。同时，通过对资源征税，还能够增加国家的财政收入，提高财政收入的稳定性。

二、资源税的征税范围、纳税人和税率

（一）资源税的征税范围

资源税的征税对象是《资源税法》规定的自然资源产品。资源税确定具体征税范围的原则是，纳入征税范围的资源必须具有商品属性，即具有使用价值和交换价值。现行资源税征税范围包括能源矿产、金属矿产、非金属矿产、水气矿产和盐。在五个税目下又设有164个子税目，涵盖了迄今已发现的所有矿种和盐。具体规定见表15－1。

（二）资源税的纳税义务人和扣缴义务人

在中华人民共和国领域及管辖海域开采应税资源单位和个人，为资源税的纳税人。

上述单位是指国有企业、集体企业、私营企业、股份制企业、其他企业和行政单位、事业单位、军事单位、社会团体及其他单位。个人，是指个体经营者及其他个人。

除上述单位和个人以外，进口矿产品或盐以及经营已税矿产品或盐的单位和个人均不缴纳资源税。

为了加强对资源税零散税源的源泉控管，堵塞漏洞，节约征税费用，税法规定有代扣代缴制度。其扣缴义务人是收购未税矿产品的单位。

收购未税矿产品的单位是指独立矿山、联合企业和其他单位。独立矿山是指只有采矿或只有采矿和选矿并实行独立核算、自负盈亏的单位，其生产的原矿和精矿主要用于对外销售；联合企业是指采矿、选矿、冶炼（或加工）连续生产的企业或采矿、冶炼（或加工）连续生产的企业，其采矿单位一般是该企业的二级或二级以下核算单位；其他单位中还包括收购未税矿产品的个体户。

三、资源税的税率（税额）

资源税采取从价定率或从量定额的办法计征，分别以应税产品的销售额乘以纳税人具体适用的比例税率或者以应税产品的销售数量乘以纳税人具体适用的定额税率计算，实施“级差调节”的原则。级差调节是指运用资源税对因资源贮存状况、开采条件、资源优劣、地理位置等客观存在的差别而产生的资源级差收入，通过实施差别税额标准进行调节。资源条件好的，税率、税额高一些；资源条件差的，税率、税额低一些。具体规定见表15－1。《税目税率表》中规定征税对象为原矿或者选矿的，应当分别确定具体适用税率。

表 15－1 **资源税税目、税率表**

税目			征税对象	税率
能源矿产	原油		原矿	6%
	天然气、页岩气、天然气水合物		原矿	6%
	煤		原矿或者选矿	2%—10%
	煤成（层）气		原矿	1%—2%
	铀、钍		原矿	4%
	油页岩、油砂、天然沥青、石煤		原矿或者选矿	1%—4%
	地热		原矿	1%—20%或者每立方米1—30元
金属矿产	黑色金属	铁、锰、铬、钒、钛	原矿或者选矿	1%—9%
	有色金属	铜、铅、锌、锡、镍、锑、镁、钴、铋、汞	原矿或者选矿	2%—10%
		铝土矿	原矿或者选矿	2%—9%
		钨	选矿	6.5%
		钼	选矿	8%
		金、银	原矿或者选矿	2%—6%
		铂、钯、钌、锇、铱、铑	原矿或者选矿	5%—10%
		轻稀土	选矿	7%—12%
		中重稀土	选矿	20%
		铍、锂、锆、锶、铷、铯、铌、钽、锗、镓、铟、铊、铪、铼、镉、硒、碲	原矿或者选矿	2%—10%
非金属矿产	矿物类	高岭土	原矿或者选矿	1%—6%
		石灰岩	原矿或者选矿	1%—6%或者每吨（或者每立方米）1—10元
		磷	原矿或者选矿	3%—8%
		石墨	原矿或者选矿	3%—12%
		萤石、硫铁矿、自然硫	原矿或者选矿	1%—8%
		天然石英砂、脉石英、粉石英、水晶、工业用金刚石、冰洲石、蓝晶石、硅线石、长石、滑石、刚玉、菱镁矿、颜料矿物、天然碱、芒硝、钠硝石、明矾石、砷、硼、碘、溴、膨润土、硅藻土、陶瓷土、耐火黏土、铁矾土、凹凸棒石黏土、海泡石黏土、伊利石黏土、累托石黏土	原矿或者选矿	1%—12%

续表

税　目			征税对象	税　率
非金属矿产	矿物类	叶蜡石、硅灰石、透辉石、珍珠岩、云母、沸石、重晶石、毒重石、方解石、蛭石、透闪石、工业用电气石、白垩、石棉、蓝石棉、红柱石、石榴子石、石膏	原矿或者选矿	2%—12%
		其他黏土（铸型用黏土、砖瓦用黏土、陶粒用黏土、水泥配料用黏土、水泥配料用红土、水泥配料用黄土、水泥配料用泥岩、保温材料用黏土）	原矿或者选矿	1%—5%或者每吨（或者每立方米）0.1—5元
	岩石类	大理岩、花岗岩、白云岩、石英岩、砂岩、辉绿岩、安山岩、闪长岩、板岩、玄武岩、片麻岩、角闪岩、页岩、浮石、凝灰岩、黑曜岩、霞石正长岩、蛇纹岩、麦饭石、泥灰岩、含钾岩石、含钾砂页岩、天然油石、橄榄岩、松脂岩、粗面岩、辉长岩、辉石岩、正长岩、火山灰、火山渣、泥炭	原矿或者选矿	1%—10%
		砂石	原矿或者选矿	1%—5%或者每吨（或者每立方米）0.1—5元
	宝玉石类	宝石、玉石、宝石级金刚石、玛瑙、黄玉、碧玺	原矿或者选矿	4%—20%
水气矿产	二氧化碳气、硫化氢气、氦气、氡气		原矿	2%—5%
	矿泉水		原矿	1%—20%或者每立方米1—30元
盐	钠盐、钾盐、镁盐、锂盐		选矿	3%—15%
	天然卤水		原矿	3%—15%或者每吨（或者每立方米）1—10元
	海盐			2%—5%

《税目税率表》中规定实行幅度税率的，其具体适用税率由省、自治区、直辖市人民政府统筹考虑该应税资源的品位、开采条件以及对生态环境的影响等情况，在《税目税率表》规定的税率幅度内提出，报同级人民代表大会常务委员会决定，

并报全国人民代表大会常务委员会和国务院备案。

《税目税率表》中规定可以选择实行从价计征或者从量计征的，具体计征方式由省、自治区、直辖市人民政府提出，报同级人民代表大会常务委员会决定，并报全国人民代表大会常务委员会和国务院备案。

纳税人开采或者生产不同税目应税产品的，应当分别核算不同税目应税产品的销售额或者销售数量；未分别核算或者不能准确提供不同税目应税产品的销售额或者销售数量的，从高适用税率。

独立矿山、联合企业收购未税矿产品，按照本单位应税产品税额标准，依据收购的数量代扣代缴资源税。其他收购单位收购的未税矿产品，按主管税务机关核定的应税资源产品税额标准，依据收购的数量代扣代缴资源税。

四、资源税的计算和减免税

（一）资源税的计算

1. 从量定额的计算方法。资源税的应纳税额，按照应税资源产品的课税数量和规定的单位税额计算。应纳税额的计算公式为：

应纳税额 = 课税数量 × 单位税额

代扣代缴税额 = 收购的未税矿产品数量 × 适用的单位税额

从量征收时，应纳税额的计算必须正确核定课税数量，即计税依据。根据有关规定，课税对象的规定分为以下几种情况：

各种应税产品，凡直接对外销售的，均以实际销售数量为课税数量。

纳税人不能准确提供应税产品销售数量或移送使用数量的，以应税产品的产量或主管税务机关确定的折算比换算成的数量为计税依据。

例 15－1：某矿山生产石灰岩 10 万吨（单位税额 8 元/吨），其中销售 9 万吨，当月开采水泥配料用红土 8 万吨并全部销售（单位税额 5 元/吨）。试计算该矿山该月应缴资源税。

解：（1）适用税额：石灰岩：8 元/吨，水泥配料用红土：5 元/吨

（2）应纳税额 =9 ×8 +8 ×5 =112（万元）

各种应税产品，凡自产自用的，均以自用数量为课税数量，但对不同产品的具体规定又有所不同。

自产自用产品，包括用于连续生产和用于非生产两个方面。用于连续生产的，如果纳税人提供的是连续生产产品的数量，需折合为原资源产品计税。

2. 从价定率的计算方法。从价定率计征资源税的应纳税额，按照应税产品的销售额和适用的比例税率计算，应纳税额的计算公式：

应纳税额 = 销售额 × 税率

实行从价定率征收的以销售额作为计税依据。销售额是指为纳税人销售应税产品向购买方收取的全部价款和价外费用（如违约金、优质费），但不包括收取的增值税销项税额。

例 15－2：某油田销售原油 20000 吨，开具增值税专用发票取得销售额 10000 万元、增值税额 1300 万元，按《资源税税目税率表》的规定，其适用的税率为 6%。试计算该油田应缴纳的资源税。

解：应纳资源税税额 = 10000 × 6% = 600（万元）

3. 计税方法的特殊规定。

（1）未分别核算或不能准确提供不同税目产品数量的。纳税人开采或者生产不同税目应税产品的，应当分别核算不同税目应税产品的销售额或者销售数量；未分别核算或者不能准确提供不同税目应税产品的销售额或者销售数量的，从高适用税率。

（2）原矿销售额与精矿销售额的换算或折算。征税对象为精矿的，纳税人销售原矿时，应将原矿销售额换算为精矿销售额缴纳资源税。征税对象为原矿的，纳税人销售自采原矿加工的精矿，应将精矿销售额折算为原矿销售额缴纳资源税。

（3）特殊情形下销售额的确定。纳税人开采应税矿产品由其关联单位对外销售的，按其关联单位的销售额征收资源税。

纳税人既有对外销售应税产品，又有将应税产品用于除连续生产应税产品以外的其他方面的，则自用的这部分应税产品按纳税人对外销售应税产品的平均价格计算销售额征收资源税。

纳税人将其开采的应税产品直接出口的，按其离岸价格（不含增值税）计算销售额征收资源税。

纳税人有视同销售应税产品行为而无销售价格的，或者申报的应税产品销售价格明显偏低且无正当理由的，税务机关应按下列顺序确定其应税产品计税价格：

①按纳税人最近时期同类产品的平均销售价格确定。

②按其他纳税人最近时期同类产品的平均销售价格确定。

③按应税产品组成计税价格确定。

组成计税价格 = 成本 ×（1 + 成本利润率）÷（1 － 资源税税率）

公式中的成本是指应税产品的实际生产成本。

④按后续加工非应税产品销售价格，减去后续加工环节的成本利润后确定。

⑤按其他合理方法确定。

（4）纳税人用已纳资源税的应税产品进一步加工应税产品销售的，不再缴纳资源税。

纳税人以自采未税产品和外购已税产品混合销售或者混合加工为应税产品销售的，应当准确核算已税产品的购进金额，在计算混合销售或加工后的应税产品销售额时，准予扣减已单独核算的已税产品的购进金额。

例 15－3：某省煤炭的资源税税率为 6%；某煤矿 6 月销售自产原煤（不含增值税，下同）取得收入 300 万元；用自采未税原煤连续加工成洗选煤 300 吨，销售 200 吨，每吨售价 950 元。已知计算资源税时洗选煤折算率为 80%，计算该煤矿厂 6 月份应纳资源税税额。

解：（1）销售自产原煤应纳资源税：

应纳税额 = 300 × 6% = 180（万元）

（2）销售洗选煤应纳资源税：

应纳税额 = 200 × 950 × 80% / 10000 × 6% = 0.912（万元）

（二）资源税的减免税

凡有下列情形之一的，免征资源税：

1. 开采原油以及在油田范围内运输原油过程中用于加热的原油、天然气；

2. 煤炭开采企业因安全生产需要抽采的煤成（层）气。

有下列情形之一的，减征资源税：

1. 从低丰度油气田开采的原油、天然气，减征 20% 资源税；

2. 高含硫天然气、三次采油和从深水油气田开采的原油、天然气，减征 30% 资源税；

3. 稠油、高凝油减征 40% 资源税；

4. 从衰竭期矿山开采的矿产品，减征 30% 资源税。

根据国民经济和社会发展需要，国务院对有利于促进资源节约集约利用、保护环境等情形可以规定免征或者减征资源税，报全国人民代表大会常务委员会备案。

有下列情形之一的，省、自治区、直辖市可以决定免征或者减征资源税：

1. 纳税人开采或者生产应税产品过程中，因意外事故或者自然灾害等原因遭受重大损失；

2. 纳税人开采共伴生矿、低品位矿、尾矿。

免征或者减征资源税的具体办法，由省、自治区、直辖市人民政府提出，报同级人民代表大会常务委员会决定，并报全国人民代表大会常务委员会和国务院备案。纳税人的免税、减税项目，应当单独核算销售额或者销售数量的，不予免税或者减税。

五、资源税的征收与缴纳

（一）资源税的纳税义务发生时间

1. 纳税人采取分期收款结算方式的，其纳税义务发生时间为销售合同规定的收款日期的当天。

2. 纳税人采取预收货款结算方式的，其纳税义务发生时间为发出应税产品的当天。

3. 纳税人采取其他结算方式的，其纳税义务发生时间为收讫销售款或者取得索取销售款凭据的当天。

4. 纳税人自产自用应税产品，其纳税义务发生时间，为移送使用应税产品的当天。

5. 扣缴义务人代扣代缴税款的纳税义务发生时间，为支付首笔货款或者开具应支付货款凭据的当天。

（二）资源纳的纳税环节

1. 纳税人将自产应税资源产品对外销售，规定在销售环节缴纳资源税。

2. 纳税人自产自用的应税资源产品，应于移送使用环节缴纳资源税。

（三）资源税的纳税地点

纳税人应纳的资源税，应当向应税产品的开采或者生产所在地的主管税务机关缴纳。纳税人在本省、自治区、直辖市范围内开采或者生产应税产品，其纳税地点需要调整的，由省、自治区、直辖市税务机关决定。

纳税人跨省开采资源税应税产品，其下属生产单位与核算单位不在同一省、自治区、直辖市的，对其开采的矿产品，一律在开采地纳税，其应纳税款由独立核算、自负盈亏的单位，按照开采地的实际销售量（或者自用量）及适用的单位税额计算划拨。

扣缴义务人代扣代缴的资源税，应当向收购地主管税务机关缴纳。

（四）资源税的纳税期限

资源税按月或者按季申报缴纳；不能按固定期限计算缴纳的，可以按次申报缴纳。纳税人按月或者按季申报缴纳的，应当自月度或者季度终了之日起十五日内，向税务机关办理纳税申报并缴纳税款；按次申报缴纳的，应当自纳税义务发生之日起十五日内，向税务机关办理纳税申报并缴纳税款。

（五）资源税的纳税方法

资源税采取申报缴纳和扣缴税款两种纳税方法。开采或生产应税资源产品的纳税人，应按规定的时间、地点、环节向主管税务机关申报纳税。对于收购的未税矿产品，则采取代扣代缴办法，由扣缴义务人按规定的时间、地点、环节扣缴税款，并及时向主管税务机关解缴代扣的税款。

第二节　环境保护税

一、环境保护税概述

（一）环境保护税概念

环境保护税是对在我国领域以及管辖的其他海域直接向环境排放应税污染物的企事业单位和其他生产经营者征收的一种税。

我国在环境保护方面的措施，原主要是排污费的征收，从 1979 年起我国确立了排污费制度，通过收费这一经济手段促使企业加强环境治理。2016 年 12 月 25 日，《中华人民共和国环境保护法》在十二届全国人大常委会第五次会议上获表决通过，并于 2018 年 1 月 1 日起正式实施。

（二）环境保护税的特点

环境保护税具有以下五个方面的特点：

1. 征税项目为四种重点污染源。环境保护税开征是原有的排污费“平移”费改税的结果。根据排污费项目设置税目，对大气污染物、水污染物、固体废物、噪声等四种重点污染源征税。待条件成熟后，将把有关污染物如挥发性有机物等也列入，扩大征税范围。

2. 纳税人主要是企事业单位和其他经营者。根据环境保护税法，直接向环境排放应税污染物的企业事业单位和其他生产经营者为环境保护税的纳税人；家庭和个人的污染物排放行为则不属于环境保护税的征税范围。

3. 直接排放应税污染物是必要条件。环境保护税的征税环节不是生产销售环节，也不是消费使用环节，而是直接向环境排放应税污染物的排放环节。直接排放污染物是必要条件，如果企业事业单位和其他生产经营者是将污染物集中或排放到污染物处理场所，或者企事业单位和经营者将废弃物进行综合利用和无害化处理，则不需要按照环境保护税法缴税。

4. 税率为统一定额税和浮动定额税结合。目前环境保护税额实行统一定额税和浮动定额税相结合的方法。对于固体废弃物和噪声污染实行的是全国统一的定额税制，对于大气和水污染物实行各省浮动定额税制。大气和水污染物的税额下限沿用排污费最低标准，即每污染物当量 1.2 元和 1.4 元，税额上限则设定为下限的 10 倍，分别为每污染物当量 12 元和 14 元。各省可以在此幅度范围内自行选择定额税的金额。

5. 税收收入全部归地方。纳税人应当向应税污染物排放地的税务机关申报缴纳环境保护税。为鼓励地方做好污染防治的积极性，环境保护税收入中央不再参加收入分成，税收收入全部归地方，用于地方治理环境污染。

二、环境保护税的征税范围、纳税人和税率

（一）环境保护税的征税范围

根据环境保护税法的规定，环境保护税的征收对象是应税污染物，主要是四类重点污染源，即大气污染、水污染、固体废物和噪声。具体规定如下。

1. 大气污染物。大气污染物是指由于人类活动或自然过程排入大气的并对人和环境产生有害影响的那些物质。应税大气污染物包括二氧化硫、氮氧化物、一氧化碳、氯气、氯化氢、氟化物、氰化氢、硫酸雾、铬酸雾、汞及其化合物、一般性粉尘、石棉尘、玻璃棉尘、炭黑尘、铅及其化合物、镉及其化合物、铍及其化合物、镍及其化合物、锡及其化合物、烟尘、苯、甲苯、二甲苯、苯并芘、甲醛、乙醛、丙烯醛、甲醇、酚类、沥青烟、苯胺类、氯苯类、硝基苯、丙烯腈、氯乙烯、光气、硫化氢、氨、三甲胺、甲硫醇、甲硫醚、二甲二硫、苯乙烯、二硫化碳。

2. 水污染物。水污染物是指造成水体水质、水中生物群落以及水体底泥质量恶化的各种有害物质（或能量）。系水中的盐分、微量元素或放射性物质浓度超出临界值，使水体的物理、化学性质或生物群落组成发生变化。应税水污染物包括总汞、总镉、总铬、六价铬、总砷、总铅、总镍、苯并（a）芘、总铍、总银、悬浮物（SS）、生化需氧量（BODs）、化学需氧量（CODcr）、总有机碳（TOC）、石油类、动植物油、挥发酚、总氰化物、硫化物、氨氮、氟化物、甲醛、苯胺类、硝基苯类、

阴离子表面活性剂（LAS）、总铜、总锌、总锰、彩色显影剂（CD－2）、总磷、单质磷（以P计）、有机磷农药（以P计）、乐果、甲基对硫磷、马拉硫磷、对硫磷、五氧酚及五氯酚钠（以五氯酚计）、三氯甲烷、可吸附有机卤化物（AOX，以Cl计）、四氯化碳、三氯乙烯、四氟乙烯、苯、甲苯、乙苯、邻－二甲苯、对－二甲苯、间－二甲苯、氯苯、邻二氯苯、对二氯萃、对硝基氯苯、2，4－二硝基氯苯、苯酚、间－甲酚、2，4－二氯酚、2，4，6－三氯酚、邻苯二甲酸二丁酯、邻苯二甲酸二辛酯、丙烯腈、总硒等。

3. 固体废物。固体废物包括煤矸石，尾矿、危险废物、冶炼渣、粉煤灰、炉渣、其他固体废物（含半固态、液态废物）。

4. 噪声。噪声是指发声体做无规则振动时发出的声音，当噪声对人及周围环境造成不良影响时，就形成噪声污染。应税噪声污染目前只包括工业噪声。

有下列情形之一的，不属于直接向环境排放污染物，不缴纳相应污染物的环境保护税：

1. 企业事业单位和其他生产经营者向依法设立的污水集中处理，生活垃圾集中处理场所排放应税污染物的；

2. 企业事业单位和其他生产经营者在符合国家和地方环境保护标准的设施、场所贮存或者处置固体废物的。

（二）环境保护税的纳税人

环境保护税的纳税人是指在中华人民共和国领域和中华人民共和国管辖的其他海域，直接向环境排放应税污染物的企业事业单位和其他生产经营者。

依法设立的城乡污水集中处理、生活垃圾集中处理场所超过国家和地方规定的排放标准向环境排放应税污染物的，应当缴纳环境保护税。

城乡污水集中处理场所，是指为社会公众提供生活污水处理服务的场所，不包括为工业园区、开发区等工业聚集区城内的企业事业单位和其他生产经营者提供污水处理服务的场所，以及企业事业单位和其他生产经营者自建自用的污水处理场所。

企业事业单位和其他生产经营者贮存或者处置固体废物不符合国家和地方环境保护标准的，应当缴纳环境保护税。

达到省级人民政府确定的规模标准并且有污染物排放口的畜禽养殖场，应当依法缴纳环境保护税；依法对畜禽养殖废弃物进行综合利用和无害化处理的，不属于直接向环境排放污染物，不缴纳环境保护税。

（三）环境保护税的税率

应税污染物的适用税率有两种，一是全国统一定额税，二是浮动定额税。对于固体废物和噪声污染实行的是全国统一的定额税制，对于大气和水污染实行各省浮动定额税制，既有上限也有下限，税额上限设定为下限的10倍。各省可以在此幅度范围内自行选择定额税的金额（具体详见表15－2）。

应税大气污染物和水污染物的具体适用税额的确定和调整，由省、自治区、直辖市人民政府统筹考虑本地区环境承载能力、污染物排放现状和经济社会生态发展目标要求，在《环境保护税税目税额表》规定的税额幅度内提出，报同级人民代表大会常务委员会决定，并报全国人民代表大会常务委员会和国务院备案。

表 15－2　　环境保护税税目税率表

<table>
<tr><th colspan="2">税目</th><th>计税单位</th><th>税额</th><th>备注</th></tr>
<tr><td colspan="2">大气污染物</td><td>每污染当量</td><td>1.2 元至 12 元</td><td>—</td></tr>
<tr><td colspan="2">水污染物</td><td>每污染当量</td><td>1.4 元至 14 元</td><td>—</td></tr>
<tr><td rowspan="4">固体废物</td><td>煤矸石</td><td>每吨</td><td>5 元</td><td rowspan="4">—</td></tr>
<tr><td>尾矿</td><td>每吨</td><td>15 元</td></tr>
<tr><td>危险废物</td><td>每吨</td><td>1000 元</td></tr>
<tr><td>冶炼渣、粉煤灰、炉渣、其他固体废物（含半固态、液态废物）</td><td>每吨</td><td>25 元</td></tr>
<tr><td rowspan="6">噪声</td><td rowspan="6">工业噪声</td><td>超标 1—3 分贝</td><td>每月 350 元</td><td rowspan="6">1. 一个单位边界上有多处噪声超标，根据最高一处超标声级计算应纳税额；当沿边界长度超过 100 米有两处以上噪声超标，按照两个单位计算应纳税额
2. 一个单位有不同地点作业场所的，应当分别计算应纳税额，合并计征
3. 昼、夜均超标的环境噪声，昼、夜分别计算应纳税额，累计计征
4. 声源一个月内超标不足 15 天的，减半计算应纳税额
5. 夜间频繁突发和夜间偶然突发厂界超标噪声，按等效声级和峰值噪声两种指标中超标分贝值高的一项计算应纳税额</td></tr>
<tr><td>超标 4—6 分贝</td><td>每月 700 元</td></tr>
<tr><td>超标 7—9 分贝</td><td>每月 1400 元</td></tr>
<tr><td>超标 10—12 分贝</td><td>每月 2800 元</td></tr>
<tr><td>超标 13—15 分贝</td><td>每月 5600 元</td></tr>
<tr><td>超标 16 分贝以上</td><td>每月 11200 元</td></tr>
</table>

三、环境保护税的计算

（一）大气污染物应纳税额的计算

应税大气污染物按照污染当量数从大到小排序，对前三项污染物征收环保税；应纳税额为污染当量数乘以具体适用税额。计算公式为：

污染当量数＝污染物的排放量÷污染当量值

大气污染物的应纳税额＝污染当量数×适用税额

例 15－4：某企业 2019 年 3 月向大气直接排放二氧化硫、氟化物各 200 千克，一氧化碳 150 千克、氯化氢 60 千克，假设当地大气污染物每污染当量税额 1.2 元，该企业只有一个排放口。其应纳税额计算如下：

（1）第一步：计算各污染物的污染当量数。

污染当量数＝该污染物的排放量÷该污染物的污染当量值

据此计算各污染物的污染当量数为：

二氧化硫污染当量数 = 200 ÷ 0.95 = 210.52

氟化物污染当量数 = 200 ÷ 0.87 = 229.89

一氧化碳污染当量数 = 150 ÷ 16.7 = 8.98

氯化氢污染当量数 = 60 ÷ 10.75 = 5.58

（2）第二步：按污染当量数排序。

氟化物污染当量数（229.89）> 二氧化硫污染当量数（210.52）> 一氧化碳污染当量数（8.98）> 氯化氢污染当量数（5.58）

该企业只有一个排放口，排序选取计税前三项污染物为：氟化物、二氧化硫、一氧化碳。

（3）第三步：计算应纳税额。

应纳税额 =（229.89 + 210.52 + 8.98）× 1.2 = 539.27（元）

（二）水污染物应纳税额的计算

应税水污染物的应纳税额为污染当量数乘以具体适用税额，污染当量数的计算与大气污染物当量数计算类似。对于第一类水污染物，按照污染当量数从大到小排序，对前五项污染物征收环保税。对于其他类水污染物，按照污染当量数从大到小排序，对前三项污染物征收环保税。

对于发生下列情况的，用污染物产生量作为排放量，计算应税污染物的环境保护税税额。

1. 未依法安装使用污染物自动监测设备或者未将污染物自动监测设备与环境保护主管部门的监控设备联网；

2. 损毁或者擅自移动、改变污染物自动监测设备；

3. 篡改、伪造污染物监测数据；

4. 通过暗管、渗井、渗坑、灌注或者稀释排放以及不正常运行防治污染设施等方式违法排放应税污染物；

5. 进行虚假纳税申报。

（三）固体废物应纳税额的计算

固体废物的应纳税额为固体废物排放量乘以具体适用税额，其排放量为当期应税固体废物的产生量减去当期应税固体废物的贮存量、处置量、综合利用量的余额。计算公式为：

固体废物的应纳税额 =（当期固体废物的产生量 - 当期固体废物的综合利用量 - 当期固体废物的贮存量 - 当期固体废物的处置量）× 适用税额

（四）噪声应纳税额的计算

应税噪声的应纳税额为超过国家规定标准的分贝数对应的具体适用税额。

四、环境保护税的减免税

凡有下列情形之一的，暂予免征环境保护税：

（一）农业生产（不包括规模化养殖）排放应税污染物的。

（二）机动车、铁路机车、非道路移动机械、船舶和航空器等流动污染源排放应税污染物的。

（三）依法设立的城乡污水集中处理、生活垃圾集中处理场所排放相应应税污染物，不超过国家和地方规定的排放标准的。

（四）纳税人综合利用的固体废物，符合国家和地方环境保护标准的。

（五）国务院批准免税的其他情形，由国务院报全国人民代表大会常务委员会备案。

凡有下列情形之一的，减征环境保护税：

（一）纳税人排放应税大气污染物或者水污染物的浓度值低于国家和地方规定的污染物排放标准30%的，减按75%征收环境保护税。

（二）纳税人排放应税大气污染物或者水污染物的浓度值低于国家和地方规定的污染物排放标准50%的，减按50%征收环境保护税。

五、环境保护税的征税与缴纳

（一）环境保护税的纳税义务发生时间

环境保护税纳税义务发生时间为纳税人排放应税污染物的当日。

（二）环境保护税的纳税地点

纳税人应当向应税污染物排放地的税务机关申报缴纳环境保护税，应税污染物排放地是指：

1. 应税大气污染物、水污染物排放口所在地；

2. 应税固体废物产生地；

3. 应税噪声产生地。

纳税人跨区域排放应税污染物，税务机关对税收征收管辖有争议的，由争议各方按照有利于征收管理的原则协商解决；不能协商一致的，报请共同的上级税务机关决定。

（三）环境保护税的纳税期限

环境保护税按月计算，按季申报缴纳。不能按固定期限计算缴纳的，可以按次申报缴纳。

纳税人申报缴纳时，应当向税务机关报送所排放应税污染物的种类、数量、大气污染物、水污染物的浓度值，以及税务机关根据实际需要要求纳税人报送的其他纳税资料。

纳税人按季申报缴纳的，应当自季度终了之日起15日内，向税务机关办理纳税申报并缴纳税款。纳税人按次申报缴纳的，应当自纳税义务发生之日起15日内，向税务机关办理纳税申报并缴纳税款。

（四）环境保护税的征管方式

环境保护税采用“企业申报、税务征收、环保协同、信息共享”的征管方式。

纳税人应当依法如实办理纳税申报，对申报的真实性和完整性承担责任；税务机关依照《中华人民共和国税收征收管理法》和环境保护税法的有关规定征收管理；环境保护主管部门依照《环境保护税法》和有关环境保护法律法规的规定对污染物监测管理；县级以上地方人民政府应当建立税务机关、环境保护主管部门和其他相关单位分工协作工作机制；环境保护主管部门和税务机关应当建立涉税信息共享平台和工作配合机制，定期交换有关纳税信息资料。

复习与思考

一、基本概念

伴生矿　伴采矿　伴选矿　选矿比　应税污染物　污染当量数

二、思考题

1. 资源税具有何种性质？
2. 资源税和增值税为何种搭配关系？
3. 环境保护税具有什么性质？
4. 环境保护税制度是否还存在需要完善的地方？

三、计算题

1. 某油田某月生产原油320000吨，已销售220000吨，取得不含税销售收入110000万元，企业自产自用50000吨，假定该油田原油资源税税率10%，试计算该油田应纳资源税。

2. 某煤矿某月生产原煤180000吨，对外直接销售100000吨，销售自产自用原煤加工的选煤80000吨，折合率为1∶1.5。假定该煤田所产原煤单位税额为3元/吨。试计算该企业应纳资源税。

3. 某盐场某日对外销售海盐原盐70000吨，另自用原盐50000吨加工成精盐后销售，折合率为1∶1.25，该单位盐场原盐单位税额为40元/吨，试计算该盐场应纳资源税。

4. 某联合企业某月从个体煤窑处收购未税煤炭150吨，自产原煤1000吨，对外销售950吨，另有50吨作为食堂用煤和取暖，假定原煤适用税额为8元/吨，试计算该联合企业应代扣代交资源税和应交资源税。

5. 山西大同某煤矿某月生产原煤400万吨，其中250万吨用于销售，另150万吨用于本企业连续生产洗煤，试计算该月该煤矿应纳资源税（适用税额7元/吨）。

6. 假设某企业2019年产生煤矸石2000吨，其中综合利用的煤矸石350吨（符合国家相关规定），在符合国家和地方环境保护标准的设施贮存400吨。煤矸石环保税适用税额为每吨5元，试计算该企业应纳环境保护税。

第十六章

土地增值税、城镇土地使用税和耕地占用税

第一节　土地增值税

一、土地增值税概述

（一）土地增值税的概念

土地增值税是对有偿转让国有土地使用权及地上建筑物和其他附着物产权、取得增值性收入的单位和个人征收的一种税。

土地属于不动产，对土地课税是一种古老的税收形式，也是当代各国普遍征收的一种财产税。有些国家和地区将土地单列出来征收，如土地税、地价税、农地税、未开发土地税、荒地税、城市土地税、土地登记税、土地转让税、土地增值税、土地租金税、土地发展税等等。有些国家和地区鉴于土地与地面的房屋、建筑物及其他附着物的密不可分性，对土地征税往往未予单独列名，而统称为房地产税、不动产税、财产税等。

对土地征税，不论是单列税种，还是未单列税种，也不论其冠以何种税名，依据征税的税基不同，大致可以分为两大类：一类是财产性质的土地税，以土地的数量或价值为税基，或实行从量计税，或采取从价计税，前者如我国的田赋、地亩税等，后者如地价税等。这种土地税的历史悠久，属于原始的直接税或财产税。另一类是收益性质的土地税，它实质上是对土地收益或地租的征税。

中华人民共和国成立以来，我国对土地、房屋等不动产的征税制度比较薄弱，先后开征过的税种如契税、城市房地产税、房产税、土地使用税等，但这些税种大多属于传统的土地税，有的还带有行为税的特点，不属于对土地增值额或土地收益额的征税。1993 年 12 月 13 日国务院发布《中华人民共和国土地增值税暂行条例》，1995 年 1 月 27 日颁布《土地增值税暂行条例实施细则》，决定开征土地增值税。

（二）开征土地增值税的意义和作用

1. 开征土地增值税，是适应社会主义市场经济发展的新形势，增强国家对房地产开发和房地产交易市场调控的需要。在改革开放前，我国土地管理制度一直采取行政划拨方式，当时不允许进行土地买卖，既没有地产交易行为，更不存在地产交易市场。实践证明，这种土地管理制度不利于提高土地资源的使用效益。改革开放后，对土地使用管理制度逐步实行了改革，打破了无偿使用、不准买卖的老规定，确立了有偿使用、允许转让使用权的政策和制度。新的土地使用政策和管理制度的实施，从根本上促进了我国房地产开发和房地产交易市场的发展。这对于合理配置土地资源，提高土地使用效益，增加政府财政收入，改善城市基础设施和人民生活居住条件，以及带动国民经济相关产业的发展，都产生了积极作用。

但是，由于有关土地管理的各项制度滞后，不健全、不配套，以及行政管理上的偏差，在房地产业发展中也出现了一些问题。主要是：房地产开发过热，一度炒买炒卖房地产的投机盛行，房地产价格上涨过猛，投入房地产的资金规模过大，国家土地资源浪费严重，国有土地资源收益流失过多，冲击和危害了国民经济的健康协调发展，而且也造成了社会分配不公。

在这种情况下，我国决定借鉴世界上一些国家和地区的有益做法，开征土地增值税，利用税收杠杆对房地产业的开发、经营和房地产市场进行适当调控，以保护房地产业和房地产市场的健康发展，控制投资规模，促进土地资源的合理利用，调节部分单位和个人通过炒买炒卖房地产取得的高额收入。

2. 对土地增值课税，有利于抑制炒买炒卖土地获取暴利的行为，保障国家的土地权益和房地产开发者的合理收益。土地收益，主要来源于土地的增值。一是自然增值，即由于土地资源是有限的，随着经济建设的发展，生产和生活建设用地扩大，土地资源相对发生紧缺，导致土地价格上升。这是土地增值的主要因素。二是投资增值，即投入资金开发建造，把“生地”变为“熟地”，建成各种生产、生活、商业设施，形成土地增值。土地资源属国家所有，国家为整治和开发土地投入巨额资金，国家应参与土地增值收益分配，并取得较大份额。同时对房地产开发者投资、开发房地产应取得的合理收益，应当予以保护，使其能够得到一定的回报，以促进房地产业的正常发展。然而有些地区单纯出于招商引资或急于求成搞建设，盲目开发并竞相压低国家土地批租价格，给炒买炒卖者留下空子，致国家土地增值收益流失严重，极大地损害了国家利益。统一对土地增值收益征税，就可以堵住这方面的漏洞，减少国家土地资源增值收益的流失，遏制投机者牟取暴利的行为，保护房地产正当开发者的合法权益，维护国家整体利益。

3. 规范国家参与土地增值收益的分配方式，增加国家财政收入，为经济建设积累资金。目前，我国涉及房地产交易市场的税收，主要有营业税、企业所得税、个人所得税、契税等。对土地增值收益征税，可为增加国家财政收入开辟新财源。分税制财政体制规定，土地增值税收入属于地方财政收入。在土地增值税未开征前，有些地区已通过采用征收土地增值费的办法，对土地增值收益进行分配调控，但办法不统一，收费标准不规范，相差悬殊，这就有必要由国家以法律、法规的形式，用强制性的税收方式，科学而严密地规范土地增值税收益的分配制度，以壮大地方财力，在全国普遍实行。

（三）我国土地增值税的特点

我国的土地增值税，具有以下几个特点：

1. 以转让房地产取得的增值额为计税依据。我国的土地增值税属于“土地转移增值税”的类型，其增值额为纳税人转让房地产的收入，减除税法规定准予扣除项目金额后的余额。

2. 征税面比较广。凡在我国境内转让房地产并取得收入的单位和个人，除税法规定免税的外，均应依照《土地增值税暂行条例》规定缴纳增值税。换言之，凡发生应税行为的单位和个人，不论其经济性质，也不分内、外资企业或中、外籍人员，无论专营或兼营房地产业务，均有缴纳土地增值税的义务。

3. 实行超率累进税率。土地增值税的税率是以转让房地产增值率的高低为依据，按照累进原则设计的，实行分级计税。增值率高的，税率高、多纳税；增值率低的，税率低、少纳税，税负较为合理。

4. 实行按次征收。土地增值税在房地产发生转让的环节，实行按次征收，每发生一次转让行为，就应根据每次取得的增值额征一次税。

二、土地增值税的征税范围

（一）土地增值税的征税范围

其征税范围包括两个方面：一是转让国有土地使用权；二是地上建筑物及其附着物连同国有土地使用权一并转让。它所界定的征税范围包括以下三层含意：

1. 土地增值税只对转让国有土地使用权的行为课税，转让非国有土地的行为不在征税之列。对属于集体所有的土地，按现行规定须先由国家征用后才能转让。

2. 土地增值税既对转让土地使用权课税，也对转让地上建筑物和其他附着物的产权征税。地上建筑物和其他附着物包括建于地上的一切建筑物、构筑物、地上地下的各种附属设施及附着于土地上、不能移动、一经移动即遭损坏的种植物、养殖物及其他物品。换言之，纳入土地增值税课征的增值额，是纳税人转让房地产所取得的全部增值额，而非仅仅只是土地使用权转让收入。

3. 土地增值税只对有偿转让的房地产征税，对以继承、赠与等方式无偿转让的房地产，不予征税。

（二）几种具体情况征税规定

1. 以出售方式转让国有土地使用权、地上的建筑物及附着物。这种情况因其同时符合上述三个标准，所以属于土地增值税的征税范围。这里又分为三种情况：

（1）出售国有土地使用权。这种情况是指土地使用者通过出让方式，向政府交纳了土地出让金，有偿受让土地使用权后，仅对土地进行通水、通电、通路和平整地面等土地开发，不进行房产开发，即所谓“将生地变熟地”，然后直接将空地出售出去。这属于国有土地使用权的有偿转让，应纳入土地增值税的征税范围。

（2）取得国有土地使用权后进行房屋开发建造后出售。这种情况即是一般所说的房地产开发。虽然这种行为通常被称作卖房，但按照国家有关房地产法律和法规的规定，卖房的同时，土地使用权也随之发生转让。由于这种情况既发生了产权的转让又取得了收入，所以应纳入土地增值税的征税范围。

（3）存量房地产的买卖。这种情况是指已经建成并已投入使用的房地产，其房屋所有人将房屋产权和土地使用权一并转让给其他单位和个人。这种行为按照国家有关的房地产法律和法规，应当到有关部门办理房产产权和土地使用权的转移变更手续；原土地使用权属于无偿划拨的，还应到土地管理部门补交土地出让金。这种情况既发生了产权的转让又取得了收入，应纳入土地增值税的征税范围。

2. 以继承、赠与方式转让房地产。这种情况因其只发生房地产产权的转让，没有取得相应的收入，属于无偿转让房地产的行为，所以不能将其纳入土地增值税的征税范围。这里又可分为两种情况：

（1）房地产的继承。房地产的继承是指房产的原产权所有人、依照法律规定取得的土地使用权的土地使用人死亡之后，由其继承人依法承受死者房产产权和土地使用权的民事法律行为。这种行为虽然发生了房地产的权属变更，但作为房产产权、土地使用权的原所有人（即被继承人）并没有因为权属的转让而取得任何收入。因此，这种房地产的继承不属于土地增值税的征税范围。

（2）房地产的赠与。房地产的赠与是指房产所有人、土地使用权所有人将自己所拥有的房地产无偿地交给其他人的民事法律行为。但这里的“赠与”仅指以下情况：一是房产所有人、土地使用权所有人将房屋产权、土地使用权赠与直系亲属或承担直接赡养义务的人。二是房产所有人、土地使用权所有人通过中国境内非营利的社会团体、国家机关将房屋产权、土地使用权赠与教育、民政和其他社会福利、公益事业的。

上述社会团体是指中国青少年发展基金会、希望工程基金会、宋庆龄基金会、减灾委员会、中国红十字会、中国残疾人联合会、全国老年基金会、老区促进会以及经民政部门批准成立的其他非营利的公益性组织。

房地产的赠与虽发生了房地产的权属变更，但作为房产所有人、土地使用权的所有人并没有因为权属的转让而取得任何收入。因此，房地产的赠与不属于土地增值税的征税范围。

3. 房地产的出租。房地产的出租是指房产的产权所有人、依照法律规定取得土地使用权的土地使用人，将房产、土地使用权租赁给承租人使用，由承租人向出租人支付租金的行为。房地产的出租，出租人虽取得了收入，但没有发生房产产权、土地使用权的转让。因此，不属于土地增值税的征税范围。

4. 房地产的抵押。房地产的抵押是指房地产的产权所有人、依法取得土地使用权的土地使用人作为债务人或第三人向债权人提供不动产作为清偿债务的担保而不转移权属的法律行为。这种情况由于房产的产权、土地使用权在抵押期间产权并没有发生权属的变更，房产的产权所有人、土地使用权仍能对房地产行使占有、使用、收益等权利，房产的产权所有人、土地使用权人虽然在抵押期间取得了一定的抵押贷款，但实际上这些贷款在抵押期满后是要连本带利偿还给债权人的。因此，对房地产的抵押，在抵押期间不征收土地增值税。待抵押期满后，视该房地产是否转移权属而确定是否征收土地增值税。对于以房地产抵债而发生房地产权属转让的，应列入土地增值税的征税范围。

5. 房地产的交换。这种情况是指一方以房地产与另一方的房地产进行交换的行为。由于这种行为既发生了房产产权、土地使用权的转移，交换双方又取得了实物形态的收入，按《土地增值税暂行条例》规定，它属于土地增值税的征税范围。但对个人之间互换自有居住用房地产的，经当地税务机关核实，可以免征土地增值税。

6. 以房地产进行投资、联营。对于以房地产进行投资、联营的，投资、联营的一方以土地（房地产）作价入股进行投资或作为联营条件，将房地产转让到所投资、联营的企业中时，暂免征收土地增值税。对投资、联营企业将上述房地产再转让的，应征收土地增值税。

7. 合作建房。对于一方出地，一方出资金，双方合作建房，建成后按比例分房自用的，暂免征收土地增值税；建成后转让的，应征收土地增值税。

8. 企业兼并转让房地产。在企业兼并中，对被兼并企业将房地产转让到兼并企业中的，暂免征收土地增值税。

9. 房地产的代建房行为。这种情况是指房地产开发公司代客户进行房地产的开发，开发完成后向客户收取代建收入的行为。对于房地产开发公司而言，虽然取得了收入，但没有发生房地产权属的转移，其收入属于劳务收入性质，故不属于土地增值税的征税范围。

10. 房地产的重新评估。这主要是指国有企业在清产核资时对房地产进行重新评估而使其升值的情况。这种情况下房地产虽然有增值，但其既没有发生房地产权属的转移，房产产权、土地使用权人也未取得收入，所以不属于土地增值税的征税范围。

三、土地增值税的纳税人

《土地增值税暂行条例》第二条规定，土地增值税的纳税人是转让国有土地使用权及地上的一切建筑物和其他附着物产权，并取得收入的单位和个人。包括各类企业、事业单位、国家机关和社会团体及其他组织，个人包括个体经营者。还包括外商投资企业、外国企业及外国机构、华侨、港澳台同胞及外国公民等。

四、土地增值税的税率

由于土地增值税的计税依据为房地产转让的增值额，课税的主要目的在于抑制房地产的投机、炒卖活动，限制滥占耕地的行为。因此，设计税率的基本原则，应当是增值多的多征，增值少的少征，无增值的不征。

按照这个原则，土地增值税采用四级超率累进税率。其中，最低税率30%，最高税率为60%，税收负担高于我国的企业所得税。设计超率累进税率及上述负担率，一方面对于正常的房地产开发经营，以较低税率体现优惠；另一方面，对取得过高收入，尤其是通过炒卖房地产获取暴利的单位和个人，也能发挥一定的调节作用。

土地增值税的四级超率累进税率如表16－1：

表16－1　土地增值税四级超率累进税率表

级次	增值额与扣除项目金额的比率（%）	税率（%）	速算扣除系数（%）
1	不超过50%（含50%）的	30	0
2	超过50%—100%的	40	5
3	超过100%—200%的	50	15
4	超过200%的	60	35

1. 土地增值额未超过扣除项目金额50%的部分，税率为30%。
2. 土地增值额超过扣除项目金额50%，未超过100%的部分，税率为40%。
3. 土地增值额超过扣除项目金额100%，未超过200%的部分，税率为50%。
4. 土地增值额超过扣除项目金额200%以上的部分，税率为60%。

五、土地增值税的计算

（一）土地增值税的计税依据

土地增值税的计税依据是纳税人转让房地产所取得的增值额，即只对转让收入减除国家规定的各项扣除项目金额后的余额计算征税。由于我国目前房地产市场不健全，土地、房屋的评估工作刚刚起步，如何计算或评估增值额尚处于探索阶段。因此，对土地增值额的计算，《土地增值税暂行条例》规定了扣除计算法和价格评估法两种方法。

1. 扣除计算法。扣除计算法即以纳税人转让房地产所取得的收入，减除税法规定扣除项目金额后的余额为税基。显然，土地增值税应纳税额的大小，取决于转让房地产的收入和扣除项目金额两个因素。对这两个因素的内涵、范围和确定方法等，税法作出了明确规定。

（1）收入额的确定。纳税人转让房地产所取得的收入，是指包括货币收入、实物收入和其他收入在内的全部收入，不允许从中减除任何成本费用。

（2）扣除项目及其金额。在确定房地产转让的增值额和计算应纳土地增值税时，就转让的房地产类别而言，允许从房地产转让收入总额中扣除的项目及其金额，分为三类：一是土地使用权人将未附有建筑物或其他附着物的土地使用权出售给买受人，所允许扣除的项目及金额；二是纳税人取得土地使用权后，建筑商品房，并将建造的商品房连同其使用范围内的土地使用权出售给买受人，所允许扣除的项目及金额；三是纳税人出售上述两种情况之外的其他房地产，如出售旧房及建筑物，所允许扣除的项目及金额。

转让以上三类房地产所取得的收入，允许从中扣除的项目具体可分为六类：

（1）取得土地使用权所支付的金额，是指纳税人为取得土地使用权支付的地价款和纳税人在取得土地使用权时按国家统一规定交纳的有关费用。如果是以协议、招标、拍卖等出让方式取得土地使用权的，地价款为纳税人所支付的土地出让金；如果是以行政划拨方式取得土地使用权的，地价款为按国家有关规定补交的土地出让金；如果是以转让方式取得土地使用权的，地价款为向原土地使用权人实际支付的地价款。而缴纳的有关费用是指纳税人在取得土地使用权过程中为办理有关手续，按国家统一规定缴纳的有关登记、过户手续费和契税。

（2）开发土地和新建房及配套设施的成本（简称房地产开发成本），指纳税人房地产开发项目实际发生的成本。包括土地征用及拆迁补偿费、前期工程费、建筑安装工程费、基础设施费、公共配套设施费、开发间接费用。其中：

土地征用及拆迁补偿费，包括土地征用费、耕地占用税、劳动力安置费及有关地上、地下附着物拆迁补偿的净支出、安置动迁用房支出等。

前期工程费，包括规划、设计、项目可行性研究和水文、地质、勘察、测绘、“三通一平”等支出。

建筑安装工程费，是指以出包方式支付给承包单位的建筑安装工程费，以自营方式发生的建筑工程安装费。

基础设施费，包括开发小区内的道路、供水、供电、供气、排污、排洪、通信、照明、环卫、绿化等工程发生的支出。

公共配套设施费，包括不能有偿转让的开发小区内公共配套设施发生的支出。

开发间接费用，是指直接组织、管理开发项目所发生的费用，包括工资、职工福利费、折旧费、修理费、办公费、水电费、劳动保护费、周转房摊销等。

（3）开发土地和新建房及配套设施的费用（简称房地产开发费用），包括与房地产开发项目有关的销售费用、管理费用、财务费用。根据现行财务会计制度的规定，这三项费用作为期间费用，直接计入当期损益，不按成本对象进行分摊。故作为土地增值税扣除项目的房地产开发费用，不按纳税人房地产开发项目实际发生的费用进行扣除，而按《实施细则》的标准进行扣除。其中：

财务费用中的利息支出，凡能按转让房地产项目计算分摊并提供金融机构证明的，允许据实扣除，但最高不能超过按商业银行同期贷款利率计算的金额。其他房地产开发费用，按取得土地使用权支付的金额和房地产开发成本金额之和，在5%以内计算扣除。

凡不能按转让房地产项目计算分摊利息支出或不能提供金融机构证明的，利息支出不得单独计算，而应并入房地产开发费用中一并计算扣除。房地产开发费用的计算方法是，按取得土地使用权支付的金额和房地产开发成本金额之和，在10%以内计算扣除。

以上两类计算扣除的具体比例，由省级人民政府规定。

此外，财政部和国家税务总局还对扣除项目金额中利息支出的计算问题作了两点专门规定：一是利息的上浮幅度按国家的有关规定执行，超过上浮幅度的部分不允许扣除；二是对于超过贷款期限的利息部分和加罚的利息不允许扣除。

（4）与转让房地产有关的税金。指在转让房地产时缴纳的印花税、城市维护建设税允许扣除，教育费附加也可视同税金扣除。

需要明确的是：房地产开发企业按照《施工、房地产开发企业财务制度》有关规定，其在转让时缴纳的印花税因列入管理费用，故在此不允许单独再扣除。其他纳税人缴纳的印花税（按产权书据所载金额的0.5‰贴花）允许在此扣除。

（5）财政部确定的其他扣除项目。其中的一项规定是，从事房地产开发的纳税人可按取得土地使用权时所支付的金额和房地产开发成本之和，加计20%的扣除。

（6）旧房及建筑物的评估价格。指在转让已使用过的房屋及建筑物时，由政府批准设立的房地产评估机构评定的重置成本价乘以成新度折扣率后的价格。所谓重置成本价，是指对旧房及建筑物，按转让时的建材价格及人工费用计算，建造同样面积、同样层次、同样结构、同样建设标准的新房及建筑物所需花费的成本费用。成新度折扣率是指按旧房的新旧程度作一定比例的折扣。此外，转让旧房的，应按房屋及建筑物的评估价格、取得土地使用权所支付的地价款和按国家统一规定缴纳的有关费用及在转让环节缴纳的税金作为扣除项目金额计征土地增值税。对取得土地使用权时未支付地价款或不能提供已支付的地价款凭据的，在计征土地增值税时不允许扣除。

2. 价格评估法。在实际房地产交易活动中，有些纳税人由于不能准确提供房地产转让价格或扣除项目金额，致使增值额不准确，直接影响应纳税额的计算和缴纳，因此在有些交易活动中，计算应纳税额时要使用价格评估法。价格评估法，是以转让房地产或扣除项目的评估价格为依据，计算土地增值税的一种方法。所谓评估价格，指由政府批准设立的房地产评估机构根据相同地段、同类房地产进行综合评定的价格。这种评估价格亦须经当地税务机关确认。

依据税法规定，纳税人有下列情况之一的，按照房地产评估价格计税：

（1）隐瞒、虚报房地产成交价格的，指纳税人不报或有意低报转让土地使用权、地上建筑物及其附着物价款的行为。隐瞒、虚报房地产成交价格应由评估机构参照同类房地产的市场交易价格进行评估。税务机关根据评估价格确定转让房地产的收入。

（2）提供扣除项目金额不实的，指纳税人在纳税申报时不据实提供扣除项目金额的行为。对扣除项目金额不实的，应由评估机构按照房屋重置成本价乘以成新度折扣率计算的房屋成本价和取得土地使用权时的基准地价进行评估。税务机关根据评估价格确定扣除项目金额。

（3）转让房地产的成交价格低于房地产的评估价格，又无正当理由的，指纳税人申报的转让房地产的实际成交价低于房地产评估机构评定的交易价，纳税人又不能提供凭据或无正当理由的行为。对这种情况，由税务机关参照房地产评估价格，确定转让房地产的收入。

（二）土地增值税应纳税额的计算

1. 转让土地使用权和出售新建及配套设施应纳税额的计算方法。土地增值税按照纳税人转让房地产所取得的增值额和规定的税率计算征收。土地增值税的计算公式为：

应纳税额 = ∑（每一级的土地增值额 × 适用税率）

但在实际工作中，分步计算较繁琐，一般可采用速算法计算，其基本原理是，首先以出售房地产的总收入减除扣除项目金额后，求得增值额。再以增值额同扣除项目相比，其比值即为土地增值税。然后，再根据土地增值率的高低确定适用税率，计算应纳税额。具体计算方法如下：

$$增值率 = \frac{转让房地产总收入 - 扣除项目金额}{扣除项目金额} \times 100\%$$

应纳税额 = 增值额 × 适用税率 - 扣除项目金额 × 速算扣除系数

例 16 - 1：某房地产开发公司出售一幢写字楼，收入总额为 950 万元。开发该写字楼有关支出如下：支付地价款及各种费用 150 万元；开发成本 280 万元；开发费用 30 万元；各种税金 52 万元。试计算该公司应纳的土地增值税。

$$解：（1）增值率 = \frac{950 - [(150 + 280) \times (1 + 20\%) + 30 + 52]}{(150 + 280) \times (1 + 20\%) + 30 + 52} \times 100\%$$

$$= 58.87\%$$

（2）应纳税额 = 352 × 40% - 598 × 5% = 110.9（万元）

2. 出售旧房应纳税额的计算方法。旧房及建筑物按评估价格计算扣除项目金额，再根据上述方法计算应纳税额。

即：评估价格 = 重置成本价格 × 成新度折扣率

$$增值率 = \frac{转让房地产的总收入 - 评估价格}{评估价格} \times 100\%$$

应纳税额 = 增值额 × 适用税率 - 扣除项目金额 × 速算扣除系数（评估价格）

例 16 - 2：一栋七十年代建造的房屋，当时造价 100 万元，如果按现时材料、人工费计算，建造同样的房子需 340 万元，该房子为 5 成新，按 250 万元出售，缴纳有关税收 14 万元，试计算其应纳的土地增值税。

解：（1）评估价格 = 340 × 50% = 170（万元）

$$（2）增值率 = \frac{250 - 170 - 14}{184} \times 100\% = 35.87\%$$

（3）应纳税额 = 66 × 30% - 170 × 0 = 19.8（万元）

3. 按价格评估法计算应纳税额的方法。土地增值税是按出售房地产的收入减除规定的扣除项目后计算征税的，因此需要纳税人提供有关收入和扣除项目的准确资料。在计算应纳税额过程中，如果纳税人不能提供扣除项目金额或提供不实的，以及纳税人隐瞒、虚报转让房地产的成交价或成交价低于评估价的，税务机关有权按照房地产的评估价格，确定扣除项目金额或转让房地产收入，然后按照前述方法计算应纳税额。

4. 特殊售房方式应纳税额的计算方法。房地产业经营方式较为特殊，征收管理难度也较大。其中最突出的是纳税人成片受让土地使用权后分期分批开发、转让房地产，以及纳税人采取预售方式出售商品房。为了加强土地增值税的管理，堵塞漏洞，保证税收及时足额入库，《实施细则》第八条规定，土地增值税以纳税人房地产成本核算的最基本核算项目或核算对象为单位计算。依据这项原则对上述两种经营方式采取了先按比例征收，然后清算的办法。具体方法如下：

$$扣除项目金额 = 扣除项目总金额 \times \frac{转让土地使用权面积或建筑面积}{受让土地使用权的总面积}$$

纳税人采取预售方式出售商品房的，在计算缴纳土地增值税时，可以按买卖双方签订预售合同所载金额计算出应纳土地增值税税额，再根据每笔预收款占总售价款的比例，计算分摊每次所需缴纳的土地增值税税额，在每次预收款时计征。

六、土地增值税的减免税

对房地产转让征收土地增值税，涉及面广，政策性强。为了促进房地产开发结构调整，改善城镇居民的居住条件，以及有利于城市改造规划的实施，《土地增值税条例》及《实施细则》规定的减免税项目有：

1. 建造普通标准住宅出售，增值额未超过扣除项目金额 20% 的，免征土地增值税。所谓“普通标准住宅”，是指按所在地一般民用住宅标准建造的居住用住宅。高级公寓、别墅、小洋楼、度假村，以及超面积、超标准豪华装修的住宅，均不属于普通标准住宅。普通标准住宅与其他住宅的具体界限，由省级人民政府规定。

2005 年 5 月 31 日以前由各省、自治区、直辖市人民政府规定。2005 年 6 月 1 日起，普通标准住宅应同时满足：住宅小区建筑容积率在 1.0 以上；单套建筑面积在 120 平方米以下；实际成交价格低于同级别土地上住房平均交易价格 1.2 倍以下。各省、自治区、直辖市要根据实际情况，制定本地区享受优惠政策普通住房具体标准。允许单套建筑面积和价格标准适当浮动，但向上浮动的比例不得超过上述标准的 20%。

2. 因国家建设需要而被政府征用、收回的房地产，免征土地增值税。这类房地产是指因城市市政规划、国家建设的需要而被政府批准征用、收回的土地使用权。由于上述原因，纳税人自行转让房地产的，比照有关规定免征土地增值税。

3. 个人转让住房，暂免征收土地增值税。

4. 对企业改制、资产整合过程中涉及的土地增值税予以免征。

七、土地增值税的征收和缴纳

（一）征收方法

土地增值税一般按照转让房地产的实际收入计算征收。但纳税人在项目全部竣工结算前转让房地产取得的收入，由于涉及成本确定或其他原因，无法据实计算土地增值税的，可以预征；待该项目全部竣工、办理结算后再进行清算，多退少补。

具体办法由省级地方税务局根据当地情况制定。

（二）纳税地点

土地增值税由房地产所在地的税务机关负责征收。所谓“房地产所在地”，是指房地产的坐落地。纳税人转让的房地产坐落在两个或两个以上地区的，应按房地产所在地分别申报纳税。

在实际工作中，纳税地点的确定又可分为以下两种情况：

1. 纳税人是法人的。当转让的房地产坐落地与其机构所在地或经营所在地一致时，在办理税务登记的原管辖税务机关申报即可；如果转让的房地产坐落地与其机构所在地或经营所在地不一致时，则应在房地产坐落地所管辖的税务机关申报纳税。

2. 纳税人是自然人的。当转让的房地产坐落地与其居住所在地一致时，在住所所在地税务机关申报纳税；当转让的房地产坐落地与其居住所在地不一致时，在房产坐落地的税务机关申报纳税。

（三）纳税申报

土地增值税的纳税人应在转让房地产合同签订后的 7 日内，到房地产所在地主管税务机关办理纳税申报，并向税务机关提交房屋及建筑物产权、土地使用权证书，土地转让、房产买卖合同，房地产评估报告及其他与转让房地产有关的资料。纳税人因经常发生房地产转让而难以在每次转让后申报的，经税务机关审核同意后，可以定期进行纳税申报，具体期限由税务机关根据情况确定。

八、房地产开发企业土地增值税清算

自 2009 年 6 月 1 日起，各省税务机关可按以下规定对房地产开发企业土地增值税进行清算。各省税务机关可依据以下规定并结合当地实际情况制定具体清算管理办法。

（一）土地增值税的清算单位

土地增值税以国家有关部门审批的房地产开发项目为单位进行清算，对于分期开发的项目，以分期项目为单位清算。

开发项目中同时包含普通住宅和非普通住宅的，应分别计算增值额。

（二）土地增值税的清算条件

1. 符合下列情形之一的，纳税人应进行土地增值税的清算：（1）房地产开发项目全部竣工、完成销售的；（2）整体转让未竣工决算房地产开发项目的；（3）直接转让土地使用权的。

2. 符合下列情形之一的，主管税务机关可要求纳税人进行土地增值税清算：（1）已竣工验收的房地产开发项目，已转让的房地产建筑面积占整个项目可售建筑面积的比例在 85% 以上，或该比例虽未超过 85%，但剩余的可售建筑面积已经出租或自用的；（2）取得销售（预售）许可证满三年仍未销售完毕的；（3）纳税人申请注销税务登记但未办理土地增值税清算手续的；（4）省税务机关规定的其他情况。

（三）非直接销售和自用房地产的收入确定

1. 房地产开发企业将开发产品用于职工福利、奖励、对外投资、分配给股东或投资人、抵偿债务、换取其他单位和个人的非货币性资产等，发生所有权转移时应视同销售房地产，其收入按下列方法和顺序确认：

（1）按本企业在同一地区、同一年度销售的同类房地产的平均价格确定；

（2）由主管税务机关参照当地当年、同类房地产的市场价格或评估价值确定。

2. 房地产开发企业将开发的部分房地产转为企业自用或用于出租等商业用途时，如果产权未发生转移，不征收土地增值税，在税款清算时不列收入，不扣除相应的成本和费用。

（四）土地增值税的扣除项目

1. 房地产开发企业办理土地增值税清算时计算与清算项目有关的扣除项目金额，应根据土地增值税暂行条例第六条及其实施细则第七条的规定执行。除另有规定外，扣除取得土地使用权所支付的金额、房地产开发成本、费用及与转让房地产有关税金，须提供合法有效凭证；不能提供合法有效凭证的，不予扣除。

2. 房地产开发企业办理土地增值税清算所附送的前期工程费、建筑安装工程费、基础设施费、开发间接费用的凭证或资料不符合清算要求或不实的，地方税务机关可参照当地建设工程造价管理部门公布的建安造价定额资料，结合房屋结构、用途、区位等因素，核定上述四项开发成本的单位面积金额标准，并据以计算扣除。具体核定方法由省税务机关确定。

3. 房地产开发企业开发建造的与清算项目配套的居委会和派出所用房、会所、停车场（库）、物业管理场所、变电站、热力站、水厂、文体场馆、学校、幼儿园、托儿所、医院、邮电通信等公共设施，按以下原则处理：（1）建成后产权属于全体业主所有的，其成本、费用可以扣除；（2）建成后无偿移交给政府、公用事业单位用于非营利性社会公共事业的，其成本、费用可以扣除；（3）建成后有偿转让的，应计算收入，并准予扣除成本、费用。

4. 房地产开发企业销售已装修的房屋，其装修费用可以计入房地产开发成本。房地产开发企业的预提费用，除另有规定外，不得扣除。

5. 属于多个房地产项目共同的成本费用，应按清算项目可售建筑面积占多个项目可售总建筑面积的比例或其他合理的方法，计算确定清算项目的扣除金额。

（五）土地增值税清算应报送的资料

符合上述第（二）条第1项规定的纳税人，须在满足清算条件之日起90日内到主管税务机关办理清算手续；符合上述第（二）条第2项规定的纳税人，须在主管税务机关限定的期限内办理清算手续。

纳税人办理土地增值税清算应报送以下资料：

1. 房地产开发企业清算土地增值税书面申请、土地增值税纳税申报表；

2. 项目竣工决算报表、取得土地使用权所支付的地价款凭证、国有土地使用权出让合同、银行贷款利息结算通知单、项目工程合同结算单、商品房购销合同统计表等与转让房地产的收入、成本和费用有关的证明资料；

3. 主管税务机关要求报送的其他与土地增值税清算有关的证明资料等。

纳税人委托税务中介机构审核鉴证的清算项目，还应报送中介机构出具的《土地增值税清算税款鉴证报告》。

（六）土地增值税清算项目的审核鉴证

税务中介机构受托对清算项目审核鉴证时，应按税务机关规定的格式对审核鉴证情况出具鉴证报告。对符合要求的鉴证报告，税务机关可以采信。

税务机关要对从事土地增值税清算鉴证工作的税务中介机构在准入条件、工作程序、鉴证内容、法律责任等方面提出明确要求，并做好必要的指导和管理工作。

（七）土地增值税的核定征收

房地产开发企业有下列情形之一的，税务机关可以参照与其开发规模和收入水平相近的当地企业的土地增值税税负情况，按不低于预征率的征收率核定征收土地增值税：

1. 依照法律、行政法规的规定应当设置但未设置账簿的；

2. 擅自销毁账簿或者拒不提供纳税资料的；

3. 虽设置账簿，但账目混乱或者成本资料、收入凭证、费用凭证残缺不全，难以确定转让收入或扣除项目金额的；

4. 符合土地增值税清算条件，未按照规定的期限办理清算手续，经税务机关责令限期清算，逾期仍不清算的；

5. 申报的计税依据明显偏低，又无正当理由的。

（八）清算后再转让房地产的处理

在土地增值税清算时未转让的房地产，清算后销售或有偿转让的，纳税人应按规定进行土地增值税的纳税申报，扣除项目金额按清算时的单位建筑面积成本费用乘以销售或转让面积计算。

单位建筑面积成本费用 = 清算时的扣除项目总金额 ÷ 清算的总建筑面积

第二节　城镇土地使用税

一、城镇土地使用税概述

（一）城镇土地使用税的特点

城镇土地使用税是以国有土地为征税对象，对拥有土地使用权的单位和个人征收的一种税。我国在1984年的工商税制全面改革时，决定对国内企业、单位和个人开征城镇土地使用税。1988年9月国务院正式颁布《中华人民共和国城镇土地使用税暂行条例》，并于同年11月1日起在全国施行。而现行城镇土地使用税的基本规范，是2006年12月31日《国务院关于修改〈中华人民共和国城镇土地使用税暂行条例〉的决定》，于国务院决定自2007年1月1日起对企业、单位和个人征收。城镇土地使用税的特点是：

1. 征税对象是国有土地。我国宪法明确规定，城镇土地的所有权归国家，单位和个人对占用的土地只有使用权而无所有权。国家既可以凭借财产权力对土地使用人获取的收益进行分配，又可以凭借政治权力对土地使用者进行征税。开征城镇土地使用税，实质上是运用国家政治权力，将纳税人获取的本应属于国家的土地收益集中到国家手中。农业土地因属于集体所有，故未纳入征税范围。

2. 征税范围广。现行城镇土地使用税对在我国境内使用土地的单位和个人征收。一个征税范围广阔的土地使用税，将在筹集地方财政资金、调节土地使用和收益分配方面，发挥积极作用。

3. 实行差别幅度税额。开征城镇土地使用税的目的之一，在于调节土地的级差收入，而级差收入的产生主要取决于土地的位置。占有土地位置优越的纳税人可以节约运输和流通费用，扩大销售和经营规模，取得额外经济收益。为了有利于体现国家政策，城镇土地使用税实行差别幅度税额。对不同城镇适用不同税额，对同一城镇的不同地段，根据市政建设状况和经济繁荣程度也确定不等的负担水平。

（二）城镇土地使用税的作用

1. 有利于促进土地的合理、节约使用。土地是一种宝贵的自然资源。我国虽然幅员辽阔，但人均占有土地面积并不宽裕。过去，我国对非农业用地基本上都采取行政划拨、无偿使用的办法，造成大量土地资源的浪费。开征城镇土地使用税后，国有土地不再由单位和个人无偿使用，而要按规定向国家纳税。由于土地使用税的负担是按城市大小和所处地区经济繁荣程度确定的，因此，单位和个人多占地、占好地就要多纳税；少占地、占次地就少纳税。这样就能够促进企业合理配置土地资源和节约使用土地资源。

2. 调节土地级差收入，鼓励公平竞争。在我国目前市场经济条件下，影响企业效益的客观因素很多。其中，地理位置的好坏是影响企业运输成本、流通费用高低，进而影响企业利润率高低的重要因素之一。由于土地级差收入的获得与企业本身经营状况无关，如果对此不征税，则不利于企业经济核算，也无法对企业的主观经营成果进行比较。开征城镇土地使用税，将土地的级差收入纳入国家财政，不仅有利于理顺国家和土地使用者的分配关系，而且为企业公平竞争创造了条件。

3. 筹集地方财政资金，为实施分税制创造条件。城镇土地使用税是地方税，它的税收收入归地方政府支配，是地方财政收入的一项稳定来源。同时，由于城镇土地使用税在所有大、中、小城市和县城、建制镇、工矿区开征，因此它涉及面广，而且收入较多，这就为建立和完善地方税体系，实行以分税制为基础的财政体制创造了条件。

二、城镇土地使用税的征税范围

城镇土地使用税的征税范围为城市、县城、建制镇和工矿区内的国家所有和集体所有的土地。其中，城市是指经国务院批准设立的市，包括市区和郊区；县城是指县人民政府所在地，其范围为县人民政府所在地的城镇；建制镇是指经省、自治区、直辖市人民政府批准设立的、符合国务院规定的镇建制标准的镇；工矿区是指工商业比较发达，人口比较集中的大中型工矿企业所在地，工矿区的设立必须经省、自治区、直辖市人民政府批准。

由于城市、县城、建制镇和工矿区内的不同地方，其自然条件和经济繁荣程度各不相同，税法很难对全国城镇的具体征税范围作出统一规定。因此，国家税务总局在《关于土地使用税若干具体问题的解释和暂行规定》中确定："城市、县城、建制镇、工矿区的具体征税范围，由各省、自治区、直辖市人民政府划定。"

三、城镇土地使用税的纳税义务人

《城镇土地使用税暂行条例》第二条规定："在城市、县城、建制镇、工矿区范围内使用土地的单位和个人，为城镇土地使用税的纳税义务人。"所称单位，包括国有企业、集体企业、私营企业、股份制企业、外商投资企业、外国企业以及其他企业和事业单位、社会团体、国家机关、军队以及其他单位；所称个人，包括个体工商户及其他个人。

在现实经济生活中，使用土地的情况十分复杂，为确保将土地使用税及时、足额地征收上来，国家税务总局在《土地使用税若干具体问题的解释和暂行规定》中，根据用地者的不同情况，对纳税人作出如下具体规定：

1. 拥有土地使用权的单位或个人；
2. 拥有土地使用权的单位和个人不在土地所在地的，由代管人或实际使用人缴纳；
3. 土地使用权未确定或权属纠纷未解决的，由实际使用人为纳税人；
4. 土地使用权共有的，由共有各方分别纳税。

四、城镇土地使用税的税率

城镇土地使用税采用定额税率，即实行分级幅度税额，按大、中、小城市和县城、建制镇、工矿区分别规定每平方米土地使用税年度应纳税额。具体标准如下：

1. 大城市 1.5 元至 30 元；
2. 中等城市 1.2 元至 24 元；
3. 小城市 0.9 元至 18 元；
4. 县城、建制镇、工矿区 0.2 元至 4 元。

上述大、中、小城市是以公安部门登记在册的非农业正式户口人数为依据，按照国务院颁布的《城市规划条例》规定的标准划分的。其中市区及郊区非农业人口在 50 万人以上的，称为大城市；市区及郊区非农业人口在 20 万—50 万人的，称为中等城市；市区及郊区非农业人口在 20 万人以下的称为小城市。

根据《城镇土地使用税暂行条例》规定：省、自治区、直辖市人民政府应当在法定税额幅度内，根据市政建设状况、经济繁荣程度等条件，确定所辖地区的适用税额幅度。市、县人民政府应当根据实际情况，将本地区土地划分为若干等级，在省、自治区、直辖市人民政府确定的税额幅度内，制定相应的适用税额标准，报省、自治区、直辖市人民政府批准执行。

经省、自治区、直辖市人民政府批准，经济落后地区的土地使用税适用税额标准可以适当降低，但降低额不得超过规定的最低税额的30%。经济发达地区土地使用税的适用税额标准可以适当提高，但须报经财政部批准。

五、城镇土地使用税的计算

城镇土地使用税应纳税额的计算公式为：

应纳税额 = 计税土地面积 × 适用税额

对在城镇土地使用税征税范围内单独建造的地下建筑用地，按规定征收城镇土地使用税。其中，已取得地下土地使用权证的，按土地使用权证确认的土地面积计算应征税款；未取得地下土地使用权证或地下土地使用权证上未标明土地面积的，按地下建筑垂直投影面积计算应征税款。对上述地下建筑用地暂按应征税款的50%征收城镇土地使用税。

例16－3：某市一商场坐落在该市繁华地段，企业土地使用证书上记载占用土地的面积为3600平方米，经确定属一等地段；该商场另设两个统一核算的分店均坐落在市区三等地段，共占地7800平方米；一座仓库位于市郊，属五等地段，占地面积为1100平方米；另外该大厦自办托儿所占地面积2600平方米，属三等地段。试计算该商场年应纳城镇土地使用税税额。

解：(1) 适用税额：一等地段年税额10元/平方米；三等地段年税额4元/平方米；五等地段年税额2元/平方米。

(2) 商场占地应纳税额 = 3600 × 10 = 36000（元）

(3) 分店占地应纳税额 = 7800 × 4 = 31200（元）

(4) 仓库占地应纳税额 = 1100 × 2 = 2200（元）

(5) 商业大厦自办托儿所按税法规定免税。

该商业大厦全年应纳土地使用税69400元。

六、城镇土地使用税的减免税

（一）《城镇土地使用税暂行条例》规定，下列土地免缴城镇土地使用税

1. 国家机关、人民团体、军队自用的土地。所谓自用土地，是指这些单位本身的办公用地和业务用地。如国家机关、人民团体的办公楼用地、军队的训练场用地。

2. 由国家财政部门拨付事业经费的单位自用的土地。

3. 宗教寺庙、公园、名胜古迹自用的土地。其中，宗教寺庙自用的土地，是指在宗教寺庙范围内，举行宗教仪式等的用地和宗教人员生活用地；公园、名胜古迹范围自用的土地，是指公园供参观游览的用地及其管理单位的办公用地。至于公园、名胜古迹范围内附设的生产经营单位的用地，如影剧院、摄影部等使用的土地，应

照章缴纳土地使用税。

4. 市政街道、广场、绿化地带等公共用地。非社会性的公共用地不能免税，如企业内的广场、道路、绿化等占用的土地。

5. 直接用于农、林、牧、渔业的生产用地。指直接从事种植、养殖、饲养的专业用地，农副产品加工厂占地和从事农、林、牧、渔业生产单位的生活、办公用地不包括在内。

6. 以开山填海整治的土地和改造的废弃土地，从使用月份起免纳土地使用税 5 至 10 年。

7. 对非营利性医疗机构、疾病控制机构和妇幼保健机构等卫生机构自用的土地，免征城镇土地使用税。对营利性医疗机构自用的土地自 2000 年起免征城镇土地使用税 3 年。

8. 企业办的学校、医院、托儿所、幼儿园自用的土地，凡能够与企业其他用地明确区分开的，免征城镇土地使用税。

9. 免税单位无偿使用纳税单位的土地（如公安、海关等单位使用铁路、民航等单位的土地），免征城镇土地使用税。

10. 对行使国家行政管理职能的中国人民银行总行（含国家外汇管理局）所属分支机构自用的土地，免征城镇土地使用税。

11. 为了体现国家的产业政策，支持重点产业的发展，对石油、电力、煤炭等能源用地，民用港口、铁路等交通用地和水利设施用地，三线调整企业、盐业、采石场、邮电等一些特殊用地划分了征免税界限和给予政策性减免税照顾。

（二）省、自治区、直辖市地方税务局确定的减免税

1. 个人所有的居住房屋及院落用地。

2. 房产管理部门在房租调整改革前经租的居民住房用地。

3. 免税单位职工家属的宿舍用地。

4. 民政部门举办的安置残疾人占一定比例的福利工厂用地。

5. 集体和个人办的各类学校、医院、托儿所、幼儿园用地。

6. 对基建项目在建期间使用的土地，原则上应照章征收城镇土地使用税。但对有些基建项目，特别是国家产业政策扶持发展的大型基建项目占地面积大，建设周期长，在建期间又没有经营收入的，为照顾其实际情况，对纳税人纳税确有困难的，可由各省、自治区、直辖市地方税务局根据具体情况予以免征或减征土地使用税。

7. 城镇内的集贸市场（农贸市场）用地，按规定应征收城镇土地使用税。为了促进集贸市场的发展及照顾各地的不同情况，各省、自治区、直辖市地方税务局可根据具体情况自行确定对集贸市场用地征收或免征城镇土地使用税。

8. 房地产开发公司建造商品房的用地，原则上应按规定计征城镇土地使用税。但在商品房出售之前纳税确有困难的，其用地是否给予缓征或减征、免征照顾，可由各省、自治区、直辖市地方税务局根据从严的原则结合具体情况确定。

9. 原房管部门代管的私房，落实政策后，有些私房产权已归还给房主，但由于各种原因，房屋仍由原住户居住，并且住户仍是按照房管部门在房租调整改革之前确定的租金标准向房主交纳租金。对这类房屋用地，房主缴纳土地使用税确有困难的，可由省、自治区、直辖市地方税务局根据实际情况，给予定期减征或免征城镇土地使用税的照顾。

10. 对于各类危险品仓库、厂房所需的防火、防爆、防毒等安全防范用地，可由各省、自治区、直辖市地方税务局确定，暂免征城镇土地使用税。

11. 企业搬迁后原场地不使用的、企业范围内荒山等尚未利用的土地，免征城镇土地使用税。

七、城镇土地使用税的征收和缴纳

(一) 纳税期限

城镇土地使用税按年计算，分期缴纳。缴纳期限由省、自治区、直辖市人民政府确定。据此，各省、自治区、直辖市税务机关结合当地情况，一般分别确定按月、季或半年等不同的期限缴纳。

(二) 纳税地点

城镇土地使用税的纳税地点确定在土地所在地，由土地所在地的税务机关负责征收。纳税人使用的土地不属于同一方（县）管辖范围内的，由纳税人分别向土地所在地的税务机关申报缴纳。

(三) 纳税申报

纳税人应依照当地税务机关规定的期限，填写《城镇土地使用税纳税申报表》，将其占用土地的权属、位置、用途、面积和税务机关规定的其他内容，据实向当地税务机关办理纳税申报登记，并提供有关的证明文件资料。纳税人新征用的土地，必须于批准新征用之日起 30 日内申报登记。纳税人如有住址变更、土地使用权属转换等情况，从转移之日起，按规定期限办理申报变更登记。

第三节 耕地占用税

一、耕地占用税概述

(一) 耕地占用税的概念

耕地占用税是对占用耕地建房和进行非农业建设的单位和个人征收的一种税。

农业是国民经济的基础，耕地是发展农业最基本的条件。我国的国情是人多地少，人均占有耕地面积就更少，低于世界平均水平。近年来，城乡非农业建设乱占滥用耕地现象非常严重，更加剧了上述矛盾。为了保护耕地，促进农业发展，国务院于 1987 年 4 月 1 日颁布了《中华人民共和国耕地占用税暂行条例》（以下简称暂行条例），从颁布之日起施行。2007 年 12 月 1 日，国务院发出第 511 号令，重新颁布《中华人民共和国耕地占用税暂行条例》，于 2008 年 1 月 1 日起执行并同时废止原暂行条例。2018 年 12 月 29 日第十三届全国人民代表大会常务委员会第七次会议通过《中华人民共和国耕地占用税法》，自 2019 年 9 月 1 日起正式实施。

（二）耕地占用税的特点

1. 征税范围具有特定性。耕地占有税的征税范围仅限于用于建房或从事其他非农业建设所占用的耕地，其他用于农业生产的耕地不在征税之列。体现了国家重视农业生产、保护耕地的方针。

2. 按人均耕地占有状况确定税额。耕地占用税按人均占有耕地的多少确定不同税额，人均耕地面积越少的地区，单位税额标准越高，体现了国家在耕地资源稀缺地区，严格限制占用耕地的政策。

3. 属于一次性税收。耕地占用税在占用耕地环节实行一次性征收，以补偿占用耕地所造成的部分损失。纳税人一次性缴纳耕地占用税后，不再缴纳此税，但要在今后使用土地的过程中视纳税人的不同情况，依法征收土地使用税。

（三）耕地占用税的作用

1. 有利于限制乱占滥用耕地。耕地是人类赖以生存的基本生产资料，是发展农业生产的基础。我国是一个人口大国，解决吃饭是首要问题，耕地不足已经成为我国农业发展的一个重要制约因素。开征耕地占用税，用经济手段加强对耕地的管理，可以加重纳税人占用耕地的经济负担，在一定程度上限制少占或不占农用耕地，保护宝贵的现有农用耕地资源。

2. 有利于加强土地管理。耕地也是土地的一个组成部分，过去一些地方随意批准占用耕地，造成土地管理混乱。耕地占用税明确规定，纳税人经土地管理部门批准占用耕地后，必须持批准文件向财政机关申报纳税。土地管理部门凭完税凭证和批准文件，划拨用地。这样，就有利于征税机关配合加强土地划拨管理，堵塞耕地管理和纳税方面的漏洞。

3. 有利于筹集专项资金，改善农业生产条件。通过开征耕地占用税，不仅可以限制乱占耕地，而且还可以通过征税，为农业发展筹集一定的资金。过去国家预算的支农资金有限，供需矛盾突出。现在通过征税，可以在一定程度上缓解农业资金投入不足的问题，将征收上来的税款用于地方的农业建设项目，如开垦荒地、改良现有耕地、土地复垦，以及农业综合开发等，为实现国家农业发展总体战略、增强农业后劲创造条件。

二、耕地占用税的征税对象和纳税人

（一）耕地占用税的征税对象

耕地占用税的征税对象是在中华人民共和国境内占用耕地建设建筑物、构筑物或者从事非农业建设的行为。所称耕地，是指用于种植农作物的土地。占用耕地建设农田水利设施的，不缴纳耕地占用税。因挖损、采矿塌陷、压占、污染等损毁耕地属于税法所称的非农业建设，应依照税法规定缴纳耕地占用税。占用园地、林地、草地、农田水利用地、养殖水面、渔业水域滩涂以及其他农用地建设建筑物、构筑物或者从事非农业建设的，应缴纳耕地占用税。其中，园地，包括果园、茶园、橡胶园、其他园地。林地，包括乔木林地、竹林地、红树林地、森林沼泽、灌木林地、灌丛沼泽、其他林地，不包括城镇村庄范围内的绿化林木用地，铁路、公路征地范围内的林木用地，以及河流、沟渠的护堤林用地。草地，包括天然牧草地、沼泽草地、人工牧草地，以及用于农业生产并已由相关行政主管部门发放使用权证的草地。

（二）耕地占用税的纳税义务人

在中华人民共和国境内占用耕地建设建筑物、构筑物或从事非农业建设的单位和个人，为耕地占用税的纳税人。

三、耕地占用税的计税依据和税率

（一）计税依据

耕地占用税以纳税人占用的耕地面积为计税依据。确定纳税人占用的耕地面积，主要依据是土地管理部门批准占用耕地的文件，但在实际工作中，如果发现批准占地与实际占地数量不符以及批少占多、未批先占等不正常情况，则以实际占用的耕地面积作为计税依据。

（二）税率

耕地占用税实行地区差别定额税率，从量征收。定额税率设计的方法是，以县为单位，按人均耕地面积的多少确定占用每平方米耕地的适用税额。中央统一规定单位幅度税额，各地区适用税额由省级人民政府在中央统一规定的幅度内核定。中央统一规定的幅度税额为：

1. 人均耕地在1亩以下（含1亩）的地区，每平方米耕地税额为10—50元；

2. 人均耕地在1亩以上至2亩（含2亩）的地区，每平方米耕地税额为8—40元；

3. 人均耕地在2亩以上至3亩（含3亩）的地区，每平方米耕地税额为6—30元；

4. 人均耕地在3亩以上的地区，每平方米耕地税额为5—25元。

经济特区、经济技术开发区和经济发达且人均耕地低于0.5亩的地区，适用税额可以适当提高，但是提高的部分最高不得超过本条例规定的当地适用税额的50%。

为重点保护基本农田，占用基本农田的，应按依耕地占用税法确定的当地适用税额，加按150%征收。

四、耕地占用税的计算

耕地占用税应纳税额的计算公式为：

应纳税额 = 实际占用耕地面积 × 适用税额

例 16 - 4：某企业经批准在市郊占用田地 25000 平方米，其中用于厂房建设用地 23000 平方米，其余土地用于托儿所、职工医院建设。试计算其应纳税额（该企业所在地适用税额为 20 元/平方米）。

解：（1）适用税率：20 元/平方米

（2）厂房用地应纳税额 = 23000 × 20 = 460000（元）

（3）托儿所、职工医院用地免税。

该公司应纳耕地占用税 460000 元。

五、耕地占用税的减免税

（一）军事设施占用耕地。

（二）学校、幼儿园、养老院、医院占用耕地。

（三）铁路线路、公路线路、飞机场跑道、停机坪、港口、航道占用耕地，减按每平方米 2 元的税额征收耕地占用税。

根据实际需要，国务院财政、税务主管部门商国务院有关部门并报国务院批准后，可以对前款规定的情形免征或者减征耕地占用税。

（四）农村居民在规定用地标准以内占用耕地新建自用住宅，按照当地适用税额减半征收耕地占用税；其中农村居民经批准搬迁，新建自用住宅占用耕地不超过原宅基地面积的部分，免征耕地占用税。

农村烈士家属、残疾军人、鳏寡孤独以及革命老根据地、少数民族聚居区和边远贫困山区生活困难的农村居民，在规定用地标准以内新建自用住宅免征耕地占用税。

（五）依照（一）、（二）、（三）规定免征或者减征耕地占用税后，纳税人改变原占地用途，不再属于免征或者减征耕地占用税情形的，应当按照当地适用税额补缴耕地占用税。

六、耕地占用税的征收和缴纳

耕地占有税由地方税务机关负责征收。土地管理部门在通知单位或者个人办理占用耕地手续时，应当同时通知耕地所在地同级地方税务机关。获准占用耕地的单位或者个人应当在收到土地管理部门的通知之日起 30 日内缴纳耕地占用税。土地管理部门凭耕地占用税完税凭证或者免税凭证和其他有关文件发放建设用地批准书。

纳税人临时占用耕地，应当依照本条例的规定缴纳耕地占用税。纳税人在批准临时占用耕地的期限内恢复所占用耕地原状的，全额退还已经缴纳的耕地占用税。

占用林地、牧草地、农田水利用地、养殖水面以及渔业水域滩涂等其他农用地建房或者从事非农业建设的，比照本条例的规定征收耕地占用税。

建设直接为农业生产服务的生产设施占用前款规定的农用地的，不征收耕地占用税。

复习与思考

一、基本概念

土地增值税　价格评估法　耕地

二、思考题

1. 土地增值税开征有何意义?
2. 土地增值税有何特点?
3. 城镇土地使用税与耕地占用税有何联系与区别?

三、计算题

1. 本年度1月31日，某房地产开发公司转让写字楼一栋，共取得转让收入5000万元，公司即按税法规定交纳了有关税金30万元。已知该公司为取得土地使用权而支付的地价款和按国家统一规定交纳的有关费用为500万元；投入的房地产开发成本为1500万元；房地产开发费用中的利息支出为120万元（能按转让房地产项目计算分摊并提供金融机构证明），比按工商银行同类同期贷款利率计算的利息多出10万元，另知公司所在地政府规定的其他房地产开发费用的计算扣除比例为5%，请计算该公司转让此楼应纳的土地增值税。

2. 某商业企业上年转让一栋九十年代初建造的仓库，取得转让收入300万元，缴纳相关税费共计16万元。该仓库造价200万元，如果按现行市场价的材料、人工费等计算，建造同样的仓库需要400万元，该仓库经评估还有六成新。计算该商业企业转让仓库应缴纳的土地增值税。

3. 某工厂实际占用土地4000平方米，其中：企业自办托儿所、幼儿园和保健科占用土地800平方米。该工厂地处中等城市，当地人民政府核定土地使用税单位税额为每平方米7元，试计算该工厂应纳土地使用税税额。

4. 某县人均占用耕地1.5亩，某厂经批准扩建厂房和新建职工子弟学校分别征用耕地1000平方米，该地区耕地占用税规定每平方米税额为4元，试计算该厂应纳耕地占用税。

5. 某村一农民建筑新居，经批准占用耕地50平方米，该地区耕地占用税规定每平方米税额为3元，试计算该农民应纳耕地占用税。

第十七章

房产税、契税和车船税

第一节 房 产 税

一、房产税概述

（一）房产税的概念

房产税是以房屋为征税对象，按照房屋的计税余值或租金收入，向产权所有人征收的一种财产税。

房产税是我国一个古老的税种，最早始于周代。新中国成立后，中央人民政府政务院颁布的《全国税政实施要则》中，把房产税列为全国开征的一个独立税种。1973 年进行税制改革，在简化税制的原则下，把试行工商税的企业缴纳的城市房地产税并入了工商税，但保留城市房地产税这一税种，只对居民个人和房产管理部门以及外侨的房屋继续征收。

1984 年进行工商税制全面改革中，重新恢复对房产征税。1986 年 9 月 15 日，国务院正式发布了《中华人民共和国房产税暂行条例》，从当年 10 月 1 日开始施行。各省、自治区、直辖市人民政府根据暂行条例规定，先后制定了施行细则。至此，房产税又在全国范围内全面征收。

（二）房产税的特点

1. 房产税属于财产税中的个别财产税。财产税按征收方式分类，可分为一般财产税与个别财产税。一般财产税也称综合财产税，是对纳税人拥有的财产综合课征的税收。个别财产税，也称特种财产税，是对纳税人所拥有的土地、房屋、资本或其他财产分别课征的税收。房产税属于个别财产税。

2. 征税范围限于城镇的经营性房屋。房产税是在城市、县城、建制镇和工矿区范围内征收，不涉及农村。农村的房屋，大部分是农民居住用房，为了不增加农民负担，对农村的房屋没有纳入征税范围。另外，对某些拥有房屋、但自身没有纳税能力的单位，如国家拨付行政经费、事业经费和国防经费的单位自用的房产，税法也通过免税的方式将这类房屋排除在征税范围之外。因为这些单位本身没有经营收入，若对其征税，就要相应增加财政拨款，征税也就失去意义。

3. 通过区别房屋的经营使用方式规定征税办法。拥有房屋的单位和个人，既可以自己使用房屋，又可以把房屋用于出租、出典。房产税根据纳税人经营形式不同，确定对房屋征税既可以按房产计税余值征收，又可以按租金收入征收，使其符合纳税人的经营特点，便于平衡税收负担和征收管理。

（三）房产税的作用

1. 筹集地方财政收入。房产税属于地方税，征收房产税可以为地方财政筹集一部分市政建设资金，缓解地方财力不足的矛盾。而且，房产税以房屋为征税对象，税源比较稳定，随着地方经济的发展，城市基础设施改善和工商各业的兴旺，房产税收将成为地方财政收入的一个主要来源。

2. 有利于加强房产管理，配合城市住房制度改革。税收是调节生产和分配的一个重要经济杠杆。对房屋所有者征收房产税，可以调节纳税人的收入水平，有利于加强对房屋的管理，提高房屋的使用效益，控制固定资产的投资规模。另一方面，房产税规定对个人拥有的非营业用房屋，不征房产税，可以鼓励个人建房、购房和改善住房条件，配合和推动城市住房制度改革。

3. 调节财富分配。房屋是法人组织和个人拥有财富的一种表现形式。对房屋，尤其是对个人拥有的经营性房屋征收房产税，在调节财富分配方面可以发挥积极作用。

二、房产税的征税范围、纳税人、计税依据和税率

房屋是指有屋面和护围结构，能遮风避雨，可供人们在其中生产、工作、学习、娱乐、居住或储藏物资的场所。而那些独立于房屋之外的建筑物，如围墙、烟囱、水塔、酒窖菜窖、室外游泳池、玻璃暖房等，不属于房产。

（一）征税范围

房产税暂行条例第一条规定，房产税的征税范围限于城市、县城、建制镇和工矿区的房屋。其中，城市是指国务院批准设立的市，其征税范围为市区、郊区和市辖县县城，不包括农村；县城是指未设立建制镇的县人民政府所在地的地区；建制镇是指经省、自治区、直辖市人民政府批准设立的镇，其征税范围为镇人民政府所在地的地区，不包括镇政府所辖的行政村；工矿区是指工商业比较发达，人口比较集中的大中型工矿企业所在地，开征房产税的工矿区须经省、自治区、直辖市人民政府批准。

（二）房产税的纳税人

房产税以房屋的产权所有人为纳税人。其中：

1. 产权属国家所有的，由经营管理单位纳税；产权属集体和个人所有的，由集体单位和个人纳税。

2. 产权出典的，由承典人纳税。所谓产权出典，是指产权所有人将房屋、生产资料等的产权，在一定期限内典当给他人使用，而取得资金的一种融资业务。这种

业务大多发生于出典人急需用款，但又想保留产权回赎权的情况。承典人向出典人支付一定的典价之后，在质典期内即获抵押物品的支配权，并可转典。产权的典价一般要低于卖价。出典人在规定期间内须归还典价的本金和利息，方可赎回出典房屋等的产权。由于在房屋出典期间，产权所有人已无权支配房屋，因此，税法规定由房屋具有支配权的承典人为纳税人。

3. 产权所有人、承典人不在房屋所在地的，或者是产权未确定及租典纠纷未解决的，由房产代管人或者使用人纳税。其中，租典纠纷，是指产权所有人在房产出典和租赁关系上，与承典人、租赁人发生各种争议，特别是权利和义务的争议悬而未决的。此外还有一些产权归属不清的问题，也都属于租典纠纷。对租典纠纷尚未解决的房产，规定由代管人或使用人为纳税人，主要目的在于加强征收管理；保证房产税及时入库。

4. 无租使用其他房产的问题。纳税单位和个人无租使用房产管理部门、免税单位及纳税单位的房产，应由使用人代为缴纳房产税。

5. 自2009年1月1日起，外商投资企业、外国企业和组织以及外籍个人，依照《中华人民共和国房产税暂行条例》缴纳房产税。

（三）房产税的计税依据

房产税的计税依据应是房产的价值。房产的价值有三种表现形式：第一种是房产的原值，即房屋的造价；第二种是房产的净值，即房屋的原值扣除折旧后的价值；第三种是房产的市价，即买卖房屋的市场价值（价格）。比较这三种房产价值形式，按房产原值计税比较稳定，但不够合理，因为随着时间的推移，房产的价值会发生变化，或者增加，或者减少；按房产净值计税，不仅计税复杂，而且也不科学；较为合理的计税依据应是房产的市价，因为市价是房产的现实价值，同时还包含了房屋因土地开发利用而增加的价值。但按房产市价计税，也存在着房屋估价工作量大，且市价标准很难确定的问题。

基于上述考虑，1984年税制改革时决定对经营自用的房屋以房产余值为计税依据，对出租的房屋按租金收入计税。这样，既可以将房屋的自然损耗因素和房屋后期的增值因素等综合考虑进去，同时也便于对不同房屋征税的管理。所以房产税采用从价计税，计税依据有按计税余值计税和按租金收入计税两种形式，具体又分为：

1. 对经营自用的房屋，以房产的计税余值作为计税依据。即依照房产原值一次减除10%至30%的损耗价值以后的余值计税。其中：房产原值，是指纳税人按规定记载的房屋造价或原值。纳税人未按规定记载的，应调整房产原值；房产原值明显不合理的，应重新予以评估；对没有房产原值的，应由房屋所在地的税务机关参考同类房屋的价值核定。房产原值应包括与房屋不可分割的各种附属设备或一般不单独计算价值的配套设施。主要有：暖气、卫生、通风、照明、煤气、中央空调等设备；各种管线，如蒸汽、压缩空气、石油、给水排水等管道及电力、电讯、电缆导线；电梯、升降机、过道、晒台等。

纳税人对原有房屋进行改建、扩建的，要相应增加房屋的原值。

在确定计税余值时，房产原值的具体减除幅度，由省、自治区、直辖市人民政府确定。这样规定，既有利于各地根据本地情况因地制宜的确定计税余值，又有利于平衡税收负担，简化计算手续，提高征管效率。

2. 对于出租的房屋，以租金收入为计税依据。房产的租金收入，是房屋产权所有人出租房产使用权所得的报酬，包括货币收入和实物收入。对以劳务或其他形式为报酬抵付房租收入的，应根据当地同类房产的租金水平，确定一个标准租金额依率计征。

3. 投资联营及融资租赁房产的计税依据。对投资联营的房产，在计征房产税时应区别对待：对于以房产投资联营，投资者参与投资利润分红、共担风险的，按房产的余值作为计税依据计征房产税；对以房产投资，收取固定收入，不承担联营风险的，实际是以联营名义取得房产租金，应由出租方按租金收入计算缴纳房产税。

对融资租赁房屋的情况，由于租赁费包括购进房屋的价款、手续费、借款利息等，且租赁期满以后，当承租方偿还最后一笔租赁费时，房屋产权一般都转移到承租方，实际上是一种以分期付款方式购买房屋的形式，所以在计征房产税时，应以房产余值计算征收。融资租赁的房产，由承租人自融资租赁合同约定开始日的次月起依照房产余值缴纳房产税。合同未约定开始日的，由承租人自合同签订的次月起依照房产余值缴纳房产税。

4. 关于无租使用其他单位房产和出典房产的计税依据。无租使用其他单位房产的应税单位和个人，依照房产余值代缴纳房产税。产权出典的房产，由承典人依照房产余值缴纳房产税。

（四）房产税的税率

房产税采用比例税率。以房产余值计税的，税率为1.2%；以租金收入计税的，税率为12%。对个人出租住房，不区分用途，其应缴纳的房产税暂减按4%的税率征收。

三、房产税的计算

房产税的应纳税额计算公式为：

应纳税额 = 房产余值或租金收入 × 适用税率

其中：房产余值 = 房产原值 ×（1 − 原值减除率）

例17－1：某厂自有房屋10栋，其中8栋用于生产，房产原值800万元，不包括冷暖通风设备30万元；2栋房屋租给某公司作经营用房，年租金收入10万元。计算该厂应纳的房产税（该省规定按房产原值一次扣除30%后的余值计税）。

解：（1）适用税率：房产余值：1.2%；租金收入12%

（2）自用房产应纳税额 = [（800 + 30）×（1 − 30%）] × 1.2% = 6.972（万元）

（3）租金收入应纳税额 = 10 × 12% = 1.2（万元）

该厂全年应纳房产税8.172万元。

四、房产税的减免税

房产税的免税项目主要有：

1. 国家机关、人民团体、军队自用的房产。
2. 国家财政部门拨付事业经费的单位自用的房产。
3. 宗教寺庙、公园、名胜古迹自用的房产。
4. 个人拥有的非营业用房产。
5. 经财政部批准免税的其他房产。这些房产主要包括：因损毁不堪使用的房屋和危险房屋；微利、亏损、停产、撤销企业的房产；大修停用期间的房屋；房屋大修停用在半年以上的，经纳税人申请，税务机关审核，在大修期间可免征房产税；基建工地的临时性房屋免税；企业办的各类学校、医院、托儿所、幼儿园自用的房产免税；为鼓励利用地下人防设施，地下人防设施的房屋暂不征收房产税。

五、房产税的征收和缴纳

（一）纳税期限。房产税实行按年征收，分期缴纳。纳税期限由省、自治区、直辖市人民政府规定。各地一般规定按季或按半年预征，按季度或半年缴纳一次。

（二）纳税地点。房产税在房产所在地缴纳。房产不在同一地方的纳税人，应按房产的坐落地点分别向房产所在地的税务机关缴纳。

（三）纳税申报。房产税的纳税申报，是房屋产权所有人或纳税人缴纳房产税必须履行的法定手续。纳税义务人应根据税法要求，将现有房屋的坐落地点、结构、面积、原值、出租收入等情况，据实向当地税务机关办理纳税申报，并按规定纳税。如果纳税人住址发生变更、产权发生转移，以及出现新建、改建、扩建、拆除房屋等情况，而引起房产原值发生变化或者是租金收入变化的，都要按规定及时向税务机关办理变更登记，以便税务机关及时掌握纳税人的房产变动情况。

第二节　契　　税

一、契税的概念

契税是以在中华人民共和国境内发生所有权转移的不动产为征税对象，向产权承受人征收的一种财产税。

契税在我国有着悠久的历史。它起源于东晋的“估税”。新中国成立后，政务院于 1950 年 3 月 31 日第 26 次政务会议通过并公布了《契税暂行条例》，废除了旧的契税法制，建立了新的契税制度，取消了契税附加和验税、注册等杂费，降低了税率，减轻了人民的负担。该暂行条例规定，凡土地、房屋的买卖、典当、赠予或交换，均应凭土地房屋所有证，由当事人双方订立契约，并由承受人申报缴纳契税。

到“文革”后期，我国的契税征收工作基本处于停滞状态。因国家禁止土地买卖和转让，契税的征税范围仅限于房屋。1987 年新宪法颁布后，我国房地产政策逐步得以落实，城乡房屋买卖、赠与、典当、交换活动又重新活跃起来，为避免和减少产权纠纷，促进产权的变动转移，从法律上保障产权承受人的合法权利，我国又重新恢复对产权发生转移变动的房屋征收契税，并于 1997 年重新制定了契税暂行条例。为适应经济发展的要求，2020 年 8 月 11 日，十三届全国人大常委会第二十一次会议通过《中华人民共和国契税法》，自 2021 年 9 月 1 日起正式施行。

二、契税的特点和作用

（一）契税的特点

契税与其他税种相比，具有以下特点：

1. 契税属于财产转移税。它以权属发生转移的土地和房屋为征税对象，具有对财产税转移课税性质。

2. 契税由财产承受人缴纳。一般税种在税制中确定纳税人，都确定销售者为纳税人，即卖方纳税。而契税属于土地、房屋产权发生交易过程中的财产税，由承受人纳税，即买方纳税。对买方征税的主要目的，在于承认不动产转移生效，承受人纳税以后，便可拥有转移过来的不动产的产权或使用权，法律保护纳税人的合法权益。

（二）契税的作用

1. 广辟财源，增加地方财政收入。契税按财产转移价值征税，税源较为充足，它可以弥补其他财产课税的不足，扩大其征税范围，为地方政府增加一部分财政收入。随着市场经济的发展和房地产交易的日趋活跃，契税的财政作用将日愈显著。

2. 保护合法产权，避免产权纠纷。不动产所有权和使用权的转移，涉及转让者和承受者双方的利益。而且，由于产权转移形式多种多样，如果产权的合法性得不到确认，事后必然会出现产权纠纷。契税规定对承受人征税，一方面是对承受人财富的调节，另一方面有利于通过法律形式确定产权关系，维护公民的合法利益，避免产权纠纷。

3. 调节财富分配，体现社会公平。土地、房屋交易活动意味着财富的流动与分配，在土地、房屋的交易环节征收契税，可以适当调节财产所有者或财产取得者的收入，缓解社会财富分配不公的矛盾。

三、契税的征税对象和纳税人

（一）契税的课税对象

契税的课税对象是境内发生土地使用权和房屋所有权权属转移的土地和房屋。具体包括以下几项内容：

1. 国有土地使用权出让。国有土地使用权出让是指土地使用者向国家交付土地使用权出让费用，国家将国有土地使用权在一定年限内让与土地使用者的行为。

2. 土地使用权的转让。土地使用权的转让是指土地使用者以出售、赠与、交换或者其他方式将土地使用权转移给其他单位和个人的行为。土地使用权的转让不包括农村集体土地承包经营权的转移。

3. 房屋买卖。房屋买卖是指房屋所有者将其房屋出售，由承受者交付货币、实物、无形资产或者其他经济利益的行为。以下几种特殊情况，视同买卖房屋：

（1）以房产抵债或以实物交换房屋。经当地政府和有关部门批准，以房产抵债和以实物交换房屋，均视同房屋买卖，应由产权承受人按房屋现值缴纳契税。

（2）以房产作投资或作股权转让。这种交易业务属于房屋产权转移，应根据国家房地产管理的有关规定，办理房屋产权交易和产权变更登记手续，视同房屋买卖，由产权承受方按投资房产的价值或房产买价缴纳房产税。但以自有房产作股投入本人独资经营的企业，免纳契税。

（3）买房拆料或翻建新房。这种行为构成房屋的买卖，应照章征收契税。

4. 房屋赠与。房屋赠与是指房屋所有者将其房屋无偿转让给受赠者的行为。以获奖方式取得房屋产权的，其实质是接受赠与房产，应照章缴纳契税。

5. 房屋交换。房屋交换是指房屋所有者之间互相交换房屋的使用权或所有权的行为。若房屋产权交换，双方交换价值相等，免纳契税；其交换价值不相等的，按超出部分由支付差价方缴纳契税。

（二）契税的纳税义务人

契税的纳税义务人是境内转移土地、房屋权属的承受单位和个人。境内是指中华人民共和国实际税收行政管辖范围内；土地、房屋权属是指土地使用权和房屋所有权；单位是指企业单位、事业单位、国家机关、军事单位和社会团体以及其他组织；个人是指个体经营者及其他个人，包括中国公民和外籍人员。

四、契税的税率

契税实行3%—5%的幅度税率。实行幅度税率是考虑到我国经济发展的不平衡，各地经济差别较大的实际情况。因此，各省、自治区、直辖市人民政府可以在3%—5%的幅度税率规定范围内，按照本地区的实际情况决定。

五、契税的计算

（一）契税的计税依据

契税的计税依据为不动产的价格。由于土地、房屋权属转移方式不同，定价方法不同，因而具体计税依据视不同情况而决定。

1. 国有土地使用权出让、土地使用权出售、房屋买卖，以成交价格为计税依据。成交价格是指土地、房屋权属转移合同确定的价格，包括承受者应交付的货币、实物、无形资产或者其他经济利益。

2. 土地使用权赠与、房屋赠与，由征收机关参照土地使用权出售、房屋买卖的市场价格核定。

3. 土地使用权交换、房屋交换，为所交换的土地使用权、房屋的价格差额。即交换价格相等时，免征契税；交换价格不等时，由多交付货币、实物、无形资产或者其他经济利益的一方交纳契税。

4. 以划拨方式取得土地使用权，经批准转让房地产时，计税依据为补交的土地使用权出让费用或者土地收益，由房地产转让者补交契税。

为了避免偷、逃税款，税法规定，成交价格明显低于市场价格并且无正当理由的，或者所交换土地使用权、房屋的价格的差额明显不合理并且无正当理由的，征收机关可以参照市场价格核定计税依据。

（二）契税的计算

契税采用比例税率。应纳税额的计算公式为：应纳税额 = 计税依据 × 税率。

六、契税的减免税

契税的税收优惠政策主要有：

1. 国家机关、事业单位、社会团体、军事单位承受土地、房屋用于办公、教学、医疗、科研和军事设施的，免征契税。

2. 城镇职工按规定第一次购买公有住房，免征契税。此项规定仅限于第一次，并且是经县以上人民政府批准，在国家规定标准面积以内购买的公有住房。

3. 因不可抗力丧失住房而重新购买住房的，酌情减免。不可抗力是指自然灾害、战争等不能预见、不可避免、并不能克服的客观情况。

4. 土地、房屋被县级以上人民政府征用、占用后，重新承受土地、房屋权属的，由省级人民政府确定是否减免。

5. 承受荒山、荒沟、荒丘、荒滩土地使用权，并用于农、林、牧、渔业生产的，免征契税。

6. 经外交部确认，依照我国有关法律规定以及我国缔结或参加的双边和多边条约或协定，应当予以免税的外国驻华使馆、领事馆、联合国驻华机构及其外交代表、领事官员和其他外交人员承受土地、房屋权属。

以上经批准减免税的纳税人改变有关土地、房屋的用途，不在减免税之列，应当补缴已经减免的税款。纳税义务发生时间为改变有关土地、房屋用途的当天。

符合减免税规定的纳税人，要在签订转移产权合同后 10 日内向土地、房屋所在地的征收机关办理减免税手续。

七、契税的纳税申报及缴纳

纳税人在签订土地、房屋权属转移合同的当天，或者取得其他具有土地、房屋权属转移合同性质凭证的当天为纳税义务发生时间。取得其他具有土地、房屋权属转移合同性质凭证是指具有合同效力的契约、协议、和约、单据、确认书以及由省、自治区、直辖市人民政府确定的其他凭证。

纳税人应当自纳税义务发生之日起 10 日内，向土地、房屋所在地的契税征收机关办理纳税申报，并在契税征收机关核定的期限内缴纳税款，索取完税凭证。

纳税人出具契税完税凭证，土地管理部门、房产管理部门才能办理变更登记手续。

第三节　车　船　税

一、车船税概述

（一）车船税的概念

车船税是以车船为征税对象，向拥有车船的单位和个人征收的一种税。

我国对车船课税历史悠久。早在公元前 129 年（汉武帝元光六年），我国就开征了算商车。1945 年 6 月，国民党政府公布了《使用牌照税法》，在全国统一开征车船使用牌照税。新中国成立后，中央人民政府政务院于 1951 年 9 月颁布了《车船使用牌照税暂行条例》，在全国部分地区开征。1973 年简化税制、合并税种时，把对国营企业和集体企业征收的车船使用牌照税并入工商税。从那时起，车船使用牌照税只对不缴纳工商税的单位、个人及外侨征收，征税范围大大缩小。1984 年 10 月国务院决定恢复对车船征税，因原税名“车船使用牌照税”不太确定，实际工作中往往误认为是对牌照征税，因此，改名为车船使用税。1986 年 9 月 15 日，国务院发布了《中华人民共和国车船使用税暂行条例》，决定从 1986 年 10 月 1 日起在全国施行。各省、自治区、直辖市人民政府根据《车船使用税暂行条例》规定，先后制定了施行细则，2006 年 12 月 29 日国务院颁布了《中华人民共和国车船税暂行条例》，并于 2007 年 1 月 1 日实施。现行车船税的基本规范，是由第十一届全国人民代表大会常务委员会第十九次会议 2011 年 2 月 25 日通过的《中华人民共和国车船税法》（以下简称车船税法），自 2012 年 1 月 1 日起施行。2011 年 11 月 23 日经国务院常务会议审议通过了《中华人民共和国车船税法实施条例》，并于 2012 年 1 月 1 日起施行。

（二）车船税的作用

1. 筹集地方财政资金。开征车船税，能够将分散在车船使用人手中的部分资金集中起来，可以增辟地方财源，缓解地方财政收入的紧张状况。

2. 加强对车船使用的管理，促进车船的合理配置。随着经济发展，社会拥有车船的数量急剧增加，开征车船使用税后，购置、使用车船越多，应缴纳的车船使用税越多，促使纳税人加强对自己拥有、使用的车船管理和核算，改善资源配置，合理使用车船。

3. 调节财富分配，体现社会公平。在国外，车船税属于对不动产的征税范围，这类税收除了筹集地方财政收入外，另一重要功能是对个人拥有的财产或财富（如轿车、游艇等）进行调节，缓解社会财富分配不公。随着我国经济增长，部分先富起来的个人拥有私人轿车、游艇及其他车船的情况将会愈益增加，我国征收车船税的财富再分配作用亦会更加重要。

二、车船税的纳税义务人

在中华人民共和国境内，车辆、船舶（以下简称车船）的所有人或者管理人，为车船税的纳税人，应当依照车船税法缴纳车船税。

三、车船税的征税范围

车船税的征税范围是指在中华人民共和国境内属于车船税法所附《车船税税目税额表》规定的车辆、船舶。车辆、船舶，是指：

1. 依法应当在车船登记管理部门登记的机动车辆和船舶；

2. 依法不需要在车船登记管理部门登记的在单位内部场所行驶或者作业的机动车辆和船舶。

四、车船税的税率

车船税采用定额税率，即对征税的车船规定单位固定税额。见表 17－1：

表 17－1　　车船税税目税额表

名称	目录	计税单位	年基准税额（元）	备注
乘用车按发动机气缸容量(排气量)	1.0 升（以下）的	每辆	60—360	核定载客人数 9 人(含)以下
	1.0 升以上至 1.6 升（含）的		300—540	
	1.6 升以上至 2.0 升（含）的		360—660	
	2.0 升以上至 2.5 升（含）的		660—1200	
	2.5 升以上至 3.0 升（含）的		1200—2400	
	3.0 升以上至 4.0 升（含）的		2400—3600	
	4.0 升以上的		3600—5400	
商用车	客车	每辆	480—1440	核定载客人数 9 人（包括电车）
	货车	整备质量每吨	16～120	1. 包括半挂牵引车、挂车、客货两用汽车、三轮汽车和低速载货汽车等。 2. 挂车按照货车税额 50% 计算
其他车辆	专用作业车	整备质量每吨	16—120	不包括拖拉机
	轮式专用机械车	整备质量每吨	16—120	
摩托车		每辆	36—180	
船舶	机动船舶	净吨位每吨	3—6	拖船、非机动驳船分别按机动船舶税额的 50% 计算。
游艇		艇身长度每米	600—2000	

五、计税依据和应纳税额的计算

（一）计税依据

1. 纳税人在购买机动车交通事故责任强制保险时，应当向扣缴义务人提供地方税务机关出具的本年度车船税的完税凭证或者减免税证明。不能提供完税凭证或者减免税证明的，应当在购买保险时按照当地的车船税税额标准计算缴纳车船税。

2. 车船税法和实施细则所涉及的排气量、整备质量、核定载客人数、净吨位、千瓦、艇身长度，以车船登记管理部门核发的车船登记证书或者行驶证所载数据为准。

依法不需要办理登记的车船和依法应当登记而未办理登记或者不能提供车船登记证书、行驶证的车船，以车船出厂合格证明或者进口凭证标注的技术参数、数据为准；不能提供车船出厂合格证明或者进口凭证的，由主管税务机关参照国家相关标准核定，没有国家相关标准的参照同类车船核定。

（二）车船税应纳税额的计算

购置的新车船，购置当年的应纳税额自纳税义务发生的当月起按月计算。计算公式为：

应纳税额 = 年应纳税额 ÷ 12 × 应纳税月份数

例 17 - 2：某运输公司拥有载货汽车 15 辆（货车载重净吨位全部为 10 吨）；乘人大客车 20 辆；小客车 10 辆。计算该公司应纳车船税。

（注：载货汽车每吨年税额 80 元，乘人大客车每辆年税额 500 元，小客车每辆年税额 400 元）

解：

（1）载货汽车应纳税额 = 15 × 10 × 80 = 12000（元）

（2）乘人汽车应纳税额 = 20 × 500 + 10 × 400 = 14000（元）

（3）全年应纳车船税额 = 12000 + 14000 = 26000（元）

（三）滞纳金计算

对于纳税人在应购买“交强险”截止日期以后购买“交强险”的，或以前年度没有缴纳车船税的，保险机构在代收代缴税款的同时，还应代收代缴欠缴税款的滞纳金。

保单中“滞纳金”项目为各年度欠税应加收滞纳金之和。

每一年度欠税应加收的滞纳金 = 欠税金额 × 滞纳天数 × 0.5‰

滞纳天数的计算自应购买“交强险”截止日期的次日起到纳税人购买“交强险”当日止。纳税人连续两年以上欠缴车船税的，应分别计算每一年度欠税应加收的滞纳金。

六、减免优惠

（一）法定减免

1. 捕捞、养殖渔船。是指在渔业船舶管理部门登记为捕捞船或者养殖船的船舶。

2. 军队、武装警察部队专用的车船。是指按照规定在军队、武警部队车船管理部门登记，并领取军队、武警牌照的车船。

3. 警用车船：是指公安机关、国家安全机关、监狱、劳动教养管理机关和人民法院、人民检察院领取警用牌照的车辆和执行警务的专用船舶。

4. 依照我国有关法律和我国缔结或者参加的国际条约的规定应当予以免税的外国驻华使馆、领事馆和国际组织驻华机构及其有关人员的车船。

5. 对节约能源、使用新能源的车船减征或者免征车船税；对受严重自然灾害影响纳税困难以及有其他特殊原因确需减税、免税的，可以减征或者免征车船税。

节约能源、使用新能源的车辆包括纯电动汽车、燃料电池汽车和混合动力汽车。纯电动汽车、燃料电池汽车和插电式混合动力汽车免征车船税，其他混合动力汽车按照同类车辆适用税额减半征税。

6. 省、自治区、直辖市人民政府根据当地实际情况，可以对公共交通车船，农村居民拥有并主要在农村地区使用的摩托车、三轮汽车和低速载货汽车定期减征或者免征车船税。

（二）特定减免

1. 经批准临时入境的外国车船和香港特别行政区、澳门特别行政区、台湾地区的车船，不征收车船税。

2. 按照规定缴纳船舶吨税的机动船舶，自车船税法实施之日起5年内免征车船税。

3. 机场、港口内部行驶或作业的车船，自车船税法实施之日起5年内免征车船税。

七、申报和缴纳

（一）车船税的纳税期限

车船税的纳税义务发生时间，为车船管理部门核发的车船登记证书或者行驶证书所记载日期的当月。纳税人未按照规定到车船管理部门办理应税车船登记手续的，以车船购置发票所载开具时间的当月作为车船税的纳税义务发生时间。对未办理车船登记手续且无法提供车船购置发票的，由主管地方税务机关核定纳税义务发生时间。

车船税按年申报缴纳。纳税年度，自公历1月1日起，至12月31日止。具体申报纳税期限由省、自治区、直辖市人民政府确定。

（二）车船税的纳税地点

车船税由地方税务机关负责征收。纳税地点，由省、自治区、直辖市人民政府根据当地实际情况确定。

跨省、自治区、直辖市使用的车船，纳税地点为车船的登记地。

（三）车船税的申报缴纳

1. 车船的所有人或者管理人未缴纳车船税的，使用人应当代为缴纳车船税。

2. 从事机动车交通事故责任强制保险业务的保险机构为机动车车船税的扣缴义

务人，应当依法代收代缴车船税。

3. 机动车车船税的扣缴义务人依法代收代缴车船税时，纳税人不得拒绝。由扣缴义务人代收代缴机动车车船税的，纳税人应当在购买机动车交通事故责任强制保险的同时缴纳车船税。

4. 纳税人对扣缴义务人代收代缴税款有异议的，可以向纳税所在地的主管地方税务机关提出。

5. 纳税人在购买机动车交通事故责任强制保险时缴纳车船税的，不再向地方税务机关申报纳税。

6. 扣缴义务人在代收车船税时，应当在机动车交通事故责任强制保险的保险单上注明已收税款的信息，作为纳税人完税的证明。

（四）其他管理规定

1. 各级车船管理部门应当在提供车船管理信息等方面，协助地方税务机关加强对车船税的征收管理。纳税人应当向主管地方税务机关和扣缴义务人提供车船的相关信息。拒绝提供的，按照《中华人民共和国税收征收管理法》有关规定处理。

2. 车船税的征收管理，依照《中华人民共和国税收征收管理法》及本条例的规定执行。在一个纳税年度内，已完税的车船被盗抢、报废、灭失的，纳税人可以凭有关管理机关出具的证明和完税证明，向纳税所在地的主管地方税务机关申请退还自被盗抢、报废、灭失月份起至该纳税年度终了期间的税款。

已办理退税的被盗抢车船，失而复得的，纳税人应当从公安机关出具相关证明的当月起计算缴纳车船税。

复习与思考

一、基本概念

计税余值　产权出典　从租计征

二、思考题

1. 我国目前的财产课税有哪些税种？
2. 房产税的征税有何特点？
3. 如何计算房产税、契税及车船税的税额？
4. 房产税和城市房地产税有何不同？

三、练习题

1. 某海洋运输公司本年度 1 月份拥有机动船 20 艘，其中 15000 吨位机动船一艘，1000 吨位机动船 2 艘，800 吨位机动船 1 艘。另有非机动船 5 艘，其中 300 吨载重吨位船3艘，200吨载量吨位船2艘。企业另有机动车20辆，其中载重货车15辆，包括4.5吨汽车12辆，2吨汽车3辆，载人汽车5辆，当地人民政府规定，载重货车按净吨位年单位税额40元，乘人汽车每辆200元，试计算该企业全年应纳车船使用税。

2. 某机关本年度1月份共有汽车60辆，其中机关公务用车为40辆，另有2辆车为机关、学校和幼儿园使用，还有18辆车由机关服务中心对外营业使用，其中载人大客车3辆，每辆可载人58人，中型面包车5辆，每辆可载人20人，小轿车8辆，2.5吨载货汽车2辆。当地人民政府规定，乘人汽车每辆每年应纳税额为300元，载货汽车按净吨位每年每吨应纳税额为50元，试计算该机关全年应缴纳的车船使用税税额。

3. 甲某用3间房屋与乙某的2间房屋交换，经核实，甲某房屋现值110000元，乙某房屋现值60000元，应如何征税？

4. 本年度某国有企业在其所在城市市区有房屋三幢，其中两幢用于本企业的生产经营，这两幢房产账面原值为800万元；另外一幢房屋租给某私营企业，年租金20万元。当地政府规定允许按房产原值一次扣除30%，计算该企业本年度应纳房产税。

5. 某企业破产清算时，将价值2000万元的房地产进行拍卖，取得收入2300万元；将价值4000万元的房地产抵偿债务，债务总额3500万元。就这些经济事项，该企业应如何缴纳契税？

第十八章

印花税和车辆购置税

第一节　印　花　税

一、印花税概述

（一）印花税的概念

印花税是以经济活动和经济交往中，书立、领受、使用应税凭证的行为为征税对象征收的一种税。印花税因其采用在应税凭证上粘贴印花税票的方法缴纳税款而得名。

印花税最早产生于1624年的荷兰，现在已是世界各国普遍开征的一个税种。旧中国的北洋政府和国民党统治时期也先后颁布过《印花税法》，开征印花税。新中国成立以后，中央人民政府政务院于1950年发布了《印花税暂行条例》，在全国范围内开征印花税；1958年简化税制时，经全国人民代表大会常务委员会通过，将印花税并入工商统一税，印花税不再单设税种征收，直至经济体制改革以前。

党的十一届三中全会以后，在改革开放政策的指引下，我国有计划的商品经济得以迅速发展。为适应商品经济发展的要求，国家先后颁布了经济合同法、商标法、工商企业登记管理条例等一系列经济法规，在经济活动中依法书立、领受各种经济凭证已成为普遍现象，重新开征印花税不仅是必要的，也具备了一定的条件。因此，国务院于1988年8月发布了《中华人民共和国印花税暂行条例》，自同年10月1日起施行。随着我国经济体制由有计划的商品经济向社会主义市场经济体制转变，印花税的征收在规范书立、领受经济凭证行为方面将起到更加重要的作用。

（二）印花税的特点

1. 征税范围广。印花税的征税对象是经济活动和经济交往中书立、领受、使用应税凭证的行为，其征税范围十分广泛，主要表现在两个方面：一是涉及的应税行为广泛，包括书立和领受应税凭证的行为，这些行为在经济生活中是经常发生的；二是涉及的应税凭证范围广泛，包括各类经济合同、营业账簿、权利许可证照等，这些凭证在经济生活中被广泛地使用着。随着社会主义市场经济的发展和经济法制的日益完善，印花税的应税行为和应税凭证将会越来越普遍，征税范围也会更加广阔。

2. 轻税重罚。印花税税负较轻，主要表现在其税率或税额明显低于其他税种，最低比例税率为应税凭证所载金额的万分之零点五，一般都为万分之几或千分之几；定额税率是每件应税凭证5元。印花税税负虽轻，但处罚却很重，这种重罚在其他税种中是极少见的。

3. 自行贴花纳税。印花税的纳税方法完全不同于其他税种，它采取纳税人自行计算应纳税额、自行购买印花税票、自行贴花、自行在每枚税票的骑缝处盖戳注销或画销的纳税方法。

4. 多缴不退不抵。印花税条例规定，凡多贴印花税票者，不得申请退税或者抵用。这与其他税种多缴税款可以申请退税或抵缴的规定也是不同的。

（三）印花税的作用

印花税之所以能在世界范围内普遍推行，是因为它有良好的财政经济功能与作用。在我国社会主义市场经济条件下，印花税同样有十分重要的作用：

1. 有利于增加财政收入。虽然对每个纳税人来说印花税的税负不重，但是由于其征税面广，税款积少成多，也是一笔可观的财政收入，对于增加国家财政收入、积累更多的财政资金具有积极的作用。同时，在分税制体制下，印花税属于地方税，其收入归地方政府所有，这对于完善地方税体系和分税制财政体制也具有重要的作用。

2. 有利于配合和加强经济合同的监督管理。根据印花税条例的规定，发放或办理各种应税凭证的单位负有监督纳税的义务，这样可以配合各种经济法规的实施，加强经济合同的监督管理；同时，各种合同贴花以后，不论是否兑现，都已负担了税款，可以促使经济往来各方信守合同，减少由于盲目签约而造成的经济损失和纠纷，提高合同的兑现率。

3. 有利于培养公民的纳税意识。印花税实行自行贴花纳税的方法，有助于培养纳税人自觉纳税的意识；同时印花税又具有轻税重罚的特点，有利于增强纳税人的税收法制观念。

4. 有利于维护国家经济权益。随着对外开放和对外经济交往的扩大，涉外经济活动中书立、领受应税凭证的情况也越来越多。目前世界上多数国家都开征了印花税，我国开征印花税有利于贯彻对等原则，维护国家的经济权益。

5. 有利于配合对其他应纳税种的监督管理。印花税的应税凭证反映着纳税人的生产、经营活动情况，税务机关对纳税人各种应税凭证的贴花和检查，客观上可以及时掌握纳税人经济活动中涉及应纳其他各税的相关情况，有利于配合加强对其他应纳税种的监督管理。

二、印花税的征税范围和纳税人

（一）征税范围

印花税的征税范围为在中华人民共和国境内书立、领受印花税条例所列举的应税凭证和各类经济合同。这些应税凭证和经济合同是指在中华人民共和国境内具有法律效力，受中国法律保护的凭证，无论其是在中国境内或者境外书立，只要是在中国境内使用，均属印花税征税范围。印花税的课税对象分为五大类：

1. 经济合同。经济合同是以经济业务活动作为内容的合同，是在经济交往中为了确定、变更或终止当事人之间的权利和义务关系的合同法律行为，其书面形式即经济合同书。印花税应税经济合同是指根据《中华人民共和国经济合同法》、《中华人民共和国涉外经济合同法》和其他有关合同法规订立的合同。具体有以下十种：

（1）购销合同。包括供应、预购、采购、购销结合及协作、调剂、补偿、易货等合同；还包括各出版单位与发行单位（不包括订阅单位和个人）之间订立的图书、报刊、期刊、音像征订凭证。

（2）加工承揽合同。包括加工、定做、修缮、修理、印刷、广告、测绘、测试等合同。

（3）建设工程勘测设计合同。包括勘测、设计合同的总包合同、分包合同和转包合同。

（4）建筑安装工程承包合同。包括建筑、安装工程承包合同的总包合同、分包合同和转包合同。

（5）财产租赁合同。包括租赁房屋、船舶、飞机、机动车辆、机械、器具、设备等合同；还包括企业、个人出租门店、柜台等签订的合同，但不包括企业与主管部门签订的租赁承包合同。

（6）货物运输合同。包括民用航空、铁路运输、海上运输、内河运输、公路运输和联运合同，以及作为合同使用的单据。

（7）仓储保管合同。包括仓储、保管合同或作为合同使用的仓单、栈单（或称入库单）。

（8）借款合同。包括银行及其他金融组织和借款人（不包括银行同业拆借）所签订的借款合同以及只填开借据并作为合同使用、取得银行借款的借据。融资租赁合同也属于借款合同。

（9）财产保险合同。包括财产、责任、保证、信用等保险合同，以及作为合同使用的单据。财产保险合同分为企业财产保险合同、机动车辆保险、货物运输保险、家庭财产保险和农牧业保险五大类。

（10）技术合同。包括技术开发、转让、咨询、服务等合同以及作为合同使用的单据。

技术转让合同，包括专利申请权转让、专利实施许可和非专利技术转让。

技术咨询合同，是当事人就有关项目的分析、论证、预测和调查订立的技术合同。但一般的法律、会计、审计等方面的咨询不属于技术咨询，其所立合同不贴印花。

技术服务合同，是当事人一方委托另一方就解决有关特定技术问题，如为改进产品结构、改良工艺流程、提高产品质量、降低产品成本、保护资源环境、实现安全操作、提高经济效益等提出实施方案，进行实施指导所订立的技术合同，包括技术服务合同、技术培训合同和技术中介合同。但不包括以常规手段或者为生产经营目的进行一般加工、修理、修缮、广告、印刷、测绘、标准化测试，以及勘察、设计等所书立的合同。

此外，印花税条例还明确规定，具有合同效力的协议、契约、合约、单据、确认书及其他各种名称的凭证，是具有合同性质的凭证，都属于应税凭证。

此外，在确定应税经济合同的范围时，特别需要注意以下三个问题：

(1) 具有合同性质的凭证应视为合同征税。所谓具有合同性质的凭证，是指具有合同效力的协议、契约、合约、单据、确认书及其他各种名称的凭证。它们从属于以上10类合同税目的分类，而非独立列举的征税类别。这类凭证具有上述10类合同大致相同的内容、形式和作用，虽未采用规范的合同名称，但对当事人各方仍具有特定的民事法律约束力。

(2) 未按期兑现合同亦应贴花。印花税既是凭证税，又具有行为税性质。纳税人签订应税合同，就发生了应税经济行为，必须依法贴花，履行完税手续。所以，不论合同是否兑现或能否按期兑现，都应当缴纳印花税。

(3) 同时书立合同和开立单据的贴花方法。办理一项业务（如货物运输、仓储保管、财产保险、银行借款等），如果既书立合同，又开立单据，只就合同贴花；凡不书立合同，只开立单据，以单据作为合同适用的，其适用的单据应按规定贴花。

2. 产权转移书据。产权转移书据是指单位和个人产权的买卖、交换、继承、赠与、分割等所立的书据。属于印花税征税范围的产权转移书据有几种：(1) 财产所有权转移书据。(2) 版权转移书据。(3) 商标专用权转移书据。(4) 专利权转移书据。(5) 专有技术使用权转移书据。(6) 土地使用权出让合同。(7) 土地使用权转让合同。(8) 商品房销售合同。(9) 个人无偿赠与不动产登记表。

3. 营业账簿。营业账簿是指生产经营账簿，即单位和个人记载生产经营活动的财务会计核算账簿。营业账簿按其反映内容的不同，分为记载资金的账簿和其他账簿两类：(1) 记载资金的账簿。记载资金的账簿是指反映生产经营单位资本金数额增减变化的账簿，或者专门设置的记载固定资产原值和自有流动资金的账簿。(2) 其他账簿。其他账簿是指除上述记载资金的账簿以外的账簿，包括日记账簿和各明细分类账簿。

4. 权利、许可证照。权利、许可证照是指政府部门确认单位和个人某种法定权利的各种证书以及颁发的准予单位和个人从事生产经营活动的营业执照的统称。纳入印花税征税范围的权利、许可证照有：(1) 房屋产权证；(2) 工商营业执照；(3) 商标注册证；(4) 专利证；(5) 土地使用证。

5. 经财政部确定征税的其他凭证。

(二) 纳税人

根据《印花税条例》的规定，凡在中华人民共和国境内书立、领受、使用应税凭证的单位和个人，都是印花税的纳税人。包括国内各类企业、事业单位、机关团体、部队以及外商投资企业、外国企业和其他经济组织及其在华机构等单位和个人。

上述单位和个人，按照书立、使用、领受应税凭证的不同，可以分别确定为立合同人、立据人、立账簿人、领受人和使用人五种：

1. 立合同人。书立各类经济合同的，以立合同人为纳税人。所谓立合同人，是指合同的当事人。当事人有两方或两方以上的，各方均为纳税人。

2. 立账簿人。建立营业账簿的，以立账簿人为纳税人。

3. 立据人。订立各种财产转移书据的，以立据人为纳税人。如立据人未贴印花或少贴印花，书据的持有人应负责补贴印花。所立书据以合同方式签订的，应由持有书据的各方分别按全额贴花。

4. 领受人。领取权利许可证照的，以领受人为纳税人。

5. 使用人。在国外书立、领受，但在国内使用的应税凭证，纳税人为使用人。

6. 各类电子应税凭证的签订人。即以电子形式签订的各类应税凭证的当事人。

对于同一凭证，如果由两方或者两方以上当事人签订并各执一份的，各方均为纳税人，应当由各方就所持凭证的各自金额贴花。所谓当事人，是指对凭证有直接权利义务关系的单位和个人，不包括保人、证人、鉴定人。如果应税凭证是由当事人的代理人代为书立的，则由代理人代为承担纳税义务。

三、印花税的计税依据和税率

（一）计税依据

按应税凭证的性质不同，印花税的计税依据分为两类，一类是以凭证所载金额为计税依据，另一类是以凭证的件数为计税依据。所以印花税根据不同征税项目，分别实行从价计征和从量计征两种征收方法。

1. 从价计征方式下计税依据的确定。实行从价计征的凭证，以凭证所载金额为计税依据。具体规定如下：

（1）各类经济合同，以合同上所记载的金额、收入或费用为计税依据。

①购销合同的计税依据为购销金额，不得作任何扣除，特别是调剂合同和易货合同，均应包括调剂、易货的全额。

在商品购销活动中，采用以货换货方式进行商品交易签订的合同，是反映既购又销双重经济行为的合同。对此，应按合同所载的购、销金额合计数计税贴花。合同未列明金额的，应按合同所载购、销数量，依照国家牌价或市场价格计算应纳税额。

②加工承揽合同的计税依据是加工或承揽收入的金额。对于由受托方提供原材料的加工、定做合同，凡在合同中分别记载加工费金额和原材料金额的，应分别按“加工承揽合同”、“购销合同”计税，两项税额相加数额，即为合同应贴印花；若合同中未分别记载，则应就全部金额依照加工承揽合同计税贴花。

对于由委托方提供主要材料或原料，受托方只提供辅助材料的加工合同，无论加工费和辅助材料金额是否分别记载，均以辅助材料与加工费的合计数，依照加工承揽合同计税贴花。对委托方提供的主要材料或原料金额不计税贴花。

③建设工程勘察设计合同的计税依据为勘察、设计收取的费用（即勘察、设计

收入)。

④建筑安装工程承包合同的计税依据为承包金额，不得剔除任何费用。如果施工单位将自己承包的建设项目再分包或转包给其他施工单位，其所签订的分包或转包合同，仍应按所载金额另行贴花。

⑤财产租赁合同的计税依据为租赁金额（即租金收入）。

⑥货物运输合同的计税依据为取得的运输费金额（即运费收入），不包括所运货物的金额、装卸费和保险费等。

⑦仓储保管合同的计税依据为仓储保管的费用（即保管费收入）。

⑧借款合同的计税依据为借款金额。

⑨财产保险合同的计税依据为支付（收取）的保险费金额，不包括所保财产的金额。

⑩技术合同的计税依据为合同所载的价款、报酬或使用费。为了鼓励技术研究开发，对技术开发合同，只就合同所载的报酬金额计税，研究开发经费不作为计税依据。单对合同约定按研究开发经费一定比例作为报酬的，应按一定比例的报酬金额贴花。

（2）产权转移书据以书据中所载的金额为计税依据。

（3）记载资金的营业账簿，以实收资本和资本公积的两项合计金额为计税依据。

企业执行《两则》启用新账簿后，其实收资本和资本公积两项的合计金额大于原已贴花资金的，就增加的部分补贴印花。凡“资金账簿”在次年度的实收资本和资本公积未增加的，对其不再计算贴花。

（4）在确定合同计税依据时，有些合同在签订时无法确定计税金额，对于这类合同，可在签订时先按定额 5 元贴花，以后结算时再按实际金额计税，补贴印花。

2. 从量计征方式下计税依据的确定。实行从量计税的其他营业账簿和权利、许可证照，以应税凭证件数为计税依据。

（二）税率

作为印花税课税对象的经济凭证，其种类繁多、形式多样、性质不尽相同。如有些凭证记载有金额，有些则未记载金额；有些凭证供长期使用，有些则只满足临时性需要。这样，就有必要根据不同凭证的性质和特点，按照合理负担、便于征纳的原则，分别采用不同的税率。

现行印花税采用比例税率和定额税率两种税率。

1. 比例税率。印花税的比例税率分为五档，即：1‰、0.5‰、0.3‰和 0.05‰。按比例税率征收的应税项目包括：各种合同及具有合同性质的凭证、记载资金的账簿和产权转移书据等。这些凭证一般都载有金额，按比例税率纳税，金额多的多纳，金额少的少纳，既能增加收入，又可以体现合理负担原则。具体规定有：

（1）财产租赁合同、仓储保管合同、财产保险合同的税率为 1‰；

（2）加工承揽合同、建设工程勘察设计合同、货物运输合同、产权转移书据、“营业账簿”税目中记载资金的账簿，适用税率 0.5‰；

（3）购销合同、建筑安装工程承包合同、技术合同的规定税率为0.3‰。这类合同从低规定税率的主要考虑是，为照顾企业的实际承受能力，并鼓励企业进行技术开发、转让和服务，宜于规定较低税率；

（4）借款合同的税率为0.05‰。因为借款合同的税基较大，从平衡各类合同的税负考虑，需要从低设计税率。

2. 定额税率。其他营业账簿、权利许可证照采取按件规定固定税额。由于这类凭证没有金额记载，规定按件定额征税，可以方便征纳，简化手续。

在印花税的13个税目中，适用定额税率的是权利许可证照和“营业账簿”税目中的其他账簿，单位税额均为每件5元。

在确定适用税率时，如果一份合同载有一个或几个经济事项的，可以同时适用一个或几个税率分别计算贴花。但属于同一笔金额或几个经济事项金额未分开的，应按其中一个较高税率计算纳税，而不是分别按多种税率贴花。这样规定主要是为了避免以低税率凭证代替高税率凭证纳税而逃避纳税义务（见表18－1）。

表18－1　印花税税目税率表

税目	范围	税率	纳税人	说明
购销合同	包括供应、预购、采购、购销、结合及协作、调剂、补偿、易货等合同	按购销金额0.3‰贴花	立合同人	
加工承揽合同	包括加工、定作、修缮、修理、印刷广告、测绘、测试等合同	按加工或承揽收入0.5‰贴花	立合同人	
建设工程勘察设计合同	包括勘察、设计合同	按收取费用0.5‰贴花	立合同人	
建筑安装工程承包合同	包括建筑、安装工程承包合同	按承包金额0.3‰贴花	立合同人	
财产租赁合同	包括租赁房屋、船舶、飞机、机动车辆、机械、器具、设备等合同	按租赁金额1‰贴花。税额不足1元，按1元贴花	立合同人	
货物运输合同	包括民用航空运输、铁路运输、海上运输、内河运输、公路运输和联运合同	按运输费用0.5‰贴花	立合同人	单据作为合同使用的，按合同贴花
仓储保管合同	包括仓储、保管合同	按仓储保管费用1‰贴花	立合同人	仓单或栈单作为合同使用的，按合同贴花
借款合同	银行及其他金融组织和借款人（不包括银行同业拆借）所签订的借款合同	按借款金额0.05‰贴花	立合同人	单据作为合同使用的，按合同贴花

续表

税目	范围	税率	纳税人	说明
财产保险合同	包括财产、责任、保证、信用等保险合同	按保险费收入 1‰ 贴花	立合同人	单据作为合同使用的，按合同贴花
技术合同	包括技术开发、转让、咨询、服务等合同	按所载金额 0.3‰ 贴花	立合同人	
产权转移书据	包括财产所有权和版权、商标专用权、专利权、专有技术使用权等转移书据、土地使用权出让合同、土地使用权转让合同、商品房销售合同	按所载金额 0.5‰ 贴花	立据人	
营业账簿	生产、经营用账册	记载资金的账簿，按实收资本和资本公积的合计金额 0.5‰ 贴花，其他账簿按件贴花 5 元	立账簿人	
权利、许可证照	包括政府部门发给的房屋产权证、工商营业执照、商标注册证、专利证、土地使用证	按件贴花 5 元	领受人	

四、印花税的计算与缴纳

（一）应纳税额的计算方法

按比例税率计算的，应纳税额 = 计税金额 × 适用税率

按定额税率计算的，应纳税额 = 应税凭证件数 × 单位税额

税法特别规定：按金额比例贴花的应税凭证，未标明金额的，应按照凭证所载数量及国家牌价计算金额，没有国家牌价的，按市场价格计算金额，然后依适用税率计算应纳税额。

同一凭证，载有两个或两个以上经济事项而适用不同税率，如分别载有金额的，应分别计算应纳税额，相加后按合计税额贴花；如未分别记载金额的，按其中的最高税率计税贴花。

（二）纳税方法

1. 自行贴花方法。应税凭证较少或者贴花次数较少的纳税人采用自行贴花的方法，即纳税人自行计算应纳税额，自行购买印花税票，自行一次贴足印花税票并加以注销或画销的方法，亦称“三自纳税”方法。对已贴花的凭证，修改后所载金额增加的，其增加部分应当补贴印花税票。凡多贴印花税票者，不得申请退税或者

抵用。

2. 汇贴或汇缴方法。应纳税额较大或者贴花次数频繁的纳税人采用汇贴或汇缴的方法。

汇贴方法：一份凭证应纳税额超过500元的，应向当地税务机关申请填写缴款书或者完税证，将其中一联粘贴在凭证上或者由税务机关在凭证上加注完税标记代替贴花。

汇缴方法：同一类应税凭证需频繁贴花的，应向当地税务机关申请按期汇总缴纳，由税务机关批准并确定限期限额，最长不超过1个月。纳税人对应税凭证和免税凭证凡能分别汇总的，按本期应税凭证的汇总金额计算印花税，凡不能分别汇总的，按本期全部凭证的实际汇总金额计算缴纳印花税。汇总的凭证应加注税务机关的汇总戳记，编号装订成册，将已贴花或者缴款书的一联粘贴附册后，盖章注销，保存备查。采用按期汇总缴纳方式的纳税人应事先告知主管税务机关，缴纳方式一经选定，一年内不得变更。

3. 委托代征方法。为了加强印花税的源泉控制，税务机关可以委托发放或办理应税凭证的单位代为征收印花税，并负有监督纳税人依法纳税的义务。这些单位包括发放权利、许可证照的单位和办理凭证的鉴证、公证及其他有关事项的单位。

印花税法规规定，发放或者办理应纳税凭证的单位，负有监督纳税人依法纳税的义务，具体是指对以下的纳税事项监督：（1）应纳税凭证是否已粘贴印花；（2）粘贴的印花是否足额；（3）粘贴的印花是否按规定注销。对未完成以上纳税手续的，应督促纳税人当场完成。

（三）纳税环节

印花税应当在书立或领受时贴花。具体是指，在合同签订时、账簿启用时和证照领受时贴花。如果合同是在国外签订，并且不便在国外贴花的，应在将合同带入境时办理贴花纳税手续。

（四）纳税地点

印花税一般实行就地纳税。对于全国性商品物资订货会（包括展销会、交易会等）上所签订合同应纳的印花税，由纳税人回其所在地后及时办理贴花完税手续；对地方主办、不涉及省际关系的订货会、展销会上所签合同的印花税，其纳税地点由各省、自治区、直辖市人民政府自行确定。

五、印花税的减免税

（一）对已缴纳印花税的凭证的副本或者抄本免税

凭证的正式签署本已按规定缴纳了印花税，其副本或者抄本对外不发生权利义务关系，只是留备存查。但以副本或者抄本视同正本使用的，则应另贴印花。

（二）对财产所有人将财产赠给政府、社会福利单位、学校所立的书据免税

所谓社会福利单位，是指抚养孤老伤残的社会福利单位。

对上述书据免税，旨在鼓励财产所有人这种有利于发展文化教育事业，造福社会的捐赠行为。

（三）对国家指定的收购部门与村民委员会、农民个人书立的农副产品收购合同免税

由于我国农副产品种类繁多，地区之间差异较大，随着经济发展，国家指定的收购部门也会有所变化。对此，印花税法授权省、自治区、直辖市主管税务机关根据当地实际情况，具体划定本地区“收购部门”和“农副产品”的范围。

（四）对无息、贴息贷款合同免税

无息、贴息贷款合同，是指我国的各专业银行按照国家金融政策发放的无息贷款，以及有各专业银行发放并按有关规定由财政部门或中国人民银行给予贴息的贷款项目所签订的贷款合同。

（五）对外国政府或者国际金融组织向我国政府及国家金融机构提供优惠贷款所书立的合同免税

该类合同是就具有援助性质的优惠贷款而成立的政府间协议，对其免税有利于引进外资，利用外资，推动我国经济与社会的快速发展。

（六）对房地产管理部门与个人签订的用于生活居住的租赁合同免税。

（七）对农牧业保险合同免税

对该类合同免税，目的是支持农村保险事业的发展，减轻农牧业生产的负担。

（八）自 2018 年 5 月 1 日起，对按万分之五贴花的资金账簿减半征收印花税，对按件贴花五元的其他账簿免征印花税。

六、印花税的征收管理与违章处罚

（一）征收管理

1. 对印花税应税凭证的管理。各级地方税务机关应加强对印花税应税凭证的管理，要求纳税人统一设置印花税应税凭证登记簿，保证各类应税凭证及时、准确、完整地进行登记；应税凭证数量多或内部多个部门对外签订应税凭证的单位，要求其制定符合本单位实际的应税凭证登记管理办法。有条件的纳税人应指定专门部门、专人负责应税凭证的管理。印花税应税凭证应按照《税收征管法实施细则》的规定保存十年。

2. 对按期汇总缴纳的管理。各级地方税务机关应加强对按期汇总缴纳印花税单位的纳税管理，对核准实行汇总缴纳的单位，应发给汇缴许可证，核定汇总缴纳的限期；同时应要求纳税人定期报送汇总缴纳印花税情况报告，并定期对纳税人汇总缴纳印花税情况进行检查。

3. 对印花税代售人的管理。各级税务机关应加强对印花税代售人代售税款的管理，根据本地代售情况进行一次清理检查，对代售人违反代售规定的，可视其情节轻重，取消代售资格，发现代售人各种影响印花税票销售的行为要及时纠正。税务机关要根据本地情况，选择制度比较健全、管理比较规范、信誉比较可靠的单位或个人委托代售印花税票，并应对代售人经常进行业务指导、检查和监督。

4. 核定征收印花税。根据《税收征管法》第三十五条规定和印花税的税源特

征，为加强印花税征收管理，纳税人有下列情形的，地方税务机关可以核定纳税人印花税计税依据：

（1）未按规定建立印花税应税凭证登记簿，或未如实登记和完整保存应税凭证的；

（2）拒不提供应税凭证或不如实提供应税凭证致使计税依据明显偏低的；

（3）采用按期汇总缴纳办法的，未按地方税务机关规定的期限报送汇总缴纳印花税情况报告，经地方税务机关责令限期报告，逾期仍不报告的或者地方税务机关在检查中发现纳税人有未按规定汇总缴纳印花税情况的。

地方税务机关核定征收印花税，应向纳税人发放核定征收印花税通知书，注明核定征收的计税依据和规定的税款缴纳期限。

地方税务机关核定征收印花税，应根据纳税人的实际生产经营收入，参考纳税人各期印花税纳税情况及同行业合同签订情况，确定科学合理的数额或比例作为纳税人印花税计税依据。

各级地方税务机关应逐步建立印花税基础资料库，包括：分行业印花税纳税情况、分户纳税资料等，确定科学合理的评估模型，保证核定征收的及时、准确、公平、合理。

（二）违章处罚

自2004年1月29日起，印花税纳税人有下列行为之一的，由税务机关根据情节轻重予以处罚：

1. 在应纳税凭证上未贴或者少贴印花税票的或者已粘贴在应税凭证上的印花税票未注销或者未划销的，由税务机关追缴其不缴或者少缴的税款、滞纳金，并处不缴或者少缴的税款50%以上5倍以下的罚款。

2. 已贴用的印花税票揭下重用造成未缴或少缴印花税的，由税务机关追缴其不缴或者少缴的税款、滞纳金，并处不缴或者少缴的税款50%以上5倍以下的罚款；构成犯罪的，依法追究刑事责任。

3. 伪造印花税票的，由税务机关责令改正，处以2000元以上1万元以下的罚款；情节严重的，处以1万元以上5万元以下的罚款；构成犯罪的，依法追究刑事责任。

4. 按期汇总缴纳印花税的纳税人，超过税务机关核定的纳税期限，未缴或少缴印花税款的，由税务机关追缴其不缴或者少缴的税款、滞纳金，并处不缴或者少缴的税款50%以上5倍以下的罚款；情节严重的，同时撤销其汇缴许可证；构成犯罪的，依法追究刑事责任。

5. 纳税人违反以下规定的，由税务机关责令限期改正，可处以2000元以下的罚款；情节严重的，处以2000元以上1万元以下的罚款：

（1）凡汇总缴纳印花税的凭证，应加注税务机关指定的汇缴戳记，编号并装订成册后，将已贴印花或者缴款书的一联粘附册后，盖章注销，保存备查。

（2）纳税人对纳税凭证应妥善保存。凭证的保存期限，凡国家已有明确规定的，按规定办；没有明确规定的其余凭证均应在履行完毕后保存一年。

第二节　车辆购置税

一、车辆购置税概述

（一）车辆购置税的概念

车辆购置税是以在中国境内购置规定车辆为课税对象、在特定的环节向车辆购置者征收的一种税。就其性质而言，属于直接税的范畴。

车辆购置税2001年1月1日起在我国实施，是在原交通部门收取的车辆购置附加费的基础上，通过“费改税”方式改革而来的。车辆购置税基本保留了原车辆附加费的特点。2018年12月29日第十三届全国人民代表大会常务委员会第七次会议通过《中华人民共和国车辆购置税法》，自2019年7月1日起实施。

（二）车辆购置税的特点

车辆购置税除具有税收的共同特点外，还有其自身独立的特点：

1. 征收范围单一。作为财产税的车辆购置税，是以购置的特定车辆为课税对象，而不是对所有的财产或消费财产征税，范围窄，是一种特种财产税。

2. 征收环节单一。车辆购置税实行一次课征制，它不是在生产、经营和消费的每一环节实行道道征收，而只是在退出流通进入消费领域的特定环节征收。

3. 税率单一。车辆购置税只确定一个统一比例税率征收，税率具有不随课税对象数额变动的特点，计征简便、负担稳定，有利于依法治税。

4. 征收方法单一。车辆购置税根据纳税人购置应税车辆的计税价格实行从价计征，以价格为计税标准，课税与价值直接发生关系，价值高者多征税，价值低者少征税。

5. 征税具有特定目的。车辆购置税具有专门用途，由中央财政根据国家交通建设投资计划，统筹安排。这种特定目的的税收，可以保证国家财政支出的需要，既有利于统筹合理地安排资金，又有利于保证特定事业和建设支出的需要。

6. 价外征收，税负不发生转嫁。车辆购置税的计税依据中不包含车辆购置税税额，车辆购置税税额是附加在价格之外的，且纳税人即为负税人，税负不发生转嫁。

（三）车辆购置税的作用

1. 有利于合理筹集建设资金，积累国家财政收入，促进交通基础设施建设事业的健康发展。国家通过开征车辆购置税参与国民收入的再分配，可以更好地将一部分消费基金转化为财政资金，为国家筹集更多的资金，以满足国家行使职能的需要。首先，车辆购置税是在消费环节征税，具有经常性的特点，只要纳税人发生了购置、使用应税车辆的行为就要纳税，这就比对所得课税和商品课税具有及时性。其次，车辆购置税按统一比例税率课征，具有相对的稳定性。最后，车辆购置税是依法征收的，具有强制性和固定性，因而其收入是可靠的。因此，车辆购置税更有利于依法合理地筹集交通基础设施建设和维护资金，保证资金专款专用，从而促进交通基础设施建设事业的健康发展。

2. 有利于规范政府行为、理顺税费关系、深化和完善财税制度改革。社会主义市场经济需要有健全的宏观经济调控体系，以保证其快速协调发展和健康运行。首先，由于税与费之间的本质区别，以费改税，开征车辆购置税，有利于理顺税费关系，进一步完善财税制度，实现税制结构的不断优化。其次，“费改税”改革，不但能规范政府行为，遏制乱收费，同时对正确处理税费关系、深化和完善财税体制改革也能起到积极作用。

3. 有利于调节收入差别，缓解社会分配不公的矛盾

车辆购置税在消费环节对消费应税车辆的使用者征收，能更好地体现两条原则：第一，兼顾公平的原则。兼顾公平的原则，就是要保护合法收入，取缔非法收入，整顿不合理收入，调节过高收入。因此，开征车辆购置税可以对过高的消费支出进行调节。第二，纳税能力原则。即高收入者多负税，低收入者少负税，具有较高消费需求能力的人比一般消费能力的人要多负税。

4. 有利于配合打击走私，保护民族工业，维护国家权益

首先，车辆购置税对同一课税对象的应税车辆不论来源渠道如何，都按同一比例税率征收，具有同一应税车辆税负相同的特性，因此，它可以平衡进口车辆与国产车辆的税收负担，体现国民待遇原则。其次，车辆购置税在车辆上牌使用时征收，具有源泉控制的特点，它可以配合有关部门在打击走私、惩治犯罪等方面起到积极的作用。最后，对进口自用的应税车辆以含关税、消费税的组成计税价格为计税依据，对进口应税车辆征收较高的税收，以限制其进口，有利于保护国内汽车工业的发展。

二、车辆购置税的征税范围

车辆购置税以列举的车辆作为征税对象，未列举的车辆不纳税。其征税范围包括汽车、摩托车、电车、挂车、农用运输车，具体规定如下：

1. 汽车：包括各类汽车。

2. 摩托车：（1）轻便摩托车：最高设计时速不大于50km/h，发动机气缸总排量不大于$50cm^3$的两个或三个车轮的机动车；（2）二轮摩托车：最高设计车速大于50km/h，或发动机气缸总排量大于$50cm^3$的两个车轮的机动车；（3）三轮摩托车：最高设计车速大于50km/h，发动机气缸总排量大于$50cm^3$，空车质量不大于400kg的三个车轮的机动车。

3. 电车：（1）无轨电车：以电能为动力，由专用输电电缆供电的轮式公共车辆；（2）有轨电车：以电能为动力，在轨道上行驶的公共车辆。

4. 挂车：（1）全挂车：无动力设备，独立承载，由牵引车辆牵引行驶的车辆；（2）半挂车：无动力设备，与牵引车共同承载，由牵引车辆牵引行驶的车辆。

5. 农用运输车：（1）三轮农用运输车：柴油发动机，功率不大于7.4kW，载重

量不大于500kg，最高车速不大于40km/h的三个车轮的机动车；（2）四轮农用运输车：柴油发动机，功率不大于28kW，载重量不大于1500kg，最高车速不大于50km/h的四个车轮的机动车。

为了体现税法的统一性、固定性、强制性和法律的严肃性特征，车辆购置税征收范围的调整，由国务院决定，其他任何部门、单位和个人无权擅自扩大或缩小车辆购置税的征税范围。

三、车辆购置税的纳税人

车辆购置税的纳税人是指在我国境内购置应税车辆的单位和个人。其中购置是指购买使用行为、进口使用行为、受赠使用行为、自产自用行为、获奖使用行为以及以拍卖、抵债、走私、罚没等方式取得并使用的行为，这些行为都属于车辆购置税的应税行为。

车辆购置税的纳税人具体是指：

1. 单位。包括国有企业、集体企业、私营企业、股份制企业、外商投资企业、外国企业以及其他企业，事业单位、社会团体、国家机关、部队以及其他单位。

2. 个人。包括个体工商户及其他个人，既包括中国公民又包括外国公民。

由此可见，凡购置应税车辆且购置行为发生在中国境内的单位和个人，都是车辆购置税的纳税人。

四、车辆购置税的税率与计税依据

（一）税率

车辆购置税实行统一比例税率，税率为10%。

（二）计税依据

车辆购置税以应税车辆为课税对象，考虑到我国车辆市场供求的矛盾，价格差异变化，计量单位不规范以及征收车辆购置附加费的做法，实行从价定率、价外征收的方法计算应纳税额，应税车辆的价格即计税价格就成为车辆购置税的计税依据。但是，由于应税车辆购置的来源不同，应税行为的发生不同，计税价格的组成也就不一样。车辆购置税的计税依据有以下几种情况：

1. 购买自用应税车辆计税依据的确定。纳税人购买自用的应税车辆的计税依据为纳税人购买应税车辆而支付给销售方的全部价款和价外费用（不包括增值税税额）。

购买的应税自用车辆包括购买自用的国产应税车辆和购买自用的进口应税车辆，如从国内汽车市场、汽车贸易公司购买自用的进口应税车辆。

价外费用是指销售方价外向购买方收取的手续费、基金、违约金、包装费、运输费、保管费、代垫款项、代收款项和其他各种性质的价外收费，但不包括增值税税款。

2. 进口自用应税车辆计税依据的确定。纳税人进口自用的应税车辆以组成计税价格为计税依据，组成计税价格的计算公式为：

组成计税价格 = 关税完税价格 + 关税 + 消费税

进口自用的应税车辆是指纳税人直接从境外进口或委托代理进口自用的应税车辆，即非贸易方式进口自用的应税车辆。而且进口自用的应税车辆的计税依据，应根据纳税人提供的、经海关审查确认的有关完税证明资料确定。

3. 纳税人自产自用应税车辆的计税价格，按照纳税人生产的同类应税车辆的销售价格确定，不包括增值税税款。

4. 纳税人以受赠、获奖或者其他方式取得自用应税车辆的计税价格，按照购置应税车辆时相关凭证载明的价格确定，不包括增值税税款。

纳税人申报的应税车辆计税价格明显偏低，又无正当理由的，由税务机关依照《中华人民共和国税收征收管理法》的规定核定其应纳税额。

纳税人以外汇结算应税车辆价款的，按照申报纳税之日的人民币汇率中间价折合成人民币计算缴纳税款。

五、车辆购置税的税收优惠

（一）车辆购置税减免税规定

1. 依照法律规定应当予以免税的外国驻华使馆、领事馆和国际组织驻华机构及其有关人员自用的车辆；

2. 中国人民解放军和中国人民武装警察部队列入装备订货计划的车辆；

3. 悬挂应急救援专用号牌的国家综合性消防救援车辆；

4. 设有固定装置的非运输专用作业车辆；

5. 城市公交企业购置的公共汽电车辆。

根据国民经济和社会发展的需要，国务院可以规定减征或者其他免征车辆购置税的情形，报全国人民代表大会常务委员会备案。

免税、减税车辆因转让、改变用途等原因不再属于免税、减税范围的，纳税人应当在办理车辆转移登记或者变更登记前缴纳车辆购置税。计税价格以免税、减税车辆初次办理纳税申报时确定的计税价格为基准，每满一年扣减10%。

（二）车辆购置税的退税

纳税人将已征车辆购置税的车辆退回车辆生产企业或者销售企业的，可以向主管税务机关申请退还车辆购置税。退税额以已缴税款为基准，自缴纳税款之日至申请退税之日，每满一年扣减10%。

税务机关和公安、商务、海关、工业和信息化等部门应当建立应税车辆信息共享和工作配合机制，及时交换应税车辆和纳税信息资料。

六、车辆购置税应纳税额的计算

车辆购置税实行从价定率的方法计算应纳税额，计算公式为：

应纳税额 = 计税依据 × 税率

由于应税车辆的来源、应税行为的发生以及计税依据组成的不同，因而，车辆购置税应纳税额的计算方法也有区别。

（一）购买自用应税车辆应纳税额的计算

在应纳税额的计算当中，应注意以下费用的计税规定：

1. 购买者随购买车辆支付的工具件和零部件价款应作为购车价款的一部分，并入计税依据中征收车辆购置税。

2. 支付的车辆装饰费应作为价外费用并入计税依据中计税。

3. 代收款项应区别征税。凡使用代收单位（受托方）票据收取的款项，应视作代收单位价外收费，购买者支付的价费款，应并入计税依据中一并征税；凡使用委托方票据收取，受托方只履行代收义务和收取代收手续费的款项，应按其他税收政策规定征税。

4. 销售单位开给购买者的各种发票金额中包含增值税税款，因此，计算车辆购置税时，应换算为不含增值税的计税价格。

5. 购买者支付的控购费，是政府部门的行政性收费，不属于销售者的价外费用范围，不应并入计税价格计税。

6. 销售单位开展优质销售活动所开票收取的有关费用，应属于经营性收入，企业在代理过程中按规定支付给有关部门的费用，企业已作经营性支出列支核算，其收取的各项费用并在一张发票上难以划分的，应作为价外收入计算征税。

例 18－1：李某本年 11 月份，从上海大众汽车有限公司购买一辆小汽车供自己使用，支付了含增值税税款在内的款项 117000 元，另支付代收临时牌照费 550 元、代收保险费 1000 元，支付购买工具件和零配件价款 3000 元，车辆装饰费 1300 元。所支付的款项均由上海大众汽车销售公司开具“机动车销售统一发票”和有关票据。请计算李某应纳车辆购置税。

解：（1）计税依据 =（117000 + 550 + 1000 + 3000 + 1300）÷（1 + 17%）

= 105000（元）

（2）应纳税额 = 105000 × 10% = 10500（元）

（二）进口自用应税车辆应纳税额的计算

纳税人进口自用的应税车辆应纳税额的计算公式为：

应纳税额 =（关税完税价格 + 关税 + 消费税）× 税率

例 18－2：某外贸进出口公司今年 3 月份，从国外进口 10 辆宝马公司生产的某型号小轿车。该公司报关进口这批小轿车时，经报关地海关对有关报关资料的审查，确定关税完税价格为每辆 185000 元人民币，海关按关税政策规定每辆征收了关税 203500 元，并按消费税、增值税有关规定分别代征了每辆小轿车的进口消费税 11655 元和增值税 66045 元。由于联系业务需要，该公司将一辆小轿车留在本单位使用。根据以上资料，计算该公司应纳车辆购置税。

解：（1）计税依据 = 185000 + 203500 + 11655 = 400155（元）

（2）应纳税额 = 400155 × 10% = 40015.5（元）

（三）其他自用应税车辆应纳税额的计算

纳税人自产自用、受赠使用、获奖使用和以其他方式取得并自用应税车辆的，凡不能取得该型车辆的购置价格，或者低于最低计税价格的，以国家税务总局核定的最低计税价格作为计税依据计算征收车辆购置税：

应纳税额 = 最低计税价格 × 税率

例 18 - 3：某客车制造厂将自产的一辆某型号的客车，用于本厂后勤服务，该厂在办理车辆上牌落籍前，出具该车的发票，注明金额 45000 元，并按此金额向主管税务机关申报纳税。经审核，国家税务总局对该车同类型车辆核定的最低计税价格为 50000 元。计算该车应纳车辆购置税。

解：应纳税额 = 50000 × 10% = 5000（元）

七、车辆购置税的征收与管理

（一）车辆购置税的纳税环节

车辆购置税的征税环节为使用环节，即最终消费环节。具体而言，纳税人应当在向公安机关等车辆管理机构办理车辆登记注册手续前，缴纳车辆购置税。

（二）车辆购置税的纳税地点

纳税人购置应税车辆，应当向车辆登记注册地的主管税务机关申报纳税；购置不需办理车辆登记注册手续的应税车辆，应当向纳税人所在地主管税务机关申报纳税。车辆登记注册地是指车辆的上牌落籍地或落户地。

（三）车辆购置税的纳税期限

纳税人购买自用的应税车辆，自购买之日起 60 日内申报纳税；进口自用的应税车辆，应当自进口之日起 60 日内申报纳税；自产、受赠、获奖和以其他方式取得并自用的应税车辆，应当自取得之日起 60 日内申报纳税。

这里的“购买之日”是指纳税人购车发票上注明的销售日期；“进口之日”是指纳税人报关进口的当天。

（四）车辆购置税的缴税管理

1. 车辆购置税缴税方法的选择。车辆购置税税款缴纳方法主要有以下几种：

（1）自报核缴。即由纳税人自行计算应纳税额、自行填报纳税申报表有关资料，向主管税务机关申报，经税务机关审核后，开具完税证明，由纳税人持完税凭证向当地金库或金库经收处缴纳税款。

（2）集中征收缴纳。包括两种情况：一是由纳税人集中向税务机关统一申报纳税。它适用于实行集中购置应税车辆的单位缴纳和经批准实行代理制经销商的缴纳。二是由税务机关集中报缴税款。即在纳税人向实行集中征收的主管税务机关申报缴纳税款，税务机关开具完税凭证后，由税务机关填写汇总缴款书，将税款集中缴入当地金库或金库经收处。它适用于税源分散、税额较少、税务部门实行集中征收管理的地区。

（3）代征、代扣、代收。即扣缴义务人按税法规定代扣代缴、代收代缴税款，税务机关委托征收单位代征税款的征收方式。它适用于税务机关委托征收或纳税人依法受托征收税款。

2. 车辆购置税的缴税管理。

(1) 税款缴纳方式。纳税人在申报纳税时，税款的缴纳方式主要有：现金支付、支票、信用卡和电子结算及委托银行代收、银行划转等方式。

(2) 完税凭证及使用要求。税务机关在征收车辆购置税时，应根据纳税人税款缴纳方式的不同，分别使用税收通用完税凭证、税收转账专用完税凭证和税收通用缴款书三种税票，即纳税人以现金方式向税务机关缴纳车辆购置税的，由主管税务机关开具《税收通用完税凭证》；纳税人以支票、信用卡和电子结算方式缴纳及税务机关委托银行代收税款的，由主管税务机关开具《税收转账专用完税证》；纳税人从其银行存款户直接划转税款的，由主管税务机关开具《税收通用缴款书》。

复习与思考

一、基本概念

印花税　车辆购置税

二、思考题

1. 印花税有何特点?
2. 车辆购置税有什么作用?

三、练习题

1. 某公司本年度签订有关合同如下:

(1) 向银行订立借款合同，合同所载借款金额为 400 万元；

(2) 与购货方签订购销合同，合同所载金额为 100 万元；

(3) 将本公司一仓库租给一家企业堆放货物，订立房屋租赁合同，合同金额为 15 万元。

试计算该公司本年应纳印花税。

2. 某中美合资公司，将一辆富豪公司生产的富豪某型小轿车赠送给我国某儿童基金会，该车排量为 2300 毫升，经国家税务总局核定的最低计税价格为 380000 元。计算应纳车辆购置税。

第十九章

纳税程序与税收管理

第一节 税务登记

一、税务登记的意义

税务登记是税务机关为了加强税源管理，防止税源流失，依法对纳税人的生产经营活动进行登记管理的一项基本制度。税务登记的意义在于：

（一）有利于税务机关掌握和控制税源，加强税源管理

通过税务登记，税务机关能够掌握辖区内纳税人的户数、地址、经济类型、经营规模、经营范围等情况，从而了解税源的分布状况，合理地调配征管力量，采取征管措施，防止漏征漏管，保证税款及时入库；通过税务登记，掌握纳税人的生产经营情况，从而掌握每一纳税人适用的税收政策及应该缴纳的税种，为编制税收计划、进行税收决策提供客观依据。

（二）有利于增强纳税人税收法制观念和纳税意识，自觉接受税务机关监督管理，维护自身合法权益

通过税务登记，确立起税务机关与纳税人之间的征纳法律关系，因为纳税人也同时享有和承担一定的权利与义务。而从登记之日起，纳税人就纳入了主管税务机关的管理范围，不仅在纳税方面要接受税务机关的监督管理和检查，而且还可以依法享受税收政策业务上的指导和帮助，使其生产经营、领购发票、申请减免税收等合法权益得到应有的维护。

二、税务登记的种类及方法

税务登记分为开业税务登记、变更税务登记和注销税务登记三类。

（一）开业税务登记

1. 时间规定。从事生产经营的纳税人自领取营业执照之日起 30 日内，持有关证件，向税务机关申报办理开业税务登记。以下几种情况要比照开业登记来办理。

（1）扣缴义务人要在发生扣缴义务之日起 30 日内，向所在地税务机关申报办

理代扣（收）税务登记，并领取代扣代缴、代收代缴税款证件；

（2）非独立经济核算的分支机构与已办理税务登记的总机构不在同一地区的，分支机构应自设立之日起20日内，向所在地税务机关申报办理税务登记；

（3）纳税人到外县（市）从事经营活动，要持其所在地税务机关填发的外出经营活动的税收管理证明，向所到地税务机关报验登记。

2. 程序规定。

（1）由从事生产经营的纳税人，在规定的时间内，向税务机关提出办理开业税务登记的书面申请报告，并提交有关证件或资料，包括营业执照，有关合同、章程、协议书、项目建议书、居民身份证、护照或其他合法入境证件等。

（2）领取《税务登记表》一式三份，由纳税人按统一要求如实填写。

（3）对纳税人填报的税务登记表及提供的证件和资料，税务机关自收到申报之日起30日内审核完毕。符合规定的，予以登记，并发给税务登记证件。为了防止漏登、漏管，《征管法》规定：工商行政管理机关应当将办理登记注册、核发营业执照的情况，定期向税务机关通报。

国家税务局、地方税务局对同一纳税人的税务登记应当采用同一代码，以信息共享。

3. 开业税务登记内容。即《税务登记表》上规定的内容，一般包括：企业或单位名称、投资各方名称、法定代表人或业主姓名及其身份证（护照或其他合法入境证件）号码、纳税人住所、经营地点、通讯地址及邮政编码、经济类型、核算方式、机构情况、隶属关系、生产经营范围、经营方式、注册资金（资本）、投资总额、开户银行及账号、生产经营期限、从业人数、营业执照字号及执照有效期限和发照日期、财务负责人、办税人员、其他有关事项。不同类型的纳税人税务登记表的具体样式不同。

（二）变更税务登记

税务登记内容发生变化时，纳税人应当自工商行政管理机关或者其他机关办理变更登记之日起30日内，持有关证件向原税务登记机关申报办理变更税务登记。纳税人税务登记内容发生变化，不需要到工商行政管理机关或其他机关办理变更登记的，应当自发生变化之日起30日内，持有关证件向原税务登记机关申报办理变更税务登记。

办理变更税务登记的程序一般是：先由纳税人向税务机关提出书面报告，写明变更登记的具体内容及原因，并提交变更的有关批准文件或证明材料，经税务机关审验无误后，发给“税务变更登记表”，再由纳税人按登记表的内容如实填写后，连同有关证件一并送原登记税务机关，审核后对符合规定的准予变更。对于不按规定办理变更税务登记的纳税人，要按未办理税务登记进行处罚。

（三）注销税务登记

纳税人发生解散、破产、撤销以及其他情形，依法终止纳税义务的，应当在向工商行政管理机关或其他机关办理注销登记前，持有关证件向原税务登记机关申报办理注销税务登记；按照规定不需要在工商行政管理机关或其他机关办理注册登记的，应当自有关机关批准或者宣告终止之日起15日内，持有关证件向原税务登记机关办理注销税务登记；纳税人因住所、经营地点变动，涉及改变税务登记机关的，应当在向工商行政管理机关或其他机关申请办理变更或注销登记前或者住所、经营地点变动前，向原税务登记机关申报办理注销税务登记，并在30日内向迁达地税务机关申报办理税务登记。

纳税人申报办理注销税务登记，首先要向税务机关书面报告解散、破产、撤销等的原因，并附送有关主管部门的批准文件、结清债权债务和税款的证明材料等，然后由税务机关进行审核，对符合法律规定的予以办理注销税务登记，收回税务登记证件。

纳税人在办理注销税务登记之前，要认真核查财物，清理债权债务，结清应纳税款、滞纳金、罚款，交回领购未用的发票、税收缴款书及税务机关发给税务登记证件和其他税务证件。

三、税务登记证件的管理

（一）税务登记证件的发放及作用

纳税人在填写税务登记表并提供有关证件和资料、经税务机关审核批准后，税务机关要发给税务登记证。

1. 税务登记证是纳税人履行了法定税务登记手续的证明文件。税务登记证的式样由国家税务总局统一制定，分为税务登记证及其副本、注册税务登记证及其副本。从事生产经营并经工商行政管理部门核发营业执照的纳税人核发税务登记证及其副本；对纳税人非独立核算的分支机构及非从事生产经营的纳税人，核发注册税务登记证及其副本。

2. 税务登记证是国家税务机关颁发给符合法定条件的纳税人，允许其从事生产、经营活动的一种许可证。有了税务登记证，纳税人的合法生产、经营活动才被许可并得到保护。因此，纳税人取得税务登记证以后，要将其悬挂在生产、经营场所的明显处，亮证经营，接受检查监督。

3. 税务登记证还是一种权利证书。纳税人凭借税务登记证可以办理下列事项：一是在银行或其他金融机构开立基本存款账户或其他存款账户；二是申请减税、免税、退税；三是申请领购发票；四是申请办理外出经营活动税收管理证明；五是申请办理增值税一般纳税人认定手续；六是申请办理其他有关税务事项。

（二）税务登记证件的使用

1. 税务登记证只限纳税人自己使用，不得转借、涂改、损毁、买卖或者伪造。一旦发生这些违法行为，就会造成应征税款的流失，扰乱税收征管秩序，对此必须依法予以制裁。

2. 为了防止税务登记证件使用中违法行为的发生，税务机关对税务登记证件实行定期验证和更换制度。税务登记证的更换时间由国家税务总局统一确定；税务登记证的查验，由省级国家税务局和地方税务局协商确定，一般每年查验一次。纳税人必须在规定的限期内持有关证件到主管税务机关办理验证或者换证手续。

3. 纳税人遗失税务登记证件，要书面报告主管税务机关，并公开声明作废，同时申请补发。

四、纳税人在金融机构开立存款账户与税务登记的相互制约的规定

目前，我国从事生产、经营的纳税人在银行或者其他金融机构多头开户的情况十分严重。税务机关难以检查或处罚纳税人的税收违法行为。为此征管法对从事生产经营的纳税人及其开户银行和其他金融机关设定了以下义务：

1. 从事生产、经营的纳税人应当按照国家有关规定，持税务登记证件，在银行或者其他金融机构开立基本存款账户和其他存款账户，并应自开立基本存款账户和其他存款账户之日起15日内，向主管税务机关书面报告其全部账号；发生变化的，应自变化之日起15日内，向主管税务机关书面报告。

2. 银行和其他金融机构应当在从事生产、经营的纳税人的账户中登录税务登记证件号码，并在税务登记证件中登录从事生产、经营的纳税人的账户账号。

3. 税务机关依法查询从事生产、经营的纳税人开立账户的情况时，有关银行和其他金融机构应当予以协助。

五、税务登记同时办理增值税一般纳税人的认定登记

（一）认定登记的对象及条件

凡在中华人民共和国境内销售货物或应税劳务，实行独立核算并经工商行政管理部门批准开业的增值税纳税义务人，符合一般纳税人条件的均应在向当地税务机关申请办理税务登记的同时，申请办理增值税一般纳税人认定登记。其中总分支机构不在同一县（市）的增值税纳税人，应分别申请办理增值税纳税人登记；总分支机构在同一县（市），纳税人需分别缴纳增值税的，经主管税务机关批准，也可以分别申请办理增值税纳税人登记。

对增值税纳税人提出的登记申请，税务机关要进行严格的审查，对于具备以下条件之一的，即可准予办理一般纳税人认定登记：

1. 从事货物生产或提供增值税劳务的纳税人，年应纳增值税项目的销售额超过50万元的；

2. 从事货物批发、零售的纳税人，年应纳增值税项目的销售额超过80万元的；

3. 未达到上述销售额标准的小规模纳税人和新开业的纳税人，有固定的生产经营场所，会计核算健全，能够提供准确税务资料。

但下列纳税人，无论其销售额是否达到上述销售额标准，都不能办理增值税一般纳税人认定登记：

1. 个体工商户以外的其他个人；

2. 选择按照小规模纳税人纳税的非企业性单位；

3. 选择按照小规模纳税的不经常发生应税行为的企业。

（二）认定登记的程序及内容

1. 登记的程序。

（1）由增值税纳税人提出申请登记报告，并提供有关资料及批准文件，填写《增值税一般纳税人申请认定表》。

（2）经县级以上税务机关审核后，对符合一般纳税人条件的纳税人在其“税务登记证”副本首页上方加盖“增值税一般纳税人”戳记，完成认定登记手续。

2. 登记的内容。增值税一般纳税人登记的内容主要包括：纳税人名称、经营地址、电话号码、经营范围、经济性质、开户银行及账号、产值、销售收入、销售税金、利润、税务登记证件代码等。

（三）变更登记、重新登记、注销登记

纳税人取得增值税一般纳税人认定资格后，发生转业、改组、分设、合并、联营、迁移、歇业、停业、破产以及转为小规模纳税人等其他需改变增值税一般纳税人登记情形的，应在有关部门批准或者宣告之日起 10 日内，向主管税务机关申请办理变更登记、重新登记或者注销登记。

第二节 账簿及凭证管理

一、账簿及凭证管理的意义

账簿和凭证是会计核算的基础和核心，税务机关加强账簿、凭证管理，就是要依照税收法规和财务会计制度的规定，对纳税人账簿、凭证的设置、使用、保管等方面进行监督、检查。账簿及凭证管理的意义是：

（一）账簿及凭证是反映纳税人生产经营状况及财务成果的重要资料，也是计算核定纳税人应纳税款的原始依据

一切从事生产、经营的纳税人，通过填制会计凭证、登记会计账簿、编制会计报表，把日常发生的大量经济业务，如原材料的购进、产品的销售、盈亏的计算等，以货币为计量单位，从数量方面加以记录，并进行系统的分类和汇总，就形成了全面地、系统地、连续地反映纳税人产销情况、成本核算、利润分配等的重要会计核算资料。而资料中的销售收入额、利润额等数据指标，则是计算应纳税额的基础。只有会计核算正确，纳税人应纳税额的计算才能准确。

（二）加强账簿及凭证管理是征收管理的基础工作，有利于建立正常的纳税秩序

加强账簿及凭证管理，由税务机关行使监督检查权，就可以确保纳税人的经营活动和各项业务的合法性和正确性，保证账簿、凭证的编制、填写等一系列会计核算工作的有效性。这就为以后的核定应纳税额、纳税申报、税款征收入库及纳税检

查等工作奠定了基础，成为整个征收管理的一项基础性工作。由于账簿、凭证所记载的经济业务内容影响和决定着纳税人的应纳税额，纳税人往往伪造、变造、隐匿、擅自销毁账簿、凭证，或利用账簿及凭证弄虚作假。加强账簿、凭证的管理，就可以防止和纠正上述违法乱纪的行为，建立和维护正常的纳税秩序。

二、账簿管理

账簿是会计核算中进行记账的必要工具。账簿按其外表形式可以分成订本式账簿、活页式账簿和卡片式账簿三大类；按用途可以分为序时账簿、分类账簿和备查账簿三类。账簿管理的基本内容就是督促纳税人按有关规定设置和使用账簿。

（一）账簿的设置

从事生产、经营的纳税人、扣缴义务人要根据自身业务情况和经营管理的特点来设置会计账簿，使之能够准确、完整地反映自身的经济活动。设置账簿的具体要求是：

1. 从事生产经营的纳税人应当自领取营业执照或者发生纳税义务之日起 15 日内按照国家有关规定设置账簿，根据合法、有效凭证记账，进行核算。

2. 生产经营规模小又确无建账能力的个体工商户，可以聘请注册会计师或者经税务机关认可的财会人员代为建账和办理账务；聘请上述人员有实际困难的，经县以上税务机关批准，可以按税务机关的规定，建立收支凭证粘贴簿、进货销货登记簿或者使用税控装置。

3. 扣缴义务人要在税收法律、行政法规规定的扣缴义务发生之日起 10 日内，按照所代扣、代收的税种，分别设置代扣代缴、代收代缴税款账簿。

4. 如果纳税人、扣缴义务人会计制度健全，能够通过计算机正确、完整地计算其收入或者所得，其计算机储存和输出的完整的书面会计记录，可视同会计账簿；否则，要建立总账和其他有关账簿。

（二）账簿的使用要求

为了保证记账工作质量，明确账务处理的责任，确保账簿记录的合法性和账簿资料的完整性，账簿的使用必须按照一定的要求进行。

1. 每本账簿启用时，要在账簿扉页上详细载明：单位名称、账簿名称、编号、册数，开始使用日期，会计主管人员、记账人员姓名及签章。记账人员变更时，要办理交接手续，在交接记录内载明交接日期和接替人员姓名及签章。

2. 账簿的登记要使用钢笔和蓝黑色墨水，红色墨水只能在结账划线、改错及冲账时使用；必须根据审核无误的会计凭证登记各种账簿，不能漏记和重记；要按页码逐页逐行地连续登记，不得隔页、跳行登记，不得随意涂改、刮擦、挖补或用褪色药水消灭字迹，发生错误时要采取正确的方法进行更正。

3. 账簿、凭证、报表、收支凭证粘贴簿、进销货登记簿等资料，除有特殊规定者外，要至少保存 10 年，未经税务机关批准，不得销毁。

三、凭证管理

（一）会计凭证的管理

会计凭证分为原始凭证和记账凭证两种。

1. 原始凭证分外来和自制两种。原始凭证是在经济业务发生或完成时填制的业务手续凭证，是进行会计核算的最原始的依据，必须如实地表明各项经济业务的真实情况，并要在业务发生或完成的当时立即办理。在原始凭证上必须载有：凭证的名称、凭证的编号、填制日期、业务内容、数量金额、填制和接受凭证的单位或部门名称以及负责人和经办人签章等。凭证要连续编号，填写内容要完整、真实、可靠，字迹书写要清楚，不得随意涂改。

2. 记账凭证。记账凭证是根据原始凭证进行整理或汇总后编制的会计凭证，编制除了要遵循原始凭证的填制要求以外，还要注意所记载经济业务的性质、类型以及登记账簿的需要，不得把不同类型的经济业务合并编制一张记账凭证。

凭证审核是保证会计记录正确性的重要环节，也是财会部门把好凭证手续关的重要步骤。对于各种原始凭证，要审核凭证上的经济业务是否真实，有无违反财经纪律和财会制度等情况，凭证上应具备的内容是否完整，有关数字是否正确，审批手续是否完备，有关人员的签章是否齐全，等等。对于各种记账凭证，要审核经济业务的内容是否相符，所附原始凭证是否齐全，会计分录等账务处理是否正确，等等。

各种凭证在记账之后，要定期进行整理，按照编号顺序装订成册，编制目录，妥善保管，便于企业和税务部门查阅。

（二）税收凭证的管理

税收凭证一般可以分成两大类：一是完税凭证，包括各种税收完税证、税收缴款书等，是纳税人依法缴纳税款后，税务机关所出具的收款证明，它可以反映纳税人的纳税情况；二是其他各种与征收业务有关的凭证，包括各种提退凭证、减免凭证、税票调换证、罚款收据、纳税保证金收据、代扣代缴税专用发票等。

税收凭证一般由税务机关直接填发和管理。由于它是纳税人履行纳税义务状况和履行某种手续的证明，纳税人必须妥善保管，便于税务机关检查。“三自”纳税单位和代征人向税务机关领取的空白完税凭证，要按税务机关的规定填用，防止出现差错和短缺。有些税收凭证填用后，既是税收会计的记账凭证，也是纳税单位会计核算的原始凭证，征纳双方都必须严格进行管理，妥善保管。

四、会计报表管理

会计报表是综合反映纳税人一定时期的经济活动情况及其财务成果的指标体系，其编制除了遵守统一的规定以外，还必须符合以下要求：

1. 会计报表上的数字必须真实，必须以查对核实后的核算资料作为编制的依据，不得以任何方式弄虚作假，隐瞒谎报。

2. 会计报表的内容必须按照规定完整地填列，不得遗漏，表内项目和补充资料都必须填列齐全。

3. 会计报表的编报必须及时，不得拖延。纳税人的会计报表编制完成后，必须在规定的日期内逐级上报。除了向主管部门、开户银行、财政部门等报送外，必须向税务机关报送。纳税人在办理纳税申报等事项时，也要向税务机关报送会计报表。

4. 以外币作为记账本位币的纳税人，编制的会计报表要折算为人民币反映，要使用中文。

五、财务会计制度的管理

从事生产、经营的纳税人应当自领取税务登记证件之日起 15 日内，将其财务、会计制度或者财务、会计处理办法和会计核算软件及使用说明书、有关资料，报送主管税务机关备案。其作用是：一是便于税务机关了解掌握纳税人的财会制度或财会处理办法，保证税务征管人员依法正确计算税款；二是有利于税务机关对纳税人的财务管理和会计核算进行监督，使之与国家税法、财务及会计制度、有关行政法规的要求相一致；三是有利于税务机关区别纳税人的不同情况进行纳税辅导、纳税检查，指导纳税人正确履行纳税义务。

纳税人的财务、会计制度或者财务、会计处理办法与国务院或者国务院财政、税务主管部门有关税收的规定不一致的，纳税人可以继续使用原有的财务、会计制度和财务、会计处理办法，进行会计核算，但在计算应纳税额时，必须按照国务院或者国务院财政、税务主管部门有关税收的规定计算应纳税款、代扣代缴和代收代缴税款。

第三节 纳 税 申 报

一、纳税申报的意义

纳税申报是纳税人依据税法规定，向税务机关书面报告一定时期应纳税项目及应纳税款的一项征管制度。加强纳税申报管理，对于税务机关加强税源管理和纳税人、扣缴义务人正确地履行纳税义务和扣缴义务都有十分重要的意义。

（一）有利于加强纳税人的纳税观念，促进其正确办理纳税手续，提高纳税自觉性

在计划经济时期，我国税收征收管理一直实行税务专管员管户制度。专管员负责纳税辅导、纳税鉴定，上门收税、挨户催报催缴，致使纳税人产生了严重的依赖思想，主动申报纳税的意识非常淡薄，也使广大群众缺乏纳税观念。税收征管法把纳税申报以国家法律的形式确定下来，使纳税人明确自己的权利和义务，对自己申报的内容承担法律责任，这就可以督促纳税人依法履行纳税义务，并逐渐养成主动申报纳税的习惯，增强纳税自觉性。

（二）为税务机关审定纳税人应纳税款，掌握应征数，办理税款征收业务提供重要依据

实行纳税申报制度，纳税人要按期报送纳税申报表及财务会计报表等资料。通过这些报表、资料，税务机关可以掌握纳税人生产经营及税源变化情况，判断纳税人的申报是否真实可靠。同时，也使税务机关办理征收业务、核实应征税款、开具纳税凭证以及判断纳税人是否偷税、欠税等有了必要的依据。

二、纳税申报的对象

（一）依法负有纳税义务的单位和个人

依法负有纳税义务的单位和个人，必须依照法律、行政法规规定或者税务机关依照法律、行政法规的规定确定的申报期限、申报内容如实申报，报送纳税申报表、财务会计报表以及税务机关根据实际需要要求报送的其他纳税资料。

（二）按规定享受减免税的纳税人

纳税人享受减税、免税待遇的，在减税、免税期间要按规定办理纳税申报。这样做有利于税务机关全面地、连续地掌握纳税人的生产、经营及纳税情况，便于进行征收管理。同时也是税政执行情况和统计工作的需要。

同样道理，连续经营的纳税人在当期没有应税收入、所得及其他应税项目，也要在规定的申报期限内，办理纳税申报。

（三）依法负有扣缴义务的单位和个人

依法负有扣缴义务的单位和个人，必须依照法律、行政法规规定或者税务机关依照法律、行政法规的规定确定的申报期限、申报内容如实报送代扣代缴、代收代缴税款报告表，以及税务机关根据实际需要要求报送的其他有关资料。

三、纳税申报的内容及资料

纳税人、扣缴义务人填制的纳税申报表、扣缴税款报告表，报送的财务会计报表及其他证件、资料，既是纳税人、扣缴义务人依法计算和缴纳应纳税款或代扣、代收税款的主要凭证，也是税务机关计算审核应征或缴库税款的重要依据，因此，内容必须完整、准确、全面，纳税人应及时报送。

（一）纳税申报表及扣缴税款报告表

纳税人填报的纳税申报表和扣缴义务人填报的扣缴税款报告表，因各税种的计税依据、计税方法等有所不同，其式样和项目各异。国家税务总局对各税纳税申报表及扣缴税款报告表的式样和项目作了规定，由于报表种类太多，在此不作一一介绍，仅就主要报表的主要项目归纳如下：

1. 增值税纳税申报表。增值税纳税申报表分为“增值税纳税申报表（适用于一般纳税人）”和“增值税纳税申报表（适用于小规模纳税人）”两种表式。增值税纳税申报表（适用于一般纳税人）的主要项目有：本期应税销售额、适用税率、本期销项税额、本期进项税额、期初进项税额、本期应纳税额、已纳税额、应补

（退）税额等。

增值税纳税申报表（适用于小规模纳税人）的主要项目有：销售额、征收率、本期应纳税额等。

2. 消费税纳税申报表。消费税纳税申报表的主要项目有：产品名称、适用税目、销售数量、计税金额或计税数量、税率（单位税额）、本期准予扣除税额、本期应交税金、本期应补（退）税金等。

3. 营业税纳税申报表。营业税纳税申报表的主要项目有：经营项目、税目、营业额、税率、应纳税额等。

4. 企业所得税纳税申报表。企业所得税纳税申报表的主要项目有：收入总额、销售成本、期间费用、纳税调整增加额、纳税调整减少额、应纳税所得额、适用税率、应纳所得税额、实际已缴所得税额、期末应补（退）所得税等。

5. 个人所得税纳税申报表。个人所得税纳税申报表的主要项目有：所得项目、收入额、费用额、应税所得额、税率、速算扣除数、应纳税额、已扣缴税额、应补（退）税额等。

6. ××税代扣代缴税款报告表。代扣代缴税款报告表的主要项目有：纳税人名称、纳税品目名称、课税数量、计税金额或销售额、税率或单位税额、进项税额、扣缴税额等。

7. 扣缴所得税报告表。扣缴所得税报告表的主要项目有：纳税人名称、所得项目、收入额、扣除额、应纳税所得额、税率、扣缴所得税等。

各类纳税申报表及扣缴税款报告表通常一式三联，第一联由纳税人或扣缴义务人保存；第二联由税务机关留存；第三联报主管税务机关作税收会计原始凭证。

（二）财务会计报表及其说明材料

由于纳税申报表只能反映纳税人的、与确定应纳税额直接有关的数据信息，不能全面反映纳税人一定时期内的生产、经营活动，为了便于税务机关审核纳税申报表，就要求纳税人在填报纳税申报表的同时报送财务会计报表及其说明书。

不同的纳税人生产、经营的内容不同，编制的财务会计报表不同，需要报送税务机关的报表种类也不尽相同。纳税人要按照主管税务机关的要求报送相应的财务会计报表及其说明书。

根据规定不需要办理税务登记的纳税人，一般不需向税务机关报送财务会计报表等，可以直接到税务机关申报纳税。

（三）其他有关证件、资料

纳税人、扣缴义务人办理纳税申报时，除了报送纳税申报表或扣缴税款报告表、财务会计报表及其说明书以外，还要按照主管税务机关的要求，报送下列一种或几种证件、资料：

1. 与纳税、扣税有关的合同、协议书及凭证；

2. 税控装置的电子报税资料；

3. 外出经营活动税收管理证明；

4. 境内或者境外公证机构出具的有关证明文件；

5. 税务机关规定应当报送的其他有关证件、资料。

四、纳税申报的办法

不同的纳税人、扣缴义务人在申报纳税的顺序、期限、形式上都有所不同，因此，纳税申报办法各异。

（一）实行“三自纳税”的纳税人的纳税申报

对于财务管理制度健全，有专门办税人员，能正确计算应纳税额，未发生偷、欠税行为的纳税人，经县级及以上税务机关批准，可实行自行计算应纳税款、自行填写缴款书、自行缴库的“三自纳税”办法。采用“三自纳税”的纳税人，自行办理税款缴库之后，要填报纳税申报表，连同财务会计报表及其他要求报送的证件、资料，上报主管税务机关进行纳税申报。

（二）其他纳税人的纳税申报

对于其他纳税人，实行先由纳税人按期进行纳税申报，然后由税务机关审核，并填写缴款书或完税证的办法。

从事临时经营业务的纳税人，应在发生纳税义务的当天，向所在地税务机关办理纳税申报并缴纳税款。

非经常纳税单位，也要在纳税义务发生后，及时向主管税务机关办理纳税申报。

实行“定期定额”征收方法的纳税人，在定额期内，实际应纳税额超过定额20%时，应主动向税务机关申报调整定额。

（三）关于延期申报的规定

延期申报是指纳税人、扣缴义务人不能按照税法规定的期限办理纳税申报或扣缴税款报告，经税务机关核准，在核准的延长期内办理纳税申报的一项税务管理制度。

纳税人、扣缴义务人按照规定的期限办理纳税申报或者代扣代缴、代收代缴税款报告表确有困难，如会计账务未处理完毕，不能计算应纳税额、需要延期的，应当在规定的期限内向税务机关提出书面申请，经税务机关核准，在核准的期限内办理。但应按上期实际缴纳的税额或税务机关核定的税额预缴税款，然后在税务机关批准的延期申报期限内办理纳税结算。

纳税人、扣缴义务人因不可抗力，如地震、泥石流、水灾、火灾、风灾等自然灾害的影响，不能按期办理纳税申报或者报送代扣代缴、代收代缴税款报告表的，可以延期办理申报。但应在不可抗力消除后立即向税务机关报告，经税务机关查实，予以核准。

对纳税人、扣缴义务人不按期办理纳税申报，又未提出延期申报书面申请报告的要按《税收征管法》有关规定给予处罚。

五、纳税申报的方式

随着电子计算机的广泛应用、现代通信手段的发展以及税务代理业的兴起，我国纳税申报的方式已由传统的手工自理方式向现代方式转变，现行纳税申报方式主要有以下两种分类：

（一）纳税申报方式按是否委托分为自行申报和委托申报

1. 自行申报。自行申报是指纳税人、扣缴义务人自行办理纳税申报事宜，自行向税务机关报送纳税申报表。这是传统的申报方式。

2. 委托申报。委托申报，亦称代理申报，是指纳税人、扣缴义务人委托税务代理人办理纳税申报事宜，由税务代理人向税务机关报送纳税申报表。这是在税务代理业出现后新兴的申报方式。

（二）纳税申报方式按申报送达手段的不同分为上门申报、邮寄方式申报、数据电文方式申报

1. 上门申报。上门申报是指纳税人、扣缴义务人或税务代理人填写纳税申报表并直接报送主管税务机关，完成纳税申报的一种方式。

2. 邮寄方式申报。邮寄申报是指纳税人、扣缴义务人或税务代理人将填写的纳税申报表通过邮政部门邮寄给主管税务机关，进行纳税申报的一种方式。采用邮寄申报方式的，应使用统一的纳税申报专用信封，并以邮政部门收据作为申报凭据，寄出的邮戳日期为实际申报日期。

3. 数据电文方式申报。数据电文方式申报是指纳税人、扣缴义务人或税务代理人借助电子手段进行纳税申报的各种方式的总称。我国目前各地税务机关已经采用或将要采用的主要电子申报的方式有：电话语音、电子数据交换、网络传输等电子方式。

第四节　税款征收缴纳

根据《中华人民共和国税收征收管理法》的规定，在税款征纳中税务机关和纳税人享有法定的权利和义务。

一、税款征纳中的权利与义务

（一）税务机关在税款征收中的权利与义务

1. 纳税人有下列情形之一的税务机关有权核定其应纳税额：一是依照法律、法规的规定，可以不设置账簿的；二是依照法律、法规的规定，应当设置账簿但未设置的；三是擅自销毁账簿或者拒不提供纳税资料的；四是虽设置账簿，但账目混乱或者成本资料、收入凭证、费用凭证残缺不全，难以查账的；五是发生纳税义务未按规定的期限办理纳税申报，经税务机关责令限期申报，逾期仍不申报的；六是纳

税人申报的计税依据明显偏低，又无正当理由的。

2. 对未按规定办理税务登记的从事生产经营的纳税人以及临时从事经营的纳税人，由税务机关核定其应纳税额，责令缴纳；不缴纳的，税务机关可以扣押其价值相当于应纳税款的商品、货物。扣押后缴纳应纳税款的，税务机关必须立即解除扣押，并归还所扣押的商品、货物；扣押后仍不缴纳应纳税款的，经县上税务局（分局）局长批准，依法拍卖或者变卖所扣押的商品、货物，以拍卖或变卖所得抵缴税款。

3. 税务机关应当自收到纳税人申请延期缴纳税款报告之日起 20 日内作出批准或者不予批准的决定；不予批准的，从缴纳税款期限届满之日起加收滞纳金。

4. 因税务机关的责任，致使纳税人、扣缴义务人未缴或者少缴税款的，税务机关在三年内可以要求纳税人、扣缴义务人补缴税款，但不得加收滞纳金。

因纳税人、扣缴义务人计算错误等失误，未缴或者少缴税款的，税务机关在三年内可以追征税款、滞纳金；有特殊情况的（累计数额在 10 万元以上），追征期可以延长到五年。

对偷税、抗税、骗税的，税务机关追征其未缴或者少缴的税款、滞纳金或者所骗取的税款，不受前述规定期限的限制。

5. 欠缴税款的纳税人因怠于行使到期债权，或者放弃到期债权，或者无偿转让财产，或者以明显不合理的低价转让财产而受让人知道该情形，对国家税收造成损害的，税务机关可以依照合同法第 73 条、74 条的规定行使代位权、撤销权，同时不免除欠缴税款的纳税人尚未履行的纳税义务和应承担的法律责任。

6. 税务机关应当广泛宣传税收法律、行政法规，普及纳税知识，无偿地为纳税人提供纳税咨询服务。

7. 税务机关依照法律、行政法规的规定征收税款，不得违反法律、行政法规的规定开征、停征、多征、少征、提前征收、延缓征收或者摊派税款。税务机关征收税款时，必须给纳税人开具完税凭证。

（二）纳税人、扣缴义务人在税款缴纳中的权利与义务

1. 纳税人、扣缴义务人按照法律、行政法规规定或者税务机关依照法律、行政法规的规定确定的期限，缴纳或者解缴税款。

纳税人因有特殊困难，不能按期缴纳税款需要延期缴纳税款的，应当在缴纳税款期限届满前提出申请，并报送申请延期缴纳税款报告、当期货币资金余额情况及所有银行存款账户的对账单、资产负债表、应付职工工资和社会保险费等税务机关要求提供的支出预算，经省、自治区、直辖市国家税务局、地方税务局批准，或经计划单列市国家税务局、地方税务局批准，可以延期缴纳税款，但最长不得超过三个月。所谓特殊困难是指因不可抗力，导致纳税人发生较大损失，正常生产经营活动受到较大影响，不能按期纳税；或当期货币资金扣除应付职工工资、社会保险费后，不足以缴纳税款。

2. 扣缴义务人依照法律、行政法规的规定履行代扣代收税款的义务。对法律、

行政法规没有规定负有代扣、代收税款义务的单位和个人，税务机关不得要求其履行代扣、代收税款义务。扣缴义务人依法履行扣缴义务时，纳税人不得拒绝。纳税人拒绝的，扣缴义务人应当及时报告税务机关处理。

3. 纳税人未按照规定期限缴纳税款的，扣缴义务人未按照规定期限解缴税款的，税务机关除责令限期缴纳外，从滞纳税款之日起，按日加收滞纳税款万分之五的滞纳金。

4. 纳税人可以依照法律、行政法规的规定，书面申请减税、免税。减税、免税的申请须经法律、行政法规规定的减税、免税审查批准机关审批。与此相违背的减税、免税决定无效。

5. 纳税人超过应纳税额缴纳的税款，税务机关发现后应当立即退还；纳税人自结算缴纳税款之日起三年内发现的，可以自税务机关要求退还多缴的税款并加算银行同期存款利息。

6. 纳税人有合并、分立情形的，应当向税务机关报告，并依法缴清税款。纳税人合并时未缴清税款的，应当由合并后的纳税人继续履行未履行的纳税义务；纳税人分立时未缴清税款的，分立后的纳税人对未履行的纳税义务应当承担连带责任。

7. 欠缴税款数额较大（5 万元以上）的纳税人在处分其不动产或者大额资产之前，应当向税务机关报告。

二、税款征收方法

税款征收方法是税务机关对纳税人应纳的工商各税，从计算核定到征收入库所采取的具体征税办法。

《中华人民共和国税收征收管理法实施细则》（以下简称《实施细则》）规定：税务机关可以采取查账征收、查定征收、查验征收、定期定额征收以及其他方式征收税款。税务机关应根据纳税人的生产经营特点和方便纳税、便于管理的原则，对不同的纳税人分别确定行之有效的税款征收方法。我国现行常用的征收方法有：

（一）“三自”纳税

亦称“自报自核自缴”征收方法。纳税人根据税法规定自行计算应纳税额、自行填写税收缴款书、自行按期向国库经收处缴纳税款，税务机关进行定期或不定期核查的一种税款征收方法。一般适用于经营规模大、财务会计制度健全、严格遵守税收法制、有专人专责办税的大型企业。采用这种征收方法，税务机关要加强对纳税人的纳税辅导和检查监督，发现问题及时处理，对不再具备“三自”纳税条件或有偷税行为的，应取消“三自”纳税而采用其他的征收方法。

（二）查账征收

亦称“自报核缴”、“查账计征”。纳税人根据税法规定自行计算应纳税款并向税务机关申报，经税务机关审查核实后填写税收缴款书，纳税人持税收缴款书向国库经收处缴纳税款的一种征收方法。此法适用于财会制度健全，纳税意识强，遵守国家税收法制，配备办税人员，能按规定期限正确核算应纳税额的中小企业。现阶段我国对大多数纳税企业都采用这种征收方法。

（三）查定征收

税务机关根据税法和纳税人的生产经营状况按期查定课税对象产量，确定应纳税额，分期征收税款的一种征收方法。适用于生产经营变化较大、财会制度不够健全、账证不够完备的纳税户的税款征收，对产品零星、税源分散的小型厂、矿和作坊尤为适用。具体做法是：由税务机关根据纳税人的生产设备、从业人员等情况，核定一个实物量作为计税标准，据以计算纳税期内的应纳税额，分期征收税款，期末进行结算。如实际产量超过查定产量时，由纳税人报请补征；实际产量不及查定产量时，可由纳税人报请重新核定。查定征收的关键是核实产量，税务机关应根据纳税人的生产规模、技术水平、耗能耗料多少、进货数量和销路大小等实际情况加以稽查核实，并以产量为基础查定销售额。查定征收通常以一个月为期限，应纳税额可以采取由税务机关填写“税收缴款书”，由纳税人向国库经收处缴纳，或由税务机关直接收取现金开具“税收完税证”的形式缴纳。

（四）查验征收

税务机关对应税产品的入库、出库、运输和销售进行现场检查验证，并按规定确定计税价格，据以征收税款的一种征收方法。此法适用于对零星分散、流动性大的税源的税款征收，分为就地查验征收和设立检查站查验征收两种。前者是主管税务机关对起运前的课税对象征税后发给纳税人完税证照，对未纳税的课税对象发给外销证明文件以便销后回本地缴纳税款或者对已达目的地的课税对象，由当地税务机关查验有关完税证照并据以确定是否征税。后者是税务机关在人员、货物交往较多的车站、码头、机场、口岸等交通要道设立专门机构，对所经过的课税对象查验其完税证照，以确定是否征税，对未征税的课税对象应补征税款。

（五）定期定额征收

亦称“双定”征收。税务机关根据纳税人自报、有关单位和人员评议情况，核定其一定时期应纳税款并分月征收的一种征收方法。此法适用于对生产经营规模较小、营业额和所得额难以准确计算、无记账能力的小型工商业户的税款征收。个体工商业户、部分小型企业常采用这种方法。具体做法是：在纳税人自报、民主评议的基础上，税务机关根据纳税人生产经营状况和上期负担情况，核定其一个季度、半年或一年的应税收入和应纳税额，由纳税人分月缴纳税款。在税额核定中要防止核定的税额和实际应纳税额偏差过大的现象。核定期内的应纳税额一般不作变动，但纳税人的生产经营情况发生较大变化，税务机关也可及时进行调整。采用这种方法，应纳税款一般以税务机关直接收取现金开出“税收完税证”的形式缴纳；在银行开设账户的纳税人，也可由税务机关填开税收缴款书，由纳税人自行向银行缴纳。

（六）代收代缴

税法规定的扣缴义务人在向纳税人收取款项的同时，依法收取纳税人的应纳税款并缴入国库经收处的一种征收方法。如《中华人民共和国消费税暂行条例》第四条中规定：委托加工的应税消费品，除委托方为个人外，由受托方在向委托方交货时代收代缴税款。采用这种方法是为了加强税收源泉控制，简化征收手续，防止税款流失。其适用条件主要是能够实行源泉控制的税款征收，一般在税法中予以明确规定，是扣缴义务人必须履行的义务。税务机关应加强对代收代缴的辅导、监督和管理。

（七）代扣代缴

税法规定的扣缴义务人在向纳税人支付款项时，依法从支付额中扣收纳税人应纳税款并缴入国库经收处的一种征收方法。如《中华人民共和国个人所得税法实施条例》第三十四条中规定：扣缴义务人在向个人支付应税款项时，应当依照税法规定代扣税款，按时缴库。采用这种方法的意义同“代收代缴”一样，也是加强源泉控制，简化征收手续，防止税款流失。此法一般在个人所得税的征收中采用。税务机关应加强对采用这种方法的操作辅导，严格监督并按时检查。

（八）委托代征

税务机关根据管理的需要委托某些单位或个人，对纳税人应纳税款代行征收的一种征收方法。《实施细则》规定：税务机关根据有利于税收控管和方便纳税的原则，可以按照国家有关规定委托有关单位代征少数零星分散和异地缴纳的税收，并发给委托代征证书。受托单位和人员按照代征证书的要求，以税务机关的名义依法征收税款，纳税人不得拒绝；纳税人拒绝的，受托代征单位及人员应当及时报告税务机关。采用这种方法是为了适用边远地区、税源分散、税款不多的地方的税款征收，以方便纳税人纳税和节省征收费用，减少和防止零星税款流失。税务机关应加强对代征单位和人员的管理，防止错征、漏征以及挪用税款与徇私舞弊等情况的发生。

（九）海关代征

依照国家法律法规的规定，由海关代行税务机关执行部分税款征收职权的一种征收方法。如《中华人民共和国增值税暂行条例》第二十条中规定：进口货物的增值税由海关代征。又如《中华人民共和国消费税暂行条例》第十二条中规定：进口应税消费品的消费税由海关代征。

三、税款征收措施

（一）税收保全措施

税收保全措施是税务机关为了防止纳税人逃避纳税义务，转移、隐匿应税货物、财产或收入，在纳税期满前依法采取的防范税收流失的措施，其目的是防止发生纳税人逃避纳税义务而造成国家税收无可挽回的损失。

1. 采取税收保全措施的前置程序。税收保全措施必须是在进行前置程序无效的情况下才能采取，它是前置程序无效的最后结果。采取税收保全措施的前置程序是：

（1）税务机关有根据认为从事生产、经营的纳税人有逃避纳税义务行为的，可以在规定的纳税期之前，责令限期缴纳应纳税款。如果纳税人在责令限期内已按规定缴纳了应纳税款，则无须进入下一程序。

（2）在责令限期内发现纳税人有明显的转移、隐匿其应纳税商品、货物以及其他财产或者应纳税收入迹象的，税务机关可以责成纳税人提供纳税担保。

纳税担保是税务机关为了确保纳税人在限期内能按期足额地缴纳应纳税款，依法要求纳税人提供的纳税保证。纳税担保有“纳税担保人担保”和“财产担保”两种形式。

一是纳税担保人担保。纳税担保人担保是指由纳税人提供并经税务机关认可的纳税担保人，在纳税人不能履行纳税义务时，由其代负履行责任的一种纳税担保形式。纳税担保人只能是在中国境内具有纳税担保能力的公民、法人或者其他经济组织。国家机关不得作为纳税担保人。纳税担保人同意为纳税人提供纳税担保的，应当填写纳税担保书，纳税担保人应按纳税担保书的约定履行责任，担保人不履行的，税务机关有权对其采取强制执行措施。

二是财产担保。财产担保是指由纳税人以自己所拥有的未设置抵押权的财产作为保证，在纳税人不能履行纳税义务时，以其财产抵缴应纳税款的一种纳税担保形式。纳税人提供的财产必须是自己所拥有的未设置抵押权的动产或不动产。纳税人不履行纳税义务时，税务机关有权处理担保财产并从其价款中抵缴应纳税款。

如果纳税人在责令限期内按规定提供了纳税担保，则无须进入下一程序。

（3）如果纳税人不能提供纳税担保，经县以上税务局（分局）局长批准，税务机关可以采取税收保全措施。税务人员个人未经批准不得擅自采取税收保全措施。

从以上三个前置程序可以看出，采取税收保全措施的整个程序是：责令限期缴纳税款在先，要求提供纳税担保其次，县以上税务局（分局）局长批准再次，税收保全措施为最后。

2. 税收保全措施的内容。

（1）书面通知纳税人开户银行或者其他金融机构冻结纳税人的金额相当于应纳税款的存款。冻结是税务机关依法采取的停止纳税人动用其银行等处的部分存款的强制措施。采取这种措施时，应经县以上税务局（分局）局长批准，并以该县以上税务局（分局）名义向纳税人开户银行或其他金融机构发出决定执行的书面通知，被通知的银行或其他金融机构有依法执行的义务。冻结的前提是纳税人有存款，冻结的数额以相当于纳税人应纳税款的数额为限，而不是全部存款。

（2）扣押、查封纳税人的价值相当于应纳税款的商品、货物或者其他财产。这是在纳税人没有存款或税务机关无法掌握其存款情况下采用的办法。扣押，是为了防止纳税人逃避纳税义务而对其应纳税商品、货物或者其他财产予以留置的一种强制措施，被扣押的商品、货物或者其他财产由税务机关控制。查封，是为了防止纳税人逃避纳税义务而对其应纳税商品、货物或者其他财产就地封存，禁止移动和支配的一种强制措施，必要时设专人保管；未经税务机关允许，纳税人不得自行启封。采取扣押、查封措施时，应经县以上税务局（分局）局长批准，由两名以上税务人员执行，并通知被执行人到场；拒不到场者，不影响执行。扣押、查封的商品、货物或者其他财产的数量，以扣押、查封当日同类商品、货物或者其他财产的市场价、出厂价或者评估价估算，以相当于应纳税额和有关费用为限。

纳税人若有部分存款，但不足以缴纳应纳税款、税务机关可以两项措施并用，或单独采取扣押、查封措施。两项措施并用时，相加价值之和应以纳税人的应纳税额和有关费用为限。

必须强调，个人及所扶养家属维持生活必需的住房和用品（不包括机动车辆、金银饰品、古玩字画、豪华住宅或者一处以外的住房）以及单价5000元以下的其他生活用品，不在税收保全措施的范围之内。

3. 税收保全措施的解除及责任。税收保全措施的目的是保证国家税收收入安全，只要达到了这个目的，税收保全措施就必须立即解除。

（1）纳税人在责令限期内已缴纳税款的，税务机关必须立即解除税收保全措施。这里的“立即”是指税务机关在收到税款或银行转回的税票后1日内解除税收保全措施。

（2）纳税人在责令限期期满后，仍未缴纳税款的，则以其存款扣缴税款或以财产拍卖所得抵缴税款。具体实施时，要经县以上税务局（分局）局长批准，税务机关要书面通知纳税人开户银行或其他金融机构从其冻结的存款中扣缴税款，或者依法拍卖所查封、扣押的商品、货物或者其他财产，以拍卖或者变卖所得抵缴税款。

（3）纳税人在限期内已缴纳税款，税务机关未立即解除税收保全措施，使纳税人的合法利益遭受损失，应承担赔偿责任。税收保全是对纳税人财产权利的一种限制，纳税人有义务接受这种约束，但纳税人的合法权益也应受到法律保护。必须明确，税务机关应予赔偿的是由于税收保全措施不当而造成的纳税人的合法利益遭受的直接损失，而非其他损失。

（二）税收强制执行措施

税收强制执行措施是税务机关对未按规定期限缴纳或解缴税款的纳税人或扣缴义务人以及未按规定期限缴纳所担保税款的纳税担保人，依法采取的强制性收缴措施，其目的是确保国家税收权益和财政资金正常运转，属于行政强制执行的范畴。

1. 采取税收强制执行措施的条件和程序。

（1）从事生产、经营的纳税人、扣缴义务人未按税务机关规定的期限缴纳或者解缴税款，在税务机关责令限期缴纳期满后仍未缴纳的，经县以上税务局（分局）局长批准，税务机关可以采取强制执行措施。

（2）纳税担保人未按规定的期限缴纳所担保的税款，在税务机关责令限期缴纳期满后仍未缴纳的，经县以上税务局（分局）局长批准，税务机关可以采取强制执行措施。

从以上条件可以看出，采取税收强制执行措施的程序是：责令限期缴纳在先，县以上税务局（分局）局长批准其次，采取强制执行措施为最后。

2. 税收强制执行措施的内容。

（1）书面通知纳税人、扣缴义务人或纳税担保人开户银行或其他金融机构从其存款中扣缴税款。

（2）扣押、查封、依法拍卖或者变卖纳税人、扣缴义务人或纳税担保人的价值相当于应纳税款的商品、货物或其他财产，以拍卖或者变卖所得抵缴税款。

拍卖收入超过应抵缴税款、滞纳金和保管、拍卖费用的，在扣除应缴税款、罚款及相关费用后的剩余部分，税务机关应退还给纳税人，不足部分，税务机关应依法补征。

税务机关在采取强制执行措施时，对纳税人、扣缴义务人和纳税担保人未缴纳的滞纳金同时强制执行。

必须指出的是，个人及其所扶养家属维持生活必需的住房和用品（不包括机动车辆、金银饰品、古玩字画、豪华住宅或者一处以外的住房）以及单价5000元以下的其他生活用品，不在强制执行措施的范围之内。

（三）离境清税及阻止出境措施

离境清税及阻止出境措施是指对欠缴税款的纳税人或者其法定代表人，在其出境时进行应纳税款清算所采取的强制征收措施。

1. 离境清税及阻止出境措施的必要性。

（1）采取离境清税措施是我国经济发展的客观要求。随着我国经济体制改革的深入发展，以及对外开放的进一步扩大，我国对外交往日益频繁，出入境人员的数量不断增多，结构上也发生了较大变化，已不再仅限于缴纳个人所得税的外籍人员，而是包括在我国境内应纳各税的中外合作经营的外方代理人、外资企业的业主、私营企业的业主、各类企业承包经营的承包者，在我国境内拥有应税财产的个人以及其他纳税单位及个人等等。他们出境时需要缴清各种应纳税款，包括个人所得税以及其他各税。如果放弃或放松对这类纳税人应纳税款出境前的清税工作，不仅会影响国家收入，而且是对国家税收管理权的损害。因此，必须建立出境清税制度，以适应经济形势发展的客观情况，维护国家税收权益。

（2）离境清税及阻止出境措施是借鉴国际普遍做法。目前，国际上离境清税及阻止出境这种强制征收手段的运用非常普遍，例如泰国规定，即将离开泰国的外国人，必须付清所有税款，没有完税证书就不允许离开泰国。又如挪威规定，如果承担纳税义务的挪威公民打算到外国居住，而且居住的时间在六个月以上，那么，他们在离开挪威前，必须缴清所有税款，或者将其财产的一部分作为税款抵押品，否则，税务官员可以通过警察阻止其离境。我国的离境清税及阻止出境措施正是在借鉴国外做法的基础上，结合我国国情做出的规定。

2. 离境清税及阻止出境措施的内容。欠缴税款的纳税人或者其法定代表人需要出境的，应当在出境前向税务机关结清应纳税款、滞纳金或提供担保。未按照规定结清应纳税款、滞纳金或者提供纳税担保的，税务机关可以通知出入境管理机关阻止其出境。具体来说：

（1）这里所说的纳税人或者其法定代表人，是指欠缴税款的纳税个人以及纳税单位的法定代表人。

（2）上述纳税人或者其法定代表人在出境地前应按规定向税务机关结清应纳税

款、滞纳金，是指纳税人应该缴纳的各税以及滞纳金必须完成全部纳税及缴款手续，并持有完税凭证。

（3）提供纳税担保是指暂时不能结清应纳税款、滞纳金的纳税人或者其法定代表人，必须向税务机关提供纳税担保。纳税担保包括提供纳税担保人和以纳税人拥有的财产进行担保两种形式。纳税担保人必须是在中国境内具有纳税担保能力的公民、法人或其他经济组织。纳税人拥有的财产必须是纳税人在中国境内拥有的未作抵押的动产和不动产，否则担保就毫无意义。

（4）阻止出境就是暂不允许出境。由于税务机关并不清楚谁要出境并应清算应纳税款、滞纳金，而出入境管理机关也不清楚每一出境人员是否结清了应纳税款、滞纳金或者已提供了担保，因此，税务机关与出境管理机关制定了相互配合、相互衔接的管理办法。我国税收征管法规定，阻止出境的具体办法，由国家税务总局会同公安部门制定。

（四）税收优先权措施

所谓税收优先权是指税务机关征收税款与其他债权发生冲突时，税款的征收，原则上优先于其他债权的实现。

我国征管法确定的税收优先权是一种相对性优先权，具体规定为：

1. 税务机关征收税款，税收优先于无担保债权，法律另有规定除外。无担保债权是指未设定担保的债权，即债权人没有要求债务人以其财产设定抵押、质押等担保方式来保证该债权的实现。在纳税人既没有缴纳税款，又没有偿还对他人的未设定担保的债务的情况下，应当首先保证国家税款的征收。国家税收的征收优先于未设定担保的第三人的债权，体现了公权优先的原则。

但国家税收优先于无担保债权的原则并不是绝对的，为了与国家其他法律的规定相衔接，《征管法》规定国家税收优先无担保债权的同时，还规定了“法律另有规定除外。”例如，我国民事诉讼法关于破产财产清偿顺序的规定，就是将国家税款规定在破产债权之前，职工工资和劳动保险费用之后，强调保护职工的利益。

2. 纳税人欠缴的税款发生在纳税人以其财产设定抵押、质押或者纳税人的财产被留置之前的，税收应当先于抵押权、质权、留置权执行。根据我国有关法律，设定担保的债权是受到特别保护的。但是，如果纳税人欠缴税款是在其财产被设抵押、质押或者被留置之前就发生了，那么，国家税收的征收应当优先于设定担保的债权的实现。即以两者发生先后为标准确定两者的清偿顺序。

3. 纳税人欠缴税款，同时又被行政机关决定处以罚款、没收违法所得的，税收优先于罚款、没收违法所得。

4. 纳税人有欠税情形，而以其财产设定抵押、质押的，应当向抵押权人、质权人说明其欠税情况。抵押权人、质权人可以请求税务机关提供有关欠税情况。

在税收优先的法律规定下，为了保护抵押权人、质权人的权益，欠税人必须履行向对方说明自己欠税情况的法律义务；同时抵押权人、质权人应事先了解纳税人的欠税情况，再作决策，不能以不了解纳税人的欠税情况为理由，来规避甚至不承担风险。税务机关有义务通过一定方式对纳税人欠税情况定期予以公告，应抵押权人、质权人请求提供纳税人有关欠税的情况。

（五）税务机关行使代位权、撤销权的规定

纳税义务从实质上说是纳税人对国家的一种债务，欠缴税款的纳税人因怠于行使到期债权，或者放弃到期债权，对国家造成损害时，税务机关作为“债权人”（国家）的代表就应有权享有代位权；当欠缴税款的纳税人因放弃到期债权或者无偿转让财产，或者以明显不合理的低价转让财产而受让人知道该情形，对国家税收造成损害时，税务机关就应享有撤销权。

1. 税务机关行使代位权的要件。

（1）欠缴税款的纳税人怠于行使到期债权或放弃到期债权。从客观上纳税人行使债权不存在障碍而不行使，但税务机关行使代位权时也可不问纳税人是否主观上存在故意和过失以及不行使的原因；同时，纳税人的债权必须是到期债权，如果不是到期的债权，税务机关也就不能证明纳税人是怠于行使或是放弃债权，当然也就不能行使代位权。

（2）纳税人的上述行为必须对国家税收造成了损害的后果。即纳税人不履行对第三人享有的已到期的债权，本身又没有缴纳税款的能力，致使税务机关不能将应征的税款征收入库。如果没有损害后果，同样不能行使代位权。如果纳税人不履行到期的债权而本身有能力缴纳税款，税务机关不必行使代位权，可行使税收强制措施。

2. 税务机关行使撤销权的要件。

（1）欠缴税款的纳税人无偿转让财产的行为已经成立，并造成了损害国家税收的后果。

（2）欠缴税款的纳税人以明显不合理的低价转让财产的行为已经成立，而受让人明知会损害国家税收，且造成了损害国家税收的后果。

3. 税务机关行使代位权、撤销权应注意的问题。

（1）行使代位权、撤销权必须通过人民法院，也就是说必须经过诉讼程序，用裁决的形式予以确认，税务机关不能直接向第三人行使。

（2）税务机关代位行使纳税人的债权专属于纳税人自身的除外。如财产继承权、离婚时的财产请求权、抚养费请求权、人身损害赔偿请求权，此种债权与债务人的人身不可分割，具有专属性。

（3）行使代位权、撤销权的范围以纳税人欠缴税款、滞纳金为限。

（4）行使代位权、撤销权的费用由纳税人承担。该项费用是由于纳税人行为造成的，责任主体为纳税人，故该项费用由纳税人承担。

（5）对欠缴税款的纳税人，税务机关可以先按规定采取强制执行措施，未能结清税款的，可以行使代位权、撤销权。同时税务机关行使代位权、撤销权时，不影响税务机关依法采取其他方式追缴税款。

第五节　税务检查

一、税务检查的权限

税务检查是税务机关依据国家税收政策、法规和财务会计制度的规定，对纳税人或扣缴义务人履行纳税义务或扣缴税款义务的情况进行监督检查的一种管理活动。

根据《中华人民共和国税收征收管理法》第五十四条及相关规定，税务检查的权限主要包括：检查纳税人、扣缴义务人的凭证、账簿、报表及相关资料；检查纳税人、扣缴义务人的生产、经营场所；责成纳税人、扣缴义务人提供有关涉税资料；询问纳税人、扣缴义务人有关涉税情况；检查车站、码头等场所的过往应税货物；检查纳税人、扣缴义务人的银行存款账户；记录、录音、录像、照相和复制与案件有关的情况和资料；采取税收保全措施；实行税收强制执行措施；向有关单位和个人调查纳税人、扣缴义务人和其他当事人与纳税或者代扣代缴、代收代缴税款有关的情况，有关单位和个人有义务向税务机关如实提供有关资料及证明材料。

二、税务检查的形式

税务检查的形式没有固定模式，实践中主要有以下三种形式：

（一）纳税人自查

纳税人自查是指在税务机关组织指导下，纳税人按税法规定自行检查履行纳税义务情况的一种形式。一般做法是税务机关和有关主管部门对纳税人提出自查提纲，明确自查的要求、项目和有关政策规定，由纳税人按自查提纲自行检查执行税法、财务会计制度的情况，主动揭露问题，纠正错误，补交税款。

（二）税务机关专业检查

税务机关专业检查是指税务机关组织专门检查班子或由征管、检查人员直接进行的税务检查形式。这是税务检查的主要形式，一般可分为日常检查、专项检查和专案检查三种具体形式。

1. 日常检查，是指税务工作人员在日常征管工作中，对纳税人的生产经营情况、会计核算情况及纳税申报情况所进行的一种常规性检查。

2. 专项检查，是针对特定行业或某类特定的纳税人所进行的重点检查形式。专项检查是在日常检查工作的基础上，根据行业及纳税人的特殊情况，在自己的管辖区内有目的的选择部分行业或部分纳税人进行检查。

3. 专案检查，是根据举报或日常检查、专项检查中发现的重大问题所进行的个案检查形式。

（三）委托社会中介机构检查

社会中介机构是指依法成立的税务师事务所、会计师事务所、审计事务所等中介组织。税务机关委托中介机构协助部分税务专项检查和专案检查。由于中介机构专业技术水平较高，社会经济地位相对独立，检查质量好，委托其参与税务协查，能为税务机关的征收管理工作提高效益。

但是，中介机构的检查不能完全替代税务机关的执法行为，只能在国家税收法规允许的范围内，并在税务机关的监督、指导下完成相关业务。

三、税务检查的一般方法

（一）顺查法

顺查法是指查账工作程序依照会计核算的顺序，从检查原始凭证入手，进而以原始凭证为依据，核对并检查记账凭证，再根据记账凭证核对和检查明细账、总分类账，最后再根据明细账和总账检查会计报表的一种正向查账方法。由于顺查法多半为核对工作，故也称核对法。

顺查法的优点是比较细致全面，但缺点是工作量大，花费时间多。本方法主要适用于管理比较混乱、制度不很健全，问题比较多的企业。

（二）逆查法

逆查法是指查账工作程序逆会计核算的顺序，从检查会计报表开始，由报表到账簿，再由账簿到凭证的一种逆向检查方法。其特点是从报表开始，逐步追溯到会计凭证，考核会计报表中各项指标及其反映的经济内容的正确性、合法性。采用这种方法，对于原始凭证和记账凭证，通常不全面加以检查，只是对于某些账项和经济业务认为有进一步了解的必要时，才查看原始凭证与记录，以探明其真实情况。

税务查账往往采用逆查法，这与税收征管工作从审核报表入手的顺序相适应。逆查法的优点是重点突出，省时省力；缺点是如果对报表分析得不周全，抓不住主要问题，则难于寻找和查清存在的问题。

（三）详查法

详查法，亦称详细查法、精查法。是对被查企业在检查期内所有会计凭证、账簿和报表进行全面的详细检查的一种方法。详查法的优点是查核比较系统全面，可从多方面发现问题，能查深、查透、查全。其缺点是检查的内容多、范围广、工作量大，花费时间长，工作效率低。

详查法一般适用于账与账、账与表、账与物之间不符的科目或项目；产品单位成本、成本项目发生升降幅度悬殊情况；产值税金率、产值利润率等与生产的增减不相适应的情况，都可列为全查的对象。对问题重大的企业单位和个人也可采用详查法，采用详查法时既可选用顺查，又可选用逆查。

（四）抽查法

抽查法是对企业的账、表、凭证抽出一部分进行有目的重点检查，以验证、判断其有无错误和弊端的一种检查方法。抽查法省时省力，但是如果抽选的项目不准，也难以发现问题。本方法一般是在掌握了一定情况或线索以及企业经常出差错的问题时采用。实际工作中结合顺查法、逆查法采用。为了使抽查取得较好的效果，在采用抽查法时，必须正确地确定抽查对象、抽查时间和抽查比例。

抽查对象可以依据税务检查的目的确定；依据各个项目在检查内容中的地位确定；依据会计资料分析中出现的矛盾确定；依据发生问题的可能性的大小确定；依据核算特点确定；依据样本的代表性确定抽查的比例。

（五）联系查法

联系查法是根据复式记账原理，对会计凭证、账簿和报表有联系的地方，相互对照检查的一种方法。它有两种具体形式：一是根据账内联系检查；二是根据账外联系检查。

1. 账内联系检查。账内联系检查是根据复式记账原理、会计科目的对应关系，以及账与账、账与表、账与证、账与实之间的相互制约关系进行的税务检查。其方式通常是相关因素之间的相互核对，核对的主要内容包括：经济业务会计科目之间的对应关系、核对账与表、账与账、账与证、账与物之间的对应关系。

2. 账外联系检查。账外联系检查是指对企业内部的账务记录与企业外部有关单位的账务之间有联系的问题进行检查。由于企业生产经营情况较为复杂，有些问题仅从企业账内检查还不能得到落实，这时就必须通过账外联系检查，做到账内与账外相结合，才能查得准，查得细。

（六）侧面检查法

侧面检查法是根据平时掌握的侧面资料或根据有关人员反映的情况，对企业账簿记录进行审核的一种检查方法。侧面查法能够发现企业和有关人员弄虚作假、隐瞒真相、巧立名目、私分财物、偷税漏税的行为。这种方法要求检查人员掌握一定情况，要善于思考，机动灵活。这种方法运用得好，能够发现隐藏较深的问题，因而检查的质量较好。

（七）比较分析法

比较分析法是通过对企业的报表资料或账面资料同企业的历史资料，计划指标或同类型的企业的同一指标进行对比分析，从中发现问题的一种检查方法。即通过可比数字的比较来分析增减变化是否合理，从而判断会计资料是否正确，是否存在问题。主要包括绝对数比较法和相对数比较法两种形式。

1. 绝对数比较法。绝对数比较法是直接以数量、单价和金额进行比较的分析方法。它通过对数字大小的比较来判断其是否合理、合法；也可以把近期的有关数字列出，以观察其发展变化趋势。

2. 相对数比较法。相对数比较法是先计算有关数据的百分比或比率，然后进行比较分析的一种方法。通过相对数比较法，不仅可以进行现象之间的联系分析，而且还可以为一些不能直接对比的指标，找到共同的比较基础。运用比较分析法，通过相关值或项目的比较、观察其差异点，分析产生差异的原因及有无不规则的变化，确定可能存在的问题。

比较分析法是税务查账的一种辅助性的方法，它运用于其他各种查账方法之中，因为比较分析只能提供疑点，具体定案还须用其他查账方法加以落实。

（八）控制计算法

控制计算法是用有逻辑关系的核定数据资料与账面数据核对，检查账面数据是否正确的一种检查方法。控制计算法虽然具有一定的科学依据，但是查出的问题不能作为偷漏税的定案依据，如要定案还必须进行查证逐项落实。控制计算法的具体操作方法主要包括以存核销、以耗计产、以产定耗、以支计销等。

四、税务检查的基本步骤

（一）税务检查对象的确定

1. 计算机选案，即将具有普遍意义的人工税务检查经验标准化和数据化，根据计算机占有的数据资料进行分析、对比、排列和组合，从中发现异常，发出警报，列出税务检查的重点对象。

2. 随机抽查，即按照概率规律来抽取税务检查对象，其主要方式有简单随机抽样、等距抽样、分层抽样、整体抽样和多层次抽样等。

3. 举报、转办、情报交换，即根据群众举报、有关部门转办、上级交办、情报交换等途径获取的税务违法案源线索确定税务检查对象。

（二）税务检查的立案标准

依照《税务检查工作规程》第十三条规定，税务检查对象中经初步判明具有以下情形之一的，均应立案查处：

1. 偷税、逃避追缴欠税、骗取出口退税、抗税以及为纳税人、扣缴义务人非法提供账户、发票、证明或者其他方便，导致税收流失的；

2. 未有第 1 项所列举的行为，但查补税额在 5000 元至 20000 元以上的（具体标准由省、自治区、直辖市税务机关根据本地情况在幅度内确定）；

3. 私自印制、伪造倒卖、非法代开、虚开发票，非法携带、邮寄、运输或者存放空白发票，伪造、私自制作发票监制章、发票防伪专用品的；

4. 税务机关认为其他需要立案查处的。

（三）税务检查的具体实施

1. 下达通知，熟悉资料，制定提纲。税务机关和检查人员在实施检查之前，除公民举报或者税务机关有根据认为有税务违法行为，或者预先通知有碍检查及其他另有规定外，应当提前以书面形式通知被查对象，向被查单位和个人下达《税务检查通知书》，告知其检查时间、需要准备的资料、情况等。

税务检查人员在实施检查前，应当调阅被查对象的纳税档案，了解其生产经营状况、财务会计制度或者财务会计处理办法，熟悉相关的税收法律、法规，确定相应的检查方法，拟定检查提纲。

2. 下户宣传，检查账证，做好记录。在开展检查以前，首先要主动向被查单位领导和财务负责人说明来意，积极宣传税收法规，表示希望领导和有关人员大力支持配合、协助搞好税务检查工作。然后，提出检查要求，争取企业的配合和协助，以利查账工作顺利开展。同时，查账人员要细心听取企业领导或财务负责人对企业情况的介绍，以便及时修订或补充检查提纲，使查账工作方向更加明确。

检查账证，即对纳税人、扣缴义务人的账簿、凭证、报表等有关资料进行审查。在查账过程中，凡有疑问的问题，不能轻易放过。对有问题的账页、凭证要进行复制，并做好查账记录，以做到对问题有充分证据说明，避免重复劳动或反复翻弄账册凭证。检查中发现的问题，应针对其性质，对照税收政策和财务制度，反复查证核实，做到有根有据，把问题查得一清二楚。同时，要注意保密。

3. 深入实际，内外结合，核实问题。检查人员要深入企业有关部门，亲自向管理人员了解生产经营、财务管理、经济核算和纳税情况，从中摸清基本情况，发现新的矛盾或线索。同时，还要到生产车间、材料仓库、成品仓库、基建工地，实地观察了解生产流程、产品性能、材料结构、生产设备、物资管理和基建施工等具体情况，以便查核落实问题。

必要时进行异地协查，即委托其他地区的税务机关就税务违法案件及其他检查事项进行协助调查。

4. 制作报告，提交审批，辅导调账。对立案查处的案件，税务检查完毕，检查人员应当制作《税务检查报告》，连同《税务检查底稿》及其他证据材料，提交审理机构审理。

凡按规定不需立案查处的一般税务违法行为，税务检查完毕，可依简单程序，由检查人员直接制作《税务处理决定书》报经领导批准后执行。

对查中发现的错账要做好监督或辅导纳税人调账工作。

五、税务检查审理及税务处理决定执行

税务检查审理，是税务机关及其专门机构按照分工职责，在查明案件事实的基础上，依法对纳税人、扣缴义务人或者其他当事人是否有违法行为，应否处以行政处罚、应做出何种处罚的审查判断过程。

（一）税务检查审理的内容

1. 违法事实是否清楚、证据是否确凿、数据是否准确、资料是否齐全；

2. 适用税收法律、法规、规章是否得当；

3. 执法是否符合法定程序；

4. 拟定的处理意见是否得当。

审理中发现事实不清、证据不足或者手续不全等情况，应当通知税务检查人员予以增补。对于大案、要案或者疑难案件定案有困难的，应当报经上级税务机关审理后定案。

（二）税务检查审理的终结

审理人员接到检查人员提交的《税务检查报告》及有关资料后，除有规定的特殊情形外，应当在10日内审理完毕。审理结束时，审理人员应当提出综合性审理意见，制作《审理报告》和《税务处理决定书》，履行报批手续后，交有关人员执行。

（三）税务处理决定的执行

税务执行人员接到批准的《税务处理决定书》后，填制税务文书送达回证，按照《税收征管法实施细则》及有关法律、法规、规章关于文书送达的规定，将《税务处理决定》送达被查对象，并监督其执行。

税务处理决定一经做出，必须得到严格执行。当事人逾期不履行的，税务机关应当依法强制执行。税务机关直接实施强制执行的对象，主要是从事生产、经营的纳税人、扣缴义务人和纳税担保人应缴不缴的税款和滞纳金；而罚款、没收违法所得的强制执行应当通过司法程序进行，即由税务机关提请人民法院强制执行。

复习与思考

一、基本概念

税务登记　纳税申报　税务检查

二、思考题

1. 税务登记的种类与方法？
2. 账簿及凭证管理有何意义？
3. 纳税人延期申报与延期纳税有何区别？各有何规定？
4. 我国现行的税款征收方法有哪几种？
5. 采取税收保全措施与税收强制执行措施的前提条件有何区别？
6. 税务检查的有哪几种方法？

第二十章

税收法律责任与税收法律救济

第一节　税收法律责任

税收法律责任是指税收征纳活动的当事人发生税收违法行为而必须承担的税收法律后果。税收违法行为应承担的税收法律后果主要有税务行政处罚和税务刑事处罚两大类。如何认定税收违法行为、各种税收违法行为应承担什么法律后果及其相关规定等，是本节介绍的重点。

一、税收违法行为的认定

税收违法行为是指税收征纳活动的当事人的作为或不作为违反税收法律规范，主观上有过错，依照税法应承担一定的法律责任的行为。税收征纳活动的当事人包括税收征纳活动中的纳税人、扣缴义务人、税务机关、税务人员、税务代理人以及其他相关当事人等。

判断一个税收征纳活动的当事人是否实施了税收违法行为，应承担什么样的法律责任，应根据不同的当事人的行为及其后果来认定：

（一）纳税人、扣缴义务人税收违法行为的认定

1. 纳税人、扣缴义务人实施了不履行或不完全履行纳税义务或扣缴义务的行为；

2. 纳税人、扣缴义务人一般要有过错，即有因主观原因导致的失误；

3. 要以纳税人、扣缴义务人对国家税收权益或税收秩序造成损害为前提。

（二）税务机关、税务人员税收违法行为的认定

1. 税务机关、税务人员实施了税收征管渎职或税收贪污贿赂的行为；

2. 税务机关、税务人员一般要有过错，即有因主观原因导致的失误；

3. 要以税务机关、税务人员对国家权益、公共秩序或纳税人、扣缴义务人权益造成损害为前提。

（三）税务代理人税收违法行为的认定

税务代理人包括税务代理机构及在其中工作的注册税务师。税务代理人的税收

违法行为主要从以下几个方面来认定：

1. 税务代理机构、注册税务师实施了违反税收法律法规、税务代理法规的税收代理行为；

2. 税务代理机构、注册税务师一般要有过错，即有因主观原因导致的失误；

3. 要以税务代理人对国家税收权益或税收秩序造成损害为前提。

（四）其他相关当事人税收违法行为的认定

其他相关当事人包括除税务机关、税务人员、纳税人、扣缴义务人、税务代理人以外的其他与税收征管相关的政府机关、部门、金融机构及责任人等。其他相关当事人的税收违法行为的主要从以下几个方面来认定：

1. 其他相关当事人实施了违反法律、行政法规或拒绝配合税务机关依法行政的行为；

2. 其他相关当事人一般要有过错，即有因主观原因导致的失误；

3. 要以其他相关当事人对国家税收权益或税收秩序造成损害为前提。

二、税收法律责任的规定

我国的《刑法》、《税收征管法》、《税务代理试行办法》就税收法律责任做了相关规定。本处就其主要内容进行归纳介绍：

（一）纳税人、扣缴义务人的法律责任

1. 纳税人有下列行为之一的，由税务机关责令限期改正，可以处2000元以下的罚款；情节严重的，处2000元以上10000元以下的罚款：一是未按照规定的期限申报办理税务登记、变更或者注销登记的；二是未按规定办理税务登记证件验证或者换证手续的；三是未按照规定设置、保管账簿或者保管记账凭证和有关资料的；四是未按照规定将财务、会计制度或者财务、会计处理办法和会计核算软件报送税务机关备查的；五是未按照规定将其全部银行账号向税务机关报告的；六是未按照规定安装、使用税控装置，或者损毁或者擅自改动税控装置的。

2. 纳税人不办理纳税登记的，由税务机关责令限期改正；逾期不改正的，经税务机关提请，由工商行政管理机关吊销其营业执照。

3. 纳税人未按照规定使用税务登记证件或者转借、涂改、损毁、买卖、伪造税务登记证件的，处2000元以上10000元以下的罚款；情节严重的，处10000元以上50000元以下的罚款。

4. 扣缴义务人未按照规定设置、保管代扣代缴、代收代缴税款账簿或者保管代扣代缴、代收代缴税款记账凭证及有关资料的，由税务机关责令限期改正，可以处2000元以下的罚款；情节严重的，处2000元以上5000元以下的罚款。

5. 纳税人未按照规定的期限办理纳税申报和报送纳税资料的，或者扣缴义务人未按照规定的期限向税务机关报送代扣代缴、代收代缴税款报告表和有关资料的，由税务机关责令限期改正，可以处2000元以下的罚款；情节严重的，可以处2000元以上10000元以下的罚款。

6. 纳税人伪造、变造、隐匿、擅自销毁账簿、记账凭证，或者在账簿上多列支出或者不列、少列收入，或者经税务机关通知申报而拒不申报或者进行虚假的纳税申报，不缴或者少缴应纳税款的，是偷税。对纳税人偷税的，由税务机关追缴其不缴或者少缴的税款、滞纳金，并处不缴或者少缴的税款50%以上5倍以下的罚款；构成犯罪的，依法追究刑事责任。

扣缴义务人采取前款所列手段，不缴或者少缴已扣、已收税款，由税务机关追缴其不缴或者少缴的税款、滞纳金，并处不缴或者少缴的税款50%以上5倍以下的罚款；构成犯罪的，依法追究刑事责任。

7. 纳税人、扣缴义务人编造虚假计税依据的，由税务机关责令限期改正，并处50000元以下的罚款。

纳税人不进行纳税申报，不缴或者少缴应纳税款的，由税务机关追缴其不缴或者少缴的税款、滞纳金，并处不缴或者少缴的税款50%以上5倍以下的罚款。

8. 纳税人欠缴应纳税款，采取转移或者隐匿财产的手段，妨碍税务机关追缴欠缴的税款的，由税务机关追缴欠缴的税款、滞纳金，并处欠缴税款50%以上5倍以下的罚款；构成犯罪的，依法追究刑事责任。

9. 以假报出口或者其他欺骗手段，骗取国家出口退税款，由税务机关追缴其骗取的退税款，并处骗取税款1倍以上5倍以下的罚款；构成犯罪的，依法追究刑事责任。

对骗取国家出口退税款的，税务机关可以在规定期间内停止为其办理出口退税。

10. 以暴力、威胁方法拒不缴纳税款的，是抗税，除由税务机关追缴其拒缴的税款、滞纳金外，依法追究刑事责任。情节轻微，未构成犯罪的，由税务机关追缴其拒缴的税款、滞纳金，并处拒缴税款1倍以上5倍以下的罚款。

11. 扣缴义务人应扣未扣、应收而不收税款的，由税务机关向纳税人追缴税款，对扣缴义务人处应扣未扣、应收未收税款50%以上3倍以下的罚款。

12. 纳税人、扣缴义务人逃避、拒绝或者以其他方式阻挠税务机关检查的，由税务机关责令改正，可以处10000元以下的罚款；情节严重的，处10000元以上50000元以下的罚款。

13. 非法印制发票的，由税务机关销毁非法印制的发票，没收违法所得和作案工具，并处10000元以上50000元以下的罚款；构成犯罪的，依法追究刑事责任。

14. 从事生产、经营的纳税人、扣缴义务人有征管法规定的税收违法行为，拒不接受税务机关处理的，税务机关可以收缴其发票或者停止向其发售发票。

15. 非法印制、转借、倒卖、变造或者伪造完税凭证的，由税务机关责令改正，处2000元以上10000元以下的罚款；情节严重的，处10000元以上50000元以下的罚款；构成犯罪的，依法追究刑事责任。

16. 为纳税人、扣缴义务人非法提供银行账户、发票、证明或者其他方便，导致未缴、少缴税款或者骗取国家出口退税款的，税务机关除没收其违法所得外，可以处未缴、少缴或者骗取的税款1倍以下的罚款。

（二）税务机关及税务人员的法律责任

1. 税务人员徇私舞弊，对依法应当移交司法机关追究刑事责任的不移交，情节严重的，依法追究刑事责任。

2. 税务机关、税务人员查封、扣押纳税人个人及其所扶养家属维持生活必需的住房和用品的，责令退还，依法给予行政处分；构成犯罪的，依法追究刑事责任。

3. 税务人员与纳税人、扣缴义务人勾结，唆使或者协助纳税人、扣缴义务人偷税、妨碍税务机关追缴欠税、骗取出口退税，构成犯罪的，依法追究刑事责任；尚不构成犯罪的，依法给予行政处分。

4. 税务人员利用职务上的便利，收受或者索取纳税人、扣缴义务人财物或者谋取其他不正当利益，构成犯罪的，依法追究刑事责任；尚不构成犯罪的，依法给予行政处分。

5. 税务人员徇私舞弊或者玩忽职守，不征或者少征应征税款，致使国家税收遭受重大损失，构成犯罪的，依法追究刑事责任；尚不构成犯罪的，依法给予行政处分。

税务人员滥用职权，故意刁难纳税人，扣缴义务人的，调离税收工作岗位，并依法给予行政处分。

税务人员对控告、检举税收违法违纪行为的纳税人、扣缴义务人以及其他检举人进行打击报复的，依法给予行政处分；构成犯罪的，依法追究刑事责任。

6. 税务人员在征收税款或者查处税收违法案件时，未按照征管法规定进行回避的，对直接负责的主管人员和其他直接责任人员，依法给予行政处分。

7. 税务人员私分扣押、查封的商品、货物或者其他财产，情节严重，构成犯罪的，依法追究刑事责任；尚不构成犯罪的，依法给予行政处分。

8. 未按照征管法规定为纳税人、扣缴义务人、检举人保密的，对直接负责的主管人员和其他直接责任人员，由所在单位或者有关单位依法给予行政处分。

9. 违反法律、行政法规的规定提前征收、延缓征收或者摊派税款的，由其上级机关或者行政监察机关责令改正，对直接负责的主管人员和其他直接责任人依法给予行政处分。

10. 违反法律、行政法规的规定，擅自做出税收的开征、停征或者减税、免税、退税、补税以及其他同税收法律、行政法规相抵触的决定的，除撤销其擅自做出的决定外，补征应征未征税款，退还不应征收而征收的税款，并由上级机关追究直接负责的主管人员和其他直接责任人员的行政责任；构成犯罪的，依法追究刑事责任。

11. 税务机关违反规定擅自改变税收征收管理范围和税款入库预算级次的，责令限期改正，对直接负责的主管人员和其他直接责任人员依法给予降级或者撤职的行政处分。

（三）税务代理人的法律责任

1. 注册税务师在执业期间买卖委托人股票、债券的、以个人名义承接业务或者收费的、泄露委托人商业秘密的、允许他人以本人名义执业的、利用执业之便，谋取不正当利益的、在一个会计年度内违反规定从事代理行为二次以上的，由省税务局予以警告或者处以1000元以上5000元以下的罚款，责令其限期改正，限期改正期间不得对外行使注册税务师签字权；逾期不改正或者情节严重的，应当向社会公告。

2. 税务代理机构违反税收代理法规的，由省税务局予以警告或者处1000元以上10000元以下的罚款，责令其限期改正；逾期不改正或者情节严重的，向社会公告。

3. 注册税务师和税务代理机构出具虚假涉税文书，但尚未造成委托人未缴或者少缴税款的，由省税务局予以警告并处1000元以上30000元以下的罚款，并向社会公告。

4. 注册税务师和税务代理机构违反税收法律、行政法规，造成委托人未缴或者少缴税款的，由省税务局对其处以纳税人未缴或者少缴税款50%以上3倍以下的罚款。情节严重的，撤销执业备案或者收回执业证，并提请工商行政部门吊销税务师事务所的营业执照。

5. 注册税务师触犯刑律、构成犯罪的，由司法机关依法惩处。

（四）金融机构的法律责任

1. 银行和其他金融机构未依照税收征管法的规定在从事生产经营的纳税人的账户中登录税务登记证件号码，或者未按规定在税务登记证件中登录从事生产经营的纳税人的账户账号的，由税务机关责令其限期改正，处2000元以上20000元以下的罚款；情节严重的，处20000元以上50000元以下的罚款。

2. 纳税人、扣缴义务人的开户银行或者其他金融机构拒绝接受税务机关依法检查纳税人、扣缴义务人存款账户，或者拒绝执行税务机关做出的冻结存款或者扣缴税款的决定，或者在接到税务机关的书面通知后帮助纳税人、扣缴义务人转移存款，造成税款流失的，由税务机关处100000元以上500000元以下的罚款，对直接负责的主管人员和其他直接责任人员处1000元以上10000元以下的罚款。

三、税务行政处罚

税务行政处罚是指税务机关对有违反税收征管秩序的违法行为但尚不构成犯罪的纳税人和其他税务当事人，予以行政处罚的一种税务行政行为。

（一）税务行政处罚的设定与种类

税务行政处罚的设定是指由特定的国家机关通过一定形式独立规定公民、法人或者其他组织的纳税行为规范，并规定违反该行为规范的行政制裁措施。我国现行税收的立法权主要集中在中央，地方没有税收立法权，因而地方性法规和地方性规章均不得设定税务行政处罚。

1. 全国人民代表大会及其常务委员会可以通过法律的形式设定各种税务行政处罚。

2. 国务院可以通过行政法规的形式设定除限制人身自由以外的税务行政处罚。

3. 国家税务总局可以通过规章的形式设定警告和罚款。税务行政规章对非经营活动中的违法行为设定罚款不得超过1000元；对经营活动中的违法行为，有违法所得的，设定罚款不得超过违法所得的3倍、但最高不得超过30000元，没有违法所得的，设定罚款不得超过10000元；超过限额的，应当报国务院批准。

省、自治区、直辖市和计划单列市国家税务局、地方税务局及其以下各级税务机关制定的税收法律、法规、规章以外的规范性文件，在税收法律、法规、规章规定给予行政处罚的行为、种类和幅度的范围内做出具体规定，是一种执行税收法律、法规、规章的行为，不是对税务行政处罚的设定。因此，这类规范性文件与行政处罚法规定的处罚设定原则并不矛盾，是有效的、可以执行的。

现行执行的税务行政处罚种类主要有三种：

1. 罚款，是税务机关对违反税收法律、行政法规规定行为的纳税人和其他税务当事人的一种经济上的处罚。罚款这一处罚形式必须依法行使，如罚款的数额、幅度、程序等都应遵守法律规定。税务机关做出罚款处罚决定，一般都用书面形式通知被处罚人，明确规定罚款的数额和缴纳期限，罚款数额不能超出法定的数额。

2. 没收财物和违法所得，是税务机关依法没收纳税人和其他税务当事人因违法行为所得财物归国家所有的一种行政处罚措施。如税务机关对非法印制发票的纳税人和其他税务当事人实施销毁非法印制的发票，没收违法所得。

3. 停止出口退税权。

（二）税务行政处罚的主体与管辖

1. 税务行政处罚的主体。税务行政处罚主体亦称税务行政处罚实施机关，是指依法拥有税务行政处罚权，以自己的名义做出处罚决定，并独立承担法律责任的税务机关。税务行政处罚的实施主体是县以上的税务机关。各级税务机关的内设机构、派出机构一般不具有处罚主体资格，不能以自己的名义实施税务行政处罚，但是罚款额在2000元以下的可由税务所决定。如果罚款额在2000元以上的，应当由县以上税务局（分局）决定。

2. 税务行政处罚的管辖。税务行政处罚由当事人税收违法行为发生地的县（市）以上税务机关管辖。

对同一税务行政处罚，两个以上税务机关都有管辖权的，或由受违法行为主要侵害的税务行政管理秩序的税务机关管辖，或由最先查处违法行为的税务机关管辖；它们发生管辖争议时，可报请共同的上一级税务机关指定管辖。

有管辖权的税务机关由于特殊原因不能行使管辖权的，应报上一级税务机关解决管辖问题。上一级税务机关可以自行管辖，也可以指定管辖。

公民向税务机关揭发、检举违法行为，或者税务机关发现违法行为，但不属于自己管辖的，应告知公民向有管辖权的税务机关揭发、检举。

对税务行政违法行为构成犯罪的，税务机关必须将案件移送司法机关，依法追究刑事责任。

（三）税务行政处罚的程序与执行

1. 税务行政处罚的简易程序。税务行政处罚的简易程序是指税务机关及其执法人员对于公民、法人或者其他组织违反税收征收管理秩序的行为，当场做出税务行政处罚决定的行政处罚程序。简易程序的适用条件：一是案情简单、事实清楚、违法后果比较轻微且有法定依据应当给予处罚的违法行为；二是给予的处罚较轻，仅适用于对公民处以 50 元以下和对法人或者其他组织处以 1000 元以下罚款的违法案件。

符合上述条件，税务行政执法人员当场做出税务行政处罚决定应当按照下列程序进行：

（1）向当事人出示税务行政执法身份证件；

（2）告知当事人受到税务行政处罚的违法事实、依据和陈述申辩权；

（3）听取当事人陈述申辩意见；

（4）填写具有预定格式、编有号码的税务行政处罚决定书，并当场交付当事人，并报所属税务机关备案。

2. 税务行政处罚的一般程序。除了适用简易程序的税务违法案件外，对于其他违法案件，税务机关在做出处罚决定之前都要经过立案、调查取证（有的案件还要举行听证）、审查、决定、执行程序。适用一般程序的案件一般是情节比较复杂、处罚比较重的案件。

（1）调查与审查。对税务违法案件的调查取证由税务机关内部设立的调查机构（如管理、检查机构）负责。调查机构进行调查取证后，对依法应当给予行政处罚的，应及时提出处罚建议，以税务机关的名义制作《税务行政处罚事项告知书》并送达当事人，告知当事人做出处罚建议的事实、理由和依据，以及当事人依法享有的陈述申辩或要求听证的权利。调查终结，调查机构应当制作调查报告，并及时将调查报告连同所有案卷材料移交审查机构审查。

对税务违法案件的审查由税务机关内部设立的比较“超脱”的机构（如法制机构）负责。审查机构应对案件下列事项进行审查：调查机构认定的事实、证据和处罚建议适用的处罚种类、依据是否正确；调查取证是否符合法定程序；当事人陈述申辩的事实、证据是否成立；听证人、当事人听证申辩的事实、证据是否成立。

审查机构应在自收到调查机构移交案卷之日起 10 日内审查终结，制作审查报告，并连同案卷材料报送税务机关负责人审批。

（2）听证。听证是指税务机关在对当事人某些违法行为做出处罚决定之前，按照一定形式听取调查人员和当事人意见的程序。税务行政处罚听证的范围是对公民做出 2000 元以上或者对法人或其他组织做出 10000 元以上罚款的案件。税务行政处罚听证主持人应由税务机关内设的非本案调查机构的人员（如法制机构工作人员）担任。

（3）决定。审查机构做出审查意见并报送税务机关负责人审批后，应当在收到审批意见之日起 3 日内，根据不同情况分别制作处理决定书，再报税务机关负责人签发。

处理决定的情形：应受行政处罚的违法行为的，根据情节轻重及具体情况予以处罚；违法行为轻微，依法可以不予以行政处罚的不予以行政处罚；违法事实不能成立，不得予以行政处罚；违法行为已构成犯罪的，移送公安机关。

税务机关做出罚款决定的行政处罚决定书应当载明罚款代收机构的名称、地址和当事人应当缴纳罚款的数额、期限等，并注明当事人逾期缴纳是否加处罚款。

3. 税务行政处罚的执行。税务机关做出行政处罚决定后，应当送达当事人执行。

税务行政处罚的执行是指履行税务机关依法做出的行政处罚决定的活动。税务机关依法做出行政处罚决定后，当事人应当在行政处罚决定规定的期限内予以履行。当事人在法定期限内不申请复议又不起诉，并且在规定期限内又不履行的，税务机关可以申请法院强制执行。

税务机关对当事人做出罚款的行政处罚决定的，当事人应当在收到行政处罚决定书之日起 15 日内缴纳罚款；到期不缴纳的，税务机关可以对当事人每日按罚款数额的 3% 加处罚款。

税务机关对当事人当场做出行政处罚决定，具有依法给予 20 元以下罚款或者不当场收缴罚款事后难以执行情形的，税务机关行政执法人员可以当场收缴罚款。当场收缴罚款必须向当事人出具合法罚款收据，并应当自收缴罚款之日起 2 日内将罚款交至税务机关。税务机关应当在 2 日内将罚款交付指定的银行或者其他金融机构。

除了依法可以当场收缴罚款的情形以外，税务机关做出罚款的行政处罚决定的执行，自 1998 年 1 月 1 日起，应当按照国务院制定的《罚款决定与罚款收缴分离实施办法》的规定，实行做出罚款决定的税务机关与收缴罚款的机构分离。

四、税务违法的刑事处罚

税务违法的刑事处罚是指根据我国刑法的规定，对触犯刑法的税收犯罪行为的刑事制裁。

（一）规避税收犯罪的刑罚

1. 逃避缴纳税款罪的刑罚。纳税人采取欺骗、隐瞒手段进行虚假纳税申报或者不申报，逃避缴纳税款数额较大并且占应纳税额 10% 以上的，处 3 年以下有期徒刑或者拘役，并处罚金；数额巨大并且占应纳税额 30% 以上的，处 3 年以上 7 年以下有期徒刑，并处罚金。

扣缴义务人采取前款所列手段，不缴或者少缴已扣、已收税款，数额较大的，依照前款的规定处罚。

对多次实施前两款行为，未经处理的，按照累计数额计算。

有第一款行为，经税务机关依法下达追缴通知后，补缴应纳税款，缴纳滞纳金，已受行政处罚的，不予追究刑事责任；但是，5 年内因逃避缴纳税款受过刑事处罚或者被税务机关给予 2 次以上行政处罚的除外。

2. 抗税罪的刑罚。以暴力、威胁方法拒不缴纳税款的，处 3 年以下有期徒刑或者拘役，并处拒缴税款 1 倍以上 5 倍以下罚金；情节严重的，处 3 年以上 7 年以下有期徒刑，并处拒缴税款 1 倍以上 5 倍以下罚金。

3. 逃避追缴欠税罪的刑罚。纳税人欠缴应纳税款，采取转移或者隐匿财产的手段，致使税务机关无法追缴欠缴的税款，数额在 10000 元以上不满 100000 元的，处 3 年以下有期徒刑或者拘役，并处或者单处欠缴税款 1 倍以上 5 倍以下罚金；数额在 100000 元以上的，处 3 年以上 7 年以下有期徒刑，并处欠缴税款 1 倍以上 5 倍以下罚金。

（二）骗税犯罪的刑罚

1. 骗取出口退税罪的刑罚。以假报出口或者其他欺骗手段，骗取国家出口退税款，数额较大的，处 5 年以下有期徒刑或者拘役，并处骗税款 1 倍以上 5 倍以下罚金；数额特别巨大或者有其他特别严重情节的，处 10 年以上有期徒刑或者无期徒刑，并处骗税款 1 倍以上 5 倍以下罚金或者没收财产。

2. 虚开增值税专用发票或者虚开用于骗取出口退税、抵扣税款的其他发票罪的刑罚。犯虚开增值税专用发票或者虚开用于骗取出口退税、抵扣税款的其他发票罪的，处 3 年以下有期徒刑或者拘役，并处 20000 元以上 200000 元以下罚金；虚开的税款数额较大或者有其他严重情节的，处 3 年以上 10 年以下有期徒刑，并处 50000 元以上 500000 元以下罚金；虚开的税款数额巨大或者有其他特别严重情节的，处 10 年以上有期徒刑或者无期徒刑，并处 50000 元以上 500000 元以下罚金或者没收财产。

单位犯本罪的，对单位判处罚金，并对直接负责的主管人员和其他直接责任人员，处 3 年以下有期徒刑或者拘役；虚开的税款数额较大或者有其他严重情节的，处 3 年以上 10 年以下有期徒刑；虚开的税款数额巨大或者有其他特别严重情节的，处 10 年以上有期徒刑或者无期徒刑。

（三）妨害发票管理犯罪的刑罚

1. 伪造、出售伪造的增值税专用发票罪的刑罚。伪造或者出售伪造的增值税专用发票的，处 3 年以下有期徒刑、拘役或者管制，并处 20000 元以上 200000 元以下罚金；伪造或者出售伪造的增值税专用发票，数量较大或者有其他严重情节的，处 3 年以上 10 年以下有期徒刑，并处 50000 元以上 500000 元以下罚金；伪造或者出售伪造的增值税专用发票，数量巨大或者有其他特别严重情节的，处 10 年以上有期徒刑或者无期徒刑，并处 50000 元以上 500000 元以下罚金或者没收财产。

单位犯伪造或者出售伪造的增值税专用发票的，对单位判处罚金，并对直接负责的主管人员和其他直接责任人员，处 3 年以下有期徒刑、拘役或者管制；数量较大或者有其他严重情节的，处 3 年以上 10 年以下有期徒刑；数量巨大或者有其他特别严重情节的，处 10 年以上有期徒刑或者无期徒刑。

2. 非法出售增值税专用发票罪的刑罚。非法出售增值税专用发票的，处 3 年以下有期徒刑、拘役或者管制，并处 20000 元以上 200000 元以下罚金；数量较大的，处 3 年以上 10 年以下有期徒刑，并处 50000 元以上 500000 元以下罚金；数量巨大的，处 10 年以上的期徒刑或者无期徒刑，并处 50000 元以上 500000 元以下罚金或者没收财产。

单位非法出售增值税专用发票的，对单位判处罚金，并对直接负责的主管人员和其他直接责任人员，依《刑法》第 207 条的规定处罚。

3. 非法购买增值税专用发票、购买伪造的增值税专用发票罪的刑罚。非法购买增值税专用发票或购买伪造的增值税专用发票的，处 5 年以下有期徒刑或者拘役，并处或单处 20000 元以上 200000 元以下罚金。

单位犯非法购买增值税专用发票或购买伪造的增值税专用发票罪的，对单位判处罚金，并对直接负责的主管人员和其他直接责任人员，依刑法第 208 条第 1 款的规定处罚。

4. 非法制造、出售非法制造的用于骗取出口退税、抵扣税款发票罪的刑罚。伪造、擅自制造或出售伪造、擅自制造的可用于骗取出口退税、抵扣税款的其他发票的，处 3 年以下有期徒刑、拘役或者管制，并处 20000 元以上 200000 元以下罚金；数量巨大的，处 3 年以上 7 年以下有期徒刑，并处 50000 元以上 500000 元以下罚金；数量特别巨大的，处 7 年以上有期徒刑，并处 50000 元以上 500000 元以下罚金或者没收财产。

单位犯伪造、擅自制造或出售伪造、擅自制造的可用于骗取出口退税、抵扣税款的其他发票罪的，对单位判处罚金，并对直接负责的主管人员和其他直接责任人员，依刑法第 209 条第 1 款的规定处罚。

5. 非法制造、出售非法制造的发票罪的刑罚。伪造、擅自制造或出售伪造、擅自制造发票的，处 2 年以下有期徒刑、拘役或者管制，并处或单处 10000 元以上 50000 元以下罚金；情节严重的，处 2 年以上 7 年以下有期徒刑，并处 50000 元以上 500000 元以下罚金。

单位犯伪造、擅自制造或出售伪造、擅自制造发票罪的，对单位判处罚金，并对直接负责的主管人员和其他直接责任人员，依刑法第 209 条第 2 款的规定处罚。

6. 非法出售用于骗取出口退税、抵扣税款的发票罪的刑罚。非法出售用于骗取出口退税、抵扣税款发票罪的刑罚同伪造、擅自制造或出售伪造、擅自制造的可用于骗取出口退税、抵扣税款的其他发票罪的刑罚，但罪名不同。

7. 非法出售发票罪的刑罚。非法出售发票罪的刑罚同非法制造、出售非法制造发票罪的刑罚，但罪名不同。

（四）税收征管渎职罪的刑罚

1. 徇私舞弊不征、少征税款罪的刑罚。税务机关的工作人员徇私舞弊，不征或者少征税款，致使国家税收遭受重大损失的，处 5 年以下有期徒刑或者拘役；造成特别重大损失的，处 5 年以上有期徒刑。

2. 徇私舞弊发售发票、抵扣税款、出口退税罪的刑罚。税务机关的工作人员违反法律、行政法规的规定，在办理发售发票、抵扣税款、出口退税工作中，徇私舞弊，致使国家利益遭受重大损失的，处5年以下有期徒刑或者拘役；致使国家利益遭受特别重大损失的，处5年以上有期徒刑。

3. 违法提供出口退税凭证罪的刑罚。违法提供出口退税凭证罪的刑罚同于徇私舞弊发售发票、抵扣税款、出口退税罪的刑罚，但罪名不同。

（五）其他涉税犯罪的刑罚

其他涉税犯罪包括税务工作人员所犯的税收贪污罪、挪用公款罪、私分罚没财物罪以及单位或个人走私犯罪等，国家相关法律有具体规定，在此不做详细介绍。

第二节　税收法律救济

一、税务行政复议

税务行政复议是指当事人（纳税人、扣缴义务人、纳税担保人）不服税务机关及其工作人员作出的税务具体行政行为，依法向上一级税务机关（复议机关）提出申请，复议机关经审理对原税务机关具体行政行为依法做出维持、变更、撤销等决定的一种行政司法制度。

（一）税务行政复议的受案范围

税务行政复议的受案范围仅限于税务机关做出的税务具体行政行为。税务具体行政行为是指税务机关及其工作人员在税务行政管理活动中行使行政职权，针对特定的公民、法人或者其他组织，就特定的具体事项做出的有关该公民、法人或者其他组织权利义务的单方面行为。

当事人不服税务机关的征税行为，必须先经税务机关复议，对复议决定仍不服的，事后可以在收到复议决定书之日起15日内向法院起诉。未经复议的征税行为，法院不予以受理。

当事人不服征税以外的行政行为，可以在知道其行为之日起60日内申请复议或者直接向法院起诉；已经选择复议的，不得同时向法院起诉，但经复议仍不服的，可以起诉。

1. 必经复议的受案范围是税务机关做出的征税行为。包括：确认纳税主体、征税对象、征税范围、减税、免税、退税、抵扣税款、适用税率、计税依据、纳税环节、纳税期限、纳税地点和税款征收方式等具体行政行为；征收税款；加收滞纳金；扣缴义务人、受税务机关委托的单位和个人作出的代扣代缴、代收代缴、代征行为等。

2. 选择复议的受案范围是税务机关做出的其他行政行为。包括：税务机关作出的行政许可、行政审批行为。发票管理行为，包括发售、收缴、代开发票等。税收保全措施、强制执行措施。行政处罚行为，一是罚款；二是没收财物和违法所得；三是停止出口退税权。税收机关不依法履行职责的行为，这些职责包括颁发税务登记；开具、出具完税凭证、外出经营活动税收管理证明；行政赔偿；行政奖励；其他不依法履行职责的行为。资格认定行为。不依法确认纳税担保行为。政府信息公开工作中的具体行政行为。纳税信用等级评定行为。通知出入境管理机关阻止出境行为等。

公民、法人或者其他组织对税收行政法规、规章或者具有普遍约束力的决定、命令等抽象行政行为不服的，不属于税务行政复议的受案范围。

（二）税务行政复议管辖、复议机构及参加人

1. 税务行政复议管辖。我国税务行政复议管辖的基本制度是实行由上一级税务机关管辖的一级复议制度。

对各级国家税务局的具体行政行为不服的，向其上一级国家税务局申请行政复议。

对各级地方税务局的具体行政行为不服的，可以选择向其上一级地方税务局或者该税务局的本级人民政府申请行政复议。各省、自治区、直辖市人民代表大会及其常务委员会、人民政府对地方税务局的行政复议管辖另有规定的除外。

对国家税务总局的具体行政行为不服的，向国家税务总局申请行政复议。对行政复议决定不服，申请人可以向人民法院提起行政诉讼，也可以向国务院申请裁决。国务院的裁决为最终裁决。

对计划单列市税务局的具体行政行为不服的，向省税务局申请行政复议。

对税务所（分局）、各级税务局的稽查局的具体行政行为不服的，向其所属税务局申请行政复议。

对两个以上税务机关共同作出的具体行政行为不服的，向共同上一级税务机关申请行政复议；对税务机关与其他行政机关共同作出的具体行政行为不服的，向其共同上一级行政机关申请行政复议。

对被撤销的税务机关在撤销以前所作出的具体行政行为不服的，向继续行使其职权的税务机关的上一级税务机关申请行政复议。

对税务机关作出逾期不缴纳罚款加处罚款的决定不服的，向作出行政处罚决定的税务机关申请行政复议。但是对已处罚款和加处罚款都不服的，一并向作出行政处罚决定的税务机关的上一级税务机关申请行政复议。

有上述最后四种情形之一的，申请人也可以向具体行政行为发生地的县级地方人民政府提交行政复议申请，由接受申请的县级地方人民政府依法转送。

税务行政复议机关发现受理的案件不属于自己管辖，应当告知申请人向有关行政复议机关提出。

2. 税务行政复议机构。县以上具有税务行政复议职能的税务机关是复议机关，复议机关应当设立税务行政复议机构并配备专职复议工作人员。税务行政复议机构包括税务行政复议委员会及其办公室。

3. 税务行政复议的参加人。税务行政复议的参加人是指依法参加税务行政复议的复议申请人、被申请人、第三人及复议代理人。与申请复议的具体行政行为有利

害关系的人或者组织，经过复议机关批准，可以作为第三人参加复议。申请人在税务行政复议活动中可以委托代理人参加复议。

税务行政复议申请人包括纳税人、扣缴义务人、纳税担保人和其他税务争议当事人。税务行政复议被申请人是指做出税务具体行政行为的税务机关。作出具体行政行为的税务机关被撤销、合并的，继续行使其行政职权的税务机关是被申请人。

（三）税务行政复议的申请

1. 申请复议的条件。

（1）申请人是认为具体行政行为直接侵犯其合法权益的公民、法人和其他组织以及外国人、无国籍人、外商投资企业、外国企业和其他外国组织；

（2）有明确的被申请人；

（3）有具体的复议请求和事实根据；

（4）属于税务行政复议受案范围；

（5）属于规定的税务机关管辖；

（6）当事人对征税问题不服的，必须先按照税务机关根据法律、行政法规确定的期限内，缴清税款及滞纳金，或者提供相应的担保；

（7）复议申请时在法定期限内提出的。申请人可以在知道税务机关作出具体行政行为之日起60日内提出行政复议申请；对征税不服的，可以在缴清税款和滞纳金以后或者所提供的担保得到作出具体行政行为的税务机关确认之日起60日内提出行政复议申请；

（8）法律、法规规定的其他条件。

2. 复议申请书的内容。当事人必须符合上述条件才能向复议机关提出书面或口头复议申请，书面申请书可以采取当面递交、邮寄、传真或电子邮件形式。口头申请复议的，行政复议机构应当场形成申请人确认的复议申请笔录。

（1）申请人的姓名、性别、年龄、职业、住址等（法人或者其他组织的名称、地址，法定代表人的姓名）；

（2）被申请人的名称、地址；

（3）申请复议的要求和理由；

（4）对征税不服的，注明是否已按规定的期限内缴清了税款及滞纳金；

（5）提出复议申请的日期。

（四）税务行政复议的受理

税务行政复议机关应当自收到复议申请书之日起5日内，对复议申请进行审查，根据不同情况作出处理：

1. 决定受理。对符合法定条件的复议申请，税务行政复议机关应依法予以受理，制作受理通知书通知复议申请人。

2. 不予受理。对不符合法定条件的复议申请，税务行政复议机关应该裁决不予受理并告之理由和诉讼权，申请人有在收到不予受理裁决书之日起15日内向法院起诉的权利。

3. 限期补正。复议申请书未载明规定内容之一的，应当把复议申请书退还申请人，书面通知其限期补正。申请人在规定的期限内补正的，应当书面告知自收到补正答复之日起受理；未按规定期限补正的，视为未申请。

（五）税务行政复议的审理与决定

1. 税务行政复议的审理。税务行政复议实行书面复议制度，必要时也可以采取其他方式审理复议案件。复议机关应当自受理之日起 7 日内将复议申请书副本或者行政复议申请笔录复印件发送给申请人。被申请人应当自收到复议申请书副本或者申请笔录复印件之日起 10 日内提出书面答复，向复议机关提交做出具体行政行为的有关材料或者证据。

复议机关对原具体行政行为的合法性和适当性进行审理。复议机关审理复议案件，以法律、行政法规、地方性法规、规章以及上级税务机关依法制定和发布的具有普遍约束力的决定、命令为依据；审理民族自治地方的税务行政复议案件，并以该民族自治地方的自治条例、单行条例为依据。

2. 税务行政复议的决定。复议机关应当在自受理申请之日起 60 日内，根据审理的具体情况，分别作出以下复议决定：

（1）具体行政行为适用法律、法规、规章和具有普遍约束力的决定、命令正确，事实清楚，符合法定权限和程序的，决定维持。

（2）被申请人不履行法定职责的，决定其在一定期限内履行。

（3）具体行政行为有主要事实不清、适用法律规范错误、违反法定程序、超越或者滥用职权、具体行政行为明显不当的情形之一的，决定撤销、变更，并可以责令被申请人重新作出具体行政行为。

复议机关做出复议决定，应当制作复议决定书。

3. 税务行政复议决定的执行。复议决定书一经送达即发生法律效力，申请人和被申请人应当履行，但申请人如对复议决定不服的，可以在接到复议决定书之日起 15 日内向法院起诉。申请人逾期不起诉又不履行的，税务机关可以分别情况进行处理：

（1）维持原具体行政行为的复议决定，由作出具体行政行为的税务机关依法强制执行或者申请法院强制执行。

（2）改变原具体行政行为的复议决定，由复议机关申请法院强制执行，或者依法强制执行。

二、税务行政诉讼

税务行政诉讼是指纳税人和其他税务当事人认为税务机关工作人员的具体税务行政行为违法或者不当，侵犯了其合法权益，依法向人民法院提起行政诉讼，由人民法院对具体税务行政行为的合法性和适当性进行审理并做出裁决的司法活动。

（一）税务行政诉讼的管辖

税务行政诉讼管辖，是指人民法院之间受理第一审税务案件的职权分工，分为级别管辖、地域管辖和裁定管辖。

1. 级别管辖。级别管辖是上下级人民法院之间受理第一审税务案件的分工和权限。基层人民法院管辖一般的税务行政诉讼案件；中高级人民法院管辖本辖区内重大、复杂的税务行政诉讼案件；最高人民法院管辖全国范围内重大、复杂的税务行政诉讼案件。

2. 地域管辖。地域管辖是同级人民法院之间受理第一审税务行政案件的分工和权限，分一般地域管辖和特殊地域管辖。

一般地域管辖是指按照最初做出具体行政行为的机关所在地来确定管辖法院。凡是未经复议直接向人民法院提起诉讼的，或者经过复议，复议裁决维持原具体行政行为，当事人不服向人民法院提起诉讼的，均由最初作出具体行政行为的税务机关所在地人民法院管辖。

特殊地域管辖是指根据特殊行政法律关系或特殊行政法律关系所指的对象来确定管辖法院。税务行政案件的特殊地域管辖主要是指：经过复议的案件，复议机关改变原具体行政行为的，由原告选择最初做出具体行政行为的税务机关所在地的人民法院，或者复议机关所在地人民法院管辖。原告可以向任何一个有管辖权的人民法院起诉，最先收到起诉状的人民法院为第一审法院。

3. 裁定管辖。是指人民法院依法自行裁定的管辖，包括移送管辖、指定管辖及管辖权的转移三种情况。其中：

移送管辖是指人民法院将已经受理的案件，移送给有管辖权的人民法院审理。移送管辖必须具备三个条件：一是移送人民法院已经受理了该案件；二是移送法院发现自己对该案件没有管辖权；三是接受移送的人民法院必须对该案件确有管辖权。

指定管辖是指上级人民法院以裁定的方式，指定某下一级人民法院管辖某一案件。有管辖权的人民法院因特殊原因不能行使对行政诉讼的管辖权的，由其上级人民法院指定管辖；人民法院对管辖权发生争议且协商不成的，由它们共同的上级人民法院指定管辖。

管辖权的转移是指上级人民法院有权审理下级人民法院管辖的第一审税务行政案件，也可以将自己管辖的第一审行政案件移交下级人民法院审判；下级人民法院对其管辖的第一审税务行政案件，认为需要由上级人民法院审判的，可以报请上级人民法院决定。

（二）税务行政诉讼的受案范围

税务行政诉讼的受案范围，是指人民法院对税务机关的哪些行为拥有司法审查权。换言之，公民、法人或者其他组织对税务机关的哪些行为不服可以向人民法院提起税务行政诉讼。税务行政诉讼案件的受案范围除受《中华人民共和国行政诉讼法》有关规定的限制外，也受《中华人民共和国税收征收管理法》及其他相关法律、法规的调整和制约。具体说来，税务行政诉讼的受案范围与税务行政复议的受案范围基本一致。

1. 税务机关作出的征税行为：一是征收税款；二是加收滞纳金；三是审批减免

税和出口退税；四是税务机关委托扣缴义务人作出的代扣代收税款行为。

2. 税务机关作出的行政许可、行政审批行为。

3. 税务机关作出的行政处罚行为：一是罚款；二是没收违法所得；三是停止出口退税权。

4. 税务机关作出的通知出境管理机关阻止出境行为。

5. 税务机关作出的税收保全措施：一是书面通知银行或者其他金融机构暂停支付存款；二是扣押、查封商品、货物或者其他财产。

6. 税务机关作出的税收强制执行措施：一是书面通知银行或者其他金融机构扣缴税款；二是拍卖所扣押、查封的商品、货物或者其他财产抵缴税款。

7. 认为符合法定条件申请税务机关颁发税务登记证和发售发票，税务机关拒绝颁发、发售或者不予以答复的行为。

8. 税务机关的复议行为：一是复议机关改变了原具体行政行为；二是期限届满，税务机关不予以答复。

（三）税务行政诉讼的起诉与受理

1. 税务行政诉讼的起诉。税务行政诉讼起诉，是指公民、法人或者其他组织认为自己的合法权益受到税务机关具体行政行为的侵害而向人民法院提出请求，要求人民法院行使审判权，依法予以保护的诉讼行为。起诉，是法律赋予税务行政管理相对人用以保护其合法权益的权利和手段。在税务行政诉讼等行政诉讼中，起诉权是单向性的权利，税务机关不享有起诉权，只有应诉权，即税务机关只能作被告，且与民事诉讼不同，作为被告的税务机关不能反诉。

纳税人、扣缴义务人等税务管理相对人在提起税务行政诉讼时，必须符合下列条件：

（1）原告是认为具体税务行为侵犯其合法权益的公民、法人或者其他组织；

（2）有明确的被告；

（3）有具体的诉讼请求和事实、法律根据；

（4）属于人民法院的受案范围和受诉人民法院的管辖范围。

提起税务行政诉讼，必须符合法定的期限和必经的程序。对税务机关的征税行为提起诉讼，必须先经过复议；对复议决定不服的，可以在接到复议决定书之日起15日内向人民法院起诉。对其他具体行政行为不服的，当事人可以在接到通知或者知道之日起15日内直接向人民法院起诉。

税务机关作出具体行政行为时，未告知当事人起诉权和起诉期限，致使当事人逾期向人民法院起诉的，其起诉期限从当事人实际知道诉权或者起诉期限时计算，但最长不得超过2年。

2. 税务行政诉讼的受理。原告起诉，经人民法院审查，认为符合起诉条件并立案审理的行为，称为受理。对当事人的起诉，人民法院一般从以下几方面进行审查并做出是否受理的决定：

（1）审查是否属于法定的诉讼受案范围；

(2) 审查是否具备法定的起诉条件;

(3) 审查是否已经受理或者正在受理;

(4) 审查是否有管辖权;

(5) 审查是否符合法定的期限;

(6) 审查是否经过必经复议程序。

根据法律规定，人民法院接到诉状，经过审查，应当在 7 天内立案或者作出不予以受理裁定。原告对不予以受理的裁定不服的，可以提起上诉。

(四) 税务行政诉讼的审理和判决

1. 税务行政诉讼的审理。人民法院审理行政案件实行合议、回避、公开审判和两审终审的审判制度。审理的核心是审查被诉具体行政行为是否合法，即作出该行为的税务机关是否依法享有该税务行政管理权；该行为是否依据一定的事实和法律作出；税务机关作出该行为是否遵照必备的程序等。

人民法院审查具体行政行为是否合法，依据法律、行政法规和地方性法规（民族自治地方的自治条例和单行条例）；参照部门规章和地方性规章。

2. 税务行政诉讼的判决。人民法院对受理的税务行政案件，经过调查、收集证据、开庭审理之后，分别作出如下判决:

(1) 维持判决。适用于具体行政行为证据确凿、适用法律、法规正确，符合法定程序的案件。

(2) 撤销判决。被诉的具体行政行为主要证据不足，适用法律、法规错误，违反法定程序，或者超越职权、滥用职权，人民法院应判决撤销或部分撤销，同时可判决税务机关重新作出具体行政行为。

(3) 履行判决。税务机关不履行或拖延履行法定职责的，判决其在一定期限内履行。

(4) 变更判决。税务行政处罚显失公正的，可以判决变更。

对一审人民法院的判决不服，当事人可以上诉。对发生法律效力的判决，当事人必须执行，否则人民法院有权依对方当事人的申请予以强制执行。

三、税务行政赔偿

税务行政赔偿是指税务机关作为履行国家赔偿义务的机关，对本机关及其工作人员的职务违法行为给纳税人和其他税务当事人的合法权益造成的损害，代表国家给予赔偿。

(一) 税务行政赔偿的范围

税务行政赔偿的范围是指税务机关对本机关及其工作人员在行使职权时给受害人造成的哪些损害予以赔偿。

我国的国家赔偿法将损害赔偿的范围限于对财产权和人身权中的生命健康权、人身自由权的损害。未将精神损害等列入赔偿范围。税务行政赔偿的范围包括:

1. 侵犯人身权的赔偿。

（1）税务机关及其工作人员非法拘禁纳税人和其他税务当事人，或者以其他方式剥夺纳税人和其他税务当事人人身自由的；

（2）税务机关及其工作人员以殴打等暴力行为或者唆使他人以殴打等暴力行为造成公民身体伤害或者死亡的；

（3）造成公民身体伤害或者死亡的税务机关及其工作人员的其他违法行为。

2. 侵犯财产权的赔偿。

（1）税务机关及其工作人员违法征收税款及滞纳金的；

（2）税务机关及其工作人员对当事人违法实施罚款、没收非法所得等行政处罚的；

（3）税务机关及其工作人员违反国家规定向当事人征收财物、摊派费用的；

（4）税务机关及其工作人员造成当事人财产损害的其他违法行为。

3. 税务机关不承担赔偿责任的情形。一般情况下，有损害必有赔偿，但在法定情况下，虽有损害发生，国家也不予以赔偿。国家赔偿法规定了一些情形作为行政赔偿的例外，这些情形包括：

（1）行政机关工作人员行使与职权无关的行为。税务机关工作人员非职务行为对他人造成的损害，责任由其个人承担。区分职务行为与个人行为的标准是看行为人是否在行使职权，而不论其主观意图如何。

（2）因纳税人和其他税务当事人自己的行为致使损害发生。在损害不是由税务行政侵权行为引起，而是由纳税人和其他税务当事人自己的行为引起的情况下，税务机关不承担赔偿义务，但如果出现混合过错，即对损害的发生，受害人自己存在过错，税务机关及其工作人员也存在过错，应根据双方过错的大小各自承担责任，此时，税务机关应承担部分赔偿义务。

（3）法律规定的其他情形。

（二）税务行政赔偿请求人和赔偿义务机关

1. 税务行政赔偿请求人。税务行政赔偿请求人是指有权对税务机关及其工作人员的违法职务行为造成的损害提出赔偿要求的人。根据国家赔偿法的规定，税务行政赔偿请求人可分为以下几类：

（1）受害的纳税人和其他税务当事人。作为税务机关及税务工作人员职务违法行为的直接受害者，他们有要求税务行政赔偿的当然权利。

（2）受害公民的继承人，其他有扶养关系的亲属。当受害公民死亡后，其权利由上述人继承。

（3）承受原法人或其他组织的法人或其他组织。当受害法人或者其他组织终止后，其权利由其承受者继承。

2. 税务行政赔偿的请求时效。依据国家赔偿法规定，税务行政赔偿请求人请求赔偿的时效为2年，自税务机关及其工作人员行使职权时的行为被依法确认为违法之日起计算。如果税务行政赔偿请求人在赔偿请求时效的最后6个月内，因不可抗力或者其他障碍不能行使请求权的，时效中止。从中止时效的原因消除之日起，赔偿请求时效期间继续计算。

3. 税务行政赔偿的赔偿义务机关。

(1) 一般情况下，哪个税务机关及其工作人员行使职权侵害公民法人和其他组织的合法权益，该税务机关就是履行赔偿义务的机关。如果两个以上税务机关或者其工作人员共同违法行使职权侵害纳税人和其他税务当事人合法权益的，则共同行使职权的税务机关均为赔偿义务机关，赔偿请求人有权对其中任何一个提出赔偿请求。

(2) 经过上级税务机关行政复议的，最初造成侵权的税务机关为赔偿义务机关，但上级税务机关的复议决定加重损害的，则上级税务机关对加重损害部分履行赔偿义务。

(3) 应当履行赔偿义务的税务机关被撤销的，继续行使其职权的税务机关是赔偿义务机关；没有继续行使其职权的，撤销该赔偿义务机关的行政机关为赔偿义务机关。

(三) 税务行政赔偿的程序

税务行政赔偿的程序由两部分组成：一是非诉讼程序，即税务机关的内部程序；二是税务行政赔偿诉讼程序，即司法程序。

1. 税务行政赔偿非诉讼程序。

(1) 税务行政赔偿请求的提出。税务赔偿请求人应当先向负有履行赔偿义务的税务机关提出赔偿要求。这是税务行政赔偿的必经程序。税务赔偿请求人要求赔偿的项数，可以是一项，也可以是数项，依税务机关或者其工作人员职务侵权行为的损害后果而定。在共同税务职务行为侵害赔偿案件中，赔偿请求人有权向其中任何一个赔偿义务机关要求赔偿，该赔偿义务机关应当依法先予以全部赔偿，而不仅是赔偿自己致害的那一部分。如果税务行政赔偿请求人在要求税务行政赔偿的同时，还要求上级税务复议机关或者人民法院确认致害的职务行为违法或者要求撤销该行为，则也可以在申请税务行政复议或者提起税务行政诉讼时，一并提出税务行政赔偿请求。

(2) 赔偿请求的形式。税务行政赔偿者应当递交申请书，申请书应当载明下列事项：受害人的姓名、性别、年龄、工作单位和住所，法人或者其他组织的名称、住所和法定代表人或者主要负责人的姓名、职务；具体的要求、事实根据和理由；申请的年、月、日。

如果税务行政赔偿请求人书写申请书确有困难，可以委托他人代书，也可以口头申请，由赔偿义务机关记入笔录。

(3) 对税务行政赔偿请求的处理。税务行政赔偿请求人在法定期限内提出赔偿请求后，负有赔偿义务的税务机关应当自收到申请之日起 2 个月内依照法定的赔偿方式和计算标准给予赔偿；逾期不赔偿或者赔偿请求人对赔偿数额有异议的，赔偿请求人可以在此期届满之日起 3 个月内向人民法院提起诉讼。

2. 税务行政赔偿诉讼程序。当税务赔偿义务机关逾期不予以赔偿或者税务行政赔偿请求人对赔偿数额有异议时，税务行政赔偿请求人可以向人民法院提起诉讼，此时进入税务行政赔偿诉讼程序。应当注意，税务行政赔偿诉讼与税务行政赔偿非诉讼程序中规定的可以在提起税务行政诉讼的同时一并提出税务行政赔偿请求是不同的：

（1）在提起税务行政诉讼时一并提出赔偿请求无须经过先行处理，而税务行政赔偿诉讼的提起必须以税务机关的先行处理为条件。

（2）据行政诉讼法规定，税务行政诉讼不适用调解，而税务行政赔偿诉讼可以进行调解，因为税务行政赔偿诉讼的核心是税务行政赔偿请求人的人身权、财产权受到的损害是否应当赔偿，应当赔偿多少，权利具有自由处分的性质，存在调解的基础。

（3）在税务行政赔偿诉讼中，损害事实部分的举证责任不可能由税务机关承担，也不应由税务机关承担。

3. 税务行政追偿制度。税务行政追偿制度是指违法行使职权给纳税人和其他税务当事人合法权益造成损害的税务机关的工作人员主观有过错，如故意和重大过失，税务机关赔偿其造成的损害以后，再追究其责任的制度。它解决的是税务机关与其工作人员之间的关系。依据国家赔偿法的规定，作为履行赔偿义务的税务机关在赔偿损失后，应当责令有故意或者重大过失的工作人员承担全部或者部分赔偿费用。由此可见，税务行政追偿实际上是一种制裁，它是对违法行使职权的工作人员的惩罚。规定追偿制度是为了促使行政机关工作人员恪尽职守，防止其滥用职权。国家赔偿法还规定，对有故意或者重大过失的工作人员，应当依法给予行政处分；构成犯罪的，应当依法追究刑事责任。

（四）赔偿方式与费用标准

1. 税务行政赔偿方式。税务行政赔偿方式是指国家承担赔偿责任的各种形式。依据国家赔偿法的规定，国家赔偿以支付赔偿金为主要方式，如果赔偿义务机关能够通过返还财产或者恢复原状实施国家赔偿的，应当返还财产或者恢复原状。

（1）支付赔偿金。这是最主要的赔偿形式。支付赔偿金简便易行，适用范围广，它可以使受害人的赔偿要求迅速得到满足。

（2）返还财产这是对财产所有权造成损害后的赔偿方式。返还财产要求财产或者原物存在，只有这样才谈得上返还财产。返还财产所指的财产一般是特定物，但也可以是种类物，如罚款所收缴的货币。

（3）恢复原状。这是指对受到损害的财产进行修复，使之恢复到受损前的形状或者性能。使用这种赔偿方式必须是受损害的财产确能恢复原状且易行。

2. 费用标准。

（1）侵害人身权的赔偿标准。侵犯公民人身自由的，每日赔偿金按照国家上年度职工月平均工资计算；造成公民身体伤害的，应当支付医疗费，以及赔偿因误工减少的收入。减少的收入每日赔偿金按照国家上年度职工日平均工资计算，最高限额为国家上年度职工平均工资的5倍；造成部分或者全部丧失劳动能力的，应当支付医疗费，以及残疾赔偿金，最高额为国家上年度职工平均工资的10倍；全部丧失劳动能力的为国家上年度职工平均工资的20倍。造成全部丧失劳动能力的，对其抚养的无劳动能力的人，还应当支付生活费；造成死亡的，应当支付死亡赔偿金、丧葬费，总额为国家上年度职工平均工资的20倍。对死者生前抚养的无劳动能力的人，还应当支付生活费。

上述规定的生活费发放标准参照当地民政部门有关生活救济的规定办理。被抚养的人是未成年人的，生活费给付至18周岁为止；其他无劳动能力的人，生活费给付至死亡时为止。

（2）侵害财产权的赔偿标准。违法征收税款、加收滞纳金的，返还税款及滞纳金；违法对应予以出口退税而未退税的，应予以退税；处罚款、没收非法所得或者违反国家规定征收财物、摊派费用的，返还财产；查封、扣押、冻结财产的，解除对财产的查封、扣押、冻结，造成财产损坏或者灭失的，应当恢复原状或者给付相应的赔偿金；应当返还的财产损坏的，能恢复原状的恢复原状，不能恢复原状的，按照损害程度给付赔偿金；应当返还的财产受到损失的，给付相应的赔偿金；财产已经拍卖的，给付拍卖所得的款项；对财产权造成其他损害的，按照直接损失给予赔偿。

按照国家赔偿法和国家赔偿费用管理办法的规定，税务行政赔偿费用列入各级财政预算，由各级财政按照财政管理体制分级负担。

复习与思考

一、基本概念

税收法律责任　税务行政复议　税务行政诉讼　税务行政赔偿

二、思考题

1. 什么是税收法律责任？只有纳税人要承担税收法律责任吗？
2. 税务行政处罚与税务刑事处罚有何区别？
3. 在税务行政复议中，必经复议与选择复议受案范围和程序上有何区别？
4. 在税务行政诉讼中，原告与被告是谁？税务机关能成为原告吗？为什么？
5. 税务行政赔偿有何意义？赔偿的范围是否包括纳税人的一切损失？